KB169233

# 프레이리에게 변혁의 길을 묻다

파울루 프레이리 교육학의
사상적 뿌리

프레이리에게
변혁의 길을
묻다

초판 1쇄 인쇄 2022년 10월 11일
초판 1쇄 발행 2022년 10월 23일

지은이 심성보
펴낸이 김승희
펴낸곳 도서출판 살림터

기획 정광일
편집 조현주, 송승호
북디자인 꼬리별

인쇄·제본 (주)신화프린팅
종이 (주)명동지류

주소 서울시 양천구 목동동로 293, 2215-1호
전화 02-3141-6553
팩스 02-3141-6555
출판등록 2008년 3월 18일 제313-1990-12호
이메일 gwang80@hanmail.net
블로그 http://blog.naver.com/dkffk1020

ISBN 979-11-5930-237-4 93370

*가격은 뒤표지에 있습니다.
*잘못된 책은 바꾸어 드립니다.

# 프레이리에게 변혁의 길을 묻다

## 파울루 프레이리 교육학의 사상적 뿌리

심성보 지음

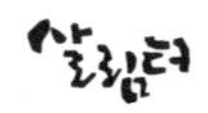

추천사

# 교육의 '보완적 혁신', '혁신적 보완'의 길로

조희연(전 성공회대학교 교수)

코로나19는 우리 삶의 많은 것을 바꾸었다. 그중 교육이 가장 큰 변화를 겪은 분야라고 보아도 과언이 아닐 것이다. 비대면 원격 수업은 수백 년 동안 고정되었던 교실이라는 공간을 바꾸었다. 각종 디지털기기는 칠판이라는 매체를 바꿔 냈다. 이에 각종 관계 맺음의 양식이 변했다. 대전환의 시기이다. 대전환이 잉태해 내는 것은 혼란이다. 가치와 사상마저 혼란스러워하는 사람이 많다.

이 때문에, 이 시점에, 이 저작이 발간된 것이 매우 반갑고 감사하다. 대전환의 시기임에도, 프레이리가 『페다고지』에서 규명했던 '인간 해방'이라는 교육의 궁극적 목표는 변하지 않았기 때문이다. 변화가 어떠한 방향으로 일어나더라도 교육은 교육이기 때문이다.

심성보 교수님은 평생을 교육혁신에 바쳤다. 변혁의 교육을 꾀한 프레이리의 가르침을 삶으로 실천한 교육자이시다. 그가 해야만 했던 작업일 것이다. 심지어 이번 저작은 프레이리를 아주 넓게 조망한다. 소크라테스, 페스탈로치, 하버마스 등 인류 사상사를 총망라했다. 이에 이번에 심 교수님이 펴낸 역작은 교육학을 전공하고자 하는 대학원생과 임용 5~10년 차의 선생님들이 읽어 보면 좋을 종합적 교육사상 입문서이다.

시도교육감을 비롯한 교육정책 결정권자들도 함께 읽으며 교육정책의 향방을 다시 조여 보기를 감히 권한다. 대전환의 시기, 대한민국 교육은 혁신교육 10년의 성과를 계승하면서도 변화된 시대에 부응하기 위해 '보국의 교육이 서 있는 지평 위에서 그의 교육사상을 새롭게 해석하고 적용을 모색한다. 이 부분은 사실상 심성보 교수의 교육철학이나 교육사상이라 할 수 있는데, 프레이리의 텍스트를 끌어와서 참교육과 혁신교육 이후의 한국 교육의 전망과 이념을 어떻게 설정해야 할 것인지를 제시해 준다.

어쨌든 이 묵직한 프레이리 연구서는 한국의 교육과 한국 교육학이 한 걸음 더 질적으로 발전할 수 있는 계기를 만들어 줄 것 같다. 프레이리를 잘 모르는 학생, 교사나 마을교육 활동가들도 이 책을 통해 한국 교육이 나아갈 길을 찾을 수 있을 것이다.

추천사

# ‘한국 교육의 거대한 전환을 위한 교육사상 나침반’으로의 초대

유성상(서울대학교 교수)

심성보 교수님께서 탈고하신 두꺼운 원고를 전해 받았다. 심 교수님의 일생일대 작품에 큰 박수와 함께 감사의 마음을 드린다. 『프레이리에게 변혁의 길을 묻다: 파울루 프레이리 교육학의 사상적 뿌리』에서 저자는 이름 정도나 한번 들어 봤을 교육사상가 프레이리의 사상을 다양한 진보적 교육사상가들의 이론과 비교·분석해 꼼꼼하게 설명하고 있다. 적지 않은 저서를 남긴 프레이리의 작업을 탐독하고 정리하는 일도 벅찼을 텐데, 그의 교육사상을 소크라테스, 루소, 페스탈로치, 부버, 로저스, 프롬, 라캉, 푸코, 듀이, 프레네, 하버마스, 코르차크, 비고츠키, 랑시에르, 일리치, 그람시, 체게바라 등의 삶 및 사상과 비교하여 우리의 교육적 상상력을 자극하는 연찬의 주제로 제시하고 있다. 형언할 수 없는 경외감에 휩싸이는 것 외에 역작을 대하는 다른 태도가 있을까 싶다.

나름대로 프레이리의 책을 읽었다고 생각해 왔지만, 활자로 정리된 교수님의 대작을 통해 프레이리의 삶과 사상을, 그리고 그가 끝내 이루고 싶어 했던 인간이 인간다운 삶을 이뤄 갈 수 있는 교육 세상에 대한 꿈을 다시 한번 머릿속에 그려 볼 수 있었다. 감히 프레이리를 안다고 이야기할 수 없지만, 이 책에는 약간의 공부 덕에 프레이리를 말하고 다녔던 내게 부끄러움을 안겨 주기에 꼭 맞는 이야기들이 담겨 있다. 프레이리에 대해 공부했고 또 그의 사상을 내가 발 딛고 있는 이 땅에서 ‘재발견’, ‘재창조’하겠다는 생각이 얼마나 실천성이 결여된 채 머릿속에서만 맴돌던 이론적 상상이었는지, 이 땅에 제대로 발 딛지 못한 반-실천적 행동이었는지 뼈저린 반성을 하게 된다.

이 책은 대한민국 개인의 의식적 전환을, 교육의 대전환을, 그리고 이 사회의 대전환을 요청하는 저자의 학문적 결실이다. "세상과 자아의 동시적 혁명을 추구하는 프레이리의 변혁적 교육학을 다시 호출해야 한다." "문명적 전환을 위한 새로운 교육사상의 출현을 요구한다." 따라서 "현재 사라져 가는 프레이리의 교육사상을 다차원적으로 부활시키고자 한다"라는 흰머리 성성한 노교수의 한마디 한마디는 우리 후학들이 가슴 깊이 새겨 다시 창조해 내야 할 일임이 분명하다.

『프레이리에게 변혁의 길을 묻다』라는 제목으로 교육이론에 대한 진지하고 엄중한 전환의 물꼬가 트이기를 기대한다. 우리 모두 "삶의 대전환을 위한 교육의 거대한 전환, 나아가 교육의 대전환을 통한 사회의 거대한 전환이 필요"하다는 교수님의 주장에 가슴이 뛴다면, "한국 교육의 거대한 전환을 위한 교육사상 나침반"이자 "교육이론에 대한 종합 입문서"로 준비한 저자의 초대에 마음 열고 함께하길 바란다. 나아가 다양한 우리들의 공존과 연대의 삶은 바로 이 책에서 주장하는 프레이리의 '의식혁명'에서 시작한다. 거대한 전환을 향한 교육혁명, 모두가 행복한 대한민국의 거대한 혁명을 위해 이 책이 더 많이 읽히고 더 깊게 성찰될 수 있기를 두 손 모아 소망한다.

추천사

# 풀뿌리 운동의 왕성한 현장 활동가, 우리를 『페다고지』로 이끌다

김옥성(서울혁신교육지구 공동운영위원장)

사랑하고 존경하는 심성보 교수님을 통해 20대에 만난 파울루 프레이리를 60대에 다시 만나다니 감회가 새롭다. 늘 교육운동의 최전선에서 온 힘을 다해 함께 투쟁하시는 심 교수님을 존경하는 마음으로 이 책을 읽었다. 『페다고지』는 1970~1980년대에 사회과학 공부를 하는 사람들한테는 의식화 필독서였다. 1980년도 초에 지금은 사라진 광화문의 논장서점에서 이 책을 어렵게 구해서 공부하고 토론했던 기억이 아직도 생생하다. 나에게 프레이리의 『페다고지』는 『민중과 지식인』, 『해방 전후사의 인식』과 함께 3대 필독서였고, 오늘의 내가 있기까지 절대적 공헌을 한 책이다. 얼마 전 마을교육공동체포럼 학습모임에서 만난 프레이리의 '사랑의 교육학'은 엄청난 놀라움을 주었다. '아! 프레이리의 최종점은 영성이었구나! 사랑이었구나!' 본래 사랑인 인간의 존재를 만나다니 위대한 결말을 사랑으로 맺다니 신선한 충격이었다.

심 교수님은 비인간화의 온상이 되어 버린 대학서열체제를 허물어야 한다고 하는데, 사실 비인간화 문제는 사회를 변화시키는 사람들, 지역사회와 마을운동에서도 예외는 아니다. 결국 의식화 운동도, 마을공동체운동도 '사랑의 뿌리'가 없다면 사상누각일 뿐이다. 그런 면에서 심 교수님이 지금 프레이리의 교육사상을 다시 불러낸 것은 너무나 적절한 시기의 시대적, 영적 감수성의 위대한 쾌거이다.

심 교수님은 교육 관련자와 종사자는 교육의 이론과 실제, 이상 사회와 현실 사회를 종합하면서 '이론적 실천가' 또는 '실천적 이론가'가 되어야 한다고 역설한다. 이러한 이야기를 이론만 펼치는 학자나 자아 성찰 없이 사회적 실천만 강조하는 사람이 했다면 설득력이 없었을 것이다. 하지만 정년 이후 제2의 청년의 삶을 살면서 현장과 이론을 하나로 통합해 내는 심 교수님, 교육학의 이론가이지만 누구보다 열심히 현장을 누비며 전국의 마을공동체 활동가들을 만나고 토론하며 방향을 잡아 가는 풀뿌리 운동의 왕성한 현장 활동가 심 교수님이시기 때문에 더욱 설득력이 있다. 주변의 후배 동지들의 속마음에 귀 기울이며 사랑과 겸손으로 만들어 내는 새로운 의식통합적 의식화를 위해 모든 것을 바치는 심 교수님이기 때문에 가능한 일이었다.

이 책은 교육운동의 현장에 서 있는 우리에게 자기 자신을 성찰하고, 그 사상적 뿌리를 새롭게 다질 수 있는 훌륭한 길잡이가 되어 주기에 충분한 사상적 지침서이다. 이 책을 교육운동을 하는 활동가뿐만 아니라, 마을공동체운동에 참여하는 모든 분이 꼭 읽어 보시기를 강력히 추천한다.

추천사

# 프레이를 몰랐어도, 알았어도, 이 책을 반드시 읽어야 한다!

김태정(인천광역시교육청 마을교육지원단 전문관)

대학생 시절 프레이리의 『페다고지』를 처음 접했다. 1986년 광주출판사에 나온 '민중교육론'이란 부제가 붙은 책이었다. 노동자·민중의 해방된 세상을 꿈꾸었던 대학생에게 그 책은 기존의 교육에 대한 강력한 비판의 무기이자 지배 이데올로기를 내면화한 사람들의 의식을 변화시킬 수 있는 도구처럼 보였다. 그러나 프레이리가 『페다고지』를 썼던 시점과 달리 1980년대 후반의 한국 사회는 학교는 물론이고 보수적인 미디어와 보수적 기독교 세력을 통해서 국민의 다수가 지배계급의 이데올로기를 자신의 세계관으로 받아들이고 있었다. 『페다고지』에서 말한 은행저축식 교육의 극복 방안인 '대화'를 통해 민중이 새로운 세계관을 형성하는 의식화라는 과제는 대학생인 나에게는 너무나 어려운 것이었다.

그렇게 프레이리를 잊고 지내다가 2007년 학부모단체를 만들고 교육사상사 학습을 시작하면서 다시 프레이리를 읽기 시작했다. 국내에 번역된 그의 책들을 찾고, 절판된 것도 어렵게 구해서 읽었다. 그러면서 프레이리가 다른 사상가들처럼 자신보다 앞선 시대 및 동시대의 사상가들로부터 많은 영향을 받았음을 알게 되었고, 자연스럽게 프레이리가 간간이 언급한 사상들에도 관심이 생겼다. 그러나 그들 모두를 추적한다는 것은 주경야독의 고달픈 삶을 살아야 하는 나 같은 시민운동가에게는 너무나 버거운 일이었다. 이는 나만의 답답함은 아니었을 것이다. 이런 측면에서 이 책은 한줄기 빛과 같은 역할을 할 것이다. 프레이리의 삶과 그의 사상의 핵심어를 너무도 잘 소개하고 있기 때문이다. 군부독재의 탄압으로 망명을 떠난 후와 다시 브라질로 돌아온 이후 그의 사상의 변화를 일목요연하게 정리했을 뿐만 아니라, 프레이리 하면 늘 따라붙는 대화, 생성어, 의식화, 실천, 문제제기식 교육 등에 대해서도 이해하기 쉽게 설명해 준다. 그의 저작을 읽을 때는 이해가 잘 안 되었던 부분도 교수님의 책을 통해 쉽게 풀렸다. 교수님의 책은 프레이리에게 영향을 미친 수많은 이들의 사상을 압축적으로 소개하면서도, 그것이 그에게 어떤 영향을 미쳤는지 그리고 공통점과 차이점은 무엇인지 꼼꼼히 정리하고 있기 때문이다.

이런 복잡하고 거대한 작업은 프레이리의 텍스트를 이해하느라 급급한 글들과는 궤를 달리한다. 프레이리와 다른 사상가들을 비교 연구한 기존 성과들에 근거하지 않거나, 그들의 배경을 이룬 사상사들을 이해하지 않고는 프레이리 교육사상에 대한 비교사상사적 고찰을 할 수 없기 때문이다. 이런 쉽지 않은 작업은 진보적인 한국 교육계의 대석학인 심 교수님만이 할 수 있으리라고 감히 단언한다. 교수님은 이 책에서 '프레이리의 사상을 어떻게 계승하고 실천할 것인가'라고 묻는다. 그리고 '실천적 이론가'답게 프레이리에 근거하여 한국 교육의 변화, 나아가 한국 사회의 변화라는 관점에서 교육운동 및 사회운동 진영이 움켜쥐어야 할 과제들을 제안한다. 이 책을 읽으면서 나는 아주 오래전 풀지 못한 과제를 풀어낼 단서를 찾았다. 이것이 나와 같이 한국 교육의 변화, 교육을 통한 사회 변화를 꿈꾸고 실천하는 모든 이들에게도 비전을 줄 것이라 믿어 의심치 않는다. 아울러 독자들은 방대한 분량의 이 책을 주변 지인들과 함께 학습공동체를 꾸려 읽어 보시길 권한다. 또한 프레이리의 사상에 영향을 준 사상가들의 대표 저작과 함께 읽어 가면 더 좋을 것이다. 아울러 향후 이 책을 바탕으로 더욱 다양한 주제로 후속 연구와 공론화의 자리도 함께 만들 것을 제안한다.

추천사

# 교육현장의 안타까움과 절박함이 프레이리를 다시 불러내다

고춘식(전 한성여중 교장)

우리 교육은 상처가 너무 큽니다. 아니, 중병이 들었다는 말이 더 적합할 것입니다. 어느 분이 우리나라의 학교 현실을 '이상한 종합병원'에 비유한 적이 있지요. 중환자는 방치하고 건강한 사람만 정성을 들여 치료하는 참 '이상한' 종합병원.

상처 나고 병든 우리 교육을 늘 가슴 아파하고 그 근본적 치유를 고민해 온 심 교수님이 이제 세계의 명의들을 다 동원하여 치료에 나섰습니다. 그중에서도 특히 프레이리를 주치의로 삼아 우리 교육을 혁신하고 치유하고자 그에게 길을 물었습니다.

프레이리는 교육을 통해 인간화된 세상을 만들 수 있다는 확고한 신념이 있었고, 연대를 통해 더 좋은 세상을 만들 수 있다고 강조했는데, 이 책을 통해 그것이 우리 교육의 근본적이고도 미래지향적인 혁신의 길임을 가슴 뭉클하게 실감하게 될 것입니다.

추천사

# 교사는 무엇을 하고 있으며, 무엇을 해야 할까?

정일(고창고등학교 교사)

프레이리는 다음과 같이 역설한다. "사랑하려는 용기 없이 가르칠 수 없다. 포기하지 않고 수천 번 시도하려는 용기 없이 가르치는 것 또한 불가능하다. 요컨대 사랑을 느끼지 못하고, 사랑하지 못하고, 사랑에 대해 깊이 생각하지 않고 가르칠 수는 없다."

우리 아이들은 사랑을 원한다. 상처투성이의 날 선 말들과 이기적 욕망이 가득한 교실에서, 이를 부추기는 입시제도와 각박한 사회 현실 속에서, 우리 아이들은 진정한 소통과 행복, 그 누구와도 비교되지 않는 자신만의 삶을 꿈꾼다.

과연 학교에서 우리 아이들은 행복해지는 법을 발견하고 있는가? 아이들이 사랑을 받고, 사랑을 하며 자신의 삶을 주체적으로 다듬으면서 우리 사회의 온전한 시민으로 성장하고 있는가? 이를 위해 교사는 무엇을 하고 있으며, 앞으로 무엇을 해야 할까?

지금 우리는 아이들의 행복과 사랑을 위한 그동안의 학교교육 혁신의 노력을 대전환하지 않으면 안 될 처지에 놓여 있다. 이제 어떤 방향과 무슨 내용으로 새로운 돌파구를 삼아야 할지 모두 심각한 고민에 빠지게 된 것이다.

우리는 이 책에서 프레이리의 혁명적 실천을 매개로 우리 교육의 현실뿐만 아니라, 진보 교육이란 이름으로 다양하게 일구어 온 실천을 세심하게 살펴볼 수 있다. 아이들과 사랑을 나누고, 그 사랑을 통해 이 사회에 참된 민주주의를 심고자 실천한 삶들의 사상적 원천도 발견할 수 있을 것이다. 더불어 미래를 이끌어 갈 보다 진취적인 시대정신을 모색할 만한 계기가 되기에도 충분하다.

새로운 희망과 확신이 필요한 지금, 그동안 우리들의 노력이 결코 헛되지 않았다는 것과 역사와 자유, 혁명적 교육을 위한 비판적 성찰들이 세계 곳곳에서 끊임없이 이어져 왔다는 것, 앞으로도 그 실천은 계속 이어지리라는 것도 명확하게 깨달을 수 있다. 그리고 결코 외롭지 않다는 것을, 분명 우리의 길이 아이들의 행복한 삶을 가꾸어 가는 과정이라는 것을, 또 그 길 위의 실천에서 서로 맞잡은 손을 의지하고, 즐거워하며, 지치지 말고 주저하지 말아야 한다는 것을 깨닫게 될 것이다.

추천사

# 한국의 '교육철학 개론'을 다시 쓰다

이병곤(제천간디학교 교장)

심성보 교수님은 파울루 프레이리라는 렌즈를 통해 한국의 '교육철학 개론'을 다시 썼다. 심 교수님은 『프레이리에게 변혁의 길을 묻다』를 저술함으로써 "진정한 학문 탐구란 정년퇴직 이후부터 시작하는 것"이라고 온몸으로 주장하는 듯하다.

그간 프레이리의 교육사상은 조각보처럼 불규칙한 순서와 형태로 국내에 번역되어 소개됐다. 실존주의, 현상학, 해방신학을 넘나드는 프레이리의 현란한 용어들과 분명하지 않았던 문맥 때문에 우리나라 독자들은 그가 펼쳐 왔던 깊은 사상을 쉽게 이해하기 어려웠다. 이 책에 이르러 우리는 비로소 프레이리 생각에 더 친밀하게 다가서면서 개안開眼이 되는 느낌이 든다.

현실은 강팍하다. 정의를 실천하지 않아도 될 이유도 넘쳐난다. 프레이리가 평생토록 교육에 헌신하며 놓치지 않았던 마음은 '인간에 대한 사랑'과 '사회의 변혁'이었다. 교육 실천가로서 이 두 가지를 온전히 실현하기 위해서는 사상을 가져야 한다. 학습을 통해 단련된 사상을 갖춘 이는 '이상적 현실주의자'가 된다. 이상은 희망을 품게 하며, 프레이리의 발언대로 '희망은 도덕적 상상력을 갖게 하는 힘'이다.

『프레이리에게 변혁의 길을 묻다』를 읽으면서 그가 저술한 책들로 되돌아가 새롭게 뜻을 헤아리면서 우리가 처한 교육 현실을 찬찬히 읽어 내고 싶다는 충동이 일었다. 이 책은 평생토록 한국 사회의 교육 민주화와 교육혁신을 위한 새길 찾기에 헌신해 온 심성보 교수님의 집념과 사랑이 응축된 교육이론서이다. 대안교육 현장에서 나날이 소진되어 가는 우리 교사들, 이들에게 가장 필요한 요소는 월급도 아니고, 휴가도 아니다. 마음을 붙잡아 주는 희망의 언어다. 이 책을 손 닿는 곳 가까이에 두고서 괴롭고 힘들 때마다 펼쳐 읽었으면 좋겠다. 희망을 쉽게 떠나보내지 않으려면 말이다.

추천사

# 가르침과 배움의 공존, 우리 교육의 디딤돌을 만나다

오창진(차암초등학교 교사)

교사가 건네는 말이 학생 마음에 닿는 일은 쉽지 않으며, 때로는 말이 엉키어 되돌아오기도 한다. 이렇듯 '대화'는 교실과 수업에서 매우 중요한 교육적 매개이다. 그러나 학교에서 대화 중심의 교육이 생생하게 일어난다고 보기엔 무리가 있다. 이런 현실을 극복하고자 일군의 교사는 서로의 말뭉치를 온전히 펴내려는 새로운 실천을 시도한다.

프레이리의 대화 중심의 문제제기식 교육은 프로젝트 수업을 비롯한 새로운 교육 실천의 토대가 된다. 프로젝트 수업은 일차적으로 협력 수업과 대화식 수업을 전제로 한다는 점에서 중요하다. 또한 일제식 강의 수업과 정형화된 교실 회의를 극복하기 위한 올바른 토론식 수업 및 학생 자치활동의 중심에는 프레이리가 강조한 대화와 참여로서의 교육사상이 들어 있다. 이처럼 프레이리 교육사상은 학생과 교사의 상호작용에 주목했다는 점에서 더 나은 배움에 필요한 실천적 사유를 길어 내는 데 도움이 된다.

앎은 단순한 지식의 총합이 아니다. 가르침과 배움의 공존으로서의 교육은 작든 크든 뭔가를 형성한다. 그래서 진정한 배움은 '명사적'이기보다는 '동사적'이라고 불린다. 지금 학교교육과정은 미래교육으로 가는 길목에 서 있다. 기후위기 등 심각한 사회적 문제 극복을 위한 새로운 교육담론이 필요한 시기이다. 새로운 교육 패러다임의 전환은 오래된 미래의 교육이론과 실천에서 찾을 수도 있다. 이 책은 그 지난한 여정에 큰 디딤돌 역할로 충분하다.

추천사

# 교육에 대한 근본적인 질문을 던지는 성찰서

신민선(한국평생교육총연합회 회장)

교육이 과연 사회를 변혁하고 있는가?

동네 곳곳에 평생학습 공간이 조성되고 굳이 학교를 가지 않아도 하고 싶은 공부를 마음껏 할 수 있는 세상이 되었지만, 대한민국은 아침부터 밤까지 자격증 공부와 점수 따기에 바쁘다. 평생학습의 보편적 확대에도 불구하고 학습 시민으로서 지켜야 할 소양이라든가 지역사회 문제 해결을 위한 자유로운 대화와 토론에 대한 경험치는 여전히 부족하다. 학습이 쏟아지는 학습홍수 시대에 평생학습은 학교교육처럼 삶과 괴리된 교육이고 살아남기 위한 도구에 불과하다. 프레이리는 학교교육의 한계를 넘고자 하는 평생학습의 이상을 냉정히 들여다보게 하며 분열된 세상을 만들고 타자를 불신하는 사회를 그대로 둔 평생학습의 오늘을 반성하게 한다. 이 책은 우리에게 교육에 대한 근본적인 질문을 던지는 성찰서이다. '왜 우리는 학습할까?' '왜 우리는 타자를 딛고 일어서는 경쟁 사회에 살고 있는가?' '왜 우리는 서로의 다름을 견뎌 내지 못할까?'

프레이리가 염원한 인간화가 세상의 변화를 위한 사회적 신뢰와 정의를 회복하기 위한 상생 공존의 해방 학습에 있듯이, 교육은 어제보다 나은 나로 성장하게 하지만 그 너머에 있는 진정한 해방을 꿈꾸는 존재적 삶의 학습이란 것을 기억하게 한다. 포스트 학습 시민으로서 스스로 말하는 학습자가 주인 되는 세상을 꿈꾸게 하는 프레이리의 교육사상이야말로 사회를 변혁하고 정의로운 사회를 견인해 가는 굳건한 나침반이다.

프레이리가 세상을 떠난 지 오래되었지만 그의 사상은 이 책을 통해 다시 소환되었고, 불의와 정의에 침묵을 지키는 우리에게 끊임없이 묻고 있다. 사회변혁의 교육 기능을 온전히 잃고 살아온 지 오래된 우리에게 프레이리는 여전한 희망이고 기대이다.

추천사

# ‘실천과 학습의 선순환’, 깊고 넓은 변혁의 길을 제시하다

권미영(한국중앙자원봉사센터장)

사회문제를 해결하는 시민참여운동으로서의 자원봉사는 사회 변화와 사람의 변화가 상호작용한다는 전제에서 출발한다. 자원봉사활동의 프로세스를 가만히 들여다보면, 우선 자신과 이웃이 속한 공동체를 세심하게 살펴 문제를 발굴, 진단하는 것으로부터 출발한다. 이어서 그 문제를 완화, 또는 해결하기 위해 우리를 둘러싼 사회체계를 분석하며 집합적인 활동을 기획하고, 실천하며 다시 성찰하는 과정을 밟는다. 그러한 과정에서 축적된 자원봉사 현장지식은 조직적인 학습과 토론을 거치면서 더욱 탄탄해진다. 그래서 실천하는 자원봉사시민과 학습하는 자원봉사시민은 구분되지 않는다. ‘실천과 학습의 선순환’은 시민성의 중요한 표현이며, 민주시민의 기본요소라 할 수 있다.

흔히 자원봉사를 경험학습이라고 한다. 자원봉사는 ‘사고이론’와 ‘행동실천’을 분리하지 않는 진정한 의미의 ‘프락시스praxis’라고 할 수 있다. 프레이리에게 ‘프락시스’는 ‘이론적 실천’이요 ‘사고와 행동의 종합’을 의미한다. 이를 자원봉사의 언어로 전환하면, 참여행위 없는 학습은 지적 만족에 빠질 수 있고, 또한 문제의식과 그에 근거한 학습과 성찰이 따르지 않는다면, 그것은 자아 상실과 도구화를 가져올 위험이 있다고 하겠다.

현재 우리는 기후-생태 위기, 감염병 위기, 민주주의의 위기, 양극화 위기에 봉착해 있고, 전환시대를 살고 있다. 그러한 위기의 원인은 근본적이고 만성적이어서 단순히 사회 운영 시스템 일부를 손보는 것으로는 이 위기를 해결할 수 없다. 그보다는 시스템 자체와 그것에 존재하는 가정에 의문을 던지고 변화를 꾀하는 새로운 패러다임이 요구된다. 무엇보다 중요한 것은 문제해결을 위한 시민들의 각성과 실천 의지이다. 바로 그 지점에서 프레이리는 우리에게 깊고 넓은 변혁의 길을 제시하고 있다.

추천사

# 다시, 자기 삶을 해석할 수 있는 학습자료를 만나다

임경환(전 순천풀뿌리교육자치협력센터장)

대학에 입학하여 야학 활동을 하게 되었는데, 그때 선배들과 함께 처음 읽었던 책이 프레이리의 『페다고지』였다. 당시 나는 성인 학습자들에게 한글을 가르치는 강학講學이었는데, 자기 삶을 다시 해석할 수 있는 학습자료가 중요하다는 프레이리의 주장에 동의하여 수업자료를 만들었던 기억이 선하다. 프레이리의 사상은 이후 한글을 매개로 이주노동자들과 만남을 이어 나갈 때에도 나에게 큰 영향을 주었다. 대안교육을 하는 동안 프레이리는 조금씩 잊혀 갔다. 근거 없이 프레이리 사상이 너무 낡았다고 생각했다. 오만하게도 프레이리 사상을 이미 알고 있다고 생각하고 이후에 번역되어 나온 다른 책들을 깊이 있게 읽지 못했다. 심성보 교수님의 『프레이리에게 변혁의 길을 묻다』는 나의 오만함을 여지없이 무너뜨렸다. 프레이리 사상을 다른 교육철학자의 사상과 비교해서 서술해 놓은 덕분에 그의 사상을 입체적으로 이해할 수 있었고, 프레이리 사상이 결코 철 지난 이론이 아니라 우리 교육 현실의 문제를 해결하는 데 여전히 유효하다는 사실을 깨닫게 되었다.

특히 현재 마을교육활동을 하는 입장에서 새롭게 다가왔다. 아동·청소년에게 마을과 관련된 내용을 가르쳐야 한다고 이야기할 때 그 근거가 매우 빈약하다고 느끼고 있었는데, 이 책을 읽으면서 얼마간의 해답을 찾을 수 있었다. 왜 배움과 삶이 일치하는 교육이 중요한지, 교육의 내용이 자기 삶과 연결되는 것이 어떤 의미가 있는지를 이제 프레이리의 사상을 빌려서 조금이나마 답할 수 있게 되었다. 또한 이 책을 읽는 동안 '마을교육 프로그램들에 아동·청소년이 자기 삶을 비판적으로 성찰할 수 있는 내용이 포함되어 있는지, 현재 마을교육이 우리 아이를 넘어서 모두의 아이와 함께하고 있는지, 마을교육공동체 운동이 민중들의 교육자치라는 지향을 분명히 하고 있는지'에 대해 돌아보게 되었다.

순천시 교육환경 개선 및 지원 조례를 개정하는 과정에 많은 갈등이 있었고 지금까지도 이 일로 인해 어려움을 겪고 있다. 최근에는 '조례를 개정하지 않았으면 큰 문제 없이 일을 해 나갈 수 있었을 텐데.' 하는 후회를 하기도 했다. 하지만 이 책을 통해 프레이리의 삶을 간접적으로 경험하면서 위로와 용기를 받았다. '지역 주민들이 지역 교육에 대해 논의하고, 그 결과에 근거하여 지역 교육을 혁신해 나가는 것이 마을교육공동체가 추구해야 할 방향이 맞는구나.' 하는 확신도 얻게 되었다.

심성보 교수님이 심혈을 기울여 쓰신 이 책이 마을교육활동가들의 현재 활동을 돌아보게 하는 소중한 '촉매제'가 되었으면 한다.

추천사

# 실천하는 지식인의 책과 함께

김보규(인천마을교육공동체포럼 대표)

심성보 교수님의 추천사를 쓴다는 게 부담이 아닐 수 없었습니다. 그런데 막상 원고를 받고 보니 그간 심 교수님과 함께한 교육사상시민학교 강좌에서 다룬 학자들도 있었고, 마을교육공동체포럼이 운영하는 독서모임에서 배운 프레이리에 대한 이야기도 있었습니다.

심 교수님과 프레이리가 닮아 있는 것 같습니다. 젊을 때 군사정권에 탄압을 받은 것도 그렇고, 평생 실천하는 지식인으로 살아간 것도 그렇습니다. 심 교수님은 교육을 바꾸려면 주민들이, 학부모들이 깨어나야 하고, 그래서 마을교육공동체가 중요하다고 늘 말씀하셨습니다. 적지 않은 나이에도 작년부터 저희와 함께 '시민이 만드는 교육 대전환 순회토론회'를 하셨고 지금도 함께 전국을 다니며 교육혁명을 일구고 계십니다. 그런 심 교수님이 쓰신 책이라서 더욱 믿음이 갑니다. 솔직히 읽기 쉽다고 말할 수는 없지만 마을교육활동가들이라면 꼭 동료들과 읽기에 도전해 보면 좋겠다는 생각이 듭니다. 출간을 진심으로 축하드립니다.

차례

머리글

# 삶과 교육의 대전환, 다시 호출되는 혁명적 교육자

파울루 프레이리Paulo Freire, 1921~1997는 혁명적 교육자이다. 그는 진정 교육혁명가의 이상을 지녔던 인물, 오늘날 지구촌에서 가장 영향력 있는 교육자, 급진적인 교육이론을 실천한 사람, 교육의 궁극적 목적이 인간해방임을 알리고 이를 실천한 교육사상가이다. 프레이리는 소크라테스의 대화법에서 사상의 원천을 찾기도 하고, 아동의 근대적 발견자인 21세기 루소, 라틴아메리카의 듀이라고도 불린다. 브라질 '교육의 아버지'라 불린다. 프레이리는 이론적으로나 실천적으로나 성인교육사상가이고, 민중교육자이며, 비판적 교육학자이고, 사회운동가이다. 그는 저개발과 반민주로 얼룩진 브라질 변방에서 태어나 문맹퇴치 교육운동을 펼쳤으며, 억압받는 민중의 사회적, 정치적 각성을 위해 싸우며 장외의 운동정치를 펼쳤다. 생애 말년에는 교육감을 지낸 진보적 교육행정가로서 학교교육과 성인교육을 위해 장내의 제도정치에 뛰어들었다.

프레이리는 "혁명은 삶을 사랑하고 새로운 삶을 창조해 낸다. 새로운 삶을 만들어 가기 위해서는 일부의 사람이 삶의 범위를 일정한 테두리에 가두려는 시도를 혁명으로 저지해야만 한다"Freire, 1970a라고 말했다. 자신만이 아니라 다른 사람들까지 변증법적 모순 관계에서 자유롭게 해 주는 것이라는 뜻으로 해방을 정의한 프레이리의 교육학은 가히 '혁명적 교육학'이라고 불릴 만하다. 프레이리는 민중을 속박에서 해방시키는 것이 아니라, 민중이 단결해서 스스로 해방의 길을 모색함으로써 해방교육과 문화적 과정이 성공한다는 것을 분명히 했다.

프레이리는 조국 브라질뿐만 아니라, 칠레, 쿠바, 미국, 유럽, 아프리카 등 제1세계와 제3세계에서 세계적 삶을 살았다. 망명 생활 중에는 진보적 이론과 혁명적 실천을 통해 교육이론과 교육 실천을 통합시켜 나갔다. 그는 전통적 기독교뿐 아니라 전통적 학교교육을 신랄하게 비판했다. 이러한 삶의 경험 속에서 생성되고 발전된 것은 변혁적 교육사상으로 결실을 맺었다. 프레이리의 수많은 저서는 그가 살아온 삶의 이야기이며, 그가 전 세계적으로 활동하며 파악한 세계에 대한 비판적 평론집인데, 비판적이고 진보적인 교육 실천가의 전범으로 읽히고 있다. 그러기에 프레이리의 저서는 그의 실존적 경험과 정치적 실천을 두루 살펴야 잘 이해될 수 있다.

1960년대 후반 이래 『억압받는 사람들의 교육학』일명 『페다고지』은 영어판으로 출판된 후 세계적으로 전파되었다. 처음에는 브라질과 칠레에서, 아프리카에서, 그리고 전 세계적으로 알려졌다. 이 책은 망명지 칠레에 머무는 동안 1968에 스페인어로, 1970년에 영어로 출간되었다. 2018년에 『페다고지』의 출간 50주년을 기념하는 책이 발행되었다. 그의 사망 후 25년여가 지난 지금에도 그의 교육사상에 대한 학술회의가 열리는 등 대중들의 관심은 사라지지 않고 있다. 프레이리 자체가 비판적 교육학의 성장과 영향력—특히 탈식민주의 맥락에서의 영향력—을 국제적으로 상징했다고 해도 과언이 아니다. 『페다고지』는 전 세계적으로 많은 언어로 전파된 가장 영향력 있는 책이 되었다. 그 어떤 교육자도 이만큼 전 세계적으로 널리 읽히는 저서가 없다. 교육 명저의 신기원을 이룬 『페다고지』는 발행 부수는 정확히 알 수 없으나 백만 부 이상 팔렸다고 한다. 교육학자 중에는 듀이의 『민주주의와 교육』1916 이후 처음일 것이다.

프레이리의 교육사상이 가장 잘 표현된 『페다고지』에는 변혁을 위한 의식화와 인간화, 변혁을 위한 대화 및 해방교육, 실천적 교육과 문제제기식 교육, 비판의식 함양을 위한 민주적 학교에 대한 전망 등의 내용이 두루 담겨 있다. 프레이리는 교육, 정치, 제국주의, 그리고 해방 사이의 관계를 가장 잘 꿰뚫고 있다. 이러한 생각이 담긴 『페다고지』는 억눌린 사람들의 해방적 기능을 강조했고, 민주화를 염원하는 억눌린 사람들이 암암리에 읽었다.

다른 한편으로 프레이리의 교육이론에 대한 이런저런 곡해가 계속되고 있다. 그럼에도 프레이리의 저서는 여전히 대중의 인기를 끌고 있다. 프레이리가 지금까지 영향력을 발휘하는 이유는 무엇일까?

첫째, '사회변혁' 과정에서 교육의 역할이 중요하기 때문이다. 역사적 맥락에서 『페다고지』의 등장으로 인해 격렬한 사회적 갈등, 군사쿠데타, 혁명적 활동, 반식민적 저항, 급진적 제안들, 그리고 사회적 반-문화운동의 다양한 계승해방신학, 반인종주의, 페미니즘, 급진적 휴머니즘, 환경주의, 평화학, 탈학교운동 양상이 나타났다. 프레이리가 탐구한 주제의 다양성과 상호 학문적 접근을 통해 그의 저서가 교육의 장에서 독자에게 호소력 있었을 뿐만 아니라, 정치학, 사회학, 인류학, 탈식민주의, 국제개발, 건강, 사회사업, 도시계획, 의사소통학, 페미니즘, 그리고 농업확장사업 등을 포함하여 다른 여러 학문과 관점에도 호소력을 지녔다. 프레이리 자신의 구체적 맥락과 투쟁 차원에서 억압자와 피억압자의 이분화로 이해된 세계관은 민중들의 의식을 자극했다. 서로 다른 인식론적 전통휴머니스트, 마르크스주의자, 기독교인, 실존주의자, 현상학자, 진보적 교육자 등과 학문적 배경교육학, 심리학, 사회학, 철학, 인류학, 사회복지학, 신학 등 등에서 보여 준 프레이리의 다양한 관심은 비판의식에 관심을 보였던 사람들에게 강한 흡인력으로 작용했다. 프레이리의 교육이론이 간학문적 언어로 사용되고 해석됨으로써 보편성을 획득한 것이다.

둘째, 『페다고지』가 여전히 대중적 인기를 누리는 것은 교육체제의 불평등과 사회 변화의 필요성을 제기한 기존의 일부 비판서와는 비교할 수 없을 정도로 '변혁적'이기 때문이다. 당시 교육 관련 책들의 대다수에 정치·사회·교육 등 지배 체제에 대한 언급이 거의 없었던 상황에서 더욱 그랬다. 『페다고지』는 수많은 대중에게 희망의 음성으로 들렸다. 그랬기에 『페다고지』가 제기하는 주장 하나하나가 해방의 나라를 선포하고, 이상 사회의 도래를 예고하는 것 같았다. 그것은 인간의 주체성을 더욱 강조함으로써 길들여진 수동적 삶을 극복하라는 메시지로 다가왔다. 한마디로 큰 각성제가 된 것이다.

셋째, 『페다고지』의 계속된 인기는 많은 교육자와 학생들이 전통적인 제도 교육학에 불만을 품었던 시기에 나온 '교육적 대안'이 담겨 있기 때문이다. '은행저축식 교육'과 '문제제기식 교육' 같은 개념은 그동안의 기존 질서와 당연시된 교육적 관행에 도전장을 낸 것과 다름없다. 프레이리는 이슈를 다루면서 은행저축식 교육의 민낯을 그대로 폭로하는 동시에 대안으로서 문제제기식 교육해방적 교육을 제창했다. 비판의 언어는 물론이고, 가능성뿐만 아니라 억압과 해방 사이의 긴장을 여과 없이 드러냈다. 교육의 사회적·역사적 성격을 명확히 설명함으로써 기존의 모순에 대한 고발과 함께 미래교육에 대한 희망을 보여 주었다. 프레이리의 주장은 교육자들에게 자신의 이론을 성찰하도록 했다. 그리고 새로운 접근을 시도할 수 있는 도전적 언어를 제공하면서 위기에 처한 학교와 교실에 새로운 용기를 불어넣었다. 전통적인 교육학에 대한 프레이리의 대안적 생각은 물론 새로운 것이 아니었지만, 루소, 듀이, 몬테소리, 피아제, 사르트르 등이 이곳저곳에서 이미 발언한 내용이었기에, 대중들에게는 지배적 교육 질서의 흑막을 드러내는 전복적 용어가 적지 않았다. 교육과 정치를 연결하는 문제제기적 언어를 별로 볼 수 없었던 상황에서 『페다고지』는 많은 이들에게 정의의 정신에 불을 질렀고, 학습을 사회 변화와 연결시키도록 유도했다. 『페다고지』는 학생들이 세계에 대해 비판적으로 개입하고 행동할 수 있도록 도전의식을 북돋았다. 민중이 스스로를 의식화하여 착취당하고 있는 민중의 현실을 보고 변화의 주체가 되도록 촉구했다. 프레이리는 민중들이 빈곤에 시달리면서도 좀처럼 그 상태를 벗어나지 못하게 된 최대의 장애는 그런 사실을 깨닫지 못하게 하는 지배계급의 이데올로기가 작동하기 때문이라고 생각했다.

넷째, 『페다고지』의 인기는 출판된 시기의 역사적 맥락, 즉 1960년대의 지나친 낙관주의와 1970년대의 비관주의와 연관이 있다. 1960년대에는 학교가 모든 사회적 난제를 해결할 수 있다는 '교육주의'가 팽배했다. 1970년대에도 교육은 불평등한 사회적 관계를 영속화하는 지배를 위한 도구, 즉 이데올로기 국가기구라는 '재생산론'이 주도하는 담론에 대해 현실성 없는 과도한 비판만 난무한다는 것이었다. 교육을 통한 재생산 담론은 지배세력의 음모를 폭로하고 공격하는 데는 시원했을지 몰라도, 일선 현장에서 날마다 사회정의와 민주주의를 위해 싸우고 있는 노동자, 교육자들에게는 탈출구 없는 절망의 늪으로 빠지게 하는 벼랑 끝 전술일 수도 있었다. 해결책도 없는 무조건적 문제제기는 노동이나 교육활동을 무기력하게 만들 수 있다. 일리치가 강조하는 사회의 '탈학교화'가 문제제기로는 옳을 수 있으나 대안이 될 수는 없었던 것이다. 이런 상황에서 프레이리는 제도교육의 모순뿐 아니라 새로운 가능성의 물꼬를 터 주었다. 프레이리의 새로운 접근은 '교육은 모든 것을 할 수 있다'는 주의론[1]과 '교육은 아무것도 할 수 없다'는 무력감을 동시에 넘어선 것이다.

다섯째, 『페다고지』를 포함하여 프레이리가 저술한 책들은 문해교육이든 정치교육이든, 교육 일반 영역 모두에 개입을 하며, 이와 관련을 맺고 있는 포괄적 관심을 보여 주면서 도발적 문제제기를 하였다. 프레이리는 저서에서 자신의 교육적 실천과 도전적 실험을 한 것이다. 『페다고지』의 내용은 독자들이 보기에 어디에서나 흔히 나오는 주제가 아니었다. 그의 생각은 대학 교단에서 나온 것이 아니라, 지역사회에 사는 사람들과

1. '주의론(voluntarism)'은 의지를 일차적인 것, 주된 것으로 간주하고 그것으로부터 자연과 사회의 발전 및 인간의 행위 전체를 설명하는 관념론 철학의 한 조류이다. 'voluntarism'은 'volition(의지, 의욕)'을 주된 것으로 생각하는 사상체계이다.

함께 경험한 구체적 내용으로 생성된 것이기에 교육자와 지역사회 조직가들의 높은 관심과 지지를 받았다. 프레이리의 저서는 하룻밤 사이에 작성된 것이 아니었다. 그의 교육사상은 자기보다 앞선 수많은 사상을 수십 년에 걸쳐 자신만의 독특한 방법론으로 소화함으로써, 노동자와 농부의 말을 들음으로써, 동료들과의 대화에 참여함으로써, 그리고 자신이 실천한 것에 대해 반성함으로써 구성된 종합적 결과물이었다. 프레이리의 구체적 제안들은 단순히 지적 연습이 아니라, 그의 실천에 대한 깊은 성찰의 결과를 담았다. 『페다고지』는 그의 실천적 경험과 생각들을 정리한 책이었기에 추상적인 교육학 용어로 잘 설명되지 않는 기존 책들과는 차원이 달랐다. 그래서 프레이리의 모든 책은 대중들의 관심과 주목을 받았던 것이다.

여섯째, 프레이리의 저서들은 성인교육을 포함하여 고등교육, 초·중등교육, 영유아교육에 영향을 미쳤다. 특히 노동운동과 공동체운동, 교육민주화운동에 큰 영향을 미쳤다. 그의 책은 억압이 극심하고, 그래서 비민주적인 정치경제 체제에 대한 반대 투쟁이 매우 절박했던 제3세계저개발국가에 더 큰 영향력을 미쳤다. 그가 제기한 이슈억압, 해방, 의식화, 문제제기, 희망, 분노, 정치적 각성, 교육적 관계, 민주주의 등는 본질적으로 보편적인 문제이고, 서로 다른 지역의 대중들에게 호소력을 지니는 보편적 이야기였다.

이렇기에 『페다고지』는 1960년대 후반과 1970년대 초에 브라질을 포함한 남반구 남미 국가뿐 아니라, 북미와 유럽스페인, 이탈리아, 독일, 스위스, 벨기에, 영국 등을 거쳐 전 세계적으로 사회주의 교육학socialist pedagogy의 '고전적 텍스트'로 자리를 잡았다. 주로 풀뿌리 집단의 운동, 노동교육 서클 등에 비밀리에 전파되었고, 교사교육 프로그램의 교재로 사용되기도 했다. 1972년 스톡홀름의 광장에는 프레이리의 대리석 조각상까지 만들어졌다. 평화와 연대를 위한 투쟁의 상징물이었다. 스페인의 젊은 성인교육자들은 프랑코 독재하에서도 몰래 읽었다. 미국의 경우 교육자, 인류학자, 사회학자, 철학자, 다문화주의자, 정치학자, 인사행정관리자 등의 관심을 끌었다.

이렇게 프레이리의 책이 몰래 읽히면서 전 세계적으로 '불온 도서' 취급을 받았다. 지배 질서를 유지하고 있는 권력과 자본에게는 기존 체제를 위협하는 도전으로 받아들여졌다. 권위주의 사회의 억압적 성격을 폭로한 프레이리의 저서는 1970년대 말과 1980년 초까지 한마디로 전 세계적 '금서'가 되었다. 남아공의 인종차별정책을 펴던 백인 정권은 프레이리의 책을 체제 전복 서적으로 분류했다. 칠레의 독재자 피노체트는 프레이리를 '배은망덕한 사람'으로 낙인찍었다. 1976년 아르헨티나 군사정권은 책방이나 도서관에 진열된 그의 책을 모두 거두어들여 불태웠다.

한국도 예외가 아니었다. 『페다고지』는 불법 복사본 또는 번역본이 사회과학 서점을 중심으로 퍼져 나갔다. 사회정의와 변혁을 위한 민중들의 '의식화'에 가장 영향력을 미쳤던 지하 서적인 『페다고지』는 1987년 6월 항쟁이 일어나기 전까지 숨어서 지하운동을 하던 노동자들과 교사들, 대학생들의 의식화를 위한 필수 교재였다. 의식화는 목표이고, 지식은 투쟁의 수단이 되었다. 이 책을 통한 지역의 사회공동체 자력화 운동은 민중교육에서 가장 중심이 되는 관심사였다.

『페다고지』는 특히 청년 인텔리겐치아들에게 강한 영향을 미쳤다. 첫째, 대학생들이 자신의 존재를 다시 각성하는 계기가 되었다. 리영희 교수의 『전환시대의 논리』가 청년들에게 한반도의 운명과 자신의 삶을 바라보는 관점에 격한 충격을 주었다면, 『페다고지』는 제도교육과 기득권에 갇혀 있던 자신의 존재를 뒤흔드는 계기가 되었다. 둘째, 야학 등 노동운동에 적극적이었던 활동가들이 학교의 교육민주화운동에 관심을 보이기 시작했다. 변혁 전략으로서 학교의 변화 가능성을 본 것이다.

이런 지하운동의 흐름을 감지하고 반체제적 저항으로 판단한 지배 권력은 민중을 의식화하여 체제 전복을 기도했다는 죄목으로 탄압했다. 체제 전복을 부추긴다는 '의식화 교재'로 분류하여 이 책을 소지한 것만으로 요주의 인물로 다루어졌다. 의식화 교재는 곧 '반정부 저항 세력 양성'으로 받아들여져 소지했다가 걸리면 감옥에 가야 했고, 문제 교사로 낙인찍히면 근무하던 학교를 그만두어야 했다. 이렇게 의식화라는 용어는 '사회 불만 세력의 교육'을 의미하는 정치적 용어가 되었으며, 교육이 정치적으로 붉은 선동적인 말로 읽혔다. 따라서 의식화는 어떻게든 피해야 하는 개념이 되었고, 이 '죄목'에 걸려드는 것은 좋지 않은 일로 비쳤다. 이 책 때문에 한국에서의 교육은 늘 '중립적'이어야 한다는 강박관념이 다른 어느 분야보다도 더욱 깊게 뿌리내리게 했다.

사실 '의식화' 개념은 교육의 기본 요소다. 세계의 사실fact/사태situation에 대한 우리의 자각, 즉 인간 의식은 '인식론적 호기심'의 역량을 성장시키고 깨달음을 심화시키기에 사회의 변화를 위해서는 반드시 획득해야 할 수단이다. 의식화는 인간의 형편과 동떨어진 것이 아니기에 인간의 미완성을 깨닫게 하는 데 의식화는 반드시 필요한 요소이다. 교육의 역할이 바로 그런 일을 하도록 하고 있다.

그런데 우리의 발목을 잡는 것은 의식화의 인간학적 의미가 삭제되고 '정치적' 의미로만 받아들이도록 했다는 것이다. 이 점은 지배 세력이나 대항 세력이나 마찬가지다. 사실 프레이리는 늘 진보적이라고 생각하는 좌파 진영조차도 의식화가 주입식 교육이 되는 것을 경계해야 한다는 점을 강조했다. 그런데 민주화 시대 이후에도 인간학적 요소가 잘 복원되지 않고 있었다. 이런 양태는 포스트 민주화 시대의 과제 도출을 어렵게 할 뿐만 아니라 민주 세력의 실존적 위기까지 불러왔다.

따라서 의식화 개념에 대한 프레이리의 문제의식은 프레이리 교육사상의 배후—초기와 후기 사상으로 구분되는—에 자리한 생각 모두를 이해해야 풀리는 과제였다. 전기 사상이 억압과 식민 상황과 싸우는 '혁명'의 시대였다면, 후기 사상은 브라질의 민주화 이후 상파울루시 교육감직을 수행하면서 교육민주주의를 더욱 공고히 해야 하는 '급진적 민주주의'

를 구현하는 시대의 지적 산물이었다. 교육행정직 수장이 되면서 이론과 실제를 결합하는 실험의 장이 제공된 것이다. 망명지에서의 전투적인 '억압의 교육학'이 운동 정치라면, 민주화 이후 귀국하면서는 제도 정치, 타협의 정치, 현실의 정치를 폈다. 그것이 '희망의 교육학'과 '마음의 교육학'으로 나타났다. 그리고 교육감직을 마친 이후는 자연환경의 위기를 맞이하여 '생태적 교육학'사망하여 그 뜻을 완전히 꽃피우지는 못했지만으로 발전해 갔다.

필자는 1994년 영국에서 잠시 공부하고 있을 때 프레이리 초청 강연회장에서 그를 만난 적이 있다. 『희망의 교육학』이 출간된 직후였다. 청중들은 『억압받는 사람들의 교육학』1970의 정신이 희석된 것 아닌가를 두고 설전을 벌였는데, 그는 시대 상황이 변화한 결과라고 응수했으며, 대화의 교육자답게 겸손하게 대답하면서 자제력을 잃지 않았다. 나는 한국의 많은 학생과 노동자들이 '의식화 교재'인 당신의 책을 소지한 것만으로 어려움에 처하게 되었는데 지금의 감회가 어떠냐고 물어보았다. 그는 이미 알고 있다면서 겸연쩍은 표정을 지으며 웃어넘겼다. 한국을 한번 방문해 보지 않겠느냐는 물음에 몸이 퍽 좋지 않다고 했다. 그 후 얼마 되지 않아 그는 세상을 떠나고 말았다. 애연가인 프레이리는 안타깝게도 심장 발작으로 1997년 5월 2일 이른 아침 세상과 이별한다. 그의 나이 76세였다.

프레이리는 늘 가난하고 억눌린 사람들의 입장에 서 있었다. 그는 경제적으로 무력하고 정치적으로 소외된 사람들의 상태를 '침묵 문화'라고 규정하면서 그런 문화를 영속화하는 역할을 하는 교육제도를 대화의 교육과 인간화 교육으로 대체하려는 싸움을 계속했다. 프레이리는 자유를 무조건적으로 사랑하며, 사회적·경제적·정치적 억압의 타락한 체제를 거부하며, 인간이 적응하는 존재가 아니라 변혁적 존재가 될 수 있다고 확신했다. 타인 존중은 인종적·성차별적·계급적 차별을 거부하는 것이다. 그는 숙명론적이거나 결정론적 역사관을 거부했으며, 역사를 가능성으로 이해했다. 민주주의에 대한 약속은 권위주의적 관행에 대한 거부라고 보았다.

프레이리의 활동과 저서는 비정상적으로 돌아가는 세상의 중심에서 구원의 씨앗 또는 소금과 다름없었다. 현재의 실낱같은 가능성에도 희망이 있다는 것을 능동적이고 단호하게 말해 주었다. 실제로 프레이리는 독자들에게 각자가 처한 투쟁 현장에서 제2의 프레이리를 창조해 내라고 촉구했다. 이런 재창조 과정에서 결코 변질될 수 없는 요소는 '연대'를 위한 투철한 윤리의식과 굳건한 유토피아적 이상주의를 추구하는 것이다. 끊임없이 성장하기를 염원했던 미완성 과제를 완성하고자 하는 프레이리는 모든 사람을 위한 정의를 실현하고자 했다. 신중함, 인내심, 절제를 보여주는 인격을 갖춘 지행합일의 사람이었다. 기쁨과 평온을 함께 누리려는 분명한 겸손과 사랑을 체득한 사람이었다. 그리고 그는 인간을 믿고 희망을 믿고 살아간 유토피안이었다. 프레이리는 삶, 배움, 앎에 대한 비판적이면서 유포피아적 전망이라는 철학적 관점을 항상 견지했다. 프레이리의 삶의 특별한 측면인 사랑, 겸손 그리고 희망의 개념은 그의 인간성과 위대한 저작을 낳은 기반이 되었다.

프레이리는 사랑의 우물에서 흘러나오는 큰 미덕의 샘물을 보여 준 사람이다. 그는 모든 것에 관심을 기울이고 침착한 자세로 변화를 염원하면서 자신이 친숙하게 이해하고 있던 겸손을 몸소 체득한 삶을 살았다. 프레이리의 삶은 우리에게 정직, 품위, 창의성 그리고 투쟁의 의미를 가르쳐 준다. 그의 영감은 사람에 대한 희망, 그리고 심지어 역경의 시대에도 불의와 타협하지 않은 헌신에서 나온 것이다. 사생활과 공적 생활 사이의 일관성을 유지하고 그것을 지키고자 고투했다. 깊은 아량과 연민의 정을 나눈 삶을 살고자 했다. 그것도 민중을 깊이 사랑하는 삶을 살았다. 그는 사랑과 희망의 개념을 학문적 저서 속에서 진실하게 엮어 낸 보기 드문 실천적 지식인이었다. 참으로 자신의 삶을 그가 쓴 대로 살아감으로써 인간적으로나 사회적으로, 또 역사적으로 자기 삶의 여정을 스스로 설계하고 그 길을 걸어간 실천적 이론가이며 이론적 실천가이다. 프레이리는 억압받는 사람들과 함께 배우고, 억압 관계를 극복하기 위해서 투쟁하며 살았다. 세상의 갈등을 모두 몸소 겪었지만, 언젠가 변할 것이란 희망을 잃지 않고 살았다. 초조한 마음을 달래며 인내하면서 그는 더 나은 민주사회를 건설하기 위해서 평생을 투쟁하며 살았다.

이 책 『프레이리에게 변혁의 길을 묻다: 파울루 프레이리 교육학의 사상적 뿌리』는 현재 사라져 가는 프레이리의 교육사상을 다차원적으로 부활시키고자 한다. 소크라테스의 캐묻는 교육, 루소의 자연 교육, 부버의 만남의 교육학, 로저스의 사람 중심 교육, 라캉의 주체적 행위자, 프롬의 존재적 삶, 푸코의 권력 해체, 듀이의 민주적 삶의 양식, 프레네의 자주적 학습, 코르차크의 어린이 사랑, 하버마스의 의사소통적 행위, 비고츠키의 역사문화적 심리학, 랑시에르의 바보 만들기 비판, 일리치의 탈학교론, 그람시의 유기적 지식인, 체게바라의 혁명적 사랑, 그리고 비판적 교육학과 생태교육학 등에 대한 비교사상적 고찰을 통해 프레이리 '변혁적 교육학'의 사상적 뿌리를 보게 될 것이다.

그런데 사실 1990년대 이후 사회민주화가 서서히 진행되면서 눈에 보이는 억압의 강도가 약해지고 민주화운동에 대한 절박함도 약해지자 『페다고지』는 몇몇 개념들을 추억하는 대상 정도로 전락해 버렸다. 『페다고지』를 읽으라고 하는 사람도, 지금 왜 그 책을 읽어야 하는지를 논하는 사람들도 줄어들고 있다. 정치적 행동을 보완하고 지도하는 수단은 활용가치가 떨어지면 버려질 것이다. 우리의 현실 또한 입시경쟁 교육 뒤에 결코 부서질 것 같지 않은 학벌주의가 강력하게 자리하고 있고, 정치적 자유조차 없는 교사들의 손발을 옥죄는 관료주의 통제 체제 속으로 묶어두었다.

더욱이 프레이리의 이론을 우리의 교육현장에 도입하려는 시도조차 점점 요원해지고 있다. 임용고시 시험에 나오지도 않고 사범대학이나 교육

대학에서 비중 있게 다루어지지 않는 현실 때문이다. 프레이리가 강조하는 교육론은 오늘날 교실/강의실에서 기피하는 경향이 농후하다. 이 모든 것은 신자유주의 교육정책이 밀려오는 풍조와 함께 극단적인 개인주의적 분위기 때문이기도 하다. 또한 국가의 관료주의와 전체주의화, 그리고 점점 우리들의 시민의식이 무뎌 가기 때문이기도 하다.

더욱 큰 난제는 프레이리의 『페다고지』가 급진적 운동을 결여한 일반 교육학에서 다수의 교육자들에 의해 탈정치적 형태의 기술이나 교수 방법으로 이용되는 것이다. 게다가 공교육과 고등교육 기관이 점차 신자유주의적이고 보수적인 세력에 잠식되어 가고 있는 상황에서 프레이리의 힘기르기/자력화empowerment 교육이 기능적으로 인식되기도 한다. 그런가 하면 프레이리의 철학적, 교육학적 접근 방식을 여러 가지 잡다한 이유—이상주의, 유토피아주의, 신비주의, 포퓰리즘, 전위주의, 권위주의, 문화적 제국주의, 그리고 마르크스주의, 페미니즘, 반인종주의까지—를 들어 공격한다.

다른 한편으로, 자유주의 또는 신자유주의 교육자들이 자유시장 이데올로기를 민주주의와 등치시키는 보수적 길들이기 교육의 대안으로 프레이리의 교육 방식을 이용하기도 한다. 이것은 프레이리 교육사상을 매우 왜곡시키는 사태가 아닐 수 없다.

오늘날 정치적으로나 이론적으로 오해를 받고 곡해되고 있지만, 프레이리의 교육론에 대한 새로운 논의는 거의 이루어지지 않고 있는 상황이다. 이러하기에 그가 제창한 교육이론은 논쟁과 논쟁을 불러일으키며 정반합을 거쳐 더욱 발전시켜야 하는 과제를 안고 있다. 프레이리의 삶 또한 그러했다. 따라서 매우 복잡한 프레이리의 교육사상을 제대로 이해하려면, 그의 사상의 정치적 배경과 사회변혁에 대한 철학을 깊이 있게 파악해야 한다. 이 점을 놓치면 프레이리의 교육사상은 낭만적으로 치부되거나 이상주의적 관념으로 곡해되기 쉽다.

따라서 프레이리 교육사상은 주의 깊게 접근해야 한다. 무엇보다 프레이리를 '의식화 이론가'로만 협소하게 이해해서는 안 된다. 의식화 이론의 핵심은 노동 현실이나 국가권력의 전복—억압적 시대에는 그런 시대적 사명이 있었지만—에만 있는 것이 아니다. 오히려 프레이리는 세상의 혁명을 위해 '나로부터의 의식혁명'이 따르지 않으면 성공할 수 없음을 강조하고 있다.

이런 평범한 이치를 자각해야 한다는 문제의식이 저자가 이 책을 쓰게 된 동기이다. 그다음으로 언론, 종교, 교육이 점점 '정치적 문맹자'를 양성하는 경향을 보이고 있는 풍조에 대한 심각한 우려도 작동했다. 더 근본적으로 활동가를 포함하여 가짜뉴스에 흔들리는 시민들의 세계관과 교육관(통념)이 '양식'으로 바뀌어야 한다는 절박함도 가동했다. 정치 지도자들이나 진보 인사들도 마찬가지다. 진보의 이중성을 넘어서야 새로운 미래 사회의 건설이 가능한데, 그러지 못한 정치권에 대한 회초리를 들어야 한다는 문제의식도 발동했다. 내 마음의 저변에 지금 이 일을 담당할 사람이나 세력이 잘 보이지 않아 나라도 목소리를 내야겠다는 정의감도 끓어올랐다.

이런 여러 이유로 나는 세상과 자아의 동시적 혁명을 추구하는 프레이리의 '변혁적 교육학'에서 새로운 희망을 발견하였다. 그래서 그를 우리 사회, 우리 교육에 호출하였다. 사랑과 겸손이 없는 의식화가 아니라, 그것과 결합한 통합적 의식화가 절실하다는 말이다. 의식화 활동은 세상 사랑과 사람 사랑이 동시적으로 이루어져야 한다는 말이다. 프레이리의 교육사상은 '의식화의 교육학'일 뿐만 아니라, '사랑의 교육학'임을 재발견하고 이를 재조명하고자 했다. 프레이리의 저서에는 '사랑'의 가치가 들어 있음에도, 억압적 사회 현실로 인해 '정치적 의식화' 개념으로만 이해되어 사랑의 개념이 배제되면서 우리의 내면 안으로 들어오지 못하게 하는 폐쇄적 방어벽이 두터워지기 때문이다. 그래서 의식화 교육을 '사랑'의 교육학으로 승화시키고자 하였다.

삶의 대전환을 위한 교육의 거대한 전환, 나아가 교육의 대전환을 통한 사회의 거대한 전환이 필요하다는 시대정신도 끓어올랐다. 게다가 코로나 사태는 문명적 전환을 위한 새로운 교육사상의 출현을 요구했다. 또한 시민, 학습자, 학생을 수동적인 존재로, 대상/객체로 전락시키는 교육체제의 변혁을 요구한다. 이를 위해 비인간화의 온상이 되어 버린 대학서열체제도 허물어야 한다. 사회를 변화시키는 시민을 길러 내려면 교사에게 정치적 시민권도 부여되어야 한다. 그리고 지역사회와 마을운동의 사상적 기반도 튼튼해야 한다. 이런 여러 가지 절실한 현실적 과제가 프레이리의 변혁적 교육사상을 다시 불러냈다.

이것들이 새로운 시대정신이라면 우리 모두 이제 이론과 실제, 이상과 변혁적 현실을 종합하는 통합적 사상가로 살아야 한다. 그리하여 학자/연구자와 실천가/활동가 사이의 긴장을 놓지 말아야 한다. 행동/실천과 성찰/앎의 끊임없는 변증법적 관계인 '변혁적 실천praxis'의 의미를 되새겨야 한다. '실천 없는 앎'은 공허하고, '반성이 없는 행위'는 맹목과 다름없다. 따라서 이론과 실천이 결합된 프레이리가 역설하는 '프락시스적 삶'은 미완성된 인간의 완성을 향한 변증법적 과정이라고 할 수 있다.

교육사상은 사회사상을 포함해야만 한다. 교육문제는 곧 사회문제이고, 사회적 맥락을 고려하지 않는 모든 교육개혁은 실패할 수밖에 없다. 더욱이 코로나 사태는 문명적 전환을 위한 새로운 교육사상의 출현을 요구한다. 더욱이 이를 위해 교육 관련자, 종사자들은 교육의 이론과 실제, 이상 사회와 현실 사회를 종합하면서 '이론적 실천가' 또는 '실천적 이론가'가 되지 않으면 안 된다. 이 두 가지가 합쳐진 사람이 '교육사상가'라고 할 수 있다. 한마디로 '이상적 현실론자', '현실적 이상론자'로서 새로운 교육 세상을 꿈꾸며 오늘도 실천의 끈을 놓지 말아야 한다. 올곧은 실천은 사상의 기초가 튼튼해야 한다. 철학이 부재하면 시대에 영합하는 한때의 유행을 쫓아다니거나, 비바람과 눈보라에도 쉽사리 무너질 수 있다. 시민운동, 지역운동, 사회운동, 교육운동을 제대로 하려면 대중의 대지에 뿌리를 내려야 하며, 다양한 영역에서 작은 모임이나 진지라도 튼튼히 구축해나가야 한다.

프레이리의 변혁적 교육학은 교육자라면, 그리고 활동가라면 반드시 다시 독해하고, 오늘날 사회정치적 세계의 역사적 특이성에 비추어 재해석해 보아야 할 중요한 교육사상이다. 삶의 대전환을 요구받고 있는 전환기, 지금의 상황이 위태롭기 때문에 더욱 그렇다. 제한된 실천, 즉 사회적 관계의 총체성을 고려하지 못한 실천은 기존의 사회질서와 모순을 재생산할 뿐이다. 이런 질서와 모순을 혁파하려면 기존의 이데올로기 주입이나 선동을 비판하는 동시에 그 모순을 구성하는 관계 구조를 변혁시킬 수 있는 비판적인 사고와 실천이 절실하다.

이제 삶의 대전환을 요구하는 시대에 시민들 스스로 변혁적 교육사상을 찾아 배워야 한다. 혼돈의 시대를 잘 극복하려면 변혁적 교육사상을 체득하여 세상의 변화를 위한 사상적 무장을 해야 한다. '상식'을 '양식'으로 전환시키는 변혁적 교육학을 필요로 한다. 이러한 문제의식을 지닌 사람이라면 가장 치열한 삶을 산 프레이리를 공부하지 않을 수 없다. 프레이리의 삶과 교육사상을 공부하면 한국 교육의 위기를 새롭게 이해하고 미래교육의 새로운 좌표를 발견할 수 있을 것이다. 한국 교육의 거대한 전환을 위한 교육사상의 나침판을 필요로 한다. 오늘도 현장과 일상생활에서 활동하는 일꾼들은 교육사상에 대한 공부를 목말라 하기에 특히 그렇다.

『프레이리에게 변혁의 길을 묻다: 파울루 프레이리 교육학의 사상적 뿌리』는 프레이리 교육이론에 대한 종합 입문서이다. 이 책은 독자들이 프레이리의 『페다고지』를 읽었던 과거의 기억이나 단편적 이해를 넘어서고 있기에 독자들의 인식 변화에 큰 도움이 될 것이다. 모쪼록 이 책을 통해 혁신교육과 지역교육의 설계도가 새롭게 작성되기를 기대한다. 필자도 이에 따라 성실하게 교육사상의 밭갈이를 하는 농부가 되고 싶다. 이 책이 삶의 현장에서 새로운 이상 세계를 꿈꾸면서 일상의 활동과 실천에 헌신하는 사람들에게 한 가닥 희망의 기운으로 솟아오르기를 간절히 염원한다. 힘들게 활동하는 숨은 일꾼들에게 이 책을 바친다.

2022년 10월

도봉산 기슭에서

# 1장

# 프레이리의 삶의 여정과 사상적 실천

## 망고나무에서 차디찬 감옥으로

파울루 프레이리는 1921년 브라질 북동부의 항구도시 헤시피에서 태어났다. 네 명의 형제 중 막내이다. 군무실에서 일하는 그의 아버지는 가톨릭 신자로서 상당히 영적인 사람이었고 어머니는 자상한 사람이었다. 프레이리는 독일제 피아노가 있을 정도로 비교적 안정된 중산층 가정에서 행복한 어린 시절을 보냈다.

1차 세계대전과 1930년대 세계적인 경제공황으로 브라질 경제가 붕괴되면서 그의 삶은 완전히 쇠락의 길로 떨어졌다. 아버지가 직장을 잃게 되면서 프레이리는 끼니를 제때 해결하지 못할 정도의 가난을 겪게 된다. 이런 어려움을 겪으면서도 피아노는 버리지 않았고, 아버지가 넥타이 매는 일도 사라지지 않았다. 프레이리는 세계 대공황 기간에 가난과 배고픔에 익숙해졌다.

이러한 경험들은 가난한 사람들에 대한 그의 태도를 만들었고, 결국 그가 교육 분야로 진출하는 배경이 되었다. 가난과 배고픔은 그의 학습능력에도 심각한 영향을 미쳤다. 그가 가난한 사람들의 삶을 개선하기 위해 자신의 삶을 바치기로 한 데는 그 영향이 컸던 것으로 보인다. 그의 경험은 그에게 사회계급과 지식의 관계가 무엇인지 가르쳐 주었다.

이런 역경 속에서도 프레이리는 부모가 보여 주는 인내심, 관용, 사랑의 분위기 속에서 자랐다. 그는 부모님을 존경하는 마음을 잃지 않았다. 그의 부모는 아이들이 정서를 자연스럽게 표현하고, 논쟁적으로 사고하고, 신앙생활을 하도록 했다. 특히 그의 삶에 영향을 미친 자유주의적 사고방식은 아버지의 가톨릭 신앙, 그리고 그와 깊이 관련된 지역사회 모임 참석에서 배운 것이었다.

아버지는 잠들 때면 노래를 불러주고 이야기책을 읽어 주었다. 어린 프레이리는 망고나무 아래에서 막대놀이를 했다. 그곳에서 아버지로부터 글자를 읽고 쓰는 것을 배웠다. 이때의 배움은 이후 성인문해 교육의 구상에 큰 상상력을 불어 넣었다. 프레이리가 고백하듯 아버지는 '최초의 교사'였다. 아버지에게서 정당한 권위와 권위주의를 구별하는 법을 배웠다. 프레이리는 아버지로부터 브라질에서의 사회정의와 정치투쟁에 대한 정보를 듣고 자랐다. 프레이리에게 변함없는 신뢰를 보낸 어머니 역시 그의 정서적 성장에 큰 영향력을 미친 중요한 존재였다. 특히 어머니로부터 체험한 가톨릭 정신은 프레이리의 인생관과 세계관 형성에 큰 영향력을 미쳤다.

프레이리가 열 살 때 헤시피에서 11마일 떨어진 작은 도시로 이사를 갔다. 이때부터 그의 삶은 더욱 어려워졌다. 세계 대공황이 일어나 나라 전체가 경제적으로 어려웠다. 이 시기는 배고픔을 참고 견뎌야 하는 인고의 세월이었다. 엎친 데 덮친 격으로 열세 살 되는 해에 아버지마저 세상을 떠났다. 그는 나중에 이 시절을 '잃어버린 시간'이었다고 고백한다. 고단한 생활 속에서도 그가 형제들과 다투지도 않고 더불어 사는 삶을 산 것은 가족들을 위한 어머니의 헌신적 삶 때문이었다.

그때 프레이리는 가난과 굶주림으로 가득 찬 민중의 고통이 숙명이 아니라, 오히려 극복해야 할 해방의 대상이라는 생각을 했다. 처음에는 가족의 현실적 요구로 법과 철학을 동시에 공부하는 대학에 입학했지만, 법률 공부는 그다지 도움이 되지 않았다.

1940년 당시 대학에 나돌던 프랑스 학자들의 급진적 책들이 대학생인 프레이리의 의식을 자극했다. 교육이론과 방법에 관심을 느끼면서 포르투갈어, 스페인어, 프랑스어, 영어로 쓰인 교육, 철학, 심리학, 언어학 등에 대한 책을 두루 접했다. 알튀세르, 푸코, 프롬, 레비스트로스, 마리탱, 무니에, 사르트르 등의 책을 섭렵하면서 의식화되어 갔다. 그 영향으로 대학을 다니면서 밤에는 슬럼가에서 야학을 했다.

언어철학 및 사회학을 공부하던 중 1943년 페르남부쿠대학교 법학부에 입학한다. 대학 생활을 하면서도 파트타임으로 고등학교 국어포르투갈어 교사를 했다. 대학을 졸업한 후 포르투갈어를 가르치는 정식 교사가 되었다. 교장자격시험을 준비 중이던 초등교사 엘자를 만난 것은 그때였다. 프레이리는 엘자의 시험 준비에 필요한 구문론을 가르쳤다. 그 과정에서 사랑에 빠진 두 사람은 1944년 결혼을 했고 다섯 명의 자녀를 갖는다. 이후 엘자는 프레이리의 정서적, 지적 후원자가 된다. 엘자는 프레이리의 혁신적 제안을 정교하게 다듬는 일을 도왔으며, 전 세계의 여러 프로젝트를 위해 함께 작업했다. 자녀를 포함하여 아이들과 함께한 그녀의 문해력 수업은 프레이리의 문해교육 사업을 발전시키고 다듬는 데 크게 기여했다.

프레이리는 대학교 졸업 이후 변호사로 사회생활의 첫발을 내디뎠지만, 첫 소송을 담당했던 경험을 끝으로 변호사 일을 그만둔다. 큰 의미를 느끼지 못했기 때문이다. 다시 직장을 옮겨 페르남부쿠주의 사회복지부 교육문화국SESI에서 공무원 일1947-1959을 한다. 노동자들의 교육과 문화 프로그램 조정자 역할을 했고, 여러 사회 집단과 매일 교류했다. SESI의 담당자로서 민주적이고 개방적인 유연한 운영 체제를 집행했고, 학교-가정 관계에 대해 많은 배움을 얻게 되었다. 그 과정에서 그는 잘못된 양육과 아동노동 같은 사회적 문제는 부모와 지역사회의 참여를 통해 해결해야 한다고 생각했다. 이때의 경험은 이후 매우 중요한 정치적-교육적 실천의 밑거름이 되었다.

프레이리는 이때가 자기 자신의 생각에 큰 영향을 미쳤다고 당시 상황을 술회한다. 첫째, 성인교육을 할 때 지식과 경험, 일상의 삶으로부터 시작해야 한다. 둘째, 문해 프로그램은 단순히 철자, 문장, 문단 읽기가 아니라 사회적 현실에 대한 비판이 뒤따라야 한다. 셋째, 교육의 과정은 수평적이고 대화적이어야 한다. 넷째, 성인교육은 학위를 얻기 위한 수단이 아니라, 학습자의 사회정치적 의식을 고양하기 위한 과정이고, 공적 생활에 참여하기 위한 과정이다. 다섯째, 성인 학습자는 자신의 학습 내용을 선택하는 데 참여할 수 있어야 한다.

프레이리는 아내 엘자와의 대화를 즐겼는데, 주로 교육이론과 방법에 대한 주제가 중심이었다. 프레이리는 교육학, 철학, 심리학, 언어학 책을 두루 읽었다. 공무원을 하면서 얻게 된 경험과 그에 따른 독서는 전공을 바꾸어 교육학 공부로 전환하게 된 결정된 요인으로 작용했다. 변호사에서 진보주의 교육자로의 전환은 1940년대에 프레이리와 엘자가 가톨릭교회의 교육활동에 참여한 것 때문이다. 프레이리는 가톨릭의 실천운동을 통해 가난한 사람들을 위한 우선적 선택 활동을 표명했던 진보주의 운동에 특별한 관심을 보였다. 성서 연구를 통해 지역의 현실과 빈곤층의 사회문제를 연결시켰던 가톨릭 신부 돔 헤르더 카메라 주교1909~1999는 프레이리의 멘토였다. 두 사람의 주요 관심사는 민중의 문화와 계급적 억압 사이의 연계, 그리고 교육에서 문화 및 대화의 역할이었다.

프레이리는 1959년 헤시피대학교에서 「오늘의 브라질과 교육」이라는 논문으로 박사학위를 받았다. 논문은 탈식민주의 브라질 교육의 침묵과 저항을 다루었다. SESI에서 12여년 동안 경험한 것을 총괄적으로 연구한 결과였다. 한편으로는 가부장적이고 숙명론적 문화가 존재하고, 다른 한편으로는 대화와 비판적 성찰, 그리고 집단적 행동을 통한 민주화와 사회변혁을 위한 정치적-교육적 프로젝트가 존재하는데, 이 둘 사이의 긴장을 연구했다. 그의 논문 지도교수는 아니시오 테이셰이라Anísio Teixeira,

1900~1971[1]였다. 프레이리는 1928~1929년 존 듀이와 함께 공부했던 그로부터 진보주의 교육progressive education을 배웠다. 프레이리 논문의 이론적 기초에는 듀이1859~1952의 『민주주의와 교육』1916이 가장 큰 영향을 미쳤다. 지도교수가 그 책을 브라질어로 번역했다. 프레이리는 듀이와 테이셰이라를 따라서 브라질 교육체제의 중앙집중화, 권위주의, 엘리트주의를 비판하면서 협동학습, 교과주제, 지역환경의 밀접한 연계를 위한 학습 과정을 탐구했다, 아울러 민주주의를 위한 교육은 민주주의의 실천과 분리되지 않아야 하고, 민주주의는 동네 모임, 지역사회 모임, 조합, 교육제도, 그리고 취미 모임 등을 포함하여 사회적·정치적 삶에 대한 직접적·적극적 참여를 할 때 더욱 효과적임을 알게 된다. 민주주의는 민주주의 연습을 통해 배울 수 있다는 것이다.

프레이리는 학위 취득 후 페르남부쿠대학교에 교육사와 교육철학을 가르치는 교수로 임용되었다. 이 시기에 민주주의 원칙을 교육이론과 실천에 통합시키려는 시도에 큰 영향력을 발휘한 소련의 사회주의 교육학자 안톤 마카렌코1888~1939[2]의 교육철학도 알게 되었다. 정식 교수가 되면서 그의 살림은 좀 펴지기 시작한다. 1950년대와 1960년대 초 브라질의 정치적, 사회적, 지적 생활은 급성장했다. 브라질의 역사에서 가난한 사람들의 요구를 고려한 개발주의와 독립적 국가발전 모델이 출현하던 시대였다. 그 한가운데 그의 스승 테이셰이라가 있었다. 그 외에도 그에게 영향을 준 사상가로는 칼 만하임, 칼 야스퍼스, 군나르 뮈르달, 가브리엘 마르

1. 테이셰이라는 프랑스 소르본에서 4개월간 머물면서 교육의 세속화와 무상화 제도에 크게 고무받았다. 그는 개인과 국가 전체의 발전을 위해 교육의 사회적 평등과 세속화가 필요하다고 주장했다. 학교는 민주주의에 공감하는 사람들을 양성함으로써 교육 행위를 통해 평등을 지지하는 기반을 구축해야 한다. 이를 위해 학교는 교육기관으로서 대화와 자체 활동 참여를 지원해야 한다. 이를 위해 뉴스쿨(Escola Nova)이 주창하는 적극적인 방법을 따를 필요가 있다. 학생들의 동기가 평등적 교육의 사회화로 이어져 사회의 불평등이나 반민주적인 성격을 바꿀 수 있는 개인을 양산해야 한다. 테이셰이라에게 학교는 단순히 특권층을 위한 것이 아니다. 특권은 개인이 기회의 평등을 누리지 못해 잠재력을 개발할 수 없는 불평등한 사회에 의해 지속된 차별의 한 형태라고 보았다.

셀과 같은 유럽의 사회학자와 철학자들이 있었다.

그 당대는 정치적으로는 민중주의 등 아래로부터 올라오는 민주주의 시대였다. 1958년 로마 가톨릭 교황청John XXIII은 '가난한 자의 교회'를 표방했다. 1959년에는 카스트로가 주도한 쿠바 사회주의 혁명이 일어났다. 브라질 사회는 노동조합에서 국가민중주의운동 등 좌파 분위기가 크게 부상하였다.

이런 정치적 분위기에서 1961년 43세의 부유한 변호사인 굴라르Joao Goulart가 대통령으로 선출되었다. 이념적으로 진보적이고 노동조합과 빈민층으로부터 높은 대중적 인기를 누렸다. 그는 중도좌파 정치집단과 연합 전선을 구축했고, 경작되지 않은 토지의 몰수, 국영협동조합의 설립 등과 같은 일련의 국가개혁과 재분배 정책을 폈다.

이런 맥락에서 1962년 헤시피에서 진보적 변호사 출신의 시장, 나중에 페르남부쿠 주지사가 된 미구엘 아라에스가 취임하면서 프레이리는 이들과 연대하여 본격적으로 민중문화운동을 벌여 나갔다. 굴라르 정권의 교육부장관에 발탁된 인물은 타르소Paulo de Tarso Santos, 1926~2019였다. 그는 지역에서의 문해교육을 전국 프로그램으로 만드는 데 프레이리를 끌어들였다. 교육부는 프레이리의 방법을 사용하여 문해교육 캠페인을 벌였다. 프레이리의 작업은 성인교육과 지역사회개발에 참여한 이래 전국적으로, 그리고 국제적으로 관심을 끌었다. 1962년 프레이리는 자신의 문해교육

---

2. 안톤 마카렌코는 우크라이나 출신이다. 마카렌코의 사상은 크룹스카야와 루나차르스키 등과 같은 당시 지도급 소비에트 교육자들의 저작과 러시아혁명 당시의 마르크스, 엥겔스, 레닌, 고리키의 작품들에 영향을 받았다. 그는 1920년에서 1927년까지 '고르키 노동자 콜로냐'를 이끌었으며, 집 없는 아이들과 10대들을 위한 단체 '제르힌스키 노동공동체'의 대표로 임명되었다. 두 지역에서 그는 직원들에게 육체노동과 교실수업을 결합하여 지도기술과 성격형성, 그리고 예술철학을 가르치게 했다. 이론가로서 그는 무정부적인 자유교육과 생물학 결정이론을 거부했고, 대신 변증법적 유물론에 근거한 교육학적 논리체계를 만들게 된다. 마카렌코는 마르크스 중에서 가장 중요한 것은 완성된 한 인간도 아니고, 만들어진 인간도 아닌 새로운 인간임을 발견했다. 사물의 새 질서 속에 새로운 사회를 만드는 것, 그리고 무엇보다 새로운 인간을 만드는 것이 과제라고 보았다. 교육의 목적은 사회와 더불어 변화해야 하며, 인간적이어야 한다. 그리고 집단의 영향력과 창의성과 함께 가정교육 환경의 중요성을 매우 강조했다.

이론을 광범위하게 적용할 기회를 맞았다.

이런 가운데 프레이리의 명성을 들은 이반 일리치가 프레이리를 만나기 위해 헤시피를 방문했다. 프레이리의 문화서클culture circle을 배우기 위해서다. 당시 브라질 성인문해 프로그램adult literacy program은 아이들을 가르치는 데 사용된 같은 내용과 방법의 반복에 지나지 않았으나, 프레이리 방법은 그것과 너무나 달랐다. 첫째, 이전의 성인문해 훈련이 학습자를 지식의 수동적 소비자로 보았던 데 반해, 프레이리 모델은 낱말의 탈코드화와 공동 창조를 통해 학습자참여자로 불리는를 학습 과정의 적극적 주체로 보았고, 그들을 그 과정의 중심으로 위치시켰다. 둘째, 탈맥락적이고, 종종 아이들을 설계된 입문서를 반복하는 이전의 성인문해 프로그램과 달리, 프레이리 모델은 사회적 현실, 어휘, 그리고 학습자의 경험을 교육과정의 중심에 두었다. 셋째, 이전 모델의 방법론은행저축식 교육은 교단에서 교사가 말하는 것으로 구성된 데 비해, 프레이리가 제창한 모델, 즉 '문제제기식 교육problem posing education'은 질문하기, 집단 프로젝트, 대화, 그리고 토의가 중심이었다. 넷째, 이전의 성인문해 훈련이 도구적 논리뿐이고, 사회적 불평등을 질문하지 않은 채 학습자를 기존 세계에 적응시키려는데 반해, 프레이리 모델은 해방적 합리성과 비판의식 고양, 그리고 억압적 상황으로부터 자신을 해방시키는, 사회 변화에 영향을 미치는 학습자의 능력 함양에 근거를 두었다.

한마디로 프레이리는 문맹이 기능적 관여를 통해 해결되는 개인의 문제가 아니라, 대규모 사회적 동원을 통해 해결될 수 있는 사회의 문제라고 이해했다. 프레이리가 정부의 문맹퇴치 프로젝트에 참여하게 되면서 처음에는 정부로부터 상당한 인정을 받았다. 단순히 말과 글을 익히는 기능적 문맹퇴치 교육이 아니라, 사회의 현실을 각성시키는 '정치적 문맹'을 퇴치하려는 교육을 시도했다. 이를테면 단순히 '오물'이라는 단어를 읽기만 하고 쓰기만을 반복하는 도구주의적 문맹퇴치가 아니라, 오물이라는 단어를 통해 오물의 세계를 비판적으로 읽고, 그 사실의 이면에 놓인 관계까지도 파악할 수 있는 비판의식을 갖게 하는 것이다. '글을 읽는 것'은 곧 '세계를 읽는 것'이라고 할 수 있다.

이런 문해교육literacy education 방식은 세계에 대한 앎의 교육인 동시에 세계를 변혁시키는 '정치교육'이나 다름없다. 그것도 일방적 강의를 통해 주입식으로 가르치는 것이 아니라, '문화적 학습 서클'을 만들어 진행하는 것이다. 이것은 살아 있는 경험, 일작업, 그리고 교육학과 정치학이 결합된 해방을 목표로 한 대안적 교육 접근이다. 단순히 학습자를 길들여 기존의 억압적 사회를 그대로 받아들이는 것이 아니다. 아이들의 문해교육에서 이전에 사용된 방법과 많이 달랐다. 문자를 읽고 쓰는 기술을 습득하는 것이 아니라 목소리를 내게 하여 '침묵문화culture of silence'로부터 스스로 자기 운명의 주인이 되도록 적극적으로 정치적 참여를 독려하는 문제제기 학습을 하기 때문이다. 성인문해력은 초기 작업의 확장이나 의사소통 접근에서 자유를 위한 문화적 행동으로 발전했다.

그가 살았던 당시의 굴라르 정권과 프레이리의 정치적 관계를 보면 좀 복잡하다. 굴라르는 문해교육을 왜 전국적으로 실시해 성인 문해율을 높이려고 했는지, 쿠데타로 국가권력을 장악한 군부는 이런 성인 문해율이 올라가는 것을 왜 위험시했는지, 그리고 이 일을 담당했던 책임자를 투옥, 추방하려고 했는지를 살펴볼 필요가 있다. 군사 쿠데타를 일으킨 다음 날 수도 인근 지역도 아닌 페르남부쿠주의 안지코스 지역에서 문해교육을 하던 프레이리를 감금한 이유는 그의 교육적 방법론과 교육적 개입, 그리고 그의 교육에 참여하는 민중의 의식화가 자신들의 정파에 위험한 일로 보였기 때문이었다. 학교 교실에서 학교 주변의 가난, 쓰레기, 교통문제, 정치인들의 부패, 학생들의 문화, 계층, 불평등 등의 주제를 다루고 논의함으로써 학교교육이 학생과 학부모의 의식적 각성을 불러왔기 때문이다. 게다가 비문해자는 투표에 참여할 수 없었던 상황이었다. 이런 상황에서 보수적인 기득권 세력은 가능한 대중을 비문해 상태로 두어 정치에 참여시키고 싶지 않았던 반면, 이에 반대하는 정치세력은 대중을 적극적으로 정치의 장으로 끌어들이려고 했다. 그 매개체가 '문해교육'이었다. 사실 프레이리의 문해교육은 미국개발협력청USAID이 원조 자금을 댈 만큼 효과적이라 여겨졌지만, 문해교육은 단지 문해율만을 향상시키는 게 아니었다. 일종의 정치교육으로서 대중의 정치의식을 고양하는 기제로도 작동했다. 그러니 반동 세력에게는 기득권 세력에 저항하며 불온한 혁명을 꾀하는 선동으로 보였을 것이다.

결국 이러한 교육을 한 것 때문에 프레이리는 1964년 대학교수직이 박탈되고 영어의 몸이 된다. 그는 감옥 생활을 하면서 교육은 '중립적'일 수 없음을 몸소 깨달았다. '교육의 중립성'을 거부하는 프레이리의 태도는 이념적 신념을 드러낸 것이다. 또 의식화 교육은 교사-학생 사이에 대화보다 주입식으로 이루어질 소지가 크지만, 프레이리는 자신의 활동 배경인 라틴아메리카의 정치경제적 상황을 반영한 '정치교육' 성격을 띤 성인문해 교육을 시도한 것이다.

프레이리의 혁명적 교육 실험은 당국의 정책과 자주 마찰을 빚었다. 그는 자신의 문맹퇴치 교육 사업에 어떤 정치 이데올로기를 집어넣으려는 정부의 시도에 고분고분하지 않았다. 프레이리는 정부가 민중들의 생각할 권리와 행동할 권리를 침해하는 것을 받아들이지 않았다. 그는 착취당하고 있는 민중의 현실을 보면서 민중 스스로 의식화하는 것이 중요하다고 생각했다. 민중들이 빈곤에 시달리면서도 좀처럼 그 상태를 벗어나지 못하게 된 이유는 그 사실을 깨닫지 못하게 하는 지배계급의 이데올로기 때문이라고 생각했기에 그 사실을 일깨우는 활동을 활발하게 펼쳤다.

프레이리는 1964년 4월 쿠데타로 권력을 잡은 군사정권에 의해 투옥되기까지 브라질의 문해운동을 매우 성공적으로 발전시키는 데 중요한 역할을 했다. 나중에 그는 70여 일간 감옥 생활을 하면서 진정한 자유의 의미를 깨달았다고 고백한다. 이후 브라질에서 성인들을 위한 문맹퇴치 교육활동이 계속되었지만, 프레이리가 제창한 '비판적' 문해교육은 중단되었다. 브라질 사회가 전체주의 시대로 돌아가고 말았기 때문이다.

굴라르 정권을 뒤엎은 군사정권은 민주정권에 정책적, 이념적 지원 세력이었던 인물 6,000여 명을 영구 추방한다. 브라질 군사정부는 프레이리도 해외로 추방했다. 이때부터 16여 년 동안 기나긴 망명 생활이 시작된다. 프레이리가 주도한 브라질 북동부지역의 성인 문해교육이 매우 효과적으로 진행되어 그렇게 된 것이다. 굴라르 정권은 프레이리를 국가 차원의 문해교육 책임자로 발탁했지만 결국 감옥행에 이어 해외로 추방시켰다. 역사의 아이러니가 아닐 수 없지만, 이 위기는 프레이리 인생에 극적인 전환을 가져왔다.

## 망명객에서 국제적 인물로

가족들과 브라질에서 추방당한 프레이리는 처음에는 볼리비아로 갔다. 그러나 6개월도 채 안 되어 칠레로 다시 이동한다. 갑작스레 쿠데타가 일어났기 때문이다. 먹고살기가 더 힘들어졌다. 때마침 칠레에서는 기독민주당의 프레이 몬탈바Frei Montalva 대통령이 취임하면서 마르크스주의적 국가 대개혁을 실시하는 중이어서 프레이리에게 일자리가 생겼다. 칠레 정부와 연계해 문해교육 프로그램을 추진하였다. 그는 칠레에서 자신의 일부 생각에 도전적이었던 역동적이고 활기찬 사회적·지적 분위기를 발견했고, 새로운 문학과 종속이론도 접했다. 그에게 막대한 영향을 준 그람시 이론도 접했다.

그는 칠레에서 5년1964~1969 동안 머물며 이 나라의 문해교육 및 지역사회개발 프로그램에 적극 참여했다. 그 기간은 교육적, 정치적, 이데올로기적 접근을 시도하는 데 중요한 계기가 되었다. 이런 참여를 통해 자신의 교육이론을 구체적 정책과 연계하면서 자신의 교육이론을 재검토·재구성했다. 1960년대 칠레 사회의 높은 정치적 유동성은 프레이리의 교육이론이 사회의 재생산 및 변화의 연계성을 진지하게 논의하도록 했다. 칠레에서의 경험은 그동안 브라질에서 제기했던 교육적-정치적 제안의 공고화와 재형성을 위한 기초가 되었다.

칠레에 머무는 동안 프레이리는 우리가 잘 아는 두 권의 책을 스페인어로 출간했다. 첫 번째로 『자유의 실천으로서의 교육』1967을 출판했다. 브라질의 감옥에 있을 때 쓴 책으로 브라질에서의 문해교육 경험을 담고, 실패의 경험도 기록하고 있다. 브라질의 북동부 맥락에서 소수의 토지 소유 엘리트들이 대부분을 결정하고 보통 사람들은 객체의 범주로 축소된 식민문화와 경제적 착취의 사례를 실증하고 있다. 이 책은 폐쇄사회에서 열린사회로, 그리고 주술적 의식에서 비판적 의식으로의 이행을 다루고 있다. 이러한 이행 과정에서 대화와 의식화—지배된 의식에서 비판적 의식으로 대체되는—개념에 특별한 주의를 기울이는 대화 교육의 역할을 논의하고 있다. 이런 생각은 이후 교육, 정치, 그리고 사회변혁의 연계로 발전한다.

그다음으로 같은 해에 프레이리를 세계적으로 가장 유명한 인사로 만든 『억압받는 사람들의 교육학』일명 『페다고지』[3], Pedagogia del Oprimido: 포르투갈판, 1968; Pedagogy of the Oppressed: 영어판, 1970을 출판했다.[4] 『페다고지』는 파농이나 프롬 등과 같은 정신치료 및 정신분석가들의 저작에서 영향을 받은 억압의 심리학에 근거하고 있다. 그의 목표는 인간 조건을 향상시키기 위해 교육을 이용하는 것이었다. 이때 교육은 억압의 효과에 대항하고, 그가 인간의 인식론적 사명이라고 여겼던 것에 궁극적으로 기여하는 것이다. 『페다고지』는 현상학, 실존주의, 기독교 인간관, 인본주의적 마르크스주의, 헤겔 변증법 등을 포함하여 무수한 현대 철학적 사상에 영향을 받은 것으로, 지배와 억압의 관계를 극복하는 방법으로 대화와 궁극적인 의식화, 즉 비판적 의식의 고양을 주창하고 있다. 따라서 사회적 참여, 의식화, 자력화를 위한 교육의 개념은 프레이리의 교육정치철학에서 핵심을 차지한다.

자본주의 교육의 억압적 역학을 잘 보여 주는 『페다고지』는 비슷한 시기인 1971년에 발행된 이반 일리치의 『탈학교론』과 함께 가장 광범위하게 읽혔다. 대안적, 해방적 교육을 제창한 『페다고지』는 듀이의 『민주주의와 교육』과 함께 20세기의 가장 영향력 있는 책이 되었다. 1970년대에 『페다고지』는 자유주의적이고 계발주의적 접근을 넘어 마르크스적 범주를 사회적·교육적 현실에 응용한 더욱 급진적인 사회로의 이행을 보여 준다. 철학, 사회학, 그리고 심리학을 포함한 타 학문의 통찰—헤겔, 마르크스, 프롬, 페브르, 골드만—을 끌어들여 교육의 철학적 본질을 드러내고, 교육이 지배의 목적뿐만 아니라 해방의 목적을 위해서도 이용될 수 있다고 보았다.

이런 교육의 모순적 역할을 교실에서의 교육적 접근과 연결하고, 은행저축식 교육과 문제제기식 교육을 구분했다. 문제제기식 교육의 핵심에

3. 'pedagogy/Pedagogue(παιδαγογος)'는 원래 가정에서 아이들을 돌보는 책임을 맡은 노예를 일컫는 말이다. 나중에 이 단어의 의미는 교육자 및 교사를 의미하는 것으로 확장되었다. 여기서 사용하는 'pedagogy'는 일반적으로 '교육학' 또는 '교수학'으로 번역된다. 가르치고 배우는 과정인 'pedagogy'는 개인(학습자)의 인지적, 정서적, 도덕적 발달을 형성하는 '사회적 실천'을 가리킨다. 'pedagogy'는 교육의 과학이고 예술이다. 이것은 학습의 결과(시험점수 등)뿐만 아니라, 정체성 형성에 영향을 미치는 것으로서 아동 발달의 사회적·문화적·역사적 요인과 연루된다. 따라서 'pedagogy'는 서로 다른 집단(교사, 정책결정자 등)에 의해 창조되고 경합되는 교육 목적과 관련하여 사회에 대한 비전(이론, 신념체제 등), 인간 본성, 지식, 그리고 생산을 포함한다. 그러기에 지배적 사회계급에 조응하는 특정 사회유형과 정치 노선을 채택해야 하기 때문에 정치적으로 무관할 수 없다(Daniels, 2001: 1-5). 'pedagogy' 활동에는 불가피하게 갈등과 모순이 발생하며 틈새와 물꼬가 생기며, 그리고 여기에서 변화와 운동이 일어난다. 'pedagogy'는 역사적이고 사회정치적인 역학관계를 고려하는 좀 더 넓은 맥락에 교사와 학습자의 관계를 둔다는 점에서 '가르침(teaching)'과 다르다(McLaren, 2008: 281). '가르침'은 미리 결정된 환경에서 교사와 학습자의 교환을 통해서 어떤 지식이나 깨달음을 학습자에게 전달할 목적으로 그 지식을 체계화하고 통합하는 과정을 뜻한다.

4. 『페다고지』는 그가 망명 생활을 하던 1967년과 1968년 사이에 썼으며 포르투갈어, 스페인어, 영어, 이탈리아어, 프랑스어, 독일어 등 24개국 이상에서 번역되었다.

는 '의식화'[5] 개념이 자리하고 있다. 이 개념들은 새로운 것이라기보다 루소, 듀이, 사르트르가 발전시킨 전통적 형식교육에 대한 이전의 비판들을 발전시킨 것이다. 프레이리의 해방적 교육학liberatory pedagogy은 당시 유럽의 68혁명[6], 특히 학생운동과 밀접한 연관이 있다.Irwin, 2012: 27-29, 38, 45 칠레 망명 중에 발행된 스페인판 『억압받는 사람들의 교육학』도 1968년에 영어판은 1970년이지만 나온 것은 이런 사회적/시대적 위기의 반영이다. 인간화에 대한 강조는 구질서기존 제도에 대한 공격이고, 전통주의와 분파주의에 대한 거부이다. 인간 중심적인 요청이 아니라, 인류학적 요청이라고 할 수 있다.Irwin, 2012: 27-29 신-우파에 대한 새로운 철학nouveau philosophes, 즉 인격체로서 인간에 대한 새로운 사고방식으로서 진보주의적/급진적 휴머니즘을 편 것이다.

여러 면에서 『억압받는 사람들의 교육학』은 프란츠 파농의 『대지의 비참함』의 확장 또는 그에 대한 답변으로 가장 잘 읽힐 수 있다. 이들은 원주민들에게 전통적이기보다는 새롭고 현대적이며, 동시에 단순히 식민주의 문화의 확장이 아닌 반식민지 교육을 제공할 필요성을 강하게 강조했다. 프레이리가 칠레에서 경험한 활동은 브라질 사회에 바탕을 둔 『억압받는 사람들의 교육학』과 대조를 이루는 칠레 사회에 바탕을 둔 『자유의 실천으로서의 교육』1968으로 나타났다. 이 책은 마르크스적 휴머니즘에 바탕을 두고 있다. 기술적 지원의 허울 뒤에 숨겨진 정치적, 이데올로기

---

5. 의식화는 '의식을 발달시키는 과정'이면서 동시에 '현실을 변혁시키는 의식적 힘'이다. 의식화는 단순히 현실을 반영하는 것이 아니고, 그것을 재성찰하는 의식이다. 의식화는 억압적 현실에 길들여져 있는 순종적 의식에 눈을 뜨게 하고 각성을 하게 되는 의식이다.

6. 1968년 사회운동 또는 1968년 혁명은 1968년 세계 곳곳에서 벌어진 사회적 분쟁으로, 군독재정부나 권위주의적 정권에 맞서 정치적 압력을 받던 이들이 일으킨 사회운동을 의미한다. 68혁명은 사상적으로 당시 서유럽에서 신마르크스주의 흐름을 주도하던 프랑크푸르트학파의 영향을 받았다. 헤겔의 변증법적인 시각에 따르면, 사회는 점점 더 나은 방향으로 나아가야 한다. 하지만 2차 세계대전의 충격으로 인해 사회가 항상 진보하지만은 않는다는 비판이론의 시각이 확대되었다. 68운동 역시 당시 사회가 보수에 정체되었다고 여겨, 구체제를 비판적으로 바라보기 위해 프랑크푸르트학파의 시각을 수용하였다. 68혁명은 인종주의를 비롯한 여러 차별에 대한 반대뿐만 아니라 핵이나 환경오염, 베트남전쟁과 같은 여러 사회적 문제에 대한 반대도 포함하고 있다.

적, 경제적 지배 등을 통한 문화적 침략 문제를 다루었다. 1969년에 나온 '확장이냐 소통이냐'[7]라는 개념도 성인교육 활동의 결과이다. 그것이 『비판의식을 통한 교육』1973으로 출판되었다. 이런 프레이리의 활동의 성과로 칠레 정부는 유네스코로부터 문해교육 우수 국가로 인정받는다.[8] 프레이리도 칠레의 문해교육을 성공적으로 이끈 공로로 유네스코상UNESCO Prize을 받았다. 프레이리는 그 성과로 미국으로부터 강의 요청을 받게 된다.

1960년대 말과 1970년대 초의 미국은 깊은 사회적·인종적 갈등, 사회운동과 청년들의 저항으로 혼란스러웠다. 1968년에는 흑인 시민권운동의 지도자인 마틴 루서 킹 목사가 총을 맞고 사망한 사건이 발생했다. 1970년에는 베트남전쟁 반대 운동이 격화되었다. 프레이리는 1969년부터 1970년까지 하버드대학교의 객원교수로 지내면서 강의와 연구를 동시에 하게 된다. 프레이리는 보스턴1970~1971년에 머물면서 북미 지역 교육계 학자 및 실천가들과도 교류했다. 〈하버드 교육평론〉에는 칠레에서의 성인교육을 반영한 「자유를 위한 문화적 행동」1970을 발표했다. 하버드에 체류할 때 작성한 이 글은 자유를 위한 문화적 행동으로서 성인의 문해과정과 문화적 행동, 의식화의식 각성 사이의 관계를 다루었다. 프레이리는 개발도상국의 비문해 상황에 대해 주변성과 침묵문화로 특징지을 수 있다며 대화와 의식화에 기반한 교육적 참여문화적 행동를 제안했다.

7. '확장(extension)'의 개념은 열등하고, 수동적이고 무지한 수용자(농민)에게 정보를 이식시키는 우월하고, 적극적이고, 지식이 많은 행위자(확장적 일꾼)임을 함의하고 있기 때문에 교육에 대한 진정 인문학적 조망과는 직접적으로 모순이 일어난다. 그래서 '확장'이 반-대화적이고 위계적이고, 문화적 침략의 실천을 포함하고 있다면, '소통(communication)'은 상호대화를 함의하고, 학습자를 교육과정의 대상이 아니라 주체로 인식한다.
8. 2022년 현재 칠레는 세대교체, 문화혁명, 페미니스트 정부로 평가받는 만 36세의 가브리엘 보리치 대통령이 이끄는 중도좌파 정부가 출범하면서 새로운 바람이 불고 있다. 24명의 장관 중 14명이 여성이다.

## 세계교회협의회에서의 교육자문 활동

하버드대학교는 프레이리를 오래 두고 삶의 기회를 줄 만큼 그리 개방적인 곳이 아니었다. 프레이리는 1970년 스위스 제네바에 본부를 둔 세계교육협의회WCC의 특별 교육자문으로 일해 달라는 초청을 받고 흔쾌히 응했다. 그는 1971년 세계교회협의회로 자리를 옮겼고, 브라질로 돌아가는 1980년까지 머물렀다.

제네바에서의 활동은 단지 WCC 기관의 지원을 넘어 다양한 신생독립국가 및 개발도상국의 문해교육 프로그램을 지원하는 일, 국가발전 체제를 지원하는 일 등 다양했다. 여기에는 기니비사우, 모잠비크, 탄자니아 등 제삼세계 국가들이 포함되는데, 이 일을 하기 위해 외부 기관으로 문화행동연구소Institut d'action culturelle, IDAC를 설립했다. 『페다고지』를 통해 전 세계적인 교육계 유명인사로 알려진 프레이리에게 제네바의 IDAC 활동은 그의 이름을 전 세계적으로 알릴 수 있는 창구 역할을 했다. 그리고 브라질 민주화를 위한 다양한 사회운동 참여도 활발하게 이루어졌다. 프레이리는 제3세계 교육의 대변자 역할을 했다.

1971년에는 줄리우스 니에레레Julus Nyerere[9] 대통령의 초청을 받아 탄자니아를 방문했다. 니에레레가 제창한 '우자마ujamaa/communitarian' 사회주의 이념과 실천을 전 세계에 소개했고, 자신의 지역사회발전 프로그램을 소

9. 프레이리는 니에레레에 대통령으로부터 '스스로 돕도록 하는 교육(self-reliance)'을 소개받는다. "초등학교에서 제공하는 교육은 그 자체로 완전한 교육이어야 합니다. 이것은 단지 중등학교를 준비하려 시행되어서는 안 됩니다. 누가 중등학교를 갈 것인가를 선택하는 경쟁적 시험을 준비하기 위한 목적으로 만든 활동 대신, 대다수의 학생이 스스로 주도하는 삶을 준비하도록 구성되어야 합니다"(Freire, 2020: 161-162). 삶의 바깥에 존재하는 학교가 아니라 삶을 준비하는 핵심으로 봉사해야 한다는 것, 삶에 입문하려고 준비하는 동안 괄호로 남아 있어야 한다는 정도의 순진한 의미로 해석해서는 안 된다. 이는 듀이가 치열하게 고민했던 개념이었다. 왜냐하면 학교는 학생에게 무엇을 준비하도록 하는 곳이 아니라, 삶 그 자체여야만 한다. 니에레레에게 있어 삶에 대한 준비는 실제 '살아야 하는' 삶을 진지하게 이해하는 것으로 구성된다. 이로써 새로운 삶의 방식들을 창조해 나갈 수 있게 된다. 교육적이기도 하고, 정치적이기도 한 그의 사상은 실제적이고 구체적이며, 경험에 근거한 내용에 의해 채워져 있으며, 이 모든 것들이 곧 교육활동의 핵심적 변혁이라고 할 수 있다(Freire, 2020: 162).

개하기도 했다. 물론 기금 마련이 되지 않아 프레이리의 구체적 프로그램을 적용하는 데까지는 나아가지 못했다. 그는 탄자니아가 고국과 같은 느낌을 받아 여러 날 체류했다.

프레이리는 해외에서 망명 생활을 하는 동안 전 세계 28개 대학으로부터 명예교수 직함을 부여받았다. 1973년 1월과 2월 사이에는 WCC 구성원으로 미국의 12개 주를 탐방했다. 주말에는 『억압받는 사람들의 교육학』의 이념과 관련하여 교육자, 사회운동 지도자들과 세미나도 하고 대화도 나누었다. 정치적으로는 '다양성의 일치'를 강조했다. 1970년대 중반 들어 프레이리는 해방을 위한 의식화 교육을 하려면 피억압자들의 권력을 쟁취하기 위한 정치적 조직을 만들어야 한다고 주장했다. 그는 정치적인 일을 도덕적인 일로 여기지 않았다. 즉, 그는 사회적 이슈에 대해 이야기할 때 결코 정치적인 것을 개인적인 것으로 여기게 해서 수치심이나 심리적 충동을 유발하지 않았다. 사적인 문제는 항상 좀 더 커다란 이슈와 관련지어 이해하려고 노력했다. 예를 들어, 그는 결코 노숙자, 빈곤, 실업에 대한 이해를 개인적 품성, 게으름, 무관심 혹은 개인적 책임의 결여로 환원시키지 않았다. 오히려 대규모 불평등, 고통, 절망을 낳은 경제적·정치적 구조에 의해 만들어진 복잡한 체제의 문제로, 또 제한된 개인 능력의 범위를 넘어 원인을 찾거나 교정하는 사회적 문제로 보았다.

프레이리의 교육론은 교육적인 것과 정치적인 것이 결합되어 있다. 따라서 그의 교육사상은 브라질의 피억압 민중을 가르치면서 구체화되었다고 할 수 있다. 프레이리는 농민들 속으로 들어가 그들에게 읽고 쓰기를 가르치며, 자신의 교육사상을 정립하기 시작했다.

1970년대 후반 프레이리는 니카라과, 그라나다, 카리브해 등 중미를 방문했다. 그는 1970년대 중반 기니비사우의 교육부 장관 마리오 카브랄의 초청을 받고 방문한다. 포르투갈의 식민지였던 기니비사우의 독립투쟁 및 독립국가 건설 과정에서 국가 발전을 위한 문해교육의 역할을 둘러싼 논의를 다룬 『과정으로서의 교육: 기니비사우에 보내는 프레이리의 편지』1978를 출간한다. 그는 혁명 그 자체가 교육적 사업이고 교육자는 또한 정치가라는 생각을 개진한다. 이제 폭력에 대한 대안으로서 새로운 접근이 필요하다며 교육적 투쟁에 대한 혁명적 열정을 더욱 강조하게 된다. 이런 생각은 제국주의에 대한 민족해방을 위한 무장투쟁과 탈식민화를 열어 주는 변혁 전략을 채택하는 것으로 발전한다.

군사정권이 물러난 1979년이 되어서야 프레이리는 기나긴 16년간의 망명 생활을 끝내고 자신의 조국으로 돌아올 수 있는 길이 열렸다. 1980년 브라질의 민주주의를 위한 활동 제안에 응하면서 다시 조국인 브라질로 돌아왔다. 영구 추방이라는 판결을 받고 쫓겨났지만, 정치적 상황이 바뀌어 다시 브라질로 돌아왔다. 이는 1974년 이후 군부정권이 유화 조치로 정치적 자유를 일부 허용하였기에 예견된 일이었다. 귀국한 프레이리는 일종의 국가적 영웅으로 대우받았다. 1986년 유네스코로부터 평화교육상을 받았다.

그러나 안타깝게도 40년 동안 같이 살며 그의 지원자였던 부인 엘자가 세상을 떠났다. 그의 나이 65세 때 일이다. 프레이리와 엘자는 부부애를 넘어 평생에 걸쳐 연대의 정신을 나눈 동지였다. 엘자는 아이들을 키우면서 남편의 감옥 생활을 견뎌야 했고, 그와 함께 자기 나라에서 추방되어 망명 생활을 같이 나눈 동지이기도 하였다. 이후 프레이리는 아내를 잃은 슬픔으로 고통스러운 시간을 보낸다.

프레이리는 이후 1988년 교육자이자 학자인 열두 살 연하의 미망인 아나 마리아 아라우조Ana Maria Araújo, 1933~ 와 재혼한다. 그녀는 진보적 사립학교인 오스왈드 크루즈 학교Oswaldo Cruz School 운영자의 딸이었다. 프레이리는 그 학교에서 그녀에게 포르투갈어를 가르치는 교사였다. 1964년 쿠데타가 발생한 이후 그녀는 프레이리를 칠레, 미국, 그리고 제네바에서 종종 볼 수 있었다. 프레이리는 재혼 후 서서히 삶의 새로운 기운을 찾기 시작한다.

## 교육감이 되어 민주적·민중적 교육사업을 하다

1980년 고국으로 돌아온 후 프레이리는 상파울루 가톨릭대학과 캄피나스 주립대학에서 교육학 교수로 복직하면서 연구와 사회, 정치 활동을 열정적으로 수행한다. 1980년대 프레이리는 다른 사람과 대화하는 '말하는 책talking books' 15권을 발행했다. 흥미로운 것은 프레이리가 브라질로 돌아온 후 당적을 갖게 된 점이다. 프레이리는 1980년 민주진보 세력과 함께 '노동자당PT/Worker' Party'[10]을 건설했으며, 상파울루시의 성인문해 프로그램의 자문 역할을 맡았다. 룰라 다 실바가 대통령이 되면서 1989년 노동자당이 승리하자 프레이리는 상파울루시의 교육감으로 임명된다.[11] 프레이리는 브라질에서 가장 큰 지자체인 상파울루시 교육청의 수장을 맡으면서 1980년대 말 민주적 교육행정을 펴기 시작한다.

교육감직을 수락한 프레이리의 결정은 21세기 교육자들에게 네 가지 메시지를 담고 있다. 첫째, 공적 사안에 대한 적극적인 참여의 중요성이다. 프레이리는 공적 영역에 참여해야 한다고 느끼는 많은 교육자에게 역할 모델이 되었다. 그것은 이론적 사고나 학문적 작업을 경시하는 것이 아니라, 어떤 역사적 분기점에서 어려운 선택을 하고, 헌신적 실천을 통해 자신의 가치와 원칙에 부합하는 것이 필요하다고 인식하는 것이다. 1980

---

10. 노동자당은 정당 이상의 의미를 지녔다. 노동자당은 일종의 생활방식이며, 만남의 장소이고, 일종의 문화다. 노동자당은 많은 활동가가 인정하고 있듯 '파티 정당'이다. 이 세상의 모든 관점에 열려 있는 개방적인 정당을 지향한다. 사회주의적 유토피아의 재건이라는 광범위한 과정을 거치면서 각자의 관점이 자신의 옳음을 증명하고 서로가 서로를 만들어 내고자 한다. 교육은 민주적인 사회주의 사회를 건설하고, 이에 필요한 비판적이고 의식화된 시민을 발달시켜 가는데 강력하고도 꼭 필요한 수단으로 보았다. 결과적으로 양질의 공교육—교육적 의사결정의 민주화, 교육 접근성의 민주화, 대안적 교육체제 창출, 청소년 및 성인의 문해교육 증진 등—을 향한 투쟁은 노동자당과 연결된 민중 그룹들이 노동자당이 집권한 지방자치단체에서 정책적 노력의 중요 영역을 자극하고 구성하는 데 최전선이 되었다.
11. 브라질은 26개의 주, 1개의 연방자치구역, 5,570개의 지자체로 구성된 연방은 자치권, 시민성, 인간 존엄, 노동의 가치와 기업의 자유, 정치적 다수성을 토대로 연합국을 구성하고 있다. 브라질의 교육 시스템은 헌법이 규정하는 기본적 교육 기회를 제공하도록 되어 있지만, 교육적 기회는 각 지자체의 능력과 제도적 실천에 따라 서로 다른 양적·질적 수준을 보인다.

년 소박하게 정당 활동을 시작한 이래, 프레이리가 창당에 도움을 준 정당은 첫 번째 지방선거에서 승리했다. 당시 그의 주된 역할은 교육체제의 민주화와 혁신에 기여하려면 대학이 아니라 새로운 행정부 구성에 참여해야 한다는 것으로 이해되었다. 만약 불참할 경우 재분배와 민주적 정책 및 실행을 증진시킬 중요한 기회를 잃어버릴 수 있을 것이다.

둘째, 타협하지 않는 태도와 새로운 도전을 받아들이는 프레이리의 성향이다. 당시 프레이리는 자신의 영예에 쉽게 의지할 수 있었고, 인생 말년에는 명성에서 얻은 보상을 즐기고, 자신이 원하는 어떤 주제에 대해서도 글을 씀으로써 자족할 수 있었다. 그런데 그는 그러지 않았다. 그는 실패의 가능성이 따르는 위험을 감수했다. 2년 동안 프레이리는 교육행정가로서 교사교육 프로그램 운영, 문해교육 캠페인, 간학문적 교육과정 운영 등 공교육 개혁을 위해 헌신했다. 이제 자신의 전문적 식견을 교육행정에 투영하여 실험하고 실천에 옮길 기회를 맞게 된 것이다.

셋째, 이론과 실천을 연결하려는 노력의 중요성이다. 해야 할 일에 대해 주장하는 것은 쉽지만 실제로 하는 것은 어렵다. 프레이리의 선택은 아이디어를 시험할 기회가 생겼을 때 그것을 이야기하고, '말한 것을 실행하기' 위해 진지하게 시도해 볼 가치가 있음을 말해 준다. 끊임없는 도전의 삶을 산 것이다.

넷째, 국가 운영에 대한 참여의 문제이다. 일부 비판적 교육자들은 자본주의 체제에서 국가의 역할은 경쟁하는 이해관계와 정치 프로젝트 간의 대결과 협상의 장이라는 점을 깨닫지 못한다면, 억압자의 손에 있는 지배의 도구나 다름없다고 이해한다. 이들과 이들이 참여하는 사회운동은 국가기구를 불신하는 경향이 있고, 그래서 반대하고 대립하는 말로만 그것에 관여한다. 그런데 그는 재야정치/운동정치를 제도정치/현실정치로 이동하는 기회를 갖게 된 것이다.

또한 프레이리가 교육감이 된 시기는 브라질에 민주정부가 등장하고,

독일에서 베를린 장벽이 무너지고1989년, 소련이 해체되는1991년 등 동구 사회주의가 무너지던 때였다. 그는 참여적이고 급진적인 민주주의에 특별한 관심을 보였고, 자신의 생각을 학교제도에 접목시키려 했다. 프레이리의 정치노선은 '민주적 사회주의democratic socialism'라고 할 수 있다.O'Cadiz, Wong, & Torres, 2022: 21 이는 그가 몸담았던 노동자당의 노선이기도 하다. 프레이리가 담당했던 역할은 그의 리더십 아래 노동자당이 추진한 교육개혁에서 상당히 중요한 의미를 지닌다.

프레이리가 1989년 상파울루시 교육감으로 임명된 이래 상파울루시 공립학교는 전에 없던 교육개혁 실험을 진행했다. 공립학교는 브라질에서 민중 계층에게 남아 있는 몇 안 되는 공적 공간이다. 결과적으로 공립학교는 브라질의 민주적 문화를 구성하는 데 아주 대표적인 장소였다. 그는 또 자본주의 학교보다는 민중적 공교육 또는 민중적 공립학교popular public school를 지향했다.[11]

> 민중적 공교육은 모두에게 학교교육의 기회를 동등하게 제공해 줄 뿐만 아니라, 모두가 참여해 함께 만들어 가도록 한다. 교육의 장에서 대다수의 이익인 민중적 이해를 진실되게 부르짖는 것이다. 따라서 민중적 공교육은 헌신, 연대의 자세에 토대해 새로운 질적 수준을 갖춘 학교로 거듭나 사회적이고 민주적인 양심을 형성한다. 무엇보다 구태의연한 옛 학교를 극복해 내고, 민중적 관점으로부터 새로운 대안을 탐구, 교육적 성찰, 실험의 바꾸어 가는 것이다.O'Cadiz, Wong, & Torres, 2022: 98

프레이리의 관점에서 민중적 학교educaçãcao popular/popular school'라는 목표는 교육을 사회적 해방의 역사적 프로젝트로 연결된다. 이 학교는 사회변혁을 위한 민중교육 운동에 바탕을 두고 있다. 민중교육의 원래적 개념을 억압받는 사람들이 개인적으로, 집단적으로 비판적 의식과 행동의 과정에 참여하도록 하는 개념으로 바꾸었다.

민중적 공교육 체제는 제도화된 인종차별, 기울어진 규율 체계, 적합성이 떨어지는 교육 내용으로 인해 학교 시스템에서 튕겨 나온 아이들노동계층 출신 청소년과 아동을 위해 학교교육 접근 기회와 졸업률의 형평성을 높이는 것, 그리고 학교 중도 탈락 방지 및 구조적이고 조직적인 학교 일상의 생활 개선 등을 목표로 하고 있다. 민중적 공교육을 옹호하는 사람들은 양질의 교육을 위해 엄청난 개선이 필요하다고 믿었다. 노동계층 출신 아동들은 자신들의 문화자본을 정당하게 평가하도록 배워야 하고, 자신의 아비투스[12]에 기초한 학습 전략이 제공되어야 한다.

민중적 공교육은 브라질의 교육과 헤게모니를 연결하는 개념이다. 민중적 공교육을 옹호하는 사람들은 공교육의 낮은 수준과 독재정치를 비난한다. 이들은 교육개혁을 민중 세력, 즉 지역사회단체와 사회운동 세력에 의한 교육개혁과 정책 수행을 통제하기 위한 교육으로 연결한다. 이는 민주적인 학교, 민중적 공교육의 또 다른 핵심적 특징이다. 이들은 민주적 통제 혹은 의견 개진이 빠진 기술전문가적 개혁과 기술적이고 전문적 식견이란 개념을 강하게 비판하며, 학생, 학부모, 사회운동단체, 교사, 교장, 정부 관료들로부터의 의견과 함께 학교 운영의 기획, 경영, 통제에 자율성을 부여해야 한다고 요구한다.

프레이리는 대화, 의사소통, 비판적 사고의 실천이 중시되는 민주주의를 학교에 구현하고자 했다. 그에게 학부모의 참여는 중요한 이슈였다. 프레이리는 상파울루시 교육감으로 리더십을 발휘하면서, 학교의 운명을 결정할 때 학부모와 공동체의 참여를 허용하지 않는 한 학교 민주화는 불가능하다고 믿었다. 학부모가 참여한다는 것은 학교 예산의 재조직과 학

12. '아비투스'는 부르디외가 창안한 말로 '내재화된 영속적인 신념, 의미의 체계'로 가족 및 친밀한 환경, 공동체와의 개인적 상호작용에서 만들어진 것이다. 위계적으로 계급 및 인종적 구분에 따라 명확히 설명되는 문화자본은 상징적 폭력을 행사한다.

교의 교육적인 정치활동을 통해서 민주화를 습득하고 토론하면서 자기 목소리를 내는 것이라고 말했다. 그리고 지식의 집단적 생산과 자유를 위한 공동체와 우정의 학교, 권리와 책임을 결합시키는 공간으로서 시민성의 실천을 촉진하는 '시민학교escolas cidadãs/citizen school'[13]를 제안하고 시행했다. 시민학교는 지역사회의 삶 그 자체이다. 시민학교는 정보의 양에 의해 사람을 평가하는 자본주의 학교가 아니라, 계층연대를 통해 사람을 평가하고자 하는 새로운 학교이다.

프레이리 리더십 아래 노동자당의 교육적 노력은 참여, 분권화, 자율성의 원칙을 가지고 민중적 공립학교를 지향했다. 민중적 공립학교의 모든 행위 주체들은 적극적이고 역동적인 역할을 담당하며, 새로운 형태의 배움과 참여, 가르침, 노동, 놀이, 축하 행사를 실험했다. 민중적 공립학교를 통해 국가가 통제하는 학교교육 속에서 억눌린 자들에게 권력을 넘겨주기 위한 시도를 했다. 시민학교 및 민중학교의 교육적 실천이 공통적으로 지닌 것은 현실의 비판적 개입으로부터 가르침과 배움을 이분화하지 않는 세상 읽기와 낱말 읽기의 긴장된 통일이었다.

그리고 프레이리는 권력의 분산을 통해 공동체적 활동을 유도한 '교과과정 재편성 운동'을 시작했고, 학교의 자율성을 키워 주며, 공동체의 쟁점을 비판적으로 다룬 교과과정의 개편을 주도했다. 이 운동은 모두 다음과 같은 교육과정의 원리와 연동되어 있다. 첫째, 교육과정 개혁은 포괄적이고 민주적인 참여 과정을 통한 집단적으로 생성된다. 둘째, 학교 자율성의 존중은 또한 현장의 타당한 실천과 경험에 대한 존중을 포함한다. 셋째, 교육과정은 이론과 실천의 관계를 중시해야 하고 행동, 성찰, 그리고 행동의 계속되는 사이클을 포함한다. 넷째, 교사의 전문성 개발은 영속적이어야 하고, 각 학교에서의 교육과정 수행에 대한 비판적 분석을 포함해야 한다.Schugurensky, 2014: 84

13. '시민학교'는 상당한 성과를 거두기도 했으나 교육감을 사임한 이후인 1992년 중단된다.

여기에는 프레이리의 트레이드마크인 생성적 주제와 관련된 교육과정 개편과 연계되어 있다. 이들 야심 찬 목표는 어려운 환경 속에서 도전을 받으며 출발했다. 이 모두 교육, 권력, 그리고 정치 사이의 명확한 연계를 확립하는 것이었다. 그는 기본적으로 초기에 가졌던 소외받는 자의 교육에 많은 관심을 가졌고, 가능한 그들에게 공평한 교육의 기회를 제공하는 의미에서 교육의 민주화를 실현하고자 했다. 그가 상파울루시 교육감에 임명되면서 가장 관심을 기울인 교육정책은 학교의 모습을 전체적으로 바꾸는 것이었다. 프레이리의 민중교육 모델은 신자유주의가 팽배한 시대에 양질의 교육이 계속 공급될 수 있도록 하면서 공교육을 열정적으로 수호하고 확장해 나가도록 사력을 다했다.

특히 열악한 교육환경의 개선에 힘을 기울였다. 당시 공립학교 중 390여 개 학교가 빗물이 새거나 지붕이 붕괴될 위험마저 있는 헛간이나 다름없었는데, 이런 환경에서는 교육이 제대로 될 수 없다고 보았기 때문이다. 약 백만 명의 아이들이 학교에 등록했지만, 학교 부족으로 다 다니지 못하는 학교 접근 기회의 확대, 학교 행정의 민주화, 수업의 질 향상, 일하는 청년과 성인을 위한 교육, 비판적이고 책임지는 시민 양성이 목표였다. 프레이리와 동료들은 대학의 고상한 분위기와 숨 막히는 관료 책상에서 벗어나 누추한 빈민가와 삐걱거리는 학생 책상이 있는 교실을 찾아다녔다. 이들은 새로운 모습의 학교를 만들기 위해, 좀 더 민주적이고 민중적이면서 즐거움을 주는 학교를 만들기 위해, 무엇보다 학교의 외적인 모습을 바꾸려고 했다. 이를 위해 시 예산의 25%를 학교를 짓는 데, 그리고 망가진 학교 건물과 시설을 고치고 확충하는 데 썼다. 새 책상과 걸상을 구입하고, 학교에서 필요한 물품공책, 연필, TV, 비디오, 컴퓨터 등을 구입했다. 취학적령기인데도 학교교육을 받지 못하는 아이들과 학교 탈락자들을 위한 복지 대책을 마련했고, 특히 가난한 사람들을 위한 성인교육을 서둘렀다.

프레이리의 오랜 경험으로부터 발전하고 변화된 교육사상은 실제 상파울루시 교육을 민주적으로 바꾸는 데 큰 자양분이 되었다. 권위주의적이고 중앙집권적인 행정구조를 민주적으로 바꾸고자 했다. 교육행정의 민주화를 위해 학교와 지역사회 사이의 밀접한 관계 구축이 필요하다고 보고, 교장, 교사, 부모, 지역사회 지도자 등이 항상 대화적 관계에서 교육문제를 풀어 가도록 했다. 그래서 학교운영위원회와 교육회의의 활성화, 학생회 활동의 강화를 위해 애썼다. 교육의 주체로서 학생들도 교육의 민주화를 위해 일익을 담당해 줄 것을 기대했다. 특히 자신의 교육에 관련한 문제에 대해 의견을 제시하고 토론할 수 있는 장으로서의 학생회를 활성화함으로써 학생들이 더 이상 배움의 단순한 객체가 아니라 주체로서 교육과정에 참여하기를 원했다.

프레이리는 지금의 현실적 상황을 조금이라도 바꿀 수 있는 절호의 기회를 맞아 가르치는 역량을 보증하고, 학습을 즐겁게 하고, 창의적 상상력을 촉진하고, 자유의 행사를 보장하기 위한 전제 조건으로서 교실을 깨끗하고, 즐겁고, 아름답게 만드는 데 일차적으로 초점을 두었다. 프레이리는 하루 600여 건에 달하는 결재 서류에 서명하는 관행을 관료주의의 전형이라고 비판하며 그것부터 시정했다. 동시에 기존의 제도교육을 탈형식화하고 탈관료화하고자 했다. 나아가 그들을 교육의 주체가 되게 하는 데 초점을 둔 교육정책을 펴 나갔다. 소외당하는 학생들에게 그들이 갖고 있는 지식과 경험에 새로운 가치를 부여하고 인정함으로써 당당하게 교육의 주체가 되도록 시도했다. 거기서 핵심은 비인간화된 억압 관계를 없애는 것이었다.

그러나 후기에 들어서는 지배자와 피지배자 사이의 억압적 관계뿐만 아니라 그것으로 인해 생겨난 모든 결과도 비인간적인 요소로 보게 된다. 즉, 억압자들에 의해 초래된 공립학교의 '열악한 모습'을 중요한 비인간화의 요소로 보고, 이를 개선함으로써 교육의 인간화를 구현하고자 했다. 교육을 통해 좀 더 정의로운, 덜 억압적인, 덜 인종차별적인, 덜 성차별적인 사회를 만들고자 노력했다. 프레이리는 학교를 재건설함으로써 학교를 지역사회로 돌려주어야 하며 비혁명적 상황에서도 '혁명적 교육학'이 여전히 필요함을 역설했다.

프레이리는 학교 구성원들이 직접선거를 통해 학교장을 선출함으로써 학교에 대한 '책무성'을 지는 참여민주주의 원리에 입각한 학교민주화 사업을 구상했다. 학교장 직선제는 언제든지 학교현장의 기초단위에서 대표자를 교체할 수 있는 가능성을 열어 주고, 교육과정의 결정과 학교 행정 등을 공유할 수 있도록 하는 민주주의 모형이다. 프레이리는 학교 구성원들 모두가 이런 민주적 역할과 책임을 직접 공유하는 평등하고 참여적인 관계 모델을 가질 때 '직접적 책무성'이 발휘된다고 보았다.

그는 교사와 학생의 관계 개선에도 자신의 문해교육 방법으로 고수했던 '문제제기식 교육'을 학교교육에 맞게 제도화했다. 학문 영역에 따라 엄격하게 교과를 구분하고, 각 교과의 전문가들이 교육과정을 구성하던 기존 관행에서 벗어나 주제나 문제를 중심으로 여러 교과를 통합해 교육과정을 구성하는 간학문적 교육과정을 수립했다. 프레이리가 간학문성을 중시하는 이유는 구체적 삶에서 직면하는 무수한 문제가 더 이상 하나의 교과만으로 해결될 수 없는 다차원적이고 세계적인 문제라는 정확한 현실 인식에 기인한다. 여기에는 학교가 학습자의 삶과 분리된 것이 아닌, 바로 삶 자체가 실현되는 학습의 장이 되어야 한다는 그의 교육사상이 담겨 있다.

이러한 구체적인 교육 실천은 그동안 그의 교육론에 가해진 숱한 공격, 즉 프레이리의 교육론은 문자를 읽고 쓰는 문해교육 단계에서나 가능한 교육 방법이라는 비판을 불식시켰다. 문해교육 프로그램은 단순히 문맹자를 문해자로 만드는 활동에 그치는 것이 아니라, 교육운동이 시민권의 개선을 위한 적극적인 시민운동과 지역운동으로 이어지게 만들었다. 이는 실질적인 실천을 통해 교육현장과 변혁의 주체인 시민사회 및 지역사회 간의 끊임없는 소통과 연계를 추구했다는 점을 읽어 낼 수 있는 지점이다. 교육현장의 민주화를 위한 프레이리의 공헌은 그의 구체적인 실천을 통해 얻어진 것이다.

1980년대와 1990년대에 걸친 프레이리의 활동은 세계화 및 신자유주의 정책, 포스트모더니즘을 비판하는 학문 활동과 함께 교육감으로 민주적이고 민중적인 교육정책—교육행정, 학교개혁, 교육과정, 성인교육, 교사교육, 교사의 전문성 계발, 학교 자율성, 학교운영위원회, 멘토십, 지방분권, 리더십—을 펴는 일이었다. 공립학교의 민주화는 교육청의 교육개혁을 떠받치고 있는 교육자들에게 학생들의 지식과 문화가 교실이라는 제도적 환경 속에서 가르쳐지고 소통되는 방법을 제공한다는 의미가 있었다. 대화, 성찰, 실천이라는 삼각 과정 혹은 프레이리의 프락시스praxis, 이론적 실천 개념이 활용되었다.

프레이리 교육청은 교수법 변화나 교과서에 몇몇 내용을 첨가하는 것 정도에 그치는 기계적 접근을 훨씬 뛰어넘어 복잡하고 유기적인 과정을 통해 등장할 민중적 공립학교를 구상했다. 민중적 공립학교 구상을 떠받치고 있는 원칙적 틀은 다음과 같다.

(1) 지식 생산 과정의 재념화
(2) 학교교육과정에서 다루는 내용 영역의 재규정
(3) 학교교육과정 이해 및 활용의 재정립
(4) 교육자와 학습자 간의 관련성 변혁
(5) 학생 생활의 무대이자 지역사회의 무대인 학교의 역할 변혁

이에 따라 상파울루시 교육청은 다음의 5개 정책 목표를 통해 급진적이고 정치적-교육적인 개혁 프로그램을 추진했다.

(1) 학교교육 접근성을 높인다.

(2) 학교 행정을 민주화한다.

(3) 교수법의 수준을 향상시킨다.

(4) 노동하는 청소년과 성인을 교육한다.

(5) 비판적이고 책임감 있는 시민을 형성한다.

이렇게 광범위하면서도 야심 찬 정책 목표를 실현하기 위해 교육청은 몇몇 구체적인 교육개혁 프로젝트를 형성하고 이행하기 시작했다. 여기에는 교육과정재정립운동MRC, 교육과정개혁운동, 교사학습공동체교사, 교수법 코디네이터, 학교 담당관 대상, 제네시스 프로젝트컴퓨터 교수법 프로그램, MOVA청소년 및 성인 대상 문해교육 프로그램 등이 있다.

상파울루 공교육의 목적과 효율성을 개선하려는 프레이리의 실험적 시도에는 끈질긴 노력과 창조적 상상력이 필요했다. 이런 점에서 '인터 프로젝트Interdisciplinary Project, 다학제적 프로젝트'[14]는 민중적 공립학교 개념과 함께 학교 행정의 민주화 및 교육 수준의 향상이라는 목표를 모두 담고 있다. 인터 프로젝트는 교육과정재정립운동이라는 노동자당의 사회주의 국가적 핵심적 동력을 내보이는 신호탄이었다. 그것은 비판적 시민성 창출을 목표로 삼았다. 학교교육의 민주화와 함께 브라질 사회와 정치적 삶의 민주화 운동에 참여하도록 미래의 시민을 준비시키기 위함이었다. 그래서 학생들에게 세계에 대한 비판적인 정치의식을 고양하도록 하고, 변혁적인

---

14. '인터 프로젝트'는 기획, 이행, 평가 과정 전체에 걸쳐 문제삼기, 대화와 성찰적 프락시스라는 프레이리 방법론적 전략을 온전히 채택하고 있다. 구성주의는 일종의 인식론적 접근으로서 '인터 프로젝트'의 기본 원리, 즉 프레이리 사상에서 가져온 '생성적 주제'라는 개념에 동의한다. 특정한 사람들에게 가장한 중요한 생성적 주체 혹은 상황을 발견해 내기 위해 학교공동체의 사회문화적 실재를 집합적으로 탐색하라고 요구한다. 학습자가 실제 대면하는 삶의 상황, 문제, 관심사에 기초한 생성적 주제는 지역에 적절하게 부합하는 교육과정을 구성하는 데에서 벽돌처럼 쓰인다. 이러한 교육과정은 동시에 지역사회의 실재를 넓은 범주의 개인과 지역, 그리고 사회적 문제(학교에서의 또래 그룹 관계, 대중교통, 폭력, 공공안전, 산업대도시에 만연한 대기, 수질 오명 문제 등)로 연결 짓게 해 준다.

실재를 창조해 내며, 이 변혁의 과정에서 주체가 되게 한다는 목표를 내세웠다.O'Cadiz, Wong, & Torres, 2022: 70-71, 141

인터 프로젝트가 주요한 동력으로 작용했던 교육과정개혁운동은 다음과 같은 원리에 토대하고 있다.O'Cadiz, Wong, & Torres, 2022: 101

(1) 교육과정개혁운동은 참여에 기반한 집단적 구성이어야 한다.

(2) 교육과정개혁운동은 본질적으로 각 학교의 자율성을 존중하면서 다양한 경험을 반영해야 한다.

(3) 교육과정개혁은 행동-성찰-새로운 행동으로 이어지는 교육과정의 프락시스적 방법론을 통해 이론과 실천의 관련성을 강조해야 한다.

(4) 교육과정개혁은 실천 중인 교육과정에 대한 비판적인 분석을 통해 지속적인 교사훈련의 모델을 포함해야 한다.

인터 프로젝트에 통합되었던 상파울루시의 경험은 매우 신선하다. 인터 프로젝트로 명명된 교육과정 변혁 정책은 교실 내 실질적 교수학습 상황에서 교사-학생의 관계 재정립, 학습 소재로서의 지식 재개념화, 배움을 통한 학교-지역사회의 연계성 강화, 학생의 삶과 인식에 토대한 배움의 단계 제시, 교과 간 통합적이고 융합적인 교수학습 방법 개발 등으로 특징지어진다. 다학제적이고 민주적인 교육과정 개발이란 목표를 내세우고 문제삼기-생성적 주제 탐색-지식 구성-지식의 활용/평가 등의 과정을 거쳐 교사는 학생들과 더불어 지식의 집단적 창안과 평가의 구조를 마련했다.

교육과정개혁의 방법론은 집단적으로 개발되는 행동-성찰-새로운 행동의 과정으로 시작한다. 이런 과정은 교사, 학생, 학부모, 학교위원회[15],

15. 교사, 학부모 대표, 학교 직원, 학생 등으로 구성된 '학교위원회'는 일종의 권력을 대표한다. 학교위원회는 학교를 민주화하고 권력을 분산시키게 하는 아주 엄중한 시도라고 할 수 있다.

자자체 교육청 및 학교, 대학 소속의 교육전문가들이 다학제적 접근을 취하고 사회운동에 헌신하는 방식문제삼기, 조직, 계획과 이행으로 나타나게 된다. 교육과정개혁은 교육 관리자 및 교사가 학생들의 의견을 귀담아듣는 방법을 배우는 것으로 시작한다. 지식의 모든 영역은 '다학제적인' 방식으로 만나는 지점이다. 교육과정이 구분된 교과 영역으로 지식을 나누어서는 안 된다는 것이다. 모든 지식은 관련되어 있다는 데서 출발한 '다학제성interdisciplinaridade'은 교육청 교육개혁 프로젝트의 핵심에 놓여 있다. 학제적 접근을 사용하면서 교육자는 교사의 지식 및 학생의 지식에서 중심이 되는 가장 중요한 '생성적 주제'[16]를 도출해 내야 한다. 민중적 공립학교에서 생성적 주제는 학교 인근 지역과 관련 있는 교육과정을 구성해 내기 위해 블록을 쌓는 것으로, 동시에 그러한 지역사회의 현실을 개인, 주변 지역, 사회적 문제의 광범위한 영역에 관련짓도록 이끈다.

그리고 실질적 민주주의에 대한 프레이리의 믿음과 억압적 제도와 이데올로기의 하중에 저항하는 사람들의 능력에 대한 깊고도 지속적인 그의 신념은 감옥 생활과 망명이라는 냉혹한 현실 속에서 형성된 것이었다. 그리고 교육과 희망이 사회적 행동과 정치적 변화의 조건이라는 믿음이 그를 단련시켰다. 프레이리는 희망에 대한 많은 현대적 버전이 디즈니랜드의 한구석에서도 사용되고 있다는 예리한 인식을 놓치지 않았다. 그는 자신의 언어로 "역사를 숙명이 아닌 기회로 이해함으로써" 희망을 회복하고 재결합시키는 데 열정을 쏟았다. 희망은 교육자들과 여타 사람들이 다르게 행동하려면 다르게 생각할 수 있도록 도덕적 상상력을 갖게 하는

16. '생성적 주제'는 학습자들의 삶의 상황, 문제, 관심사에 기초한다. 생성적 주제는 기존의 피억압 지위에 있는 공동체 구성원들이 존재론적이고 중요한 일상생활적 상황을 드러내 주는 개념이다. 생성적 주제는 알고, 이해하고, 연구된 현실에 비판적으로 참여하게 하는 방법이다. 생성적 주제가 주제 연구를 통해 발견되고 코드화되면, 이 생성적 주제는 인지 가능한 대상이 되어 이를 알게 되는 주체 사이를 매개한다. 이때 생성적 주제는 '생성어'를 찾고 선정하는데, 생성어 선정은 낱말이 갖고 있는 음소 및 음절의 복잡성 및 풍부함을 기준으로 이루어진다. 이것이 프레이리 문해교육 방법의 토대가 된다.

힘이다.

이후 프레이리는 다양한 강연, 책 출간 등으로 바쁘게 보냈다. 이때 이후 그가 출간한 책들은 주로 대화에 기초한 것들이다. 여기에서 강연한 내용을 동영상으로 만들어 공유된 내용이나, 전 세계 교육계 인사들과의 서신들이 그의 발간물에 포함되기도 한다. 국외에서의 학술모임이나 초청 행사에도 자주 다녔다. 이 시기에 자신이 저작 속에 포함된 다양한 이론적 내용, 형식, 이를 담아내는 언어에 대해 비판을 받게 되고, 상당히 방어적인 태도를 지녔던 것으로 보인다. 1970~1980년대 세계적으로 냉전이 극으로 치솟는 상황에서도 프레이리는 비판적 교육자로서 어떻게든 자신의 정체성을 자리매김하고자 했다. 그는 돈 될 리 없는 문해교육이 발전의 기초이며 토대라는 주장을 실험·실천하면서 수없는 좌절을 겪어야 했다.

이후 프레이리는 민주화 이후 국면을 예견하면서 『억압받는 사람들의 교육학』에서는 볼 수 없는 '내적 식민주의'에 관심을 보인다. 외적·물리적 식민주의 시대가 끝났어도 내면의 식민주의는 여전히 잔존한다고 판단했기 때문이다. 억압은 사라졌어도 그 빈자리를 새로운 의식과 가치로 채우지 않으면 억압의 흔적은 여전히 침전되어 있다는 말이다. 겉으로 보기에 억압이 사라진 것처럼 보이지만 내면적으로는 빈자리가 마음의 파시즘 또는 관료화로 대체될 위험이 있음을 우려하고 있었다. 새 부대에 새 술이 채워지지 않으면 새 부대는 여전히 이전의 부대와 다름없을 것이다. 이런 문제의식을 지니게 된 그는 '제2의 의식화 교육'을 다시 시도한다.

프레이리는 '교육'을 '학교'라는 국가 제도가 아닌, 인간과 인간 사이에서 이루어지고 있는 '교육 작용'으로 정의한다. 그는 분명 학교라는 공간을 대상으로 자신의 교육론을 구성하는 이론가는 아니다. 오히려 학교라는 공간만으로 사회변혁을 이룰 수 있다고 주장하는 교육이론에 우려를 표명했다. 그뿐만 아니라 자신의 교육론이 학교교육에 무리하게 적용되면서 지나치게 교육 방법론적인 측면만 부각되는 것을 꺼렸다. 하지만 프레이리 교육사상의 두 축을 이루는 '문화적 활동으로서의 교육'과 '문화적 혁명으로서의 교육' 중 후자는 제도교육/공교육 안에서의 '새로운 학교 만들기' 활동이 교육현장을 민주화하려는 교사들에게 큰 귀감이 되었다. 프레이리가 망명기 동안 아프리카에서 행한 새로운 학교 만들기와 망명에서 돌아와 상파울루시 교육감으로서 행한 교육활동 등은 교사와 학생 사이의 관계를 근본적으로 변화시키는 교육 방법일 뿐만 아니라, 교사의 사회적 위치를 크게 제고시키는 새로운 교사관을 담고 있다.

교사는 기술자가 아니라 예술가이며 지식인이라고 보았다. 그리고 비판적 교육실천가는 또한 인간이다. 교사는 아끼고 사랑하는 사람이다. 그리고 교사 삶의 주요 동력은 아동, 청소년, 성인을 교육하는 데 헌신하는 것이다.

바로 여기서 그는 교육자들의 노력이 시작된다는 점을 잘 알고 있었다. 교사됨의 '유토피아적' 소망을 갖고 있지만 학교교육을 둘러싼 모순적인 현상과 전체주의적 국가체제에서 교육 관료를 통해 정치경제적 개입이 자행되는 현실 속에서 교사들은 숨을 쉴 수가 없다. 이런 악조건 속에서 교사는 대체적으로 활발하고 기꺼운 마음으로 실험에 참여하도록 하였다. 이런 교사들이 제대로 된 리더십 및 비전과 만나게 된다면, 학교에서 교육적 상상력을 펼치고 사회적 현실을 변화시키는 새로운 지평을 만들려 할 것이고, 또 그렇게 할 수 있다고 믿었다. 교사는 자신이 속해 있고, 혹은 그렇게 느끼는 특정한 학교 시스템에서 스스로 상정해 두었던 한계를 넘어설 잠재력을 가지고 있다는 것이다.

그러한 잠재력을 믿은 프레이리는 교사의 리더십이 교육의 현장에서 자신의 인간성을 실현하면서 사회변혁을 위한 공간임을 재조명하고 그것을 실천에 옮겼다. 사회적 인간들 사이에 인간에 대한 믿음을 저버리지 않으면서 사회를 변혁하는 사회적 실천으로서 교육의 기능을 회복하고자 했다. 이때 프레이리가 행한 교육활동의 정치적 성격은 단순히 기존에 형성된 사회관계를 반영하는 것이 아니라, 이를 변화시키는 새로운 힘의 창출에 있다. 프레이리 교육론이 '해방의 교육학' 혹은 '희망의 교육학'으로 불리는 까닭은 이 때문이다.

프레이리는 좀 더 민주적이고 능력 있는 교사를 만들기 위해 교사훈련의 여섯 가지 기본 원리를 세웠다. 첫째, 교사가 바로 교육 실천educational practice[17]의 주체이다. 둘째, 교사훈련은 교사가 일상적으로 보내는 하루 일과에 대한 면밀한 반성을 토대로 향후 그의 교육 실천을 재조정할 수 있는 기회이다. 셋째, 교사는 지속적으로 체계적인 교사훈련을 받는다. 넷째, 교육 실천은 지식의 근원에 대한 이해를 요구한다. 다섯째, 교육훈련 프로그램은 교사들에게 자신이 꿈꾸는 학교의 이상향을 갖게 하고, 다양한 분야의 기본적인 필수 지식을 제공하고, 특히 발전된 과학 정보를 제공한다.

그는 교사와 학생이 좀 더 밀접한 관계를 맺을 수 있는 새로운 학교 강령을 통과시켰다. 교사가 교육자로서 자신의 발전을 꾀할 수 있는 시간을 법적으로 보장해 줄 것을 규정했다. 교사교육과 관련하여 상파울루시 교육청이 관심을 가진 것은 교육과정의 개편이었다. 권위적인 방식으로 위로부터 몇몇 전문가에 의해 모든 것이 결정되고 만들어지는 것이 아니라, 교육에 관련된 사람들—교장, 교사, 학부모, 지역지도자, 학생 등—이 적극적으로 참여하여 과연 학생들이 무엇을 배워야 하는지, 그리고 무엇을 배우기를 원하는지, 어떻게 배우기를 원하는지에 대해 오랜 시간 토론을 거쳐 교육과정이 만들어져야 한다고 보았다. 표준화된 중산층 가치만이 선정되는 것이 아니라 학생들의 경험을 존중해야 하고 학교 밖에서 들어오는 지식에 대해서도 경청할 만한 것은 받아들여야 한다고 보았다. 생성적 주제를 만들어 지역의 특성을 반영한 공부를 하도록 했다.

그리고 어린 학생의 삶에서 학부모의 참여는 중요하다. 학업성취도를

---

17. 프레이리는 '교육 실천'의 본질을 인간 조건의 미완성으로부터 출발한다. 미완성을 의식함으로써 우리는 영원히 탐색하는, 즉 계속해서 호기심에 가득 찬 질문을 던지는 활동을 해나갈 수 있다.

올리는 데도 장점이 된다는 것은 의심할 여지가 없다. 더군다나 교사와 학부모 간의 대화는 학교교육의 억압적인 구조를 바꾸려는 노력에 강력한 동맹협력적 관계를 맺을 좋은 기회가 된다. 아이들에 대한 부모의 영향과 학교 구성원으로서 부모의 영향을 무시하는 것은 해방교육의 과정에 모순된다. 왜냐하면 학부모와의 연대를 통해서 학교와 사회변혁을 위한 더욱 큰 가능성이 실현될 수 있기 때문이다. 예를 들어, 교사가 학부모와 학생들에게 공동체의 복지 이슈에 관한 편지 쓰기 캠페인에 참여하도록 촉진하는 것은 자기 의견을 내고, 참가하고, 사회적인 책임감의 도덕성을 지지하고 함양하는 매우 유용한 실천 활동이 된다. 부모와 학생들은 다양한 계기를 통하여 공동체 참여, 비판적 시민성, 연대의 중요성을 강화하는 문화적, 교육적, 정치적인 행사에 참가하게 된다.

프레이리는 교육 실천의 방향은 참된 민주주의의 구현이란 목표 아래 재정립되어야 한다고 주장했다.Freire, 1978: 55 그는 민주주의 훈련을 통해서 민주주의를 익힐 수 있다고 보았다.Freire, 1978: 56 민주주의에 대한 지식이란 그 무엇보다도 실험/실습을 통해서만 터득되는 것이기 때문이다. 그동안 교육은 문제들을 분석하고 토론할 기회를 제공하는 데 실패했다. 민주화를 지향하는 추세와 일치하지도 못했을 뿐만 아니라, 우리들의 민주적 경험의 결여 상태를 더욱 악화시켰다.

프레이리는 권위주의적이며 반민주적인 교육 상황을 바꾸기 위해서는 적절한 교사교육이 필요하다고 보았다. 지속적인 교사 교육 없이는 학교의 양상을 바꿀 수 없으며, 학교를 좀 더 역동적이고 활기차고, 여유 있고 즐거운 장소로 만들 수 없다고 보았다. 다시 말해 학교 민주화를 이끌 가장 중요한 일꾼으로서 교사가 제대로 민주적 교육 훈련을 받지 못할 경우 학교 내에서 인간적인 그리고 민주적인 교육을 기대할 수 없다는 것이다. 프레이리가 이상적으로 생각한 교사상은 무엇보다도 항상 학생들을 잘 가르칠 수 있는 능력을 소유한 교사, 학생들에 대한 사랑과 정치적 투명성을 가진 교사, 항상 말과 행동이 일치하는 교사, 참을성을 가진 교사, 그리고 다른 의견을 가진 사람과 더불어 살 수 있는 능력을 보여 주는 교사이다. 이러한 이상적 교사를 양성하기 위해 상파울루시 교육청은 교사 훈련에 많은 노력을 기울였다.

그는 상파울루시 교육감을 맡는 등 교육행정가로서 제도권 속에서 민주교육과 민중교육의 업적을 남겼다.Irwin, 2012: 172-174 프레이리 교육행정의 핵심은 교육 시스템의 민주화를 지향하는 것이고 학교의 자율성을 강화하는 것이다. 학교의 자율성 확보는 각 학교에 자신의 교육학적 프로젝트를 발전시킬 수 있는 전제 조건이다. 이를 학교 위원회와 학생조합과 같은 참여의 새로운 채널, 교사를 위한 지속적 전문성 개발, 행정적 지원, 간학문적 교육과정, 그리고 교사를 전문직으로 인정하기, 교사 자신의 실천에 기반한 교과활동 등을 제안했다.

프레이리의 사상뿐 아니라, 아동발달론과 사회적 구성주의적 방법이 결합된 교육과정 구성의 방법론적 계기는 학교교육이 아동의 삶과 유리되거나, 지역사회와 동떨어진 마치 섬과도 같은 지식 유통의 장이 아니라, 지식 창출과 지식 순환의 장임을 되새겨 주었다. 페레이로[18]와 비고츠키[19]의 구성주의적[20] 인지발달이론/학습이론에 기반한 인터 프로젝트는 긍정적인 변화를 위한 혁신적인 제안들과 구체적인 방법을 적용할 때 교육정

18. 페레이로는 피아제의 심리학 연구에 토대해 특별히 아동을 대상으로 한 새로운 구성주의적 문해 이론을 발달시켰다. 인지를 지적 적응을 동반하는 조직 구조로 본 피아제는 지적 발달이 역동적 형태를 띠며, 세 가지 기능적 변이(조직, 동화, 적응)로 특징지어진다. 페레이로는 말하는 지식의 심리발달론적 접근은 행동주의 모델에서 벗어난 것으로 아이들을 이해하기 위해서는 반드시 아이들의 말을 잘 들어야 하고, 그들의 설명에 귀를 기울여야 하며, 아이들의 절망감이 무엇인지 이해하고, 이들의 논리를 따라가야 한다고 주장한다. '방법을 아는 것'에서 '개념적 앎에 대해 아는 것'으로 옮겨 가게 도와야 한다는 것이다.
19. 비고츠키의 '내적 언어(inner speech/interio discourse)'에 중심을 둔 사회언어학 연구는 교사가 진실된 사회적 상호작용을 통해 학생들을 격려하고, 어떤 형식으로든 의사소통의 도구인 언어 표현을 자유롭게 하도록 한다.
20. '구성주의'는 교육의 담론적 실천에 초점을 맞추는 방식으로 다문화주의와 후기식민주의적 분석의 맥락에서 이해될 수 있다. 후기식민주의적 담론과 통합하려고 할 때, 구성주의는 교육을 포함한 몇몇 영역에서 과학적 방법을 통한 민주적 분석에 독특한 관점을 제공해 준다.

책 수립에 관한 이론적 논의를 발전시켰으며, 동시에 상상력과 희망으로 가득한 학교에서 배움이 가능한지의 실험이었다. 단위학교에서의 교육 실천과 실험은 큰 변화를 가져왔다.

프레이리는 4년 임기 중 2년을 조금 넘긴 1991년 초 교육감직을 사임한다. 그의 나이 70세, 작고하기 6년 전이었다. 4년 임기를 다 채우지 못하고 중간에 그만둔 여러 이유가 있겠지만, 신체적 과부하와 정신적 소진, 그리고 언론과 여론의 공격도 만만치 않았던 것 같다. 사임의 변은 강의하고, 글을 쓰고, 사람들과 대화하는 것이 더 즐겁고 의미 있다고 설명한다. 아마도 교육감직을 수행할 때가 그로서는 이상과 현실 사이의 간격을 가장 절실하게 느낀 시간이었을 것이다.

물론 그가 교육감직을 그만두었다고 그가 추진해 왔던 교육개혁이 멈춘 것은 아니다. 프레이리는 1989년 1월 교육감 임기를 시작하고 1991년 5월 사직했지만, 그의 행정담당 선임국장이었던 코르텔라가 그를 대신해 교육감에 임명되어 전임자의 교육개혁정책을 이어받아 실천했다. 그와 함께 일했던 정책팀은 계속해서 정책 형성 업무를 맡았다. 프레이리가 1991년 노동당과 결별하고 사임하면서 그의 교육행정 참여는 공식적으로 마감을 한다.

결국 1992년 지자체 선거로 노동자당이 패배하고 교육청의 교육감이 바뀌면서 교육개혁의 동력은 멈추었다. 1992년 교육청에는 보수적 정파가 지명한 교육감이 들어섰다. 아니나 다를까. 그는 4년 동안 진행된 프레이리 교육개혁의 흔적을 지우는 일에 착수했다. 교사들에게 지급했던 추가 임금을 없앴고, 학제 개편 또한 없던 일로 만들었다. 인터 프로젝트에 투입되었던 인력들은 다시 학교로 돌아갔고, 인터 프로젝트에서 시행된 다양한 교수학습 방법에 대한 지원은 끊겼다.

결국 두 사람이 교육감직에 있었던 1989~1992년 상파울루시 교육청이 추진한 교육개혁은 교육제도의 역사에서 비판적 교육학 또는 변혁적 교육학이 사상과 이론의 틀에 머물지 않고 교육현장에서 실험된 성과와 한계라는 측면에서 의미 있는 교육사에 길이 남을 교육개혁 실험이었다. 듀이가 시카고대학교에 설립하고 운영했던 실험학교는 한 학교에 그친 진보주의경험 중시, 아동 존중 교육사상의 실험이었지만, 프레이리의 교육개혁 실험은 사회변혁을 위한 교육청 차원의 행정적 실험이었다. 그리고 적어도 4년간의 교육개혁 실험이 가져온 변화는 프레이리의 1964년 성인문해교육 실천이 가져온 변화에 비견된다. 프레이리 교육청의 교육개혁 실험은 변혁적 교육사상, 즉 모두를 위한 민중적 공교육사상과 그에 따른 민중적 공립학교 만들기에 근거한 제도적 실험이었다. 교육환경의 개선, 교육개혁을 위한 관료체제 정비, 교사들의 급여 인상, 학교의 학생 수용력 확대를 위한 시스템의 유연화, 학교의 교실 내 교수-학습 과정 등 교육의 전 과정의 변혁 등이다.

상파울루시 교육청은 기존의 사회운동과 협력하여 성인을 대상으로 한 문해교육을 추진하면서 교육과정의 방향을 재설정하는 일, 시 소속 학교의 행정체제를 민주화하려는 일, 학교에 제공되는 교육의 질적 수준을 제고하는 일에 대한 요구가 직접적인 책무가 되는 등 수많은 과제를 처리했다. 이론과 행위 사이의 간극, 즉 행위자들의 이론적이고 철학적인 세계와 새로운 교육청의 매일의 실천적, 교육적, 정치적 활동이 서로 맞닿지 않고 이들 간에 불일치한 상황을 처리해야 했다. 이런 복잡한 난관을 돌파해 내는 것이 교육정치다. 운동정치와 제도정치의 접목을 시도한 프레이리의 실험적 행정은 우리의 교육행정에도 좋은 귀감이 되고 있다.

## '억압의 교육학'에서 '희망의 교육학'으로

프레이리는 교육감직을 그만둔 후 1990년대에는 주로 강의, 학술회의 참여, 출판 등을 포함한 다양한 학문 활동에 참여한다. 1993년에는 노벨 평화상 후보에 오르기도 했다. 그는 1980년대 이후 정치적 상황의 급격한 변화에 따라 체제변혁적 운동론을 제기하던 것에서 한 발짝 벗어나, 체제 내에서의 민주화에 더 많은 관심을 보인다. 무엇보다 당시는 많은 군사독재정권이 무너지고, 동유럽에서는 사회주의가 몰락한 시점이기도 하다. 사회주의 혁명을 통한 사회주의 건설의 필요성은 점차 희박해져 갔다. 소비에트 공산주의의 문제는 마르크스가 말하는 경제적 토대에 조응하는 인간의 주체성, 그 창조적 잠재력들, 또 인간의 영혼 차원의 역동성을 현실적으로 촉진시키지도 이용하지도 못하여 사회주의가 위기에 봉착한 것으로 보였다. 따라서 경제가 인민의 기대에 못 미치자 그 체제를 유지하는 철학적 덮개나 정신적 통합을 피상적으로 이해한 것이 경제적 붕괴가 도래하면서 인민 스스로 곧바로 실상을 분명하게 자각하게 되는 계기로 작용했다고 볼 수 있다.

프레이리는 남미의 민주화 과정을 통해 선출된 브라질의 굴라르 대통령이 부패에 연루되고 폭력의 조짐이 있었으면서도, 군부가 재등장하지 않은 것은 권력에 대한 논의가 공공연하게 이루어지고 있는 민주적 사회 시스템이 공고화되었기 때문이라고 진단한다. 그는 독일의 한 일간신문과의 인터뷰[21]에서 사회주의 국가가 붕괴된 것은 억압적 구조에서 비롯된 것이기에 도착적 증세를 보이는 이념의 해방은 여전히 우리의 과제로 남아 있다고 진단했다. 물론 그는 권력구조의 굴곡과 언론재벌의 위력 등 억압의 질곡 속에서도 계몽과 이성의 교육에 대한 희망을 강조했다. 그리고 소비문화가 팽배한 현대 사회이지만 문화적 해방에 대한 희망을 포기하지 않았다. 그는 스스로 구체적인 발전 양상에 대한 예언자는 결코 아니라고 말하면서 20년 전보다 더 다급한 현안이 아닐지 모르지만, 해방, 주체성, 양심과 같은 주제들의 회복이 절실하다고 주장한다.

21. 〈한겨레신문〉 1993년 9월 1일 자.

프레이리의 생애 후반, 희망에 대한 지나친 강조가 테러리즘의 극단적 거부, 사회주의에 대한 포기로 오해되기도 했지만, 사회주의의 경제적 계급 환원주의에 대한 경계가 자본주의의 옹호로 나타난 것은 아니었다. 그의 자본주의에 대한 시각은 체제 대립이라는 자기 정당화의 명분이 사라지면서 그 본질적 정통성의 커다란 기둥 하나를 상실했기에 5년 내지 7년 안에 자본주의는 또 다른 위기에 빠져들 위험을 예고했다. '투쟁'과 같은 개념으로 제3세계 해방투쟁의 결속감을 표했던 프레이리는 현실 사회주의 나라들이 붕괴하고, 몇몇 해방투쟁이 도착 증세를 보이고 있기에 여전히 자신의 용어가 현실성을 갖는다고 역설하였다.

이러한 가운데 프레이리는 1994년 『희망의 교육학: 억압된 사람들의 교육학을 다시 살리기』를 출판한다. 『억압된 사람들의 교육학』1970이 출간된 지 꼭 24년 만이다. 『희망의 교육학』은 공동선을 경멸하는 타락한 브라질의 민주화를 다시 살려내기 위한 존재론적 요구라며 책 출간의 의미를 설명한다. 프레이리는 『억압된 사람들의 교육학』을 다시 살려야 한다고 강조한다. 그가 요청한 존재론적 요구인 희망은 절망의 브라질을 다시 살려내기 위한 시대정신의 반영이라고 할 수 있다. 『희망의 교육학』은 좀 난해하였던 『억압된 사람들의 교육학』의 정치적, 철학적, 윤리학적, 이념적, 그리고 인식론적 의미와 파장들을 쉽게 살려내고자 했다. 비판적 숙고, 인간주의적 목적, 창조적인 변혁의 주관성을 포함한 비판적·해방적 교육학의 요소와 동시에 대화법, 유토피아, 그리고 인간해방에 깊이 스며들어 있는 '희망의 교육학'도 동시에 강조했다.

'희망'은 인간을 위한 존재론적 필요조건임을 역설한다. 내일을 위한 비전이 없다면 희망은 불가능하기 때문이다. 물론 희망의 반명제는 변화의 가능성이 보이지 않는 희망의 상실이다. 희망 없음은 희망의 태도를 잃어버렸다는 것을 뜻하며, 존재론적 요구를 포기하는 것이다. 희망은 투쟁의 윤리적 조건이다. 따라서 희망의 교육학은 실천에 닻을 내려야 한다고 역설한다.Freire, 2002: 10-11 나의 현존에 대한 아무런 의미가 없다면, 그것은 궁극적으로 냉소, 절망, 그리고 죽음으로 귀결될 것이다. 희망을 포기하지 않고 비인간화된 상황과 구조에 의해 희생된 사람들과 연대하면 변화가 일어날 것이다.

그런데 『희망의 교육학』은 『억압받는 사람들의 교육학』과는 사뭇 다른 문장과 관점을 보여 주고 있다. 이 제목에서 보듯 '억압'에서 '희망'으로 가는 유토피아를 향한 여정이라고 할 수 있다. 『억압받는 사람들의 교육학』에서는 억압된 현실을 자각하는 것을 매우 강조했는데, 『희망의 교육학』은 민주화 이후에 나타나는 타락, 세상에 대한 무관심, 회의주의, 우울증 등 내면화된 트라우마를 치유하는 심리치료가 필요하다는 주장도 한다.Freire, 2002: 40-47

『희망의 교육학』은 평소 잘 알고 지내던 에리히 프롬이 강조하는 역사 문화적·정치적 정신분석을 해야 한다는 생각과 맞물려 있다.Freire, 2002: 85 프레이리도 자신의 내면 깊숙이에 우울증이 숨어 있는 이유를 밝히기 위해 '고통의 고고학'이 필요함을 주장한다.Freire, 2002: 45 이런 문제의식은 『마음의 교육학』1995/1997과 『자유의 교육학』1998/2007으로 이어진다. 이들 책에서 프레이리는 좌파나 우파의 정치적 성향과 관계없이 위로부터의 변화를 강하게 비판하면서 아래로부터의 민주주의, 즉 급진적 민주주의radical democracy와 인간 해방human liberation 사이의 피할 수 없는 연관성을 강조하였다. 억압의 외재성과 내재성을 동시에 해결하고자 하는 프레이리의 인간화 전략도 보인다. 나아가 프레이리는 원래의 '억압자를 위한 교육학'을 보완하고, 때로는 이를 수정한 '희망의 교육학', 나아가 비판적 교육학의 인간중심주의를 넘어서는 '생태교육학ecopedagogy'으로 확장하는 새로운 흐름도 보이기 시작한다.

## 프레이리의 유산과 재탄생

프레이리는 1997년 5월 2일 심장병으로 세상을 떠났다. 그는 1997년 5월 쿠바의 피델 카스트로 주석으로부터 상을 받기 위해 쿠바 여행을 준비하고 있었다. 하버드에서 도날도 마케도와 함께하는 한 학기 강의를 위해 보스턴으로의 즐거운 여행 계획도 잡혀 있었다. 또 1997년 7월 함부르크에서 열리는 5차 성인교육 국제회의에서 의사소통의 대가인 독일의 철학자 위르겐 하버마스와의 진지한 대화 모임을 위해 참석할 예정이었다. 이 계획은 모두 무산되었다.

오늘날 프레이리가 세상을 떠난 후 그의 교육사상은 계속해서 논의되며 지지를 받으며, 적용되고 있다. 다른 한편으로 그의 교육사상은 비판받고 곡해되기도 한다. 그렇다면 프레이리는 죽음 이후 어떻게 기억되어야 하는가? 1990년 5월 카를로스 토레스와의 비디오 대화에서 그는 자문자답을 했다. "무엇이 나의 유산이냐고요?" 이때 그는 막힘없이 이렇게 답했다.

> 내가 죽으면 프레이리는 사랑을 받았던 사람이었고, 사랑이 없으면, 그리고 알려고 하지 않았다면, 삶의 존재를 이해할 수 없다고 말하는 사람이었다고 생각해 봅니다. 프레이리는 살고자 하고 사랑하고자 하고 알고자 노력했습니다. 프레이리는 끊임없이 호기심을 갖고 자신에게 질문을 던졌습니다.Freire, 1995: 181

프레이리는 자신의 묘비명에서 아마도 우리에게 교육자의 가장 중요한 두 가지 자질, 즉 '사랑'과 '지적 호기심'을 상기시키고 싶었던 모양이다.

프레이리는 어린 시절의 배고픔과 가난의 경험, 자신을 감옥에 보내고 해외로 추방한 억압체제에 대해서 자신을 다루는 방식, 그리고 더 정의로운 세계를 창조하려는 자신의 오랜 투쟁으로 그는 분명 희망이라는 의식, 더 나은 내일이라는 의식, 그리고 더 인간화된 세계에 의해 추동된 인간이라고 할 수 있다. 세상의 혁신은 비인간화 과정의 고발과 새로운 사회의 꿈을 선포하는 것이나 다름없다.[Freire, 1998a: 74] 확실히 그의 새로운 사회에 대한 꿈은 아무런 실현 가능성이 없는 환상이나 이상이 아니며, 오히려 희망의 이상은 인류의 선, 되어감(형성)의 본질에 대한 확고하고 구체적인 신념, 그리고 가난하고 주변으로 몰린 사람들을 위해 역사 속에서 실천하는 신에 대한 믿음에 뿌리를 두고 있다. 달리 말하면 사랑과 분노와 공존하는 희망은 혁신하는 역사적 구체성 속에서 작동할 것이다.[Freire, 1994] 혁신적 변화—모든 사람을 포괄하는 민주주의—의 실현으로 나아가기 위한 실천의 혁명적 과정은 모든 참여자의 의식적 노력으로부터 나온다고 할 수 있다.[Freire, 1985]

혁명적 유토피아의 꿈을 실현하고자 한 프레이리는 정적이기라기보다 동적이며, 죽음보다는 삶, 현재의 반복보다는 인간의 창조력에 대한 도전으로서의 미래, 병적인 소유욕보다는 주체들을 해방시키는 사랑, 차가운 추상보다는 삶의 정서, 흩어져 살기보다는 조화를 이루며 사는 삶, 침묵보다는 대화, 법과 질서보다는 실천, 수동적으로 조직되는 사람보다는 자기들 스스로 능동적·성찰적으로 조직하는 사람들, 일방적 지시보다는 창조적이며 상호소통적인 언어, 상대방을 길들이는 구호보다는 성찰적 도전, 부과된 신화들보다는 체험적 가치들을 지향한다. 이렇게 객체대상화가 아니라 행위자주체화를 강조하고, 소외가 아닌 인간화를 강조하고, 그리고 공동체성과 의사소통을 강조했다.

물론 프레이리 교육이론에 대한 찬반 논쟁은 여전히 일어나고 있다. 엘리아스는 『해방의 교육자: 프레이리와 교육』[Elias, 2014: 262-263]에서 그의 교육이론에 대해 찬사와 비판이라는 양가적 평가를 내린다. 한편으로는 교육을 통해 억압을 극복하는 억압받는 사람들의 희망을 전한다는 찬사를 보내는가 하면, 다른 한편으로는 그의 모든 표현에 일관성이 없고 모순되며 전혀 새로운 것이 없다고 비판하기도 한다. 엘리아스가 제시하는 프레이리에 대한 비판은 한마디로 '유토피아 사상가'라는 지적이다.

프레이리는 수년에 걸쳐 '이상주의자idealist'라는 비판과 분석에 사용된 언어가 충분히 엄격하지 못했다는 비판을 받았다. 어떤 이들은 프레이리가 여러 라틴아메리카 저자들의 언어 스타일을 연상시키는 시적 은유를 버리지 않았다고 기피했다. 하지만 그는 결코 관념적 이상주의자가 아니었다. 비판적 희망의 견지에서 그의 정치적 비전은 엔소니 기든스의 『좌우를 넘어서』1994에서 강조한 '유토피아적 현실주의utopian realism'와 유사하다.Darder, 2021: 103 프레이리는 물질성에서 벗어난 '의식의 변덕스러운 사상들'과 '가상적 현실의 변화라는 부조리'를 강하게 거부했다. 대신 그의 혁명적 희망은 몸의 물질성과 구체적이고 살아 있는 경험, 또한 우리의 변증법적 미완성과 비영구성 모두에 대한 인식 위에 단단히 뿌리내리고 있다.Freire, 1998a 그는 사회변혁이 한번 달성되면 '새로운 세상'이 저절로 만들어진다는 신화를 거부했다.

프레이리는 학교가 학생들의 야망과 기대가 '유토피아적utopian'이지 않으면서 이용 가능한 기회의 측면에서 학생들을 분류하여 걸러내거나 진정시키는 사회화 기관으로서 기능한다고 비판했다. 또한 "우리 학교는 사회에서 주로 현상유지를 위해 고안된 보수적인 세력의 경향이 있다"라고 비판했다.Grabowski, 1972 진정한 해방을 위한 전제 조건으로서 대중의 의식 수준을 고양하는 것이 극히 중요하다며, 프레이리의 변혁적 교육학을 실천을 위한 우리 자신의 중심 의제에 위치시켜야 한다고 주장하는 학자도 있다.Bhattacharya, 2011: 285 유토피아는 자유로운 상상으로 나오는 것이 아니라, 사회적으로 정의로운 교육체제를 만들겠다는 구체적인 생각으로부터 나오는 것이다.Apple, 2014: 247 이러한 프레이리의 생각은 '살아 있는 민주주의'라는 참여적 사상과 정책에 기초하고 있다.

땅현실에 바탕을 두지 않는 하늘이상, 즉 유토피아이상 사회 추구는 공허하지만, 현실에 바탕을 둔 이상유토피아은 그렇지 않은 것이다. 현실에 안주하면 미래가 없다. 유토피아는 현재보다 더 나은 미래이상 국가를 상정한다. 그래서 필자는 '이상주의'와 '현실주의'를 매우 가까이에 근접시키는 '이상적 현실주의자', '현실적 이상주의자' 또는 '현실적 유토피안'이 되고자 하는 '이론적 실천가' 또는 '실천적 이론가'의 모범적 전형을 파울루 프레이리에서 찾았다. 그는 이론과 실천을 분리하지 않은 교육이론가이며 교육 실천가였다. 양자를 결합한 '교육사상가'였다. 교육사상가는 단순한 관념적 교육철학자를 말하는 것이 아니라, 현실과 마주한 사상과 함께 실천을 겸비한 조직 활동가, 그리고 운동성을 겸비한 혁명적 지식인이었다. 앎과 삶을 결합한 교육사상가였다.

# 2장

# 프레이리에게 영향을 미친 사상

프레이리의 사회철학을 다양한 영역에서 적용하려는 시도가 있었고, 이는 교육학에만 국한되지 않는다. 사회학, 정치학, 철학, 문학 등에도 상당히 많은 연구물이 있으며 간호학, 사회복지학, 언론정보학, 심지어 수학 및 과학 분야의 교수학습을 다루는 영역에서도 프레이리는 수없이 많이 적용되는 사상가로 자리 잡아 왔다. 오늘날 전문화 시대에 프레이리만큼 많은 학문과 연구 영역을 접한 학자를 찾기란 쉽지 않다. 그의 담론 discourse[1]은 다양한 방식, 즉 교육철학자, 지식철학자, 사회비판가, 지식사회학자, 성인교육자, 해방신학자. 그리고 혁명이론가 등으로 분류되고 있다. 그는 현상학자, 실존주의자, 기독교주의자, 마르크스주의자 등 더 세분화된 전문가로 묘사되기도 한다. 프레이리는 모택동, 파농, 마르크스, 게바라, 카스트로, 레닌 등을 행동강령의 필요에 따라 인용한다. 프레이리는 혁명에의 참여가 갖는 중요성을 간접적으로 예시하기 위해 게릴라로서 일생을 마친 신부이자 사회학자인 카밀로 토레스를 무한 칭송한다. 프레이리의 주요한 저작은 철학자, 신학자, 정치학자, 사회학자, 인류학자, 역사학자, 교육자 그리고 언어학자로부터 빌려 온 수많은 참고 문헌과 인용으로 가득 차 있다.

1. 담론의 공시적 구조는 학문 전통에 따라 다양하게 이해되고 있다. 담론은 텍스트와 콘텍스트로 직조된 복잡한 세상을 구성하는 경로(과정)이면서 이미 구성된 체계 그 자체(결과)이기도 하다. 그물망 같은 결합 기능을 하는 담론은 텍스트로 만들어진 체계이면서 신념과 가치의 지식체계이기도 하다.

## 급진 민주주의

프레이리는 불굴의 민주주의자이며, 확고한 급진적 개혁가였다. 그는 근본적 민주주의를 해치는 부당함, 권위주의, 무제한적 자유, 독재, 편협함, 개인과 사회계급의 경제적 지배에 맞서 기꺼이 싸웠으며, 신자유주의와 더불어 그 모순의 기반이 되는 자본주의 체제를 거부했다. 프레이리는 좌우파 모두 비민주적 권위주의를 벗어던지고 차이를 인정하며, 덜 관료적인 사회를 지향할 것을 주창했다.

프레이리는 신자유주의 이후 등장한 급진 민주주의radical democracy와 궤를 같이한다. 'radical'은 흔히 '급진적'이라고도 번역될 수 있으나 어원적으로 '근본적rooted'이기도 한 중의성을 지닌다. 급진 민주주의는 물신화와 불평등을 초래하는 자본주의 체제에 대한 부단한 부정으로서 문제제기, 민중 주체의 자기해방에 의한 참여의 풀뿌리 민주주의, 다양한 분야에서 서로 간의 대화와 평화 공존으로 해방과 인간화를 지향하는 다원적 민주주의이다.

프레이리는 초기의 혁명적 실천에서 얻은 경험을 바탕으로 좌파든 우파든 정치적 상황이나 노선과 관계없이 위로부터의 변화를 거세게 비판하면서 '아래로부터의 민주주의'를 적극적으로 옹호했다. 즉 급진 민주주의와 인간해방 사이의 불가결한 연관성을 주장했다.Freire, 2007: 191-192 그리고 급진적 미래는 확신할 수 없고 불확실하다고 생각한다. 프레이리는 위로부터의 해방이 아닌, 아래로부터의 해방으로 민중이 주체가 되는 민주주의를 희망하고 있다. 이것은 민주의 자유와 해방이 무엇보다 중요하다는 확고한 신념과 희망에 기초한다. 급진 민주주의는 혁명주의자들의 역사적 결정론이나 억압자와 엘리트주의자의 과학적인 지식의 확실성과 같은 고정된 비전을 전혀 인정하지 않는다. 그는 급진 민주주의의 미래를 이루기 위해서는 지식인과 엘리트, 특히 과학적 지식에 대한 그들의 독점과 민중운동 간의 관계에 '근본적인 변화radical change'가 있어야 한다고 주장한다.

지식도 현실의 변화와 함께 늘 변화하고 생성되는 변증법적인 것이다. 세계는 역사성을 띤 것으로 부단하게 변화하고 있으므로 이에 기초한 인식과 존재론의 입지는 부단하게 변할 수밖에 없다. 그리하여 급진 민주주의를 위한 교육의 출발과 인식론적 기초는 옛것에 대한 안주에서 벗어나는 것, 그리고 현재의 불확실성에 대한 부단한 문제제기다.

> 이 사회가 갖고 있는 가장 비극적인 말 중의 하나는 '마음의 관료화'입니다. 이 사회에서는 사람들이 꼭 필요하다고 여기는 정해진 틀을 벗어나면, 사람들의 신뢰를 잃게 됩니다. 하지만 단절의 경험 없이, 즉 옛것과 결별하지 않고, 의사결정 과정에서 갈등을 겪지 않고, 무언가를 창조할 수는 없습니다. 단절이 없다면 인간 존재도 없다고 말씀드리고 싶네요. Horton & Freire, 2006: 58

마음의 관료화는 미묘한 소외의 상태, 마음이 자신의 본질적 자아를 포기한 상태, 신체에 대한 의식을 상실한 상태, 개인의 대량생산 사태, 그리고 상황에 직면해서도 운명 때문에 뒤집을 수 없다고 여기며 순응하는 상태이다. Freire, 2007: 136

프레이리가 브라질을 개방적 민주사회로 이행하는 폐쇄사회로 묘사한 것은 칼 포퍼의 고전적 연구를 되살리고 있다. 포퍼는 『열린사회와 그 적들』1945에서 "자기비판을 할 수 있도록 시민들을 교육하는 것이 도시국가의 정치를 향상시킬 수 있는 방법이었다"라고 주장한다. 프레이리의 첫 저작인 『자유의 실천을 위한 교육』1967은 자유주의 철학자, 사회과학자, 교육자의 저서에서 묘사했던 것처럼 자신을 정치적·교육적 자유주의자임을 드러내 보인다. 이런 자유주의적 입장은 자유개혁적 정부에 참여하고 자유주의 브라질 학자와 교류하고, 유럽과 북미의 자유주의 학문의 책을 읽으면서 확실히 대학 내에서는 성인교육자로 뿌리내리고 있다. 브라질 사회의 급진적 분석과는 다른 자유주의 분석을 제시하고 있다. 그는 브라질이 민주적 경험이 부재했기 때문에 '열린사회'에 역행한다고 보았다.

이런 관점은 소크라테스의 아테네에서뿐만 아니라, 오늘날 어느 사회에서도 쉽게 수용되기 어려워 보이는 것은 부인할 수 없다. 칼 만하임은 유토피아의 힘과 사회 변화를 위한 희망을 보여 준 분석을 통해 폐쇄 사회의 균열을 설명한다. 만하임Mannheim, 1950[2]은 "민주적 과정이 확산되어 감에 따라 민중을 무지 상태 속에 남아 있게 하는 것이 그만큼 더 어려워진다"라고 했다.Freire, 1978: 62 프레이리가 보기에 브라질이 이 시대에 필요로 하는 것은 만하임이 말한 '전투적 민주주의militant democracy'[3]였다. 프레이리는 특권을 배제하며, 경직되지 않게 계획을 입안하고, 증오 없이 스스로를 방어하며, 비이성이 아니라 비판정신에 의해 육성되는 민주주의가 이끄는 '싸우는 민주주의'를 옹호했다.Freire, 1987: 83 그는 계급투쟁, 억

2. 만하임은 지식사회학의 창시자이다. 헝가리 출신의 독일 사회학자로 고전사회학과 지식사회학의 선구자이다. 하이델베르크대학교 강사를 거쳐 프랑크푸르트 대학 사회학과 교수가 되었으나, 1933년 나치를 피해 영국으로 망명했다. 런던 정치경제대학에서 사회학을 강의했고, 1945년부터 세상을 떠날 때까지 런던대학교 교육연구소 교수로 재직했다. 그는 세기말, 1차 세계대전과 2차 세계대전, 극좌에서 극우까지의 다양한 사회운동, 사회주의 혁명 등 격동의 시기를 직접 보고 경험한 연구자이기도 하다. 그는 지식이나 진리를 특정한 이해관계를 표현하는 이데올로기로 바라보는 지식사회학을 정초했다. 마르크스주의, 그중에서도 루카치의 '허위의식'에 영향을 받은 지식사회학은 지식 자체 또는 진리의 독립성을 부정하고 지식이나 진리가 존재에 의해서 규정을 받는다고 보았다. 영국에 정착한 후에는 민주적인 사회 계획과 교육으로 현대 사회의 구조를 포괄적으로 분석하려고 시도했다. 민주적 사회 계획과 교육으로 현대 사회의 구조를 포괄적으로 분석하려고 시도했다.

3. 방어적 민주주의(defensive democracy)라고도 한다. 방어적 민주주의는 민주주의의 근간을 무너뜨리려는 세력으로부터 민주주의 스스로 방어를 위해 민주주의에 반하는 권리나 자유, 사상을 제한할 필요가 있다는 정치철학이다. 1930년대 독일의 칼 뢰벤스타인, 칼 만하임 등이 주창했다. '전투적 민주주의'라는 이름이 붙은 것은 민주주의를 지켜내기 위해서 민주주의를 해칠 수 있는 개념이나 활동을 제도적으로 강제할 수도 있기 때문이다. 전투적 민주주의는 파시즘이 유럽을 휩쓸었던 시기에는 민주주의를 수호하는 데 충분한 의미가 있었다. 그러나 역설적으로 전투적 민주주의는 민주주의의 근본 전제인 다원성의 존중, 정치적 자유 보장과 민주주의 과정에 대한 신뢰를 포기함으로써, 민주주의를 지키는 비민주적 수단이라는 딜레마에 빠지게 된다.

압, 그리고 지배에 대한 마르크스주의 분석을 채택함으로써 사회에 대한 자유주의적 비판은 개방과 폐쇄의 관점에서 더욱 구체화되었다. 그의 급진주의는 프랑스 인격주의자들의 관점을 넘어서고 있다.

프레이리가 사용하는 교육 방법은 항상 권력을 가진 정부, 즉, 브라질, 칠레, 기니비사우 그리고 니카라과와 관련된 상황에 적용하고 있다. 혁명 이전의 상황에는 자신의 방법을 적용하지 않았다. 브라질에서의 경험을 담은 그의 원래 저서는 개혁정부를 위한 것이었다. 그는 혁명적 변화를 일으키는 자신의 방법을 정치 구조에 실제 사용하지 못했다. 그의 변혁적 교육학은 그렇게 많이 적용되지도 못했다. 그렇게 된 이유는 그 자신의 교육이론이 자유주의적이고 민주주의적 해석을 계속 중시하는 데 있다. 그는 특정 상황에서 무슨 변화가 가능한지를 다루면서 초기의 개혁주의 입장으로 돌아갔다.Shor & Paulo 1987

교육의 사회적 역할과 관련하여 프레이리는 자유주의 학자와 교육자의 저서를 인용한다. 그는 '대중화massification'[4] 사회에서 '자유로운' 사회로 이동시키기 위해 교육의 중요한 기본을 확립하고자 했던 만하임을 다시 인용한다. 프레이리의 자유주의 화두는 문맹자와 여타 사람들이 속했던 문화적 서클의 기본 주제에서 드러난다. 민족주의, 해외로의 과실 송금, 브라질의 정치적 진전과 발전, 비문해와 비문해자를 위한 투표, 그리고 민주주의 등은 모두 기존 사회구조의 변혁을 위해 필요한 주제들이었다.

프레이리는 자유주의의 변종인 신자유주의에 대해서는 매우 비판적이

---

4. 현대 산업사회에서 사람들의 의식은 소수 엘리트에 의해 조직되고 지배되어 스스로 생각하지 않고 판단도 그들에게 맡긴다. 이 과정이 '대중화'이다. '대중화'는 '대량생산 체제'와 관련이 있다. 프레이리는 고도로 기술화된 세계에서 인간 노동의 조직화를 통한 대량생산이 인간을 대중화시키는 가장 유능한 도구가 되어 인간에게 기계적으로 행동할 것을 요구함으로써 인간을 길들인다고 보았다(Freire, 1978: 34). 프레이리는 대량생산 체제가 개개인의 활동을 전체 과정으로부터 분리시킴으로써, 즉 생산을 향한 어떤 비판적 태도도 허용하지 않음으로써 대량생산은 인간을 비인간화시킨다고 보았다. 프레이리는 라이트 밀스의 『파워 엘리트』(1956)를 통해 기계에 대한 거부가 아니라, 인간의 비인간화 속에 해답이 있다는 말을 인용하고 있다.

었다. 그에게 신자유주의는 꿈과 유토피아의 죽음이고 미래의 탈문제화로 유도하는 이데올로기로 보였다.Paulo Freire, 2004 따라서 비판적 지성인에게 있어 핵심적 역할 중 하나는 작금의 사회적 현실에 대한 재문제화이다.Roberts, 2013: 5 개인주의와 상대주의 가치관의 팽배, 인간의 상품화에 대해서 큰 우려를 표하는 프레이리는 교육을 상품화, 시장화하려는 신자유주의 교육정책에 대해서 비판적 견해를 표명한다. 그는 죽음을 몇 해 앞두고 자유시장 이데올로기와 민주주의를 동일시하여 대안을 찾으려는 신자유주의적 교육자들의 시도를 보수적 길들이기 교육 방식으로 판단하고 매우 큰 우려를 표명했다. 신자유주의자들이 프레이리의 대화식 교육에서 해방적 요소를 제거하고 방법론으로만 이용하고 있었던 것이다.

프레이리에게 해방은 폭력, 인간의 불행, 절대 빈곤의 민주화가 결코 아니다. 해방은 억압자와 억압받는 사람들의 모순[5]을 해결하는 것이며, '새로운 인간'은 억압자도 억압받는 사람들도 아닌 해방적 인간의 출현에 의해서만 달성할 수 있다.Freire, 1970a: 71 진정한 해방은 민중의 참여를 통해 이루어진다. 대화에 참여하는 것은 그 자체로 해방적이다. 그의 급진적 민주주의는 다양성 속의 통일성을 지향한다. 급진적 정치란 분파적인 정치가 아니라, 진보 세력들이 다양성 가운데 통일성을 추구하는 민주적인 정치이다.Freire, 2002: 5 그는 관용을 통한 다양성 속의 연대를 강조했다.Freire, 2003: 48-50

프레이리가 급진 민주정치에서 가장 핵심적으로 내세운 것은 더 나은 투쟁을 전개하기 위해 서로 다른 집단 간의 평화적 공존을 실현하는 혁명적 관용, 차이의 인정이다. 포용과 온건을 가장한 분파적이고 파당적인 극우나 극좌 정치를 민주주의의 최대 적이라고 보았다. 그는 혁명에 의한 체제 변화만으로는 급진 민주주의가 쉽게 달성될 수 없다고 보았다.

---

5. 프레이리의 교육학을 '모순의 교육학(pedagogy of contradiction)'이라 부르기도 한다.

> 저는 늘 근본적인 사회변혁이란 하루아침에 이루어지지 않는다고 주장합니다. 급진적 변혁이란 완성태가 아닌 하나의 과정입니다. 사회변혁은 그렇게 이루어지는 것입니다. … 집 안에 있는 가구를 옮기듯 사회를 바꿀 수 있다면 얼마나 좋겠어요? 근력만 있으면 가구 옮기는 일은 일도 아니지요. … 하지만 역사는 달라요. 역사를 만드는 데는 오랜 시간이 필요합니다. 오늘 당장 할 수 있는 것도 아니고 사회를 완전히 뜯어고칠 수 있는 것도 아니에요. 교육을 변화시키는 일은 쉽지 않은 일에 속하지요. 교육에는 혁명 과정에도 살아남을 수 있는 강력한 이데올로기가 숨어 있거든요. 예컨대 교육 안에는 권위주의적 전통주의라든가, 전통적 전체주의 같은 것들이 있습니다. 그것들은 혁명이 일어나기 몇백 년 전부터 있던 것들로 심지어 혁명 내부에도 기생하고 있습니다. 가끔 혁명가의 연설과 실천이 서로 모순될 때가 있습니다. … 이런 문제를 법을 통해 해결할 수는 없어요. 단순한 국가권력의 장악과 법 개정으로 실현될 문제가 아닙니다. 이런 종류의 이데올로기는 우리 삶 속에서 살아 꿈틀대고 있습니다.Horton & Freire, 2006: 269-271

이처럼 프레이리는 국가체제 혹은 정당정치만의 변화를 통해서는 급진 민주주의가 달성되기 어렵다고 보았다. 그래서 그는 급진적/근본적 민주주의를 위해서 지역적 차원의 풀뿌리 민주주의가 절실하고, 이를 위해 비판적 의식 고양을 위한 교육을 요청한 것이다. 그의 주된 관심은 자신이 선택한 민주주의와 교육 실천이 완전히 일치하는 삶을 사는 것에 있었다. 곧 민주주의가 일상생활에서 실천되는 실질적 의미이기도 하다. 프레이리의 대화, 개인의 자유, 평등, 관용 등의 강조는 윤리적이면서 교육적인데, 이들 가치는 모두 사회민주주의 요소가 강하다고 할 수 있다.

## 실존적 현상학

현상학이 프레이리에게 미친 영향은 『페다고지』에 나오는 분석에서 매우 두드러진다. 인간을 의식의 중심에 놓고 연구하는 프레이리는 주인과 노예의 의식을 탐구하는 헤겔의 정신현상학에 크게 의존하고 있다.Freire, 1970a: 20, 34 헤겔은 삶의 집단적 형식을 '의식의 형성formation of consciousness'[6]이라고 불렀다. 동시에 의식의 형성은 사고하기와 행위하기의 방식이고, 삶의 형식이나 사회적 실천/형성의 형식, 그리고 인공물의 결정체이다.Blunden, 2013: 15 의식은 인간과 세계와 관계를 문제화하여 만들어지고 창조된 것이다.

> 명백한 의식Gewahren이라 할 수 있는 인식 과정에서 나는 대상을 지향한다. 예컨대 종이에 주목한다고 하자. 나는 종이가 지금 여기에 있다고 이해한다. 나의 경험 속에서 그 이해는 특정한 대상을 배경으로부터 분리해 내는 과정이다. 종이 주변에는 책, 연필, 잉크병 등등이 놓여 있다. 이것들도 어떤 의미에서 '지각'된다. 즉 그것들은 '직관의 장' 속에 있다. 그러나 내가 그 종이에 주목하는 동안에는 배경에 있는 대상들이 지각되지 않으며, 어떤 방식이라도 이해되지 않는다. 그 대상들은 눈에 보이지만, 분리되지 않으므로 그 자체로서 지각되지 않는 것이다. 모든 사물의 지각에는 배경 직관 혹은 배경 의식의 영역이 있다. 이것 역시 '의식하는 경험'에 속하며, 더 간단히 말하면 '모든 것에 대한 의식'이다. 사실의 내용은 함께 지각된 객관적 배경 속에 있다.Freire, 1973: 70

---

6. '의식의 형성'은 사회운동이나 과학 또는 종교 공동체의 한 분야—이상에 대한 공동 추구에 의해 결속되어 그 이상에 따른 사회적 실천 체계를 고수하는 사람들의 집단—로서 가장 잘 떠오른다.

자신을 성찰하는 동시에 세계를 성찰하는 존재인 인간은 점차 인식의 범위를 넓혀 가다가, 이윽고 전에는 주목하지 못했던 현상까지 관찰하기 시작한다. 객관적으로 존재해 왔지만, 심층적 의미에서는 지각되지 않았던 것이 문제의 특성과 그것에 의해 자극의 특성을 알게 됨으로써 비로소 '두드러져 보이기' 시작한다. 이런 식으로 인간은 '배경을 이루는 의식'으로부터 요소들을 분리해 내서 성찰할 수 있다.Freire, 1973: 70 이 요소들이 바로 사고 대상이며, 동시에 인간이 행동하고 인식하는 대상이 된다.

프레이리는 우리의 환경 안에 있는 대상이 어떻게 우리의 인지 대상이 되는지를 설명하기 위해 후설Husserl을 광범위하게 인용한다.Freire, 1970a: 70 프레이리의 지식 분석에서 그가 말하는 철학의 본질적인 측면은 실존철학자와 밀접하게 연관된 유럽의 현상학자에게 기대고 있다. 그는 인간의 의식과 집단의 상호작용 속에 무엇이 일어나는지를 설명하기 위해 '실존적 현상학existential phenomenology'의 용어와 개념을 차용한다.엘리아스, 2014: 227

프레이리의 교육사상은 프랑스와 독일의 실존주의에 크게 빚지고 있다. 프레이리는 마르셀, 사르트르, 야스퍼스, 부버를 인용하고 있다. 그는 야스퍼스와 여타 사상가들이 발전시킨 인간과 동물 사이의 차이를 설명하기 위해 '사는 것to live'과 '실존하는 것to exist' 사이의 실존주의적 구분을 빌려 온다.Freire, 1973: 1 실존하는 것은 초월하고 분별하고 대화에 진입하는 것을 의미한다. 또한 그는 이런 구분을 개인적·사회적 의식의 여러 수준과 의식화의 목적을 설명하는 데 사용하고 있다. 프레이리는 마르셀로부터 대중화된 사회의 많은 묘사들을 끌어오고 있다.Freire, 1973: 19 그는 소통이 아닌 설명 발표 방식의 교육을 설명하기 위해 야스퍼스의 '반反대화' 개념을 끌어온다. 야스퍼스는 사랑의 부재, 교만, 절망, 불신, 무비판으로부터 태어났기 때문에 대화를 통해 비판적 태도를 창조해야 한다고 주장했다. 그는 야스퍼스의 생각에 따라 비판적 태도를 창조하는 열쇠로서 '대화'는 사랑, 겸손, 믿음과 신뢰에 의해 형성된다고 보았다.Freire, 1978:

68 무엇을 극복하기 위한 '한계상황'이라는 중요한 개념은 독일 실존주의자들의 낙관주의를 제외하고는 대부분 야스퍼스로부터 빌려 왔다.Freire, 1978: 89

한편, 사르트르의 교육 개념은 프레이리가 주체와 객체 사이의 긴장을 논의한 출처가 된다. 프레이리는 실존주의자처럼 삶의 조건 속에서 민중들은 스스로 외부의 힘에 의해 결정되는 것이 아니라는 점에 관심을 두었다. 실존주의자들은 사람들이 본래적 인간이 되고 자유로운 사회에서 활동하기 위해 자신의 선택의 자유를 자각하고 선용하기를 바란다. 인간은 스스로 미완의 본질을 의식하고 있는 역사적 존재이기에 필연적으로 '윤리적'이다. 왜냐하면 결정을 내려야 하기 때문이다. 우리는 선택을 해야만 한다. 선택함으로써 우리에게는 윤리에 기초한 태도에 몰두할 수 있는 공간이 열리고, 또한 그 선택은 교육 실천에서 뒤바뀔 수도 있다.Freire, 2007: 134

실재/현실에 대해 알기 위해서는 의식을 탐구해야 한다. 왜냐하면 의식의 탐구를 통해서만 비로소 알려고 하는 사람은 그에게 그럴듯하게 보이는 실재를 연구할 수 있게 되기 때문이다. 프레이리는 대상과 그것을 의식하는 과정 모두를 탐구함으로써 실재의 베일을 벗긴다. 그는 인간 의식의 단계와 변화하는 의식의 과정을 기술하는 것에 깊숙하게 관여한다. 그는 인식하는 앎의 주체에게 나타나는 실재reality[7]를 탐구한 이래 의식의 탐구가 실재의 지식에 필요하다는 원리를 받아들인다. 이런 방법을 통해 사람들은 대상과 그것을 의식하는 과정이 실재의 부분이지만, 그것은 대상과 구별되는 의미 있는 방법임을 알게 된다.

프레이리가 의식의 문제를 광범위하게 탐색한 끝에 내린 결론은 인간은 '주체'[8]로서 실재를 변화시키는 행동을 스스로 할 힘을 갖고 있음은 물론이고, 인간 의식을 결정하는 사회적 조건을 어느 정도 인정해야 한다

7. 프레이리의 저서에서 많이 등장하는 'reality'는 물리적 세계, 사회적 세계, 사고·정서·경험의 내적 세계 등 다양한 함의를 지니고 있고, 끊임없이 운동 중인 실재이다. 맥락에 따라 실재는 '현실'을 의미하기도 한다.

는 것이다. 프레이리 철학의 핵심인 지식 분석에서, 그는 역사적 실존과 밀접하게 연관시킨 유럽의 현상학자들에게 기대고 있다. 그는 인간 의식의 단계와 의식의 변화 과정을 기술하는 것에 깊은 관심을 가진다. 그가 받아들이는 원리는 실재에 대해 알기 위해서는 의식을 탐구해야 한다는 것이다. 왜냐하면 의식의 탐구를 통해서 비로소 알려고 하는 사람은 그에게 그럴듯하게 보이는 실재를 연구할 수 있게 되기 때문이다. 프레이리는 대상과 그것을 의식하는 과정 모두를 탐구함으로써 실재의 베일을 벗긴다. 이런 방법을 통해 사람들은 그들이 실재의 일부이지만 또한 유의미한 방식으로 그것과 구분되어 존재한다는 것을 알게 된다.

## 인본적 마르크스주의

마르크스주의는 인간 본성의 영역, 심리, 정치, 경제, 사회 그리고 교육 등에서 관점과 이해가 복잡하게 얽힌 철학적 얼개를 구성하고 있다. 프레이리 저서 속에서는 그람시, 루카치, 마르쿠제와 같은 마르크스주의자들이 다루었던 현대의 여러 사조를 발견하게 된다. 마르크스는 혁명적 활동으로서 대화를 믿지 않았지만, 프레이리는 그것의 중요성을 확립하기 위해 마오쩌둥과 체 게바라의 노선을 추구한다.

> 해방을 위한 교육의 수행이 정치적 권력을 필요로 하며, 억압받는 사람들이 아무것도 갖고 있지 않다면, 이때 혁명에 앞서 어떻게 억압

---

8. 통합된 인간은 '주체'로서의 인간이다. 반면에 순응하는 인간은 '객체'로서의 인간이며, 순응이란 기껏해야 연약한 형태의 자위일 뿐이다. 현실을 바꿀 수 없을 때 인간은 적응한다. 순응 또는 적응이란 짐승 세계의 행동 특성이다. 따라서 인간이 이런 특성을 보일 경우 이는 비인간화의 조짐이다. 인간은 역사적으로 끊임없는 억압의 위협을 받으면서도 그들을 길들이고 순응시키려는 요소들에 대하여 그들의 충만한 인간성을 획득하려는 투쟁을 통하여 극복해 왔다(Freire, 1978: 13).

받는 사람들의 교육을 가능하게 하겠는가?Freire, 1970a: 39

프레이리는 자신의 생각을 특정한 이데올로기의 틀에 넣어 규정하는 것을 탐탁하게 여기지 않았다.

> "마르크스가 내 눈을 밝게 하고 교육에 대해 보다 진보적인 이해를 할 수 있도록 해 준 것은 사실이지만, 자유에 대한 신념을 포기한 적은 한 번도 없었다"라고 술회한다.〈중앙일보〉, 1990년 6월 5일 자

우리는 우리의 환경을 변혁한다.Freire, 1973: 146 인간은 일하는 존재이고, 언어를 가지고 사고하는 존재이고, 그리고 행동하고 자기 자신과 자신의 행동에 대해 사고할 수 있는 존재이다. 또 인간은 응용할 줄 아는 존재이다. 그리고 인간은 관계들의 세계 속에서 살아가는 관계의 존재이다. 인간은 결과적으로 결단의 존재이다. 환경으로부터 결별은 그 환경과의 관계에서만 달성될 수 있다.Freire, 1978: 136

참다운 모든 철학이란 스스로 배워 나가는 것이다. 인간의 사유가 객관적인 진리를 포착할 수 있느냐 없느냐 하는 것은 이론의 문제가 아니라 실천의 문제다. 개인의 실천은 역사와 변증법적 관계에 놓여 있다. 프레이리는 다음과 같이 마르크스의 변혁적 세계관을 보여 준다.

> 인간은 이 세계에서 그들의 존재, 즉 함께 있는 존재는 세계에 대한 인간의 영원한 대결을 포함한다. 그들의 주위로부터 그 자신과 결별함으로써 그들의 환경을 변혁한다. … 인간은 세계 속에서 그리고 세계와 함께 있기 때문에 인간이다. 이런 존재함은 세계에 대한 행동과 마찬가지로 세계에 대한 영원한 관계를 암시한다. 이 세계는 역사와 문화의 세계이기 때문에 남녀 인간들의 세계이다. 단순히 자연의

세계가 아니다.Freire, 1978: 136

> 인간은 세계와의 관계 속에서 그들 자신의 행동 결과에 의해, 그리고 세계에 대한 그들 행위를 통해서 표현된 자신들을 발견한다. 그들은 행동으로 변혁한다. 그리고 변혁에 의해서 그들의 행동 방식을 조건 짓는 현실을 창조한다. 따라서 인류와 세계를 이분화하기란 불가능하다. 왜냐하면 다른 하나 없이 혼자서 존재할 수 없기 때문이다.Freire, 1978: 127

프레이리는 자신이 마르크스주의로 전환하게 된 배경을 설명하면서 마르크스주의의 채택이 자신의 기독교적 신념을 거부하는 것으로 보지 말 것도 분명히 강조한다. 그는 마오쩌둥, 게바라, 카스트로, 카브랄과 같은 마르크스주의 혁명가는 물론이고 신마르크스주의자의 강한 영향을 받았다. 그리고 프롬과 같은 인본적 마르크스주의자들과 폴란드 철학자 콜라코프스키도 끌어왔다. 이들은 특히 청년 시절의 마르크스 저작에 강조점을 두었다. 그들은 인간 일치의 이상과 인간 잠재력의 위대함에 대한 신념을 표현했고, 인간성의 미래에 대한 낙관주의적 신념을 표출했다.

프레이리 저서의 중심적 주제는 '억압'에 대한 분석이다. 이를 위해 그는 마르크스주의 전통의 지지자들멤미, 프롬, 파농 등을 끌어들였다. 그는 억압자와 억압받는 사람들의 의식 해방에 깊은 관심을 두기 때문에 이들과 제휴하고 있다. 두 집단은 해방되지 않으면 안 된다. 프레이리는 혁명을 통해서만이 자유가 일어날 수 있다는 탈식민주의자인 파농Frantz Fanon, 1925~1961이나 멤미Albert Memmi의 생각에 동의했다. 해방은 억압된 사람들의 자유에 대한 두려움과 자유롭게 되면 억압자가 되는 경향을 띠게 마련이다.

프레이리는 마르크스의 인식론과 혁명이론을 진지하게 끌어온다. 마르크스를 처음으로 관련시키는 프레이리는 우리의 지식이 단순히 환경과 교육의 산물이라고 말한 마르크스의 유물론적 지식 이론에 대한 비판적 관점을 받아들인다. 그는 교조적 마르크스주의를 거부한다. 마르크스주의가 억눌린 자와 함께하는 구체적인 학습 경험에 뿌리내린 실천이론을 발전시키지 못했으며, 혁신적인 사회변혁 과정에 참여하는 억눌린 자의 일상생활 및 문제들을 변증법적으로 반성할 필요조차 무시하는 오류를 범했다는 것이다.

프레이리는 또한 우리의 의식을 감추는 힘으로서 억압에 대한 마르크스의 분석을 주목한다.Freire, 1978: 36 그는 인간과 동물이 구분되듯 우리가 생산한 것을 통제할 수 있는 능력을 언급한 마르크스를 인용한다. 마르크스와 마찬가지로 프레이리는 억압받는 사람들의 자유를 촉진하기 위해서는 비판적 개입이 필요하다고 보았다. 억압자와 억압받는 사람들 모두를 위한 혁명은 계급투쟁에서 생기는 혁명적 실천으로서 통일된 의식 및 활동의 변화 전체가 필요하다. 또한 그는 마르크스를 수용함으로써 비록 폭력적이기는 하지만, 혁명의 가능성을 더욱 가깝게 받아들인다.

프레이리는 교육이 상부구조의 일부이기 때문에 그 하부구조인 물질적 조건이 근본적으로 바뀌기 전에는 아무런 역할도 하지 못한다는 기계론적 마르크스주의에 대해 비판적 입장을 취했다. 전통적 마르크스주의자들은 하부구조토대의 변혁이 상부구조이데올로기의 변혁을 자동적으로 가져오기에 상부구조에 해당하는 문화는 경제구조의 변혁을 자동적으로 가져온다고 보았다.

하지만 프레이리는 '문화'란 오랜 세월에 걸쳐 내면화된 산물이자 인간의 행위를 조건 짓는 총체적 양식이기에 그렇게 자동적으로 결정되지 않는다고 보았다.[9] 따라서 근본적인 인간 해방은 반드시 문화의 변화를 동반해야 하며, 이는 문화가 형성되고 영향을 미쳤던 방식을 뒤집는 지난한 노력이 필요하다고 보았다.

이러한 이론적 근거를 프레이리는 알튀세르의 '중층결정론'에서 찾으면서 억압과 종속을 낳는 문화적 신화가 문화적 수단문화활동과 문화혁명[10]에 의해 추방되어야 한다고 주장했다. 프레이리에게서 하부구조의 변혁이 일어나기 전에 대중의 동원과 조직화를 위한 이데올로기적 선전을 유포하는 기계론적 마르크스주의 사고는 결국 민주주의를 거부하는 것이며, 사회주의와는 거리가 먼 이데올로기나 다름없다는 것이다. 그래서 그는 스탈린주의를 배격하고, 좌우익의 어떤 독재정부에 의한 자유의식의 침해 사태도 받아들이지 않았다. 그의 이러한 입장은 혁명적 마르크스주의와 사회주의에 대한 레닌주의적 전망이 실패한 데 따른 것이라고 할 수 있다. 이러한 노선 선택은 마르크스의 초기 저작 『포이어바흐에 대한 테제』와 『신성가족』에 따른 것이다.

다른 한편으로 억압을 계급 개념과의 변증법적 관계에서 찾지 않고, '계급의식' 자체에서 찾음으로써 계급의 존재와 계급의식의 역동성을 상실했다는 비판을 받았다. 정치적인 것과 경제적인 것보다 혁명의 문화적 차원을 지나치게 강조했기 때문이다. 이런 경향은 종종 경제적·정치적 분석에서 프레이리의 허약성을 보여 주는 빌미가 되었다. 사회 속에서 권력의 경제적 토대와 정치적 권력을 둘러싼 이슈 자체에 대해서는 신중한 검토가 필요할 것이다.

프레이리가 '자유를 위한 문화적 행동'이라는 표현을 사용할 뿐, '자유

---

9. 프레이리에게 '문화'란 역사란 특정 시점에서 한 사회 내의 상이한 집단들이 세운 불공평하고 동시에 변증법적인 관계 속에서 구축한 생활 경험, 물질적·인위적인 것들, 실천의 표현물이다. 문화적 행동은 상부구조의 차원에서 일어난다. 문화는 생산의 한 형태이다. 그 과정은 사회적 특수성이라든가 연령, 인종, 계급과 관련된 상이한 다른 물질적 자원의 사용을 통해 인간존재가 사회를 변화시키도록 촉진하는 생산의 형태이기도 하다. 이 경우 문화는 권력의 역동성과 밀접히 관련된다. 또한 목적을 규정하고 그런 것을 성취하기 위한 개인과 집단 간의 능력상의 불균형을 낳는다. 나아가 투쟁과 모순의 영역으로서 동질적 의미로서의 단일문화란 존재하지 않는다. 반대로 상이한 이해관계를 대변하며, 불균등한 정치권력 영역으로부터 조정되는 지배 및 종속문화가 있는 것이다(Freire, 2003: 40-41).
10. '문화활동'이 사회변혁을 이루는 전기·중기 단계의 교육활동이라면, '문화혁명'은 사회변혁이 실현된 뒤에도 피억압자의 내면에 잔존하는 침묵의 문화를 거두어 내는 지속적인 후기 교육 작업을 시도한다.

를 위한 계급적 행동'이라는 표현은 나오지 않는 것을 보면, 문화 전략은 있어도 계급 전략은 별로 없음을 부인할 수 없다. 일반적으로 계급의 개념에는 억압의 원인과 결과를 파악할 수 있게 하고, 억압자와 피억압자들 사이에 이루어지는 대화와 개인과 개인 사이에 이루어지는 대화를 구별해 주는 중요한 준거가 있어야 한다.

'자유를 위한 문화적 행동'과 '자유를 위한 계급적 행동' 기능을 하는 계급의 범주와 그것이 이데올로기화되어 표현되는 문화, 즉 '계급 문화'의 범주를 상정해야 함에도, 문화 속에 투영된 계급 갈등의 문제를 설정하지 않은 취약성이 드러난다. 완전한 인간이 되지 못하게 하는 사회적 현실을 못 보게 하는 허위의식, 소외된 의식의 '침묵문화'에 지나치게 매몰된 '억압'이라는 의식이 모든 것을 결정하는 의식 환원주의 및 추상화의 한계를 보인다. 프레이리의 의식화 개념에는 계급의 위치가 잘 설정되어 있지 않고, 대화를 더욱 급진적이고 계급적으로 접근하게 하지 못하는 한계를 보인다. 말하자면 억압을 개인들(민중들)의 자기결정과 자기발전을 가로막는 제도적 제약과 지배구조(분배구조 등) 논의로까지 발전시키지는 못했던 것이다. 이렇게 볼 때 문화 전략은 계급 전략과 분리되지 말아야 하고, 기술, 계급, 문화, 교육을 동시에 파악하는 종합적 교육 전략을 구축해야 할 것이다.

## 민주적 휴머니즘

프레이리는 대학에 다니는 동안 마리탱, 베르나노, 무니에의 가톨릭 인격주의 철학을 알게 되었다. 또한 가톨릭정신 선포를 위해 만든 평신도 조직인 가톨릭행동Catholic Action[11]에 가담했다. 이 종교그룹은 다른 사람들, 특히 가난한 사람들을 섬기는 봉사활동을 통하여 자기 신앙을 삶으로 보여 주려는 운동단체이다. 대학에 입학하고 나서 사춘기 시절 잠시 떠났던 로마 가톨릭 신앙에 다시 빠져들었다.

이런 인식 변화의 계기는 에마뉘엘 무니에Emmanuel Mounier, 1905~1950[12]와 같은 가톨릭 인본주의 철학자의 저작이었다. 프레이리 인간화 교육사상의 핵심에 속하는 '인격주의personalism'는 가톨릭 인본주의 철학과 연관되어 있다. 이 철학은 실존주의, 현상학, 마르크스주의 요소들과 결합되어 있다. 프레이리는 가톨릭 인본주의라고 할 수 있는 인격주의 철학을 제창한 무니에로부터 '사람의 인간화humanization of man'[13]을 주장했다. 프레이리의 인간화 철학에 영향을 미친 무니에의 인격주의는 인간 역사의 형성과 목적지는 예정된 것이 아니라, 그것을 만들어 내는 신의 협동적 창조자와 함께 일하는 인간이 만들어 내는 것으로 믿었다.

'인격주의'는 인간의 가치를 모든 것의 우위에 두는 윤리적·정치적 신조다. 인격주의는 연대의 가치를 약화시키는 개인주의와는 완전히 다르며, 집단의 이득을 모든 것의 우위에 두는 집단주의와도 상당한 거리를 둔다. 그는 세계와 인간의 역사의 의미를 주장하는 가톨릭 인격주의자 무니에의 생각을 자신과 동일시했다. 무니에로부터 끌어온 프레이리의 철학은 이렇다.

---

11. 가톨릭행동은 교회 지도자들이 평신도들 사이에 종교적으로 공인된 행동을 장려하기 위해 위임해 준 조직이었다.
12. 무니에는 무신론자와 공산주의자 간의 대화가 지속될 수 있도록 시도한 프랑스의 가톨릭 철학자이며 신학자이다. 무니에는 유럽적 합리주의와 전통적 가톨릭주의에 바탕을 둔 비판 이론가이다. 1930년대 이후 '인격주의'를 제창했다. 실존주의와 유사한 특징을 보여 주고 있으며, 사회적 도덕을 강조함으로서 가톨릭의 진보적 진영에 영향을 끼쳤다. 역사란 세계사와 인류사 모두 의미를 지니고 있다고 믿었다. 샤르댕의 인간 진화의 가능성에 대한 낙관주의적 철학과 니버의 기독교 사실주의는 무니에의 가톨릭 인격주의에 바탕을 두고 있다.
13. 사람을 가리키는 'person'이라는 낱말의 어원은 라틴어 persona에서 왔는데, 자연스럽게 인격체(person), 또는 인간 존재(human being)를 의미한다. 그뿐 아니라 어느 한 개인이 영화나 연극의 등장인물 역이나 가면극의 가면(mask) 배우 역을 맡는다는 것, 그리고 마치 로마 노천극장에서처럼 목소리를 확대하기 위해 그 등장인물(personare)을 통하여 '소리를 낸다'는 것을 의미한다. persona에 대한 생각은 초대교회에서, 특히 삼위일체 교리와 관련하여 삼위(three persons) 안에서 성부, 성자, 성령이라는 말을 가지고 한 분인 하나님을 설명하는 매우 중요한 주제이다.

역사는 하나의 의미를 만든다. 전쟁과 질병에도 불구하고 역사는 인류의 번영과 해방을 향해 질주하고 있다. 과학과 기술은 이런 발전에 도움을 주고 있다. 인간은 자신을 해방하는 주체이다.Elias, 2014: 67

인격주의는 인간의 역사가 본질적으로 진보적이고 낙관적이라고 보는 관점이다. 인격주의는 자연 세계에서 인간다운 인간의 독특성을 기술하고자 하는 철학적 사유이다. 인격주의는 "인간은 독특한 가치를 지니고 있고, 오직 인간만이 자유의지를 지니고 있다"는 신념에 기초한다. 프레이리의 철학에서는 무니에가 꿈꾸었던 것과 동일한 기독교적 낙관주의도 엿보인다. 인간 존재는 물질 이상이고, 동물 이상이며, 분명하게 동물과 다를 뿐 아니라 모든 인간 존재는 스스로 유일무이한 독보적 존재이다.

바꾸어 말하면 한 사람은 "어떤 것이 아니라 아무개라는 어엿한 사람", "객체가 아니라 한 주체"이다. 프레이리는 역사의 능동적 주체로서 사람의 결정적 중요성을 크게 강조하고 있다. 인격주의의 핵심은 인간 존재는 사회적 존재라는 것이다. 그리고 사람들 사이의 조화로운 상호 의존 관계가 필수적인 것을 인식하고, 인간성과 존엄성을 완성해 주는 각자의 독특한 유일무이함을 확인한 것이다.

프레이리는 일부 우익 분파주의자들의 비이성적 행위를 비판하는 데 무니에의 주장을 따르고 있다.Freire, 1978: 23 브라질 정치에 대한 프레이리의 급진적 입장은 역사와 진보를 만들어 내는 데에서 개인의 능력을 강조한 무니에의 정치적 입장과 일치한다. 남미의 많은 가톨릭교도와 마찬가지로 프레이리는 무니에의 철학을 많은 남미 국가의 발전 상황을 이해하는 데 적절한 근거로서 받아들였다.

그리고 프레이리는 사회적·정치적 분석의 요점에 유럽과 북미의 자유주의자를 끌어들였다. 그는 인간적인 것의 구성으로부터 영적 차원을 이끌어 낸 통합적 휴머니즘을 주창한 베르그송의 영향을 받은 신토미즘

neo-tomism[14] 철학자 마리탱을 끌어들인다. 그는 비판적 영성을 통해 전인적 통합을 추구하는 근본적 휴머니즘에 기반을 두고자 했다. 프레이리의 교육사상은 근본적 휴머니즘과 기술주의적 입장을 조화시킨 마리탱의 사상에 크게 빚을 지고 있다. 마리탱은 오늘날 자기가 해야 할 단일한 일에 모든 지력을 고정시키고, 자기의 전문 영역을 벗어난 문제에 대해서는 상관하지 않는 기술적 전문가나 만능인만을 양산하는 교육을 하고 있다고 비판하면서 그것은 인간의 정신과 삶을 '동물화'시키는 것에 불과하다고 주장했다.Freire, 1978: 60[15] 이런 문제의식을 지닌 프레이리는 전문기술과 인문 정신이 결합된 인간화 교육철학을 중시하는 것으로 나타난다.

## 해방신학

프레이리는 헤시피에서 가톨릭 신자로서 성장했고, 더욱 가톨릭 신자가 되기 위해 오랜 노력을 해 왔다고 자신의 생애를 돌아본다. 이런 종교적 차원은 자기 책 대부분에 영향을 미치고 있다.[16] 그는 자신의 저서를

---

14. 신-토미즘은 현대 가톨릭 세계의 유력한 철학운동. 토마스 아퀴나스의 학설을 부활시켜 현대의 문제를 해명하려는 것이다. 정의와 우애(사랑, 믿음, 소망)의 나라를 건국하고자 한다. 신-토미즘은 현대 가톨릭의 역사를 중세의 허물을 벗은, 인간 중심적이고 현실적이며 개방적인 것으로 파악했는데, 휴머니즘과 인격주의적 색채가 강하다. 진정한 인간상은 인간의 권리 및 존엄성과 함께 회복되며, 인간 존엄성의 원천인 신으로 이탈하는 것이 아니라, 더불어 함께하는 것이다. 그리고 토마스 아퀴나스의 사상에 근거하여 교육이론을 전개하여 20세기의 한 교육 사조를 이루기도 했다. 주로 가톨릭 학자들에 의해서 전개된 것으로서 흔히 항존주의 혹은 신스콜라주의라고도 일컬어진다. 허친스, 마리탱 등의 가톨릭 학자, 아들러 등의 비-가톨릭 학자 외에 플라톤, 아리스토텔레스, 아퀴나스의 사상에 바탕을 두고 있다. 교육이란 시간적으로 영구불변하고 공간적으로 보편적인 진리를 가르치는 활동이라고 본다.

15. 종교교육 철학자인 마리탱은 『기로에 선 교육』(1943)에서 교육이 인간의 정신과 삶을 '동물화'시키고 있다고 비판했다. 그는 진보적 교육이 개개인에 대해 충분한 관심을 기울이지 못하고 격렬하게 비판했다. 그에게 있어 교육의 궁극적인 목적은 사회적 환경에 대한 관계 속의 인간이 아니라, 주로 자기 자신의 종교적, 인격적 생활 속에서의 인간에 관계되는 것이다.

16. 프레이리 본인은 기독교와 마르크스주의가 결합되어 있다고 생각하지만, 그가 본질적으로 마르크스 사상을 흡수한 기독교 사상가인지, 아니면 일반 청중들에게 비종교적 언어와 범주를 가지고 강연을 한 마르크스주의자인지는 여전히 논란거리다.

종교적 신학적 관심과 구체적으로 연관시키고 있다. 그의 종교관에는 부버, 야스퍼스, 마르셀, 샤르댕 등의 생각이 깃들어 있다. 프레이리는 젊은 시절 샤르댕후설의 현상학을 신봉한 철학자이며 예수회 신부, 무니에인격주의 운동을 설립하고 가톨릭 노동자 운동에 영향을 미친 철학자, 마리탱통합적 휴머니즘의 개념을 제안하고 세계 인권선언 초안에 참여한 가톨릭 철학자을 포함한 프랑스의 기독교 휴머니즘 전통에서 영감을 얻었다. 프레이리 저서, 특히 의식, 비판적 성찰, 인간 발달, 공동체, 그리고 인간 주체성에 대한 그의 논의에서 이들 프랑스 철학자의 발자취를 볼 수 있다. 기독교 휴머니스트로서 프레이리는 인간의 내재적 가치를 옹호하고, 존재론적 소명을 믿었다. 인간은 고립된 개인으로서가 아니라, 다른 사람들과의 교감 속에서 완전한 인간이 되기 위해 자신을 최대한 활용할 수 있는 '존재론적 소명'을 가지고 있다고 믿었다. 마찬가지로 그는 사람들이 완전한 인간화를 향해 나아가는 것을 방해하고, 그래서 존재론적 소명의 왜곡을 가져온 장애물인 불의, 착취, 억압을 분명히 밝혀내고자 했다. 그는 신과의 개인적 관계가 아니라, 되어감(형성)을 드러내는 본질적 차원에서 신학적 덕목을 반영하는 삶을 살았다. 프레이리의 해방신학liberation theology[17]은 자신이 다니던 헤시피교회의 주교였던 돔 헤르더 카마라 신부를 통해서 배운 것이었다. 그에게서 배운 성서를 통해 가난한 사람들이 마주한 지역 현실과 사회적 이슈와 연결 지을 수 있는지 방법을 터득했다.

프레이리에게 압제와 문맹 상태의 극복을 위한 그의 동기와 희망의 원천이 된 것은 바로 신앙이었다. 그의 신앙은 이른바 고발과 선포를 통해 압제에 저항하고 도전할 수 있게 해 주었다. 그는 이렇게 기도했다. "억압받는 사람들을 학대하는 권력자들에 대항하여 싸우려는 마음을 더 달라고 하나님께 간구하면서 나는 항상 기도한다."Freire, 1977

17. 해방신학의 원조는 구티에레즈이다. '해방'이란 착취하는 지배 집단에게 특히 물질적으로나 문화적으로 타자에 대한 통제력을 부여하는 사회적, 경제적, 정치적, 그리고 교육적 조건으로부터의 자유를 의미한다.

프레이리는 말년1996년의 한 인터뷰에서 지금까지 해 왔던 일을 되돌아 보면서 이렇게 말한다. "나는 세상으로부터 시작한다. 우리의 커다란 과제는 하늘나라를 지금 여기에 건설하는 일이다. 바로 여기서 행복을 세우는 것이고, 거기에 도달하기 전 교회는 단지 하늘나라에 대하여 생각만 한다. 그러나 목표는 하늘나라를 지금 여기서 건설하는 것이다."[18]

프레이리의 가장 두드러진 특징은 삶의 방식으로서 영적 헌신과 사회적 헌신을 융합한 '급진적 사랑'으로 가득한 모습이다. 그의 급진적 사랑은 분명히 타인의 삶에 변화를 주었고, 다른 세계 안으로 들어가도록 했다. 그가 지닌 사랑의 큰 능력은 진정한 겸손에 뿌리를 두고 있다. 그에게 사랑이란 행동으로 보여 주어야 하고, 이 행동은 반드시 사랑으로 알게 해야 하며, 이 사랑은 정의를 향하여 그 방향을 바꿀 수 있어야 한다. 물론 사랑하는 것만으로 부족하고, 사랑하는 방법을 반드시 알아야 한다. 사랑이란 다른 사람들을 사랑하는 그 사랑을 말할 뿐 아니라, 반드시 기쁨, 진지함, 엄밀함, 준비로 가득 찬 가르침의 과정 자체를 사랑하는 것을 말한다. 그리고 정의가 공중 앞에서의 사랑과 비슷한 것과 같이 온유함은 개인적으로 느끼는 사랑과 같으며, 깊은 민주혁명은 실천 가운데 있는 정의와 같은 것이다.

가난하고 억압받는 자들의 입장에서 기독교 교리를 해석하고 교회의 사회참여를 강조하는 해방신학은 프레이리에게 큰 영향을 미쳤다. 해방신학은 경제위기와 생태위기의 이 시대에 영적 구원을 포함한 새로운 비전을 찾는 이들에게 중요한 시사점을 제공해 주리라 확신한다. 그는 대화의 원리가 창조주와 인간의 관계에 존재한다고 보고 이것을 인간과 인간에 적용하고 있다. 그의 이러한 대화의 원리는 인간과 자연 만물에도 확대 적용할 수 있는 충분한 가능성을 담고 있다. 예수와 마르크스를 결합하고자 했던 프레이리처럼 진보적 인본주의를 믿는 이들에게는 그의 사

18. 그래서 프레이리는 '기독교 아나키스트'라 불리기도 한다.

유가 의미심장한 시사점을 제공할 것이라 믿어 의심치 않는다.

우리는 종교와 신학이 현현되는 공간에서 프레이리의 이러한 교육철학적 관점을 엿보게 된다. 그는 모든 교육은 인간 삶과 활동의 내재적이고 초월적인 차원을 다루기에 종교적이라고 말한다. 프레이리의 가톨릭주의는 그에게 가장 풍부한 많은 상징을 제공하고 있다부활절 경험, 죽음과 부활, 사랑, 신뢰, 겸손, 소명, 교감, 예언 등. 그는 또한 문화와 역사의 세계에서 어떤 가치를 발견하더라도 자신의 가톨릭 정신에 통합시키고 있다. 그는 종교와 문화뿐 아니라, 성聖과 속俗을 크게 분리하지 않는다. 그의 가톨릭주의는 인간이 신과 함께 활동하는 세계 속에서 무엇이 될 수 있는가에 대한 비전을 통합하고 있다.

예전의 교회가 억압당하는 사회계급이 세계를 악한 것으로 보게 만듦으로써 소외시키는 반면, 현대 교회는 현상에 대한 개혁을 막음으로써 소외시키고 있다. 인본주의나 인간화와 같은 표현을 추상화함으로써 현대 교회는 이러한 표현의 진정한 의미를 박제화하고 있다.Freire, 2003: 229 교회의 중립성, 즉 교회의 임무가 사회의 안정이라는 허울 좋은 구호를 통해 결코 화해할 수 없는 것을 화해시켜서는 안 된다. 교회가 역사를 초월해 있다고 설교하는 자는 자기모순에 빠질 수 있다. 미래의 불확실성을 두려워하거나 미래를 건설하기 위한 모험 앞에서 도피하게 될 때, 교회는 최악의 상황에 빠질 것이다. 교회가 예언 능력을 상실했을 때, 미래에 대한 희망은 사라지며, 교회 스스로 소외당하고 소외를 만들어 내는 관료조직의 전철을 밟게 될 뿐이다. 교회는 근본적으로 자신이 설교해 온 부활을 스스로 막고 있는 것이다.Freire, 2003: 217-218

부활은 의식의 변화를 수반하는 동시에 실존적으로 체험되어야만 한다. 참된 부활은 화려한 수사가 아니라, 역사 속에서 이루어지는 하나의 실천이다. 수사학적인 낡은 부활의 개념은 이미 죽어 버렸다. 죽음에서 삶으로의 부활은 오로지 참된 역사적 실천을 통해서만 가능하다.Freire, 2003:

211 가진 자들의 부활은 달력 속의 연례 행사로 가두어 버렸다. 사회구조의 변혁 없이 인간의 마음을 치유하려는 의식화는 마술적인 치료책이다. 화해할 수 없는 성질의 것을 화해시키려는 마술적인 수단이나 다름없는 것이다.Freire, 2003: 212

프레이리는 신에 대한 믿음을 긍정하고 있고, 세상을 살아가면서 자기 인간관의 중심에 서 있는 신과 인간의 관계를 옹호하고 있다. 인간이 타인과 맺는 관계, 그리고 그 인간이 사회 속에 존재해야 하는 관계는 인간이 창조주와 맺는 관계에 의해 결정되며 그 관계를 닮아 간다. 이런 중요한 인용은 심오한 종교적 진리를 표현한 것으로, 프레이리는 인간 존재를 인간과 인간의 영원한 대화, 인간과 세계의 대화, 인간과 신의 대화를 함의하는 역동적 개념으로 생각하고 있다. 이런 대화가 인간을 역사적 존재로 만드는 것이다.Freire, 1973: 17-18

프레이리는 세계 속의 인간에 대한 비전을 표현하면서 다른 종교적 근원과 관련을 맺고 있다. 더 나은 사회를 위한 노력에 교회가 참여하는 것은 요한 23세 교황의 회칙 〈지상의 평화〉와도 맥락이 같다. 인간 진화의 가능성에 대한 그의 낙관주의적 관점은 샤르댕과 비슷하다. 이 관점은 니버의 기독교 사실주의와 연관되면서 균형을 이룬다. 이미 언급한 대로 그의 인간 개념은 무니에의 기독교 인격주의에 근거하고 있다.

인간의 마음을 병들게 하는 사회구조의 변혁 없이 인간의 마음을 치료할 수 있다는 것은 환상이다. 이러한 환상은 설교나 박애주의, 혹은 초월적인 가치관을 강조함으로써 사회구조의 근본적인 변화 과정을 저지하는 것으로 이끈다. 이런 환상을 갖게 하는 것은 니버1960가 비판한 도덕주의자moralist의 주장이나 다름없다.Freire, 2003: 209-210 프레이리는 인간의 영적 본질과 도덕교육자의 실패에 대한 자신의 통찰을 드러낸다.Freire, 1970a: 112 폭력에 관한 논쟁적 이슈를 다룰 때 개신교 신학자인 니버를 자주 인용한다. 피억압자들에게 내면화된 몇몇 허상을 말하면서 억압자에 대해서 서구 문명 옹호자들이 지녔던 허상을 폭로한다. 그는 구원은 사적 이해관계를 넘어서 공동체적 추구를 통해서 가능하다는 요한 23세 교황의 회칙을 인용한다. 또한 부도덕한 억압자에 대한 저항은 신에게 죄를 짓는 것이라는 허상에도 비판을 가한다.Freire, 1970a: 135-136

사회의 구조적 변화에서 권위가 있는 교황의 사회적 가르침은 라틴아메리카의 많은 나라를 고무시켰다. 사랑과 희망은 신학적으로 영원한 의미를 지닐 수 있었다.[19] 프레이리는 기독교인이고 혁명가인 토레스 신부에 대한 극진한 존경을 표현한다. 그의 신학적 관점은 라틴아메리카의 해방신학 관점과 유사하다. 해방신학은 억압으로부터 인간과 제도를 해방하는 잠재력을 가진 힘으로서 종교를 제시하고 있다. 해방신학자들은 라틴아메리카 및 여타 국가에서 기존 억압적인 정치적·사회적 제도의 유지에 종교가 해 온 역할을 민감하게 깨닫고 있었다.

프레이리는 브라질에 널리 퍼져 있는 기독교의 근본적 책임을 언급한다. 그는 이들 공동체와 많은 이야기를 나누는 시간을 가졌고, 그들과의 교육적 노력을 행하면서 자신의 방법이 효과가 있음을 알았다. 그는 이들 공동체에서 사회 속의 삶과 관계 맺는 복음 다시 읽기를 모색한다.Freire, 1985: 194 복음 다시 읽기는 다음과 같은 경우에 일어난다.

> 민중 집단은 복음을 공부할 때 되도록 쉬운 주제를 선정한다. … 그들은 억압자의 관점이 아니라 피억압자들의 관점에서 공부한다.Freire & Antonio, 1989: 66

프레이리의 종교관에서 본질적 요소들은 신을 인간의 발전과 역사적 사건의 과정에 적극적으로 참여시키는 관점, 사람들이 예수를 자유와 사랑의 삶으로 불러오는 급진적 개혁자로 보게 하는 관점, 억압이 어디에

---

19. 토마스 아퀴나스는 사랑과 희망은 오로지 신에 의해 우리에게 불어넣어진다고 역설했다.

존재하든지 교회는 그것을 거부하는 데 적극적으로 나서야 하는 기관이라는 관점, 기독교의 역할을 억압에 대항하여 스스로 자유를 구현하는 동시에 자신과 동료 기독교인, 그리고 모든 인간이 함께 활동하는 노력으로 보는 관점 등을 포함한다.

프레이리는 가톨릭 사상을 신뢰하면서도, 그것이 사회에 깊은 영향을 미치면서 일어난 신학적 경향과 교회의 실천에 대해서는 비판적 입장을 취했다. 지금까지 보았던 대로 그는 전통적 교회를 비판하고 동시에 그 교회를 현대화하면서 예언적prophetic[20] 교회를 불러들였다. 그래서 그는 종교개혁자로 묘사될 정도였다. 그의 종교관은 인간, 사회, 정치, 교육에 대한 그의 관점에 크게 영향을 미쳤다. 근대화/현대화를 추진하는 교회들이 인간의 사회역사적 실천을 통한 해방 없이 단지 의식의 변화라는 개인적인 차원에 국한해 버리면, 중립적이라 여겨지는 방법론의 강조로만 끝나 버린다. 따라서 현대 교회의 해방을 위한 교육은 학생들을 칠판이나 고정된 책상, 교과서로부터 해방시키는 일이며, 학생들에게 시청각 교재와 같은 각종 기재들을 제공함으로써 더욱 역동적인 교실 분위기를 만들어 내고, 더 전문적이고 기술적인 교수 방법을 제공해야 한다.

동시대의 많은 가톨릭 신자들은 일반적으로 마르크스와 그리스도를 연결하는 것을 이단이라고 생각했지만, 프레이리는 이를 탁월하게 융합시켰다. 마르크스는 프레이리에게 역사관과 세계관을 보여 주었고, 그는 이러한 역사관을 깔고 기독교 신앙의 원리·원칙을 실행하려고 했다. 마르크스는 프레이리에게 그가 함께 일하고 있던 사람들의 삶 속에서 그리스도를 만나는 새로운 길을 열어 주었다. 그가 마르크스주의자가 되면 될수록 그의 사회철학이 담고 있는 종교적 영감은 점점 더 명료해졌다.

해방투쟁과 사람들을 사람답게 하는 인간화 투쟁에 담긴 프레이리의

---

20. '예언적'이라는 말은 세상에 신의 존재와 뜻을 드러내 깨닫게 하는 것을 의미한다. 따라서 '예언적 교회'는 현재 전 세계가 어떤 이슈들에 당면해 있는지를 식별할 수 있어야 한다.

역사관 핵심부에는 '유토피아' 개념이 들어 있다. 유토피아란 우리가 어떻게 살 것이며, 그렇게 할 수만 있다면 우리가 살아가야 할 세상은 어떤 것이어야 하는가에 관한 것이다. 유토피아utopia란 말은 문자적으로 '없는 곳no place'이라는 뜻이다. 유토피아를 달성 불가능한 비현실적 목표라고 보는 것이다. 다른 한편으론 사람들이 그 가능성을 탐색하게 만들고 또 이상적인 사회를 지향하여 일하게 하는 긍정적 역할을 제공하기도 한다. 이 경우 'u+topia'는 '좋은 장소good place'의 의미를 지닌다. 유토피아란 더 나은 세상의 가능성을 꿈꾸는 사람들이 가질 수 있는 가장 높은 열망을 뜻한다. 이러한 관점에서 보면 인류의 진보는 무언가 더 나은 것을 꿈꾸는 데서 생긴다. 유토피아의 확실한 주요 기능은 역사를 긍정적인 방향으로 전개하도록 돕는 것이다.Kirylo & Boyd, 2021: 122-123 프레이리의 글에서는 유토피아 개념이 많이 보인다. "꿈이 없으면 희망이 없고, 희망이 없으면 꿈을 꿀 수 없다.Freire, 1992: 91

프레이리의 오랜 친구인 페루의 해방신학자 구티에레즈는 프레이리의 관점에 대하여 언급하면서 "만일 현재 행동으로 이끌어 주지 못하는 유토피아라면, 그것은 현실도피일 뿐"이라고 했다.Gutiérrez, 1971 그는 남미의 기독교인들에게 예수를 따른다는 것은 가난한 자의 체험을 그들 속에서 함께 나누는 것을 의미한다고 했다. 유토피아는 현실에 대한 행동의 수단이며, 사회적 행동을 계획하는 수단이라고 할 수 있다. 각성된 개인들이 서로 끊임없는 대화와 연대를 통해 이상 사회의 건설을 위한 해방교육liberatory education을 필요로 한다.

## 사상의 융합

프레이리의 교육사상에는 헤겔의 변증법, 그람시 등 마르크스주의로 대표되는 정치경제학, 사르트르를 비롯한 실존주의 철학, 프롬을 비롯한 비판적 사회심리학, 구티에레즈로 대표되는 해방신학이 녹아 있다. 그 외에도 피아제의 발달심리학, 듀이의 비형식교육론, 부버의 종교철학, 촘스키의 언어학 이론 등이 투영되어 있다. 어떤 경우에는 특정 이론에 기대 노골적인 이데올로기를 표방하는가 하면, 어떤 경우에는 각 이론이 묘하게 섞이고 엮여서 종합되기도 한다. 프레이리 교육사상의 핵심에는 기독교철학과 마르크스주의가 자리하고 있고, 그 바탕의 기조는 휴머니즘과 진보주의 교육운동의 지향성이 담겨 있다.

프레이리는 전통적 범주에 따른 분류를 거부하였다. 전통적 관념론idealism과 실재론realism을 모두 거부하고 이들을 넘어선 '실험주의experimentalism'를 지향했다. 이 점에서 변화/실험을 강조하는 듀이의 실용주의 철학과 닮아 있지만, 그를 넘어 '변혁적 실용주의' 노선을 지향하고 있다. 변화를 변증법적 과정으로 보는 그의 철학적 가정은 실용주의와 실존주의 그리고 마르크스주의와 유토피아 사상의 주요 동기와 밀접하게 연관되어 있다. 프레이리의 변혁적 접근은 실제로 실존주의 철학의 실천적 의미를 포괄하는 휴머니즘인본주의으로 묘사될 수 있다. 그는 역사를 보편적 법칙의 완성으로 보는 유물론자 마르크스나 관념론자 헤겔 모두에 동의하지 않지만, 기독교적 실존주의자 또는 마르크스주의 교육자로 분류될 수 있을 듯하다.

프레이리를 가장 분명하게 정의할 수 있는 부분은 그의 종교적·신학적 입장이며 마르크스주의이다. 이 두 가지는 어느 정도 결합되어 있다. 그는 신학적 입장을 취할수록 마르크스주의자가 되어갔다고 술회하였다. 사상적으로는 마르크스주의로부터 영향을 받았으나 실존주의 관점도 받아들였고, 역사적 결정론을 거부했으나 변증법적 유물론은 받아들였던 것 같다.Gutek, 2014: 426 프레이리는 마르크스적 분석을 차용하여 주변부 사람에게 자신의 삶에 영향을 미치는 물적 조건을 자각함으로써 스스로 각성할 것을 촉구했다. 교사는 인간에 대한 사랑을 통해 학생들에게 지식을 전파하는 직업이라고 보았던 아퀴나스에게서 영향을 받은 마리탱을 존경했다. 종교적으로는 가난한 사람들의 조건을 변화시키는 조직 만들기를 촉진하는 가톨릭 행동주의를 실천했다.

여러 사상 중에서 프레이리에게 가장 큰 영향력을 미친 것은 아무래도 자유주의, 마르크스주의, 실존주의, 현상학, 그리고 해방신학이라고 할 수 있다.Roberts, 2013: 44 프레이리의 교육사상은 초기에는 마르크스주의, 해방신학, 그리고 진보주의 교육에 대한 관심을 보였고, 후기에는 탈식민주의, 여성주의, 비판적 인종이론, 포스트모더니즘을 흡수함으로써 더욱 풍부해졌다. 그는 특정 인물이나 사상으로 분류되는 것을 탐탁지 않게 생각했지만, 굳이 프레이리 교육사상에 영향을 준 인물을 선택한다면 듀이행위를 통한 학습, 그람시양식을 지닌 유기적 지식인, 프롬인격 구조와 사회 구조의 결합, 프레네일을 통한 협동학습로 압축할 수 있을 것 같다.

전체적으로 프레이리의 교육사상에서는 역동적이고 변혁적인 '절충주의eclecticism'를 많이 발견할 수 있다. 그것은 그가 끌어내 온 출전에서 많이 발견된다. 그런데 그의 사고를 구성하고 있는 것은 교육의 역할과 관련한 교육철학이다. 프레이리를 교육자로서 이해하는 것은 그러한 교육철학이 지닌 통합적 요소 때문이다. 그가 끌어들인 여러 철학은 교육의 사회적 맥락, 교육받은 사람의 본질, 교육의 과정, 학생과 교사의 관계, 교육과 정치의 관계, 지식의 본질, 교육 방법 그리고 교육에서 언어의 역할을 이해하는 데 기여하고 있다. 이를 두고 프레이리의 교육사상은 다른 사상의 '단순조합' 또는 적당한 '절충주의'에 불과하다고 평가하는 것은 심각한 왜곡일 수 있다.

많은 점에서 프레이리의 교육사상은 자신의 경험과 실천에 동시대 학자들의 진보사상을 끌어들여 설명하고 있고 '통합'을 이루어 냈기 때문이다. 그의 교육사상은 위대한 대가들의 사상을 재창조해 냈고, 부분적으로 또는 전체적으로 이들을 뛰어넘는 '사상적 융합'을 보인 결과물이라고 할 수 있다. 그의 교육사상에는 삶, 배움, 앎에 대한 비판적이면서 유토피아적인 철학과 전망이 두루 녹아 있는 것이다.

# 3장

# 프레이리 교육사상의 핵심어

프레이리 교육사상은 심오하며, 좇아가기 어렵기도 하다. 그런 가운데서도 문제의 핵심을 찌르는 핵심어가 있다. 교육, 앎, 공부, 배움, 대화, 자유, 연대, 인간화, 생성어, 의식화, 실천, 문제제기식 교육, 문해교육이 그것이다. 그 본질은 진리의 새로운 세계, 이들 사이의 관계, 그리고 개념들의 논리적 배열 구조를 갖추고 있다. 단어들, 그 의미와 문맥, 인간들의 행동, 자연을 지배하고 문화의 역사를 창조하는 그들의 투쟁 등 각각의 측면이 그 자체뿐만 아니라 전체의 기능 속에서도 의미를 갖는 총체를 구성하고 있다.

## 교육

형이상학적 관점에서 교육의 존재 이유는 근본적으로 인간이 미완의 존재라는 것이다. 그리고 인간은 이런 불완전성을 알고 있다.Freire, 2020: 27 교육은 자신의 불완전성을 알고 있는 인간의 본성 때문에 필수 불가결한 것이다. 우리는 "인간을 교육하고educating, 동물을 훈련시키며training, 나무를 가꾼다cultivating"라고 말한다. 교육이 모든 것을 할 수는 없다 하더라도, 교육이 할 수 있는 어떤 중요한 것이 있다. 달리 말하면 교육은 사회변혁의 궁극적 수단은 아니지만, 교육이 없으면 사회적인 변화가 일어날 수 없는 것은 사실이다.Freire, 1997: 111 교육은 사회적인 활동이다. 교육은 온전히 지배 이데올로기의 재생산 도구만은 아니다. 단지 내가 바란다고 해서 교육을 사회변혁의 확고한 도구로 만들 수는 없으며, 또한 권력자들이 선언한다고 해서 교육이 현 상태를 영원히 지속시키는 도구가 될 수는 없다.Freire, 2007: 148

사회구조가 존속하기 위해서는 변화해야 한다. 다시 말하면 베르그송적 의미에서 변화는 사회구조가 '지속'되는 것을 나타내는 방식이다.Freire, 2019: 217[1] 교육은 영속성과 변화의 모순 속에서 '지속la durée/duration'을 나타내 보인다. 궁극적으로 사회를 지속시키는 것은 바로 영속성과 변화의 변증법인 것이다. 여기서 영속성은 가치의 영속성을 말하는 것이 아니라, 교육적 과정의 영속성을 의미하며, 문화적 영속성과 변화의 상호작용을 말한다. 교육적 과정을 '지속적'이게 하는 영속성과 변화의 변증법은 교육을 존재의 상태에 있는 어떤 것이 아니라, 변혁을 위한 힘이 되게 한다.Freire, 1978: 181

교육은 우리 인간 존재의 딜레마인 창조의 도구이자 창조의 장으로서의 초월 현상을 푸는 열쇠다. 교육은 또한 구조를 변화시키는 동인이다. 충돌과 갈등이 발전과 동원의 영역이다.Freire, 2000: 102 인간은 분명 역사적 존재이기 때문에 교육은 역사적 사건이기도 하다. 이 말은 교육이 시간과 공간에 따라 변한다는 것을 의미한다.Freire, 2000: 27 교육은 역사적·문화

1. 베르그송(1859~1941)에게서 사유의 기본은 '지속'이다. '지속'은 '흐름'이며 '지나가는 것'이다. 일상의 시간은 공간화(약속 시간, 시간표, 점심시간 등)되는데, '지속으로서의 시간'은 이와 다르다. 공간화된 시간이 아니라, 철학적 사유의 대상으로서의 시간이다. 그것은 정신세계, 또는 의식에서 지속하는 시간을 말한다. 시간은 끊임없이 이어지는 지속의 과정이며 인간의 의식은 이러한 시간 위에 존재한다. 그러므로 베르그송은 '시간'을 지속되는 삶의 존재 형식이자 창조적 인과관계로 파악한다. 베르그송의 시간 이해는 창조적 진화와 '생명의 역동적 시나리오'를 설명하는 열쇠이다. 인간에게 있어 시간이 멈춘다는 것은 죽음을 뜻한다. 하지만 삶의 시간이 멈춘다는 것은 또 다른 영혼의 시간이 시작된다는 것을 말한다. 생명을 가진 모든 것들은 시간의 제한을 받는다. 삶의 시작도 시간에서 시작되고, 그 끝도 시간에서 멈춘다. 베르그송은 분할, 분리, 절단이 아닌 측면에서 자연의 긴 역사, 생명의 긴 역사에서 생성과 과정, 발전, 특히 진화라는 측면에서 실증적으로 정확히 규명하고자 한다.

적 과정 속에서 한 세대는 다음 세대에 의해 설계된 객관적 현실에 직면하고, 그리고 그것을 통해 현실에 대한 인상을 받는다. 인간은 세계를 변혁하고, 또 이들 변혁의 결과를 경험한다.Freire, 1978: 172 역사는 인간에 의해 만들어지며, 동시에 인간은 역사 속에 스스로를 새겨 넣는다. 만일 교육적 작업이 다른 사업처럼 인간의 세계 속에서 달리 작용할 수 없다면, 우리는 다시 원점으로 돌아가 인간과 세계 사이의 관계에 대해서 성찰해야 한다.Freire, 1978: 172 교육은 역사적, 문화적 세계로 들어가게 하는 공적 활동이다. 프레이리는 세계로부터 고립된 인간, 인간을 떠난 세계, 탈역사적인 인간의 출현을 크게 우려했다. 프레이리의 '세계 결여'에 대한 생각은 한나 아렌트의 '세계-상실파괴'을 상기시킨다.

궁극적으로 프레이리가 설정한 교육의 목적은 '인간 해방'이다. 해방은 "사람들이 자기가 살고 있는 세계와의 관계에 대해 성찰하는 만큼 생겨난다. 그리고 스스로를 의식화해 가면서 역사 속에 주체로서 개입한다.Freire, 1971 이러한 교육의 목적은 학습자와 지식을 보는 프레이리의 관점에 기인한다. 교육은 어디에서 실시되든지 학생과 교사 모두 배울 수 있고, 행동하는 존재로서 구체적인 상황을 자기 것으로 만들어 내려고 노력해야 한다. 학생은 교사가 만드는 '빈 그릇'이 아니며, 교육의 객체가 아니다. '길들이는 교육'은 지식을 전달하는 행위이지만, 반면에 '자유를 위한 교육'은 앎의 행위이고, 현실을 변혁하는 과정이다.Freire, 1985: 102

인간만이 독특하게 지닌 교육은 지향점을 가지며, 그렇기 때문에 정치적이다.[2] 교육은 가르치는 일을 촉진하기 위해 기법을 사용한다는 면에서 예술적이고 도덕적이다.Freire, 2007: 82 즉 교육은 좌절, 공포, 욕망을 포

2. 프레이리는 아리스토텔레스가 말하듯 인간은 '생각하는 동물'이며 '반성적 동물'로서 '인식하는 존재'일 뿐만 아니라, 동시에 '자신이 인식행위를 하고 있음을 자각하는 존재'이기도 하다는 관점을 공유한다. 진정한 반성은 행동에서 유리된 채로 존재할 수 없다. 따라서 자신들을 대중화시킨 구체적인 현실을 변화시키는 행동을 취해야 한다. 자신의 행동에 대해 반응하고, 사고를 수정하도록 해야 한다. 이렇게 이론과 실천은 대립된 반대 극단이 아니라, 인간존재의 양 측면으로 이해된다.

함하고 있다. 또한 교육은 교사에게 자신의 전공 영역과 관련된 구체적인 지식뿐만 아니라, 지식의 본질에 관한 지식까지 파악할 수 있는 보편적인 역량을 요구한다. 교육은 언제나 신화를 벗겨 내는 일이다.Freire, 2003: 235 교육이란 혼자만의 힘으로 국가를 한 시대에서 다른 시대로 옮아가도록 하는 변화를 이룰 수 있는 기적적인 과정이 아니다.Freire, 1978: 59 현실에 대한 분석을 두려워하거나 자기 자신을 어릿광대로 드러내고 창조적 논의를 회피하는 것은 교육이 될 수 없다. 교육 혼자서만 이룰 수 있는 것은 아무것도 없다. 혼자서만 존재한다는 사실 자체가 교육이 지닌 변화 기제로서 거스를 수 없는 힘을 무산시켜 버리기 때문이다.Freire, 1978: 59

대학이건, 고등학교이건, 초등학교이건, 성인문해 교육이든, 학교 어느 곳에서 실시되든, 교육이란 하나의 정치적 행동이라고 할 수 있다. 왜냐하면 정치가 교육적 측면을 지니고 있는 것처럼, 교육은 본질적으로 정치적 성격을 지니고 있기 때문이다. 형이상학적 견지에서 볼 때, 제1세계에서나 제3세계에서 정치는 교육의 영혼이나 다름없다.Freire, 2003: 299-300 교사가 하나의 특별한 주제를 연구할 때, 교육의 모든 실례들은 정치적 행위가 되는 것이다.

그리고 교육은 대화를 통해 세계를 건설하고, 재창조하고, 인간화하는 역사의 과정이라고 할 수 있다. 그래서 프레이리의 '변혁적 교육학'은 여타의 교육이론들과 달리 사회의 변혁에서 교육의 역할을 분명히 한정 짓고 있다. 그리고 교육을 통해 변화하는 사회가 구체적으로 무엇이며, 그것이 정치와 사회를 어떻게 변화시키는가의 문제를 찾아가는 데 매우 선구자적인 역할을 했다. 따라서 프레이리의 변혁적 교육학은 미완의 민주주의를 완성해야 하는 한국 시민들에게는 계승·발전시켜야 하는 귀중한 자산이 아닐 수 없다.

## 앎

아무것도 모르는 사람도 없지만, 모든 것을 아는 사람도 없다. 우리는 무언가는 알고 있다. 절대적인 무지가 없는 것처럼 절대적인 지식도 없다. 완전한 무지란 없고, 민중은 자신들이 이미 알고 있는 것에 대해 더 잘 알 권리, 아직 모르고 있는 것을 알 권리가 있다.Freire & Macedo, 2014: 66 앎의 과정은 특정 대상에 대한 인식론적 호기심, 감동, 정서, 기억, 감정 등 총체적인 의식적 자아를 포함하는 과정이다.Freire, 1997: 227 앎이란 자신의 언어를 말하는 것으로, 성찰과 행동 모두를 함의하는 행동이다.

앎의 과정은 곧 교육의 과정이다. 그리고 교육이 억압의 도구가 되지 않기 위해서는 '앎의 교육학pedagogy of knowing'이 되어야 한다.Freire & Macedo, 2014: x 앎knowing은 단순한 표면적인 파악 그 이상의 것이다. 앎은 공부 대상을 엄밀하게 이해하기 위해 노력하는, 표면의 현상 아래를 파고드는 탐구의 과정이다. 앎의 과정은 나머지 세계와 분리된 추상적인 순수한 인지적 과정이 아니라, 일상생활의 추악한 현실과 얽혀 싸워야 하는 매우 실천적 과정이다.Roberts, 2013: 26 앎은 자신의 전체적 존재—생각하고, 느끼고, 의지하고, 행동하는—에 참여하는 그 무엇이다.Freire, 1997: 30 알고자 하는 것은 윤리적·정치적 약속이며 헌신이다.

알아 가는 행위는 인식하는 주체, 인식되는 대상, 그리고 이들 양자 사이의 대화적·변증법적 관계로 구성된다.A. M. A. Freire, 2015: xvii '안다는 것knowing'은 추측하는 것이 아니다. 앎이란 조금 아는 것을 알아차리는 데서 시작한다. 그리고 자신들이 조금밖에 모르는 것을 앎으로 해서 민중들은 조금 더 알기 위한 준비를 하게 된다.Freire, 1978: 143 프레이리는 앎에 대한 관점을 적극적으로 피력한다.

프레이리는 모든 앎은 '경험'과 함께 시작된다는 것을 강조한다. 앎은 "경험으로부터 만들어진 지식"이다.Freire & Macedo, 1987: 87 따라서 모든 교육적 노력은, 비록 그것이 엄격한 학술적 지식을 향한다고 하더라도, 전문적인 지식이 아니라 일상의 지식을 가지고 시작해야 한다. 앎이라는 행위에는 두 개의 맥락이 존재한다. 이론적 맥락은 앎이 일어나는 환경에서 이루어지는 대화이다. 구체적 맥락은 개인이 존재하는 사회적 현실이다. 구체적 맥락은 이론적 맥락에서 검토된다.

> 무엇을 아는가? 어떻게 아는가? 왜 아는가? 우리가 알아서 도움이 될 대상은 무엇이고 인물은 누구인가? …우리가 알기를 거부해야 할 대상은 무엇이고 인물은 누구인가?Freire, 1970a: 68

안다는 것은 주체의 임무이지 대상의 임무가 아니다. 한 남자 또는 한 여자가 안다는 것은 주체로서의 위치이며, 그리고 오로지 주체로서만 가능하다. 배워 나가는 과정에서 진실로 배우는 사람은 배운 것을 자기 것으로 하는 사람, 뜻을 파악하는 사람, 그리고 그 배운 것을 재창조하는 사람이다. 즉 자기 것이 된 배움을 구체적인 실존적 상황에 적용할 수 있는 사람이다.Freire, 1978: 126 다른 한편 타인에 의해 그 의미를 알지도 못하고, 세상을 알아 나가는 그의 방식과 모순되는 내용으로 가득 채워진 사람은 배울 수 없다. 왜냐하면 그는 도전받지 않았기 때문이다.Freire, 1978: 126

앎은 주체의 참여를 요구한다. 앎의 대상인 객체는 필요조건일 뿐 충분조건은 아니다. 그래서 프레이리는 앎의 상황에서 교사와 학생은 반드시 '의식적인 주체'의 역할이 있어야 하며, 그리고 그들이 알려고 하고 인식할 수 있는 대상을 주체적으로 사고하지 않으면 안 된다고 말한다. 생각은 변증법에 바탕을 두고 있다. 앎을 결코 외부로부터 어떠한 내용을 받아들인 것으로 파악하지 않는다. 앎은 고정되어 있지 않다. 곧 앎은 문화적으로나 역사적으로 조건화된 것이다. 앎은 고립된, 개인적, 추상적, 순수하게 이론적 활동이 아니라 대화, 인간적 실천, 그리고 참여를 통해 발생한다.

> 안다는 것은 참으로 어려운 과정이다. 그러나 그것이 어렵지만 어린이는 공부하는 과정이 아름답다는 것을 배워야만 한다. 나는 공부를 하는 행위에 즐거운 보상만이 있다는 것을 아이들에게 말하는 것은 잘못되었다고 생각한다. 처음부터 어린이들이 공부하는 것은 힘들고, 까다로운 것이지만, 공부의 즐거움을 자각하는 것이 중요하다.Freire, 1993: 90

프레이리가 말하는 앎은 주체들이 자신의 기존의 앎을 재고하고 재창조해야 하는 문제를 제기하는 '비판적 교육'이라고 할 수 있다. 재창조되지 않은 앎은 비판정신을 마비시키고, 인간을 교화시키고, 그리고 문화적 침략을 가능하게 하는 거짓된 지식을 맡기는 일로 퇴보하는 것이나 다름없다. 교사는 피교육자/민중들의 앞에선 존재, 또는 위에 있는 존재가 아니고, 그들을 위한 존재가 아니라 함께하는 존재이다. 이들 모두 변화의 주체이기 때문이다.Freire, 1978: 152

인간의 앎은 '비판적 성찰'이다. 이러한 성찰은 인간이 실재에 참여할 수 있고 실재로부터 거리를 둔다는 것을 의미한다. 더불어 실재에 가해지는 행동의 중요성을 이해하는 것이고, 언어를 통해 이 지식과 의사소통하는 것이며, 다양한 방식으로 상황을 해석하는 것이다. 프레이리가 지적하고 있듯이, 우리 인간은 아는 존재이며, 우리가 '안다는 것'을 '알고 있는' 존재이다. 비록 우리의 의식이 제약받는 상황일지라도, 우리는 우리가 제약받고 있다는 사실을 알고 있다.

프레이리가 설정한 앎은 실천적 대상이며 정치적 대상이다. 교육은 앎 또는 지식과 긴밀한 관련을 맺고 있다. 앎은 능동적이고 역동적인 과정이다. 앎이란 세계와 직면하는 호기심 많은 주체의 존재를 필요로 한다. 앎은 현실을 변혁하려는 행위를 요구한다. 앎은 끊임없는 탐구를 요청한다. 앎은 창조와 재창조를 의미한다.Freire, 1978: 114

> 앎이란 그 수준이 어떠하든, 객체로 전락한 주체가 다른 사람이 자신에게 던져 주는 내용을 다소곳이 그리고 수동적으로 받아들이는 행위가 아니다. 오히려 앎은 세계와 직면한 호기심 가득한 주체들의 존재를 필수조건으로 한다. 앎은 현실을 변혁시키려는 그들의 행위를 필요로 한다.Freire, 1978: 101

대개 앎의 체계인 지식은 어느 한쪽으로 '치우치기' 마련이다. 프레이리는 한쪽으로 치우치지 않은, 즉 공평무사한 지식 체계는 없다고 확신한다. 그저 순수하게 객관적인 지식은 없다. 모든 새로운 지식은 옛 지식으로부터 생성되는데, 이 옛 지식은 그 이전의 지식으로부터 생성된 것이다. 그리하여 모든 새로운 지식은 이와 같이 끊임없이 생성되고, 그것을 대체할 지식을 위한 기초가 된다.Freire, 1978: 144

학생들이 어디서부터 출발할 것인지를 아는 것은 새로운 지식을 습득할 수 있는 조건이다. 교수-학습 과정은 사전 지식을 바탕으로 해야 하며 정당성에 대한 존중과 인정을 기반으로 해야 한다. 세상을 변화시키는 수단으로서의 교육은 프레이리의 주요 목표 중 하나이다. 왜냐하면 그가 교육하는 것은 사회 변화에 기여하는 것이고, 학생의 역할은 의식적으로 세계에 개입할 수 있는 능동적 존재가 되는 것이기 때문이다.

인식론적 조건으로서 교육은 교육자와 피교육자가 주체로서 앎의 과정에서 문제를 문제로 드러내는 것을 의미한다.Freire, 1978: 182 지식knowledge은 관념ideas에 대한 것이 아니라, 실재reality에 대한 것이어야 한다. 그는 지식 이론인식론에 대해 다음과 같이 설명한다.

지식이란 자신은 알고 있다고 생각하는 사람으로부터 자신은 모른다고 생각하는 사람에게 전달되는 것이 아니다. 지식은 인간과 세계 사이의 관계, 변혁의 관계에서 이루어지며, 그리고 이들 관계의 비판적인 문제화에서 그 자체를 완성하는 것이다.Freire, 1987: 134

지식은 언제나 과정이며, 더불어서 지식은 인간의 생활환경인 객관적 실재에 대한 인간의 의식적 행동에 기인한다. 따라서 객관적 실재와 그 실재에 행동을 취하는 인간 사이에는 역동적이고 모순적인 통일이 이루어진다. 모든 실재는 이와 동일한 방식으로 역동적이고 모순적이다.Freire, 1978/2020: 89

지식은 실재/현실reality에 개입하는 실천 속에서 만들어진다. 지식이란 정적인 것이 아니라 역동적인 것이다. 그것은 행동과 실재에 대한 성찰 간의 지속적인 통일을 필요로 한다. 우리의 의식은, 우리가 이미 알고 있던 바에 행동을 가함으로써 지식을 변형한다. 곧 이전 경험을 다시 되살림으로써, 우리는 이러한 경험에 대한 지식을 이해하게 되는 것이다.Freire, 1985: 100-101

프레이리의 지식 이론은 고정되어 껍질에 싸여 있다거나 특정 시간대에 냉동된 채 전해지는 어떤 것, 혹은 누군가 소유하고 또 다른 누군가는 갖지 못한 것, 혹은 누군가 소유하고 또 다른 누군가는 갖지 못한 것, 혹은 무비판적으로 거부되거나 혹은 수용되는 어떤 것이 아니다. 지식은 이 세계에 존재하는 모든 이들이 함께 만들어 가는 것이다. 지식은 힘이고 해방이다. 우리는 지식을 마음두뇌의 신경계가 만들어 내는 구성체으로도 알게 되지만, 우리의 몸, 우리의 감각, 우리의 영혼으로, 그리고 앞서 온 선조들의 역사에 토대해 미래를 그리는 우리의 상상력을 동원해 지식을 알아나가기 때문이다.

인간 존재란 끊임없이 탐구 행위에 몰두하면서 결론이 내려지지 않은 역사적 존재이기에 사람들이 세계에 대해 성찰하고 행위를 할 때 지속적으로 지식을 창조하고 재창조한다.Freire, 1978: 144 그래서 지식은 객체들의 추상적 속성 안에 항구적으로 고정된 것이 아니라, 하나의 과정이다. 이 과정에는 기존 지식을 얻는 것과 새로운 지식을 생산하는 것이 동일한 사이클 안에 있는 두 계기moment[3]가 있다.Freire, 1982 이론성찰과 실천행위, 주관성과 객관성, 의식과 세계 등의 서로 대립적인 두 계기들을 각각 별개의 것으로 보는 것이 아니라, 변증법적 통일의 개념으로 파악하는 것이다. 새로운 행동을 견인하는 지식에 대한 성찰과 행위는 앎의 분리된 두 계기가 아니다. 궁극적으로 세계 변혁의 행위를 수반하지 않는 성찰은 무의미하고도 소외를 유발하는 수사일 뿐이다.

지식은 인식 주체와 인식 대상 간의 변증법적 관계 혹은 대화적 관계를 수반한다.Elias, 20714: 118 그래서 지식은 '대화적 관계'에서 생성된다. 인식 대상으로서 실재는 역동적이고 변화하므로, 그 실재에 대한 우리의 지식도 역동적이고 변화하게 된다. 지식은 한편으로 세계를 반영함으로써 설명하고, 다른 한편으로 세계 속에서 세계와 함께 인간을 반영한다. 프레이리는 앎의 과정으로서의 교육이 우리에게 제기하고 있는 이론적이고 실천적인 질문을 주체적 차원에서 제기한다.

> 지식은… 호기심을 품고서 세상을 직면하는 주체를 필요로 한다. 지식은 현실을 변혁하려는 주체들의 행위를 요청한다. 지식은 끊임없는 탐색을 요구한다.Freire, 1973: 101

프레이리는 지식을 획득하거나 혹은 교육이 이루어졌다는 것, 개인이 인식 가능한 대상을 대화와 문제제기의 과정을 거쳐 진정하게 인식하게

3. '계기'란 어떤 것을 움직이게 하는 하며 결정짓는 근거의 의미로 쓰인다.

되었을 때로 본다. 그러므로 교육의 임무는 학생들이 억견doxa, 단순한 의견을 넘어 로고스logos, 진정한 지식를 획득하도록 하는 것이다.Freire, 1970a: 58 프레이리가 말하는 지식의 목적은 우리 시대의 근본 모순인 지배와 해방의 모순을 해결함으로써 민중들이 비인간화를 극복하고 스스로 인간화의 길을 걸어가는 것이다.

새로운 사회는 새로운 지식 이론이나 교육이론을 발전시킬 필요가 있다. 새롭게 양성되고 있는 지식인들은 실천과 이론의 통일, 육체노동과 지적 노동의 통일에 반드시 기초를 두어야 한다.Elias, 2014: 127 프레이리는 앎, 교육, 그리고 생산을 분석하면서, 지식의 사회적 통제라는 마르크스주의의 개념과 진보적 교육자의 민주주의 교육이론을 결합시켰다.Elias, 2014: 128

프레이리는 종종 공개적으로 비난받아 온 관념론—우리의 앎은 단지 우리 자신의 관념일 뿐이라는 사유—의 혐의를 벗어나기 위해 앎의 실제적인 특성, 변화하는 특성, 과정 지향적인 특성, 변증법적인 특성에 주목하면서 자신의 생각을 듀이와 마르크스의 이론과 결합시켰다.Elias, 2014: 118

프레이리는 지식 이론을 혁명의 목표를 세우는 데뿐만 아니라 교육에도 적용한다. 그는 지식에 대한 유물론적-객관주의자기계론적 객관주의의 해석과 주관론자관념론의 해석 모두를 거부한다. 그는 전자가 인간이 자신의 사유를 형성하는 데 어떠한 역할을 한다는 것을 설명하지 못한다는 점에서 이를 거부한다.

프레이리의 민중적 교육 실천은 지식론과 연결되어야 한다. 교육은 단순한 지식 전달이거나 사회의 문화적 관습이기보다는 앎의 행동이 된다. 지식과 권력은 긴밀하게 관련되어 있어야 한다. 학교교육에서 문화적 전통과 실천은, 예를 들어 지배 관계를 감춘다고 의심받는다. 따라서 노동계층이 지식을 비판적으로 습득한다는 말의 의미는 임의적이고 '전제적인 문화'[4]에 비판을 가한다는 것을 뜻한다.

## 공부

'공부studying'의 목표란 무언가를 밝히고 발견하는 일이다. 그리고 그 발견은 아주 독특한 맛, 바로 창조와 재창조의 행복한 순간을 가져다준다.Freire, 2006: 58 그 일이 쉽지는 않지만 그만한 가치가 있는 일이다. 공부하는 것은 대상을 좀 더 정확하게 이해하는 일이며, 다른 대상들과의 관계를 깨닫는 것이다.Frere, 2000a: 79 프레이리는 공부가 '사랑'과 비슷하다고 설명한다.Frere, 2006: 58 사랑을 수요일에 할까 토요일에 할까 결정할 수 없는 것과 같은 이치라고 할 수 있다. 사랑에 시간표란 존재하지 않는 것과 같다.

> '공부'는 재발견되고, 재창조되며, 재작성되는 하나의 형식이다. 그리고 공부는 주체가 하는 것이지, 객체가 하는 것이 아니다.Freire, 1985: 2

프레이리는 공부라는 활동을 분석하면서, 공부하는 이가 텍스트가 의미하는 것을 제대로 알기 위해서는 그 텍스트의 사회적·역사적 맥락 속으로 들어가야 한다고 주장한다. 그에게 공부란 재발명이자, 재창조이며, 다시 쓰는 일이다. 그래서 그는 "공부는 아이디어를 소모하는 것이 아니라, 그것을 창조하고 재창조하는 것"이라고 말한다.Freire, 1985: 4 공부하는 일은 교사의 입장에서는 가르치는 일을 포함하지만, 가르치기 전에 그리고 가르치면서 배우는 것도 포함한다. 공부하는 일은 또한 장차 가르칠 준비를 하거나 현재 좀 더 잘 가르치기 위해서 자신들의 지식을 재창조

---

4. '전제적인 문화'란 학교 지식과 학교가 불평등한 문화자본을 어떻게 생산, 분배하는지를 가리키는 것으로 쓰인다. 전제적 문화라는 개념은 신교육사회학의 산물로 내용이 임의적이고 전제적인 각자의 문화를 가진 계층을 가리킨다. 계급 관계가 불평등하기 때문에 지배계급은 학교교육과정에 자신의 문화자본을 부과하는 방식으로 '상징적 폭력'을 행사한다.

하는 학생들, 혹은 학교생활을 처음 시작하는 어린이들에게서도 일어나는 것이다.Freire, 1997: 71-72

학생들이 공부하고 배우면서 더 큰 어려움에 봉착하게 될 때, 단지 '재미'로 가르치는 위선자들은 진실이 무언지를 알려는 학생이 환멸을 느끼도록 한다. 결국 공부 내용이 점점 어려워지면서 학생은 공부로부터 떠나게 한다.

이럴 때 프레이리는 교사에게 지적인 인내와 공부의 어려움을 통해서 학생을 지지해 주라고 주장한다. 또한 학생 스스로 주체를 인식해 자신감을 키워 나갈 뿐 아니라 공부하는 행위에 내재된 아름다움을 발견할 수 있도록 학생을 도와주라고 말한다. 프레이리는 교사가 학생들에게 공부하는 것은 힘든 일이라는 것에 관해서 솔직한 태도를 취하는 것이 교육적으로 필요하다고 생각했다.1993

프레이리는 보수적인 교사들의 독재자 같은 행위를 강하게 반대하면 할수록, 공부에 대한 자유로운 접근법 또한 거부했다. 이런 접근법을 통해 교사는 학생의 공부하는 행위에 대한 책임감 발달을 저해하고, 학습을 마치 재미있는 것처럼 속여 강조함으로써 학생들을 '나약하게' 만들기 때문이다. 프레이리는 '공부'의 과정을 떠올릴 때 인간적 반응에 대해 종종 이렇게 말했다.

> 공부하는 일은 많은 노력이 필요한 고된 일입니다. 공부는 우리가 고통, 즐거움, 승리감, 패배의식, 회의, 행복감 등을 느낄 것입니다.Freire, 1997: 91

공부는 모르는 것을 알아 가는 과정이기에 고통스러운 일이다. 그렇지만 공부를 통해 무엇을 알게 되면 공부의 즐거움을 향유하게 된다. 따라서 공부의 즐거움은 정확하게 공부의 대상을 비판적으로 이해하려는 시도에서 발생한다.Roberts, 2021: 136 우리는 학생들에게 이 창조의 순간을 자극해 주어야 한다. 단순히 시계를 보고, 오전 10~11시에는 책을 읽고 오후 2~3시에는 글을 쓴다는 방식으로 학생들의 마음을 관료화시켜서는 안 된다.Horton & Freire, 2006: 58

교육 실천의 본질을 숙고해 볼 수 있는 가장 적합한 출발점은 아직도 완성되지 않은 인간 조건의 미완성이다. 우리는 인간의 존재론적 미완성을 의식함으로써 학습의 가능성이 열린다. 우리는 인간의 미완성을 깊이 의식함으로써 영원히 탐색하는, 계속해서 호기심에 가득 찬 질문을 던지는 활동을 해 나갈 수 있을 것이다.Freire, 2007: 80 그리고 우리는 질문을 던짐으로써 비로소 세계를 깨닫게 될 뿐 아니라, 세계에 대한 철저한 과학적 지식 또한 얻게 된다. 이러한 탐색 과정은 세계에 적응하기 위한 능력뿐 아니라, 세계에 개입하고 세계를 재창조하고 변혁하기 위한 배움의 능력을 형성해 낸다. 동물과 다른 이런 독특한 방식은 우리의 불완전성을 완성해 가고 있다는 증거이다.Freire, 2007: 80

공부에는 무엇보다 '호기심curiosity'이 발동되어야 한다. '무엇'뿐만 아니라, '왜'라는 곤혹스러운 질문들을 제기할 '호기심'이 생기지 않는다면, 민중 스스로가 권력을 쟁취하기 위해 떨쳐 일어날 다른 방도는 없다. 전체 교육과정의 주춧돌은 인간의 호기심이다. 이것이 바로 나로 하여금 질문하고, 알고, 행하고, 또다시 질문하고, 인식하게 한다.

여기서 중요한 점은 이런 순진무구하고 자발적인 호기심이 우리의 존재론적 미완성ontological unfinishedness/incompleteness과 내재적으로 연결되어 있다는 것이다. 이 존재론적 불완전성은 우리에게 세계를 향한 호기심과 탐색의 영구적인 발동을 의미한다.Freire, 1998a: 55-57 자신의 변화와 태도를 더 잘 인지하고 그 이면의 이유를 더 잘 인식할수록, 순진한 호기심의 단계에서 '인식론적 호기심'으로의 이행도 더욱 순조롭게 진행될 것이다.

프레이리에게서 호기심은 문제를 제기하는 '정의로운 호기심'에 초점이 맞추어져 있다. 호기심의 분석은 비판적 의식 고양을 할 수 있느냐 없느냐 하는 인식적 과정으로부터 시작될 것이다. 비판적 호기심은 대상에 관한 앎에 참여하여 그 앎을 구성하는 것이기 때문이다. 이런 필연적 과정에는 심미적 인식과 더불어 엄격한 윤리적 발달이 동반되어야 한다. 이것은 세계에 대한 비판적 개입을 통해 호기심과 인식론, 그리고 미학과 정치의 관계를 다시 생각하도록 한다.

## 배움

배움learning은 앎의 계속적인 과정이고, 하나의 현실을 '고발'하는 것이며, 동시에 민중이 싸워서 성취할 수 있는 새로운 현실을 '선포'하는 것이나 다름없다. 진정한 배움이란 지식을 전달하기보다 구성하고 공유하는 지속적인 대화이다. 배움이란 생각을 소비하는 것이 아니라 일종의 재발명·재창조·재저술이며, 그리고 객체적 작업이 아닌 주체적 작업이다.Freire, 2003: 50, 53 인간은 평범한 존재이지만, 앎의 대상을 실질적으로 '포착할 수 있는' 능력을 사회적·역사적으로 발달시켜 온 유일한 존재이다. 그러기에 인간은 배움이 창조적 모험이 되는 유일한 존재이기도 하다. 배움은 하나의 교훈, 또는 이미 주어진 어떤 것을 단순 반복하는 것보다 훨씬 풍부한 경험을 가하는 것이다. 인간에게 배운다는 것은 변화를 목적으로 구성하고, 재구성하고, 관찰하는 것이다.Freire, 2007: 81

프레이리의 친밀한 친구이고 그의 해설가인 마세도는 진정한 배움을 다음과 같이 요약한다.

- 진정한 배움은 모든 사회적·교육적 상황이 이데올로기적임을 인식한다.

- 진정한 배움은 인종적, 성적 그리고 계급 차별과 싸우기 위해 윤리적으로 헌신한다.
- 진정한 배움은 겸손과 성찰에 의해 고무된 비판적 역량이다.Macedo, 1998: xxiv

배움은 의식의 비판적 상태를 유지하도록 하는 과정이다. 프레이리는 배움이 곧 해방이라는 사상에 정통한 조언자이자 안내자이다.Hooks, 2008: 12

> 학습 능력은 가르칠 수 있는 능력의 근원으로서 우리에게 인식 대상의 실재를 파악할 수 있는 능력이 있음을 뜻한다. 대상의 피상적 측면들을 단순히 기계적으로 암기하는 것은 진정한 학습이 아니다. 대상과 그런 식으로 관계를 맺는다면 학습자는 내용을 '전수받는' 수동적 도구로 전락하게 된다.Freire, 2007: 81

프레이리에게 '가르침'이란 미래를 준비하기 위해 정보를 전달하는 것이 아니며, '배움'이란 정보를 기억하는 것도 아니다. 학생은 사실의 획득을 통해서가 아니라, 이웃과의 사회적 교류를 하며 현실을 재구성함으로써 학습 과정에 들어간다. 진정한 가르침과 배움은 비판적 대화를 통해 교사와 학생이 지식의 구성에 서로 참여하도록 하는 것이다.

학습 과정에서 진정으로 배우는 유일한 사람은 그 배움을 재창조하는 사람이다.Freire, 1973: 101 배움이란 세계에 대한 태도, 즉 세계관을 형성하는 일이다. 학습이 세계에 대한 태도이기 때문에 배움은 독자의 책에 대한 그리고 독자의 교재에 대한 관계로 환원될 수 없다. 배움은 저자가 취급하는 주제 내에서 그의 성찰을 발견하는, 독자와 저자 간의 변증법적 관계라 할 수 있다. 변증법적 관계는 독자의 것과 대체로 동일하지 않은 저자 자

신의 역사적·사회적·이데올로기적 조건을 포함한다.Freire, 2003: 52-53

프레이리에게 "학습 능력은 적응하는 것뿐만 아니라 무엇보다도 현실을 변형하고 개입하고 재창조하는 것이다".Freire, 1996: 68 프레이리는 "가르친다는 것은 교육이 세계에 대한 개입의 한 형태라는 것을 이해할 필요가 있다"Freire, 1996: 98라고 말했다. 그리고 그러한 개입이 잘 이루어지려면 우선 교사와 학생들이 더 나은 사회의 건설에 어떻게 기여할 수 있는지 자신의 역할을 정확하게 인식해야 한다. 프레이리는 그러한 변화가 가능하다고 확신했다.

서로 배움은 방법, 기술, 자료를 사용하는 실천이다. 배움, 공부, 앎은 모두 교육의 과정 속에서 일어나는 일이다. 또한 서로 배움은 그 지향적 특성으로 목표, 꿈, 유토피아, 이상을 함의한다. 따라서 교육은 정치적 성격을 지니고 있으며, 모든 교육 실천은 결코 중립적이지 않을 때 역량을 갖게 된다.Freire, 2007: 82 정해진 틀을 벗어나면, 신뢰를 잃게 될까 염려하는 사람들이 많다. 하지만 단절의 경험 없이, 즉 옛것과 결별하지 않고서, 그리고 의사결정 과정에서 갈등을 겪지 않고서 무엇을 창조할 수는 없다. 낡은 것과의 단절이 없다면 인간이란 존재의 발전도 없다. 지식의 구성은 배움 과정에서 교사와 학생이 자신들의 경험을 공유하고, 성찰하고, 그리고 비판적으로 평가할 때 절로 따라올 것이다.

## 대화

프레이리는 대화dialogue를 기능적 의사사통의 방식을 넘어 일종의 예술로 여겼다. 인간에게 대화가 필요한 것은 근본적으로 인간이 윤리적으로 미완성된 존재라는 것을 드러내는 것이다.Freire, 2007: 70 그리고 인간의 상당 부분을 이루고 있는 대화[5]의 내용과 목적은 개인의 변화뿐만 아니라, 궁극적으로는 사회의 변화에 있다. 교육은 두 학습자가 다소 다른 공간에 있으면서 대화를 계속해 갈 때 일어난다.

이 과정에서 두 참여자는 그들의 관계 속으로 지식을 끌어들이게 된다. 이때 교육적 과정의 한 가지 목표는 각자가 알고 있는 것과 또한 서로에게 가르칠 수 있는 것을 탐구하는 것이다.Freire, 2007: 189 그런 후 연속되는 앎의 과정에서 세계 속의 능동적 행위자인 자아에 대한 성찰을 촉구하는 것이다.

'대화'는 프레이리의 핵심적인 방법론으로 등장한다. 그는 자신의 대화 개념을 독일의 실존주의자 야스퍼스에게서 이끌어 왔다. 야스퍼스는 인간이 가족의 일원이 되는 것은 의미 있는 관계가 필요하고, 대화가 그 관계 구축을 발전시켜 줄 것이라고 주장했다. 그래서 진정한 의사소통을 위해서는 새로운 자기형성으로서의 자발적 고독, 진정한 자기와 만나고자 하는 결단과 용기, 타자를 자신과 동일한 실존으로 인정하는 태도, 우월성이나 맹목적인 승리 추구가 아니라, 타자의 가능성을 긍정하는 사랑의 투쟁, 타자와 세계에 대한 개방, 무엇보다도 세계와 맺고 있는 자신의 관계를 성찰하는 실천, 즉 '철학함'이 필요하다. 실존주의자들로부터 채택된 주요한 주제는 본래적 삶과 교육을 위한 인간의 자유와 대화의 중요성이다. 프레이리는 소통이 아닌, 지시 전달 방식의 교육을 설명하기 위해 야스퍼스의 '반-대화' 개념을 끌어왔다.Freire, 1973: 45-46 반-대화는 다른 사람들을 '사물it'로 전락시키는 것이나 다름없다.

여기서 대화의 발생은 자기 세계를 창조하고 만들어 내는 주체로서의

---

5. '대화'라는 말의 어원에서 대화와 독백 사이의 차이를 짚어 볼 필요가 있다. '대화(dialogue)'는 그리스어 dia에서 유래했는데, '가로질러(across)' 또는 '통하여(through)'를 뜻하고, logue는 logos, 즉 언설(speech)과 회의(conversation) 또는 담론(discourse)을 뜻한다. 어원에서 보듯 'dialogue'는 두 개인(또는 그룹 또는 단체) 사이의 주고받는 이야기의 나눔을 뜻하고, 이것은 분명 혼자 중얼거리는 '독백(monologue)'과 전혀 다른 것임을 알 수 있다. monologue(독백, 혼잣말)에서 mono는 '단 하나의' 또는 '혼자'라는 뜻으로 담론이나 마음 주고받기가 없다는 뜻이다. 한마디로 대화 관계의 열쇠는 진정성 있는 경청(귀 기울여 듣는 것)이다(Freire, 1997).

학습자와 함께 시작된다. 결국 대화는 의식화 과정의 필수 불가결한 것이다. 따라서 대화가 뜻깊은 학습의 중요한 측면이 되려면, 인식론적 노력이 있어야 한다. 교육자는 그러한 노력으로 그의 인식론적 공간을 만드는 과정에서 자신의 비판적 성찰력을 함양해야 한다.Freire & Macedo, 1995

대화는 대화자의 통합된 성찰과 행동이 변화되고 인간화되어야 할 세계로 접근하는 만남의 장이다. 따라서 단지 한 사람의 생각을 다른 사람에게 '맡기는depositing' 식으로 환원되어서는 안 된다.Freire, 1973: 77 대화는 단순히 관점을 교환하는 것이 아니라, '서로 소통하는 행위'이기 때문이다. 대화는 단순히 생각을 교환하여 그 생각이 토론자들에게 강요되는 적대적인 논쟁이 아니다. 대화는 창조 행위이므로 어떤 사람이 다른 사람을 지배하기 위한 교활한 수단으로 기능해서는 안 된다.

대화는 자발성과 권위가 극단으로 나누어져 있지 않고, 적절하게 결합된 상태이다. 의사소통 없이 인간의 지식은 전파될 수 없다. 의사소통communication은 파괴할 수 없는 상호성을 의미한다. 따라서 배우고 의사소통하는 두 가지 기능이 없이는 사고를 할 수 없다. 의사소통한다는 것은 대화의 의미 있는 내용에 대해 소통한다는 것이다. 그리하여 의사소통하는 동안에 수동적인 주체는 없다. 그들 사고의 대상을 향해 공동의 의도성을 지닌 주체들은 그 내용을 서로 소통한다. 의사소통하는 대화란 사실, 그 속에서 서로 소통한다는 사실에 의해 특징지어진다.Freire, 1978: 163

상호 의사소통이 이루어지는 수평적 구조로서의 대화는 문화적 그리고 역사적 세계의 기본적 특성이다. 이것은 지식론적인 것, 논리적인 것, 역사적인 것의 종합이다.Freire, 1978: 161 그러기에 프레이리가 중시하는 '대화' 개념은 단순한 '확장extension'이 아니다. 확장이라는 용어는 전달, 건네줌, 수여, 교도, 기계적인 이동, 구호, 조작, 독단, 문화적 침략 등과 관련되어 있다.Freire, 1978: 105-110 확장은 더 진정한 지식의 형성과 발전을 부정한다. 이들은 행동의 대상이 진정한 것인지에 대한 성찰을 부정한다.Freire,

1978: 119-120 '확장'은 자신의 세계를 타인이 닮게 하고 순응시키는 '길들이기' 행위이며 학생을 백지상태로 보고 '선동propaganda'하는 행위라고 할 수 있다. 따라서 확장으로서의 교육은 우리가 가치 있다고 판단하여 학생들에게 전하고자 하는 관념으로 학생들을 데려가는 것이다. 이런 방식은 '의사소통'하는 행위가 아니다.

의사소통은 본질적으로 언어학적이다. 기호의 의미에 대한 이해가 대화 속의 주체들 사이에 수립되지 않는다면, 의사소통이란 있을 수 없다.[6] 대화는 강요나 조작, 길들이기, 구호와 무관하다. 그렇다고 하여 대화적 행동 이론이 완전히 무-방향적이라는 뜻은 아니다. 또한 대화적 인간이 자신의 욕구에 대한 명확한 견해나 자신이 헌신하고 있는 목적을 지니고 있지 않다는 뜻도 아니다.Freire, 1973: 168 대화는 무조건 알게 하려 강제로 공부하도록 하거나 교과서에 복종하도록 하는 과정이 아니다. 교육은 대화이고 의사소통이기 때문이다. 그것은 지식의 이동이 아니라, 아는 것과 생각하는 것의 대상이 지닌 의의를 탐구하는 대화 속에서 이뤄지는 주체들의 만남이라고 할 수 있다.Freire, 1978: 165 주체와 주체가 의사소통의 대상 속으로 들어간다는 것은 한 주체로부터 다른 주체로 지식의 배타적인 이동이나 전달이 아니라, 대상을 이해하는 행동에의 공동 참여이다.Freire, 1978: 165

대화는 교감하는 과정이고, 주체화의 과정이며 인간화의 과정이다. 대화는 인간이 인간으로서 의미를 찾는 길이다. 대화는 실존을 확인하는 것이며, 하나의 창조 과정이다. 대화가 역동적일수록 그 운동은 더욱 진실한 혁명이 될 것이다. 인간화를 향한 대화는 비인간화된 현실과 결별하고, 인간해방의 미래를 예고하는 역사적 인간화를 향한 '의식화된 대화'

6. 아담 샤프(Adam Schaff)는 두 가지 유형의 의사소통을 구분하고 있다. 하나는 '의미'와 관련이 있고, 다른 하나는 그 내용의 '신념'이다(Freire, 1978: 167). 의사소통에서 내용이 신념으로 이루어져 있을 때, 기호에 대한 의미 있는 이해 문제뿐 아니라, 의사를 전달하는 주체 중의 하나에 의해 표현된 신념에 대해 집착하느냐 하지 않느냐의 문제와 연관되어 있다.

이다. 이렇게 끊임없이 자신의 인식 수준과 세계와의 관계를 변증법적으로 성찰하고, 이를 통해 자신의 인식 수준을 변화시켜 나가는 과정이 곧 '의식화된 대화'이다. 진정한 대화란 비판적인 사고, 즉 세계와 인간을 이분하지 않고, 양자가 분리될 수 없는 어떤 결합을 이루고 있음을 식별하는 사고, 현실을 정지된 실제로서보다는 과정이자 변형으로 인식하는 사고, 그리고 사고 그 자체를 행동에서 분리시키지 않고 도사리고 있는 위험들을 두려워하지 않으면서, 현세에 깊숙이 파고들기를 마다하지 않는 창의적 사고이다. 이것이 비판적 대화로 나아가는 최소한의 형식이다. 비판적 대화는 자아와 사회에 대한 더 나은 이해이다.Roberts, 2013: 127

우리는 대화에 홀로 개입할 수 없고 대화에서 고립될 수도 없다. 민주적인 관계로서 "대화는 다른 사람의 사고에 나를 더 개방시키려는 유용한 기회이며, 홀로 고립되도록 위축되지 않게 하는 기회"Freire, 2002: 250이다. 대화의 국면에서 개인주의는 창문 밖으로 내보내진다. 대화적인 교육 실천 속에서 학생은 자신이 알고, 그들이 삶에서 경험했던 것을 성찰하도록 기대된다. 그리고 이것은 학생들이 세계를 읽는 방식에 어떻게 영향을 주는지를 성찰하도록 기대된다. 학생들은 대화적 관계를 통해서 해방의 좀 더 큰 탈식민화하는 프로젝트의 맥락에서 그들이 알고 있고 또 이해하려고 시도하는 것에 관해서 자기의 사고, 생각, 인식 등에 자유롭게 의견을 낼 수 있는 학습 공동체를 구성하도록 학습한다.

대화는 사랑하고, 겸손하고, 소망을 가지고, 신뢰하고, 그리고 비판적이어야 한다. 반-대화anti-dialogue는 사랑의 부재, 교만, 절망, 불신, 무비판 등으로 이끈다. 반-대화는 수직적 관계를 내포한다. 교사와 학생은 대화를 통해 학교와 공동체 안에서 민주적인 삶의 더욱 큰 예를 창조하기 위해서 갈등과 차이에서 논쟁하려는 새로운 방법을 발견할 수 있다.

프레이리에게는 학생들과의 대화적 관계가 교육적 프락시스비판적 성찰, 행동에 근거한 학습의 과정의 초석으로 여겨진다. '대화적 관계'를 우선하는 것은 학생의 문화와 학생이 학교에 가지고 오는 다양한 지식을 존중하는 것이다.Freire, 1987: 102 대화적 과정을 통해서 교실 문화는 스스로 민주화되고, 교사와 학생이 세계를 비판적으로 해석하고 공표하는 데 참가할 수 있도록 한다.

대화는 자유를 지향하는 실천 과정으로, 대화에 참여하는 상호 간의 존엄과 신뢰에 바탕을 두고 있다. 대화적 행동의 특징인 협동cooperation은 오직 의사소통을 통해서만 실현될 수 있다.Freire, 2019: 203 협동은 대화적 주체가 그들을 매개하고 그들에게 자극을 주는 현실에 관심을 기울일 수도 있도록 해 준다. 대화는 모든 협동의 필수조건이다.

대화적 특징과 대립되는 반-대화적 교육의 특징은 자유를 향한 문화적 행동을 막는 것들로, 정복, 분할과 통치, 조종, 문화적 침략 등이 있다. 이에 반해, 대화적 교육의 특징은 문화적 행동을 촉진하는 것으로 해방의 수단이 된다. 여기에는 협력, 일치, 조직, 문화의 종합이 있다.

혼자서는 현실을 변화시킬 수 없다. 대화는 둘 이상이 존재해야 가능하다. 대화는 혼자서 지껄이는 독백이 아니다. 대화는 순진무구한 현실의식을 지닌 대상으로서의 '객체'가 아니라, 현실 뒤의 이론을 파악하는 비판의식을 요구한다. 대화는 인간적 현상인 동시에 만남이다. 성찰과 행동이 결합된 대화는 세계를 변혁시키고 인간화한다. 주체적 인간은 '대화적 인간'을 지향한다.

프레이리는 자신의 독특한 교육 방법인 '대화식 교육'을 제창한다. '대화교육학dialogical pedagogy'은 흔히 교수학습 방법론에서 보여 주는 기술적 교육 방법론이 아니라, 변혁을 지향하는 '해방적 교육'이다. 서로의 경험을 단순히 교환하는 대화는 변혁적 대화가 아니다. 변혁적 대화는 억압의 현실을 변혁시키는 대화여야 한다.

억눌린 자를 위한 역사적 실천의 대화교육은 다음의 다섯 가지 의미로 구성된다. 첫째, 대화가 박탈된 개인은 억압받고 있다. 둘째, 대화는 해방의 과정이고 실천의 과정이다. 셋째, 대화에 참여할 때 개인은 해방된다. 넷째, 대화는 한 사람 이상을 필요로 한다. 다섯째, 더 많은 사람은 공동체를 필요로 한다.

프레이리에게 대화의 목적은 근본적으로 억압적 현실을 변화시키는 데 있다. 그리고 길들이는 선전을 해체시키고 해독제를 필요로 한다. 대화는 현실의 한계상황을 분명하게 인식하고 연대를 확보하는 것이다. 대화는 억압적 조건과 지식이 결합된 교육 내용을 비판적으로 인식하는 중요한 매개자이다. 대화는 인간의 존재론적 표현이면서 동시에 정치적 질서에 대한 역사적 물음으로부터 시작된다. 대화 없이는 인간적일 수 없고, 역사를 담지할 수 없다. 대화는 인간과 세계의 관계적 변화이며, 세계 내에 존재하면서 세계를 변혁시켜 나가는 인간을 재발견하는 의미를 지니고 있다.

그리고 대화 없이는 자치self-government가 존재할 수가 없다.Freire, 1978: 37, 42 프레이리는 교사와 학생, 행정가와 교사, 보건교육자와 공동체 구성원들이 공동 학습자로서 참여하는 대화적 접근 방식을 제안한다. 억압자는 억압을 계속하면서 대화를 선호하지 않을 뿐 아니라, 억압받는 사람들 측에서도 투쟁하면서 대화를 시도하는 것은 어용 또는 개량주의의 낙인이 찍힐 수 있다.

이런 점을 염려해서인지 프레이리는 투쟁과 대화가 어떻게 병행될 수 있는지의 질문에 대해 명쾌하게 답변한다. “대화라는 것은 동등한 권리가 부여된 파트너들 사이에선 비교적 쉽게 이루어지지만, 그것은 직접적 투쟁 상황에 처한 인간들 사이에선 거의 불가능하다. 그것이 얼마나 어려운지는 재벌과 노동자의 사회적 제 관계를 보면 쉽게 볼 수 있지 않으냐?”라고 반문한다.[7]

물론 프레이리는 자신의 ‘대화교육학’에서 해방적 요소를 제거하고 이

---

7. 〈한겨레신문〉 1999년 9월 1일 자.

를 방법론으로만 이용하는 사이비 교육에 대해 매우 비판적으로 생각했다. 그는 민중을 교육하는 방식으로 지도부가 일방적인 지시 대신에 민중과 소통할 것을 주장한다. 그의 교육이론에서 '대화'보다 더 중요한 개념은 존재하지 않는다. 그가 여기서 덧붙이고 있는 중요한 점은, 교육에서 대화의 실천이 요청되는 것은, 단지 교육학적 근거뿐만 아니라 철학적이고 신학적인 이유가 존재한다는 것이다. 그것은 바로 인간의 삶의 본질 그 자체가 신, 자연, 타자와의 대화라는 의사소통을 통해 특징지어진다는 점이다.

결국 대화는 민주화가 진행되고 있거나 평화적 관계가 어느 정도 진행되고 있을 때 가능한 방법론이며, 억압된 현실에 대해 억눌린 자들의 합의를 도출하기 위한 교육적 전략으로서 대화적 방법을 이용하는 것이 적절할 것이다. 이것은 억압적 현실을 그토록 거론하면서도 '불평등'의 문제를 언급하지 않는 것이 의문이라는 지적으로 이어질 수 있다.

그렇다면 대화는 행동할 수 있는 변혁 가능성을 내포하고, 혁명적 행동을 할 수 있는 기반을 마련해 줄 수 있어야 한다. 따라서 의식화는 한 발 더 나아가 그러한 기반을 조성할 수 있는 물적 토대를 구축하지 않으면 안 된다. 하지만 아무리 조건과 환경이 미비하더라도 대화를 포기할 수는 없을 것이다. 대화를 해야 새로운 관계가 형성되기 때문이다. 새로운 관계가 열려야 새로운 사회가 도래할 것이다.

## 자유

프레이리가 유언에서 자유의 문제에 관심을 두고 있다는 것은 예사로운 문제의식이 아니다. 반-급진주의자들이 늘 내세우는 슬로건이 '자유'였기 때문이다.Freire, 2007: 204 그런데 프레이리에게서 자유의 모든 행위는 윤리적 책임을 수반한다. 무제한의 자유를 보장할 수는 없다. 자유는 책임의 짐에 의해 제약될 수밖에 없다. 자유는 또한 권위와 충돌을 일으킬 수 있는데, 그는 권위의 적절한 사용이 학생의 자유를 보호하는 동시에 학생의 발전을 지도하면서 '조언advising'을 한다고 본다.

프레이리는 이 같은 권위가 학생의 자유와 위험을 감수할 권리를 존중하고, 전문적인 역량에 의해 터득되는 것인 데다가, 학생들에게 겸손하고 관대하고, 자기신뢰와 자기존중을 지니고 있고, 결코 비판에 스스로 노출되는 것을 두려워하지 않기 때문에 '민주적 권위democratic authority'라고 불렀다.Freire, 2007: 84 이런 틀에서 민주적 권위는 자유의 편에 섰지만, 여전히 서로가 적대적이다. 이렇게 민주주의는 고통스러운 투쟁이며, 자유와 권위—조언 능력을 지닌 권위조차도—는 서로에게 적대적이다.

권위에 대한 투쟁으로서의 자유의 정치에 대한 이러한 강조는 프레이리의 저서에서 아름다운 조화에 대한 개념으로 전환함으로써 다시 한번 가려졌다. 프레이리는 필연적 대립의 대치보다는 억압받는 사람의 교육학이 자유의 폭군 및 악화된 권위의 폭군에 모두 저항하는 권위와 자유 사이의 조화를 강조했기 때문이다.Freiere, 1973: 83 그에게 자유와 권위 사이의 생산적 긴장이란 남아 있는 모순을 변증법적으로 통일하는 조화이다. 권위와 자유 사이의 이 같은 아름다운 조화는 더 이상 자유와 권위가 서로 대치하는 적대주의와 다르다. 그에게 권위는 무절제한 자유에 맞서 권위를 옹호하는 균형 현상이었으며, 다른 한편으로 고삐 풀린 자유는 권위에 맞서 자유를 옹호하는 균열 현상이었다. 악화된 권위주의나 무제한의 자유는 둘 다 무절제한 행동양식으로서 인간의 존재론적 소명을 부인하는 것이라고 할 수 있다.Freire, 2007: 106

그런데 사람들이 어째서 세계 속에서의 앎/행위에 뒤따르는 자유를 두려워하는가? 이러한 심오한 질문을 탐구했던 프레이리는 프롬 같은 급진적 심리학자들과 입장을 함께했다. 즉 지배자의 내면화된 권위라고 이름

지을 수 있는 것이 바로 억압을 재생산하는 원천이자 주체의 형성을 방해하는 장애물임을 분명히 했다.Freire, 2007: 191

프레이리는 정치적 측면에서 자유가 평등에 더욱 헌신하면서도, 가난, 배고픔, 질병의 제거라는 긴급한 과제를 넘어 사회적, 경제적 제도를 만들어 내려는 사람들과 함께함을 명백히 밝히고 있다. 온전한 삶이란 직업이 있고, 먹을 것이 충분하고, 그런대로 괜찮은 집을 가진 것만을 의미하지 않는다. 이는 모든 사회 경제체제의 역사성을 비롯한 모든 생산자가 자신의 역사를 만들 수 있다고 선언했던 마르크스와 같은 맥락에 있다고 하겠다.

프레이리는 인간화된 사회는 문화적 자유, 즉 개인이 인습적인 사회규범을 넘어서는 가치와 행위규칙을 선택할 수 있는 능력을 필요로 한다고 믿는다. 또한 정치 시민사회의 측면에서 보면, 인간화된 사회는 공동생활의 모든 영역에서 모든 구성원의 완전한 참여를 필요로 한다고 믿는다.

해방교육의 학습 과정에서는 인식 대상이 인식 행위자한쪽에는 교사, 다른 쪽에는 학생들를 매개한다. 따라서 문제제기적 해방교육을 실행하려면, 처음부터 교사-학생 사이의 위계적 의존 구조의 타파가 필수적이다. 그렇지 않다면 인식 행위자들이 같은 인식 대상을 서로 협력하여 이해하는 데 필수 불가결한 대화 관계가 불가능할 것이다.

교육적 맥락에서 권위는 방향, 행위 그리고 학습환경의 내용에 책임 있는 영향을 미치기 위해 교사가 가질 수 있는 힘으로 축적할 수 있다. 이렇게 본질적으로 민주적인 학습환경을 촉진하면서 권위를 주장하는 긴장은 진보적 교육자에게 끊임없이 사려 깊은 성찰을 요구하는 과정이다. 정말 그것은 자유를 지향하는 방식으로 교육적 설정에 존재하는 내적 힘의 관계와 협상하는 것이다. 다른 말로 하면 진보적 교육자는 자신의 권위를 학생들을 조종하는 데 사용할 수 없으며, 또한 그 권위의 도구를 학생들에게 아무렇게나 내버려 두지 않는다는 점을 유념해야 한다.Shor &

Freire, 1987

이렇게 보면 권위란 교사가 학생들에게 지식의 유일한 처분자인 것처럼 의문이 없이 받아들이도록 하고 복종을 요구하는, 권력을 남용하는 권위주의와 다르다고 할 수 있다. 권위가 있는 교육자와 권위주의적 사람으로 존재하는 것은 다른 것이다. 권위주의적인 교육자는 상향식보다는 하향식 위계구조를 좋아한다. 그들은 학생들과 '함께' 말하기보다 학생들'에게' 말한다. 학생들의 평가에 몰두하고, 호기심을 억누르고, 교육하는 행위와 교육받는 행위의 소통과 연대를 거부한다. 가르치는 교사만이 모두 알고 있고, 배우는 사람은 아무것도 모른다고 봄으로써 가르치는 행위와 배우는 행위를 분리시킨다.

따라서 프레이리의 자유의 교육학pedagogy of freedom은 의사결정과 책임을 동시에 자극하는 자율성의 교육학pedagogy of autonomy이며, 나아가 '해방적 교육학emancipatory education'이기도 하다. 프레이리의 해방교육은 정보의 전달이 아니라, 인식 행위로 구성되는 비판적 의식의 고양을 위한 교육이라고 할 수 있다. 따라서 가르치는 과정에서 민주적 권위가 학생들의 자유와 적절한 긴장 관계를 이루려면, 어떤 다른 가치들을 포괄포용해야 하는지를 숙고해야 한다.

그리고 프레이리의 자유 개념은 소극적 자유인 '간섭받지 않는 자유'에 머물지 않고, 적극적 자유인 '지배받지 않는 자유', '억압받지 않는 자유', '예속되지 않는 자유'를 지향한다. 가진 자의 자유, 능력을 가진 사람들만의 자유, 민영화된 자유가 아니라, '정의로운 자유'를 지향한다. 따라서 자기결정과 자기발전을 가로막는 제도적/구조적 제약을 최소화할 수 있는 민주적 문턱을 마련하지 않으면 안 된다. 그렇게 해야 진정한 자유로서 자치의 가능성이 열릴 것이다.

## 연대

자유와 자율의 가치는 연대로 발전해야 한다. 그러면 연대는 현실에서, 그리고 역사에서 어떻게 발생하는가? 프레이리가 강조하는 연대는 유럽의 68혁명에서 영향을 받았다. 그에게 연대는 억압받는 사람들 사이에서만 느껴진 것이 아니라, 억압하는 사람들도 포함하는 것이다. 그래야 진보 또는 진보주의의 변증법이 성공할 수 있다.[Freire, 1970a] 연대는 입장을 함께하기로 한 개별적이고 비슷하지 않은 행위자들 사이의 관계다.

하지만 위선적 관용이나 위선적 자선은 경계해야 한다. 프레이리는 자선charity과 연대Solidärit/solidarity를 구분했다. 위에서 아래로 베푸는 자선으로부터 세계와 지구의 지속가능성과 함께하는 연대, 즉 세계 모든 사람과 함께하는 깊이 있는 연대의 의미로 변화했다.[Freire, 2020: 126] 연대는 자선의 한계를 넘어 해방적인 실천을 구현하도록 서로를 돕는 일이다.[Freire, 2020: 115] 연대는 공동체적이며 사회적인 삶이 제 기능을 하게 되는 응집된 힘이다. 이런 연대의 의미는 부의 불공정한 분배, 삶의 폄훼, 사회적 불평등과 같은 사회악을 바로잡기 위한 보수주의적 접근, 즉 연대를 자선으로 보는 관점과 상반된다.[Freire, 2020: 118] 그의 변혁적 패러다임에서 사회정의를 추구한다는 것은 사회에 만연한 불평등, 빈곤, 억압, 부당함의 모든 형태에 도전하는 지역사회에 근거를 둔 연대의 페다고지를 요구한다.[Freire, 2020: 146]

연대는 사랑, 용서, 그리고 기쁨에 기반을 두고 있다. 연대의 페다고지는 권리 및 사회정의에 기반을 둔 윤리적인 체제를 요구한다.[Freire, 2020: 146] 진정한 연대는 풍부한 사랑의 행위에서, 그것의 실존성에서, 그리고 그것의 실천에서 발견될 수 있다.[Freire, 1970a]

우리는 직접적으로 접촉하지 않은 사람들과도 연대할 수 있다. 공동의 문제에 직면해 있기 때문이다. 우리는 개인적인 연결을 뛰어넘어 유연하고 역동적으로 연대를 맺을 수 있다. 그리고 연대는 공동체와 밀접한 관계를 맺는다. 연대는 다양한 억압에서 벗어나기 위해 함께 투쟁하는 것이다. 연대는 지지의 표현이다. 연대는 실존적인 태도와 정책의 표현이다. 타자의 억압에 저항해서 함께 싸우는 일은 사회정의를 실현하기 위해 다른 사람과 함께하는 일이다. 피억압자들과 억압자 간의 투쟁에서 연대는 다양한 수준으로 구체화된다. 이러한 투쟁은 정치운동에서 잘 드러나지만, 노동이나 가정생활처럼 일상적인 관계처럼 눈에 잘 띄지 않는 상황에서도, 공공 서비스나 상업 서비스를 이용하는 상황에서도, 평범한 시민들에게 일상적으로 일어나는 권력 남용 상황 등에서도 발견된다.

지속가능한 인간 및 인간화를 디자인하기 위해서는 인간 사이의 연결고리, 즉 서로에 대한 진정한 관심 '연대'를 구성해야 한다. 그래야 공동체적 삶의 사회적 형태라고 할 수 있는 구체적인 집단정신의 개발이 가능해진다. 그러한 의미에서 사회의 진보란 개인, 집단 또는 계층과 상관없이 다양한 구성원 사이의 연대가 직접적으로 작동하는 상태라고 할 수 있다.Freire, 2020: 118

프레이리는 신자유주의에 대한 대안적/유토피아적 교육 이념으로서, 그리고 현시대가 요구하는 교육의 본질 가운데 하나로서 '연대'의 가치를 제시했다. 연대하는 인간을 성장·확산시키기 위해서는 프레이리의 교육사상이 요구된다. 그가 연대교육에 관심을 보인 것은 경제적 세계화가 급속히 진행되고 신자유주의 이념이 널리 확산되면서, 더 나아가 신자유주의 이념이 교육관에도 큰 영향을 끼치면서 그 필요성이 훨씬 더 커졌기 때문이다. 특히 연대하는 인간은 지구 생태계의 위기, 신자유주의 경제로 심화된 경쟁과 불평등 문제, 난민 문제, 젠더 갈등 등 전 세계적으로 대두되고 있는 사회적 갈등의 해결책을 모색하는 데도 실마리를 제공할 것이다.

프레이리는 연대교육의 핵심 요소로 '서로에 대한 존중', '다양성/차이

속의 연대'를 중요시한다. 학습자의 연대 능력을 향상시키기 위해 공감, 신뢰, 박애, 자발적 협력 등에 대한 가치를 소중하게 여긴다. 그의 '연대의 교육학pedagogy of solidarity'의 공통 요소는 '서로에게 맞서는 식이 아니라 서로 함께 가르치고 배우는 것'이다. 일방적/주입식 교육banking education이 아니라는 것이다. 프레이리의 '연대의 교육학'은 그의 생애와 자유를 위한 해방교육학의 연장선에서 이해될 필요가 있다. 그는 연대를 민주사회 건설을 위한 필수적 가치로 손꼽았다. 프레이리의 생생한 경험으로부터 우리는 인간 연대의 놀라운 긍정적 가능성을 확인할 수 있다. 그리고 그의 말을 통해 우리는 연대로써 만들어 낼 수 있는 것이 소중한 기억뿐만 아니라, 사랑스러운 공동체의 일부일 수 있음에 위로를 받게 된다. 정치적, 문화적, 교육적으로 '억압받는 사람들'을 위해 일생을 헌신해 온 프레이리의 생애에서, 그리고 그가 일관되게 담고 있는 교육사상에서 우리는 자연스럽게 '연대'의 화두를 떠올릴 수 있다.

프레이리가 제창하는 연대는 인간이 숙명론을 넘어설 가능성이다. 그가 보기에 연대는 희망의 교육을 위해 자연스레 요청되는 가치이다. 연대는 함께하는 경험이기도 하지만, 더 좋은 세상을 만들기 위한 역사적 경험이기도 하다. 그렇기에 비판정신을 동반한 경험이라고 할 수 있다.

> 연대는 비판적 정신과 함께 합니다. 비판적 정신이 없이는 더 좋은 세상을 만들 수 없습니다. 또한 연대를 위한 투쟁 없이 거대한 연대를 바로 형성할 수는 없습니다. 제게 주신 질문들은 역사적인 질문이며, 따라서 역사적으로 검토되어야 합니다.Freire, 2020: 64

프레이리에게 연대는 집단의 이익을 위한 결사라기보다는 인간화에 역행하여 자유와 창의성을 억압하는 세계 질서에 맞서는 지역의 힘, 이웃의 힘을 바탕으로 한다. 개인적, 사회적, 환경적 지속 가능성을 위한 교육은 연대를 도모하며 공동체의 권한을 강화해야 한다고 본다.

프레이리가 강조하는 '연대'에는 우선적으로 '숙명론'으로 명명된 현대 사회의 위기, 즉 신자유주의적 세계질서가 우리의 일상을 지배하는 시대에 대한 그의 문제의식으로 출발한다. 숙명론 안에서는 희망을 꿈꿀 수 없다. 인간의 운명이 인간 자신의 힘이 아니라, 인간이 통제할 수 없는 신자유주의적 경제 질서가 결정하기 때문이다. 신자유주의적 숙명론은 인간 존재의 기계화와 기술화를 필요로 하는데, 그가 주창하는 역사적 숙명론은 이와 달리 인간화 및 연대와 완전히 반대되는 방향의 급진적인 극단적 개인주의를 뒤집는다.

연대에는 우리 삶의 변화에 대한 열망이 담겨 있다. 우리는 주어진 대로 살지 않는다는 것, 일상을 나누는 동료와 이웃들이 변화의 주체가 될 수 있다는 것, 그리고 그런 주체들의 열망이 세계 변화의 기반이 된다는 믿음이 담긴다.

> 제 꿈은 우리 사회가 덜 추악한 사회, 거짓 없이 웃을 수 있는 사회, 아는 것이 그저 바라만 보는 일에 그치지 않는 사회, 언어와 인종과 성별에 따른 차별이 없는 사회가 되는 것입니다. 천사들의 사회를 생각하는 게 아닙니다. 왜냐하면 천사들은 정치를 만들지 않으니까요. 인간의 사회를 생각합니다. 우리는 비슷한 꿈을 가진 사람들 사이에서 연대를 형성해 내야만 합니다. 연대는 희망을 내포하고 있고, 연대와 희망 없이 투쟁은 불가능합니다.Freire, 2020: 95

프레이리가 말하는 연대가 '연대의 교육'으로 발전해야 하는 이유는 이런 연대의 힘이 미시적으로는 교육자와 학습자의 관계를 통해 형성될 수 있기 때문이다. 그가 말하는 연대의 교육학은 완전히 새로운 것이 아니다. 그리고 인간화를 위한 목표는 개인의 노력이 아니라 집단과 공동체의 노력, 즉 함께함의 경험을 통해서 이루어지기 때문이다. 연대의 교육학은 역사성을 바탕으로 하며 비판 정신을 동반한다. 연대의 교육학은 침묵의 문화에서 벗어나 주체적인 목소리를 찾아 나가는 과정, 세계의 주체로서 실천과 의식을 변증법적으로 고양하는 실천의 과정, 즉 의식화의 과정을 수반하게 된다. 그리고 그러한 과정은 인간화된 세계를 위한 과정이기도 하고, 대화적 방법론을 동반하는 과정이기도 하다.

또 인간 소외를 극복하기 위해서, 그리고 사회 발전과 행복 증진을 위해서도 '연대'가 필요하다. 연대는 늘 구축과 재구축의 과정에 있다. 그리고 연대는 굳건하지만 깨지기 쉽다. 또한 연대는 항상 새로워야 하기에 미래를 바라본다. 연대는 구체적으로 실제 결속 관계가 없는 사람들 사이에 존재할 수 있는 관계이며, 따라서 서로 존중하거나 존중할 수밖에 없다. 연대를 창출하는 이상은 사회적 협력에 그 기반을 두고 있지만, 필요와 사랑 또는 우정을 넘어서는 긍정적 관계다. 연대감은 인정의 상호작용이 이루어지는 동아리 활동과 시민교육 등을 통해 형성될 수 있다. 참여민주주의와 적극성 시민성이 발휘될 때 연대감은 잘 형성될 것이다.

## 인간화

인간은 동물과 다르다. 인간이 동물과 다르다는 말은 인간이 의식을 갖게 됨으로써 진화된다는 말이다. 인간도 동물과 같이 세상에 살고 있고, 살기 위해 세상과 상호작용을 한다. 하지만 인간은 동물과 달리 세상을 점차적으로 독특한 방식에 의해 객관적으로 의식하고, 세상과 관계를 맺는다. 동물은 세계 안에서만 존재하고, 접촉이 무비판적이고, 시간 속에 매몰되어 무-시간적 존재이지만, 인간은 세계와 더불어 살고, 대상에 대해 비판적이며, 부단한 시간적 연속성 속에 존재한다.

따라서 사람은 인간으로 다시 탄생해야 한다. 프레이리는 인간의 독특성을 네 가지로 보았다. 첫째, 인간은 의식을 소유하고 있다. 둘째, 인간은 실천의 존재이다. 셋째, 인간은 완성되지 않은 존재이다. 넷째, 인간은 역사적 존재이다.Lankshear, 1993: 95 인간은 사회·역사적 관계의 맥락 속에 던져져 있고, 그 맥락에 의해 형성되는 존재이다.Freire, 2007: 37 다른 사람들이 더 나은 인간성을 찾지 못하도록 방해하는 사람은 참된 인간이 될 수 없다. 인간화란 '더 완전한 인간이 되는 것'이다.Roberts, 2021: 94 프레이리는 지식이 필연적으로 불완전하고 항상 진화하는 것과 마찬가지로, 인간을 항상 '형성 중인' 상태에 놓인 존재로 보았다.Roberts, 2021: 94 개인적으로 인간성을 찾고자 하는 노력은 결국 이기적으로 더 많이 소유하는 일과 연결되어 비인간화로 나아갈 뿐이다.Freire, 2019: 107

물론 인간성을 찾기 위해 소유하는 것이 중요하지 않다는 뜻은 아니다. 오히려 그것이 필요하기 때문에 일부 사람의 소유가 다른 사람들의 소유를 가로막는 장애가 되어서는 안 된다.Freire, 2019: 107 프롬이 강조하듯 소유적 삶이 존재적 삶을 가로막지 말아야 한다. 인간이 비인간으로 존재하게 된 것은 억압이 사회적 관계를 규정하고, 이를 통해 억압자와 피억압자들이 구분되어 존재하게 되면서다. 이 과정은 오로지 피억압자들로부터 시작할 수밖에 없다. 억압의 문제는 결국 비인간화의 문제로 귀결된다. 억압은 항상 폭력적 수단을 동원하며 그러한 억압의 상황에서는 인간이 마치 '물건'처럼 취급된다. 일종의 물화 또는 상품화 현상이라고 할 수 있다. 다른 사람을 억누르는 힘은 길들이는 일이기도 하다. 실제의 억압에다 억압에 대한 의식을 첨가시킴으로써 그것을 더욱 억압적인 것으로 만든다.

프레이리는 몇 시간의 수업 끝에 농민들이 '나는 비로소 한 사람의 인간임을, 교육받은 인간임을 깨달았다'라고 하는 고백에서 자신의 교육에 대한 구상을 확인했다. 더욱 완전한 인간이 되고자 하는 것은 인간과 역사의 소명이기 때문이다. 희망과 가능성의 토대는 인간화되려는 인간의 운명/본성에 있는 것이다. 프레이리는 비인간화된 사회에서 교육이 인간화 운동을 맡아야 한다고 믿었다. 그의 인간해방 교육사상은 대화와 토론을 통해 가난한 민중들이 자신의 눈으로 현실 세계를 바라보게 하는 해방교육학에 기반하고 있다. 억압받은 사람들의 과업은 해방이다.

억압은 억압자와 피억압자들을 구분해 존재하도록 한다. 그리고 그러한 관계 속에서 피억압자들뿐만 아니라 억압자도 비인간화된 상태로 존재한다. 이와는 반대로 '인간화'는 지배당하고 억눌린 자들을 위한 하나의 유토피아적인 구상이다. 프레이리에게서 억압으로부터의 해방 목표는 인간의 인간화humanization[8]이다. 인간화는 억누른 자들의 세계를 근본적으로 변혁시키고자 하는 사람들의 주체적인 행위를 담고 있다.Freire, 1985: 154-155 인간화는 존재론적 소명일 뿐만 아니라 역사적인 소명이며 민중의 소명이다. 이 소명은 끊임없이 부정되면서도 바로 그 부정에 의해 긍정된다.Freire, 2019: 55; Freire, 2021: 102

프레이리가 염원하는 인간화는 인간이 의도하는 모든 계획의 목표이며, 이와 대조되는 비인간화는 인간 본성과 존엄성을 파괴하는 일체의 행동이다. 실존하는 인간은 진정한 인간이 되는 것, 즉 인간성을 회복하는 것을 주어진 소명, 즉 인본주의적이고 역사적인 사명으로 삼는다. 인간화에 관심을 보이는 것은 존재론적 가능성일 뿐 아니라, 역사적 과제이다.Freire, 2019: 55-56 프레이리 철학의 존재론적 핵심은 인간화의 이상이고, 더욱 충분히 인간적으로 되는 것이다.

프레이리는 인간이 네 가지 존재론적 특징을 지녔다고 말한다. 첫째,

---

8. 인간화와 비인간화는 아리스토텔레스와 마르크스의 휴머니즘에 바탕을 두고 있다(Dale & Hyslop-Margison, 2012: 77-90). 또한 무니에의 시각에서 빌려 온 '인간화'는 의미 있는 역사와 문화를 창조하기 위해 반성적인 행동과 실천을 결합하는 과정'이라고 할 수 있다. 이는 사회과학 용어라기보다는 종교적 담론에 더 가깝다. 프레이리는 이 개념을 비판적으로 계승했다. 그리하여 '인간화 교육'이라는 목표에 대한 공동의 이해를 구했다. 나-당신을 강조한 부버는 공동체의 중요성과 그 공동체 안에 있는 각 개인의 이름을 가진 '어엿한 사람됨(Somebodiness)'을 강조하고 있다(Kirylo & Boyd, 2021: 98).

인간은 의식이 있다. 둘째, 세계의 탐구와 창조적 변혁에 참여할 때만이 사람답게 살 수 있는 실천적 존재이다. 셋째, 인간은 대화 속에서 인간화되는 불완전한 존재이다. 넷째, 인간은 역사적 존재이다. 억압받는 사람들은 모순이 해결되고 해방이 억압을 밀어내게 될 때, '새로운 인간'이 태어난다.Freire, 2019: 55-56

인간화 교육/교육학humanizing eduction/pedagogy은 지배당하고 억압당하는 자들의 자유와 해방을 위한 하나의 유토피아적인 구상이다. 비인간화는 구체적 현실 속에서 소외와 지배를 행사하는 세계로서 현상유지를 원하는 자들의 행위를 담고 있다. 이에 반해 인간화 교육은 억압자의 세계를 근본적으로 변혁하고자 하는 사람들의 행위를 담고 있다.Freire, 2003: 197 '인간화된 세계'와 대비되는 '비인간화의 세계'는 자기 자각이 없고, 현실을 결정하는 역사적 힘을 의식할 수 없는 세계이다.

이와 관련하여 프레이리는 교육을 크게 두 가지로 구분한다. 첫째, 억압과 비인간화를 향한 교육이며, 둘째, 해방과 인간화를 위한 교육이다. 여기서 전자는 교사가 학생에게 단순히 지식을 전달하고 주입시키는 것이라면, 후자는 학생과 교사가 공동 탐구자가 되어 올바른 지식 터득을 통해 인간의 비판적 삶을 재구성한다는 데 그 차이를 두고 있다. 따라서 프레이리는 억압을 위한 비인간화 교육은 의식이 텅 빈 것이어서 그저 채워져야 하는 그릇으로 치부되지만, 해방을 위한 인간화 교육은 의식이 삶을 재구성하여 인간을 위한 세계를 재창조하는 것으로 보고 있다.

여기서 강조할 점은 비인간화 교육과 인간화 교육 간의 상호관련성이다. 양자 모두 각각의 현실을 유지시키거나 수정하려는 인간의 행위를 요구한다. 억압적이고 불평등한 현실 세계의 개혁 없이도, 인류를 위한 점진적인 인간화 교육이 가능하다고 생각하는 이상주의자들의 환상을 극복하기 위해서는 위의 사실을 강조해야만 한다.Freire, 2003: 197-198

인간화 교육은 억압과 차별이 없는 공동체적 삶에 대한 구상이다. 프레이리에게서 인간화 교육은 인간이 세상 속에서 자신의 존재를 의식할 수 있는 통로가 된다. 그리고 인간이 자신의 요구뿐만 아니라, 타인의 요구와 열망까지 고려해서 개인의 모든 능력을 계발할 때, 비로소 인간은 세계 속에서 자신을 의식하며 행동하고 사고하게 되는 인간화의 길을 나설 수 있게 된다.

요컨대 인간화 교육에서 드러나는 프레이리의 교육 목적은 학생들이 의식과 세계, 인간과 세계의 관계를 명확하게 이해하게 하는 데서 출발한다고 볼 수 있다. 인간이 된다고 하는 것은 다른 사람들과 그리고 세계와 관계를 맺는다는 것이다. 이것은 세계를 객관적인, 독립된 객체, 앎의 대상으로 경험함을 말한다.Freire, 1978: 11 진실로 존재한다는 것은 소유하는 물화[9]의 존재 방식이 아니다. 인간은 소외 극복과 노동해방을 통해 스스로 자신의 활동적 현실을 드러낼 수 있을 때 인간화된다. 인간화는 인식, 감정, 활동이 결합된 인격화를 지향하고, 민중은 세계를 자신의 역사로 만들어야 비로소 역사적 인간화를 이룰 수 있다. 우리는 비판적, 대화적 실천에 참여할 때 우리 자신을 인간화한다. 이러한 소명이 훼손될 때 우리는 타인 그리고 자신을 비인간화한다. 인간화는 필히 불완전한 과정을 밟는다.Roberts, 2013: 5

비인간화된 사회에서 교육이 인간화 운동을 맡아야 한다고 믿는 프레이리의 인간해방 교육사상은 대화와 토론을 통해 가난한 민중이 자신의 눈으로 현실 세계를 바라보게 해야 한다는 해방교육학에 기반하고 있다. 프레이리의 교육학적 원리는 억압/현실의 운명적 수용에서 벗어나 더 좋은 것을 위해 현실을 변화시킬 수 있다는 비판적 의식/희망으로 나아가는, 개인이나 개인의 의식을 변혁시키는 것에 초점을 둔다.

프레이리의 인간화 논의는 인간의 피할 수 없는 존재론적 소명과 연계

---

9. '사물화' 또는 '물화'는 인간의 인격성/인간다움을 잃고 사물이나 다름없는 물건(놈)이 되는, 즉 괴물과 같이 비인간화되는 현상을 말한다.

된 가치론적 담론이다. 우리가 우리의 존재를 윤리적으로 구성해 낼 수 있는 것은 바로 우리가 형성되는 과정에 있기 때문이다. 즉 형성 과정becoming/formation이 바로 존재의 조건이기 때문이다.Freire, 1998a: 22, 38-39 인간화에 대한 강조는 구질서/기존 제도에 대한 공격이고, 전통주의에 대한 거부이고, 인간 중심적anthropocentric 요청이 아니라, 인격체person로서 인간에 대한 새로운 사고방식, 즉 소외와 인간성 상실, 그리고 비인간화에 대한 인류학적anthropological 요청이라고 할 수 있다. 이것은 억눌린 사람들의 인간적·역사적 실존이며 과업이다.

## 생성어

대화가 인간적 현상이라고 할 때, 대화의 실체는 '낱말word'이다. 문해 프로그램을 구성하기 위해 사용하는 낱말들은 학습자들의 '낱말세계word universe'로부터 가져와야 한다. 낱말들은 교사들의 체험이 아니라, 학습자들민중, 학생이 가진 실존적 체험이 담겨 있어야 한다. 그런데 낱말은 단지 대화를 가능케 하는 수단 이상의 것이다. 따라서 낱말의 구성 요소들을 찾아내야 한다. 낱말은 성찰과 행동이라는 두 가지 요소를 갖고 있다. 이 양자는 근본적으로 상호작용하므로 부분적으로라도 하나를 버리면, 다른 하나도 즉각 손상되는 특징이 있다.

현실을 변화시킬 수 없는 낱말은 말의 구성 요소들이 이분화되어 있을 때 생겨난다. 낱말에서 행동의 차원이 제거되면 성찰도 사라지고, 낱말은 한가한 수다, 탁상공론, 소외시키는 '허튼소리'가 되어 버린다.Freire, 2019: 109 이런 공허한 말로는 세계를 비판할 수 없다. 변화에 헌신하지 않으면, 비판이 불가능하며, 행동 없이는 변화가 없기 때문이다.

인간 존재는 침묵할 수 없고 거짓된 말로 살아갈 수도 없다. 오직 참된 말로만 인간은 세계를 변화시킨다. 인간적으로 존재한다는 것은 세계를 이름 짓고 변화시키는 것이다. 이렇게 '이름 붙여진' 세계는 다시 인간에게 문제로서 나타나며, 새로운 '이름 붙이기to name'를 요구한다. 인간 존재는 침묵 속에서 성장하는 것이 아니라, 말과 일 속에서 그리고 행동-성찰 속에서 성장한다.Freire, 1973: 76 대화는 사람들이 세계를 매개로 하여 세계에 '이름 붙이기' 위해 만나는 행위다.Freire, 2019: 110

변화를 위한 대화는 생성적 주제를 선정하고, 이를 자신의 세계와 상황에 연계해 도출하는 '생성어generative word'[10]를 찾아야 한다. 프레이리는 삶으로부터 발생하는 생성어로서 빈민구역, 쟁기질, 토지, 음식, 우물, 비, 자전거, 일, 봉급, 직업, 정부, 소택지, 농장, 괭이, 벽돌 등을 든다.Freire, 1978: 106-110 문화 서클에 모인 사람들은 이런 생성어를 보자마자 이것들이 바로 자신들의 모습임을 쉽게 알아차린다. 그들은 자신의 체계적 습득으로서의 문화를 토론하고, 문화의 민주화를 '근본적 민주화'의 맥락에서 논의한다.Freire, 1978: 105

언어는 학습자들의 실존적 경험과 무관한 정적인 것이 아니라, 현실 세계에 대한 사고의 한 측면을 반영한 것이다. 언어는 '사고의 집'이라고 할 수 있다. 언어는 학습자의 현실에서 발생한다. 그 발생의 뿌리가 '생성어'이다. 지식은 중립적인 언어로 되어 있지 않고, 모두 정치, 경제체제와 관련되어 있다. 언어는 세계를 이름 짓고, 말하고, 결정짓는다. 언어를 읽는 것은 세계를 '읽는' 것이다. 인간은 언어의 저자와 독자가 되기 이전에 세계의 저자이고 독자이다. 따라서 프레이리의 비판적 문해력은 낱말과 세계world가 분리되지 않는다.

프레이리는 실재/현실을 읽고 쓰는 것을 매우 강조했다. 읽기/독해/해독은 편찬물이 인쇄된 낱말들이건 그림이건 '기술'과 '해석'의 과정을 통

---

10. '생성어'는 기호언어학적 기준, 즉 구문론적 기준(음소의 풍부, 난이도가 서로 다른 것들로 복합돼 있음, 기호군의 조작 가능성, 음절들 등)과 의미론적 기준(낱말과 그 낱말이 지시하는 사물 간의 연관이 어느 정도의 강도인지)에 포함된다.

해서 이루어진다. 그리하여 실존적 언어를 습득하는 것이다. 따라서 낱말을 가지고 문장을 만들 줄 아는 능력을 길러야 한다.

서로 동등한 관계에서 이루어지는 대화의 내용은 '생성 주제generative theme'를 도출하고, 그 속에서 생성어를 통한 언어와 현실 세계의 관련성을 갖도록 한다. 생성 주제를 도출하고, 이를 토대로 대화를 주요한 교육적 방법으로 이어 가는 방법론은 단순한 기술이 아니며, 궁극적으로 대화에 참여하는 이들의 비판적 의식을 고양하는 과정으로 이끌게 된다. 즉, 대화는 교육을 위한 방법이 아니라, 온전한 인간이 되도록 방법을 강구하는 방법, 즉 방법론의 수단이자 토대가 된다. 생성 주제들 간의 관계, 생성 주제가 시대의 사상과 희망, 가치, 도전을 아우르는 총체성과 연관을 맺는 지점, 생성 주제의 역사적 맥락, 생성 주제와 공동체의 관계, 생성 주제의 존재 이유 등을 명확히 할 수 있다.

생성어는 읽고 쓰기 활동이 이루어지는 문해교육에 들어가기 전에 사전 조사를 통해 골라내야 한다. 문해 활동을 하기 위한 최소의 낱말인 '생성어'는 민중을 둘러싸고 있는 세계와 민중의 실제 생활의 관계를 보여 주는 것이어야 한다. 생성어는 언제나 각 지역의 생활에 대한 조사와 토론의 결과로 선택된다. 문제의식을 발전시키는 생성어는 말의 음절들의 재조합을 통해 새로운 낱말을 생성시킬 수 있는 근원어이다. 문맹자들에게 일상생활에서 중요하고도 친숙한 문제의 토론을 촉진시킬 수 있어야 하고, 이야기의 언어 중에서 여러 음절로 된 단어가 쉽게 민중의 한 음절 문자로 나뉘어 새로운 의미를 나타낼 수 있어야 한다.

이를테면 산업화와 근대화로 비롯된 '오물처리'는 삶의 한복판에서 벌어지는 인간 활동이다. 이를 주제로 삼아 '물'자연, '오물'문화, '오물처리 작업'노동 등으로 그 뜻을 새김으로써 인간이 일을 통해 세계를 변혁시키는 과정에 참여하여 문화를 창조하고 있다는 자각과 의식화를 꾀한다. '오물'은 공해와 자연을 동시에 연상하게 하는 생성어이다. 그리고 오물이라는 생성어를 해체하면 '오'라는 음절은 '아-에-이-오-우' 라는 발음군으로 구성되어 있고, '물'이라는 음절은 '물-멜-밀-몰-물'이라는 발음군으로 구성되어 있다. 프레이리는 이렇게 해서 대략 17개의 생성어를 찾아냈다. 생성어를 통한 기초적 문맹퇴치교육이 이루어지고 나면, 구체적 삶의 현실에서 잉태된 '생성 주제'를 가지고 발전된 대화를 할 수 있다. 생성적 주제는 명사와 동사가 결합되어 나타나 있는 문장을 통해 나타난다.

사회적·역사적 현실에서 발생하는 낱말문장은 동사와 명사에 모두 반영되어 나타나고 있고, 그것 속에서 정치적 의미를 발견한다. 순진무구하게 언어학적 규칙에 묶여 있는 것이 아니라, 정치학적 해석과 의미를 추출한다. 빈민구역집, 음식, 옷, 건강, 교육 등, 쟁기질노동, 기술, 자본, 농지개혁 등, 토지천연자원, 경제적 지배, 관개, 국가재산 등, 음식영양실조, 굶주림, 유아사망률 등, 벽돌건축, 노동, 근대화, 도시계획 등, 우물급수, 위생교육, 건강, 풍토병 등, 일현실을 변화시키는 과정, 일을 통한 인간의 가치, 기능, 육체적 정신적 기술적 일 등, 직업일, 능력, 계층이동, 노동조합 등 등 민중의 모순이 가장 집중된 구체적 관심 영역이 되는 주제군을 가지고 대화를 발전시켜 나간다.

실천이 없는 말이란 존재하지 않는다. 따라서 참된 말을 하는 것은 곧 세계를 변화시키는 일이다.Freire, 2019: 109 사회변혁을 위한 교육에 대한 프레이리의 기여는 문해교육 방법의 효율성이나 창의성에 있지 않다. 그의 생성어적 접근generative word approach은 세상의 변화를 위한 중요한 돌파구 역할을 하는 것이다. 오늘날 생성적 주제는 구성주의 이론에 많이 활용되고 있다.

## 의식화

인간은 동물과 달리 의식하는 존재이다. 인간의 의식이란 세계를 향한 의도성과 함께 언제, 어떤 것에 대한 '의식consciousness'[11]이다. 그것은 현실을 향한 움직임의 영원한 상태에 있다. 그래서 인간의 조건은 세계에 대한 일정한 관계에 있다.Freire, 1978: 171 의식은 세계를 객관화하고 세계에 대해 행동을 가하는 인간의 변증법적 활동 속에서 형성된다. 실재의 모든 측면은 운동 속에 있기에 의식과 세계는 상호작용을 한다.

의식화는 비판적 각성뿐 아니라, 양심의 함양을 포함한다. 의식화는 존재론적, 인식론적, 윤리적, 그리고 교육적 차원을 갖고 있다.Roberts, 2013: 126 의식화는 우리의 존재를 인간적이도록 하는 근본이다. 의식화는 인간 조건의 필수사항이다. 의식화는 미완의 인간 존재로서 자신을 성장시키는 끊임없는 각성의 과정이다. 인간화를 위한 과정은 인간의 의식 자체를 인식할 수 있는 자연적인 통로를 구축해 주는 의식의 '원형'을 담고 있다.Freire, 2003: 200-201

이렇게 프레이리는 '의식하는 존재로서의 인간' 개념과 '세계를 향한 의식' 개념을 모두 채택한다. 의식화는 계속적으로 자아와 세계의 관계에 대한 이해를 심화시키는 것이다.Roberts, 2013: 129 세계와의 관계에서 의식과 세계는 '동시적'이다. 그는 인간이 '자기 구성적' 존재를 넘어 '자기 의식적' 존재라고 보았다.Roberts, 2021: 292 우리가 비록 우리 자신의 의식을 개별화하진 않는다고 하더라도, 우리는 자신의 자유의지가 처한 위험에서 벗어나 자신의 구성을 인식할 수 있을 만큼 충분히 자기 의식적이 될 수 있다. 여기에서 중요한 것은 자아의 구성에 대한 우리의 자아의식이 바로 해방을 가능하게 만든다는 점이다. 해방은 현실을 비신화화하고, 그것에 영향을 미침으로써 현실을 '소유하게 될 때' 의식화를 통하여 일어난다. 사람들이 좀 더 의식화하면 할수록 그들은 더욱더 존재하게 된다. 의식화에서 중요한 요소는 정확히 이러한 의식의 성장이다. 그래서 프레이리는

11. '의식'이란 넓은 의미에서 보면 인식, 지식, 의견, 관념, 담론, 이데올로기, 심리, 정서, 감정 등 정신적인 것 일반을 포함한다고 할 수 있다.

의식화의 전 과정을 '산고의 고통' 또는 '부활 체험'에 비교하면서 억압자와 피억압자들의 의식은 다시 태어나기 위해 죽어야 한다고 했다.

프레이리는 그람시의 마르크스주의적 철학 개념과 역사를 '되어감/형성becoming'으로 보는 관점을 빌려 왔다. 또 진정한 자아 발견은 우리의 일상에서 실존적 현실에 대한 검토를 통하여 발생한다는 코지크Kosik의 이론을 끌어오면서 프레이리는 인간은 불완전한 존재이며, 생성과 역사 형성을 향한 인간의 움직임은 프락시스를 통해 전개된다고 주장했다. 다시 말하면 프락시스 개념은 '의식화' 과정에서 일어나는 성찰과 행동의 변증법적 상호작용이라고 특징짓는다. 의식화 개념은 실존주의와 마르크스주의가 결합된 철학에 바탕을 두고 있다.Gutek, 2013: 454-455

'의식화conscientização'의 포르투갈어 'conscientização'는 영어로는 'conscientization'으로 많이 번역되고 있다. 'conscientization'은 'consciousness-raising의식 고양'이나 'consciousness-awareness의식 각성'로 이해될 수 있다. 의식화란 '비판적 의식을 고양하게 하는 것'[12]을 뜻한다.Freire, 1978: 31 의식화란 사람들이 살고 일하는 사회적, 경제적 조건과 모순에 대한 '비판의식'[13]을 구성하는 것이다. 비판의식의 발달은 자신을 알고, 타인을 알고, 그리고 세계를 아는 것이다. 자신의 사회적, 경제적 지위에도 불구하고 스스로를 완성하는 데 필요한 행동을 취할 수 있도록 자각하는 것이다. 의식화는 공중의 추상적인 존재에서 일어나는 것이 아니라, 실제적인 인간, 그리고 사회구조에서 일어나야 하는 것을 아는 것, 즉 그것이 개인적 수준에 남아 있을 수 없다는 것을 이해하는 것이다.Freire,

12. '비판(criticism)'과 '비판적(critical)'이라는 말은 자주 오해를 불러온다. 비판이란 말을, 남이 한 말의 내용과 형식에서 어떤 잘잘못이 있는지 따지는 것으로 이해하기 때문이다. 그러나 '비판적'이라는 말은 날선 화법으로 타인의 입장을 곤궁하게 만드는 행동을 일컫는 말이 아니다. '비판적'이란 말의 뜻은 '위태한 상황'을 가리키는 말로, 금방이라도 거대한 변화가 생길 가능성을 품은 불안정한 상태를 뜻한다. 안정되어 있는 듯 보이지만 그 자체의 존속이 곧 위험에 처할 수도 있을 정도로 아주 불안정한 상황을 의미한다.
13. '비판의식'은 비판이론(critical theory)의 중요한 개념이다.

1978: 173

'conscientização'은 원래 1960년대 중반 브라질의 카마라Dom Hélder Pessoa Câmara 주교가 지도하는 토론 집단에서 만들어졌는데, 가톨릭교회가 교육운동에 관여하기 시작하면서 민중들에게 스며들기 시작했다. 1970년대 초반 들어 사람들로부터 많은 오해를 불러일으키고 애매하다는 비판을 받자, 프레이리 자신이 이 말을 한동안 사용을 중단한 적도 있으나, 다시 자신의 중심적 사고구조로 자리 잡아 갔다. 프레이리는 '의식화 교육'의 변혁이론이 지닌 허점이 완전히 해소된 것은 아니지만, 마르크스주의를 기독교 해방신학과 결합하면서 의식화 이론의 허점을 극복할 수 있는 대안을 그람시에서 찾았다. 프레이리의 '의식화' 개념은 현실에 대한 비판적 읽기가 대항-헤게모니를 구성할 때 그람시의 헤게모니 이론과 연결 지을 수 있기 때문이다.Freire & Macedo, 1987: 36 의식화 과정은 정치, 사회, 문화, 경제적 관계가 지닌 모순[14]을 인식하는 법을 배우고, 현실의 억압적 요소들에 맞서 행동하도록 한다.

그런데 의식화를 가로막는 신비화는 사회질서를 수정하거나 논박할 수 없는 '신성한 것'으로 만들어 놓는다.Freire, 2003: 201 이러한 신비화가 학교교육이나 여타의 방법을 통해 인간의 비판적인 사고를 방해하며, 따라서 현상유지에 기여한다는 사실은 논쟁의 여지가 없는 명백한 것이다. 이런 환경에서 기존의 사회질서를 비판하는 자는 어떠한 방식으로든지 제재를 받아야 하며, 이들은 선전매체를 통해 사악한 시민으로 낙인찍힌다.Freire, 2003: 201 이렇게 본다면 의식을 순진한 주관적 이상처럼 현실이 임의로 구성하도록 내버려 둘 수 없다. 의식과 세계와의 관계 속에서 지배를 위한 교육은 인간의 의식이란 단지 '텅 빈' 것이고, 따라서 '채워야 하는' 그릇으로 가정하기 때문이다. 의식은 결코 물질적 현실의 단순한 반영이 아니라, 그 현실에 대한 성찰이다.Freire, 2003: 139

14. '모순'은 대립하는 사회세력들 간의 변증법적인 갈등을 뜻한다.

해방을 위한 인간화 교육은 인간의 의식을 '세계에 대한 지향'으로 본다.Freire, 2003: 199 완전한 의식이란 대상-지향적인 인식이다. 인간의 자아 의식은 사물, 즉 구체적인 현실 세계—사고 능력을 통해 습득한 현실 속에서 사람들이 역사적 존재로 그들 자신을 바라보는 세계—에 관한 의식을 함축하고 있다.Freire, 2003: 266 세계는 인간과 유리된 실체로 존재하지 않는다. 즉 의식은 세계를 선행하지 않으며 추종하지도 않는다. 의식이 그 의식을 형성시키는 현실 세계 없이는 불가능하다는 것이 참이라면, 현실 세계 또한 의식을 형성함에 있어 그 의식의 비판적 성찰 대상이 되지 않을 경우 불가능하다는 것 역시 참이다.Freire, 2003: 140

루카치1960가 말한 대로, 만일 착취당하는 사회계급으로의 억압된 민중의 의식화된 행동, 즉 해방을 위한 투쟁 행동이 뒤따르지 않는 의식화란 이미 의식화가 아니며, 더 이상 타인을 의식화시킬 수 없다. 교육자와 민중은 함께 과거에 비해 비판적인 성찰이 끊임없는 투쟁으로 연결되는 변증법적 운동 속에서 의식화를 수행해 나간다.Freire, 2003: 214 의식화는 정적인 과정이 아니고 정형화된 과정도 아니다. 오히려 그것은 우리의 미완성에 대한 이해를 전제로 하는 과정이고, 성찰과 행동이 변증법적으로 상호작용하는 매우 역동적인 과정이다.

의식화는 객관적 현실로 드러냄에 의해 존재한다. 하지만 그 과정에 포함된 주체에게 이해 가능한 객체가 된다 할지라도, 그리고 주체들이 현실의 새로운 지각을 가지고 있다 할지라도, 그러한 드러냄이 진실된 의식화인지 확인하려면 그것만으로는 충분하지 않다. 의식화는 인식론적 순환에 머무는 지식의 습득을 지향하는 것이 아니기에 그것은 새로운 지식의 창조로 확장되어야 한다. 의식화는 드러나는 현실의 단계에 머무를 수 없다. 따라서 의식화는 현실의 실질적 변혁과 더불어 역동적이고 변증법적인 합일로써 현실 세계를 드러내고 경험할 때 확신을 가질 수 있다.Freire, 2003: 267

프레이리가 중시하는 '의식화'는 단순한 인식 또는 의식 이상의 것이라고 할 수 있다. 의식화는 허위의식을 극복하는 것이기 때문이다.[Freire, 2003: 104] 다시 말해서 순진한 의식의 극복은 물론 의식화된 인간의 비신화화된 현실 속에 비판적으로 개입하는 것을 내포하고 있다. 일상의 구체적인 습관이나 단순한 행동에 국한되지 않고 광범하게 전개되는 의식화는 결코 중립적일 수 없다. 교육 또한 결코 중립적이지 않다. 프레이리에게 교육이란 학습자/참여자 사이에 '의식화'로 호칭되는, 효과적으로 유도될 수 있는 현실의 비판적 인지를 계발하는 실천이다.

의식화는 사람들이 자신의 현실을 분석할 수 있도록 격려하는 과정이다. 강요된 삶의 난관에 대해 인지하고, 자신의 상황을 변혁시킬 수 있도록 행동을 취하게 하는 것이다. 비판적 의식은 사물과 사실들을 경험적으로 실존하는 모습 그대로, 즉 인과적·상황적 상호관계에 얽혀 있는 모습 그대로 파악한다.[Freire, 1978: 66] 비판적 의식은 하나의 '기능'으로 파악하는 비판적 사고와는 다르다. 비판적 의식은 교육의 결과뿐만 아니라, 과정 역시 지구상의 사회적, 정치적 삶에 개입하는 사람들을 낳는다.[Freire, 2007: 202]

『비판의식을 위한 교육』에 기술된 '의식화'의 개념은 듀이의 비판적 사고나 반성 개념과 유사하다. 의식화는 다음과 같이 정의된다.

> 의식화는 마술적 설명을 인과적 원리로 대체함으로써, 결과를 검토하고 수정을 열어놓음으로써, 책임의 전가를 거부함으로써, 수동적 위치를 거부함으로써, 건전한 논변을 함으로써, 극단적 실천보다는 대화의 실천을 함으로써, 옛것과 새것에 타당한 것을 받아들임으로써 문제의 해석에 깊이가 있다.[Freire, 1973: 18]

의식화는 프레이리의 주요한 교육적 목표이다. 의식화는 존재론적, 인식론적, 윤리적 그리고 교육적 차원을 가지고 있다.Roberts, 2013: 124-127 의식화는 인간 존재 전체에 근본적인 것이다. 의식화는 물리적 세계, 사회적 세계, 사고·정서·경험의 내적 세계 등 다양한 함의를 갖고 있는 실재/현실reality에 대한 의식이다. 따라서 의식화는 복잡하고, 다면적이고, 계속되는 과정이고, 끊임없는 운동 과정에 있다고 할 수 있다. 프레이리는 의식화가 비판의식뿐 아니라 양심의 함양을 포함한다고 강조하고 있다.Freire, 2004: 78 인간의 실존은 고정된 것도 멈추어 있는 것도 결정된 것도 아니고, 변화하고 있고 불확실하고 예측할 수 없기에 다면적으로 접근할 필요가 있다.

의식은 주술적 의식, 순진무구한 의식에서 비판의식으로 발전해 간다. 의식 각성의 과정으로서의 '의식화'란 비판적 의식의 발달과정이라고 볼 수 있다.Roberts, 2013: 124-127 운동 중인 실재의 모든 측면은 의식과 세계의 끊임없는 상호작용 과정에 있다.Freire, 1972 따라서 의식화를 사회모순 관계를 감지하는 것으로서 정치적·경제적·이데올로기적 맥락만을 깨닫도록 하는 것으로 좁게 해석해서는 안 된다. 의식화란 '의식을 발달시키는 과정'이면서 동시에 '현실을 변혁시키는 의식적 힘'이기 때문이다. 의식화는 단순히 현실을 반영하는 복사물이 아니고, 그것을 재성찰하는 의식이기 때문이다. 의식화는 억압적 현실에 길들여진 순종 의식에 눈을 뜨고 각성을 하게 되는 의식이라고 할 수 있다.

의식화는 현실을 변혁시키는 '앎의 행위'이면서 동시에 '행위의 수단'이기도 하다. 의식화는 인간이 단순한 수용체 또는 객체가 아니라, 인식의 주체로서 자신의 삶을 형성하고 있는 사회문화적 현실과 그 현실을 변혁시키는 능력에 대한 이해를 심화시켜 나가는 '각성'의 과정이기도 하다. 억압적 이성을 벗겨 내고, 복종의 세계를 초극하기에 이것은 교육의 정치인 동시에 해방의 교육이다. 의식화는 분개할 수 있는 능력을 갖게 하는 교육인 동시에 자유를 경험케 하는 교육이다. 비인간화의 구체적 표현인 억압을 자유로 대체하는 변화의 행위자로서 행동하도록 촉구한다.

프레이리는 억압적 현실에 대한 대응의 본질을 비판적 성찰, 대화 그리고 행동에서 찾는다. 의식화는 단순히 인간이 역사의 상황을 알게 하는 순수한 정신적 과정이 아니다. 행동이 없는 단순한 지식은 정치체제에 대해 무력하다. 현실을 고수하고자 하는 집단은 의식화에 대해 심한 반발과 거부의 태도를 보인다. 이와 달리 의식화는 현실을 단지 알고 있는 것이 아니라, 알고 있다는 사실을 아는 것이다. 실제 존재하는 의식과 가능한 의식 사이에는 분명 간격이 있기에 이를 재인식하는 것이다. 그렇다면 이 의식은 이성과 감성의 결합으로 이루어진다고 볼 수 있다.

그리고 의식화 교육은 '교육이 중립적이지 않다'는 명확한 정치적 인식을 함으로써 시작된다. 교육은 중립이 될 수 없는 명백한 정치적 과정이다. 중립성은 정말 해방을 가로막는 민중을 길들이는 이데올로기적 기제이다. 교육은 중립적이어야 한다는 거짓 신화를 유포시키는 침묵문화는 민중이 세계의 형성자이며 주체자의 역할을 자각하는 것을 가로막는다.

진정한 도덕성은 사회정의를 깨닫는 의식화 교육에서 시작되며, 이것을 풀어 가는 방식은 희망을 바탕으로 한 유토피아 교육이어야 한다. 교육이 중립이라면, 개인이나 사회의 맥락에서 사람들이 정치 스타일이나 가치 체계가 어떻든 간에 서로 별 차이가 없다. '정치적'이라는 성질은 교육의 핵심에 내재되어 있다. 사실 '교육의 중립성'은 실제로 가능하지 않다. 교육의 정치적 본질의 진정한 뿌리는 인간의 교육 가능성에서 찾을 수 있다. 교육 가능성은 인간 조건의 본질적인 미완의 성질과 이러한 미완의 상태를 우리가 의식하고 있다는 데 그 뿌리를 두고 있다.Freire, 2007: 133-134

의식화는 허위의식을 유포하는 대중화된 의식 과정으로 유도하는 것이 아니라, 비판의식을 지닌 의식화된 과정으로 유도한다. 프레이리는 사회적 변혁보다 문화적 변혁, 즉 의식의 각성을 통한 의식화 교육을 중시한다. 사회적 변혁은 분명 억압적 사회 현실의 변혁이며, 이 변혁은 사회에 대한 의식의 급진적 변혁을 통해 가능하다. 급진적인 의식변혁은 교육을 통해서 가능하다. 물론 변혁은 '역사적 사회적 과정'으로 진행될 때 근본적인 사회적 변혁이 가능하다.

프레이리가 가장 핵심적 개념으로 사용한 '억압'은 폭력을 유발하는 부당한 질서가 내면화된 의식의 결과이다. 이는 억누른 자와 억눌린 자들 양자에게 똑같이 영향을 미치는 비인간화의 총체이며 '길들이기'이다. 이런 비인간화의 길들이기에 순응하지 않고 의식의 눈을 떠 자신을 찾는 것이 '의식화'이다. 또한 의식화는 조직화와 연결된다. 조직화 없는 의식화는 상명하달의 폭력이며, 유토피아적 희망에 그칠 수 있다.한숭희, 2001: 129 결국 조직화와 의식화는 어떤 방식으로든 연계되지 않을 수 없다. 조직화 없는 의식화는 관념적 진보를 낳을 수 있기 때문이다.

그래서 프레이리도 자신의 교육사상이 유토피아적 관념론에 그쳤다고 반성하면서, 전환기 교육사상을 정리하며 교육이 '조직화'와 어떤 관계를 가져야 하는지 숙고하게 된다. 이런 생각은 그와 교류하고 지내던 지역사회 조직가 솔 알린스키Saul Alinsky와 연동되는 대목이다.[15]

그런데 의식화는 계급 갈등의 문제로부터 기적적으로 도피시켜 주는 제3의 방법으로 비치기도 했다. 서로 간의 견해 차이를 모두 협상으로 해결하려고 했기 때문이다. 의식화의 변증법적 의미를 박제화하고, 마치 의식화를 만병통치약인 양 위장시켜 압제자의 이익에 기여하는 것으로 보

---

15. 프레이리는 하이랜드센터(테네시에 위치한 국제적으로 알려진 시민권 교육 센터)의 설립자인 호튼(Myles Horton)과 미국에서 가장 유명한 커뮤니티 조직가인 알린스키(Saul Alinsky, 1909년~1972)와 밀접한 교류를 했다. 알린스키는 현대적인 지역사회 조직화의 창시자로 알려져 있다. 미국의 1960년대, 격변의 시대에 노동운동, 빈민운동, 지역사회 운동에 헌신했던 사울 알린스키의 책 『급진주의자를 위한 규칙』은 오랜 시간이 걸리더라도 어떻게 실망하거나 냉소하지 않고 한국 사회를 실제로 변화시킬 수 있을지를 제안하는, '변화를 위한 실천론'이다. 미국의 민주주의는 알린스키의 아이디어에 의해 달라지고 있다고 하고, 조직의 천재에 매우 가까워지고 있다는 찬사를 받았다. 물론 호튼과 알린스키, 프레이리는 사이에는 생각의 차이를 보였다. 알린스키는 "조직하는 것이 교육이다"라는 관점을 중시하고, 호튼은 "교육이 조직을 가능하게 한다"라는 관점을 더 중시했다. 프레이리는 분리되는 것이 아니라고 보았다.

아 왔다.Freire, 2003: 212-213 의식화는 역사적 현실이라는 우연성을 벗어날 수 없는 한계를 가지고 있다. 즉, 의식화를 위한 노력은 역사적 생명력을 불신할 때는 가능하지 않은 것이다. 때때로 사람들이 부분적이나마 기존 사회의 억압구조를 폭로한다고 하여 그것이 생생한 역사의 정치적인 표현이 될 수는 없다. 다시 말해서 대중들은 특정한 사건을 설명하는 즉각적인 이유를 납득할 수는 있어도 그 사건과 그들이 속해 있는 총체적 과정, 즉 생생한 역사와의 관계는 포착하지 못할 수가 있다.Freire, 2003: 257

그래서 의식화 과정에서 사회 현실을 폭로하려는 동기가 일종의 심리적 변혁 동기가 된다는 생각에 대해서 해방 실천 교육론에 기초를 둔 자기비판론이 나온다. 문제의 핵심은 현실의 변혁 과정에서 얻게 되는 현실 세계의 기본적인 중요성을 인식하지 못한 데 있는 것이 아니다. 변증법적으로 현실의 지식 및 현실의 변혁, 즉 양극성을 고려하지 않으면 의식화가 왜곡될 수 있다.Freire, 2003: 267

따라서 프레이리에게 교육이란 비판적 각성을 위한 '의식화conscientization'로 나아가는 과정의 일부라고 이해해야 한다. 수동적 학생은 타인의 생각은 말할 것도 없고, 자신의 생각을 비판할 여유를 갖지 못한다. 의식화는 자신의 처지/조건 형성을 인식하는 것, 혹은 우리가 지배적 담론에 의해 영향을 받고 있기 때문에 이에 대해 비판적인 태세를 취하기 위해 의식적으로 노력해야 함을 이해하는 것이다. 그래서 의식화된 주체는 활동의 주체로서 현실을 형성하면서 또 그 현실에 의해 형성되는 존재여야 한다. 사적 영역과 공적 영역이 균형을 갖춘 공동체적 인간은 나의 욕구와 바람을 제거한 사람이 아니라, 나의 바람이 타인들과 함께 살아가는 이 세계 속에서 추구할 만큼 바람직한가를 스스로 질문해 볼 수 있는 사람이다.

프레이리에게 주체는 완벽하게 자기 구성적이거나 자기 주도적이지도 않고, 또한 탈중심적 네트워크도 아니다. 프레이리는 사람들이 억압적인 구조나 아이디어, 관습들에 저항한다는 관점을 유지하고 있다. 그러나 의식화의 핵심인 이런 저항은 항상 이데올로기적이고 정치적인 한계 속에서 이뤄지고, 타인들과 대화를 통해 수행되어야 하며, 그리고 필연적으로 불완전하다. 역사적으로 그리고 사회적으로 기술의 발전은 원초적으로 최초의 도구를 만들어 자연을 변화시키는 창조적/진보적 기능을 하였지만, 동시에 억압적/식민화 기능도 했다. 말하자면 근대화 기능의 이중적 역할이라고 할 수 있다. 마찬가지로 의식화란 현실을 폭로하는 '비판적 기능'과 새로운 사회를 선포하는 '예언적 기능'을 하는 교육적 행위인 동시에 정치적 행위로 이해할 수 있다.

프레이리는 브라질 사회가 변천에 뒤틀림이 일어나 순응되고 길들여진 사람들로 이루어진 '대중화된 사회'가 되어갔다고 진단했다.Freire, 1978: 18 개방사회가 아닌 대중화된 사회란 민중이 역사적 과정에서 엘리트에 의해 생각 없이 다루기 쉬운 덩어리로 조종되는 사회를 말한다. '대중화'는 비판의식을 획득하는 과정인 '의식화' 개념과 대비되는 개념이다. 프레이리는 대중화된 사회를 객체사회, 반사사회, 야만사회, 반대화적 사회, 엘리트주의 사회, 후진사회로 호칭했다.Freire, 1978: 19 대중화는 타락하고, 비인간화되고, 광신적 의식으로 퇴화하기 쉽다고 할 수 있다. 그러기에 의식이 대중화하지 않도록 하는 의식화 활동 과정은 매우 중요하다. 여기서 의식화 개념이 관념론으로 빠지지 않도록 주의해야 한다.

그리고 기술 개발도 혁명적 프로젝트가 지향하는 관심사 중 하나임이 틀림없지만, 그 기술이 인간을 사물화하고 상품화하는 경향까지 차단하지는 못할 것이다. 그러기에 여전히 인간의 의식이 현실에 의해 좌우되는 조건 속에서 의식화는 무엇보다도 먼저 인간에게 명백한 현실 파악을 밝혀 주려는 노력이 계속되어야 한다. 이런 측면에서 의식화의 역할은 민중의 자각을 혼란시키고, 민중을 이중적 존재로 만드는 문화적 신화/미신들을 추방하는 데 중대한 기여를 할 것이다.Freire, 2003: 171 인간이 기술문명의 노예가 되지 않으려면 기계에 종속되지 않으려는 인간화 노력을 멈춰서는 안 된다. 그것이 포스트휴머니즘 시대의 새로운 과제라고 할 수 있다.

그리고 프레이리가 상용하는 억압자와 억압이라는 개념이 다소 모호하고 주관적이라는 지적을 받고 있는 것도 우리가 주의해서 다루어야 할 문제이다. 프레이리의 기본 전공이 관념과 지향성을 주로 연구하는 교육철학이기 때문이기도 하다.[16] 그의 논법 속에서 상부구조를 형성하는 의식화 교육이 하부구조에 어떤 영향을 미치며 의식화 기제를 작동시킬 수 있는지에 대하여 상부구조와 하부구조의 연결 부분을 더 찾아야 하는 과제가 남아 있다. 의식화가 대화에 기반하고 있다면 최대한 '합의'를 도출해야 한다. 그리고 적어도 '의견수렴'이라도 이끌어 내야 한다. 하지만 함께 창조해야 하는 억압자와 피억압자들이 서로 다른 길을 걷고 있는데다, 양자 사이의 의존적 대화가 거의 불가능하고 대치하는 상황이라면, 어떻게 대화의 돌파구가 가능하겠느냐 하는 과제는 여전히 숙제로 남아 있다.

## 실천

이론과 실천의 긴장은 그리스 철학의 근원을 따라 거슬러 올라간다.[17] 이런 생각을 이어 간 칸트는 실천과 경험을 크게 강조하면서도, 이론과의 연결을 시도했다. 더 나아가 헤겔은 정정립—반반-정립—합종합-정립이라는 변증법적 체계를 통하여 현실을 이해할 수 있다며, 절대관념 또는 절대정신에서 그 절정에 도달하게 된다. 그리고 마침내 실천을 사회변혁의 핵심으

16. 이 비판은 실천적 이론가를 지향하는 나에게도 해당한다. 나의 주된 전공이 교육철학이기에 이 한계를 극복하려면, 사회학적 통찰의 도움을 받아야 한다.

로 본 마르크스에 이르게 된다. 마르크스는 헤겔의 소외 개념과 변증법적 역사관을 고수하면서도 헤겔의 관념론적 변증법을 거부했다. 그 대신 유물론적 철학, 특히 경제 조건과 인간 행동 사이의 변증법에서 대안을 찾았다.

이러한 사고 과정을 거친 프레이리는 헤겔의 의식변혁과 마르크스가 주장한 자연의 변혁을 종합하여 '의식화'의 개념을 도출하고, 여기에서 독자적인 '프락시스praxis'[18] 개념을 창안했다. 마르크스에 따르면, 인간의 삶에서 이루어지는 모든 활동은 '프락시스'일 수밖에 없다. 이때의 '프락시스'는 이론과 대척점에 있는 단순한 행동으로서의 '실천practice'이 아니라, 의식과 행동의 끊임없는 변증법으로서의 인간 행위를 말한다. 나아가 이 개념은 역사적 현실과 투쟁하는 그람시와 접목되어 변혁적·혁명적 실천/역사적 실천으로 발전했다.

---

17. '프락시스(praxis)'라는 말은 그리스어에서 파생된 말이다. 그것은 '행동한다(to act)' 또는 '행한다(to do)'를 뜻한다. 프레이리에게 '실천(praxis)'은 모두 '이론적 실천'으로 이해해야 한다. 앎을 단순히 행하는 '행동' 또는 '실행'이 아니다. 영어로는 'practice'로, 독일어로는 'praxis' 그대로 번역되고 있다. 'praxis'는 아리스토텔레스 사상과 마르크스 사상을 모두 함축하고 있다. 이론적 실천과 실천적 지혜라는 말은 사실 아리스토텔레스에게서 빌려 온 것으로서 테오리아(theoria)/(관조/사색contemplatio; 감각으로 볼 수 없는 것을 마음의 눈으로 '본다')와 결합된 실천이다. 관조하는 삶은 보편적 진리를 알려 주는 앎(episteme/theory/science)이다. 이론적 삶을 사는 철학자는 신에 근접한 사람이며, 따라서 행복하게 사는 사람이다. 아리스토텔레스의 'theoria(사색)'이란 개념은 보편적이고, 시대를 초월하는 사물을 사색하는 신성한 활동에 종사하는 철학자들을 위하여 남겨 둔 노력이라는 뜻을 지니고 있다. 다른 한편 '실천'의 어원이 되는 'praxis(실천)'란 이론을 실제화하려는 노력이다. 인간이 만들어 내는 훌륭한 작품은 하늘에만 있는 이데아를 지상의 유용한 기능을 가진 물건으로 만들기 위한 정신적 훈련이다. 행복을 추구하는 삶이란 이론적 삶(theoria/seeing)이나 생산적 삶(poiesis/making; 사물/대상)을 만드는 기술(techne/art)보다 실천적 삶(praxis/doing/acting)에 더 가깝다. 아리스토텔레스는 플라톤의 모방(mimesis)이나 흉내 내기를 넘어 '본다는 것'과 '안다는 것'의 실천에 우위를 두고 있다. 아리스토텔레스는 인간의 활동을 세 가지로 분류했다. 깊은 생각을 뜻하는 '테오리아', 창작을 뜻하는 '포이에시스' 그리고 연습을 뜻하는 '프락시스'로 구분했다. '테오리아'는 명상/관조이며 '포이에시스'는 이상을 실현하려는 행위이고 '프락시스'는 현재의 자신에게서 탈출하려는 노력이다. 아리스토텔레스는 인간을 도시 안에서 동료 인간들과 어울려 사는 동물로 정의하면서 '프락시스'란 공동체를 운영하게 만드는 원칙이라고 정의하고, 그것은 공동체의 윤리, 경제 그리고 정치의 핵심적 가치라고 했다.

18. 'praxis'는 흔히 '실천'으로 번역되고 있다. 우리 역사 속에서 '실천'은 위험을 무릅쓴 상당한 결단을 요구하는 말로 통용되고 있다. 그래서 필자는 'praxis'를 '실천'으로 번역했다. 엄격하게 말하면 '이론적 실천'이고 '변혁적 실천'이다.

프레이리는 '실천 없이는 앎도 없다'라고 주장한다.Freire, 2006: 127-129 때로는 앎을 위해 실천이 필요하다. 그러니 실천은 본질적으로 이론이 아니다. 실천은 이론을 창조하지만, 실천 그 자체가 이론은 아니다. 성찰의 결과에 따른 실천은 새로운 배움을 위해서는 필수적이다. 학습은 세계를 변화시키는 실천적 활동과 불가분의 관계에 있다.Freire, 2006: 129 그래서 허위의식을 폭로하는 비판적 의식화를 필요로 한다. 비판적 의식화는 프로네시스phronesis, 실천적 지혜와 프락시스praxis, 이론적 실천로 구성된다. 이 둘은 이론과 실천의 끊임없는 변증법으로 인간의 삶과 역사를 설명하는 총체적인 접근이다. 특히 프레이리가 강조하는 프락시스는 행동과 사상이 통합된 개념이다.

교육은 본질적으로 실천적 활동이다. 교육의 행위에는 실천이 중심이다. 교육은 존재하기 위해, 그리고 되어감을 위해 실천 속에서 끊임없이 만들어진다.Freire, 1970a 그런데 이 실천은 단순히 어떤 행위를 하는 행동이 아니라 '이론적 실천'이다. 즉, '프락시스'란 이론의 안내를 받는 '이론적 실천' 또는 '변혁적 실천'의 의미를 지닌다. 이때 '프락시스'란 의식적 개입이 이루어지는 실천이다. 이는 곧 실천을 위한 실천이 아니라, 인간의 추론 능력이 결합된 이론적 실천이라고 할 수 있다. 실천적 반성이나 반성적 실천을 동시에 요구하는 것이 프락시스다. 프락시스는 이론과 실천의 연합이다. 변혁으로 나아가게 하는 실천이란 이론 없는 행위로 협소화하는 것을 막고, 성찰과 이론이 부재한 행동과 차별화하기 위해 '이론적 실천'을 창안한 것이다.

'이론적 실천'은 이미 이루어진 혹은 이루어지고 있는 실천을 더 명확히 보기 위해 한 발짝 물러설 때 일어나는 것이다. 이론적 실천은 특정한 맥락 속에서 수행될 실천과 변증법적 긴밀성을 유지할 때 참된 의미를 지닌다. 이러한 두 가지 형태의 실천은 서로 분리할 수 없는 과정이며, 이로써 우리는 비판적 이해에 도달할 수 있다. 즉, 성찰이란 사르트르의 주장처럼 우리가 행동하고 있는 이미 주어진 상황으로 우리를 되돌아가게 할 때 참된 의미를 지닌다.

이론[19]은 실천을 숙고하게 한다. 실천을 숙고함으로써 더 잘 생각하고 더 잘 실천하는 방법을 배운다. 이론적 삶을 사는 사람은 형이상학적이고 영원한 진리에 몰두하는 사람인데, 그것은 실천보다 더 높은 경지에 속한다.Kirylo & Boyd, 2021: 176. 그런데 실천 없는 관조는 공허하기만 하고 망상으로 빠질 수 있다. 또 이론 없는 행동은 맹동으로 빠질 수 있다. 그러기에 관조/명상하는 이론적 삶이나 행동하는 실천적 삶은 균형을 이루어야 한다. 온전한 인간이 되고자 한다면 행동과 성찰은 함께 따라다녀야 한다.

> 실천과 대비되어야 할 것은 실천에서 뗄 수 없는 이론이 아니라, 모방하는 사고의 어리석음이다. 이론을 장광설과 연관 지을 수 없듯이, 실천을 행동주의와 연결 짓는 일 또한 불가능하다. 장광설에는 행동이 없고, 행동주의에는 행동에 대한 비판적 반성이 빠져 있다.Freire, 1985: 11

실천과 동떨어진 이론은 단지 '탁상공론verbalism'에 불과하다. 말로만 떠드는 성향을 비판하는 사람들은 프레이리의 교육이 '이론적'이라고 비판해 왔으나, 그들은 이론과 언어주의를 동일시하는 오류를 범하고 있다. 물론 이론 없는 실천은 맹목적 '행동주의activism'로 빠지기 쉽다. 프레이리는 '사유의 포기'는 반성이 배제된 채 무조건 따르는 맹동주의 경향을 보이고, '행동의 포기'는 말만 하는 말잔치 경향을 보인다고 했다. 성찰이 없는 사람은 서로의 성공과 실수를 통해 배울 수 없다. 비판적 분석이 결여된 행위는 진보적 변화를 일으킬 수 없다. 실천은 생각/의식에 바탕을

19. '이론(theory)'은 광범위한 경험적 혹은 사실적 상황들을 설명하는 데 사용될 수 있는 추상적인 사건의 해석을 구축하는 것을 말한다.

둔 행위이다. 실천은 행위를 비판적으로 반성하는 것을 내포하며, 이론과 행위의 변증법에 기초를 두고 있다.

프레이리는 화이트헤드의 '무기력한 관념inert idea'[20]을 인용하면서 지나치게 말로만 떠들고 이론적이라고 비판하며 실천과 연관된 이론을 다루어야 한다고 주장한다. 하이트헤드는 『교육의 목적』1967에서 말로만 하는 것은 무기력한 이념에 지나지 않는다고 했다.Freire, 1978: 36-37 그는 단순히 머릿속으로 들어가기만 할 뿐 활동, 실험하거나, 새로운 결합을 이루지 못한 이념을 전달하는 교육이 아니라, 살아서 꿈틀거리는 교육을 원했다.Freire, 1978: 37

이론은 보편적이고 맥락으로부터 자유로운 경향이 있고, 실천은 구체적 맥락에 의존하는 경향이 있기에 이론은 추상적 이념을 주로 다루고, 실천은 주로 구체적 현실을 다룬다. 이론은 시간의 압박을 받고, 실천은 상황의 요구에 반응해야 하는 압박을 동시에 받는다. 단순히 행동하는 것은 노예의 기능이나 다름없다. 그러기에 특히 활동가에게는 프레이리가 강조하듯 말과 실천이 일치하는 사고와 행동의 계속된 변증적 관계인 '이론적 실천', 즉 프락시스가 요구된다. 사람들은 그들의 세계에 대하여 비판적인 방식으로 관계를 맺는다. 그들은 자기 현실에 대한 자료들을 짐승들처럼 '반사'를 통해서가 아니라, '반성'을 통해 파악한다. 반성성찰 및 행

---

20. '무기력한 관념'은 단순히 머릿속으로 들어가기만 할 뿐, 시험되거나 새로운 결합을 이루지 못하는 무미건조한 이념들을 말한다(Freire, 1978: 37). 화이트헤드는 '무기력한 관념'은 죽은 지식으로서 아무런 가치가 없다고 했다. 그가 강조하는 교육받은 인간은 관념을 반성적으로 음미할 줄 알고 이를 구체적 상황에서 응용할 수 있으며, 생활과 경험의 많은 영역에서 서로 연관시켜 볼 줄 아는 인간이다. 학생의 정신은 맞지도 않은 관념들을 마구잡이로 쑤셔 넣은 상자 같은 것이 아니다. 정리된 형태로 지식을 터득하게 하는 것은 발달 중인 학생의 지성을 위한 자연스러운 양식이기도 하다. 그러기에 학생은 자기가 배운 것을 단순히 반복하지 않도록 해야 하며, 관념을 재배열하여 무엇인가를 창조해낼 수 있는 인간으로 교육되어야 한다. 단지 박식함에 그치는 인간은 이 지상에서 가장 쓸모없는 인간이다. 정신이 교실에서 단순히 정보 공급으로 '충만되는' 수동적인 수업도 문제이다. 교육의 목적은 학생들의 '자기 능력 개발'을 북돋아 주고 이끌어 주는 데 있다. 그러기에 첫째 "지나치게 많은 것을 가르치지 말라"라는 것이며, 둘째 "가르쳐야 할 것은 철저히 가르쳐라"라는 것이다(Whitehead, 2004).

동은 언제나 변증법적 결합 관계에 있다. '이론적 실천'이란 실천과 의식이 멈추지 않는 고양의 과정이다. 인간과 세계를 분리시키고 고립시키는 것이 아니라, 인간과 세계를 결합시키는 문제의식을 지니도록 하는 '이론적 실천'을 하도록 하는 교육을 지향한다.

진정한 앎은 성찰과 실천의 상호작용, 즉 '프락시스'에서 생겨나며, 또한 인간 존재가 변혁적 행위에 참여할 때 일어난다.Freire, 1985: 106 이론적 맥락과 비판은 구체적 실천과 일정한 거리를 유지하도록 한다. 실천과 반대되는 게 이론일 수 없으며, 이론은 실천과 분리될 수 없고, 실천에 반대되는 것은 모방적인 사고를 통한 무의미한 소리뿐이다.Freire, 2003: 62 프레이리는 이성과의 관계에서 정서의 본질을 다루고 있지 않으나, 정서는 비판적 이성과 통합적 관계로 이해되어야 한다.Roberts, 2013: 31-49 정서가 비합리적인, 완전히 무비판적 힘으로 남게 되면 맹목적 행동주의로 변질될 수 있다.

프레이리가 강조한 '실천'은 이성, 정서, 정치 그리고 교육적 삶이 확장되고 심화된 통합적 실재로 이해되어야 한다. 현실을 변화시키는 의식의 역할, 의식과 세계와의 변증법적 관계를 잘 인식해야 한다. 실천 밖에서는 의식의 변화가 일어날 수는 없다. 의식의 변화를 가져오는 실천은 행동만이 아니라, 행동과 성찰을 포함한다. 현실의 재창조를 위한 성찰과 행위의 변증법적 상호작용인 프락시스를 통해서만 사람들은 사회적 삶을 조절하는 주체가 된다. 이론적 실천은 앎과 이론 그리고 성찰을 동반한 실천이다. 프레이리에게 프락시스가 중요한 이유는 해방의 과정이 의식과 실천의 끊임없는 상호작용의 과정이기 때문이다. 그가 보기에 '실천 없는 의식' 또는 '의식 없는 실천'으로는 억압적 상황을 자각하고 변화시키기 위한 노력에 참여할 수가 없다.

세상에 대한 자각과 이를 변화시키기 위한 실천 활동은 세상을 바꾸기 위해 동시에 이루어져야 하는 일이다. '실천 없는 의식'은 일종의 관념적, 관조적, 냉소적 태도를 보인다. 억압이 없는 완벽한 사회에서 이런 태도는 문제가 되지 않을 것이다. 그런데 억압이 존재하는 사회에서, 즉 해결해야 하는 사회적 모순이 존재하는 사회에서 이러한 태도는 그 억압을 암묵적으로 용인하는 태도이다. 그래서 세상에 대한 끊임없는 질문, 그리고 자기 자신에 대한 멈추지 않는 성찰을 통한 실천의 과정을 프레이리는 '의식화'라고 불렀다.

이론과 실천은 통합되어야 하며, 이러한 통합 속에서 양자가 구성되고 조직되며, 실천과 이론 간의 끊임없는 환류 과정에서 재조직되고, 또 하나의 새로운 실천으로 나아간다.Freire, 2003: 213-214 프락시스적 교육은 이론과 실천의 모순을 직접적으로 실험하고, 성찰을 통한 '앎knowing'과 행위를 통한 '있음being'이 극단화되지 않는, 즉 인식론과 존재론을 변증적으로 통합하는 학습을 지향한다. 새로운 인식론과 존재론을 추구하는 작업에서 프레이리는 인간의 의식과 삶의 변화에서 실천의 역할이 무엇인지 확고한 기초를 제시했다.

교육 실천이 이루어지는 구체적 맥락이 변화하면 그에 따라 실천이 동반되고, 이에 자연스럽게 실천을 대상으로 한 이론의 변화가 일어나고, 이것은 다시 실천의 변화로, 그리고 구체적 맥락의 변화 기제로 돌아가 작용한다. 즉, 실제 교육활동이 행해지는 구체적 맥락과 실천을 이론적 맥락에서 정립한 교육이론은 교육자의 계속적인 변증법을 통해 다시 교육실천으로 구현될 것이다.

따라서 우리는 이론의 지도를 받는 '이론적 실천가' 또는 실천을 전제로 하는 '실천적 이론가'가 될 필요가 있다. 교육학자는 실천적 이론가가 되어야 하고, 교사는 이론적 실천가가 되어야 한다. 그래야 아이들은 통합적으로, 전인적으로 성장할 것이다.

## 문제제기식 교육

문제제기식 교육은 비판적 대화의 핵심이다.[21] 문제제기식 교육은 대화의 형식, 내용, 그리고 이 대화적 관계가 유지 존속할 수 있는 상황적 특성을 설명한다. 대화는 인간의 실천을 구현하는 도구로서 세계와 결합되어 끊임없이 변혁을 추구하는 사고를 요구한다. 인간은 환경의 도전에 응전함으로써 세계와 관계를 맺으면서부터 현실을 역동화하고, 정복하며, 인간화시키기 시작했다.Freire, 1978: 13

'은행저축식banking, 기계적 지식 축적 교육'이라는 독창적인 개념은 권위주의적 방식을 상징하는 말로서 오늘날 강력한 영향을 미치고 있다. 국가 간의 경쟁이 치열하게 벌어지는 세계화 시대에 근대화와 산업화를 위한 프로젝트는 여전히 국가의 중심 전략을 관통하고 있다. 이런 전략이 여전한 현실에서 기술과 과학 자체를 거부하는 사람이 많지는 않을 것이다. 다만 이 기술과 과학이 존재적 삶이 아닌 소유적 삶으로 경도되는 것을 염려하고 있다. 그런데 가르치는 자와 배우는 자의 모순이 해결되지 않으면 그 어떤 가르침과 배움도 은행저축식 교육으로 비화하게 된다.

은행저축식 교육은 교사를 교육과정의 주체로, 학생은 객체로 본다. 교사는 학생을 마치 정보로 가득 채워야 할 백지로 보고 가르칠 내용을 일방적으로 예탁한다. 억압자들은 사회의 급진적 변혁을 가능하게 하는 의식의 태동을 가로막고, 변혁적 의식을 태동시키는 교육체제를 허용하지 않는다. 일반적으로 억압자들은 권력을 유지하는 억압의 중심지에 '은행저축식 교육' 방식을 취한다.

1. 교사는 가르치고, 학생들은 가르침을 받는다.

---

21. 비판적 교육을 중심으로 하는 교수법은 사고, 행동, 그리고 성찰이 결합된 협동적 담론과 상호성을 중시하는 '상황적 교수법'이라고 불린다(Shor, 1993: 56).

2. 교사는 모든 것을 알고, 학생들은 아무것도 모른다.

3. 교사는 생각하고, 학생들은 생각의 대상이 된다.

4. 교사는 말하고, 학생들은 얌전하게 듣는다.

5. 교사는 훈련시키고, 학생들은 훈련받는다.

6. 교사는 자신의 선택을 강요하고, 학생들은 그것에 동의한다.

7. 교사는 행동하고, 학생들은 교사의 행동을 통해서 행동한다는 환상을 갖는다.

8. 교사는 지식의 권위를 자신의 직업상의 권위와 혼동하여 그 권위로써 학생들의 자유를 억압한다.

9. 교사는 학습 과정의 주체이고, 학생들은 단순히 객체일 뿐이다.Freire, 2019: 91

그렇다면 사회의 급진적 변혁을 어떻게 가능하게 할 것인가? 프레이리의 교육철학은 전문가로서의 '교사'와 속이 텅 빈 껍데기인 '학습자'를 구분하는 관습에 의문을 제기한다. 교사가 지식이라는 이름으로 학생들에게 '채워 넣는' 내용을 단순하고 얌전하게 받아들일수록 더 사고할 수 없게 되며, 더욱 단순 반복적으로 되어간다.Freire, 1978: 150 은행저축식 교육은 시험에 써먹기 위한 기억을 위해 정보를 정신에 저장하는 것이다. 은행저축식 교육 개념은 학생을 교사가 채워야 할 빈 계좌로 간주한다. 은행저축식 교육은 프레이리가 '시체애호증'—프롬이 원래 강조했던—이라고 설명한 바와 같이 사고를 없애고, 현상유지에 힘쓰며, 억압자의 이익에 봉사하기 위한 노력의 일환으로서 그 통제력이 뛰어난 접근 방법이다.

은행저축식 교육의 목표는 학생들이 그 의미를 받아들이도록 조건을 붙임으로써 기존의 권력 틀 안에서 학생들을 움직이지 못하게 하는 것이다. 그것은 교사의 유일한 재산이 된다. 한 예로 교실에서 교사는 선생님 중심이라고 불리는데, 교실은 선생님이 칠판에 적고, 학생은 메모만 하는 곳이다. 학생들은 반 친구들과 교류를 하지 않거나 주제에 대해 직접 해 보는 접근을 하지 않는다.

지식을 축적하기만 하는 '은행저축식' 교육은 다음과 같은 전제를 두고 추진된다. 첫째, 사람들을 다루기 쉽고 적응하기 쉬운 존재로 본다. 둘째, 교사는 현실을 기획한 것이고, 정적이고 예측 가능한 것으로 본다. 셋째, 학생들은 교사가 제공하는 지식을 암기로 습득한다. 넷째, 인간과 세계 사이에 이분법이 존재한다. 즉, 인간은 재창조자로 세상과 더불어 '함께' 있는 것이 아니라 관망자로 세상 '안'에 갇혀 있다.Freire, 1970a

이러한 목적을 위해 은행저축식 교육을 로크의 철학이 말하는 '백지상태tabura rasa'라는 관점에서 보면, 학생들은 지식의 소유자인 교사가 채워 주기를 기다리는 '빈 용기' 또는 프레이리가 말하는 '빈 냄비'라고 하는 생각에서 추진된다. 다른 말로 하면, 이런 유형의 교육 방식은 예금 적립의 하나로서 학생들은 '예금공탁소'이고, 교사는 예금자이다. 은행저축식 개념은 지식을 '먹어서 소화시켜야 할' 음식으로 여긴다. 프레이리는 이에 대해 ① 학습은 강의식으로 운영되고, ② 언어 학습을 할 때는 암기된 대화만을 사용하며, ③ 읽어야 할 장·줄·낱말을 세세하게 지적하며, ④ 학습자들의 학습 능력 향상을 위한 평가 방법을 사용한다고 말한다.Freire, 2003: 107

통제당한 독서, 설교식 강의, 암기식 수업, 요점 정리식 메모, 그리고 평가로 구성되는 '영양식' 교육은 문맹자를 '영양 결핍 환자'로 보는 것이나 다름없다. 그들이 처한 '영양 결핍 상태'의 문제가 아니라, 마치 '영혼의 양식'이 실제 결핍되어 있다는 인식을 심어 주는 것이다. 이런 식으로 낱말이 인간의 사고언어를 구성하는 언어 기호로서의 성격을 박탈당할 때, 그것은 그저 단순한 '어휘 더미', 즉 비문해자가 '먹어' '소화시켜야 할' 영혼의 양식으로 변질되어 버린다.Freire, 2003: 108

이런 방식의 교육은 창의력을 좌절하게 하고, 숙명론적 인생관을 강화하며, 독백 또는 반-대화적 자세를 통해 운영된다. 이런 은행저축식 교육과 대조되는 문제제기식 교육은 비판과 대화, 실천을 통해 이루어진다. 현실의 문제 사태/상황을 확인하고 분석하고, 나아가 대안을 찾고자 한다. 교사의 교육적 역할은 지식을 단순히 전달하는 데 있지 않고, 이보다 학생들이 그들의 현실을 비판적으로 사고하는 학습 과정에 참여하도록 한다. 문제제기 방식의 교육은 인간이 '되어감/형성becoming'의 과정에 있는 존재를 긍정한다. 즉 인간은 미완성의 실재로서 그 속에서 미완성과 더불어 살아가는 미완성의 존재다.Freire, 1973: 72 미완성의 존재이지만 역사성을 알지 못하는 다른 동물과 달리 인간은 자신이 미완성의 존재임을 알고 있으며 불완전함을 인식한다. 바로 이렇게 불완전함과 더불어 그것을 의식하고 있다는 사실에 인간만이 가능한 교육의 뿌리가 있다. 인간 존재의 미완성적 특성과 실재의 변화적 특성으로 인해 교육은 항상 진행 중인 활동일 수밖에 없다.Freire, 1973: 72

문화적 활동은 지배에 기여하거나—의식적으로든 무의식적으로든, 인간해방에 기여한다. 서로 변증법적으로 대립하는 이 두 가지 문화적 활동은 사회구조를 바탕으로 하면서 항구성과 변화의 변증법적 관계를 만들어 낸다.Freire, 2019: 217 사회구조가 계속 '존재to be'하기 위해서는 '형성되어야to become' 한다. 교육 또한 언제나 실천 속에서 재창조된다. 교육의 '지속duration'—베르그송이 강조하는—[22]은 항구성과 변화라는 두 대립물의 상호작용 속에서 찾을 수 있다. 한 구도를 사회구조로 만드는 것은 절대적으로 말해서 항구성도 변화도 아니다. 다시 말해, 궁극적으로 사회구조를 지속시키는 것은 바로 항구성과 변화의 변증법이다. 이런 문제제기

22. '지속'은 '흐름'이며 '지나가는 것'이다. 일상의 시간은 공간화되는데(예: 약속 시간, 시간표, 점심시간), 지속으로서의 시간은 철학적 사유의 대상으로서의 시간이다. 물질과 기억, 지능과 직관, 정적 종교와 동적 종교, 닫힌 사회와 열린 사회 등은 일상 용어로의 시간과 철학적 사유의 대상으로의 시간이라고 할 수 있다. 그것은 정신세계나 의식에서 지속하는 시간을 말한다. 이런 지속으로서의 시간 개념을 바탕으로 '창조적 진화'를 이룰 수 있다.

방식의 교육은 얌전하게 행동하는 현재도 아니고, 예정된 미래도 물론 아니다. 이런 방식의 교육은 역동적 현재에 뿌리박으면서 혁명적으로 되어 간다. 그리고 혁명적 미래를 개혁하므로 예언적이며 동시에 희망적이기도 하다. 그래서 이것은 인류 역사의 본질과 부합한다.Freire, 1973: 72

문제제기식 교육은 인간의 역사성을 그 시발점으로 삼아 은행저축식 교육이 쌓아 놓은 신화화된 현실을 탈신화로 바꾸는 역할을 한다. 이 일은 곧 인간화를 실현하는 길이 된다. 은행저축식 교육이 대화가 없는, 아니 대화를 방해하는 방식으로 작동한다면, 문제제기교육은 인간이 인간답게 존재하도록 인간과 세계 사이의 대화를 촉진한다. 바로 자신과 대화하는, 대화 관계에 있는 세계에 이름을 짓는 방식으로 말이다. 인간이 세계에 이름을 짓는 방식은 하나의 창조 행위로 사랑에 기반한 만남이다. 인간을 역사성을 지닌 존재, 역사 내 존재라고 긍정한다는 것은, 인간이 자신의 현존재를 늘 미완성된 상태에 놓여 있다는 것을 인정하고 이를 현실 속에서 새롭게 해 나가기 위해 끊임없이 변혁적 실천에 참여한다는 것을 의미한다.

문제제기식 교육은 교사-학생의 행동을 이분화하지 않는다. 학생들은 수직적/수동적 청취자가 아니라, 교사와의 대화 속에서 비판적인 공동 탐구자가 된다. 교사는 학생들에게 생각할 자료를 제시하며, 학생들이 각자의 견해를 발표할 때 예전에 했던 자기 생각을 재고한다. 문제제기식 교육은 은행저축식 교육처럼 교사가 가르치는 일을 독점하지 않는다.

문제제기식 교육자의 역할은 학생들과 함께 통념doxa/opinion, 낮은 차원의 주관적 지식 수준의 지식이 논리logos, 사색의 결과로 얻어지는 지식 수준의 참된 지식으로 바뀌는 과정을 창출하는 데 있다.Freire, 1973: 68 은행저축식 교육은 인간이 세계에 대해 가질 수 있는 인식, 즉 인간이 세계와 맺는 프락시스로서의 의식적 존재가 되지 못하도록 막는다. 대화적/문제제기적 교육이 선천적 호기심 성향을 자아와 세계의 관계에 대한 인식론적 성찰의 수준으로 끌어올린다면, 은행저축식 교육은 인지적·정서적 마음의 관료화를 통해 그러한 호기심을 확실히 이데올로기적으로 침묵시킨다.Freire, 1973: 111

그런데 진정으로 해방의 대의에 헌신하는 사람들은 빈 그릇과 같은 기계적 의식 개념을 취하지 않아야 하며, 해방의 이름으로 지배적 은행저축 방식선전, 구호을 사용해서는 안 된다.Freire, 2019: 99 해방의 과정은 자유를 향한 문화적 실천으로 문제제기식 교육을 통해 실현할 수 있다. 해방에 진정으로 헌신하는 사람은 은행저축식 교육이라는 발상 자체를 거부하고, 의식적 존재로서의 인간관, 세계와 관련된 의식으로서의 의식 개념을 지녀야 한다. 따라서 저장고에 쌓아 두는 교육의 목표를 버리고, 그 대신 세계와의 관계 속에 있는 인간 존재의 문제를 제기해야 한다.

문제제기식 교육은 의식의 본질인 지향성intentionality[23]에 답하기 위해 일방적 주입을 거부하고 의사소통을 도모한다.Freire, 1973: 66 은행저축식 교육은 창조성을 마비시키고 금지하지만, 문제제기식 교육은 현실을 드러내고자 한다. 전자는 의식의 침잠을 유지하려 하지만, 후자는 의식의 출현과 비판적 현실 개입을 위해 노력한다.Freire, 2019: 101-102

프레이리는 미리 만들어진 답안을 외우기만 하고 축적만 하는 은행저축식의 교육과 대비되는 학습 양식으로 '문제제기식 교육'을 제안한다. 은행저축식 교육은 설교식 교육으로 억압자-피억압자의 억압적 사회구조가 유지 존속되도록 하는 도구로 작동한다. 이를 해결하기 위한 다른 교육적 접근인 문제제기식 교육을 제시한다. 그는 자신의 방법을 맹목적으로 전달하는 것에 대해서도 주의를 기울였다. 그가 강조한 장점은 문제제기식 교육이 참여자와 함께 실천할 방법을 보여 주었다는 사실이다. 이를

23. '지향성'이란 후설의 현상학에서 나온 개념인데, 의식은 그 자체로 정의되는 것이 아니라, 항상 '무엇에 대한 의식'일 수밖에 없다는 뜻이다. 따라서 의식은 늘 의식 외부의 다른 것과 관련을 맺어야만 존재할 수 있다. 여기서 의식의 특성은 '의식하는 의식'으로 요약된다. 즉 대상에 몰두하는 의식이 아니라, 야스퍼스의 '균열' 속에서 자기 자신에게 향하는 의식, 말하자면 의식에 대한 의식으로서의 의식이다(Freire, 2019: 100).

위해서는 교사-학생 간의 모순적 관계를 극복하는 일에서 시작해 온전한 인간이 되어가기 위한 무한한 변증법적 성찰의 과정, 즉 이론과 실천으로 이루어진 '프락시스'에 참여해야 한다.

억압이 사회적 관계를 규정하고 이로써 억압자와 피억압자들이 구분하여 존재하게 되는 상황을 구체적인 인간의 행위를 통해서 변혁시켜야 한다. 즉, 객관적인 사회 현실은 우연에 의해서가 아니라 '인간 활동'의 소산으로 존재하고 있듯, 현실은 결코 우연에 의해서 변혁되지 않기 때문이다. 인간이 사회 현실을 만들었으므로 이 현실은 프락시스의 전도로 인간에게 되돌아가 인간을 지배하기 쉽다. 따라서 이 현실을 변혁시키는 일은 하나의 역사적인 과제, 즉 인간이 떠맡아야 할 과제가 된다. 바로 이 일을 담당하는 도구가 문제제기식 교육이다.

이와 대조되는 은행저축식 교육은 실상 인간을 로봇으로 만들려는 의도를 숨기고 있으며, 더 완전한 인간성을 찾고자 하는 존재론적 소명을 철저히 부정한다.[Freire, 2019: 93] 은행저축식 교육은 억압자와 피억압자들 사이의 존재론적·윤리적 모순을 조장·촉진하는 역할을 담당한다.

우리가 지금 정치적 개인으로서의 정치적 문해력의 문제를 고려하기 시작한다면, 우리의 출발점은 정치적 문맹이 무엇인지를 밝히고 분석해내는 일이어야 한다. 언어학적 관점에서 볼 때 비문해자란 읽고 쓰는 법을 모르는 사람이다. 그렇다면 정치적 비문해자(문맹자)란 세계와의 관계 형성에서 인간성에 대해 단순하게 인식하고 있는 사람들이라고 할 수 있다. 이들은 사회 현실에 대해 순진한 견해를 갖고 있다. 즉, 이들에게 주어진 사회 현실이란 아직 완성되지 않은 것이라기보다는 하나의 기정사실로 간주될 뿐이다.

정치적 문맹자들에는 여러 성향이 있다. 그중 하나는 현실 거부 방식으로 추상적 세계관에 몰두함으로써 구체적인 현실을 회피하는 부류이다. 정치적 문맹자는 소외적이고 전능한 현실의 비합리성에 앞서 무력감을 경험하면서 잘못된 주관주의적 방어 속으로 피신해 버리려고 한다. 때로는 피신하는 대신에 스스로를 행동주의적 실행에 몰두시키기도 한다. 아마도 그러한 정치화된 실천에 굴복하는 정치적 문맹자는 무엇을 읽어야 할지 이해하지 못하고 교재를 기계적으로 읽어 가는 사람과 비교해 볼 수 있을 것이다.Freire, 2003: 187 그 어떤 경우든 민중이 세계에 관해 사고하고 실천하는 존재로서 세계 속의 한 존재로서 평가될 수 없을 것이다.

문제제기 방식의 교육이 지닌 함의는 학생의 목소리를 가치 있게 여기고 촉발하는 민주적 학습 분위기를 촉진한다는 점이다. 그러나 동시에 이러한 민주적 설정은 교육자가 권위 감각을 포기하는 자유방임적 환경이 지배하도록 두는 것이 아니다. 그렇게 내버려 두는 것은 무책임하고, 궁극적으로는 지배 권력의 목적에 복무하는 것이다. 이렇게 본다면 프레이리가 주창하는 문제제기식 교육은 혁명의 미래를 설정하고 있다. 문제제기식 교육은 인간의 역사성을 부여하기 때문이다. 불안전한 존재인 인간들을 참여시키는 역사적 운동과도 같다. 역사적 운동은 문제제기식 교육의 출발점이라고 할 수 있다.Freire, 1970a

우리에게 프레이리의 문제제기식 교육은 '질문이 있는 교실'을 연상하게 한다. 교사에서 학생으로 초점을 이동시키고, 지식과 권위, 그리고 권력 사이의 관계를 드러내도록 한다. 학생이 문제제기자가 되어 교실에서 질문할 수 있는 문화에 참여할 기회를 주는 것이다. 그것은 누가 학습의 조건을 통제하고 어떻게 특정한 형식의 지식, 정체성 및 권위가 학급의 특정 관계들 내에서 구성되는지에 대한 중대한 이슈를 전면에 제기한다. 그러한 상황에서 지식은 단순히 학생이 받아들이는 것이 아니라, 적극적으로 변형되고, 기꺼이 도전을 받아들이며, 단순히 통제되는 것이 아니라 통제하는 방법을 학습하는 단계로 향하는 자아와 관련돼 있다. 동시에 학생은 비판적 대화에 다른 사람들을 참여시키고, 자신의 견해에 책임을 지는 방법을 배우게 될 것이다.

## 문해교육

전통적으로 '문해literacy'는 '읽고 쓰는 능력'이고, '문맹'은 '읽고 쓰는 능력의 결여'로 정의된다. 그런데 오늘날 문해력의 정의가 너무나 많고, 사회적 과정에서 다양한 종류의 참여 방식과 결합되어 있다. 재정 문해력, 건강 문해력, 미디어 문해력, 디지털 문해력, 정서적 문해력, 정치적 문해력, 문화적 문해력, 역사적 문해력 등이 그것이다. 이를 두고 종합적으로 '다중적 문해력multiliteracies'이라고 정리하기도 한다.

문해력은 교육의 기본 목표의 하나일 뿐 아니라, 그것이 수행하는 기본 수단의 하나이다. 문해력은 크게 기능적 문해력과 실천적 문해력으로 나눌 수 있다. 프레이리의 문해력은 사회 변화를 위한 수단으로서 '비판적 문해력'이라고 구분할 수 있다.Hannon, 2000: 37-38, 42 비판적 문해력은 역사적이고 사회적인 총체적 맥락에서 구체적 일상의 사회적 법칙을 알아 가는 힘이다.Freire & Macedo, 2014: 191 그의 비판적 문해력은 엄밀히 말하면 정치적 의식화나 진배없는 '정치적 문해력political literacy'이 핵심이다.[24]

프레이리의 문해력 개념은 크게 '길들이기'로서의 문해력과 '해방'을 위한 문해력으로 나뉜다. 읽기·쓰기를 위한 기능적 문해력functional literacy과 해방을 위한 비판적 문해력critical literacy으로 나누기도 한다.Dale & Hyslop-Margison, 2012: 141; Roberts, 2013: 51-63 전자가 '비인간화'로 나아가는 문해력이라면, 후자는 '인간화'로 나아가는 문해력이라 할 수 있다. 이와 달리 은행저축식 교육은 전형적으로 읽고·쓰는 형태의 길들이기순치를 촉진한다면, 문제제기식 교육은 궁극적으로 피억압자의 자유해방를 출발점으로 삼는

24. 문해력과 문해교육에 대한 접근은 학습된 실천으로서 문해력(고전연구 전통; 학습된 권위를 가진 교사), 코딩과 기능 실천으로서 문해력(행동심리학/인지심리학; 행동 조종자로서의 교사/기능 개발자로서 교사), 개별적 실천으로서 문해력(루소, 듀이, 피아제, 프레이리: 촉진자로서의 교사), 사회문화적 실천으로서의 문해력(비고츠키, 번스타인: 전문가로서의 교사)을 들 수 있다(de Silva & Feez, 2016: 14-15).

다.Roberts, 2013: 60 은행저축식 교육은 본질적으로 비판적 읽기·쓰기와 역행한다. 프레이리는 글을 읽고 이해하는 능력으로서의 문해력을 특정한 기술의 숙달뿐만 아니라, 세상에 개입하는 기초로서 낱말을 학습하고 그것을 독해하는 방식으로 확장한다.Darder, 2021: 22

우리는 보통 읽기와 쓰기를 '글' 읽기, '글' 쓰기로 이해한다. 프레이리는 문해를 단순한 읽기와 쓰기로 바라보지 않았다. 그는 읽기와 쓰기에 대한 개념을 정의하면서 언어적인 경계를 무너뜨렸다. 그리고 언어와 관련된 주체, 세계 그리고 그 속에 작동하는 권력의 연관성을 보여 주고, 그에 대한 비판적 작업을 진행했다. 프레이리의 문해 실천은 방법론적인 특성으로, 참여적 조사, 시각적인 매개의 활용, 매개의 이해와 비판을 위한 대화, 행동이라는 패턴을 보인다.

프레이리가 정의하는 문해력과 문해교육은 비문해자가 주체적 참여를 하는 '문화적 동아리'라는 독특한 학습환경을 통해 사회적 이슈를 둘러싼 비판적 탐구에 도움을 주는 '생성어'와 '코드화codification, 생성어를 그림으로 바꾼 것'[25] 방법을 이용한다. 문해력 담론은 문해의 본질, 목적 그리고 가치를 중심으로 논의되고 있다. 독본 대신에 선택한 조사, 문제제기식, 생성어, 코드화와 같은 방식들은 민중의 살아 있는 지식, 맥락에서 출발해 그들과 함께 대화하며 함께 자유로워지는 해방을 꿈꾸고 실천하기 위해서다. 프레이리의 독창성과 비판정신은 여기에 있다. 그러기에 프레이리의 문해교육literacy education은 경계 넘기crossroading 교육이라고 할 수 있다.김한수, 2018: 205

---

25. '코드화(codification)'는 학습자가 처한 현실 상황이나 현실 속의 모습을 한 장의 그림으로 집약해서 나타내는 것이다. 하나의 코드는 하나의 탈개인화된 표상, 즉 사람들의 삶 속에서 정서적·사회적 영향력을 전달하는 갈등 또는 문제로 '코드화'된다. 코드화는 그 목적이 비판적 사고와 실천력을 북돋우는 것이 될 때, 좀 더 시각적인 교재가 되고 구조화된 언어 훈련이 된다. 그리고 편찬물을 해독하는 과정인 '탈코드화'의 목적은 비판적인 수준의 앎에 도달하는 것이며, 이것은 학생들의 현실 맥락에서의 상황에 대한 경험으로부터 시작한다. '탈코드화'는 기호된 그림 속의 상황에 학생들이 그 속에 담긴 정보나 인과관계에 대해 비판적으로 토론을 나누면서 의견을 모으는 과정이다.

문해교육에는 슬라이드, 포스터, 사진 등 많은 매체가 활용될 수 있다. 문해교육에서 생성적 주제와 생성어를 발견해 내는 것이 중요하다. 단순히 '오물'이라는 생성어를 읽기만 하고 쓰기만을 반복하는 도구주의적 문해는 세계를 비판적으로 읽고, 사실의 이면에 놓인 이유와 관계까지도 파악할 수 있는 능력, 즉 비판적 사고[26]를 개발하지 못하도록 차단한다. 문해교육은 체제 속에 머무는 교육이 아니라, 세계를 명명하고 변혁시키는 교육이다. 문해교육은 언어의 표현과 현실의 변혁을 연관시키는 과정이다. 언어에 대한 비판적 이해를 하는 것이다. 따라서 비판적 세계 읽기는 세계에 대해 감성적 이해와 이성적 이해를 역동적으로 포괄하는 이해를 함축한다. 그리고 그 방법도 참가자 모두 주체로서 동등한 대화를 바탕으로 하여 새로운 인간관계를 실천하도록 한다.

프레이리의 생성어 개념에 영향을 미친 촘스키는 언어의 표면구조에서 심층구조를 '해독하는 과정de-codification'을 문해교육으로 보았다. 촘스키는 문해교육이 단순한 교육 방법이 아니라, "의식을 고양시키는 수단"[27]이라고 했다. 촘스키가 강조하듯 언어는 정신적 과정과 함께 일어나기에 생각과 감정의 자유로운 확대뿐만 아니라, 창조적 상상력의 근본적 수단을 제공한다. 학습자는 편찬물의 심층구조를 이해함으로써 표면구조 속에 제시된 각 요소들 간의 변증법적, 통합적 관계를 깨닫도록 한다. 그렇게 해서 읽기의 넓이와 깊이가 균형을 이루게 된다.

따라서 문해교육은 현재의 사회를 재생산하는 것이 아니라, 민주적이고 해방적인 변화를 촉진하는 문화적 실천으로 기여해야 한다. 사회심리

---

26. '비판적 사고'는 사회에서 자신이 속한 곳의 근본적 원인에 대한 이해로부터 출발한다. 비판적 사고는 세계와 인간 사이의 나눌 수 없는 연대를 분별해 내고, 그 둘 사이의 이분법을 인정하지 않는다. 비판적 사고는 현실이란 고정된 정적인 실체가 아니라, 과정으로 또는 변혁으로 인식한다. 또 비판적 사고는 그 자체를 행동으로부터 분리하지 않고, 행동과 관련된 위험에 대하여 두려움 없이 비판적 사고 그 자체를 계속 일시성에 몰입하게 한다(Freire, 1980: 81). 그러나 비판적 사고는 그러한 인식을 넘어 사람들이 자신의 삶을 만들어 가고 통제할 수 있도록 실천하고 결정하는 힘을 길러 준다(Freire, 1985: 106).

27. http://www.youube.com/watch?v=2L16M0cx54.

적·사회언어적 관점에서 볼 때 문해교육에 대한 프레이리의 접근은 다음과 같은 주요 전제에서 출발한다. 첫째, 성인은 자신에게 익숙하고 적절한 낱말을 가지고 더욱 효과적으로 읽는 방법을 학습한다. 둘째, 음소를 포함한 일부 낱말'발생어'을 중심으로 문해과정을 정리하고, 읽는 사람들이 이들 낱말을 통해 새로운 어휘를 창조하도록 한다. 셋째, 문해과정은 한 줄로 세워져 있는 교실에서만 발생하는 것이 아니라 문해 모임에서도 일어난다. 넷째, 이 과정은 참여자에게 비판적 분석 기술을 가지고 읽고 쓰는 기술을 함께 획득하도록 한다.Schugurensky, 2014: 58 프레이리는 이를 '낱말과 세상을 읽고', 그리고 '맥락을 읽으면서 텍스트를 읽는다'라고 설명한다. 낱말을 읽는 것은 언제나 세상을 읽는 것이다.

프레이리의 문해력 개념은 브라질 농민들이 세계를 읽을 수 있고, 글과 세계를 연관 지을 수 있는 상태, 즉 브라질 농민들의 정치화라는 더 큰 목표를 위해 구성된 것이다. 문해력은 항상 특징화, 범주화, 해석, 비판, 적용 등을 포함하는 것이다.Roberts, 2013: 63 프레이리의 문해교육은 농민들에게 읽기를 가르치는 방법이나 읽기 자체를 목적으로 하는 기능적 문맹퇴치가 아니라 정치적 문해력을 지향하고 있다. 억압적 현실과 이를 자각하게 하는 의식화, 그리고 의식화의 한 방법으로서 비판적 성찰과 질문하기, 강요가 아닌 문제제기, 대화와 토론, 그것을 거친 이후 행동과 참여로 이어지는 이론적 실천을 중심으로 문해교육이 이루어진다. 프레이리는 문해교육 실천들을 위해 학습자민중와 그 학습자가 살고 있는 세계에 뿌리를 두고 계속해서 분투했다.

문해교육은 앎의 교육인 동시에 세계의 정치적 본질을 이해하는 교육이다. 단순히 문맹을 퇴치하는 수준에 머물지 않고, 궁극적으로 정치적 문맹에서 해방시켜 정치적 각성을 일깨우는 교육을 지향한다. 성인교육의 새로운 개념인 '정치적 문해력'은 생성어의 정치적 본질을 파악하고 문제제기식의 원리를 바탕으로 한 문해교육을 강조한다. 문해교육은 인간과 세계에 대한 확고한 신념과 비전을 통해 이루어지는데, 이는 단순히 교실에서의 교사 대 학생의 관계에만 한정된 것이 아니라, 널리 인간과 사회에서 이루고자 하는 인간화와 해방을 지향하는 '대화교육'이 중심을 이룬다. 대화교육은 교육자와 학습자가 서로 가르치고 배우는 과정이다. 비판적 문해교육은 해방을 가르치는 교육과정에서 중요한 부분이다. 만약 문해읽고·쓰는 것의 목적이 길들이기가 아니라면, 그것은 의식화 과정의 일부여야 한다.Freire, 2003: 57

지식습득 행위로서의 문해 교육과정에는 상호 연관된 두 개의 맥락이 있다. 하나는 교육자와 학습자가 동등한 지식 터득의 주체로서 갖는 참된 대화의 맥락이다. 이는 학교에서 마땅히 지향해야 할 대화의 이론적 틀이다. 다른 하나는 현실적·구체적 사실의 맥락, 즉 학습자가 처한 사회적 현실이다.Freire, 2003: 116 문해과정은 크게 조사, 주제화, 문제화로 이루어진다. 단순히 과거의 위대한 고전 읽기로 돌아가는 것—이것은 기계론적 읽기이다—이 아니라, '비판적 읽기'를 필요로 하는 것이다.Roberts, 2013: 83-103

비판적 읽기 능력을 갖추는 것은 해석하고 이해하는 능력 등을 지니는 것이고, 앎의 행위로서의 비판적 읽기는 교재와 세계에 비판적 개입을 하는 것이다. 그것은 교재를 맥락과 연계시켜 읽는 것이다. 언어의 위를 걸어가는 것이 아니라, 그 속의 영혼을 파악하는 일이다. 언어를 읽는 과정이든 세계를 읽는 행위이든 앎은 연구 대상의 표피 속을 깊이 파고 들어가는 의식적인 노력을 요구한다. 이런 노력을 통해 사회 현실에 대한 독자의 이해는 심화·확장된다.

사회운동으로서 문해교육은 물리적이고 정치적인 조건과 연결되어 있었다. 이런 조건들로 인해 학교 안팎의 교사와 지역활동가 양성이 필요해졌다. 민주주의 제도와 민주사회 구축을 위한 투쟁에서 승리하기 위해서는 기존의 지식, 가치, 질서와 부딪혀야 했으며, 문해교육은 이런 투쟁의 일부였다.Freire & Macedo, 2014: 174

따라서 문해교육은 '침묵문화'를 생산하는 사회적·도덕적 규제를 폭로하고자 한다. '억압받는 사람들의 교육학'이 극복해야 하는 주된 장애물 중 하나는 억압받는 사람들이 스스로 자신의 지배를 받아들인다는 점이다. 프레이리는 이러한 침묵의 문화 이면에 있는 구조적·정의적·인지적 요인들을 파헤친다. 사회적 실천을 목표로 하는 문해교육은 지배집단의 세계관에 도전하고 비판하는 저항적 지식을 형성하도록 하는 방법이다. 따라서 다음과 같이 정리할 수 있다.

- 문해교육은 앎의 행위이고 창조하는 행위이지, 철자와 음절을 기계적으로 암기하는 행위가 아니다.
- 문해교육은 읽기와 쓰기를 배우는 과정에서 학습자가 주체적인 자세로 도전하도록 해야 한다.
- 문해교육은 주제별 세계를 접할 수 있도록 학습자의 어휘 세계에 대한 연구에서 비롯되어야 한다.
- 문해교육은 지식이 없는 상태에서도 정보 수준의 담론이 이해될 수 있도록 대화를 지식으로 가는 경로로 안내할 수 있어야 한다.
- 문해교육은 단어들로 많은 문장을 만들면서 생성어를 편찬하고 독해해야 한다.
- 문해교육은 읽기와 쓰기를 이분화하지 말아야 한다.
- 문해교육은 작업 도구의 무게에 익숙한 30~40대의 성인이 연필을 다루는 것이 무엇을 의미하는지를 주목해야 한다.
- 문해교육은 문맹 성인들이 어린애 취급을 받고 있다고 느끼면 화가 날 것이라는 불안감을 기억해야 한다.Bhattacharya, 2011: 116-117

그러기에 정치적 성격을 띤 문해교육의 변혁성을 제거하면서 읽기 쓰기식 언어교육으로 축소화하고 협소화하는 방법론의 주술화, 즉 기계론적 방법론은 진정한 의식화 문해교육이 아니다. 반-방법적 교육학anti-method pedagogy을 지향하는 문해교육은 세계를 변혁시키면서 이루어지는 결과물과 인간을 가두는 조건화 사이에 이루어지는 변증법을 기반으로 하는 사회적 실천을 목표로 한다. 프레이리는 교화적이고 엘리트적인 접근들을 일관되게 비판하면서 무엇보다 학습자와의 경험을 강조해 왔다. 즉 문해교육은 학습자가 배우는 동시에 자신의 배움도 된다는 것이다.

그런데 한국 사회에서 '문해력'과 '문해교육'은 중요한 교육 과제로 인식되지 못했고, 사회와 인간의 변화를 위한 방법론으로도 사용되지 못했다. 한국 사회에서 프레이리 이론은 교육현장에서의 실천을 뺀 채 이해되어 왔다. 프레이리의 사상은 이론적 구축물이기도 하지만, 민중, 식민지, 사회변혁 운동, 빈곤, 침묵의 문화, 문해교육 등을 통한 변증법적인 경험의 구축물이기도 하다.

그렇게 본다면 우리는 프레이리 사상의 한쪽 면만 보아 온 것이다. 프레이리의 비판적/급진적 문해력을 함양하는 문해교육론과 비교해 볼 때 한국의 평생교육기관에서 주로 이루어지고 있는 문해교육은 읽기, 쓰기 훈련과 취미 교육 차원의 기능적 문해력 향상과 관련된 내용이 많다. 최근 들어 역사 탐방, 인문학 강좌, 민주시민교육 강좌 등 비판적 문해력 고양을 위한 내용이 늘어나고 있지만, 여전히 취미·교양 교육이 중심이다. 한국 사회가 정치적으로 성숙하려면 비판적 문해력을 지닌 성숙한 시민을 탄생시키는 프로그램이 많아야 한다.

## 종합 정리

프레이리 교육사상의 핵심어로는 교육, 앎, 공부, 학습, 대화, 자유, 연대, 인간화, 생성어, 의식화, 실천, 문제제기식 교육, 문해교육 등을 들었다. 이 핵심어들을 선택한 이유는 4장에서 논의할 교육사상가들이 이를 자주 거론하기 때문에 사전에 개념적 정의를 한 것이다. 핵심어의 바탕을 이루는 생각을 정리하면 다음과 같다.

- 인간은 동물과 달리 의식하는 존재이다. 인간과 사회는 사전에 결정되는 것이 아니라, 미완성이다. 인간과 사회의 미완성적 성격은 윤리적·교육적 함의를 지닌다. 실재/현실reality의 변혁적 성질은 영원한 활동으로서 교육을 필요로 한다. 그래서 교육은 계속적으로 진보하는 활동이다. 인간은 세계를 변혁하기 위해 행동하고, 온전한 인간이 될 수 있는 '존재론적 소명'을 갖고 있다. 이것은 인간화를 위한 투쟁이고, 이 투쟁에서 인간의 주체성human agency의 역할은 중요하다. 형성되어 가는 과정에서 학습자를 주체로, 그리고 능동적 존재로 인정한다. 이러한 교육의 유형은 기존 지식을 아는 행위와 새로운 지식을 창조하는 행위가 결합되는 것이다.
- 오랜 진보주의 교육이론[28]에서 비롯된 문제제기식 해방교육은 더 많은 민주주의의 발전에 기여할 수 있다. 지배와 문화적 침략에 기반한 억압적 구조에 의해 영향을 받는 은행저축식 교육은 침묵문화를 조장한다. 그렇지만 교사와 학생들의 귀를 솔깃하게 만드는 은행저축식 교육에 대한 유혹은 항상 현존한다. 반면 해방교육은 민주적 조직과 연합을 통해 민중의 권력 구성을 함의한다.
- 교육은 항상 정치적이며, 중립적이지 않다. 교육은 억압자의 편에 설 수도 있고, 피억압자의 편에 설 수도 있다. 교육은 불평등한 사회구조를 강화하고 재생산하는 데 이용될 수 있으나 그것을 변혁할 수도 있다. 교

28. 프레이리의 진보주의는 보수주의적, 신자유주의적 포스트모더니티가 아니라, '진보주의적 포스트모더니티(progressive postmodernity)'를 지향한다. 프레이리의 진보주의는 미국의 진보주의 교육과 독일의 개혁교육학이 중시하는 '아동중심주의(child-centredness)'와도 맞물려 있다(Irwin, 2012: 132, 142, 146).

육은 지배의 구조를 강화할 수도 있으나 사회의 변혁을 촉진하는 데 이용될 수 있다. 교육은 '재생산의 힘'과 '변혁의 힘' 사이의 더 넓은 사회적 투쟁을 반영하는 갈등의 장이다. 따라서 교육의 정치적 차원, 그리고 정치의 교육적 차원을 동시에 인식해야 한다. 교육의 정치적 본질을 중시한다고 하여 교육의 실제적·도구적 측면을 경시해서는 안 된다.

- 사회 변화를 위한 정치적 전략의 차원에서 첫 번째 작동 원리는 특정의 정체성 정치가 아니라, '다양성 속에서의 일치'를 추구한다. 사람들은 계급, 성적 지향, 종족, 민족 등의 서로 다른 노선에 따라 억압을 받기 쉽다. 모든 지배와 차별은 해방교육 모델에서는 도전을 받는다. 피억압자들은 그들 자신 안에 억압자의 일부를 지니고 있기에 새로운 억압자가 될 수 있다. 착취와 배제가 없어야 더욱 인간적이고 민주적인 사회를 함께 건설할 수 있다. 사회 변화의 모든 과정은 역사가 변혁될 수 있다는 희망과 억압자가 천하무적이 아니라는 믿음에서 시작된다. 그것은 '전례 없는' 것의 실행 가능한 것, 일종의 검증되지 않은 실행 가능성 또는 가능한 꿈의 개발과 함께 진행된다. 따라서 억압에 대한 투쟁을 위한 가장 효과적인 전략은 내적 차이를 존중하는 연대와 연합을 형성하는 것이다.
- 해방교육은 세계를 변혁하기 위한 성찰과 행동의 계속적 사이클을 지닌 대화와 적극적 학습에 기반하고 있다. 실천praxis의 이런 사이클은 의식화의식 고양의 과정이다. 해방교육은 억압적 구조의 고발과 해방의 세상을 향한 선포로 이루어진다. 그래서 해방교육은 예언적이고 희망적이다. 간혹 해방교육 모델을 구현한다고 선포할 수 있고—때로는 믿을 수 있지만, 실제로는 전통적 은행저축식 교육을 강요하는 경우도 발생한다. 문해교육 프로그램에서 문화적 서클을 통해 생성어에 기반한 낱말 읽기와 세계 읽기의 결합이 가능하다. 생성어의 선택은 사회적 논거참여자에 적합한와 기능적 논거언어적 준거에 기반해야 한다.

- 현재의 교육과정은 그냥 주어진 것이지, 전달되어야만 하거나 보편적으로 받아들여질 수 있는 것이 아니다. 또한 피억압자들의 말을 거의 포함하지 않는 사회적 구성물이라고 할 수 있다. 모든 인간은 상당한 지식, 경험, 기술, 그리고 가치를 지니고 있기 때문에 무지는 상대적 개념이다. 민중적 지식의 거부는 그것을 찬양하거나 신비화하는 것만큼이나 위험하다. 무엇보다 간학문적이고 이론과 실천을 결합하는 지식의 잠재력이 중요하다. 아이디어가 지배와 억압에 도전하고, 일상생활에서 그러한 아이디어를 옹호한다면, 권력자에게 박해받을 가능성이 크며 투옥, 망명 및 검열에 직면할 준비를 해야 한다. 그렇지만 고난을 겪고 있음에도 불구하고, 억압받고 권리를 박탈당한 사람들, 그리고 사회정의와 연대를 중시하는 윤리적인 인간들로부터 지지와 격려를 받을 것이다.
- 내용과 방법 모두가 중요하다. 권위주의적 방법을 통해 강요된 진보적 내용은 진정한 학습 과정과 정반대되는 것이다. 비판적 성찰과 변혁적 행위를 회피하려는 방법은 교육의 해방과 정반대된다. 사람들은 교육 내용이 자신의 삶과 관련될 때, 그리고 방법이 대화와 존경에 바탕을 둘 때 더 빨리 그리고 더 행복할 수 있다.
- 서로 모순적인 개념, 즉 가르침과 배움, 교육과 조직, 전문적 기술과 정치적 행동, 성찰과 실천, 리더십과 겸손, 지식과 사랑, 학문적 엄격성과 연민, 종교성과 마르크스주의, 지적 자유와 사회적 헌신, 현재 상황의 고발과 더 나은 미래의 선포를 화해시킬 수 있다. 실수를 받아들이고 그에 따라 아이디어와 실천을 변경할 수 있을 만큼 충분히 유연해지면서 핵심 원칙과 가치에 따라 행동하는 것이 중요하다.
- 교육은 친교communion[29]이다. 다른 사람이 사유할 수 없다면, 나도 진정으로 사유할 수 없다. 존경과 해방에 토대를 둔 새로운 윤리와 새로운 교육 실천을 요청하는 '민주적 급진성'을 구축해야 한다. 아직 해방되지

29. 프레이리는 마르틴 부버와 체 게바라가 중시한 '친교' 또는 '교감'의 개념을 즐겨 사용했다.

못한 집단을 지원하기 위한 정치적 결정을 확대하는 노력이 필요하다.

- 해방교육은 성인문해반뿐만 아니라, 학교, 대학 등 어떤 교육 공간에서도 발생할 수 있다. 탈학교운동과 달리, 교사, 학부모, 학생, 행정가, 직원, 그리고 지역사회 구성원들의 참여, 숙의, 그리고 의사결정의 포용적 구조를 만들어 냄으로써 형식교육 체제를 민주화하는 것이 가능하다. 민주적 교육체제는 학교를 더욱 민주적이고, 효율적이고, 즐거운 장소로 만드는 것이다. 더 정의롭고, 민주적이고, 인간적인 세상을 추구하는 교육자는 결정론역사적 과정에서 인간 주체성의 역할을 경시하는 기계론의 일종, 유일하게 할 수 있는 교육의 역할은 지배 이데올로기를 재생산하는 것이며 사회의 변화에 별다른 중요한 역할을 하지 않는다는 생각과 주의론개인의 의지를 모든 것을 변화시키는 힘에 귀속시키는 관념론의 일종, 교육이 모든 것을 변화시킬 수 있다고 믿는 생각을 거부해야 한다. 의지주의와 결정론 같은 접근 방식은 독자적으로 의식과 세계 사이의 긴장을 해소할 수 없기 때문에 위험하다. 더구나 교육자는 피억압자들 편에 서겠다는 윤리적 약속이 있어야 한다.
- 민주주의 확대는 입법 차원의 권리 확대뿐만 아니라, 그 권리의 완성을 보장하는 효율적인 정책과 실제 차원과 관련되어 있다. 민주주의를 심화하는 것은 대화와 숙의에 참여하고, 의사결정을 하는 공간, 즉 참여민주주의와 관련되어 있다. 민주주의와 비판적 사고를 촉진하는 교육 모델을 구현하는 것은 때때로 좌절감을 주기에 일반적으로 기존 모델보다 더 오래 걸린다.
- 민주주의는 자유방임도 아니고 권위주의도 아니다. 학생을 배움의 과정에서 혼자 남겨 두어서는 안 된다. 교사는 학생과 다른 역할을 가지고 있고, 민주적이고 존경하는 태도로 권위주의 없이 권위를 행사해야 한다. 교육의 과정에서 조작적이지 않다면, '지시적directive'일 수 있다. 따라서 지시성은 생각과 의견을 피력할 때 대화와 차이의 존중과 병행되어야 한다. 교사는 학생이 아닌 자신의 교과를 통제할 수 있어야 한

다. 또한 교사는 학생들의 지식과 경험을 인정하고 사랑의 윤리에 따라 지도해야 한다.

- 많은 학교의 권위주의는 더 큰 권위주의 사회의 재생산 기능을 하는 핵심적 요소로 작용한다. 그래서 더 민주적이고, 효율적이고, 그리고 즐거운 학교는 관대하고, 헌신적이고, 민주적이고 지혜로운 교사, 그리고 인지와 정서를 분리하지 않는 교사를 필요로 한다. 교사들은 비판적·문화적 노동자이고, 그러한 위상을 가질 때 사회, 자신에게, 그리고 학생들에게 현존하는 지배문화를 자각하게 할 수 있다. 전문가의 무능은 권위의 정당성을 무너트리기 때문에 교사는 비판적일 뿐만 아니라 유능해야 한다. 교직은 존엄을 가지고 다루어야 하는 전문직으로서 사회로부터 존경을, 정부로부터 지원을 받아야 한다. 교사는 적절한 봉급을 받아야 하며, 잘 훈련되어야 하고, 지속적으로 발전해야 한다. 전문성 개발은 전문성을 갖춘 멘토의 기술적 조언과 실천에 대한 성찰을 바탕으로 조직되어야 한다.

# 4장

# 프레이리 교육학의 사상적 뿌리

프레이리의 교육이론은 사실 복잡하고 난해하다. 프레이리 특유의 존재론과 인식론, 교육과 사회 변화의 관계에 관한 변혁적 이론, 비판적 의식 고양을 위한 방법론 등 다양한 영역에 걸친 이론들이 얽혀 있기 때문이다. 프레이리는 유럽의 68혁명[1]으로부터 사상적 영향을 크게 받았다. 계급 중심으로 벗어나 탈권위 시대의 시작을 알리는 사상들이 프랑스 등을 중심으로 쏟아져 나왔다. 그의 교육사상은 당대의 사상적 조류의 산물이다. 당시 쏟아져 나온 진보적/혁명적 이론과 기존 사회의 불합리로부터 빚어진 갈등과 분노가 현실과 결합하여 프레이리의 교육사상을 낳았다고 할 수 있다.

프레이리의 교육사상에 영향을 미친 주요한 철학과 사상은 자유주의, 급진 민주주의, 실존주의, 실존적 현상학, 민주적 휴머니즘, 인본적 마르크스주의, 해방신학 등이다. 이 모든 이론을 자신의 저서 구석구석 마다 녹여 낸 것은 아니지만, 이 영역의 원전을 인용하면서 자기 이론의 중요한 구성 요소를 만들어 냈다. 진보적 교육사상은 그렇게 발산과 수렴을 거쳐 융합되고 있다. 프레이리 교육사상의 원천에는 소크라테스, 공자, 노

1. 68혁명이 내걸었던 평등주의와 반위계주의라는 기치는 이제 새로운 자본주의 정신의 수사가 되었다. 새로운 자본주의 정신은 이제 기업 자본주의의 억압적 사회조직, 그리고 실재하는 사회주의 양자 모두에 반기를 든 성공적인 자유지상주의 혁명으로 스스로를 현시하기에 이르렀다. 68혁명은 공장, 학교, 가족이라는 자본주의를 지탱하는 세 가지 축과 맞서 싸우고자 했다.

자, 루소, 페스탈로치, 헤겔, 마르크스, 푸코, 그람시, 하버마스, 체 게바라, 구티에레즈, 마르티, 그룬트비, 콜, 코르차크, 도스토옙스키, 레비나스, 몬테소리, 프로이트, 융, 마르쿠제, 프롬, 로저스, 부버, 피아제, 콜버그, 비고츠키, 프레네, 화이트헤드, 듀이, 브라멜드, 나딩스, 테일러 등 수많은 사상가 및 혁명가의 이름이 등장한다.

이들 가운데 프레이리 교육사상에 영향을 미친 핵심적 인물을 꼽는다면 듀이, 그람시, 프롬, 프레네라고 할 수 있다. 이 책에서 위에 언급된 모든 사람을 다 자세하게 논의할 수는 없으므로, 현대 교육사상의 재조명에 유의미한 인물에 한정하여 논의한다.

프레이리의 저작을 읽을 때 우리는 어디선가 읽은 듯한 편안한 기분이 들면서도, 그 모든 것을 절묘하게 결합시켜 담론을 이끌고 가는 논리적 힘에 매력을 느끼게 된다. 이론이 행위를 이끌어 가고, 이루어진 행위에 대한 성찰과 반성이 뒤따를 때 이론이 작용하는 '프락시스이론적 실천/변혁적 실천'가 이루어졌기에 가능한 일이다. 물론 프레이리의 교육사상이 완전히 독창적인 것은 아니다. 그렇지만 여타 학문의 경계를 넘나들며 다양한 사상을 독특한 방식으로 수렴하여 결합시킨 것은 프레이리만의 독창적 방식이다.

우리는 세계 교육사상가들과 프레이리의 비교사상사적 고찰을 통해서 프레이리 교육사상의 광범위함과 독창성을 확인할 수 있을 것이다. 아울러 프레이리의 교육사상을 다양하게 해석하고 조명함으로서 그의 교육사상사적 위치와 의미를 더욱 분명하게 확인할 수 있을 것이다.

## 1. 소크라테스, 문제제기식 교육의 출발

프레이리의 변혁적 교육학은 소크라테스Socrates, 기원전 470년경~기원전 399년의 '급진적 교육학radical pedagogy'에 근원을 두고 있다.Brown, 2012 소크라테스는 사회적·정치적 문제뿐 아니라, 자기 앎을 요구하는 문제에 대해서도 관심이 많았다. 대부분의 교육학자나 지식인들은 그의 격언 "너 자신을 알라!"에 경탄을 금치 못한다. 비판적 분석의 빛을 다른 사람보다 자신의 삶의 방식에 비추는 것이 더 어려운데, 소크라테스는 그 작업을 잘 해냈다. 오늘날 일부 사람은 소크라테스적 '치유법'을 탐탁지 않게 여기지만, 그는 '자기인식self-awareness'이 모든 지식의 기본이라고 역설했다. 스스로 깨닫는다는 것은 더 큰 사회에 대한 비판적 검토를 하는 것과 함께 이를 함양하기도 한다. 소크라테스는 오래도록 국가 및 시민들을 비판할 기회를 개척해 나갔다.

하지만 정치적 불안이 심해지면서 국가가 신봉하는 신을 믿지 않아 아테네의 청년들을 타락시켰다는 이유로 고발을 당해야 했다. 주지하다시피 그는 훌륭한 반론, 때로는 무례한 반론을 폈는데, 결국 유죄로 판명나 사형을 선고받고 형장의 이슬이 되고 말았다. 충분히 도망갈 수도 있었고 죄를 면할 방법도 있었으나, 자신의 주장에 대한 정당성을 입증하기 위해 죽음을 감수했다. 영혼의 불멸성을 믿으면서!

우리는 소크라테스의 자기성찰(자기인식/자기 앎)이라는 과제, 그의 아테네 법에 대한 복종, 자신의 주장을 관철하기 위해 죽음을 기꺼이 무릅쓰는 태도에서 많은 것을 배우게 된다. 자유의 실천가인 소크라테스와 프레이리의 급진적 교육학은 지배 이데올로기의 재생산과 저항의 교육학이라는 '가르침teaching'의 한계를 넘어 대화적 학습, 문제제기식 분석, 시민적 참여를 강조하는 '신인본적 실용주의neo-humanist pragmatism'의 이론적·교육학적 근거를 제시하고 있다.Brown, 2012: 1-2 자기를 돌보는 것과 진정한 앎이라는 것은 분리되지 않으며, 개인적인 것과 정치적인 것이 분리되지 않으며, 그리고 수사학과 밀접하게 관련을 맺고 있기 때문이다. 프레이리의 급진적 실천은 소크라테스 이래 2,500년에 걸친 비판적 탐구를 통해 작동하는 계보학적 후계자라고 해도 과언이 아니다.

소크라테스와 프레이리는 교육이란 의미가 있어야 하고, 진실해야 하고, 유용해야 한다고 주장했다. 그리고 단순히 개인의 이익을 위한 것이 아니라, 공동선을 위한 것이어야 한다고 했다. 더 나아가 교육은 민주적 소망을 성취하는 세상으로의 영원한 복귀를 위한 매개여야 한다는 '급진적 교육학'을 제창했다.Brown, 2012: 1 프레이리의 급진적 교육학은 놀랍게도 소크라테스의 비판적 탐구 방법으로 알려진 논박술elenchus/examination, '캐묻기' 전통, 즉 소크라테스의 급진적 권력 비판을 수반하는 탈코드화decoding와 너무나 닮아 있다. 불경죄로 기소되어 독배를 든 것은 집요한 '캐묻기' 때문이라고 할 수 있는데, 근원적으로 미움, 증오, 비방이 증폭되어 빚어진 합작품이라고 할 수 있다. 상대방의 진술이 진리와 다르다는 것을 증명하는 단계로서 프레이리의 반문irony과 역설paradox은 주로 소크라테스의 대화적 삶에 기인한다.

전통적으로 '가르침'이란 미리 결정된 교육 환경에서 교사와 학습자의 의사 교류를 통해 어떤 지식이나 깨달음을 학습자에게 전달할 목적으로 그 지식을 체계화하고 통합하는 과정을 말한다. 프레이리의 '실천적 교육학praxis pedagogy'은 교사와 학습자의 관계를 좀 더 넓은 맥락에서 역사적이고 사회정치적인 역학 관계에 둔다는 점에서 기존 '가르침'과는 판이하게 다르다.McLaren, 2008: 281

오늘날 초기 대화편의 소크라테스를 실제 소크라테스와 동일시하는 전통적 주장에 대한 비판적 견해가 대두되면서, 역사적 소크라테스의 삶과 철학을 새롭게 재구성하기 위한 작업이 시도되었다. 초기 대화편으로 알려진 작품들은 소크라테스의 철학에 대한 직접적 기억이나 회상이라기보다, 플라톤이 가졌던 주도면밀한 의도를 통한 작업으로 이해할 필요가 있다. 말하자면 역사적 소크라테스의 논박술을 '실존적' 방법을 통해 그 내용을 다시 해석하고 재구성해야 한다는 것이다. 이 말은 소크라테스의 논박술이 역사적 실존에 의한 것이 아니라 플라톤의 구성물에 거의 의존하여 전승되었다는 판단에서 비롯되었다. 이렇게 보면 소크라테스 대화법의 중요한 측면이라고 할 수 있는 '캐묻기'는 자신뿐만 아니라 남들에게 질문하고 따져 묻고 검토를 거친 영혼의 탁월성을 탐구하는 철학적 실천이었다는 새로운 해석이 가능해진다.김석완, 2010

이런 대화법의 목적은 상대방이 알고 있지 못함을 깨닫도록 하는 것과 대화자의 지적 편견, 아집을 제거하는 것, 무지를 깨달음으로써 덕 있는 사람이 되도록 하는 것이다. 철학함은 대화였고, 그 방법은 '캐묻기'였다. 대화는 항상 상대방이 말하는 내용을 검토하고 시험하는 과정이었다. 캐묻기는 상대방이 하는 말을 귀담아듣고 그 말을 논박하는 방식이다. 캐묻기는 무엇을 알고 있다고 생각하는 사람이 틀렸음을 밝히는 일이다. 소크라테스는 스스로 무엇을 안다고 생각하지 않았다. 그는 자기가 아무것도 모르고 있다는 것만을 알고 있다고 믿은 사람이었다. 캐묻기는 사람들이 스스로 무지를 깨닫게 해 주는 방법이다. 캐묻기 때문에 무지가 들통난 사람들은 소크라테스에게 대들며 분노했다. 그리하여 결국 소크라테스는 "젊은이들을 타락하게 했다"라는 죄목으로 고발당해야 했다. 소크라테스가 터무니없는 죄목으로 고소를 당해 재판정까지 끌려 나오게 된 가장 직접적인 배경이 된 절박한 이야기를 〈아폴로기아〉는 이렇게 전하고 있다. "소크라테스라는 자는 지극히 혐오스러운 자이며 젊은이들을 타락시키고 있다." 이런 판단을 내리고 그를 고소하기에 이른다.

소크라테스는 무려 500명에 이르는 배심원 앞에서 변론했다. "잘 사는 것이 무엇이고, 어떻게 살아야 잘 사는 것이냐? 이를 묻지 않은 삶은 살 가치가 없습니다."『변론』 이러한 소크라테스의 역설은 '검토하지 않은 삶' '성찰하지 않는 삶' 또는 '캐묻지 않은 사람'이란 아무런 의미가 없다는 말이다.[1] 이런 소크라테스의 실존적 방법론이라고 할 수 있는 철학적 실천으로 말미암아 우리는 비로소 출생이나 행운 혹은 외적 성공에 근거를 두었던 견해와는 단절할 수 있었다. 그리고 평판이나 명성이 아니라 사람의 내면적 성격이나 영혼의 탁월성을 통한 인간적 탁월성이 매우 중요하다고 판정할 수 있는 역사적 사건을 만들어 냈다.김석완, 2010

소크라테스는 자신의 변론 속에서 '인간적 지혜'라는 말을 쓰고 있다. 소크라테스에게는 '진실로 지혜로운 자'는 신밖에 없다. 인간은 '철학자 philosopher'일 수밖에 없다. '지혜로운 자ho sophos'가 아닌 '지혜를 사랑하는 자philosophos', 다시 말해서 지혜로워지려고 끊임없이 노력하는 자일 뿐이다. 소크라테스는 '무지의 자각'을 통해 적어도 자신이 무지하다는 것만은 알고 있었다. 이 '무지의 앎'이야말로 그나마 인간으로서 모처럼 얻게 된 지혜이다. 이 지혜를 그는 '인간적 지혜'라고 말하고 있다. 자기 자신과 자신의 전통을 비판적으로 검토하는/캐묻는 능력으로서 성찰하는 삶이 지혜로운 삶이다. 전통은 확실히 소크라테스적 이성의 적이다. 이것은 어떤 믿음을 단지 전통으로 이어졌거나 습관을 통해 익숙해졌다는 이유로 권위 있는 것으로 받아들이지 않는 삶, 모든 믿음에 질문을 던지고 일관성과 정당성이라는 이성의 요구를 버티고 살아남는 믿음만 받아들이는 삶이다. 이 능력을 발달시키려면 추론 능력은 물론, 자신이 읽거나 말하는 것을 추론의 일관성, 사실의 진실성, 판단의 정확성에 비추어 점검하는 능력을 계발해야 한다.누스바움, 2018: 29-30[2]

단순히 경쟁하는 이해 집단들의 장터를 만들 것이 아니라, 숙의에 기초한 반성적 민주주의, 진정으로 공동의 이익을 고려하는 민주주의를 육성

---

2. 아리스토텔레스는 플라톤의 소크라테스 철학의 해석과 관련하여 ① '덕에 대한 보편적 정의의 추구', ② 지식과 덕의 동일시, ③ 의지박약의 부정에서 ①, ②에 대해서는 생각을 같이하고 있으나, ③에 대해서는 생각을 달리했다. 담배를 피우는 것이 나쁜 것을 알려 피우지 않는다는 것이 플라톤의 해석이라면, 알고도 담배를 계속 피우는 것은 의지가 박약해서 그런 것이라고 해석하는 것이 아리스토텔레스의 해석이다. 플라톤은 대상의 본질을 '형상(forms)', 즉 이데아(idea)라고 보았고, 반면 아리스토텔레스는 그것을 대상과 독립적인 실체로 분리시켜 보았다. 아리스토텔레스는 『오르가논』 중 '변증론'에서 소크라테스 대화법의 특징으로 '자신이 믿는 바를 말하기'를 언급하고 있다. 푸코 역시 '진실하게 말하기(parrhesia)' 규칙을 소크라테스가 자신의 영혼을 돌보고 자기를 배려하는 삶의 가장 중요한 원칙 중의 하나로 꼽고 있다.

하려면, 우리는 자신의 믿음에 대해 소크라테스적인 추론 능력을 발휘하는 시민을 배출해야 한다.누스바움, 2018: 44-45 소크라테스는 그저 재미 삼아 논증을 펼친 것이 아니다. 그에게는 계획이 있었다. 그는 선입견과 편견으로부터 자유롭고 비판적인 검토를 견딜 수 있다는 의미에서 객관적인 설명을 찾으려 했다. 소크라테스가 '젊은이들을 타락시킨다'는 혐의에 맞서 자신을 방어할 때 주지하고 있었던 것처럼, 이런 종류의 점검은 자주 전통에 도전하게 된다. 그러나 소크라테스는 민주주의에 필요한 시민은 단순히 권위에 따르기보다 자신의 선택을 두고 이성적으로는 논의할 줄 아는 시민이라는 것을 근거로 자신의 활동을 변호했다. 그는 자신이 훌륭하지만 게으른 말의 등에 올라앉은 쇠파리처럼, 잠들어 있는 민주주의를 일깨워 민주주의가 더 반성적이고 합리적인 방식으로 제 기능을 하도록 도왔을 뿐이라고 말했다.누스바움, 2018: 29-30

"저는 신에 의하여 이 나라에 보내진 쇠파리와 같은 사람입니다." 소크라테스가 자신을 규정한 가장 유명한 말이다. 이는 아테네는 혈통이 좋고 몸집이 크기는 하지만 몸집이 크기 때문에 동작이 둔하여 깨어나기 위해서는 '쇠파리'를 필요로 한다는 말이며, 자기는 신에 의해 그 말에 붙어 있는 '쇠파리'와 같다는 것이다. 소크라테스는 아테네의 시민 곁에 달라붙어 그들을 일깨우고 설득하고 꾸짖기 위해 신이 보낸 사자라고 말하고 있다. 말 궁둥이를 쏜다는 것은 대중을 각성시킨다는 말이다. '각성시킨다', '일깨운다'는 것은 끊임없이 의문을 제기하는 것이다.

소크라테스의 사명은 만나는 사람들을 '묻게 만드는' 것이다. 무엇을 묻는가? 소크라테스의 물음은 점점 변증법으로 정형화됨으로서 결국 목적론적인 질문 체계를 형성하는 것처럼 해석되었지만, 소크라테스는 끊임없이 물었으며, 사람들로 하여금 끊임없이 묻고 또 묻게 만들었다. 그는 인류 최초의 위대한 '물음의 전문가'였다고 할 수 있다.김용옥, 2017: 153-154 우리의 삶을 둘러싸고 있는 수없이 많은 개념, 과제, 방법에 관하여 대개 사람들은 물음을 제기하지 않았는데 소크라테스는 그러지 않았다. 교육이란 기존의 정의나 체제나 가치 관념을 그냥 있는 그대로 수용하고 순응하는 것을 배우는 것이었지, 질문을 하게 만드는 데 있지 않았다. 바로 이때 소크라테스를 따라 프레이리도 가르치는 것을 받아들이기만 하는, 질문을 제기하지 않는 '은행저축식 교육banking education'에 대해 비판의 목소리를 내며 세상을 향해 소리친 것이다. "나와 함께 공부하라, 그러면 진짜 사람처럼 보이게 되리라." 그는 옛 교육과는 다른 '생각학교Think Academy'를 선포했다.누스바움, 2018: 17-37

물음은 필연적으로 '무지의 자각'에 이르게 한다. 소크라테스가 타인에게 무지無知의 자각에 도달할 기회를 준다고 해서 그가 타인보다 더 유식하다는 것은 아니다. 그는 끊임없이 물었을 뿐이다. 그 물음을 통하여 어떠한 체계를 형성하려는 것도 아니고, 궁극적으로 새로운 정의를 제시하려는 것도 아니다. 그는 논리체계를 수립하려는 철학자도 아니었다. 단지 끊임없는 무지의 발견만이 인간의 정신을 고양시킴을, 그리고 더욱 포용적인 안목을 지닌 인간 형성이 중요함을 역설할 뿐이었다. 인간이 자신들이 알지 못하는 것들을 아는 것으로 잘못 생각하고 있어서 자신들이 무지함조차 모르는 '무지의 무지'가 가장 큰 죄악이라는 것이다. 소크라테스는 '성찰하지 않는 삶'은 인간으로서 살 가치가 없다고 역설했다. 다시 말해 질문하는 삶이란 그저 약간 쓸모 있는 정도가 아니다. 이것은 어떤 사람, 어떤 시민에게나 가치 있는 삶에서 불가결한 부분이다. 소크라테스는 무슨 의도로 그렇게 말했을까?

소크라테스가 만난 사람들은 대부분 수동적 삶, 더없이 중요한 사안에서의 행동과 선택을 관습적 믿음이 지배하는 삶을 살고 있었다. 이런 믿음은 사람들에게 스며들어 삶을 형성했지만, 정작 그들은 한 번도 그 믿음을 체화하지 못하고 있었다. 진정으로 그 믿음을 살펴보면서 일을 처리하는 다른 방식이 있지는 않은지, 어떤 길에 자신의 개인적인 삶과 정치적인 삶을 인도할 진정한 가치가 있는지 물어본 적이 없기 때문이다. 이런 면에서 그들은 자아를 완전히 자기 것으로 만들지 못한 셈이었다. 문제의 핵심은 생각의 게으름, 즉 대안과 이유를 생각해 보지 않고 되는대로 살아가는 경향이다. 여기에서 우리는 소크라테스를 통해 최초의 이성적 인간을 만나게 된다. 말하자면 최초로 개인individual이 탄생한 것이다.

소크라테스의 '성찰하는 삶examined life'이야말로 철학의 출발점이고, 개인의 출발이었다. 그리고 그의 성찰하는 삶이란 민주주의를 위한 교육의 중심 목표였다. 성찰하지 않는 삶은 민주주의적 자유의 건강을 위협하고, 성찰하는 삶은 나라에 활력을 불어넣고, 정신에 자유를 주기 때문이다. 소크라테스가 민주주의를 선호한 것은 민주주의가 모든 시민이 함께하는 숙의와 선택의 힘을 지니고 있다는 민주적 선택에 관한 그의 생각, 그리고 이런 선택과 관련된 도덕적 능력에 대한 그의 존중과 쉽게 분리될 수 없다. 그래서 소크라테스는 민주주의에서 교육이 그렇게 긴급하게 필요하다고 본 것이다.누스바움, 2018: 57, 87 철학은 기존의 어떠한 것이라도 회의할 수 있게 만들었다. 평범한 시민들이 회의를 할 수 있게 만든 것이 곧 아테네 민주주의의 위대함이다. 그것은 프레이리가 강조하는 '문제제기식 교육problem posing education'의 첫 신호탄이기도 하다. 소크라테스와 같이 질문하는 사람은 결코 스파르타에서는 출현하지 않았다. 억압적 교실에서는 질문이나 의문이 생길 수 없는 것이다. '의심'이나 '회의'를 품는 것은 필연적으로 기존의 가치관이나 제도나 권위의 타파를 의미하는 것이다. 인습을 허무는 것이다.

이렇게 볼 때 소크라테스는 정치적 이념 때문에 죽은 것이 아니다. 그는 사람들이 묻게 만들고, 회의하게 만들고, 기존체제의 모든 가치를 검토하게 만들고, 대화하게 만들고, 모든 권위에 도전하게 만든 '지혜' 때문에 처형을 당한 것이다. '무지의 무지'[3]를 돌파하는 인간의 능력이 바로 로고스logos이며 이성이다. 이렇게 하여 소크라테스로부터 비로소 진정한 서구의 인문주의가 싹트기 시작했다. 소크라테스는 최초의 휴머니스트라고 할 수 있다. 소크라테스를 통해 자유인문교육liberal education[4]이 처음으로 탄생한 것이다.

우리는 소크라테스의 사고에 나타난 이성의 공동체라는 목표를 바라봄으로써 그런 목표의 위엄과 더불어 그런 목표가 민주적 가치에 중요하다는 것을 알게 되었다. 소크라테스와 프레이리의 국가에 대한 반헤게모니적 교육 실천쇠파리 역할은 결과적으로 사형이나 추방으로 귀결되었지만, 진리에 대한 끝없는 물음은 계속 이어지고 있다. 이 시대를 대변한 사람이 소크라테스였다. 소크라테스의 죽음은 당시 지배적 세계관의 종식을 선고한 것이다. 바로 소크라테스와 같은 21세기 인물이 프레이리를 통해 부활한 것이라고 할 수 있다.

---

3. 공자가 "아는 것을 안다 하고, 모르는 것을 모른다 하는 것, 그것이야말로 곧 아는 것이다"(『위정』 17)라고 말한 것과 큰 차이가 없다.
4. 'liberal education(← artes liberales)'의 역사는 간략하게 말하기가 어려운 매우 복잡한 갈래를 갖고 있는데, 대체로 웅변가적 전통(이소크라테스, 키케로, 퀸틸리안 등, speech ← oratio)과 철학자적 전통(소크라테스, 플라톤, 아리스토텔레스 등, reason ← ratio) 사이의 논쟁의 이야기라고 해도 과언이 아니다. 'liberal ← liberalis ← liber'의 의미가 '자유롭게 하는(free)'이라는 의미와 함께 '해방시키는(liberate)'이라는 의미도 지니고 있다. '나무껍질' 또는 '책'이라는 뜻을 지닌 'library(도서관)'도 어원이 같다. school의 어원인 라틴어 스콜라(schola)를 거슬러 올라가면 고대 그리스어 skholḗ(σχολή)가 있다. skholḗ는 원래 '여가', '휴식', '여유'라는 뜻이다. 고대 그리스인들은 여가나 휴식 시간에 강의, 토론, 논쟁을 즐겼는데, 이로 인해 skholḗ라는 단어가 '강의, 토론, 논쟁하던 장소'라는 의미로 확대되고, 나중에 '강의가 이뤄지는 학교'라는 의미로 굳어졌다. liberal education은 실용주의-진보주의에서 인문주의-전통주의에 이르기까지 넓은 영역에 걸쳐 있다(Kimball, 1995: 7-8). '자유인문교육' 또는 인문교양교육으로 번역되는 liberal education은 자유로운 마음을 갖게 하는 인간성 함양과 인격과 덕을 갖춘 시민을 기르는 교육에 목표를 둔다. 오늘날 세계에서 인간성을 함양하려면 단연 네 가지 능력을 반드시 갖추어야 한다. 첫째, 자기 자신과 자신의 전통을 비판적으로 검토하는(성찰하는) 능력으로, 소크라테스가 강조하는 '검토하는 삶(캐묻는 삶/성찰하는 삶)'이라고 부를 수 있는 삶을 영위하는 능력이다. 둘째, 인간성을 함양하는 시민에게 무엇보다 필요한 것은 자신을 단순히 소속 지역이나 집단의 시민으로 바라보는 것을 넘어 인정과 관심을 통한 유대로 '다른 모든 인간과 묶여 있는 인간'으로 바라보는 능력이다. 셋째, 인간성을 함양하는 시민의 능력은 '서사적 상상력'을 가진 능력으로서 다른 사람의 입장이 되면 과연 어떨지 생각하고, 그 사람의 이야기를 지적으로 읽어 내고, 그런 처지에 있는 사람이 가질 법한 감정과 소망과 욕망을 이해하는 능력을 말한다. 넷째, 인간성을 함양하는 지적인 시민에게 요구되는 능력은 '과학적 이해 능력'이다(누스바움, 2018: 31-32). 이것이 자유인문교육의 정신이다.

## 2. 루소에게서 혁명적인 해방의 외침을

프레이리는 아동의 발견자인 21세기 루소Jean-Jacques Rousseau, 1712~1778[5]로 불린다. 루소는 철학자이고 정치가일 뿐 아니라 교육개혁가이며 심리학자이다. 루소는 민중의 한 사람으로서 최초의 인물이요, 민중을 위해 말하는 것이 곧 자신을 위해 말하는 것이기도 했던 최초의 인물로 추앙받고 있다. 그는 다른 사람들에게 반역을 고취했을 뿐만 아니라 스스로도 반역자였다. 그의 선구자들이 개량주의자, 사회개혁가, 박애주의자였다면, 루소는 최초의 진정한 혁명가라고 할 수 있다. 루소는 문명화된 상태보다 인간의 자연 상태를 찬양한 것처럼 보였기 때문에 종종 자유의 철학자 또는 자연주의naturalism의 예언자로도 불린다. 그는 합리적 인간을 길러 내기 위해 새로운 방법을 고안한 계몽주의 철학자[6]이기도 하다. 그는 진보주의 교육의 원조라고 불리기도 한다. 근대 교육의 예언적 교육사상가로 평가되는 루소는 자신의 교육관을 자연교육(인간의 능력과 기관의 발달 과정에 따라 배우는 교육), 사물교육(경험에서 배우는 교육), 인간교육(어린이 주위의 사람, 즉 부모와 교사의 말과 행동에서 배우는 교육)으로 분류하였다. 프레이리도 루소만큼 불리는 별칭이 많은데, 어떠한 별칭을 붙이든 그것은 대개 그가 끌어내고자 했던 다양한 사상적 원천에서 비롯된 것이다.

---

5. 18세기 철학자로서 루소는 계몽주의의 주요 철학자 중 한 사람으로 간주되며 그의 사상은 훗날 교육에 관한 혁명적 철학자이면서 낭만주의의 선구자로 알려졌다. 프랑스 혁명(1789)에 영향을 미쳤다. 루소는 자연 상태를 인간들이 자신들의 본성을 가장 잘 계발하고 표현해 낼 수 있는 조건으로 바라본 사상가이다. 인간은 선하게 태어났지만 사회가 인간을 타락으로 이끈다는 사상을 옹호한다. 또한 사회는 개인을 보호해 주는 대가로 자신의 권리 일부를 공동체 전체 또는 국가에게 양도하는 사회적 계약으로 작동된다고 명시한다. 그는 아이가 편견과 부패로 가득 찬 사회의 관습에 의해 부패하지 않도록 사회에서 떨어져 자연 상태로 계속되어야 한다고 믿었다.
6. '진보(progress)'는 사회적·교육적 변화와 개혁을 촉진하는 중요한 이론이다. 진보는 인간의 삶과 사회의 제도가 향상될 수 있다고 믿고, 진보주의 교육은 이성의 시대로 알려진 계몽주의 사상에 뿌리를 두고 있고, 그 중심에 루소가 있다(Gutek, 2014: 363).

브라질의 가난한 농민들을 교육하고, 억압으로부터의 해방을 추구하면서 그들과 협력하는 대의를 위해 헌신한 프레이리는 플라톤까지 거슬러 올라가는 고전적인 접근법뿐만 아니라, 현대 마르크스주의자와 반식민주의자들의 교육철학까지 끌어들였다. 프레이리는 비민주적이고 불평등한 발전의 본질을 중시하는 해방의 가능성을 주장하면서 발전의 강력한 잠재력을 신뢰했다. 그는 교사가 학생들에게 정보를 '빈 그릇'으로 예치하는 교실 내의 은행저축식 교육banking education 개념을 반대했는데, 이런 교육사상은 루소로부터 큰 영감을 받았다고 할 수 있다.

"인간은 자유롭게 태어났다. 그런데 지금은 어디서나 쇠사슬에 매인 상태이다"라는 루소의 말은 혁명적인 해방을 부르짖는 외침처럼 들린다. 근본적으로 모든 사람이 예속 상태에 있다는 말이다. 예속 상태는 지배계층을 구성하는 인물들을 혁명적으로 바꾼다고 해서 소멸될 수 없다. 자연에서 인간은 동물과 마찬가지로 정치적 억압과 부패로부터 자유롭다. 실제 자연과 자연적인 것에 대한 루소의 견해는 그의 철학에서 핵심적 역할을 한다. 인간은 자유로우면서도 선하고, 어느 정도 이상적인 자연 상태로 존재할 수 있다고 믿었다. 다른 사람과 살면서 서로 필요한 것을 조정하는 데서 인간의 타락 과정은 시작되고, 그 타락은 그가 살던 시대의 사회적 특징에서 정점에 달했다.

루소에게 어린이는 선하게 태어난 존재이다. 그가 적절하게 교육받는다면, 그는 자유롭고 사랑스럽게, 그리고 책임감 있는 어른으로 자랄 것이다. 어린이는 스스로 자신의 가르침을 이끌어 갈 수 있어야 한다. 교사는 다양한 사물에 대한 경험을 안내하고, 성장의 필요와 방향을 예견하고, 모든 어린이를 망치는 강제를 멀리하도록 해야 한다. 그리고 루소는 우리 인간들에게 자연으로 돌아가라고 촉구한다. 그런데 여기서 자연인은 순수 자연상태nature로 돌아가는 자연인이 아니고, 인간 자신으로 돌아가는 자연인이다. 자연의 행보를 따르고, 자연의 규칙을 존중하라는 것이다. 그러기 위해서는 자연에 순응하는 교육을 해야 한다. 그럴 때 인간의 선한 본성은 잘 가꾸어질 것이다. 그렇게 되면 인간이 인간 본연의 향기를 잃지 않을 것이며, '만인의 만인에 대한 투쟁' 같은 이기적이고 비이성적인 야만성이 순화될 것이다. 그러할 때 평화로운 공존이 꽃을 피울 것이다. 전복되어 시궁창에 버려진 우리의 미덕과 도덕은 다시 그 찬란한 빛을 내뿜을 것이다. 루소가 『에밀』에서 따뜻한 가슴으로 설파하는 것은 자연에 순응하는 교육, 자연으로 돌아가게 하는 교육, 선한 본성을 잃지 않게 하는 교육이다.

루소의 자연주의 사상은 노자의 무위자연無爲自然 사상을 상기시킨다. 인공으로 빚어낸 문명의 과도한 인위를 부정하고, 무위적 절제의 삶을 강조하는 루소의 교육사상은 생태적 위기에 봉착해 있는 현대기술주의 교육의 위험성을 경고하며, 자연성(원시성)의 회복을 통한 균형 잡힌 '개발'의 필요성을 역설한 것으로 볼 수 있다.

이렇게 계몽주의 사조를 고수하면서도 그것을 극복하려는 낭만주의를 적극적으로 옹호한 루소는 인간의 자유, 개성, 상상력, 자연의 감정을 소중하게 여겼다. "철인과 같이 사색하며 농민과 같이 일하라", "자연으로 돌아가라"[7] 등의 유명한 구절을 담은 『에밀』1762[8]은 사회비판과 함께 요원의 불길과 같이 유럽에 퍼져 식자들의 마음을 사로잡았다. 『에밀』은 진보주의 교육의 핵심 교재가 되었다. 이것은 특히 청년들에게 깊은 감화를 주어 개개인의 직업 선택에도 영향을 주었다. 도시인을 감동시켜 농민이 되게 한 이런 정신적 분위기 및 시대사조는 그 이전에는 상상도 못 할 일이었다. 어린이 발견자로서의 루소는 인간 지력의 출발점이 그것을 육

7. 루소의 '자연으로 돌아가라!'는 말은 칸트가 지적했듯이 우리에게 문명을 버리고 원시의 밀림으로 들어가 살라는 말이 아니다. 루소는 우리에게 우리가 잃어버린 자연 상태를 다시 돌아볼 것을 촉구한다. 진정한 인간의 모습과 인간다운 제도란 무엇인가에 대해 깊이 생각해 보라고 촉구하고 있다. 도시의 인공적인 상태를 탈피하고자 하는 농촌 예찬론으로도 볼 수 있고, 인간 본성의 회복을 요청하는 말로도 이해된다.
8. 『에밀』은 '고전'이면서도 '위대한 아웃사이더'였다.

체로부터 이탈한 정신으로 이해하는 것이라는 사상을 못마땅하게 여겼기에 로크를 드러내 놓고 비판했다. 아동을 '능동적 학습자'로 보는 루소의 새로운 개념은 교육의 목표에 대해서 사실의 전달을 강조하는 로크의 '백지설'[9]에 강한 비판적 입장을 보였다. 학생들은 다양한 단계에서 배우기 때문이다. 루소는 로크의 교육론에 많은 영향을 받았으나, 그가 로크에 전적으로 동의할 수 없었던 것은 그의 주장이 어린이를 어른에게 접근시키는 데만 관심을 두었기 때문이다. 어린이는 그들 고유의 가치가 있고, 이에 따른 활동을 함으로써 어린이로서의 완성된 삶이 있다는 것이다. 그것은 기본적으로 프레이리가 비판한 '은행저축식 개념'과 흡사하다.

그저 학문만을 목적으로 삼는 교육은 어떤 의미에서도 결코 '삶을 위한 준비'라고 할 수 없다. 그런 교육은 사방이 벽으로 둘러싸인 독방에서 일생을 보낼 사람에게나 딱 들어맞을 법한 '수도사들이나 받는 교육'과 다름없다. 즉 일상적인 삶에는 전혀 쓸모가 없는 교육이다.Boyd, 2013: 313-314 이렇게 루소가 교육은 일상의 삶과 밀착되어야 한다는 공리주의적 관점을 받아들였다고 해서, 그가 아동을 미래와 직접적으로 관련지어 가르치기를 원했다는 뜻은 아니다. 이 점에서 루소는 로크와 달랐다. 루소는 로크가 교육을 장차 성취해야 할 것에 대한 준비로 간주하고 있다고 비판한다. 루소가 보기에 미래를 위해서 현재를 희생하는 것은 교사가 아동에게 저지르는 근본적인 죄악이다.

루소는 어린 시절의 성장·발달 과정의 특징을 이해하고, 이에 적합한

---

9. 백지설(theory of tabula rasa)은 인간은 태어날 때 선하거나 악하지도 않은 아무것도 없는 '백지상태'임을 의미하는 것으로 당시 유럽의 관점과는 달랐다. 당시 유럽의 아동관은 기독교의 '원죄설'에 근거한 아동관과 '본유관념론적' 아동관이 지배적이었다. 그러나 로크는 인간의 정신은 태어날 때 아무것도 쓰여 있지 않은 석판을 의미하는 '백지상태'이며 감각적 인상을 통해 석판에 각인된다는 백지설을 주장했다. 즉, 인간의 정신은 태어날 때부터 악한 존재가 아니라, 깨끗한 백지상태이고 태어난 이후에 유아의 다양한 경험으로 정신을 형성하고 인간의 모습을 갖추게 된다는 것이다. 백지설은 오늘날 교육에서 환경적 영향을 강조하는 경험주의와 연결되는 것으로 교육은 경험을 통한 학습이며 성인이나 사물, 환경에 대한 감각적 인상이 지식이나 마음의 기초를 이룬다는 것을 말한다.

교육의 힘을 빌려 소기의 목적을 달성하고자 했다. 그전까지 어른들의 그늘에 가려진 어둠 속의 어린이를 루소는 열린 세계로, 독자적인 세계로 끌어냈기 때문이다. 프레이리는 루소처럼 어린이의 심성을 부정적으로 보지 않고 선천적으로 선하다고 보았던 것이다. 프레이리는 스물두 살에 결혼했을 때 다음과 같은 생각을 하기 시작했다.

우리가 살아남을 수 있고, 경각심을 가질 수 있고, 진정한 철학자가 될 수 있는 유일한 길은 우리 속에 어린이의 심성을 간직하는 길이라는 것입니다. 그러나 사회는 우리로 하여금 이 어린이의 심성을 죽이게 했습니다. 그렇지만 우리는 저항했습니다. 왜냐하면 우리가 그 어린이의 심성을 죽일 때, 우리들 자신을 죽이는 것이기 때문입니다.Freire, 2003: 316

우리는 시간의 흐름에 따라 시들고 나이를 먹었습니다. 지금 나는 예순둘입니다. 그러나 나는 종종 열 살이나 스무 살 정도로 느껴집니다. 계단을 다섯 개 오를 때면, 내 몸이 내 나이를 알게 해 줍니다만, 내 늙은 몸 안에는 무엇인가가 깊숙이 살아 있습니다. 그것은 내가 내 몸 안에 어린이의 심성을 갖고 있기 때문입니다. 나는 또한 내 몸이 젊어서, 한때 내가 지냈던 어린 시절처럼, 또 나로 하여금 인생을 그토록 사랑하게 해 준 이 어린이의 심성처럼 활력적이라고 생각합니다.Freire, 2003: 316

프레이리는 나이가 들수록 어린이의 선함을 더욱 신뢰했다. 그의 고백을 들으면 루소의 『에밀』이 떠오른다.

참으로 이상한 일이다. 모든 것은 조물주에 의해 선하게 창조됐음에도 인간의 손길만 닿으면 타락하게 된다. 식물이나 동물은 물론 기후마저도 뒤흔들어 놓아 모든 것이 변형되고 뒤죽박죽으로 바뀐다. 이러한 경향은 같은 인간에 대해서도 그대로 적용된다. 인간은 자신의 취향에 따라 같은 인간도, 마치 가축이나 정원의 나무처럼 왜곡되고 변형된다. 이로 인해 인간의 본성은 질식할 수밖에 없다.『에밀』, 1762

루소는 기본적으로 인간이 선하게 창조된 존재라고 보았다. 그가 걱정한 것은 인간의 선한 본성에 개입하는 타락한 교육이었다. 그러므로 인간의 교육은 어려서부터 제대로 이루어져야 한다는 것이다. 루소는 교육이 적당한 시기를 놓치면 사람의 영혼은 세상의 편견에 물들어 뒤틀리게 된다고 걱정했다. 사람은 재배 과정을 통해 식물이 성장하는 것처럼 교육을 통해 성장한다.

여기서 '사람을 형성하는 것'과 '시민을 형성하는 것' 중 하나를 선택해야 하는 기로에 놓이게 된다. 결국 발달단계상 사람의 형성이 먼저이고, 그다음으로 시민citoyen/citizen[10]의 형성으로 발전해 나가는 경로를 선택한다.[11] 즉 아동기의 소극적 교육negative education[12]에서 청년기의 적극적 교육

10. '시민'은 '신민(subject)'—일반의지인 주권에 복종하는 자—이지만, 봉건사회의 신민과 다른 것은 군주에게 복종하는 것이 아니라 자신이 선택한 일반의지에 복종하는 것이며, 일반의지는 자신의 자유와 이익을 증진하기 때문이다. 자신들의 자유의지로 선택한 것을 따르므로 시민들은 행위자(agent)가 되는 것이며 행위자는 자유롭다. 그러므로 시민들은 각자의 권리를 자유롭게 행사하지만, 임의로 행사해서는 안 된다. 시민들은 시민사회의 일원으로서 모두의 권리가 보장될 수 있는 입법에 평등하게 참여하고 법이 구현하는 일반의지에 복종해야 한다. 플라톤의 국가론에서는 철인왕이 통치하지만, 루소의 공화국에서는 시민이 통치한다. 자연인의 교육, 사회인의 교육, 시민의 교육을 다 거친 뒤 자생력, 공생력, 상생력을 갖춘 에밀은 이제 시민으로서 살아가도록 기대되고 교육은 완료된다.

11. 플라톤은 국가 형성을 위한 시민의 형성을 우선했다. 이런 관점은 국가주의 또는 전체주의로 악용될 위험이 있기에 루소는 플라톤과는 정반대의 노선을 채택했다.

12. '소극적'이라는 말은 강압적 교육은 안 된다는 말로서 기독교의 원죄설에서 본 아동관과 강제적 교육에 대한 부정적 의미를 표현한 것이다. 즉, 태어날 때부터 죄의 씨앗인 아이의 나쁜 성향을 바르게 시정하기 위해 선을 가르쳐야 교정이 가능하다는 입장에 대해, 루소는 그런 의미의 교육은 하지 말아야 한다고 주장한다. 왜냐하면 사람은 그 본성이 선하기 때문이다. 이 입장에 대해 듀이는 아이는 선하기도 하고 악하기도 하다는 관점을 보인다.

positive education으로 발전해 간다고 할 수 있다. 인간과 시민을 동시에 교육할 수 없다는 것은 인간교육이 시민교육보다 앞서야 한다는 말이다. 아직 시민의 권리를 받기 전의 어린이 교육은 인간교육이 되어야 자연에 적합하다는 데 있다. 또한 시민성보다 인간성을 우선적으로 강조하는 것은 국가권력으로부터 거리를 두고자 하는 전략과도 관련이 있다.

그래서 소극적 교육으로서 인간교육을 하고 난 뒤 청년기 들어서 적극적 교육으로서 시민교육[13]을 하는 것으로 이해되어야 한다. 소극적 교육의 설정은 사회의 오류와 악덕이 아이의 영혼에 슬며시 들어오는 일을 방어하고, 그리고 나중에 아이에게 미칠 영향을 위해 아동기에는 아이를 자연스럽게 그대로 놓아두고자 한다는 말이다. 반면 청년기[14]에 진입하면서 인간에 대한 의존을 의식하는 가운데 비로소 시작되는 적극적 교육은 사물로부터 오는 '자연교육'[15]과는 여러 면에서 다른 발달 목표를 설정한다.[16] 여기서 우리는 이것이 '에밀'의 교육과 함께 작동하는 방식으로 소극적 자유negative freedom에 대한 개념을 사용한다. 간단히 말해서 소극적 자유

---

13. 루소는 시민의 역할과 국가의 구성에 관한 중요 원칙을 학습하는 것으로 시민교육이 충분하다고 보았다. 시민교육은 '자신의 지배자'가 되고 덕 있는 사람이 되는 것이며, 완전한 자유가 무엇인지 배우는 것이다. 자유로운 주체가 되기 위해서는 자생력을 갖추는 것에 더하여 공생의 힘과 상생의 힘을 갖추어 사회의 주인인 시민이 되어야 한다. 구체적으로는 시민의 역할과 의무, 정부, 법, 국가의 운영, 통치의 본질과 형태, 그리고 자발적 의지에 의한 사회계약과 공동체 참여를 배우는 것이 시민교육의 내용이다. 시민교육의 가장 근본이 되는 원칙은 주권이 인민에게 있고, 인민이 주권을 행사해야 하며, 주권은 양도할 수 없다는 것이다. 에밀은 이러한 교육을 통해 사회의 주인인 시민이 됨으로써 진정한 자유를 누리는 자신의 주인이 될 것이라 기대한다. 특히 루소는 여행을 통한 시민교육을 강조했다. 여행을 통해 시민으로서 다른 시민들과 맺어야 하는 관계를 배워야 한다는 것이다. 여행의 목적은 많은 곳을 돌아다니는 '파발꾼'이 아니라, 관찰하고, 조사하고, 느끼고, 어울리고, 즐기는 '여행자'로서의 여행이 되어야 한다는 것이다.
14. 이론적인 측면에서 전적으로 인문학에 집중하는 '청년기'의 교육이야말로 루소의 사회철학이 가장 명백하게 드러나는 대목이다.
15. 루소는 사회의 인위적 영향에 일절 물들지 않은 교육의 원초적 자연 상태에 지나지 않았던 '자연(본성)'이라는 개념에 마음의 능동적 작용에 해당하는 의미들을 부여하여 자연주의 교육관을 형성했다.
16. 루소는 당시의 사회와 학교가 이미 심한 인정투쟁에 의하여 위선과 허위로 오염되었기 때문에 사회적 간섭과 영향이 최소화되어야 한다고 주장했다. 사회적 간섭과 영향이 최소화되어야 한다는 면에서 자연주의 교육은 '소극적 교육'이라고 할 수 있다.

는 '간섭의 부재'를 의미하고 '강요로부터의 자유'를 의미한다. 그래서 『에밀』은 '아동중심교육child-centered education'의 원조로 이해된다.[17]

'자연적 선'을 보존하는 '소극적 교육'과 '사회적 미덕'을 전수하는 '적극적 교육'은 개인과 사회의 구분에 따른 표면상의 차이를 드러냄에도 불구하고, 루소는 적극적 교육을 자연교육의 연장선에 있다고 보았다. 즉 이 둘은 '사물과의 관계'와 '인간과의 관계'라는 상이한 관계 양상 속에서 실현되는 동일한 자연교육의 두 가지 단계 또는 국면이기 때문이다. 특히 사회의 적극적 교육도덕교육 또는 시민교육을 자연교육의 일환이라고 말할 수 있는 이유는 사회적 미덕의 근간을 이루는 것은 근원적 자기애amour de soi/self-love, 자신의 생명을 지속적으로 보존하려는 충동[18]가 개인적 자기의식을 갖추어서 실현된 양심이기 때문이다. 사회의 적극적 도덕교육에서의 '적극성'이 지시하는 것은 개인의 자기의식에 잠재된 채 사회 수준의 자기애로서 명확히 인식되기를 기다리고 있는 양심의 적극성이란 말이다.고영준, 2021 다시 말하면 양심은 개인과 사회의 구분 안쪽의 근원적 자기가 개인의 자기의식 속에서 자기의 진리로서 인식됨에 따라 모든 개인적·사회적 자기활동의 의미와 가치를 판단하는 기준이 된다. 그리고 그러한 활동을 통해 구체적으로 실현해야 할 목적으로 확립된 상태를 가리킨다는 점에서 양심에 따른 사회적 미덕의 실천과 전수는 적어도 양심의 소유자에게는 개인과 사회의 구분을 넘어서는 인류 차원의 과업이라고 할 수 있다.

---

17. 적극적 자유(freedom to)로 나아가지 못하는 루소의 소극적 자유(freedom from)는 자기만족의 중산층의 부와 힘 그리고 태도를 보여 준다는 평가도 받고 있다(Howlett, 2013: 46-47).

18. 루소가 유년기의 특성과 원시인의 모습에서 찾아낸 가장 근본적인 공통점인 '자기애(amour de soi/self-love)'는 자연적 선이 어떤 특성을 갖는지 파악하는 결정적인 단서가 된다. 자기애는 '타자와의 관계'에서 자아의 의미가 확장되는지 아니면 축소되는지에 따라 좋을 수도 있고 나쁠 수도 있다. 즉 타자와의 관계, 특히 이해관계에 의하여 그 의미가 축소된 자기애, 이른바 '이기심(amour-propre/selfishness)'은 타인에게 해를 입힐 뿐만 아니라, 자기에게도 해를 입히는 편협한 정념이라는 점에서 자연적 선의 변형이자 왜곡이다. 사적 자아의 사랑(이기심)으로부터 타인과 공유되는 공적 자아의 사랑(종족적·사회적 자기애)으로 확장된 상태에서는 이기심이 가진 부정적 의미가 제거되는 반면에 호의, 동정심, 우정, 자긍심, 배려, 관용, 애국심, 인류애 등과 같은 긍정적인 의미를 갖추게 된다.

결국 루소가 궁극적으로 생각한 교육의 목표는 인간과 시민의 완전한 통일에 있다. 교육은 인간을 만드는 기술이다. 한마디로 제대로 살 줄 아는 사람으로 길러 내는 기술이다. 그러나 에밀은 새로운 사회에서 살아야 하고, 새로운 사회 건설은 낡은 사회질서에서 요구하는 신분적, 경제적, 종교적, 교육적인 모든 제한에서 탈출하지 않는 한, 그 실현은 불가능한 것이다. 즉, 낡은 질서의 굴레로부터 해방이 그 선결 조건이 되는 것이다. 에밀은 이 조건을 받아들여 현실 사회에서 고립된 환경이 필요했고, 따라서 현실적인 모든 것을 다 버리고 가정교사와 단둘이 자연환경 속에서 살지 않으면 안 되었다. 에밀은 결국 사회인으로 살아야 할 운명적인 존재이다. 자연인으로 자란 에밀이 어떻게 사회인으로 무리 없이 연결될 수 있느냐는 쉽게 해답을 얻을 수 없는 문제다.

루소는 두 개의 대립된 인간상의 통일을 위해 『정치경제론』과 『사회계약론』을 저술했다. 『사회계약론』이 『에밀』과 거의 동시에 출판된 것으로 미루어 볼 때, 루소 자신이 이 문제를 상당히 깊이 있게 생각했음을 짐작할 수 있다. '사회계약'은 평등과 자유를 기반으로 한 개인들 사이의 계약이다. 루소는 『사회계약론』에서 '일반의지general will'[19]에 복종하는 시민상을 보여 준다.[20] 『사회계약론』은 플라톤의 『국가론』과 쌍벽을 겨룬다. 일반의지는 개인적 욕구가 아니라 사회적 의무를 수행하는 시민의 덕목이다. 일반의지를 강조하는 루소의 관념은 자율적인 '의식화된' 시민들이 집단

19. 공동의 관심으로 평등과 공동이익을 지향하는 '일반의지'는 국가를 구성하고 있는 시민들의 개인 의지와 구분된다. 하지만 일반의지는 전체의지, 즉 각 사람의 개인 의지를 모두 더해서 구성되는 것이 아니다. 일반의지는 모든 사람이 공통적으로 지니고 있는 이성에 의해서 창조된, 새로운 인격의 표현이다. 이 인격은 스스로 만들어 내고 생기를 불어넣는 공동체적 삶 속에서 자신을 온전히 실현한다.

20. 루소가 『에밀』을 쓴 것은 쉰 살 때다. 『에밀』이 세상에 나오고 27년이 지난 뒤인 1789년에 봉건체제를 무너뜨리는 프랑스 혁명이 일어났다. 루소의 사유와 저서들은 프랑스 대혁명이 일어나는데 마중물 같은 역할을 했다. 『사회계약론』은 『에밀』과 같은 해에 출판된 루소의 대표적인 후기 지적이다. 『사회계약론』은 『인간불평등기원론』과 함께 평범한 사람들을 광적인 혁명가로 만들었으며, 프랑스 대혁명의 주도자들에게 정부에 관한 아이디어를 제공했다(Boyd, 2013).

적인 실천행동에 참여하는 프레이리의 교육이론으로 발전한다.Petrovic & Rolstad, 2017 프레이리가 참여의 근거로 상호작용적 참여를 통한 자유를 강조한 것은 어떤 형태로든 참여하면서 소외 집단들의 권리 강화로 이어지도록 하기 위해서다. 그리하여 교사들이 지도하는 학습과 함께 학생들의 학습이 잘 이루어지려면, 교사와 학생들이 서로 배우는 관계를 형성하고, 학생들이 그룹 활동, 사례 발표, 토론과 같은 교실 활동뿐만 아니라 실험, 그리기, 조사 등의 실천 활동에 적극적으로 참여하도록 해야 한다.[21]

따라서 인간교육과 시민교육을 각각 강조하는 이 두 책에는 얼핏 화해할 수 없는 지점이 있는 듯하지만, 두 책의 주장 사이에는 비밀스러운 조화가 있다. 바로 사회적 의무가 강압적인 것이 아니라, 자발적인 것이 되기 위해 교육이 필요하다는 것이다. 교육 없이는 시민정신도 없으며, 교육받은 인간이 되지 않고서는 시민이 될 수 없다. 그러므로 정치학과 인간학 사이에는 어떤 모순도 존재하지 않는다고 볼 수 있다.Miquel, 2021: 277-283

로크나 계몽주의 사상가들의 사회계약, 즉 민주주의가 이기적인 개인의 사적 자유의 일부를 양도해서 국가를 형성하려는 것에 대해 루소의 민주주의는 개인의 자유를 전면적으로 양도하는 것으로 오히려 국가를 각 개인의 대행 기관으로 본다. 그것은 인민의 일반의지를 집행하는 기관일 뿐 아니라, 만일 그 약속이 어긋날 때는 언제든지 국가는 교체될 수 있는 것으로 본다. 이로써 루소가 원했던 개인으로서의 자유와 시민으로서의 자유는 모순 없이 공존할 수 있게 된다.

그러나 '에밀'은 이와 같은 모순 없는 자유를 누리는 사회가 아닌 현실사회에 태어나서 자라야 하기 때문에 제대로 된 시민교육을 받을 수가 없다. 이런 상황에서 최선의, 그리고 유일한 교육은 사적인 교육, 즉 가정교육에서 첫출발하는 시도를 한다. 루소는 『에밀』에서 아이가 자신의 욕

---

21. https://eduzaurus.com/free-essay-samples/the-views-of-paulo-freire-and-jean-jacques-rousseau/

구를 자연스레 표현할 수 있는 감정교육, 즉 자연교육을 중시한다. 이것이 아이 자신을 위한 '인간교육'이다. 개별 학생, 즉 '에밀'은 자신들의 이익을 추구하기 위해서는 방해와 강요로부터 자유로워야 한다는 점에서 개인적 차원에서 자유의 개념을 채택한다. 소극적 교육에서 교사의 활동은 환경을 결정하고 아이에게 주어져서는 안 되는 간섭을 통제하는 정도이다.

이제 '적극적 교육'에서 교사는 보통의 교사들이 그렇듯이, 모든 것이 열린 상태에서 아이들을 명확한 방향으로 안내해야 한다. 그러므로 아동기의 교육보다 교사의 가르침이 훨씬 중요한 의미를 지니게 된다. 어린 학생의 경우 아이가 어떤 지식을 획득했는지, 심지어 지식을 획득했는지는 중요한 문제가 아니게 된다. 청년기의 교육은 올바른 인간 행위에 대한 관점을 갖추도록 정서와 관념의 체계를 구축하는 일이기 때문이다.Boyd, 2013: 331[22]

인간 본성을 보는 관점에서 프레이리는 루소와는 다른 접근을 한다. 인간이나 제도는 본성적으로 선하지도 악하지도 않다. 실제로 인간의 본성은 인간이 살고 있는 세계로부터 떨어져 있는 것이 아니다. 인간이 된다는 것의 의미 자체가 주어진 문화의 산물이기 때문이다. 인간 본성은 항상 되어감(형성)의 과정, 역사적인 사건들이 일어나는 과정에 있다. 그러므로 '더 되는 것being more'에 대한 프레이리의 생각에는 자연의 평화로운 상태를 가정하는 루소의 '완전성perfectibility' 관념과는 다른 그 어떤 구체적인 내용이 없다.Streck, 2008: 74-75 루소가 추구하는 인간의 완전성은 야수와 같은 자연 상태에서 시작하여 더 높은 수준의 문명으로 펼쳐지는 진화라고 할 수 있다.

루소는 교육의 개념을 형식적인 교육에 국한하지 않고, 자연적 조건과

22. 아이들은 시민다움을 위해서 교육받아야 한다. 이를 위해 아이들을 부모의 보호로부터 떼어 놓아야 한다. 아이들의 교육이 부모의 관심에서 비롯된 것이 아니라면, 그리고 국가가 시민다움을 위해서 실시하는 교육이라면, 교육을 부모의 지력과 편견에 일임할 수 없다. 가장은 사라질 수 있지만, 국가는 영원한 것이다.

사회적 조건에 적응하게 하는 모든 작용의 총체라고 보았다. 루소는 개별적 자율성과 집단적 자율성을 모두 요청했다. 이 말은 '보편의지general will'[23]에 대해 더 급진적인 추구가 필요하다는 것을 말해 준다. 여기서 프레이리의 견해는 매우 유용한 함의를 갖는다. 전자와 관련하여, 우리는 이미 프레이리의 의식화 개념—또한 자율성에 대한 합리적 개념—을 제기했는데, 그것은 보다 '급진적인 자율성'이라고 할 수 있다. 그것은 비판의식의 고양을 통해 시대의 도전을 인식하는 능력 향상을 추구하고, 자신의 대중적 삶의 방식을 반성하도록 한다.Freire, 1973: 32, 20 비판의식의 고양은 사람들이 개인의 경험과 사회적 이슈 사이의 광범위한 연결을 만들 때 입증된다. 교육을 통해서 교사와 학생은 비판적으로 그리고 변환을 위해 특정 주제, 텍스트 또는 이슈에 대해서 개인적·사회적 의미를 종합한다.Shor, 1992

프레이리 교육사상은 루소를 급진화시킨 모델의 새로운 실험을 보여주었다. 루소의 구상은 개별적 자율성과의 연관성을 통해 주체가 적응보다 통합을 추구해야 한다는 프레이리의 주장으로 이어진다. 적응된 객체는 기껏해야 '약한 형태의 자기방어'에 관여할 뿐이다. 이와 달리 통합적 주체는 자신을 현실에 적응할 수 있는 능력으로 방향을 잡고, 현실을 바꿀 수 있는 비판적 능력을 갖춘 결과이다.Freire, 1973: 4 집단적 자율성의 개념은 연대의 이상을 추구하며, 자율성으로서의 집단적 행동의 이상을 수

23. '보편의지'는 '일반의지'를 말하는 것으로 국민 모두의 견해나 국민 다수의 견해를 의미하는 것이 아니라, 각 사람이 한 시민으로서 혹은 도덕적 행위자로서 갖는 의지를 말한다. 보편의지는 어떤 특정 개인이나 집단의 이익이 아니라, 국민 모두에게 이익이 되는 공동선을 목표로 한다. 루소는 국민 각자가 진심으로 원하는 것과 보편의지가 추구하는 '공동선'이 일치해야 한다고 보았다. 따라서 '사회계약'에 의해 보편의지를 구현하는 국가가 건립되었을 경우, 국민이 국가의 명령에 복종하는 것은 외적인 권력에 복종하는 것이 아니라, 스스로에게 복종하는 것이다(홀롬스텐, 1997: 172-173). 루소는 사회계약의 본질을 다음과 같이 요약한다. "우리는 각자 자신의 인격과 갖고 있는 모든 힘을 보편의지라는 최고 권력의 지도 아래 두는 한편, 사회 각 구성원을 전체와 분리될 수 없는 한 부분으로 생각한다"(홀롬스텐, 1997: 175). 루소는 실제로 절대군주라는 옛 독재자의 자리에 '국민의 의지'라는 새로운 현대적 독재자를 앉힌다. 국민의 의지 앞에서는 개인의 어떤 요구도 정당성을 갖지 못한다. 그는 막강한 권력을 가진 국민국가(국민주권의 이념)를 요구한 최초의 사상가이다.

반한다. 자신과 타인의 번영을 약화시키는 불평등 사회구조에 대한 집단적 행동의 필요성을 고려할 때, 이 점은 분명 중요하다. 문화 그룹에 힘을 실어 주기 위한 교육과정은 학생들이 자연과 문화의 차이를 인식하도록 하는 데 중요한 초점을 맞추고 있으며, 문화는 비판적으로 인식된 주체로 구성된 자율적 집단의 생성이다.Freire, 1973

물론 루소와 프레이리 모두 유토피아에 대한 이해를 구축하는 기본 원칙을 강조했다. 루소와 마찬가지로 프레이리에게 인간 본성에 대한 관점은 교육과 정치에 대한 이론화의 기초를 이룬다. 그런데 이들의 유토피아주의에도 불구하고, 교육 및 정치 활동에 대한 서로 다른 제안에서 몇 가지 중요한 차이점을 보인다. 루소의 유토피아에 대한 관점의 출발점은 인간의 본성에 대한 관점이 녹아 있으며, 궁극적으로 신으로부터 비롯된 생각에서 출발한다. "신은 모든 것을 좋게 만든다. 인간이 그들을 건드리면 그들은 악마가 된다."『에밀』, 1762

사회 풍조가 극에 달한 루이 14세 시대의 아이들은 이발사가 말아 올린 상류층의 곱슬머리를 강요받았다. 당시 아이들은 '어른의 축소판'이나 '작은 어른'처럼 여겨졌다. 사람들은 점차 아동기가 노예적 연령이 아니며, 굴욕을 당해서는 안 된다는 생각을 갖기 시작했다. 교육 역시 마찬가지다. 아이들은 어른들이 배우고 알아야 하는 것을 똑같이 배우고 알아야 했다. 교실 수업은 어른들이 형식적 문법을 배우는 것처럼, 고전을 통해 배우는 방식으로 진행되었다. 아이들이 문법을 어려워하거나 싫어하고, 고전을 쉽게 이해하지 못한다는 사실을 어른들은 결코 고려하지 않았다. 당시 사람들은 대부분 아이들의 좋고 싫음보다 중세 이래로 이어져 온 전통적인 교육, 즉 고전교육에 지나치게 의존했다.

이런 시대 상황에서 『에밀』이 출판된 것이다. 실로 '아동기의 탄생' 또는 '아동기의 발명'이라고 할 수 있다. 루소는 "어린이를 어린이로 대하라!"『에밀』, 1762라고 외쳤다. 루소의 교육이론은 개인과 사회의 올바른 관계라는 문제를 해결하기 위한 시도 중에서 더욱 발전된 형태라고 할 수 있다. 교육의 중심에 아동을 놓는 '신교육운동'은 루소의 아동관으로부터 직접 파생된 것이다. 장차 도래할 교육의 형태는 신교육운동의 선구자, 루소의 위대한 사상 속에서 들어 있던 씨앗이 결실을 맺는 것이다. 루소의 지지자들이 물려받은 신교육은 교사의 과업이 단순한 시민이나 노동자를 길러 내는 것이 아니라, 무엇보다도 인간을 만들어 내는 것이라는 점을 환기시키고 있다.Boyd, 2013: 14, 126, 321, 360[24] 루소는 투표할 때만 시민을 비판하면서 그것을 넘어서는 에밀과 같은 '현명한 시민'으로 구성된 이상사회를 구상했다.

그런데 프레이리는 루소와 달리, 과거나 미래의 '황금시대'에 대해 아무런 언급을 하지 않는다. 프레이리가 말하는 인간화는 예측 가능한 직선이 없는 개방적 과정이기 때문이다. 남성과 여성은 자신의 '더 되는 것'을 가로막는 한계상황을 극복하기 위해 고군분투하며 살아왔다. 역사도 그렇게 '되어가는 길'에 초점이 맞추어져 있다. 인간성을 위배하거나 사회적 계약을 침해한 사항을 이상화된 보편적 인간의 영역으로 위치시킬 수는 없다.Streck, 2008: 75 교육이 정치적이듯, 마찬가지로 정치도 교육적이다. 이것은 브라질 식민지화의 결과에 대한 프레이리의 견해에서 전형적으로 보여 준다. 그는 브라질 국가에서 민주주의 경험의 결여에 크게 영향을 미친 것은 식민화 모델에 기인한 것이라고 보았다. 극도의 약탈적인 식민화는 대토지 소유와 같은 경제적 착취와 노예노동에 기반하고 있다. 이와 같은 식민화는 민주적 문화 풍토의 특징인 침투 가능하고 유연한 사고방식을 개발하는 데 필요한 조건을 만들기 어렵다. 하지만 이 말이 브라질 사람들이 비민주적인 사회에서 살도록 운명지어져 있다는 것을 의미하지

24. 칸트는 루소의 위대한 제자였다. 칸트 역시 루소처럼 인간의 선한 본성을 전제로 하는 『교육론』을 썼다. 칸트는 루소 초상화를 평생 자신이 사는 조그만 오두막에 걸어 놓기도 했다. 칸트는 『에밀』을 읽느라 정해진 산책 시간을 지키지 못했을 정도였다. 루소의 교육사상은 프뢰벨을 거쳐 존 듀이의 아동 중심 진보주의 교육사상으로 발전되어 갔다.

는 않는다. 프레이리의 논변은 정확하게 적응하는 존재가 아니라, 실천하는 존재로서 남성과 여성은 다른 미래를 스스로 창출할 수 있다는 것이다. 낱말을 읽고 선언하는 것은 동시에 세계를 창조하고 변혁하는 것이다.

이 세상은 무엇으로 만들어질까? 프레이리는 근대적 사회계약의 다른 극단에서 자신을 발견한다. 정치조직의 주류 담론인 근대적 사회계약은 결점을 보여 왔고, 오해의 소지가 있고 편협함을 드러냈다. 여성들은 그것을 남성의 계약이라고 비판했다. 흑인들은 그것이 백인들만의 계약이라고 폭로했다. 사회계약은 자연을 물리적 지원으로 환원시켰다. 게다가 대부분의 나라와 나라 사이에서 찾을 수 있는 사회적 인종 분리는 근대적 사회계약의 담론에 뭔가 잘못되었다는 신호를 보여 주는 것이라고 할 수 있다. 프레이리는 사회가 스스로를 생산하고 재생산하는 물질적 기반, 세계에서 존재 방식으로서 상호 주체성의 인식, 권력관계의 구성에 대한 더 큰 관심, 세상에서 남성과 여성의 위치에 대한 새로운 이해를 살펴볼 필요성과 같은 요소들을 통합하는 새로운 사회계약을 위한 교육을 개발하려는 사람들과 동일시될 수 있다.Streck, 2008: 76

루소와 프레이리의 유토피아적 비전은 매우 구체적인 교육 실천으로 나아가고 있다고 보여진다. 두 사람 모두 교육의 냉철한 관찰과 그것이 일어나는 세계로부터 그들의 교육적 통찰력과 제안을 이끌어 냈다. 루소는 아이들이 어떻게 놀고 있는지, 어머니가 자녀와 어떻게 관계를 맺고 있는지, 그리고 학교에서 무엇을 하고 있는지를 세심하게 관찰한다. 프레이리의 교육학 저작 또한 언제나 실천에 대한 성찰적 보고서라고 할 수 있다. 설사 명시적 언급이 없다 하더라도 늘 그러한 태도를 유지하려 한다. 두 사람의 교육적 유토피아는 대안을 예고하는 기존의 관행에 대한 고발에 기반을 두고 있다.

이 지점에서 두 사람은 교육적 실천과 관련하여 상당한 차이를 보인다. 루소 교육학의 기본적 특징은 그가 상류층 출신의 한 백인 기독교인 소년을 교육하기로 선택했다는 사실에서 비롯된다. 유복한 사람들은 살아남기 위해 그럭저럭 버텨 낸다. 루소의 유토피아란 공동체주의적 형태의 사회계약이지만, 기본적으로는 그럴 여유가 있는 젊은 남성인 자기충족적인 개인들로 구성된 유토피아를 설정하고 있다.

이와 달리 프레이리는 교육이 인간의 상호 주체성의 일부분이라는 전제로부터 출발한다. 남성과 여성은 그들이 살고 있는 세상과 관계를 맺고 변화시키는 과정에서 그들 자신을 상호 교육한다. 피교육자와 교육자는 학습 공동체, 즉 지식철학적gnoseological 상황에 함께 묶여 있다. 프레이리에 따르면, 자유의 실천으로서 교육은 무엇보다도 앎의 상황이다. '알아가는 행위ato cognoscente/act of knowing'가 '알 수 있는 대상objeto cognoscivel/knowlable object'의 탐구에 끝나지 않고, 그것이 일단 다른 주체에게 전달되면 동등하게 인식된다는 것이다. 루소가 아주 중요하게 객관적 사실을 탐색하는 경우는 현실을 통한 매개를 낳을 수 있고, 이는 인간의 주관성에 의해 필연적으로 스며들어 올 수 있기 때문에 단순한 사실로 환원될 수는 없는 것이다.

여기에서 프레이리의 관심은 어떤 유형의 학습공동체가 아니다. 교육이 '자유의 실천', '해방의 교육', 또는 '억압받는 사람의 교육'이 되려면, 공동체가 자신과 세계를 바라보는 관점에 대한 전제가 있어야 한다. 학습 공동체 내에서 의미 있는 학습이 일어난다면, 오직 억압받는 사람의 취약함만이 해방을 위한 힘을 낳을 수 있기 때문에 해방을 위한 학습은 그들을 기준으로 삼는다. 변화의 운반자는 기술 혁신이 아니라, 기존의 것과 제도화된 것의 한계를 뛰어넘는 사회운동이어야 한다.

이때 프레이리는 교사와 학생의 분리이분법에 대한 강한 거부감을 보이는 난관에 봉착한다. 그러한 이분법을 루소는 인정했지만, 듀이에 와서는 제동이 걸렸기 때문이다. 물론 교사와 학생의 분리가 불가능하다고 주장하는 비판가도 있다. 프레이리가 강조한 것은 교사와 학생 사이의 개념이 밀접한 상호관계를 맺도록 해야 한다는 것이다. 그는 교사-학생, 학생-교사, 즉 배우는 교사와 가르치는 학습자의 역할 전환을 통해서 이를 교실 참여의 기본적 역할로 생각하기를 바라고 있다. 이것은 민주적 교육의 목표로서가 아니라 교육 방법으로서의 민주주의를 구현하려는 실험이다.

물론 프레이리의 초기 교육이론에서는 사실 교실의 경직된 틀로 인해 교사의 권위를 넘어서기보다는 그것을 비켜나고 있다는 비판을 받은 바 있다. 프레이리가 상호작용적 참여를 통한 해방을 강조한 것은 어떤 형태로든 참여적 활동을 통해 빈곤층이나 소외계층의 역량 강화로 이어지도록 하기 위해서다.

자율성의 개인적·집단적 의식화 개념은 프레이리의 의식화 개념에서도 포착되고 있다. 학교는 이러한 자율성의 중요성에 대한 기본적인 가정 위에 세워진 것이다. 학교는 부수적이지만 자율성을 위한 능력과 관련된 기술들을 아이들에게 교육해야 한다는 생각—이성과 이성적인 숙고의 실천, 증거와 주장의 재고, 다른 것들 중에서 반영에 내재된 자신의 입장 수정—을 지니고 있다. 여기서 비-학교교육도 그러한 교육을 제공하겠다는 약속에서 독특하지만, 아마도 충분하지 않다고 주장할 것이다. 그러한 불충분함을 설명하기 위해서 우리는 비-제도교육의 자유 및 전통적 학교의 구조가 동시에 필요하다는 것을 인정하는 무-학교교육un-schooling과 '탈-학교교육de-schooling'의 토대를 마련하기 위해 루소와 프레이리를 함께 읽을 필요가 있다.Petrovic & Rolstad, 2017

우리는 루소가 강조하는 자연인의 예와 같이, 자유와 자율성 간의 관계, 그리고 비판적 민주주의에 대한 관계의 중요성을 더 신중하게 고려해야 한다. 그 마지막 전환점에서 무-학교교육의 철학과 모델을 위해 루소와 프레이리를 동시에 읽는 것이 중요해진다. 결국, 루소와 프레이리 모두 개인-집단 문제에 대해 말하고 있다. 두 사람은 사회를 변화시키는 데 필요한 집단적 자율성의 창조와 함께 자율적 주체의 형성을 추구한다. 루소는 개인들과 그들의 자유에 대한 방법에서 더 급진적인데, 프레이리는 사회에 대한 목적에서 루소보다 더 급진적인 자율화의 비전을 보인다. 바로 그 지점에서 비-학교교육의 철학으로서 그것들이 어떻게 함께 읽혀야 하는지를 제시하고 그 목적을 안내해야 한다.

프레이리는 "고도로 기술화된 세계에서 인간 노동의 조직으로서 대량생산은 아마도 인간을 대중화하는 가장 강력한 도구 중 하나일 것이다. 인간이 기계적으로 행동하도록 요구함으로써 대량생산은 인간을 길들인다"라고 말한다.Freire, 1973: 34 다시 말하면, 인간은 더 이상 질문을 하지 않거나, 아니면 자신의 존재에 대한 사회적 관계를 '문제화'한다. 학생들은 이렇게 패권적 합리성을 견지하면서 적응한다. 각본화된 교육과정, 공통핵심 교육과정, 경쟁적 점수 등급화, 자율학습의 신자유주의 개념, 고부담 시험, 등급별 조직화, 공장식 건축을 가진 전통적 학교교육 체제는 분명 대량생산과 매우 유사하다.

그러한 사회적 맥락에서 루소와 프레이리 모두에게, 교육은 그 자체로 그들 자신 및 그들이 살고 있는 세상을 이해할 수 있는 자율적인 개인들로 구성된 공동체와 호혜성의 자유로운 사회적 관계를 형성하는 것이라고 말할 수 있다.Petrovic & Rolstad, 2017 그 세계를 이해하면, 집단적 자율성은 행동을 위한 방향과 지원을 제공할 수 있다.

단순한 이해의 보수적 성격 및 국가 정통성의 결여는 주체성의 법규 제정을 통한 사회의 끊임없는 변혁, 즉 프레이리가 강조하는 '의식화'를 필요로 한다. 프레이리도 루소처럼 조작이란 강제하는 것이고, 강제하는 것은 명백히 악의가 없는 얼굴 뒤에 감춰진 '교화'의 관계를 만들어 내고자 하는 것이라고 비판한다.Freire, 1978: 174 확실히 루소의 교육 프로젝트 일부는 그런 맥락에서 프레이리가 경고한 대로, 인간의 비판적 능력이 길들여지는 것을 거부하는 것이었다. 게다가 루소는 집단의 한 부분이 전체에 자신의 의지를 강요하는 것이 가능한 상태를 정치적 실패로 본다. 여기서 문제는 어떠한 이념적 헌신도 강요도 아닌 자발적 의지로 위장한다는 것이다.

『에밀』에는 교육이 개인의 자율성을 진작할 뿐 아니라, 사회 구성원으로서 더 바람직한 사회 건설에 기여하게 한다는 루소의 구상이 잘 나타나 있다. 루소의 교육 구상은 오늘날까지 자유주의 교육, 공동체주의 교육, 그리고 참여민주주의 교육 등의 이론과 실천을 발전시키는 데 밑거름 역할을 했다.이기범, 2016: 163 그리고 『에밀』의 출판으로 촉발된 관념들의 충돌은 지금도 진행 중이다. 그렇지만 아동에 대한 루소의 관점이 교육사상사에 미친 영향은 계속 드러나고 있다. 루소에게는 소극적 교육으로서의 합자연적 교육자연에 따르는 교육이 곧 '적극적 교육'임을 앞에서도 논의한 바 있다. 다만 낭만적 태도를 보인 루소가 인간적 자연 속에서 '신적 자연'이라는 뜻의 자연을 직관한 데 비하여, 도덕적 태도를 보인 칸트는 오히려 인간적 자연 속에서 '동물성'을 의식한 데 차이가 있음을 간파해야 한다.김병옥, 1986: 64-65

칸트는 루소가 경시한 '훈육'에 큰 의미를 부여한다. 훈련은 동물적 야성의 '길들임'이다. 칸트는 젖먹이의 양육과 감각의 육성 등 자연적인 교육에서 루소로부터 많은 영향을 받았지만, 근본적인 문제에서는 루소와 날카로운 대립을 보였다. 루소는 자연에 순종하는 습관을 주장한 데 비해, 칸트는 자연적 자유보다도 먼저 훈련에 의한 강제, 즉 '이성에 따르는 습관'을 강조한다. 칸트는 루소가 긍정적으로 본 자연성을 훈육/훈련을 통해 닦아져야 할 잠재성으로 보고, 자연성동물성 → 훈육도야 → 도덕성인격성으로 발달해 간다고 생각한다.김병옥, 1986: 64-71

그래서 프레이리는 루소가 안고 있는 교육관 문제에 대한 칸트의 해법을 통해 중요한 측면을 발전시켰다. 그는 교육이 인류에게 도움이 될 수 있을 뿐만 아니라, 실제로 도움이 되어야 한다는 설득력 있는 교육철학을 제시한다.Johnson, 2016 칸트의 교육철학이 루소의 교육철학을 둘러싼 문제들에 대한 해결책을 제공했기 때문이다. 칸트는 루소 교육의 소극적 열정을 교육적인 것으로 받아들이면서도 그것과 싸우기 위해 극단적 조치를 요청했다. 칸트는 소극적 열정을 통해서도 인류가 발전할 수 있는 가능성을 기대하면서도 그의 교육철학은 학생 내부의 능력을 끌어내고 다른 사람들과의 공동체로 발전하는 세 가지 주요 측면선에 대한 강한 의지, 선하고 숙련된 도덕적 판단, 그리고 그것에 대한 윤리적 헌신을 개발하는 데 초점을 맞추고 있다. 그렇기 때문에 개별 학생뿐만 아니라, 대규모 집단적으로 달성 가능하다는 신념을 보였다.

문명사회의 산물이 어떻게 인간을 타락시켰는지에 대한 비판으로부터 출발한 루소의 유일한 대안은 인류의 희망인 유토피아의 설정이다. 어린이는 유토피아 건설을 위한 이상적인 인간 형성의 시작이며, 이상적인 사회의 창조자로 설정된다. 『에밀』은 유토피아 세계이다. 논리적으로 보면, 이론과 실행 사이에 생긴 간격이란 바로 '자율'을 의미한다. 루소는 계획의 절대적인 선과 그 실천의 용이성을 확실히 구별하고자 했다. 인간은 교육 속에서 또 교육에 의해 스스로를 만들어 가야만 한다. 서로 어울리지 못하는 것을 어울리게 하려는 희망을 포기하고 행동할 때, 위험을 무릅쓰지 않는 자에게는 아무런 대안이 없다. 교육을 위해 자연, 사물, 그리고 인간이 조화롭게 어울려 경쟁하던 시대는 무너졌다. 그래서 루소는 현실적으로 할 수 있는 것을 제안하고, 실제 존재하는 악과 뒤섞여 있는데, 그 속에서 선한 것을 찾아 행할 것을 제안한다. 가능한 것을 실행하면서 절반의 좋은 결과라도 얻어야 한다는 것이다. 이것이 가능한 이유는 인간은 모순되지 않으면 두 가지 상반된 목표를 동시에 추구하지 않기 때문이라고 볼 수 있다.[25]

루소와 프레이리의 유토피아 관점이 시사하는 것은 현 질서는 끊임없

---

25. 루소는 관습, 관행, 전통 등을 거부한 '우상 파괴자'이기도 한다. 루소의 비판자들은 그를 '반지성주의자'로 몰아붙이기도 한다.

이 인간화의 가치, 공평, 그리고 사회정의의 특성을 갖춘 새로운 질서를 지향하고 있다는 점이다. 현실도피가 아니라, 유토피아에 대한 신뢰는 반드시 새로운 사회의식과 사람들 사이의 새로운 관계의 출현을 돕는 일에 투신하도록 이끌어 준다. 심지어 유토피아는 창의성과 역동성의 본질을 구성하기도 한다. 유토피아란 공정하고 정의로운 사회 건설 사업에 헌신하는 개인들과 공동체를 급진적이 되도록 하는 것이다.Kirylo & Boyd, 2021: 124

교육 실천은 인간화 과정의 한 경험이므로 유토피아 복원이라는 이상을 품고 잉태되어야 한다.Freire, 2007: 137 인간의 독특한 행위로서의 교육은 '지향적' 소명을 지닌다. 즉 교육은 꿈과 이상, 유토피아, 목표 등 소위 교육의 '정치적' 본질에 뛰어드는 일이다.Freire, 2007: 133 프레이리의 관점에서 보면 유토피아는 어딘가 멀리 떨어져 있는, 결코 볼 수 없는 현실이 아니다. 유토피아는 억압받는 사람들을 숙명론으로부터 이끌어 내어 해방하는 행동으로 들어서게 하는 자유롭고 정의로운 사회를 볼 수 있는 비전이라고 할 수 있다.Freire, 1998a: 6 유토피아는 경제, 인간관계, 가난, 피고용권, 토지권, 피교육권, 그리고 의료 서비스 접근 등의 분야에서 사회의 급진적 변화를 열망하는 것이다. 더 나아가 유토피아란 이러한 시민들의 인간 기본권을 거부하는 억압 세력들과 구조들을 해체한 결과이다. 유토피아란 현실에 대한 행동 수단이며, 사회행동을 계획하는 수단이다.

프레이리에게 유토피아란 곧 성취하게 될 현실이 아니라 누구든 행동을 위한 동기를 부여하는 장기적인 비전이라고 할 수 있다. 루소는 이상적인 자연 상태를 찾는 것이 일종의 '사고 실험'에 지나지 않는다는 것을 잘 알고 있었다.Noddings, 2010: 18 그는 인간이 야생적 동물로서는 자신의 최대 잠재력을 발휘할 수 없다는 것을 잘 인식하고 있었다. 그는 자립, 동정, 시민의 의무, 자연에 대한 사랑, 신과의 관계를 위한 최적의 문명적 조건을 찾았다. 그는 더불어 사는 삶의 필요와 자기실현의 필요 사이의 균형을 찾고자 했다. 루소는 이와 같은 철학적 기획을 염두에 두고 교육에

대해 생각하고자 했다.[26]

루소의 일부 견해는 20세기 교육 실천가인 닐A. S. Neill; 1883~1973의 서머힐 학교에서 현대적으로 부활되었다.[27] 루소와 닐은 모두 삶의 목적을 '행복'에 두었고, 자유를 매우 중시했다.Barrow, 1978: 67-69 닐은 루소처럼 어린이들이 자연적으로 선하며, 어린이에게 가하는 압력은 그들을 너무 빨리 황폐화할 것이라고 경고했다. 특히 그는 아이들이 요구하지 않는 형식적 수업과 종교, 그리고 도덕교육을 비판했다. 그래서 그는 민주적 자치학교를 모토로 한 실험학교experimental school로서 반권위주의적 학교의 상징이 된 서머힐스쿨에서 아이들을 놀게 했다. 닐은 그것을 근거로 학교가 어떻게 운영되어야 하는지에 대해 자유롭게 발언하도록 유도했다. 안전 문제를 제외하고는 학생들이 그러하듯이 설립자 닐 자신 또한 한 표만 행사했다. 이렇게 볼 때 우리가 여러 문제에서 닐과 견해를 달리할 수 있지만 교사들에게 "우리들은 어린이 편에 서야 할 것입니다!"라고 전하는 닐의 격률에 대해 높이 평가해야 한다.

프레이리가 강조하듯 우리가 꿈꾸는 교육의 유토피아에 대한 기대는 현재를 고발하는 것과 미래를 선포하는 것 사이의 변증법적 관계이다. 오늘 꿈을 꾸면서 내일의 교육을 고대하는 것이다. 사람들에게 교육의 유토피아가 없다고 단정하는 것은 권력자처럼 그들의 외침에 귀를 막는 것이나 다름없다. 교육의 유토피아는 분노로부터 시작한다. 프레이리는 '비판적 희망'을 강조했다. 현실은 비관적이지만 희망을 잃지 않았다. 하지

26. 루소가 이상적으로 여겼던 여성상은 '살롱적 여성'이 아니라, 남성을 보살피는 '현모양처형'이었고, 그에 필요한 요소로 순결, 순종, 봉사의 미덕을 든다. 루소는 여자아이에게는 정숙함과 유순함, 복종을 위한 교육을 원했다. 남자아이들은 자유를 위한 교육을 받는다. 여자아이는 어렸을 때부터 구속되어야 한다. 루소가 '발견'한 아동은 '소년'이지 '소녀'는 아니었다. 이 같은 루소의 생각은 페미니스트들로부터 강한 비난을 불러일으켰다. 그러한 루소의 여성 비하와 혐오는 특정한 시공간의 산물일 것이다. 따라서 이에 대한 비판과 보완적 논의는 전적으로 후학들의 몫이다.

27. 닐은 루소의 『에밀』을 서머힐 개교(1921) 후 50년이 지나서야 읽었다고 한다. 그는 '에밀'은 자유로웠지만, 튜터(tutor)가 규범화된 계획된 환경에서만 자유로웠다고 비판한다. 서머힐은 계획된 환경이지만, 결정을 내리는 것은 튜터 개인이 아니라 '공동체'라는 것이다.

만 유토피아도 타락할 수 있고 방향을 흐트러뜨릴 가능성이 있음도 유념해야 한다. 따라서 교육 및 사회의 유토피아를 제대로 이해하려면 현재와 미래 사이의 균형을 잡아야 한다. 현실에 바탕을 둔 이상적 교육의 꿈을 꾸어야 한다는 말이다.

## 3. 페스탈로치, 행동하는 도덕적 존재 형성의 길로 안내

프레이리와 요한 하인리히 페스탈로치Johann Heinrich Pestalozzi, 1746~1827는 시간적으로 멀리 떨어진 시대를 살았지만, 교육학적 원리에서 유사성을 보여 준다. 서로 탁월한 교육 실천을 가로지르는 경로를 보여 주었다. 프랑스로부터 유입된 『사회계약론』1762년 4월과 『에밀』1762년 5월이 스위스에서도 암암리에 판매되었다. 루소의 책은 과두정치, 민중 억압, 도시인들의 사치와 도덕적 타락을 비판하는 담론 역할을 했다. 그래서 부패한 대법관, 목사, 노동조합장 등에 반기를 들었다. 페스탈로치는 이런 문제들을 폭로하는 유인물을 만들어 돌리다가 며칠 동안 유치장 신세를 지기도 했다. 1789년 프랑스 혁명이 터지면서 페스탈로치의 세계관은 변한다. 그는 루소의 영향을 받은 칸트의 자율적 도덕사상을 접하고, 종전의 기독교적·가부장적 사회관과 가치관이 밑뿌리부터 동요하는 것을 스스로 감지했다.

하지만 페스탈로치는 프랑스혁명1789 이후 몰아치기 시작한 문화적·사회적·경제적·사상적 변혁자유, 평등, 박애이 새로운 문명의 타락 현상, 즉 시민적 자율성의 쇠퇴, 민중을 동원한 폭력적 개혁, 공권력의 미명 아래 행해지는 전제정치로베스피에르, 나폴레옹 등의 양상들을 목격한다. 그리고 정신적·도덕적 문명의 위기, 거세게 몰아붙이는 국가권력의 횡포, 내부의 역동적인 덕목들이 사라진 교육의 기능화 현상도 목격하게 된다.

페스탈로치는 이에 대처하는 방안으로 사회개혁과 함께 인간성의 함양을 위한 '인간교육'을 제창했다. 페스탈로치의 교육이념은 루소의 '자연'과 칸트의 '인격' 개념을 통합했다. 인격 없는 자연은 맹목이며, 또한 자연 없는 인격은 공허한 것이라고 했다. 페스탈로치는 점차 자연주의적이고 인본주의적 계몽사상을 신봉하는 교육개혁자가 되어갔다. 그는 몸의 교육(체육), 머리의 교육(지육), 가슴의 교육(덕육)의 조화적 통일을 추구하는 교육이론을 전개했다. 페스탈로치는 프랑스 혁명이 변질되자 독재의 오랜 억압에 병든 민중들이 결코 성숙한 자유 능력을 가질 수가 없게 되고, 무정부의 혼란으로 빠져들어 쉽게 반란의 유혹에 넘어간 현실을 비탄했다. 그래서 혁명 하나만 가지고는 결코 악이 극복될 수가 없다며 '대중으로서의 민중das Volk in Masse'이 아닌, 개개인의 자립능력의 회복을 통해서만이 참된 자유가 이루어질 수 있다며 다음과 같이 역설했다. "우리로 하여금 먼저 인간이 되게 하라. 그렇게 하여 다시 시민이 되고 국가가 이루어질 수 있도록 하라."

죽음을 앞둔 1826년, 페스탈로치는 프랑스 국민을 위한 글에서 "최상의 자연과 신·구세계를 움직이는 핵심에 교육이 있다"라고 말한 루소에 대해 깊은 경의를 표했다. "강력한 자연의 힘을 느꼈다. 그리고 동시대 사람들은 육체적인 삶에서, 또 정신적인 삶에서 역동적인 어떤 것과 멀어지고 있음을 간과했으며, 어린이를 어린이에게 돌려주고, 어린이와 인간의 본성을 교육하고자 했다."[28] 페스탈로치의 자연교육사상은 아이들의 존엄성과 아동 중심 교육과정을 강조함으로써 진보주의 교육에 큰 영향을 미쳤다.Gutek, 2013: 177 이런 교육철학을 바탕으로 노이호프, 쉬탄스, 부르크도르프, 이베르돈 등 학교를 스스로 세워 운영했다.

---

28. 물론 페스탈로치는 루소가 인간의 외부 세계와 내부 세계를 조화시키지 못했다는 지적도 했다.

19세기에 활동한 페스탈로치는 전쟁과 빈곤의 희생자인 농촌 어린이들, 젊은이들과 직접 일했으며, 개인의 지적, 신체적, 사회적, 도덕적 향상을 기반으로 한 교육 제안을 많이 했다. 페스탈로치는 교육계의 소크라테스라고 불린다. 우리는 페스탈로치를 고아의 아버지나 사랑의 교사로만 얕게 알고 있지만, 실은 '전투적' 교사이고 교장이었다. 그는 교육의 역사상 최초로 교직단체 '스위스 교육협회'를 1808년 창립하여 회장으로 취임하고, 일선 교사는 물론이고, 교육행정가, 학원 관리자, 종교가 등을 규합하여 참여시켰다. 교사는 생활권·신분권·교육권을 보장받기 위하여 단체 활동을 전개해야 하며, 또 민족의 미래에 대한 밝은 청사진을 독자적으로 제기해야 할 신성한 책무를 지녀야 한다면서 사회악을 제거하고 교육을 바로 세우는 운동을 했다. 교육현장에서 경험하고, 숙고하고, 버릴 것은 버리면서 자신의 방법론을 이론화시켜야겠다는 필요성을 느꼈기 때문이다.

페스탈로치는 인간의 근본적인 능력을 발전시키는 수단과 개인이 처한 구체적인 상황 속에 적응하는 수단 사이에서 교육의 자율적인 의미를 찾고자 했다. 교육은 독창성 있는 아이들이 필요로 하는 것들, 그리고 우주적인 차원에서 인간 본성의 발전, 이 둘 사이의 지속적인 긴장 위에서 이루어진다고 보았다. 교육은 재료에서는 자율적인 자유를 보장하는 우연에 힘을 기울이는 동시에 재료에 그의 형태를 부여하는 필요성에 힘을 기울인다. 인간은 특별한 존재로서 각각의 개성이 만들어지고, 그와 같이 형성되는 것이다. 인간은 이제부터 교육 속에서, 그리고 교육에 의해 형성되어야 한다.소에타르, 2004: 100 인간성의 힘이 없이는 결코 새 국민, 새 국가를 기대할 수 없는 것이다.김정환, 1995: 297 페스탈로치는 인간성 안에 동물적·사회적·도덕적인 세 단층이 있다고 보았다. 교육은 개인적으로 행복하고, 사회적으로 유능한 인간을 일깨워 형성하는 작용이다. 따라서 교육 작용의 기초를 다지는 교육철학의 가장 기본적인 과제는 인간과 교육과의 관계, 사회·국가와 교육과의 관계, 교육의 본질을 탐구하는 데 있는 것이다.

페스탈로치는 사회, 경제, 국가, 가정, 학교 등에 대해 변혁을 촉구한 혁명가이다. 그는 본질적 변혁을 시도했지만 미완의 혁명가로 평가받는다. 그 점에서 페스탈로치의 영향을 받은 또 다른 21세기 교육혁명가가 등장한다. 그가 바로 프레이리다. 당시 전통적인 교육의 관점에 맞서면서 기존 교육과 학교를 쇄신하기 위해 브라질에서 시작된 '새로운 학교Escola Nova/New School' 운동은 페스탈로치의 영향을 받은 것이다. 페스탈로치는 어린이들이 감각을 통해서 교육받아야 한다고 주장했다는 점에서 루소를 따랐다고 할 수 있다. 그는 루소의 사상을 구체화시켜 세련되게 만들었고, 로크를 계승하면서 '실물수업object lesson'이라는 접근 방식을 도입했다. 실물수업은 실물—지도, 도구, 정치한 장비 등 온갖 종류의 실물—의 전시로 시작해서 학생들에게 그것이 무엇인지 기술하도록 하고, 그것이 어떻게 작동하는지 말하게 하는 것으로 진행된다. 페스탈로치의 실물수업은 전반적으로 도덕적인 차원에서 이루어졌다. 그는 모든 교육은 인지적이면서 도덕적 특징을 지녀야 한다고 생각했다. 그리고 이보다 중요한 것은 그가 가난한 어린이들을 위해 헌신했다는 점이다. 그의 학교는 가난한 아이들도 잘 보살피고 가르치기만 하면, 부유한 집 아이들만큼 잘 배울 수 있다는 것을 보여 주었다.

긴 역사적 맥락에서 보면, 프레이리의 교육 실험은 기존의 전통적 교육책 중심, 이론 중심, 전달 중심 등에 맞서 싸웠을 뿐만 아니라, 브라질 교육과 학교를 쇄신하기 위한 '새로운 학교' 이념은 페스탈로치의 실천으로부터 큰 영감을 받았다고 할 수 있다. 이미 브라질에서 공화정 시대 교육자 캄푸스Caetano de Campos는 같은 목적으로 페스탈로치를 브라질 교육 변화의 모델로 소개하고 페스탈로치 방식의 채택을 장려한 역사를 갖고 있기 때문이다.

새로운 학교 사상은 브라질 교육에 여러 가지 영향을 주었다. 국가의 책임, 즉 모든 사람에게 세속적이고 독특한 의무교육, 무상의 학교를 제공할 책임이 언급되고 있다. 현재 교육문제의 전문 자격 및 해결을 위한 필요조건으로 교사를 위한 고등교육이 제안되었다. "구체적인 것에서 추상적인 것으로, 단순한 것에서 일반적인 것으로, 알려진 것에서 알려지지 않은 것"으로 시작하는 교수법에 대한 관심은 교육개혁에 필수적인 교육목표와 학교가 지닌 사회적 기능의 명확성을 추구한다. 이러한 고려 사항은 페스탈로치의 실천에 차례로 영향을 받은 브라질의 새로운 학교 운동의 아이디어에 반영되었다.

프레이리는 이미 자신에게 익숙한 개념으로 시작하여 자신의 일부라고 할 수 있는 세계세상를 이해하고 변혁시킬 수 있는 모든 인간 존재의 능력을 증진하고 확대하는 교육자 및 교육학을 옹호했다. 그는 페스탈로치와 비슷하게 자연자연환경과 문화인간에 의해 만들어지고 변혁될 수 있는 아이템에서 발견된 대상을 사용했다. 농부가 자신에게 익숙한 개념으로 이름 붙이는 낱말로부터 상징을 배우기 시작하는 것처럼, 세계에 대한 자신의 관점을 점차적으로 확장했다.Johnson & Reed, 2012: 195 프레이리도 집 뒤뜰에 있는 작은 나뭇가지로 글을 쓰는 법을 가르치는 어머니로부터 읽고 쓰는 법을 배웠다.

프레이리에게 교육의 주된 목적은 학생이 자신의 상황을 억압받는 것으로 이해하고 인식하여 자신의 해방을 위해 행동하도록 안내하는 데 있다. 그는 변증법적으로 연결되어 있음에도 객관성을 방해하는 지적 주관성에 의해 세상에서 일어나는 일을 보지 못하게 하는 장애물을 극복하기 위해서 관찰하는 사람의 역할뿐만 아니라 사건의 주체로서 개입하는 사람의 역할을 모두 포괄하는 변혁적 지식인을 요청한다.

이러한 요청은 프레이리에 의해 강력하게 사용되었지만, 그 징후는 이미 19세기의 페스탈로치의 교육 원칙에서도 찾을 수 있다. 당시 사회는 산업화가 막 시작된 단계에 있었으며, 어린이의 권리가 철저히 무시되거나 잘못 이용되고, 법적으로도 실제로도 어린이 자신의 세계가 충분히 보호받지 못하는 사회였다. 그래서 페스탈로치는 어린이의 권리가 지켜져야 한다고 주장했다. 그리고 무엇보다도 사회적인 통념으로 어린이에게 짐을 지우고, 어린이를 거칠게 만들고, 사랑이 없는 아이로 만들 수도 있는 모든 영향력으로부터 어린이를 보호해야만 한다고 했다. 그는 어린이의 사회 적응 능력의 대가로 생긴 학교라는 제도가 아니라, 어린이가 보호되어야 한다고 했다.리트케, 1997: 224-225 일반 사람들은 페스탈로치가 가난한 아이들, 인기 있는 학교의 아버지로만 여겨져 왔지만, 그는 이미 자신의 실천을 이론화하고 유럽 교육의 맥락에서 수많은 혁신을 가져올 수 있는 교육제도를 제안했다.

페스탈로치는 학생들의 현실과 맥락에서 작업했다. 이러한 방식으로 그의 목표는 학습 과정을 자율적으로 계속할 수 있는 학생을 형성하는 것이었다. 페스탈로치는 "각 수업은 즉각적이든 원격이든 목표가 있어야 한다"라고 말하면서 현실에서 삶으로 교육하는 훌륭한 시민을 형성하려고 했다. 지리, 생물학 또는 물리학과 같은 과목을 교실의 방에만 맡겨 두지 않았다. 그들이 직접 지도를 그리게 했다. 이것은 프레이리의 문해교육과 상당히 닮았다. 페스탈로치와 프레이리는 농촌 어린이와 청소년, 전쟁과 빈곤의 어린이들과 직접 협력하고 개인의 지적, 신체적, 사회적, 도덕적 향상을 기반으로 한 교육 제안을 개발했다. 그리하여 19세기 말과 20세기 초 선각자들은 학교를 재편하는 큰 운동을 일으켰으며, 페스탈로치와 같은 교육자로부터 큰 영감을 받았다. 전 세계적으로 혁신적인 관점을 가진 학교가 증가했으며, 모두 새로운 경향을 보였다. 페스탈로치와 프레이리는 모두 자율적인 존재의 발전, 교육과정과 관련된 정치적, 사회적, 문화적, 물리적 및 도덕적 문제에 관심을 쏟았다.

페스탈로치는 아이들이 그들의 타고난 성향과 가장 유사한 것을 자유롭게 선택할 수 있도록 하고 있다. 아이를 동반하여 아이가 있는 그대로 행동하고 자신을 나타내도록 하여 아이의 성향을 더 잘 이해하도록 한다. 가르침은 현실에 대한 인식에서 시작된다. 페스탈로치는 수동적인 가르침을 실천하지 않고 자신의 현실 내에서 학생 스스로의 조사를 통한 학습을 자극했다. 직관, 지각, 현실에 대한 직접적인 관찰로 시작하여, 자기 언어를 통해 지각의 분석, 상세화, 분류, 조직화의 힘을 장악한다. 마지막으로 생각은 종합과 개념의 확장을 향해 전진한다. 다시 말해 교육자는 준비된 내용을 제시하는 것이 아니라, 행동과 논리적 추론의 실행을 통해 지식을 구축하는 학생을 격려해야 한다는 것이다.

페스탈로치는 다음과 같이 말한다. "특수에서 일반으로, 구체적인 것에서 추상적으로, 가장 단순한 것부터 가장 복잡한 것까지…." 프레이리에게서도 유사한 실천을 발견할 수 있다. 그는 도시와 시골에서 청소년과 성인의 문맹퇴치에 직접적으로 참여했으며, 다양한 교육 공간, 학교 및 비형식 학교에서 일하는 교육자 및 사회운동가와 지속적으로 접촉했다. 이 행동이 해방적 실천으로 구성되기 위해서는 학생들이 이미 세상에 대해 갖고 있던 지식에서 출발할 필요가 있다. 프레이리는 학생들이 이미 세계에 대한 지식을 갖고 있다고 말한다. 그래서 그는 교육과정은 이 지식이 있기 때문에 가능한 것이며 모든 교육 공간에서 그러한 기획이 추진되어야 한다고 주장한다.

프레이리의 『희망의 교육학Pedagogia da Esperança/Pedagogy of Hope』1994에는 농부들과 함께한 경험이 담겨 있다. 농부와 함께 누가 더 많이 알고 있는지 알아보기 위해 문답 게임을 했다. 그가 학문적 현실에 관해 질문했을 때 농부들은 어떻게 대답해야 할지 몰랐다. 반면에 프레이리는 농부들의 질문에 제대로 대답하지 못했다. 결국 우리 모두 가지고 있는 지식의 원리를 증명한 셈이 됐다. 그는 『희망의 교육학』에서 이렇게 말한다. "엘리트주의 이데올로기는 마치 사물의 존재 이유를 밝히고 사물에 대한 완벽한 지식을 갖는 것은 엘리트의 특권이었고, 당연히 엘리트의 특권이어야 하는 듯이 군림한다. 민중 계급은 그냥 세계에 관해 '제 생각으로는요'라고 말하는 걸로 충분하다고 보는 것이다."

19세기 교육자인 페스탈로치도 전쟁과 빈곤의 희생자인 농촌 어린이와 젊은이들과 함께 일했으며 개인의 지적, 신체적, 사회적, 도덕적 향상을 기반으로 한 교육 제안을 개발했다. 페스탈로치는 청소년기부터 농촌 남성, 즉 사회에서 덜 선호하는 사람들을 돕는 데 관심을 표명했다. 그는 노이호프의 농장과 슈탄스에서 홀로 전쟁과 빈곤으로 희생된 80명의 고아를 돌보는 등 많은 교육적 경험을 했다. 페스탈로치는 신께서 가장 가난하고 가장 멸시받는 아이들에게도 주신 인간 본성의 능력을 확신하면서 이 본성이 무례함과 잔인함, 파멸의 수렁 속에서 가장 아름다운 잠재력과 능력을 드러낸다는 것을 이전 경험을 통해 배웠다. 페스탈로치는 인간이 착한 본성을 지녔음에도 불구하고 사회질서는 계속 부패할 것이라고 여겼다.

페스탈로치는 교육의 본질이 자연적인 욕망과 사회적인 환경을 서로 어울리게 하는 것이라고 주장했다. 이 두 조건의 만남을 잘 조직화하여 인간 스스로 작품을 만들어 가는 것이다. 예를 들어 지식은 아이들을 자연발생적으로 숙명으로부터 해방시킬 수 있는 동시에, 이권과 권력에 놀아나는 사회 현실 속에서 아이들을 자유라는 명목과 함께 타락시킬 수도 있다. 그래서 교육자들은 아이들이 자연적인 것과 사회적인 것에 대한 올바른 지식을 습득하도록 도와주어야 한다. 그러면 교육적인 차원에서 정치의 의미도 다시 찾게 된다. 개인적인 욕망과 일반적인 의지 사이에서 깊이 생각해 보면, 법은 선동주의나 권위적인 전제주의와는 별개의 것이다. 법은 자신을 책임질 수 있는 인간을 만들어 내는 교육 수준에 따라 발전할 것이다.소에타르, 2004: 87-88

19세기 교육자 페스탈로치와 20세기 프레이리의 궤적과 원칙을 관찰해 보면 두 교육자의 교육학적 목표 사이, 민중교육 제안에서 수렴점을 찾을 수 있다. 페스탈로치는 나중에 프레이리가 따라갈 경로의 시작 부분에 있다. 페스탈로치는 계몽주의적 맥락에 삽입된 것으로, 그 제안은 뉴스쿨 운동, 즉 자유주의적 교육의 경향에 직접적인 영향을 미쳤다. 프레이리는 그러한 교육적 경향의 계승자로 볼 수 있지만, 진보적 교육 사조의 주류를 이루었다. 그러나 그가 의도했던 도전 과제는 특히 민중교육에 대한 탐색에서 다양한 흐름 간의 연결을 제시하는 것이었다.

프레이리는 『억압받는 사람들의 교육학』에서 '세계의 헐벗은 사람들'을 목표로 하는 교육을 제안한다. 교육의 목적은 보다 정의로운 사회의 구성을 추구하는 것이다. 그에게 진정한 교육은 교사와 학교의 학생들에 대한 지적 테러, 어디서든 흔하게 볼 수 있는 은행저축식 교육이 아니다. 교육은 자유의 실천을 추동하고, 존재의 자율성을 추구하며, 비판과 성찰의 발달, 세계에서 능동적인 존재가 되도록 하는 것이다.

능동적인 주체가 세상에서 지닌 역할은 단지 일어나는 일을 관찰하는 사람의 역할이 아니라, 사건의 주체로서 개입하는 사람의 역할이기도 하다. 이러한 원칙은 프레이리에 의해 많이 사용되었지만, 그 징후는 이미 19세기 교육에 평생을 바친 페스탈로치의 원칙에서 찾을 수 있다. 그는 가난한 아이들을 위한 민중 학교의 아버지로 불린다. 그는 실천에서 이론화하고 유럽 교육의 맥락에서 수많은 혁신을 가져온 교육 제안의 원칙을 개발했다. 페스탈로치와 프레이리는 귀족 중심의 교육이 민중 중심의 교육으로, 교사 중심의 교육이 학생 중심의 교육으로, 지식 중심의 교육이 생활 중심의 교육으로, 암기 중심의 교육이 계발/발달 중심의 교육으로, 그리고 직업 준비를 위한 특정 기능 교육에서 저마다 가지고 태어난 삶의 몫을 일깨워 주는 인간성 회복(인간화) 교육으로 방향을 180도 바꿔야 한다고 주장했다.

페스탈로치는 학교 학습의 수행에 관심을 두는 것 외에, 도덕적 원칙의 수행에도 관심을 가졌다. 우리는 교육의 최종 목표가 학교 개념을 개선하는 것이 아니라, 삶을 준비하는 것임을 스스로 확신해야 한다. 맹목적인 복종과 근면의 습관을 들이지 말고 자율적인 행동을 준비하는 것이다. 이것은 프레이리의 저서에서도 교육에서 윤리와 도덕이 얼마나 가치 있는 것인가를 보여 준다. 교육한다는 것은 또한 윤리적이고 도덕적인 존재의 형성과 관련되어야 하며, 이에 더하여 교실 안팎에서 교육자의 행동에 일관성을 가지도록 해야 한다. 교육자의 태도가 모순적이라면 설득력 있는 연설만으로는 충분하지 않다. 그에게 교육은 다른 사람의 발전을 관찰하는 것이 아니라, 자기 자신의 발전을 관찰하는 것이다.

프레이리는 역사적·사회적 존재인 여성과 남성, 그리고 우리 모두 비교하고, 평가하고, 개입하고, 선택하고, 결정하고, 깨뜨릴 수 있게 되었다고 역설한다. 이 모든 것을 위해 우리는 스스로를 윤리적인 존재로 만들었다. 존재한다는 것은 우리 사이에서 존재하는 조건이다. 인간을 윤리 외부에서 생각하는 것은 불가능하다. 그렇기 때문에 교육 경험을 순수한 기술 훈련으로 전환하는 것은 교육 활동에서 근본적으로 인간적인 것, 즉 형성적 성격을 약화시키는 것이다. 인간의 본성이 존중된다면, 내용의 가르침은 학생의 도덕성 형성에 이질적일 수 없다.Freire, 1996: 33

인간의 근본적인 차원의 발전에 대한 관심은 우리가 페스탈로치와 프레이리 사이에서 발견하는 또 다른 유사점이다. 페스탈로치는 도덕적 존재의 각성을 교육의 주요 과제로 강조하여 도덕적 존재가 스스로 구성되도록 했다. 그리하여 이러한 각성이 일어나기 위해서는 교육의 과정에서 사랑의 경험이 도덕의 기본적인 힘이라고 강조했다. 두 사람은 모두 민중교육빈민교육 사업에 대한 탁월한 제안을 했고 효과를 보았다.

민중교육을 기반으로 작업한 두 사람은 모두 우리에게 자유, 정의, 평등 및 행복의 원칙을 채택하도록 한다. 그것은 행동하고 세상을 변화시킬 가능성을 인식하는 윤리적, 도덕적 존재의 형성을 뜻한다. 이러한 원칙은 여전히 현재도 유효하며 두 교육자의 실천이 정체되지 않았기 때문에 우리는 여전히 많은 생각을 하게 된다. 그래서 두 사람의 교육사상은 시간이 흘러도 현재 교육의 관심사 속에 남아 있다. 물질적 관점을 초월한 인간 조건에 대한 본질적 가치의 추구는 두 사람의 전체적인 교육 실천에 녹아 있다.

페스탈로치와 프레이리가 존재에 대한 관조, 지적 교육을 넘어선 학생에 대한 관점의 확장, 정서적 차원, 윤리적 및 도덕적 가치를 통해 전달하고자 했던 것은 영적 차원까지 이른다. 그들 사이의 거리는 단지 시간적 조건과 관련이 있지만, 교육자로서 교육적, 문화적, 사회적 그리고 사람들의 영적 형성에 관심으로 밀접하게 연결되어 있다.

현대 교육에 적용할 수 있는 것으로 페스탈로치와 프레이리의 교육철학에서 보여 주는 유사성이나 효과성이다. 페스탈로치는 어떤 면에서 루소의 꿈을 실천했다고 할 수 있다. 그의 방법론을 보면 『에밀』의 위대한 사상이 이루어졌음을 알 수 있다. 항상 변함없는 자연의 개념은 교육적 태도에 매우 요긴하다. 이런 교육적 태도는 인간이 있는 그대로의 모습으로 살아가거나, 또 원하는 모습을 스스로 만들어 가도록 한다. 페스탈로치의 변혁적 교육학에선 이를 위한 방법과 전략을 찾도록 해 주며, 교육자에겐 신뢰의 차원에서 인간에 대한 사랑을 가지고 다른 시도를 할 수 있도록 해 준다. 물론 페스탈로치가 지닌 꿈과 현실 사이에는 괴리감이 있는 것 또한 사실이다.

가장 중요한 사실은 페스탈로치가 강조한 대로 “교육이란 스스로를 이해하기 위해 배워야 한다”라는 것이다. 프레이리도 “교육은 사회변혁의 궁극적 수단은 아니지만, 교육이 없으면 사회적인 변화가 일어날 수 없다”라고 했다. 인간이 배운다는 것은 변화를 목적으로 구성·재구성하며 관찰하는 것이라고 했다. 인간 변화를 통한 사회 변화의 최고 무기는 교육일 것이다. 페스탈로치 또한 “나의 교육철학은 처음도 끝도 정치철학이다"라고 역설했다. 정치의 목적은 개체적 존재의 행복에 중점이 있고, 교육의 목적은 개체적 존재로서의 인간 도야이기 때문에 정치와 교육은 원래 분리될 수 없다. 교육은 정치·경제·사회를 떠나서는 생각할 수 없는 작용이다. 정치철학과 교육철학은 매우 밀접하고 불가분의 관계에 있다. 사회·경제·국가·가정·학교 등은 함께 풀어야 할 종합적 프로젝트라고 할 수 있다.

## 4. 부버로부터 얻은 참된 대화법의 영감

프레이리는 마르틴 부버Martin Buber, 1878~1965가 주창한 '만남'의 교육학을 곳곳에서 강조하고 있다. 만남과 대화의 교육자로 유명한 부버는 개인주의와 집단주의의 이원론을 넘어서 역동적 통일이 가능한 공동체를 위한 교육을 주창한다. 그는 현대인의 비극적 상황 속에서 잃어버린 인간의 본래적 모습을 인간과 인간의 참된 관계 형성, 즉 '만남encounter'을 통해 회복하고자 했다. 유년 시절 어머니와의 쓰라린 체험이 그가 '잘못된 만남'이라는 용어를 만들게 했다. 이를 계기로 인간과 인간 사이의 잘못된 만남을 겪은 부버는 이후에 '진정한 만남'의 의미를 찾는 철학적 작업을 하게 되었다. 그는 오늘날 현대문명 속의 인간관계가 한 인간이 다른 인간을 인격적 주체인 '너Thou/You'로 보지 않고 도구적 존재, 수단적 존재, 사물적 존재로서 '그것It'만으로 보아 '나-놈'의 관계로 타락했다고 경고한다. 그는 인간과 인간의 인격적 만남인 '나-님'의 관계로 회복할 것을 역설한다.[29] 다시 말해 '나I와 그것It, 물건, 놈'의 사물적 관계를 '나I와 너You, 당신, 님'의 인격적인 관계로의 전환을 시도했다. 부버는 근·현대인이 직면

29. '나와 너'의 관계를 기조로 한 인격주의적 철학은 실존주의와 함께 제1차 대전 후의 유럽, 미국의 기독교 신학이나 철학, 또한 정신의학계에까지 넓고 깊은 영향을 끼쳤다.

한 인간 소외와 원자화의 심각한 위기에 대한 대응을 '나와 너'의 관계에서 찾았다. '나와 너'의 관계가 '나와 그것'으로 전락한 상황은 인간을 상품화한 시장주의적인 신자유주의 시대를 맞이하여 더욱 격화되었다.

대화에 대한 프레이리의 설명은 『나와 너』1958의 글에 나오는 '나'와 당신'이라는 부버의 고전적 묘사에서 빌려 온 것이다.Freire, 1970a; 167 프레이리는 반-대화적이고 지배적인 '나I'라는 주체가 지배당하고 정복당하는 '당신thou'을 '비-아not-I'로 변화시킨다고 질타한다.Freire, 2019: 202-203 '나'와 '그것'의 관계란 '독백' 형태의 자세를 취할 뿐만 아니라, '나'의 실체는 또한 그러한 관계를 만들어 낸 사람이면서 상대를 '조종'하는 주체의 힘을 발휘한다는 것을 말해 준다. 이렇게 되면 상대You는 객체로 전락하고 대상화된다. 그래서 '나와 그것'의 관계가 '나와 당신'의 관계로 전환되어 진정한 대화를 하게 되면 참가자들은 서로 존중하는 수평적 연계를 맺고 참여하게 된다.

부버는 『인간의 문제』1943에서 언제나 이미 더불어 존재하는 인간을 두고 '사이 존재'라고 불렀다. 인간이란 나와 너의 만남 속에 있는 '사이 존재'라고 할 수 있다. 나는 다만 나로 있는 것이 아니라, 너와 나 사이에 존재하고 있다는 말이다. '나' 자체만으로 존재하지 않는다. 존재하는 것이라고는 근원어primary words라고 할 수 있는 '나-너I-Thou'이거나 '나-그것I-It' 뿐이다. '나'라고 말할 때 사람은 '나-너'의 '나'이거나 '나-그것'의 '나'이거나 그 둘 중의 어느 하나가 되는 것이다. 그가 '나'라고 말할 때 거기에는 이 두 '나' 가운데의 어느 한 '나'가 존재한다. 그가 '너' 또는 '그것'이라고 말할 때는 두 근원어 가운데서 이에 알맞은 '나'가 거기 존재한다. '나'임과 '나'라고 말하는 것은 두 근원어 중 하나를 말하는 것이나 다름없다.

부버에 따르면, 인간이 세계에 대하여 가질 수 있는 두 가지의 주요한 태도 혹은 관계는 '나-그것'의 관계로 표현되는 '사물 세계'와 '나-당신'의 관계로 표현되는 '인격적 만남의 세계'이다. 따라서 어떤 관계를 형성하느냐에 따라 인간이 살아가는 삶의 양상이 달라진다. 즉, 인간이 세계에 대하여 취하는 양태에 따라 그것은 인간에게 이중적으로 다가온다. 또한 인간의 이중적 태도는 '나-너'라고 하는 근원어와 '나-그것'이라고 하는 근원어로 표현된다. 그러므로 나-너'에서의 '나'와 '나-그것'에서의 '나'는 이중적일 수밖에 없다. 그래서 '나-너'는 '영원한 너'라고 할 수 있는 '신God'으로 확장되어 만나져야 한다. 이렇게 되는 '나-너'의 기본적 성격은 상호성, 직접성, 현재성, 강렬성, 표현불가능성의 특성을 갖는다.강선보, 2003: 118 이런 다섯 가지 특징이 '나-너'의 관계가 이루어지는 '만남'의 주요한 특성이라고 할 수 있다. 이러한 특성을 지닌 '만남'은 기본적으로 '개별화'의 특성에 바탕을 두고 있다.Buber, 1958: 99 이때의 구체적 개별화는 관계 맺기의 기쁨으로 발전할 수 있는 가능성이다.

만남의 주요한 장면인 '대화'는 '나-그것'이라는 '사물대명사'로서의 도구적 관계가 아니라, '나-너'라는 '인칭대명사'로서의 목적적 관계 속에서 이루어진다. '나와 너'라는 관계와 '나와 그것'이라는 관계는 인격으로서 공존하는 '나와 너'의 만남과 대화로 전환하는 것이다. 인간의 삶은 타동사의 영역에서만 이룩되는 것이 아니라 자동사의 영역에서도 이루어지는 것이다. 그것은 '무엇'을 대상물로 소유하는 것만으로 이룩되는 것이 아니다. '나'는 무엇인가를 지각한다. '나'는 무엇인가를 의식한다. 나는 무엇인가를 짐작하고, 아쉬워하고, 느끼고, 생각한다.

인간의 삶은 '그것'들만으로 이룩되어 있는 것은 아니다. 그러한 '따위'들이 모여서 이룩해 놓은 것은 '그것'의 세계일 뿐이다. '너'의 세계는 이와는 전혀 다른 기초 위에 전개된다. 부버의 '너'는 신만이 아니라 모든 인간, 사회, 자연을 포괄한다. 나와 대화하는 인간, 사회, 그리고 자연 말이다. 인간, 사회, 자연이 없는 신이란 무의미하다.[30] 그러나 자동사의 세계에서 '나와 너'는 대상이 없이도 언제나 존재할 수 있다. 규정할 수 없는 '너'의 세계가 곧 무한의 세상이 될 수 있기 때문이다. 사람은 누구나 세계와의 관계에서 두 가지 관계 중의 하나의 관계 속에 놓인다. 교육의 진정한 효과는 교육적 의도가 아닌 교육적 만남에 있다. 만남의 전제가 되는 교사와 학생 사이의 신뢰는 그들 사이의 합의를 뜻하는 것은 아니기 때문에 교사는 늘 '교육의 한계'를 자각하지 않으면 안 된다.

'너'가 '나'를 만남으로써, 그리고 동시에 '나'가 '너'를 만나기 때문에 '만남'은 항상 '서로 만남Sich Begegnung'이다. 즉, 나는 너로 인하여 '나'가 되며, 나는 내가 되면서 '너'가 된다. 이러한 존재들 간의 '상호 만남'에 의해 참된 삶이 형성되는 것이다. 따라서 부버는 "모든 참된 삶은 만남이다"Buber, 1958: 11라고 역설한다. 이런 생각을 지닌 그는 '만남'의 관계를 교육의 핵심으로 보았다. 그는 모든 아이가 교류를 통해서 세계가 그들에게 '나타나기현전'를 바랐다. 부버는 이를 양육과 교육의 관계 문제로 보았고, 그래서 교육에서의 관계를 순수한 대화의 관계로 위치시켰다.Noddings, 2010: 248 교사는 단순히 수업의 전달자, 교실 활동의 관리자, 자원의 분배자, 강사 또는 훈련을 시키는 사람이 아니라는 것이다.

교육자와 학습자 사이의 대화적 관계란 계층적 상의하달식의 패러다임이 아니다. 반-대화적 태도를 통해 확장되는 길들이기 교육에서 보여 주는 수직적 패러다임도 아니다. 그래서 프레이리는 반-대화가 다른 관점에 관해 관심도 없고, 오히려 오직 그 자체의 내용, 관점, 그 자체의 정복

30. 부버는 인간의 정신사를 '집 있는 시대'와 '집 없는 시대'로 구분한다. 전자의 경우 인간은 집에서 사는 것처럼 세계 속에서 살며, 후자의 경우 인간은 허허벌판에서 야숙하는 것처럼 세계 속에서 살 뿐 아니라 때로는 천막을 칠 네 개의 기둥조차 없는 경우를 말한다. 전자가 분명하고도 안정된 시대임에 반하여, 후자는 과도기적이며 소외된 시대라고 볼 수 있다. 그래서 인간은 '집이 없는 상태'가 돼야 불안과 고독에 젖어 진지하게 자신을 되돌아보고 자신에 대해 물음을 던진다는 것이다. '집이 있는 상태'에서는 이러한 본질적인 의문을 느끼지 않는 인간학적 물음을 던진다. 부버는 '우주적 집 없음'과 '사회적 집 없음' 간의 내적 관계를 갈파했다. 그는 대화를 통한 '사회적 집 없음'의 극복은 '우주적 집 없음'의 극복으로 인도하며, 역으로 신과 인간 간의 대화적 상황 속에서의 '우주적 집 없음'에 대한 극복은 인간과 인간 간의 대화적 상황 속에서 '사회적 집 없음'에 대한 극복으로 인도해 준다고 생각한다. 이러한 부버의 극복관을 통해 우리는 그의 낙관주의를 보게 된다. 다시 말해 현대인의 '집 없음'의 극복은 원래의 인간 상황이며, 이러한 현대인의 '집 없음'은 원래 상황으로부터 일탈된 것으로서 다시 정립되어야 한다는 것이다.

과 조종에만 두고 있다고 비판한다.Freire, 1990 진정한 대화만이 교육자와 학습자 사이의 관계를 조성하고 신뢰를 구축하는 데 영향을 미친다고 보았다. 새롭게 된 가르치는 자와 배우는 자의 관계만이 대화적 관계로 발전하는 것이다. 대화는 실존의 필수조건이다. 대화는 인간 존재들 사이의 만남encounter이다.

부버의 대화관은 프레이리에게도 그대로 이어진다. 진정한 대화는 만남의 조건을 가져올 것이다.Freire, 1970a 그리고 그 만남이 진정으로 변혁적이 되기 위해서는 사랑, 겸손, 희망, 인간에 대한 믿음, 비판적 사고 등 대화 관계에 필요한 요소들을 필요로 한다.Freire, 1990

> 인간을 자유롭게 하기보다 노예화하고, 한낱 '물건'으로 환원시켰으며, 역사에서 주체 역할을 하지 못하도록 했다. 대상을 단지 물건이나 물체로 인식하는 것은 그들 실존의 단순한 재현에 불과하며, 그에 대한 지식을 의미하는 것은 아니다. 다른 한편 인간은 세계를 활용하고 변혁하는 존재다.Freire, 1978: 126-127

> '나'와 '너'의 관계에서 협동적 역할만이 학습자들을 길들이는 것이 아니라 교육할 수 있다. 협동적 역할은 반드시 참석자들이 그 상황에 대한 토론을 마무리한 이후에 생성어에 대한 주의를 요청하고 그 낱말이 지칭하는 것을 떠올려 보도록 한다. 이것은 암기하도록 하는 것이 아니다. … 문화서클의 기능과 역동적 의미는 대화의 창조적인 힘과 함께 의식화의 명료화를 분석한다.Freire, 1978: 76, 105

부버는 현대인이 과격한 개인주의와 집단주의 사이에서 우왕좌왕하며 인간으로서의 가치와 존엄을 상실하는 무-방향성의 딜레마에 빠져 있음을 지적한다.Buber, 1954: 110-111 개인주의와 집단주의의 이원론을 넘어서 다양한 동적 통일이 가능한 공동체를 위한 참다운 교육이 필요하다. 동시에 부버는 현대의 시대적 상황을 '병든 시대'로 표현하며 오늘날의 현대인, 즉 병든 인간을 정상적인 인간 혹은 일반적 인간이라고 여긴다면, 현대인은 치유되지 않을 것이라고 한다.Buber, 1958: 53 이렇게 부버는 관계의 개념으로서 인간의 위치 및 본질을 파악하고자 했다. 그에게 나와 너의 진정한 '만남'은 결정적인 의미를 지닌 필생의 철학적 주제였다.[31] 그때의 만남은 당연히 일방적이거나 착취적이거나 부적절한 만남이 아니라, 인간을 인간이게끔 하는 참된 만남이었다.

1925년 부버는 하이델베르크에서 열린 '교육개혁을 위한 국제모임'의 제3회 국제교육학회 기조 강연자로 초빙되었다. 1919년 부버는 교육제도 개혁회의를 열고 학교교육 전반의 개혁, 특히 노동자 계층의 교육 개선을 추진하던 중이었다. 기조 강연에서 부버는 전통주의 교육과 진보주의, 즉 규율 대 자유라는 대립을 넘어서는 '대화의 교육'을 주장했다. 이런 생각은 프레이리에게 그대로 이어진다.

> 대화란 나-너의 관계이기 때문에 반드시 대화자 간에 주체자로서 관계가 맺어져야 한다. '너'라는 주체자가 '그것'이라는 객체로 변화될 때, 대화는 파괴되고 교육은 기형화된다. 그러므로 교육 기간 동안 대화적 감독을 실시하여 협동역이 반-대화의 유혹에 넘어가는 일이 없도록 해야 할 것이다.Freire, 1978: 76

대화의 교육에서 학생은 교사의 인격, 그리고 작가, 작곡가, 예술가의 '너'와의 만남을 통해 성장한다. 학생이 참여하지 않으면 참된 배움은 있

31. 부버는 모든 참된 삶의 기본인 만남을 그리스·로마에서 나온 헬레니즘이 아니라, 본래의 유대교와 기독교에서 찾는다. 부버의 헤브라이즘은 단순히 서양 문명만의 뿌리가 아니라, 동양 문명까지 포함한 인류 문명의 뿌리다. 거기서 신과 인간의 만남, 그리고 자유로운 인간들이 자연 속에서 자치하는 사회가 이루어진다고 본다.

을 수 없다. 그러나 이는 또한 학생이 배우기 위해서는 그 전에 참으로 '타자'인 무언가를 만날 필요가 있음을 뜻한다. 부버가 설명한 자유란 전적으로 개인적인 책임이 수많은 사람이 시대를 거쳐 함께 짊어 온 책임을 대신하는 것이다. 자유 속의 삶은 개인이 책임져야 할 대상이다. 그렇지 않다면 그것은 고통이다.

부버는 아동에게 내재하는 고유한 능력이 있음을, 그리고 모든 사람에게는 예술의 기초 능력이 있다는 사실을 설명한다. 이 능력은 반드시 개발되어야 하고, 전인교육은 이러한 기초 능력에 근거해 이루어져야 한다고 주장하며, 이렇게 잠재된 능력이 도야를 기다리는 기본적인 자립 충동을 그는 '창조자 본능'이라고 불렀다.

부버는 아동에게는 그런 창조자 본능과 함께 '소통을 위한 본능'이 있으며, 이것이 대화를 가능하게 한다고 말한다. 따라서 이러한 본능의 개발 또는 해방까지 포함하는 '대화의 교육'을 주장한다. 대화의 교육에서 교사가 학생을 일방적으로 지배하거나 자기 뜻대로 하려는 의지는 학생의 타고난 성장을 방해하려는 것으로 당연히 배제된다. 교사가 학생을 교육하는 것은 자신과 학생 사이에 참된 상호성이 구축될 수 있을 때 비로소 가능하다.

또한 부버의 상호성은 학생이 교사를 신뢰하여 교사가 참으로 자신을 위해 있다는 것을 알 때만 구축된다. "믿어라, 세계를 믿어라. 이 인간이 여기 존재하기 때문이다. 이는 교육에서 달성할 수 있는 가장 내면적인 관계다." 그러나 이는 교사가 단지 정신적 존재로서 그곳에 있는 것이 아니라, 현실에 학생을 향하여 그곳에 존재해야 함을 뜻한다. "그 학생에게 교사가 존재하고, 또한 참으로 계속 존재하기 위해 교사는 그 학생의 존재를 자기 실존 안에 결집하고, 그 학생이 세계와 교류하는 것을 맡는 사람이 되어야 한다. 그 학생의 세계에 대한 책임이 초점이 되어야 한다." 교사는 타자의 입장을 그 인격의 구체적 현실성 속에서 보면서도, 자신의 입장을 잊지 않기 때문이다.

이러한 포용inclusion이 대화적 관계의 본질이다. 포용은 감정이입과는 달리 자기 자신의 구체성을 확장하고, 삶의 현실적 상황을 충족시키고, 자기가 참여하고 있는 현실을 완전히 나타내도록 하는 것이다.강선보, 2003: 150 포용을 통해 특정 지어지는 두 사람 간의 관계를 대화적 관계로 볼 수 있다. 이러한 대화의 관계는 신뢰의 분위기 속에서 가능하며, 따라서 교육의 역할은 신뢰의 분위기 속에서 학생이 구체적인 포용의 체험을 하도록 촉진하는 것이다.

그런데 부버가 말하는 관계 형성에서는 역설에 부딪힌다. 왜냐하면 대화는 상호적으로 이루어지지만, 교육은 주로 한쪽 방향에서 이루어지기 때문이다. 즉 학생 편에서 교사를 가르친다는 것, 그리고 학생 편에서 교육자의 교육 경험을 한다는 것이 학생의 역할이 아니라는 것이다. 교사가 교사이기를 멈출 때 교육적 관계는 끝장나게 된다. 이러한 딜레마를 해결하기 위해 부버는 '포용'의 개념을 도입했다. 포용에 의해 교사는 참된 교육적 위치를 견지하게 된다. 교육적 관계에서는 구체적이기는 하지만, 일방적 포용 체험에 근거한다. 교육의 경우 교사와 학생 사이의 관계는 상호성이 아무리 강하다 하더라도, 그 포용이 상호적이라 할 수는 없기 때문이다. 학생은 사제 관계를 통해 교사가 교육되고 있는 것에 관여하기를 기대하지 않는다. 그렇지 않으면 교육 관계는 붕괴된다. 포용은 교육적 상황에서 계속 되풀이되어야 한다. 학생의 '타자성/이질성otherness'을 발견함으로써 교사는 자기 현실의 한계를 발견한다. 이 발견을 통해 교사는 학생의 성장에 필요한 세계의 힘을 인식하고 이 힘을 품게 된다. 이처럼 교사는 학생을 통해 자신을 교육한다.

부버는 교화, 선전, 그리고 훈계를 거부했다. 교육은 자기 자신의 내면에서 정당하다고 인식한 것을 타자의 영혼 속에서 발견하고 촉진하는 것인 반면, 프로파간다는 타자에게 자신의 의견과 태도를 강요하는 것이기 때문이다. 그의 이러한 교육관은 은행저축식 교육을 비판하며 제창한 프레이리의 '문제제기식 교육' 담론과 흡사하다. 두 사람 모두 강제를 내용으로 하는 전통적 교육 방식은 주입된 전통을 수동적으로 받아들이도록 하는 것이라고 판단한다. 반면 자유를 주장하는 진보주의 교육에서 교육은 이미 존재하는 자신의 힘을 끌어올리는 것을 뜻한다. 부버는 전자를 '깔때기', 후자를 '펌프'에 비유하였다.박홍규, 2012: 207

부버는 전통적 교육이 자유나 자발성의 필요를 충분히 이해하지 못하고 있으며, 진보주의 교육 또한 자유의 의미를 오해하고 있다고 판단한다. 흔히 강제적 교육에서는 고정된 정당성전통적 권위와 가치을 전제하여 주입식 교육을 실시하므로 학생의 자발성이나 창조력을 무시하는 경향이 있다. 이에 대해 학생은 복종하거나 반발할 뿐이다. 반면 자유교육에서는 학생의 자발적 가능성에 역점을 둔다. 여기서는 학생이 스스로 어떤 인식에 이르도록 한다. 여기에서 부버는 강제교육에서 자유교육으로 이행하는 것이 불가피함을 인정하면서도, 가능성의 자발적 개발과 도야가 교육의 전부라고 보지 않는다. 아동의 가능성을 개발한다는 것은 창조자 본능을 매몰 상태 또는 잠재 상태에서 현실화시켜 자유롭게 활동할 수 있게 하는 것을 뜻한다. 하지만 교육은 여기서 끝나는 것이 아니다. 해방된 본능이 교통/소통하도록 이끄는 진정한 힘은 바로 교육에서 비롯되어야 하기 때문이다.박홍규, 2012: 208 이것이 부버가 주장하는 핵심이다. 교육에서 중요한 것은 자유도 본능의 해방도 아니며, 해방된 본능을 만나도록 하는 교육의 힘에서 찾아야 한다.

부버는 진보주의 교육자들이 모인 '교육개혁을 위한 국제모임'1925에서 진보주의 교육에 대한 이의를 제기한다. 자유는 불가결하나 그것만으로는 참된 교육이 성립할 수 없다는 것이다. 강제의 반대는 자유가 아니라 '소통'이다. 소통은 먼저 아동이 자신의 의지대로 자유롭게 모험한 뒤 교사가 아동이 참된 가치와 만날 수 있게 해야 비로소 가능해진다. 교사는 가치를 제시하되, '바른' 것을 강제하지 않고, 손가락을 약간 움직이듯이 미묘한 힌트를 사용해야 한다. 학생은 이런 묘한 만남에서 많은 것을 배운다. 왜냐하면 처음으로 자기 힘으로 뭔가 해 보기 때문이다.

자유는 소통의 가능성이다. 소통을 위해 인간은 자유롭고 자주적이며 독립적이어야 한다. 이처럼 자유는 가능성으로 불가피하게 요구되지만, 그것이 교육의 전부는 아니다. 부버에게 "교육이란 텅 빈 자유에 어떤 내용을 줄 수 있고, 진동하고 선회하는 자유에 어떤 방향을 제시하는 힘"이다.박홍규, 2012: 209-210 부버에게 자유란 많은 세대가 공유한 책임을 철두철미하게 '인격적 책임'으로 대체하는 것을 뜻한다. 책임은 삶의 경험을 통해 우리에게 요구되는 바에 대한 응답이다. 예고 없이 다가오는 삶에 대한 응답의 불타오름이 바로 '책임'이다.

교육에서의 강제는 분열, 굴복, 그리고 반항을 불러오며, 친교는 통일과 개방을 의미한다. 이때 친교를 가능하게 하는 것이 자유이다. 이처럼 교육에서 자유란 '친교communion의 가능성'을 보여 준다.강선보, 2003: 152 이러한 자유는 없어서는 안 될 것이지만, 또한 그 자체만으로는 쓸모가 없다. 그리고 자유 없이는 무엇도 잘되지 않지만, 자유에 의해서 아무거나 다 잘되는 것은 아니다. 왜냐하면 자유의 결과가 항상 긍정적이지만은 않기 때문이다. 따라서 무-방향성의 자유에 어떤 방향을 제시해 줄 수 있는 힘은 교육에 있다.Buber, 1954: 88-92

부버와 프레이리는 모두 대화를 할 때 '친교'의 중요성을 강조한다. 그는 독백과 대화를 구분하면서 교실에서 대화가 쉽게 무너질 수 있음을 명료화했다. 그리고 교실에서 대화가 실패한다고 하여 항상 억압적 관계로 곧바로 귀결되는 것은 아니라고 했다. 하지만 프레이리는 대화 실패가 곧바로 억압적 구조를 낳을 수 있다고 판단한다. 양자가 엄밀하게 이분화되는 것은 아니지만 대화의 관계를 유지하면서 억압적 관계로 발전하지 않도록 대화가 개인적 차원에 머물지 않고 시스템의 개혁도 동시에 이루어져야 한다고 말한다.

현대의 위기 상황은 진정한 대화적 관계의 궁핍에서 비롯된다. 현대인은 대화의 필수조건인 신뢰를 상실했으며, 그로 인해 계속적으로 열전 및 냉전의 위협을 받고 있다. 이러한 현상은 이웃에 대한 신뢰의 결여 및 인간 상호 간의 불신으로부터 기인한다. 여기에서 부버는 이 같은 현대의 위기를 교육이 해결할 수 있다고 보았다.Buber, 1954 이러한 위기는 단순히 사회경제적인 체제 혼란에서 오는 것이 아니라, 인간 실존의 근본을 위협하는 데서 오는 것이다. 따라서 실존적 불신을 해소하고 참된 대화적 관계를 수립하여 '평화'를 위해 활동할 수 있는 교육이 이루어져야 한다.

이를 위한 평화교육의 형태는 근본적으로 자기교육self-education이다. 현대의 위기 상황 속에서 평화교육이 갖는 의미는 매우 지대하다. 진정한 교육자는 대화적 교육자이며, 그리고 대화적 교육자는 평화를 이루는 사람이다. 대화를 통한 평화의 유지와 발전은 마음의 평화와 함께 구조의 평화가 동시에 작동되어야 한다. 내외의 동시적 평화가 이루어져야 진정한 만남이 이루어질 것이다.

## 5. 로저스, 학습자 중심 교육관의 뿌리

칼 로저스Karl Rogers, 1902~1987[32]의 인간 중심 이론 또는 인간적 상담이론은 프레이리의 학습자 중심의 교육관과 닮았다. 로저스의 철학적 기초와 교육적 원리는 학생의 소외를 낳은 관료적 교육구조 및 실제를 비판하고, 자유와 창의성을 촉진하는 인본주의자의 철학과 실천을 강조하는 프레이리의 교육사상과 유사함을 보여 준다.Schugurensky, 2014: 132 교육은 정치

32. 로저스는 듀이의 사상을 알게 해 준 윌리엄 킬패트릭을 만났다. 로저스는 듀이의 사상에서 '경험'에 대한 개념을, 킬패트릭의 사상에서는 '성장'의 개념을 취한다. 그리고 임상심리학, 비지시 요법에 대해 더 많은 관심을 보인다. 이후 1931년 심리학 박사학위를 받았다.

적으로 중립적이며 피억압적인 계급에게는 아무런 의미가 없기에 중산층에게만 적용된다는 비판에 대해 서로 화답함으로써 로저스는 프레이리의 생각과 비슷한 생각들을 이어 갔다.

서구 문화의 패러다임은 인간이 본질적으로 위험하므로 보다 우월한 권위에 의해서 가르침과 지도, 통제를 받아야 한다고 여겼다. 하지만 로저스는 이와 달리 개인이나 사회를 위한 훨씬 더 효과적이고 건설적인 새로운 패러다임으로 인본주의 심리학humanistic phycology[33]을 제창했다. 그는 '옳건 틀리건 다 내 조국'이라는 이념은 더 이상 우리가 따라야 할 신조가 아니라는 시대 인식을 표명한다. 현실에 대한 어떤 근거나 신조에 맹목적으로 헌신하는 것이 아니라, 서로에게 헌신하되 각자 다른 현실을 마주하고 있는 사람들이기에 마땅히 서로 인정해 주는 것에 바탕을 둔 사회를 소망했다. 그래서 그는 남아공에서 흑인과 백인이 함께하는 소통 그룹을 지도했고, 독재정권 아래 있던 브라질에서 개인의 자유와 자기실현에 대한 강연 정치도 펼쳤다. 그는 대규모의 기관과 회사 그리고 관료정치를 거부했다. 그보다 소규모의 협력적인 그룹으로 일하는 것에 더 관심을 보였다.

프레이리 또한 소외된 사람들의 재-인간화를 촉진하는 대화와 각자에게 존재하는 성장을 위한 내면적 자아실현의 과정, 인간의 잠재력과 문제해결 능력에 대한 신뢰, 그리고 교육적 과정에 대한 책임을 학습자와 함께하는 학습자 중심 교육 및 총체적 교육holistic education을 강조하는 로저스의 생각과 관점에 동의했다.Schugurensky, 2014: 132

프레이리의 『페다고지』1968/1970는 로저스의 『학습의 자유』1977와 매우 유사하다. 로저스는 『학습의 자유』에서 프레이리의 생각과 같은 것을 보고 매우 놀랐다고 고백한다.

---

33. 인본주의 심리학은 행동주의 심리학과 정신분석 상담에 대한 대안으로 등장했다. 인본주의 심리학은 매슬로의 존재의 심리학(psychology of Being)과 연관되며 모두 실존주의 철학에 그 뿌리를 두고 있다.

> 프레이리의 틀을 세우기 위해 자신이 고안한 원칙이 『학습의 자유』의 원칙들과 너무도 유사해서 나도 모르게 놀라움을 금치 못했습니다. 나 스스로 자신이 어떤 틀에 박혀 있다는 것을 발견했습니다.Rogers, 1977

프레이리는 1968년 포르투갈어로, 1970년에 영어로 『페다고지』를 저술했고, 로저스는 1969년에 『학습의 자유』를 저술했다. 전자는 변두리 노동자들을 대상으로 한 것이고, 후자는 학생들을 겨냥한 것이다. 당시 서로의 저서를 읽었다는 증거는 없지만 두 사람 모두 세계적으로 유명세를 타기 시작했으므로 알고는 있었으리라 보인다. 두 사람은 동시에 세계의 다른 지역에서 책을 쓰고 있었고, 문제의식의 중첩 지대를 발견하게 된다.

로저스는 살아 있는 모든 유기체 안에 존재하는 형성 성향에 대한 자신의 믿음에 대해 종종 이야기하곤 했다. 그는 인간의 형성적 성향에 대한 믿음을 가지고 각 사람 안에 자기 이해와 개인의 변화를 위한 엄청난 잠재력이 존재한다고 믿었던 니체, 키르케고르, 아들러, 골드스타인, 매슬로, 호나이 등 많은 인본주의자 사상가들의 생각에 합류했다. 인간의 완전성에 대한 니체의 최초 기본 명제는 "너 자신이 되라"였고, 호나이는 "도토리 열매가 자라서 떡갈나무가 되듯이 아이는 어른으로 성장할 것이다"라고 믿었다. 이러한 입장에서 나온 심리치료의 과제는 조종하는 것이 아니라 촉진하는 것이며, 성장의 방해물들을 제거하여 이미 항상 그 사람 안에 있었던 것들을 풀어놓도록 돕는 것이다.Rogers, 2018: 13

사람은 유기체의 특성인 '실현 경향actualizing tendency'[34]과 우주 안에서 전반적으로 볼 수 있는 '형성 성향formative tendency'[35]이 있다. 로저스는 이 두 성향이 합쳐진 '사람인간 중심 접근person-centered approach'[36]을 시도했

34. 유기체들은 항상 무언가를 추구하며, 항상 어떤 일을 시작하고, 항상 어딘가에 도달한다. 인간 유기체 안에는 에너지의 중심적인 원천이 있는데, 그 원천은 체계의 일부 기능이 아니라, 전체 체계의 믿을 만한 기능이다. 이는 '성취와 실현을 향한 성향'으로서 이 성향은 유기체의 유지뿐 아니라 증식을 수반한다.

다.Rogers, 2018: 130-141 사람 중심 접근 방식은 자기 자신일 수 있도록 허용해 주는 심리적 토양을 제공해 주고, 모든 유기체의 생명 속에 스며 있는 성향을 두드려 깨우는 것이다. 우리는 자신을 초월하고 인류의 발전에 새롭고 더욱 영적인 방향을 창조하는 생명을 긍정해 주는 존재 방식에 참여한다.

'사람 중심 접근 방식'은 개인의 변화에 너무도 큰 영향을 주었기에 그것을 심리적인 어려움을 가진 사람들에게만 국한시키지 않는다. 로저스는 수십 년 동안 교육 프로그램에 관여하면서 인지적인 아닌 정서적인 부분도 교육에 포함시키도록 했다. 그리고 교사들이 '전인적 인간'에 초점을 맞추도록 수용성, 진실성/진정성/일치성,[37] 공감적 경청/이해가 있는 학습환경이 조성되도록, 교사들과 기관 운영자들이 내담자 중심 상담 등 '사람 지향적' 접근법 훈련을 받도록, 그리고 학생들의 자존감을 세워 주고 자연스러운 호기심을 풀어 주도록 촉구했다.Rogers, 2018: 13

로저스 사상에 영향을 준 부버는 동양철학인 도교의 원리인 '무위'를 가치 있게 보았다. 무위란 실제로는 전일적 존재의 행동이지만, 아무 노력도 하지 않을 때가 가장 효과적이기 때문에 '아무것도 하지 않음'의 원리이다. 부버는 다음과 같이 설명한다.Rogers, 2018: 61

> 사물의 삶에 간섭한다는 것은 사물과 자기 자신 모두에게 '해를 입히는 것'이다…힘을 행사하는 자는 드러나 보이기는 하나 '작은 힘'을 소유한 자요, 힘을 행사하지 않은 자는 숨겨져 있지만 큰 힘을 소

35. 우주 안에는 형성 성향이 있다. 퇴보를 향한 성향을 무시하지는 않되 무생물과 생물 모두 안에서 질서의 증가를 향하여, 그리고 상호작용하는 복잡성을 향하여 항상 움직이는 '변형 성향(morphic tendency)'이 분명하게 나타난다.

36. '사람 중심 접근 방식'은 사람으로 하여금 보다 더 진정한 그 사람이 되어가게 함, 즉 '사람됨'을 촉진하기 위한 것이어야 한다(Rogers, 2018: 39).

37. '일치성'은 자신이 경험하는 것을 인식하고 있을 때, 그리고 인식하고 있는 그것을 의사소통을 통해 전달할 때, '잘 들어맞는다'는 말이다.

유한 자다.

수행을 쌓은 자는… 인간의 삶에 간섭하지 않고 다른 인간에게 힘을 행사하지 않으며, 모든 존재가 자유롭게 되도록 돕는다.노자 조화로운 사람은 그 조화를 통해 다른 사람들을 조화로 이끌며, 그들의 본성과 운명을 해방시켜 주고 그들 안의 도가 발현되도록 돕는다.Buber, 1957

로저스는 자신의 신념을 가장 잘 표현해 주는 것으로 노자의 명언을 소개한다.

내가 간섭하지 않으며, 그들이 스스로 자신을 돌본다.
내가 지배하지 않으며, 그들이 스스로 바르게 행동한다.
내가 설교하지 않으면, 그들이 스스로 개선한다.
내가 강요하지 않으며, 그들은 진정한 자가 자신이 된다.

로저스는 인간의 행동에 대한 극심한 통제를 한결같이 강조하며 기술을 중시하는 사회는 행동주의에 매혹되는 것이 당연하다고 생각한다. 우리의 삶을 지배하는 기술은 자연을 정복했고, 인간을 통제하는 데 기반을 두었던 우리의 문화는 점점 더 사양길로 접어들었다.

그런데 이러한 문화가 붕괴됨에 따라 사람들은 새로워질 것이다. 높은 인식 수준에 자기 주도적이며, 외부보다는 내면을 탐색하고 제도와 독단적인 권위에 복종하는 것을 멸시하는 새로운 사람이 나타날 것이다. 근원적인 자유와 독특한 존재로서 인간의 존엄성과 자기결정 능력을 강조하는 인본주의 심리학은 '새로운/내일의 사람'[38]의 출현을 염원한다.Rogers, 2018: 78-79 새로운 사람의 출현은 저항에 부딪힐 것이지만, 내일의 사람들은 살아남을 수 있을뿐더러 우리 문화 안에서 매우 중요한 누룩이 될 것

이다.Rogers, 2018: 368

로저스는 '나-그것'의 관계가 아닌 '나-너' 관계의 형성을 중시한 부버의 정신을 이어 갔다.Rogers, 2018: 38 프레이리 또한 부버의 정신을 이어받은 로저스의 사상을 구체적으로 인간 현실의 싸움에서 구현하고자 했다. 로저스와 프레이리가 옹호하는 교육학은 특히 개인의 표현의 자유를 고려한다는 점에서 많은 공통점이 있다.Gadotti, 2012: 164 개인은 더 많이 배우며, '있음to be'과 '되어감to become'에서 더 큰 자유를 얻는다.Rogers, 2018: 147 사람은 인간이 하고자 하는 동기부여만 된다면, 자신의 문제를 스스로 해결할 수 있다고 믿었다. 모두 교육에 대한 책임은 학생 자신의 손에 달려 있다고 보았다. 성장과 자기 평가를 할 수 있는 사람은 학생이다. 교육은 교사 중심 혹은 교수 중심이 아니라 학생 중심이어야 한다. 학생이 학습의 주인이어야 한다는 뜻이다. 교실에서 지식이 학생들에게 던져져서도 안 되고, 학습이 아동의 머릿속에 남아 있든지 혹은 학생이 교사가 자신에게 가르친 방식대로 지식을 유지하고 있든지 간에 테스트나 시험이 그것을 통제하는 방식이 되어서도 안 된다.

교육은 학생이 완전한 인간, 생각과 감정이 있는 인간이라는 시각을 가져야 한다. 전통적으로 거리가 있는 교사상을 가깝게 끌어오려는 프레이리의 방법과 유사하게, 인간을 중심으로 하는 로저스의 접근은 전통적인 심리학이 옹호하던 거리감을 유지하는 대신에 환자와 치료사의 관계를 친밀하게 만든다.Gadotti, 2012: 165 로저스는 프레이리가 '은행저축식 교육banking education'[39]이라고 심각하게 비판했던 전통적 교육 방식을 다음과 같이 비판한다.Rogers, 2018: 310-312

---

38. '내일의 사람' 특징은 개방성, 진실성을 향한 열망, 정복을 추구하는 과학과 기술에 대한 회의, 전체가 되고자 하는(전일적) 갈망, 친밀감에 대한 소망, 과정의(변화에 대한 열망) 사람들, 배려, 자연에 대한(친자연적) 태도, 반-제도적(관료적인 것에 대한 거부감), (외적인 권위보다는) 내면의 권위, 물질적인 것에 큰 비중을 두지 않음, 영적인 것에 대한 갈망 등이다(Rogers, 2018: 363-365).

- 교사는 지식의 소유자고, 학생은 당연히 수령자다.
- 강의 또는 말로 가르치는 몇몇 방법들이 수령자 안에 지식을 넣어 주는 주된 방법이다.
- 교사는 힘의 소유자이고, 학생은 순종하는 자다.
- 권위에 의한 지배는 교실 안에서 수용되는 정책이다.
- 학생에 대한 신뢰는 최소한으로 해야 한다.
- 피지배자학생는 간헐적으로 혹은 지속적으로 공포심을 주어야 가장 잘 통치할 수 있다.
- 민주주의와 그것의 가치가 실제로는 무시되고 멸시당한다.
- 교육 시스템에는 오직 지능을 위한 것만 있을 뿐 전인을 위한 것은 없다.

이러한 전통적 교육과 다르게 사람 중심적 교육은 정치적으로 본질적인 힘과 통제권을 가지고 있는 사람을 '학습자learner'에 둔다. '촉진자'인 교사는 내용 중심의 고정된 목표를 덜 강조하며 학습이 일어나는 방법을 경험하는 과정에 초점을 맞춘다. '학습자'인 학생들은 자기 자신의 학습 과정과 삶의 과정을 통제하는 힘을 획득하는 과정 중에 있다고 바라본다. 물론 이전에는 교사였지만, 학습자로 돌아가기도 한다. 촉진자는 다른 사람들을 통제하는 힘을 양도하면서 자기 자신을 통제하는 힘만 보유하려고 한다. 힘을 양도하는 것은 겁나는 일이다. 이러한 학습 과정은 전통적 교육의 정치학과 완전히 다른 혁명적인 모습을 보인다.Rogers, 2018: 316-320 우리 모두가 새로운 길들을 찾으려 할 때는 이해해 주며 동행해 주는 촉진자를 필요로 한다. 진정으로 사람 중심적인 인본주의 교육으로 변화

---

39. 프레이리는 『페다고지』에서 "교육은 예금 행위처럼 된다. 학생은 보관소, 교사는 예탁자다. 양측이 서로 대화하는 게 아니라, 교사가 성명을 발표하고 예탁금을 만들면, 학생은 참을성 있게 그것을 받아 저장하고, 암기하고, 반복한다. 이것이 바로 '은행저축식' 교육 개념이다"라고 설명한다.

하려면 전면적인 개혁이 필요하다. 로저스는 인생 후반부에 평화운동에 뛰어들기도 했다. 로저스는 자신을 '조용한 혁명가'로 생각하기를 좋아했다. 그는 혁명적인 비전의 성취를 위하여 용기와 열심을 가지고 나아가는 한편, 새로운 정치학을 위한 진지한 책임을 감당하고자 했다.

하지만 로저스와 프레이리는 적어도 네 가지 면에서 주요한 차이점을 보인다. 첫째, 그들 작업의 일반적 방향과 관련이 있다. 프레이리의 관점에서 적어도 두 가지 차이점이 있는 지점을 분명히 할 필요가 있다. 로저스는 치료와 자아 완성에 초점을 둔 심리학적 관점을 갖고 있는 반면, 프레이리는 교육, 권력, 그리고 민주주의 사이의 관계에 더욱 관심을 두는 사회정치적 관점을 갖고 있다. 로저스가 개별 치료, 자아실현, 그리고 집단의 역동성에 관심을 두었다면, 프레이리는 비판의식과 사회혁신에 관심을 두었다.Schugurensky, 2014: 153 이것은 서로 다른 맥락에서 설명될 수 있다. 로저스가 주류로부터 소외된 주로 선진국의 중산층 참여자와 함께 작업을 했다면, 프레이리는 극심한 불평등과 억압구조의 상황에 처한 농민과 노동자들과 함께 개발도상국에서 작업을 했다.

두 번째 차이점은 교육적 접근 방식이다. 로저스는 '비지시성non-directiveness'을 옹호한다. 로저스에 의하면 교육자는 학생이 자신의 목표를 향하여 스스로 경로를 개인적으로, 집단적으로 선택하기를 기대하기 때문에 과정을 가르치고, 지도하고 지시하는 것을 삼가는 '촉진자'로서 행동해야 한다. 반면 프레이리는 교육자는 목표를 가지고 집단에 접근해야 하고, 그 목표를 성취하기 위한 프로그램을 가지고 있기 때문에 교육은 항상 '지시적'이어야 함을 주장한다.Schugurensky, 2014: 153 그가 말하는 지시성은 혼란을 야기하는 자유의 방식이 아니기에 권위주의를 뜻하는 것은 아니다. 프레이리의 주장은 로저스와 달리 '지시적 교육자'가 되는 것이 학생을 길들이거나 그들에게 어떤 의제를 강요하는 것을 의미하는 것이 아니다. 그에 따르면 '지시적으로 해방하는' 교육자와 '지시적으로 지배하는' 교육자는 구별되어야 한다.Schugurensky, 2014: 153-154 지배하는 교육자가 교육과정의 목표와 내용을 길들이고, 조종하고, 독점하는 것인 반면, 해방하는 교육자는 교실의 연대감을 격려하고, 그리고 학생 통제를 추구하기보다 그들을 참여시키는 것이다.Shor & Freire, 1988

셋째, 로저스는 개인의 권위, 자기 주도성, 그리고 협업 능력의 향상을 촉진하는 '변화change'를 강조하는 반면, 프레이리는 집단의 힘, 공동의 주도성, 그리고 현실 사회의 변화를 위한 비판적 의식을 고양시키는 '변혁transformation'을 강조한다. 그는 로저스와 달리 교육자를 '촉진자'로 보지 않는다. 프레이리에게 '촉진자' 개념은 '교육자'의 역할을 포기하는 것이고, 될 대로 되라는 식의 교육에 대한 자유방임적 접근을 허용하는 것이나 다름없다. 프레이리에게 교사의 주요한 역할은 가르치는 것이다. 따라서 촉진하는 것은 가르치는 것이 아니다. 그의 말로 하면 "나 자신이 교사이고 항상 교사이다. 내가 교사임을 분명히 하고 싶은 것은 교사가 된다는 것이고, 나는 항상 촉진을 위해 가르친다."Freire & Macedo, 1995: 378 그에게 교육자는 학생과 동일하지 않고, 가르침과 학습 과정에서 책임이 다를 뿐이며, 교육자는 권위가 없으면 지시는 불가능하고, 그리고 학생을 포기하지 않아야 민주적인 것이 가능하기 때문에 자유방임 접근과 권위주의적 접근 중 하나를 선택하도록 강제해서는 안 된다고 주장한다.Schugurensky, 2014: 153[40]

로저스의 초기 사상이 심리적 '변화'에 초점을 두었다면, 후반부 사상은 그것을 기본으로 하면서도 교육 및 사회체제의 '변혁'에 대한 관심으로 확장되고 있다. 기본적으로 로저스는 주체자의 자기 주도성을 통해 제도의 벽을 넘어서는 데 관심을 두었다. 이는 제도의 억압 속에 살고 있는 개인들의 심리적 상황을 반영하고 있다. 반면 프레이리는 주체자의 의식

40. 진보 정치를 주창하면서 교실에서 권위주의나 기회주의적 태도를 드러내는 것은 모순이다. 진보적 입장은 민주적 실천을 요구하는데, 민주적 실천 속에서 권위는 권위주의로 치달아서는 안 되지만, 무책임이나 방종으로 전락해서도 안 된다는 말이다.

변화와 함께 현실 투쟁을 통해 난관을 돌파하고자 했다.

우리는 로저스가 자신의 경험에 바탕을 두고 저술 활동을 한 실천가라는 사실을 주목해야 한다. 그는 교육과 사회의 관계에서 자신의 태도가 수정되고 있음을 보여 주었다. 그는 초기에는 개인의 행복에 대해서 큰 관심을 보였지만, 분명 민주주의에 대한 관심도 컸다. 민주주의 존립은 자립적이고 책임감 있는 개인에 기초해야 함을 강조하고 있다. 그러나 이것은 원칙적으로 정신치료사와 내담자 사이, 교사와 학생 사이 관계의 내용에 더 전념하고 있는 그의 사고에서 볼 때 중요한 것은 아니다.

하지만 로저스는 인생 후반부에 출간된 『배우기 위한 자유』1969에서 학교체제의 부정적 상황에 깊은 우려를 표명한다. 끊임없이 가속화되는 세상의 변화 속에서 교육체계가 개인이나 그룹이 행복하게 살 수 있도록 준비하고 있는가에 대해서 의문을 표명한다. 그리고 비이성적인 민족주의의 부상에도 우려를 표명한다.베르트랑 & 발루와, 2005: 331-333

로저스와 프레이리의 차이는 학문적 과정에서 비롯된 이론적 차이가 아니라 그들이 직면했던 현실, 성장 및 활동적 배경, 경험의 차이에서 비롯된 것으로 보인다. 로저스가 상대적으로 자유주의적인 중산층을 배경으로 하고 있다면, 프레이리는 농민, 피억압자, 식민지적 경험을 토대로 하고 있다. 따라서 두 사람은 전투성, 치열성, 급진성이 다를 수밖에 없었다. 프레이리에게 교사는 단지 '촉진자'가 아니라, 앞장서서 방향을 제시하고 같이 싸워야 할 소대장이었을 것이다.

상황과 맥락에 따라 배합 정도는 달라지겠지만, 내부의 자아 변화와 외부의 세상 변화는 분리되지 않아야 한다는 점에서 로저스와 프레이리는 다르지 않았다. 사람의 변화와 세상의 변화는 동전의 양면이고 안과 밖의 관계이기 때문이다. 양자의 중첩 지대를 넓혀야만 인간과 사회는 온전하게 지속되고 발전될 것이다. 이것이 보수와 진보의 공존 가능성이고 희망이다.

## 6. 프롬의 자유, 해방적 의식화의 원천

파울루 프레이리에게 상당한 영향을 미친 프랑크푸르트학파 중에 에리히 프롬Eric Fromm, 1900~1980이 있다. 현대 비판적 교육학의 설립자라고 할 수 있는 프레이리에게 프롬의 영향력은 절대적이었다.Braune, 2014: 44 프롬은 선불교와 평화운동을 위해서 많은 시간과 에너지, 그리고 재정을 투자했다. 미국으로 망명한 프롬은 미국 사회당에 가입했다. 프레이리는 1960년대 후반 멕시코의 쿠에르나바카에서 이반 일리치가 주선한 회동에서 프롬을 두 번 이상 만났다. 그때 프레이리의 눈을 확 트게 한 것은 역사적·사회문화적·정치적 정신분석을 시도한 프롬의 교육적 실천이었다. 프레이리는 프롬의 언어심리학에서 해방의 심리학을 이끌어 냈다. 프레이리의 교육사회학적 상상력과 프롬의 인본주의 사회학은 점점 중첩되어 갔으며 사상적 공감대를 넓혀 갔다. 개인과 사회의 분리가 아니라 중첩되면서 수렴되어 갔다. 프레이리는 전체적 통제를 행사하려고 기도하는 억압자에 대한 가학적 본성에 대한 프롬의 통찰에서 많은 시사점을 얻었다.

프레이리는 프롬의 인본적 마르크스주의 또는 마르크스적 휴머니즘에 더욱 친화성을 보였다. 그의 저서는 안팎의 억압에서 개인적·집단적 해방의 가능성을 도출하는 방식으로 프롬의 사회적 비전 및 인본주의적 철학에 점점 근접해 갔다.Lake & Dagostino, 2013: 101 프롬과 프레이리 모두 책 전체를 가로질러 '희망'의 주제에 더욱 관심을 보였다. 두 사람을 위한 희망은 결코 수동적 개념이나 갈망하는 생각에 머무는 것이 아니었으며, 행동의 자유를 향한 행동에서 항상 더 나은 세상을 향한 예측 가능한 '인본주의적 비전'으로 나타났다.

프롬은 아도르노 등 프랑크푸르트학파의 의견에 따라 시민들이 자유로부터 도피하는 결정적인 이유는 약한 자아를 가진 개인의 인성 구조에 있다고 보았다.Schmidt, 2003: 311 프롬은 현대 산업사회의 병폐를 극복하기 위해서는 인간 개개인이 '소유 지향적' 삶을 버리고, '존재 지향적' 삶을 지향하는 정신혁명을 추구하는 것 이외에 사회구조의 근본적인 변혁이 필요하다고 보았다.박찬국, 2013: 225 이렇게 생각한 것은 프롬이 인간을 사회와의 역동적 관계에서 파악하는 것과 동시에 인간의 성격 구조를 역사적으로 변화하는 것으로 파악한 최초의 사상가가 마르크스였다고 보았기 때문이다.[41]

또 다른 한편으로 프롬은 자유사회가 지닌 위기의 역동성이 시민들에게 불안감을 불러일으키고 있는 문제에 대한 해결책을 찾았다. 그는 '자유'가 '짐'이 되어 많은 사람에게 '안전한 부자유'의 길을 선택하게 했다는 점에 주목했다.Schmidt, 2003: 311-312 프롬은 근대화 과정과 함께 그것이 '개인화'의 증가를 불가피하게 가져온다고 진단한다. 개인화란 지금까지 구속력을 지녀 온 사회적 결속·전통·지향성·세계상 등에 대한 개인의 관계가 변화함을 의미한다. 즉, 개인의 사회적·도덕적·문화적 자원들이 변하는 것이다. 한편으로는 결속력·제안·타율 등이 감소되고, 다른 한편으로는 자율과 선택의 가능성이 커지도록 돕는다. 그러나 이러한 변화로 인해 명확성, 분명한 방향 설정, 정서적 안정 등이 줄어드는 것을 관찰할 수 있다. 물론 개인화가 결속과 책임의 종말을 의미하는 것은 아니다. 하지만 스스로 선택하지 않은 이념과 가치, 특정한 조직, 집단, 환경 등에 대한 결속력과 지향성은 사라지고 있다. 개인화의 긍정적인 면은 기회의 증가와 그에 따른 선택과 결정에 대한 자율의 증가를 들 수 있다. 반면 부정적인 면은 지각에 대한 집단적인 확실성의 상실과 고립, 방향 상실, 그리고 무기력한 감정이다. 선택권이 있는 자에게는 항상 고통이 따르게 마련이다. 새로운 자유는 위험한 자유이기도 하다.Fritzche, 2003: 317[42]

프롬은 자유를 자신의 욕구에 따라 결정하는 능력으로 정의했다. 프롬

41. 물론 프롬은 마르크스가 인간의 변화에서 도덕적, 자각적 요소가 갖는 중요성을 무시하는 오류를 범했다고 지적한다.

은 『자유로부터 도피』1941에서 "인간은 자신이 원했고, 생각했고, 느꼈던 것을 안다면, 자신의 의지에 따라 행동하는 데 자유로워야 한다"라고 주장했다. 비판의식의 성취를 통해 발생하는 프롬의 자유는 스스로 결정하는 힘에 의존한 의지, 사고, 두려움, 욕구를 인식하는 것에서 일어나는 것이 아니기 때문에, 프롬의 차원에서는 반드시 자유로 이어지는 것은 아니다. 이 같은 인식은 자아실현과 자신의 욕구, 사고, 충동 그리고 그 충동을 동기 부여하는 것에 대한 심리적 이해로부터 나오는 내적 상태이다. 프롬은 '무엇으로부터의 자유freedom from'라는 소극적인 의미를 넘어 '무엇을 향한 자유freedom to'나 '무언가를 추구할 자유'라는 적극적 의미를 제안한다.Fromm, 2012: 47 '소극적 자유'는 감옥에 갇히지 않을 자유처럼 외부로부터 부정적 간섭을 받지 않을 수 있는 자유다. '적극적 자유'란 자신이 원하는 무언가를 할 수 있는 자유를 의미한다. 여기서 문제는 인간 존재가 소극적 자유를 찾기 위해 분투하여 마침내 속박에서 벗어나는 데는 성공했지만, '무엇을 위한 자유'를 찾기는커녕 도리어 거기에서 더 멀어진 경우이다. 타고나면서부터 모든 직업이 결정되던 중세에는 자신의 직업을 수행하면서 별 불만 없이 살 여지가 제법 있었지만, 적어도 겉으로는 무엇이든 다 할 수 있을 정도로 열려 있는 현대에는 실제로는 누구나 꺼리는 단순노무직이나 실업자로 내몰릴 위험이 큰 것이다.

근대가 오기 전까지 인간은 적극적 자유를 누리지 못하고 자아 정체성에 대한 구분도 뚜렷하지 않았다. 자연과의 원초적 일체감에서 완벽하게 분리되지 못했다. 근대에 이르러 개인이 점차 독립성과 합리성을 부여받

42. 프롬은 『자유로부터 도피』에서 반대 방향의 논의를 펼쳤다. 왜 독일 국민들은 나치를 '자발적'으로 지지했는가? 근대화와 자본주의는 기존의 봉건적 질서로부터 사람들을 해방시켰다. 소극적 자유를 강제당하는 역설과 마주하게 된 것이다. 독일인들은 그 상황을 견디지 못했다. '자유로부터의 도피'를 감행하여 나치를 지지하고 스스로 자유를 반납하기에 이르렀다. 이런 폐해를 극복하려면 인간의 자기동일성을 희생하지 않고 고립감의 공포를 극복하는 자발적인 활동, 즉 '적극적 자유'가 필요하다고 프롬은 주장했다. 사실 권위적 성격의 특징인 개인적 인성을 스스로 포기하고자 하는 욕구가 결정적으로 촉진된 것은 바이마르 공화국 시절의 불안을 통해서였다.

음과 동시에 그는 고립되고 무력한 존재가 되었다. 집을 떠났지만 갈 곳이 없다면 여행이 아닌 것처럼, 속박을 벗어났지만 자신이 추구하는 진짜 목표, 적극적인 자유가 없다면 계속적인 파괴와 방황밖에는 할 것이 없다. 그래서 개인의 독창성이 중요하게 되는데, 이는 남들이 생각지 못한 특이함을 추구한다는 뜻이 아니라, 어떤 사상이든 개인의 내면에서 비롯된 것이고, 그 자신의 활동 결과이고, 그런 의미에서 '그 자신'의 사상이라는 뜻이다.Fromm, 2012: 249

프레이리는 "인간이 자유롭고, 가장 자유로울 때, 그리고 선택을 할 수 있을 때 가장 인간적이다"Freire, 1973라고 생각했다. 그는 프롬의 『자유로부터 도피』1960에서 다음과 같은 언급을 인용한다.

> 현대인은 자기가 타당하다고 보는 대로 행동하고 사고하는 것을 가로막는 외부적인 속박들로부터 자유로워졌다. 그는 자기가 원하고, 생각하며, 느끼는 것이 무엇인지를 알기만 한다면, 스스로의 의지에 따라 자유롭게 행동할 수 있을 것이다. 그러나 그는 알지 못한다. 그는 익명의 권위들에 순응하느라고 자기 자신의 것이 아닌 자아를 채택한다. 이렇게 하면 할수록 그는 더욱더 무력감을 느끼며 더욱더 순응할 수밖에 없다. 낙관주의와 자발성이라는 허울 아래 현대인은 마치 마취된 사람처럼 그로 하여금 다가오는 파멸을 멍청하게 응시하도록 극심한 무력감에 압도당하고 있다.Freire, 1978: 16

따라서 자유는 참되거나 진정한 선택에서 나오기 때문에 지배되는 의식을 알아차리지 않으면 안 되는데, 중요한 것은 자신의 가치와 신념에 맞추어 발달시켜야 한다는 점이다. 진정한 선택은 자기이해, 자기성찰, 그리고 자아와 도덕적 토대에 대한 끊임없는 각성으로부터 나온다. 프레이리는 프롬의 생각에 따라 자유가 진정한 선택에서 나온다고 인식했고, 억압받는 사람들의 의식은 억압자의 의식을 채택하여 나온 것이기에 그것을 추방하고 자유를 옹립해야 한다고 제안했다. 이러한 비판적인 자기성찰적 실천의 측면은 해방교육liberatory education의 진정한 표현에서 다루어지고 함양되어야 한다.Lake & Dagostino, 2013: 110

프레이리의 자유 개념은 에리히 프롬이 우려한 억눌린 사람들의 자유에 대한 두려움을 극복하기 위한 '해방적 의식화'를 지향하고 있다. 결국 그에게 자유는 인간의 바깥에 위치한 이상도 아니고, 신화가 되는 사상도 아니다. 오히려 그것은 인간의 본질과 연계되어 있는, 그리고 인간 완성을 위해 탐구해야 하는 없어서는 안 되는 조건이라고 할 수 있다.Freire, 1970a 다른 한편 프레이리에게 해방은 외재적이고 정치적으로 체계적인 억압을 자각하는 것에서부터 일어난다. 프롬에게 해방은 자유에 대한 우리들의 심리적 두려움, 그리고 인간과 자연으로부터의 고립과 분리를 자각하는 데 더 관심을 두었다. 프레이리가 어느 정도 억압의 새로운 사회학적 유형에 초점을 둔 것에 반해, 프롬은 심리학의 렌즈를 통해 더욱 인간이 갈등하는 경향을 보았다.Lake & Dagostino, 2013: 111-112

프롬은 인간에게 생각하기thinking와 존재하기being가 동일하지 않다고 보았다. 생각과 행동이 다른 것도 그렇다. 이것은 억압받은 사람이 억압을 인식하면 스스로 비억압적 방식으로 행동한다는 프레이리의 생각보다 더 깊다. 프롬은 가장 인간적인 사람조차도 외롭고, 고립되고, 무력한 존재로 인해 고통스러워한다고 말한다. 따라서 억압은 없지만, 여전히 고통스럽다는 것이다. 이 말은 획득된 자유로 인해 고통스러워한다는 사실이다. 다른 사람이 억압을 하지 않아도 여전히 억압을 당할 수 있다는 말이다.

프롬에게 해방은 억압자를 인식하거나 그를 반대하는 것 이상을 포괄한다. 물론 프레이리에게도 허위의식, 지배 이데올로기는 물론이고 우리를 노예로 만드는 행동에 계속 관여하게 하는 내면적 갈등으로부터의 해방이 포괄된다. 그러기에 외재적정치적이거나 사회적인 억압으로부터 자유는 자유의 성취를 위한 충분조건이 아니다.Lake & Dagostino, 2013: 112 사람이 적극적 자유로 나아가지 않는다면, 소극적 자유로부터 도피하는 생산적 삶은 자유의 추구를 방해하는 개인에게 심리적 혼란을 초래할 뿐이다. 심리적 요인도 자유의 탐구에 영향을 미치기 때문에 자유 추구의 완성에 도움을 주고자 하는 교육 프로그램은 사회정의의 외재적 요인 못지않게, 인지와 정서의 내면적 요인을 다루지 않으면 안 된다. 사람들은 지배적 권위로부터 자유로움으로 인해 인간과 자연으로부터의 고립, 고독, 분리가 함께 오는 것을 두려워하기 때문에 그들은 파괴적이고 억압적인 행동에 관여한다. 삶의 불확실성, 자신을 위한 존재가 될 때 따르는 고립에 대한 두려움, 그리고 자유와 함께 오는 자율과 책임에 대한 두려움은 사람들을 억압적인 관계로 다시 이끄는 것이므로 교육에서 다루어져야 한다.Lake & Dagostino, 2013: 112-113[43]

자유는 '소유하는 것to have'이 아니라 '존재하는 것to be'이다. 프롬은 '소유하는' 삶의 양식이 아니라, '존재하는' 삶의 양식을 지향한다.[44] 프레이리는 프롬이 비판하는 소유의식이 '세계와의 접촉'Freire, 2019: 73을 가로막는다고 지적한다. 억압자는 무제한적인 소유욕을 통해 점차 모든 것을 구매력의 대상으로 탈바꿈시킬 수 있다고 믿게 된다. 그들에게 확고한 물질주의적 인생관이 생겨나는 것은 그 때문이다. 돈이 모든 것의 척도이며, 이윤이 주요한 목적이다. 그들에게 삶이란 곧 소유이며, '가진 자'의 계급에 속하는 것을 의미한다.Freire, 2019: 74

소유 양식과 존재 양식의 차이는 서양과 동양의 차이가 아니라, '사물'에 중심을 둔 사회와 '인간'에 중심을 둔 사회의 차이에 있다고 봐야 한다. 소비는 소유의 한 형태이다. 소비는 오늘날 풍요한 산업사회의 가장

43. 자유에 대한 두려움은 자동인형과 같은 순응적 인간형을 낳을 수 있다.
44. 프롬이 강조하는 '존재적 삶'이 무-소유 또는 비-소유를 말하는 것은 아니다.

중요한 소유 형태일 것이다. '나는 존재한다=내가 가지고 있는 것+내가 소비하는 것'이다.Fromm, 1982: 38 반면 '존재 양식'은 '되어감becoming'이다. 존재로서의 과정, 활동, 운동 등이 일어난다.[45] 우리가 존재하고 사랑하고 미워하며 고통받는 인간의 현실에서 출발한다면, 거기에는 모든 것이 변화하는 것이다. 살아 있는 조직체는 생성하는 경우에만 존재할 수 있다. 또한 변화하는 경우에만 존재할 수 있다. 사물이든 자아든 영구적으로 지속되는 실체라는 개념은 받아들일 수 없다.

앎의 영역에서 소유 양식과 존재 양식 사이의 차이는 '나는 지식을 가지고 있다'와 '나는 알고 있다'라는 두 가지 공식에 나타나 있다. 지식의 소유는 유용한 지식정보을 점유하는 것이고, 앎은 기능적인 것으로서 생산적인 사고 과정에서 하나의 수단으로 필요하다.Fromm, 1982: 50 앎은 환상의 파괴와 함께 환상에서 '깨어나는 것'에서 시작된다. 앎은 근저에까지 도달하기 위해 표면을 뚫고 탐구하는 것을 의미한다. 즉 앎은 현실을 있는 그대로 '보는' 것을 의미한다. 앎은 진리를 소유하고 있는 것을 의미하지 않는다. 그것은 진리에 훨씬 더 가까이 접근하기 위해 표면을 뚫고 탐구하며 비판적으로, 능동적으로 노력하는 것을 의미한다. 존재[46] 양식에서 최적의 지식은 '더 깊이 아는 것'이다. 그러나 소유 양식에 있어서는 '더 많은 지식을 소유하는 것'이다.Fromm, 1982: 50-51 학교 측에서는 학생들의 인간 정신을 고매하게 만들려 한다고 항상 주장하지만, 말과는 달리 종합적인 '지식 상자'를 생산하는 공장이나 다름없다. 그래서 일찍이 유네스코는 '존재하기 위한 학습'을 '앎을 위한 학습', '행동을 위한 학습', '더불어 사는 학습'과 함께 교육의 네 기둥으로 주창하였다.

---

45. 프롬은 '존재'의 '생성'이라는 생각이 헤라클리투스, 헤겔, 불교철학에 바탕을 두고 있다고 본다.

46. '교육(education)'의 어원은 'e-dure', '앞으로 인도하다, 혹은 잠재적으로 존재하는 것을 끌어내다'라는 뜻이다. 이런 의미에서 '교육'은 '존재(existence)'로 귀결되고, '존재'는 잠재적 상태에서 명백한 현실의 상태로 모습을 드러내는 것, 즉 '튀어나오다'라는 뜻을 지니고 있다 (Fromm, 2018: 375, 주 66).

소유형의 인물들은 그들이 '가지고 있는 것'에 의존하는 반면, 존재형의 인물들은 그들이 '존재한다'는 사실, 즉 그들이 살아 있다는 사실에 의존한다. 또 그들이 방임하고 대응할 용기만 있다면, 새로운 어떤 것이 탄생한 것이라는 사실을 신뢰한다. 그들은 자기가 가지고 있는 것에 애타는 관심을 기울이려고 노력하지 않기 때문에 대화 속에서 충분히 활기를 찾는다.Fromm, 1982: 44-45 인간의 정신적·심리적·육체적 능력을 실현시킴으로써 우리가 얻는 것, 즉 거기에서 생산되는 것은 삶의 기술/예술art이다.

그런데 현대에서의 소유는 창의력, 건강, 활동력, 생명력, 생명력, 자발성, 개발 능력 등과 같은 비물질적 재화와 더 밀접하게 관련되어 있다.Funk, Johach & Meyer, 2000: 12 현대의 소유 지향적 정신은 소비주의적인 정신과 결부되어 있다. "나는 존재한다=나는 소유한다/나는 소비한다."박찬국, 2012: 45 '소유 지향'이란 가치, 신념, 지식, 명망, 부, 진리, 아름다움 등의 소유를 통해 존재를 보상하거나 대체하려는 것이다. 자기가 가진 능력을 발휘하지 않는 것, 즉 안에서 밖으로 끄집어내는 것생산이 아니라, 밖의 것을 안으로 집어넣어 자기 것으로 만드는 것에 있다. 이때의 자기 것이란 자기 존재의 실현을 통해서가 아니라, 밖의 것을 자기 안으로 집어넣음으로써 발생하기 때문에 소유를 추구하는 것이 존재를 추구하는 것보다 더 가치가 있는 것처럼 보이게 된다. 소유하고자 하는 욕구가 존재하고자 하는 욕구의 자리를 대신하게 된 것이다.Funk, Johach & Meyer, 2000: 12-13 이렇게 마케팅 지향성의 심화로 인한 존재의 상실은 자아 기능강한 자아, 현실감각, 위기 극복, 참을성 등의 약화를 초래할 것이다.

자아가 약화된 인간이 '사이비 현실인공 인간'을 만들어 내어 부족함을 보상한다는 프롬의 인식은 그의 초기 저작 『자유로부터의 도피』1941에 잘 나타나 있다.[47] 소유 양식은 인간성을 '사물'로 취급한다.Freire, 2019: 74 억압자의 의식이 소유에만 열중하며 주변의 모든 사물과 사람을 '무력화'하는 성향은 바로 사디즘적 성향과 일치한다.Freire, 2019: 75

> 타인혹은 다른 생물을 완전히 지배하는 데서 느끼는 쾌감이란 사디즘적 충동의 본질이다. … 사디즘의 목적은 사람을 사물로, 활력 있는 것을 무기력한 것으로 변화시키는 데 있다.Fromm, 1966: 32; Freire, 2019: 75

사디즘적 사랑은 왜곡된 사랑이며, 삶의 사랑이 아니라 죽음의 사랑이다. 억압자의 의식은 생명의 큰 특징인 활력과 창조력을 찾으려는 충동을 포기하고, 지배를 추구하므로 결국 생명을 죽이게 된다. 대상이자 사물이 된 억압받는 사람들은 오로지 억압자가 그들에게 명령한 것 이외에 다른 어떤 의도도 가질 수 없다.Freire, 2019: 75-76 가학적 사디즘은 프레이리가 말한 바, 지식의 수동적 수용에 의해 '집어넣기만 하는deposit' 은행 저축식 교육 모델을 연상시킨다. 여기에서 '존재하는 삶'을 위해 '존재하기 위한 배움'이 더욱 중요해진다. 존재 양식을 가진 학생들의 학습 과정은 살아 있는 과정이다. 학생 개개인은 강의를 들은 후에 영향을 받고 변화하는 것이다. 새로운 질문, 새로운 개념, 새로운 전망이 학생들의 마음속에 일어난다. 그들이 자발적으로 듣는 것에 응답하면서 되살아난다. 물론 이런 학습 방법은 강의가 적극적인 내용을 제공할 때에만 가능하다.Fromm, 1982: 40-41, 45

혁명적 유토피아와 반대의 노선을 취하는 보수파는 그 경직성으로 말미암아 삶보다는 죽음을, 동적인 것보다는 정적인 것을, 창조적 모험으로서의 미래보다는 과거의 반복으로서의 미래를, 진실한 사랑보다는 병적인 사랑을, 삶의 정서보다는 냉혹한 도식화를, 참되게 더불어 사는 삶보다는 무리 지어 사는 삶을, 조직하는 사람들보다는 조직되는 사람들을, 구현된 가치보다는 부과된 신화들을, 창조적이며 상호소통적인 언어보다는 지시

---

47. 프롬은 자아의 약화가 자기애(나르시스)의 집단 과대망상을 통해 자신의 열등감을 보상받으려는 경향이 있고, 이것이 나아가 약자 박해로까지 치달을 수 있음을 크게 우려했다. 극우파, 훌리건, 악마 숭배, 학교 총격 사건 등의 폭력성, 즉 '그냥 저질러 보는(묻지마) 범죄'는 생명을 사랑하는 능력의 결핍에 대한 보상 행위로 볼 수 있다(Funk, Johach & Meyer, 2000: 18).

를, 도전보다는 구호를 택한다.Freire, 1979: 65 혁명적 그룹에 속하는 사람들은 자신들을 보수적 엘리트들과 구별되게 하는 근본적 차이점들을 더욱 부각시키고, 보증하려 한다. 보수파의 폭력과 귀족적 자세와 신화들을 비난하는 것만으로는 충분하지 못하다. 혁명적 유토피아는 삶/생명에 대한 사랑biophilia인 반면, 보수파는 그 경직성으로 말미암아 죽은 것에 대한 사랑necrophilia을 하는데, 관료화된 혁명 지도자들 또한 그러함을 프롬의 용어를 빌려 설명한다.Freire, 1979: 64-65

혁명적 유토피아는 동적이며, 인간의 창조력에 대한 도전으로서의 미래, 주체들을 해방시키는 사랑, 삶의 정서, 조화를 이루며 더불어 사는 삶, 대화, 자기들 스스로를 능동적·성찰적으로 조직하는 사람들, 창조적이며 상호소통적인 언어, 성찰적 도전, 체험적 가치들을 지향한다.Freire, 1979: 65

혁명적 프로젝트는 민중이 세계를 변혁시키고 재창조하는 위험스러운 모험에서 주체의 역할을 담당하는 하나의 과정이다. 보수파는 필연적으로 그와 같은 프로젝트에 반대하고 이를 저지하려고 한다. 프레이리는 억압과 지배를 받은 의식의 본질을 분석하면서 가학증 사랑이나 죽은 것에 대한 사랑과 함께 자유의 두려움 같은 프롬의 개념에 공감을 표시했다.Freire, 1970b: 31, 45, 166 또한 억압적 사랑은 생명을 사랑함으로써 자유를 위한 사랑을 드러내야 한다는 프롬의 개념을 빌려 온다. 이 지점에서 억압을 이해하기 위해 심리학자에게 의존한 프레이리는 용어를 지나치게 심리화하는 시도를 했다. 그는 결코 억압을 경제적·정치적 용어로 분석하는 마르크스의 사상으로까지 나아가지는 않았다.

만약 사람들이 자기 시대의 주제들을 비판적으로 파악하고 그렇게 함으로써 현실에 능동적으로 참여할 수 없다면, 그들은 변혁의 뒤꽁무니나 질질 끌려 따라다닐 수밖에 없다. 시대가 변하는 모습을 볼 수 있지만, 그 변화 속에 매몰돼 있으므로 변화의 중대한 의미를 식별할 수 없다는 말이다. 그리고 한 시대에서 다음 시대로 옮아가기 시작하고 있는 사회는 특히 유연성 있고 비판적인 정신을 필요로 한다.Freire, 1978: 16 그러한 정신이 결여되어 있을 때 사람들은 인정욕구가 더욱 강해진다. 그리고 새로이 등장하는 가치들과 현상유지를 추구하는 옛 가치들이 충돌하며 두드러진 갈등을 빚게 된다. 갈등이 심화될수록 격동이 강렬해지고 그 분위기도 감정적 양상을 띠어 간다.

오늘날 새로운 인간의 성격 구조의 특징은 인공두뇌, 관료적 산업주의 등으로 요약된다. 그것이 삶의 소유 형태를 제어하게 되는데, 프롬은 존재의 영역을 넓히기 위해 할 수 있는 일을 제안했다. 그것이 프롬이 제안한 인류의 복리 달성을 위한 '존재의 기술the art of being'이다. 새로운 사회를 건설하려면 새로운 인간을 출현시켜야 하는데, 이를 위해서 존재의 기술이 필요한 것이다. 프롬은 삶/생명을 파괴하고 죽음으로 내모는 기술사회의 인간화를 추구한 급진적 교육자 프레이리에 동의를 표했다.Cohen, 1990: 49

사회의 정치적·경제적 모델이 인간의 발달에 따른 것이라면, 새로운 사회의 모델은 '존재 지향'의 소외되지 않는 개인이라는 요건에 따라 결정되어야 한다. 존재 지향적 삶이란 어떤 것을 소유하지도 않고, 또 소유하려고 갈망하지도 않으면서도 즐거워하고, 자신의 재능을 생산적으로 사용하면서 세계와 '하나가 되는' 삶의 양식을 말한다.박찬국, 2012: 49 희망을 포기하지 않는 사람이라면, 냉철한 현실주의에 입각하여 모든 환상을 떨쳐버리고 새로운 사회의 창조를 가로막는 곤란을 바로 인식하기만 한다면, 새로운 사회를 창조할 가능성이 커질 것이다. 프롬은 합리적 사고 및 발달 그리고 과학이 종합되는 '존재의 나라City of Being'를 염원한다.

프롬이 보기에 '인간성Menschheit/humanity'이란 사회적 관계에서의 인간관계 이상의 것을 보여 준다. 각각의 인간에게는 내면의 깊이와 영성, 그리고 고유함이 있다.Friedman, 2016: 190 프롬은 사회주의의 주요한 목표를 인간의 진전된 필요를 인식하고 실현하는 것으로 보았다. 그것은 생산이 인간을 위해 봉사하고 자본이 인간의 거짓된 필요를 착취하는 것을 멈추는 것이라고 보았다.Fromm, 1969: 63 경제적 평등보다는 내적 자유에 대한 관심이 더욱 많았던 프레이리는 하부구조인 경제보다는 상부구조인 문화와 의식에 관심을 더 많이 두었다.

프롬은 권위가 아닌 자유에 의해 강제력을 사용하지 않고, 아이들의 호기심과 자연스러운 욕구에 맞춰 지도함으로써, 스스로 그들의 세계에 '흥미'[48]를 갖게 하는 닐[49]이 설립한 서머힐 학교와 같은 진보주의 교육을 적극적으로 지지했다.Fromm, 1998: 8 프롬은 자유와 연동시켜 '드러난 권위'가 아닌 '잠재된 권위'를 선호했다. '드러난 권위'는 직접적으로 뚜렷하게 나타나서 행사되는 권위를 말한다. 이러한 권위의 소유자는 자기 부하에게 대놓고 말하기를 "이것을 해야 한다. 만일 하지 않으면 응당의 제재를 가할 것이다"라고 말한다. '잠재된 권위'는 강제력의 행사를 겉으로 드러내려 하지 않는다. 이러한 권위는 실상 아무런 권위가 없는 것처럼 하면서 모든 일은 개개인들의 합의에 의해 이루어지는 것처럼 한다. '드러난 권위'가 신체적 강제력을 행사하는 반면, '잠재적 권위'는 심리적 작용을 통한 것이다.Fromm, 1998: 9[50]

오늘날 세계는 표준화된 기호를 가진 인간, 쉽게 영향을 받는 인간, 그의 욕구를 예측해 낼 수 있는 그런 인간들을 필요로 한다. 우리의 체제가 필요로 하는 인간은 곧 자유롭고 독립적이면서도 기대에 어긋나지 않

---

48. 의미 있는 삶의 기본 조건은 '흥미'이다. 흥미는 가장 기본적인 태도로서 어디에서나 일관되게 나타나는 세계와의 관계 방식이다(Fromm, 1968).

49. 영국의 교육자이자 서머힐의 설립자다. 닐은 1912년 에든버러대학교를 졸업하고 신문기자로 재직하다가 1914년 스코틀랜드에 있는 그레트나 그린(Gretna Green) 학교의 교장이 되었다. 초등학교 교장으로 철저한 '자유교육'을 실시하다가 면직되어, 국제학교 창립자의 한 사람으로 교육의 무의식의 의식화라는 정신분석학 이론과 방법에 따라 1921년 영국에 서머힐(Summer Hill)이란 학교를 세웠다. 그는 서머힐에서 진보주의적인 교육을 실시, 어린이들의 자유의사를 최대한으로 키워 나가는 것을 목표로 삼고, 자유야말로 교육을 통한 인류 구제의 최선의 과제라고 주장하며 아동의 요구를 철저하게 존중하는 '자유교육'을 실천했다. 닐의 교육사상과 서머힐의 영향으로 인해 전 세계에 많은 진보적 학교가 세워졌고, 진보주의 교육운동에 불을 붙였다. 프롬은 국제주의자이며, 전쟁 준비는 인류의 야만적 습성이라는 확고하고도 완고한 신념을 가진 사람이다.

도록 무엇이든지 해내려는 용의를 가진 인간, 별 마찰 없이 사회기구에 적응하는 인간, 강제력이나 지도자 없이도 잘해 나가며, 어울려서 잘하려는 의도 외에는 어떤 특별한 목적 없이도 자기가 나아갈 길을 갈 수 있는 그런 인간을 필요로 한다.Fromm, 1998: 10 그렇다고 해서 권위가 없어졌거나 또는 권위가 집행력을 상실한 것은 아니다. 다만 권위가 강제력을 수반한 '드러난 권위'에서 설득과 암시를 내용으로 하는 '잠재된 권위'로 전환된 것이다. 다시 말하면 현대인이 적응을 잘하기 위해서는 모든 일이 자기의 의견과 일치해서 수행되는 것으로 생각할 수 있어야 한다.Fromm, 1998: 10 프롬은 이러한 아이디어들이 진보주의 교육에 도입되었다고 본다. 어린이는 알약을 삼키도록 강요당하지만, 사실 그 알약은 설탕을 바른 것이다. 많은 부모와 교사들이 진정한 비권위적 교육이란 바로 보이지 않는 강제력을 수단으로 하는 교육이라고 혼동하고 있다. 진보주의 교육 또한 그 정도로 그 가치가 떨어졌다. 그래서 진보주의 교육은 본래의 의도와는 다르게 되었고, 본래의 의의에 맞게 발달하지 못한 것이다.Fromm, 1998: 11

프롬은 교육제도가 사회 전체의 사회적·문화적 진보를 반영한다고 본다. 인간의 제도는 불안한 인간, 따분한 인간, 어떻게도 할 수 없는 고독한 인간, 가치의 인식이 극히 희박한 인간, 그리고 가장 슬픈 사실이지만 살아 있다는 사실에 아무런 기쁨도 느끼지 못하는 인간을 길러 내고 있다. 이러한 인간은 경우에 따라 파괴적으로, 그리고 폭력적으로 변할 수 있다. 이러한 시대 상황에서 프롬은 서머힐 정신을 관찰하는 것이 유익하다고 보았다. 프롬은 닐의 기본적 교육사상이 생명을 사랑하는 것, 즉 삶/생명에 대한 사랑biophilia/love of life에 있다고 분석하고, 어린이에게 생명

50. 19세기의 '드러난 권위'로부터 20세기의 '잠재된 권위'로의 전환은 현대 산업사회의 조직상 필요에 의해서 이루어졌으며, 자본의 집중은 계층적으로 조직된 관료주의에 의해 경영되는 거대한 기업체의 형성을 가져왔다. 노동자와 사무원은 대집단을 이루어 공동으로 일하게 되었기 때문에 거대하게 조직된 생산기구가 쉬지 않고 무난하게 운영되게 하기 위해 집단의 개개인은 그 기구의 일부분으로서 일해야만 한다. 개개인의 노동자는 기계의 한 톱니바퀴에 불과한 것이다. 이러한 생산조직에서 개인은 관리되고, 또 조종을 받는다.

애를 불어넣어야 한다고 역설한다. 죽음을 향하는 문화가 아니라 삶/생명으로 향하는 문화의 가능성을 제시했다. 프롬과 프레이리는 모두 죽음-애호증으로 가득 찬 억압체제교육을 포함하여와 싸우면서 생명애적 해방교육을 추구하였다.

다른 존재에 대한 믿음은 '인류'에 대한 믿음에서 최고조에 이른다. 어린아이에 대한 믿음과 마찬가지로 인류에 대한 믿음도 인간의 잠재력이란 적절한 조건이 주어지면, 평등과 정의와 사랑이란 원칙이 지배하는 사회질서를 건설해 낼 수 있다. 이런 믿음도 단순한 희망사항이 아니라, 인류가 과거에 이루어 낸 업적과 개개인의 내적인 경험, 즉 이성과 사랑의 직접적인 경험에 근거한 것이다.

> 아이의 삶에서 중요한 위치를 차지하는 사람이 그의 잠재력을 믿어주는 것이 중요하다. 이런 믿음의 존재 여부는 교육과 조종의 차이로 이어진다. 교육은 아이가 자신에게 잠재된 능력을 깨닫도록 돕는 과정이지만, 조종에는 교육과 반대로 잠재력의 성장에 대한 믿음이 없다. 따라서 어른이 바람직한 것을 심어 주고 바람직하지 않은 것을 차단해야만 아이가 올바르게 성장한다는 확신에서 조종이 시작된다. 로봇의 잠재력을 기대할 수 없는 이유는 로봇에게는 생명이 없기 때문이다.Fromm, 2018: 297-298

이런 생각은 개별 성원의 자유를 전제로 한 목표로 한 해방된 민주적 사회의 창조를 염원하는 프롬의 '비판적 교육학'을 가능하게 했다. 교육은 '조종manipulation'이 아니라는 프롬의 말은 프레이리 교육사상에 결정적 영향을 미쳤다. 인간관계가 허수아비 같은 물건 형태를 띠게 되면 인간은 단순한 기능적 존재로, 피와 살을 지닌 로봇으로 전락한다. 죽음-애호증을 잘 보여 주는 상징인 바로 오늘날의 기계적 인간들이다. 프롬은 완전히 기계화된 생명이 없는 세계는 사자와 몰락의 세계의 또 다른 형식일 뿐이다.Fromm, 1973: 319 생명 애호, 즉 삶의 기술로서의 생명에 대한 사랑은 설득력 있고 믿을 만한 대안으로 받아들여져야 한다.Fromm, 1976/1982

프레이리는 프롬의 말을 빌려 브라질의 전통적 교육은 자기비판하기 어렵다고 말했다.Fromm, 1969; Freire, 1978: 57-58 닐은 어린이의 세계를 정확히 이해하려는 '사실주의자realist'이다. 프롬의 생각을 따르는 닐은 자유의 본질이 왜곡되는 경향을 우려했다. 닐은 현실과 허무를 구별할 수 있는 능력을 지닌 사실주의자였다. 프롬은 닐을 만나면서 대부분의 사람이 합리성이나 환상에 의해서 생활하고, 그것 때문에 순수한 경험을 갖지 못하고 방해를 받기 쉬운데, 닐은 그런 것에 사로잡히지 않는 것에 큰 감동을 받았다고 술회한다.Fromm, 1998: 15 프롬은 서머힐 학교를 지지하는 이유를 다음과 같이 열거한다.Fromm, 1998: 11-13[51]

- 어린이는 선량하다. 어린이는 바보 혹은 얼빠진 자동인형으로 태어나는 것이 아니라, 인생을 즐기고 또 인생에 흥미를 가질 수 있는 충분한 능력을 간직하고 있다.
- 교육의 목적은 인생의 목적이 즐겁게 일하고 행복을 추구하는 것이기에 인간의 두뇌에 의해서가 아니라, 인간의 전인적 인성에 의해서 나타나는 생활에 대한 반응이어야 한다.
- 교육은 지적 발달만으로는 충분하지 않고, 정서적 발달도 중요하다.
- 교육은 아동의 정신적 욕구나 능력에 적합해야 한다.
- 일방적으로 강요하는 훈육과 벌칙이란 공포감을 조성하며, 공포감은 적개심을 자아낸다.
- 자유란 방종을 의미하는 것이 아니며, 개인에 대한 존중은 상호적이어

51. 인본주의 심리학자 로저스는 교육자들이 아이들에게 자유를 주는 여러 가지 방법 중에서도 닐과 그의 서머힐 학교에서 자유는 가장 급진적인 방법이라며, 서머힐 학교는 많은 교육자에게 충격을 주는 방법이라고 평가했다.

야 한다.

- 교사는 진정한 성실성을 갖추어야 한다.
- 건전한 인간의 발달은 어린이로 하여금 자기 부모, 또는 후견인과 결속된 기본적인 관계를 끊어 버리고, 자기 나름대로 독립하게 하는 것이 불가피하다.
- 죄책감은 근본적으로 어린이를 권위에 사로잡히게 하는 기능을 가지고 있다. 죄책감은 독립심에 대한 방해물이며, 반항·회개·복종, 그리고 새로운 반항의 악순환을 낳는다.
- 서머힐 학교에서는 종교교육을 하지 않는다. 그렇다고 해서 서머힐이 흔히 말하는 기본적인 인간적 가치에 무관심하다는 것을 의미하는 것은 아니다.

이러한 방법에 의해 자라난 아이들은 스스로 이성, 사랑, 통합성, 그리고 용기의 본질을 스스로 발전시킬 수 있을 것이며, 이것이야말로 서구 사회의 인본주의적humanistic 전통의 목적인 것이다.Fromm, 1998: 16 닐은 어린아이들을 기존 질서에 적합하도록 교육하려는 것이 아니라, 행복한 인간, 즉 많이 갖거나 쓰는 것이 아닌 그저 풍부함을 가치관으로 삼는 남녀가 되도록 양육하려고 애쓴다. 그의 생명주의 철학은 인간의 생명, 본성, 자율을 신뢰하며, 인간의 몸과 정신을 분리하여 생각하지 않는다. 프레이리 또한 프롬의 교육 생각이 이 시대의 이정표가 될 수 있다고 보았다.

프롬과 프레이리는 산업과 정치 조직이 공동체적으로 바뀌기 위해서는 교육과 문화 역시 공동체적으로 바뀌지 않으면 안 된다고 강조했다. 그런데 오늘날 학교는 교육적 결손을 보완하는 문제와 더 많은 지식을 전달하는 문제의 경계선에서 줄타기를 하고 있다. 따라서 이를 극복하려면 소유를 위한 교육이 아니라, '존재를 위한 교육'으로 나아가야 한다. 그래야 인간과 사회의 공존, 그리고 사회와 교육의 대전환이 가능할 것이다.

## 7. 라캉의 주체적 행위자, 의식화와 연결

라캉Jacques Lacan, 1901~1981[52]은 프레이리만큼이나 주석자들에 의해 매우 다양하게 인용된다. "도덕적 행동은 사실상 현실과 맞닿아 있는 것이고, 바로 그 지점에서 현실에 보다 새로운 가치를 부여하면서 우리 행동을 정당화할 수 있는 길을 열어 준다"라는 라캉의 주목은 쾌락원리와 현실원리 사이의 갈등을 일상의 과제로 안고서 살아가고 있는 우리들에게 조금은 산뜻한 윤리의 가능성을 암시해 준다. 라캉의 '정신분석의 윤리학'은 바로 그 지점에서 프로이트의 정신분석학에 관한 비판적 이해를 잘 보여준다. 이는 쾌락원리와 현실원리 사이의 충돌, 또는 일차적 과정과 이차적 과정 사이의 충돌 사이의 균형이다. 따라서 쾌락원리와 현실원리, 또는 심리학과 윤리학의 균형을 요구한다. '보다 나은 인간의 마음' 또는 '보다 나은 일상'이라는 개념을 포기할 수 없고, 바로 그 지점에서 심리학과 윤리학 사이의 대화의 통로가 마련되어야 한다. 이 점에서 프레이리의 변혁적 교육학은 자크 라캉 정신분석학의 주체적 행위자subjective agency 이론과 닮았다. 라캉은 '주체의 전복subversion of the subject'을 주창한다. "내

52. 라캉은 정신분석학과 철학 모두에 상당한 영향을 끼친 인물이다. 또한 그는 프로이트 이론에 대한 가장 영향력 있는 해석을 한 정신분석자이다. 그는 알튀세르와 데리다로부터 구조주의자로 분류되었고, 이글톤으로부터는 후기구조주의자로 분류되었다. 라캉 자신은 주류의 정신분석학회로부터 추방되었다고 생각했다. 라캉이 강조하는 주체로서의 개인은 완전히 담론에 의해 결정되거나 위치지어진다는 알튀세르의 생각과 연계되어 있다. 라캉의 주체는 불안정한 행위자를 획득하는 것이 아니라, 종합적 담론에 의해 결정되는 후기구조주의적 주체이다. 라캉은 프로이트가 발견한 죽음 충동을 정신분석의 진정한 출발점으로 삼았다. 나아가 그는 프로이트의 한계를 뛰어넘어 인간의 욕망, 무의식이 인간의 행동을 설명하는 지표로 나타난다고 주장하였다. "무의식은 언어와 같은 구조로 이루어져 있다", "인간은 말하는 것이 아니라 말해진다"라는 것이다. 욕망이란 틀 속에 억눌린 인간의 내면세계를 해부한다고 하여 정신분석학계는 물론 철학에 상당한 영향을 끼쳤다. 프랑스 철학계에서는 포스트구조주의로 상당히 유명한 인물이다. 구조주의가 대세였을 시절, 라캉은 푸코, 스트로스, 바르트와 함께 구조주의의 거두로서 구조주의를 비판하며, 포스트구조주의를 일으켰다. 현시대 최고의 철학자 바디우는 라캉을 20세기의 가장 중요한 주체이론가로 소개하고 있다. 라캉의 이론과 실천에 대하여 어떤 관점을 취하든 간에, 그가 불러일으킨 사상적 진폭의 거대함을 인정하지 않을 수 없다. 하지만 현대에 와서는 정신분석은 정신분석 따로, 구조주의를 비롯한 철학적 사조는 그것대로 따로 움직임으로써 그 영향력은 줄어들었다.

가 생각하는 곳에 나는 존재하지 않는다. 내가 생각하지 않는 곳에 내가 존재한다"라는 라캉의 메시지는 오늘날 물신숭배와 자기도취, 자기편견에 빠진 인간에 대한 도전이다. 라캉이 강조하는 무의식은 주체 외부에 있는 것으로서 상징 질서 내지 사회구조 그리고 그 구조의 빈틈에 의해 형성되는 것이다.

지식의 주체가 아닌 욕망desire의 주체를 파악하려면 주체 형성 모형으로서 거울 단계the mirror stage를 먼저 이해해야 한다. '거울 단계'에서 유아는 거울 속의 자신의 모습을 보며, 그 이미지에 포획되고, 그 오인으로부터 생겨난 환상이 인간의 내부 깊숙이 스며들어 그 사람의 일생을 지배하게 된다. 비록 조잡한 형태이긴 하지만, 하나의 자율성 또는 개인의 통제력이 희미하게 어른거리는 것이다. 따라서 '거울 이미지'는 이제 막 태어나기 시작하는 자아의 아주 자그마한 모습이 보이는 것이라고 할 수 있다. 이런 작은 관측 자료를 통해 아이는 자아의 나중 모습이나 저 멀리 아득한 너머에 있는 '성숙된' 자기, 자수성가한 어른, 그리고 사회적 성공의 희망 등을 내다보게 된다.

라캉은 인간의 정신심리 세계를 프로이트의 이드, 에고, 슈퍼에고와 유사하게 '상상한 것상상계/the imaginary', '상징하는 것상징계/the symbolic', 그리고 '실재하는 것실재계/the real'으로 나누었다. '상상계'는 어린아이의 자아 인식에서 뚜렷하게 드러난다. 라캉은 '거울단계'라는 용어로 이 세계를 설명한다. 어린아이는 거울에 비친 자기 모습을 보고서 그 거울 이미지를 따라 '상상적으로' 자아를 구성한다. 그러나 그렇게 구성된 자아는 주체의 진정한 본질이 아니며, 오히려 주체를 속이는 기만적 환영이다. 거울 단계를 거친 어린아이는 다시 '오이디푸스 단계'를 거치게 되는데, 그 단계에서 아이는 아버지의 법, 아버지의 권위를 내면화한다. 그 과정을 거쳐 진입하는 곳이 '상징계'다. '상징계'란 말하자면 우리가 살고 있는 현실 세계다. 이 세계는 언어로 이루어져 있으며, 언어를 통해서 관계 맺는 세계다. 아버지란 이 질서의 대표자이자, 주체가 동일시하는 '대-타자'/큰타자상징계, 사회적 질서, 구조다. 그 아버지는 남근팔루스을 소유한 자로 간주되며, 남근이라는 특권적 기표를 얻고자 하는 것이 주체의 욕망이다. 욕망이란 그러므로 남근이 없는 상태, 곧 결여를 가리킨다.

그러나 '주체의 욕망'은 결코 충족될 수 없다는 것이 라캉의 주장이다. 라캉의 주체는 사유하기 때문에 존재하는 것이 아니라, 향락하기 때문에 존재한다. 욕망은 상징계의 질서에 갇혀 그 너머로 나아가지 못하는데, 여기서 그 너머가 바로 '실재계'다. '실재계'란 욕망이 최종적으로 목표로 하는 지점이자 절대로 도달할 수 없는 세계다. 그 세계는 상징계가 균열을 일으키거나 구멍이 뚫릴 때 언뜻언뜻 드러날 뿐이다. 억지로 비유하자면 실재계는 '어머니의 자궁' 같은 곳이어서, '주체의 원초적 현실'이자 '균열 없는 충만한 세계'이며 "안과 밖의 구분도, 대상과 주체의 구분도 없는" 세계다. 실재계는 때로 환각환상으로 때로 광기로 드러나기도 하며, '예술적 영감의 원천'으로 작용하기도 한다. 묶여 있는 환상의 매듭을 푸는 것이 라캉의 정신분석의 핵심이다.

라캉의 '주체'는 말을 함으로써 자기를 전달하며 이로 인해 말한다는 행위와 시간은 관계를 지닌다. 그러므로 정신분석이 고정된 시간의 양과 규칙에 매이면, 정신분석이 의미하는 본래의 목적을 잃는다고 비판한다. 라캉은 프로이트가 발견했던 정신분석의 미로를 '언어란 무엇인가'라는 테제로부터 풀어 나가며, 우리가 사회 속에서 산다는 것은 언어의 장에서 산다는 것과 같은 의미이지만, 언어의 장은 이미 사회 속에 존재하며 우리를 규정하고 있다고 보았다. 그는 또한 말하는 주체가 자기 자신을 절대적 타자'상징계' 위에 새겨 놓고 타자가 됨으로써 비로소 한 명의 인간으로 등록되며, 그때 받은 신체 위에 그어지는 외상적 선線의 설립으로 인해 인간과 사물, 집합과 대상의 어느 것에나 들어맞는 '하나'라는 성질을 추출할 수 있게 되는데, 이를 '하나의 선'이라고 정의했다. '하나의 선'

을 통로로 타자 속에 들어간 사람이 자신이 사라져 버리는 것을 피하기 위해 자신의 부재의 공허에 그 무력함을 메우기 위한 대상, 즉 집약된 내면적 경험인 '전이'의 문제를 다룬다.

라캉과 프레이리에게 '주체성'이란 의식적 경험을 위해 결정되는 상징적 능력을 말한다. 그리고 '주체'는 탈식민주의적이고 후기구조주의적인 윤리는 물론이고 사회적·역사적 개입을 허용하는 개념이다. 두 사람 모두 경험주의적이고 비역사적인 또는 순수하게 정서적인 실재에 대한 이해를 문제삼는다. 프레이리는 사회적·역사적 주체로서 의미에 몰두하는 유기체 인간에 관심을 두고 있다. "나는 인간의 본성을 기존의 존재라기보다 사회적으로, 그리고 역사적으로 구성되는 존재로 주목해 왔다."Freire, 1998a: 93 프레이리는 교육의 이론과 실천의 중심에 둔 인간적 요소가 사회 바깥에서 결과적으로 객관적인 사회적-경제적 조건을 넘어서는 인간 존재란 없다고 주장한다. 인간은 사회 전체의 일부로서만 역사적으로 실재하고 문화적으로 생산이 된다. 따라서 역사 속으로 들어가기 위해서는 육체적으로 태어나는 것만으로는 충분하지 않다. 모든 객관적 지식은 사회적·상징적 장과 함께 주체에 의해 창출되지 않으면 안 된다는 것이다.

라캉은 두 가지 죽음, 즉 유기체적 죽음과 상징적 죽음이 있다며 그에 상응하는 두 번의 탄생을 상정한다. 전자의 생물학적 유기체보다는 주체로 인간에게 영향을 미치는 후자의 상징적 죽음에 더 관심을 둔다. 상징적 죽음을 의미하는 비인간화 현상은 무엇보다 사회적·역사적 과정이기 때문이다. 그래서 이를 넘어서려는 인간화 운동은 개인의 상징적, 사회적 그리고 역사적 측면에 초점을 둔다. 비인간화 현상은 사실 개인이나 집단이 주체성을 소유하고 행사하는 것을 부정하는 행위라고 할 수 있다. 라캉은 이것이 사디스트들이 소망하는 원천이라고 간주한다. 그래서 그는 육체적 파괴를 훨씬 능가하는 희생자들의 굴욕 상태를 탐색해 들어간다.

> 당사자들은 산산조각이 나고, 갈가리 부서지고, 찢겨져 살아남은 결과의 파편들이 두 번째 죽음상징적 죽음에 의해 무너지기만을 소원한다.Lacan, 1969-70: 67

이런 면에서 프레이리의 비판적·윤리적 행위주체와 라캉의 심리적·사회적 행위주체는 서로 닮았다. 프레이리의 저작은 외형적으로 마르크스주의와 연계되어 있고, 라캉의 저작은 프로이트 이론에 뿌리를 두고 있다. 프레이리와 라캉 모두 마르크스의 저작을 두루 읽었고, 이들은 모두 인간 활동의 상징적 부산물에 대한 더욱 관심을 두었다.

프레이리의 저작이 비판적 교육학자들에 의해 후기구조주의나 포스트-모던주의자로 규정되기도 하지만, 그 자신은 진리에 대한 개입, 사회정의, 윤리적 책임에 관심을 갖고 있기에 '통일적 주체'를 지킨다는 신념을 고수하고 있다. 프레이리의 주체성은 사회적·상징적 영역에 각인된 방식에 대해 끝없이 계속되는 타협에 헌신하는 장이라고 여기기에 라캉에 비해 개인주의적 정체성을 덜 강조하는 편이다. 프레이리는 개인을 역사적·사회적 존재로 이해하기에 그 개인은 결코 홀로일 수 없으며 고립되어 있지도 않다.

프레이리 교육학의 핵심은 마르크스주의적 정신분석 문제와 동일시될 수 있다.Aronowitz, 1993: 15-16 그의 은행저축식 교육 모델은 사회경제적·역사적 기대에 수동적으로 조응하는 객체성을 길러 내는 방식에 초점을 둔다. 이 모델은 억압자가 제시하는 통제mastery의 이미지를 내면화하고 있다. 이와 달리 라캉의 정신분석은 어느 정도 해방적 희망을 제시하고 있으나, 통제의 신화를 완전히 처리하지는 못했다. 그럼에도 라캉은 통제의 신화를 고발하는 방식—사회주의 혁명이 그런 것처럼—보다는 그 신화를 심리적으로 조정하려는 시도를 한다. 라캉의 전략은 근원적으로 구조 속에서 심리적 혁명을 계속하는 것, 즉 '영원한 혁명'에 초점을 두었다.Klerk,

2009: 40

프레이리는 영감을 주는 열정을 보이며 더욱 성찰적이고 참여적인 주체성을 찾고자 하는 생각을 드러낸다. 필연적으로 인간 주체는 '미완성'일 수밖에 없다는 프레이리의 논변은 라캉과 마찬가지로 무언가가 사라진 것 같지만 항상 남아 있는 불안정한 상태에 있다. 프레이리와 라캉 모두 체념이나 낙담의 사태를 보이기보다 그런 결핍에 활기를 불어넣는 주체성 및 주체적 행위자의 기반이 되어 사태와 국면의 극복을 시도한다.Klerk, 2009: 41 라캉은 마르크스주의 프로그램의 첫 단계에서 노동자가 자신을 사회적·상징적 섭리 안에서, 그리고 그것에 의해 위치하는 것—사실 인종, 성별, 성체성과 같은 피상적 차이를 넘어서는 주체로서 연대를 공유하는—으로 인식하면서, 다른 사람들과 어깨를 맞대며 유사한 결정을 내린다. 마르크스주의 프로그램의 두 번째 단계는 노동자가 앞의 실현을 중심으로 '프롤레타리아'라는 기호로 표현하면서 어느 정도로 유도된 혁명적 주체성을 창출하고, 그에 따라 자신을 '행동하는 상징'으로서 '무장'시킬 것을 요청한다.Klerk, 2009: 41

라캉의 모델은 실재나 활동의 상징적 측면을 고려해야 할 뿐만 아니라, 상징 자체가 종종 행동을 구성하고 이끌며 촉진한다. 프레이리가 지적하듯, 변화를 일으키기 위해서는 사람들이 고통을 받는 것만으로 충분하지 않으며, 그 고통이 더 넓은 상징적-역사적 맥락에서 무엇을 의미하고, 그리고 왜 그러한지를 파악하고 진전시켜야 한다. 프레이리는 교육을 교사와 학생이 매개하는 대상에 대해 인지하는 행동을 설명하는 '대화'로 정의하면서 해결을 모색한다. 여기에서 주체성, 언어 그리고 물질성이 단일하게 구성적 행위로 결합된다. 실재와 인간성이란 대화를 통해 문화와 역사 속에서 함께 태어나기 때문이다.

프레이리와 라캉은 의식 형성과 물질적 세계에서 '상징적 실천'을 근원적이고 근본적인 것으로 간주한다. 라캉이 심리적임상적 억압에 초점을 맞추고 있다면, 프레이리는 사회적현실적 억압에 초점을 더 맞춘다. 프레이리가 사회적 경험을 조정하는 언어의 신비로운 '실체성substantiveness'을 강조한 반면, 라캉은 사회의 관계특히 생산관계를 결정하는 상징적인 것the symbolic의 우선성을 강조한다.Klerk, 2009: 44, 46 게다가 이들 모두 주체성과 마르크스를 강조하고, 교육을 통해 실행 가능한 해방적 행위임을 각성시킴으로써 단순히 경제적 혁명만을 위한 것은 아니라고 본다. 프레이리와 라캉의 우선적 관심사는 존재 그 자체가 아니라, '실재하는 것the real'[53]이 사회적으로, 그리고 상징적으로 각인되어 있다는 데 있다. 이것이 주체적으로 경험된 인간의 실재를 존재에 대한 계속적인 대화로 변화시킨다. 항상 실재하는 것은 사회적·상징적 영역을 통해 주체에 의해 타협된 산물이기 때문에 담론은 단지 지배의 체제를 전달하는 것이 아니기에 담론투쟁은 담론이 장악하는 힘에 달려 있다고 본다.

프레이리와 라캉의 실천이 지향하는 목표는 '의미의 협상'을 시작하는 주체로서 개인의 능력에 대한 인식을 촉진하는 것에 있다. 이것은 프레이리의 저작에서 강조하는 '의식화conscientization'와 라캉이 강조하는 '주체화subjectification'[54]로 대비된다.Klerk, 2009: 84 의식화와 주체화는 정체성과 경험을 보증하는 텍스트에 대해 문해력—읽기의 힘을 다시 부여하는 것—을 갖는 주체를 가르치는 과정을 말하고 있다. 라캉의 '주체화'는 프레이리의 코드화codification와 탈코드화de-codification 작업과 유사하게, 선행지식, 사회화의 대안적 경로, 사회화로부터의 배제, 그리고 인간의 향락joussance[55]에 관한 혁신적 공식에 대해 언급하는 억압받는 사람들의 '내면의 흔적'에 크게 초점을 맞춘다.Klerk, 2009: 169

---

53. 실재계는 간절하게 원하지만 감히 언어화할 수 없는 것, 언어화를 거부하는 것, 언어가 미치지 못하는 것으로 구성되어 있다. 실재(the real)는 현실(reality)과 다르다. 현실은 사물들이 있는 그대로 존재하는 바로 그 현실적인 영역을 의미하는 만큼이나 환상적인 것이다. 현실은 환상의 구조물에 지나지 않는다는 것이 라캉의 역설이다.
54. 언어라는 사회적 도구를 매개로 자아를 묘사할 때 '자아'는 '주체'로 변환한다. '주체'란 언어로 묘사된 자아, 기표화된 자아, 언어틀 속의 자아이다.

'향락/즐김jouissance'은 '쾌락'과 다르다. '쾌락'은 감소된 긴장이고, '향락'은 최대의 긴장이다. 긴장이 최고조에 달하게 되면 이를 해소하기 위한 방법을 찾아 나서기 마련인데, 이것이 '향락'이 행위로 드러날 수밖에 없는 이유, 즉 '행위로의 이행'이다. 라캉이 '신체가 모든 것을 인수한다'고 언급한 것처럼, 향락이 나 자신의 말과 생각을 넘어 어떤 행동을 이끌어내기 때문이다. 즉, 우리가 어떤 것을 향락하는 것이 아니라, 사실상 우리 안의 어떤 것이 우리를 넘어 향락하기 때문이다. 어떠한 경우에도 가닿을 수 없고 어떠한 경우에도 포기할 수 없는 이 모순적 대상이야말로 욕망의 궁극적 귀착점이다. 욕망의 종착점은 '대타자/궁극적 향락'이다. 무의식이 겉으로 드러난 증상삶의 원초적이고 야생적인 에너지/억압된 것의 회귀, 즉 오르가슴적 쾌락남근적 쾌락/배출을 넘어선 향락이다. 배출된 에너지가 충분하지 않을 때 신체에 머무르며 깊이 패인 곳들입, 항문, 질, 음경 등의 긴장감을 높여 성감대를 자극하는 내면의 환상fantasy: 자신의 정체성을 유지하는 어떤 형식 혹은 틀과도 다르다. 라캉에게 긴장의 완전한 배출을 가정하는 '궁극적/절대적 향락'은 욕망을 유지시키는 매혹적이고 기만적인 신기루일 수 있다. 이런 신기루환상를 유지시켜 주는 그 어떤 대상신화적인 엄마, 신, 주체, 언어 및 선악의 저편도 대-타자가 될 수 있으며, 완벽한 만족알 수 없는 만족이라는 점에서 성적이고, 불가능한 지식의 장소로서 실제 이 지점에서 실패를 동반할 수밖에 없으며, 바로 그 과정실패의 반복을 통해서만 긍정적인 창조성을 기대할

55. 라캉에게 '향락'은 고통이 수반된 쾌락의 감정이다. 향락(jouissance)은 프랑스어로 즐긴다는 의미로, 영어의 joy, enjoyment와 유사한 의미를 지닌 명사이다. 라캉에게 '주이상스'는 정해져 있는 쾌락을 넘어서는 것을 통해 찾아오게 되는 것이었다. 이 바깥으로 나아가고자 하는 주체화의 욕망이 존재하는데, 이는 주체가 자기 자신을 아무것도 아닌 것으로 판단하는 순간을 통해 찾아오게 된다. 이를 라캉은 '환상의 횡단', 혹은 '환상을 가로지르기'라고 불렀다. 이를 통해 정해져 있는 쾌락 원칙을 따르고 있던 개인은 자신을 아무것도 아닌 것으로 판단하게 되고, 이를 통해 역사의 거대한 흐름에 일방적으로 종속되어 있는 자기 자신을 발견하게 된다. 그리고 무엇이 되는 것이 아니라 아무것도 아닌 것으로 남기를 선택함으로써 역사의 흐름에 종속되기를 거부했을 때, 기표에 종속되어 동물과 같은 순수한 쾌락이 불가능해진 인간에게 가능한 일말의 쾌락이 찾아오게 된다는 것이다. 라캉은 바로 이 쾌락을 선택하는 것을 윤리적인 것이라고 보았다. 이렇게 윤리적인 결정을 내릴 수 있게 되는 지점에 도달하는 것이 정신분석의 궁극적인 목표이기도 하다.

수 있다.

라캉의 향락/향유享有 개념은 공자의 '낙지자樂之者'를 상기시킨다. "아는 사람은 좋아하는 사람만 못하고, 좋아하는 사람은 즐기는 사람만 못하다知之者 不如好之者, 好之者 不如樂之者." 먼저 '아는 사람'은 자신이 아는 것에 대한 심리적 애착이 없다. 그의 지식은 자기 감흥을 유발하지 않는다. '좋아하는 사람'은 대상과 관계하여 쾌락을 구하되 쾌락 원칙에 따라 구하는 사람이다. 반면 '즐기는 사람'은 쾌락 원칙을 넘어서는 쾌락을 구하는 사람, 즉 '향락의 주체'다. 어떤 것을 '좋아하는 사람'은 유용한 대상을 통해 자신의 관심을 충족해 간다는 것을 의미한다. 반면 '즐기는 사람'은 생의 보존이나 유용성의 논리를 넘어서는 행위다. 죽음 충동이 이글거리는 광기의 강을 아슬아슬하게 건너는 사람, 그렇게 건너는 가운데 황홀한 쾌락을 향유하는 사람이다.

물론 이런 향락/향유 방식은 통념doxa을 벗어나 이성logos의 경지에 도달하려는 소크라테스적 지성주의논리적 이성와 다르다. 라캉에게 진정한 지식이란 '무의식적 이성'으로서 그 어떤 실존적 통념도 아니다. 그러기에 억압받는 사람들의 발언은 재현의 실패가 아니라, 훌륭한 질서가 방해받을 수 있는 다른 준거가 있다.[Lacan, 1966: 194] 주체가 진정 알아야 하는 것은 주체의 내면에 위치한 것이 아니라, 사회적·상징적 표현 매체 또는 타자Other를 통해 수행되는 주체들 사이의 대화에 위치해 있다.[Klerk, 2009: 173]

즉 프레이리가 강조하듯 사실 또는 진실을 왜곡하는 침묵문화로부터 벗어나게 하는 '의식화를 위한 대화'를 필요로 한다. 반면 라캉은 교육문제를 심리분석 차원에서 분석하고 사고한다. 개인적-심리적 통찰은 물론이고, 사회적 통찰을 통해 교육정책을 살펴보아야 하고, 제도적·정치적 차원뿐 아니라 개별적 차원도 관찰한다.[Clarke, 2015] 프레이리와 다른 직업의 역할을 가졌던 라캉은 기본적으로 개별적 심리치료에 초점을 둔 정신분석자이기에 역사적으로 정치적 교육 활동을 했던 프레이리와는 어느 정도 관점의 차이를 보인다.

그러기에 라캉의 상징적 죽음에 대한 프레이리의 의식화 처방은 하나의 대안적 해결책이 될 수 있을 것이다. 인간의 욕망을 구조적으로 이해할 뿐만 아니라, 심리적으로도 이해할 필요가 있기 때문이다. 라캉의 시각에서 보면, 환상적 욕망 대상을 찾아 이러저리 바람이 부는 대로 부유하는 학부모들의 교육 욕망이나 교육 열병에 대한 심리적·구조적 차원의 종합적 처방을 필요로 한다.

오늘날 주체의 위기는 곧 삶의 위기이고 인간의 위기이며, 그리고 역사의 위기라고 할 수 있다. 따라서 주체의 목소리가 고려되고 위상 지어지고 정당화되는 새로운 길을 찾지 못하면, 인간 존재란 한갓 생존만을 유일하게 보편적 가치로 여기고 선전하는 방식의 정치로 축소될 가능성도 있다. 물론 이런 세상에서 사람들은 때때로 육체적 죽음을 피하는 것에서 자족할 수도 있지만, 진짜 위험스러운 것은 상징적 죽음에 대처할 수 있는 '상징적 구원'의 책임을 감당하지 않으려는 무의식적 '주체의 죽음'을 심각하게 고려해야 한다는 점이다.

인간의 가장 깊은 심연에 자리한 내면적 주체성의 죽음에 대한 원인을 파악하는 정신분석 작업 또한 사회적인 것과 연관된 개인의 경험을 파악하는 것이기에 언제나 정치적일 수밖에 없다. 발견과 중재를 통해 스스로 자신의 족쇄를 푸는 것은 자유롭지 않고 그렇게 쉬운 일도 아니다. 그러기에 진정 자유로운 존재가 되기 위해서는 욕망의 주체성을 살려야 한다. 동시에 존재론적 질문을 하면서 욕망의 비억압적 재배치를 통해 대안적 향락을 새롭게 마련하는 이념적·정치적 혁명을 추구해야 한다. 그래야 새로운 사회적·상징적 타자의 탄생이 가능할 것이다. 이 말은 곧 자아의심리적 해방과 사회의구조적 해방은 동시에 이루어져야 한다는 것으로 이해될 수 있다. 자아의 해방이 없는 사회의 해방이나, 세상의 해방이 없는 마음의 해방은 한갓 일면적 해방에 지나지 않을 것이다.

# 8. 푸코의 판옵티콘, 은행저축식 교육과 닮은꼴

미셸 푸코Michel Paul Foucault, 1926~1984와 프레이리의 교육사상은 서로 다른 사회적 배경에서 나왔지만, 학습자의 문화적 경험에 대한 프레이리의 관심과 국부적 지식이 예속으로부터 구제되어야 한다는 푸코의 관점 사이에서 유사점을 보인다.Nehkwervha, 2012 푸코와 프레이리를 읽으면 읽을수록 억압적인 교육체제에 대한 보다 총체적인 이해를 얻을 수 있다. 이들은 계몽된 개인들이 서로 끊임없는 대화를 나누는 사회의 건설을 위한 해방교육libertarian/liberatory education을 구상한다.

아래에 있는 사람들이 제기하는 목소리와 질문은 권력의 상위에 있는 사람들에게서 나오는 규범적이고 예언적인 담론의 무게에 매몰되어 있는 종류의 것이 아니다. 이들의 목소리에 담긴 생각은 다른 사람들로부터의 다양한 비판이 공개적으로 이루어지고 충돌하고, 그리고 대화의 정신에서 반영되는 문제, 갈등, 대립을 거쳐 탄생한 것이다. 푸코는 학생들을 가르치는 환경이 어떤 것인지에 대한 건전한 이해를 확립하는 데 초점을 두었고, 반면 프레이리는 학습 과정 자체가 어떤 것인지를 논의하는 데 방점을 두었다.

푸코가 설명하는 일망감시Panopticon[56] 체제와 프레이리가 설명하는 현행 '은행저축식banking' 교육체제는 모두 행동과 생각을 구성하고 통제하는 방식을 보여 준다는 점에서 상당한 유사성을 보인다. 두 가지 체제 모두 암기하거나 생각 없이 말한 것을 수행하도록 권장한다. 두 교육체제는 가부장적이고 관료적인 사회행동 장치에 의해 달성된다. 이 체제들은 모두 억압받는 자의 의식을 변화시켜 자신의 위치에 머물도록 한다. 두 시스템

56. 'panopticon'은 영국의 철학자이자 법학자인 제러미 벤담이 제안한 일종의 감옥 건축 양식을 말한다. 파놉티콘의 어원은 그리스어로 '모두'를 뜻하는 'pan'과 '본다'를 뜻하는 'opticon'을 합성한 것으로 벤담이 소수의 감시자가 모든 수용자를 자신을 드러내지 않고 감시할 수 있는 형태의 감옥을 제안하면서 이 말을 창안했다.

의 강제 방식은 학생이 질문하거나 자신만의 생각을 지니는 것을 허용하지 않는다. 다른 학생들과 정보를 토론하는 것도 허용하지 않는다. 이것들은 둘 다 규율/훈육mathémata/discipline을 필요로 하는 유사함을 갖고 있다. 두 시스템 모두 피억압자들이 가장 저렴한 비용으로 최대의 생산성을 제공한다는 궁극적인 목표를 위해 기여하도록 유도된다.

푸코는 이런 자동 감시체제를 교육체제에 작동시킨다. 자동 장치는 미리 결정된 작업 순서를 따르거나 미리 결정된 명령에 응답하도록 설계된 기계나 제어 장치다. 일부 자동 장치는 평범한 관찰자에게 자신의 힘으로 작동하고 있다는 착각을 일으키도록 설계되어 있다. 푸코는 위와 같은 목표를 가지고 사람들이 정보를 흡수하고 감시 방식을 사용하여 요청한 대로 반응하도록 한다.

푸코처럼 프레이리의 문제제기식 교육 또한 사고를 장려하고 교사와 동반자로 일하고 한 팀으로 일하는 것을 격려한다. 프레이리 방식은 푸코보다 좋을 방법일 수 있고 확실히 더 만족스럽지만, 실제로 더 잘 작동할지는 알 수 없다. 하지만 프레이리와 푸코의 프로젝트 사이에는 몇 가지 수렴되는 점이 존재한다. 학습자의 문화적 경험에 대한 프레이리의 관심과 주변화된 국부적 지식이 필요하다는 푸코의 견해 사이에는 유사한 점이 있다. 교육은 개개인이 깊은 자유 감각을 갖도록 하는 것에 목적이 있다. 따라서 교육은 비판적 사고를 개발해야 한다. 그리하여 교육은 개인의 힘을 강화하고 스스로 해방할 수 있도록 하고, 그리고 동료 인간을 그들 사회의 지배구조로부터 해방할 수 있는 능력을 갖추도록 한다. 교육의 필수 불가결한 부분은 사람들이 생각하고 행동하는 방식에 도전하는 방법을 배우는 것이다.

푸코는 『감옥의 탄생』에서 권위주의적 지도자들이 젊은이들을 '훈육'하는 군사 기반 시설과 유사한 억압적인 교실 역학을 분석한다. 그가 제안한 이런 역동성은 『억압받는 자들의 교육학』의 그것과 유사하다. 푸코는 이러한 유형의 억압을 '봉쇄' 또는 '고립'이라고 설명했다. 이는 학생들을 사회의 나머지 부분과 분리하여 학생들이 완전히 통제되도록 하는 수단이자 학교를 통해 달성되는 전술이다. 그뿐만 아니라 '봉쇄'는 특정 유형의 작업에 전념하는 환경을 설정하여 학생의 전반적인 생산성을 높인다. 아이들의 순위를 매기고 다른 반에 배치함으로써 교사는 학생들을 목표로 삼고 추가 순찰을 통해 학생들이 생산성을 유지하고 모든 규칙을 준수하는지 확인할 수 있다. 이런 방식은 학생들에게 어떤 선택도 허용하지 않고 성적에 따라 다른 범주로 학생을 강제한다. 그 학생은 그 그룹에서 영원히 고립되기 때문에 억압의 궁극적인 형태에 갇히도록 한다.

이러한 교육 형식은 프레이리가 제시한 '은행저축식 교육' 형식과 유사하다. 여기서 학생들은 교육을 통제하는 것이 아니라, 단순히 교사가 제공하는 자료를 보관하는 저장소이다. '은행 저축 방식'의 교육에서 학생들은 다른 사람들이 중요하다고 생각하는 정보를 강요당하고, 이를 막기 위해 할 수 있는 것이 거의 없는 환경에 갇혀 있다.

억압적 지배구조를 비판하는 교육, 억압으로부터 자유 실천으로서 교육, 그리고 주변화된 사람의 권한 강화로서의 교육은 푸코와 프레이리 모두에게서 공통의 주제임을 파악할 수 있다. 푸코의 '해방을 위한 지식인'과 프레이리의 '억압받는 사람들을 위한 교육학'은 지식, 권력, 진리에 대한 개념과 진정한 교육적 실천에 미치는 교육의 해방적 함의를 갖는다.

> 권력은 지식을 창출한다는 점, 권력과 지식은 상호 직접 관련한다는 점이다. 또한 어떤 지식 영역과의 상관관계가 조성되지 않으면 권력적 관계는 존재하지 않으며, 동시에 권력적 관계를 상정하거나 구성하지 않는 지식은 존재하지 않는다는 점이다. … 따라서 지식의 주체와 지식의 대상, 그리고 지식을 구성하는 양태는 모두 권력-지식의 근본적인 관계와 역사적 변형의 결과들로 여겨져야 한다. 요컨대,

> 권력에 봉사하건 저항하건 관계없이 모든 지식을 생산하는 행위는 지식 주체의 활동이 아니다. 지식의 형식과 영역을 결정하는 것은 권력-지식이며, 그와 함께 권력-지식 자체를 구성해 내는 과정과 투쟁들이라고 할 수 있다.Foucault, 1975/1994: 57

미시권력은 우리의 일상생활 속에 두루 퍼져 있으면서 지속적으로 작용하고, 우리 자신의 주체성과 욕망을 만들어 내기 때문에 우리는 그 그물에서 잘 벗어날 수가 없다. 미시권력은 우리의 일상생활 속에 두루 퍼져 있으면서 지속적으로 작용하고, 우리 자신의 주체성과 욕망을 만들어 내기 때문에 우리는 그 그물에서 잘 벗어날 수가 없다. 역사적 과정으로서 통치성governmentality, 목적에 편리하게 이를 수 있도록 정리된 '사물들의 적절한 배열'[57]으로 작동하는 미시권력은 삶의 전 영역에서 경합/대치하도록 하는 특성의 방식으로 생각하고, 느끼게 하고, 행동하도록 하게끔 내면화시키는 획일적 주체예속적 주체화로 기능한다. 예속subjection은 '권력의 주체'와 '주체로서의 인간'이라는 두 측면의 노예적 속성을 모두 보여 준다.

푸코에게 지식은 그 자체로 순수한 진리가 아니며, 권력관계의 작동에 의해 생산되고 유포되면서 하나의 사실과 정보로 가공되고, 동시대인들에게 각인된다. 사물은 동일한데 사물을 설명하는 말이 변하면서 담론은 발전하고 시대에 때라 달라진다. 권력과 결합하여 지식은 생성되고 선별되거나 배제된다. 각자에게 주어진 자유의 정도는 각자의 조건에 따라 천차만별인데, 중요한 것은 각자가 활용할 수 있는 자유의 범위 내에서 최대한으로 그 자유를 실천하는 것이다.

프레이리에게서는 학습자의 문화적 경험이 해방으로 연결되는 통합적 기능을 하지만, 푸코 이론에서 주변화된 지식의 구원은 자유 행위와 진정

---

57. '통치성'은 국가를 효과로 구성하는 제도, 과정, 분석과 반성, 계산과 전술들로 구성되는 앙상블이다. 통치성들의 유동적인 효과를 발휘하는 국가는 안정적인 실체일 수 없다. 통치성이 달라지면 국가는 자연스럽게 그 성격과 형태를 달리한다.

한 교육 실천으로 이어지지 않는다. 프레이리는 사유의 차원은 물론이고 그에 더해 신체의 차원에서, 구체적인 일상생활의 차원에서, 그리고 타자들과 교류하는 차원에서의 실천을 더욱 중시했다. 반면 푸코는 주체와 진실 사이의 관계에 관심을 기울였다. 이것은 곧 지식과 권력의 관계를 묻는 질문이다.

진실의 주체는 곧 주체의 진실이다. 이 말의 의미는 진실과 교육적 관계를 구축한 진실의 주체임이 드러나는 가장 전형적인 상황, 바로 파레시아parrhêsia/speaking the truth', 즉 '진실 말하기/솔직히 말하기'라는 푸코의 주장에서 잘 드러난다. 파레시아는 푸코가 고대 그리스에서 끌어온 '용기 있게 진실 말하기'를 뜻한다. 고대 그리스 시대와 헬레니즘 시대에 '자기'는 잘 돌보고 가꾸어, 마치 예술 작품을 만들 듯 정의롭고 아름답게 만들어 가야 하는 어떤 것이었다.

'진실 말하기' 개념은 세월의 흐름, 정치체제의 변화, 제국의 등장, 그리스도교의 출현 등에 따라 그 의미와 활용 방식에 여러 변주가 있어 왔다. 푸코의 계보학적[58] 접근은 근대 주체의 주권과 보편성을 의심한다. 따라서 복잡한 권력-지식 관계를 가로지르는 이 주제는 그의 주관성을 구성하는 권력-지식-진리 체제의 영향에 더 주의를 기울인다. 근대화의 주체화 과정에 따르면, 주체로서 자기를 구축하는 것은 실제의 나와 생각 속의 나의 간극을 줄이려는 데에만 골몰하는 한없는 자기인식gnothi seauton/know thyself의 시도라고 할 수 있다.Foucault, 2007: 552 이것은 곧 자기 돌봄이 사라지는 것을 뜻한다. 푸코는 소크라테스가 "너 자신을 알라!"를 말하기 이전에 먼저 "너 자신을 돌봐라!"라고 진정으로 외친 것임을 주지시킨다.Foucault, 2017: 46 진실을 말하는 사람은 자기 돌봄으로 출발한 자기인식을 통해 진실을 말하고자 한다. 프레이리의 의식화도 이와 크게 다르지

58. 푸코의 계보학(archaeology/genealogy)은 사건의 분야에 관련한 선험적인 대상을 언급하지 않고도 지식, 담론, 대상 영역 등의 구성을 설명할 수 있는 역사의 한 형태이며, 인간을 주체로 변혁시키는 객관화의 과정을 다룬다.

않다.

진실이 타자의 분노를 야기할 가능성을 염두에 두면서도 타자에게 직언한다는 점에서 타자와의 긴밀한 관계 맺기를 시도한다. 그리고 자신이 믿는 바를 말하기 위해 심할 경우 자신의 목숨까지도 담보로 삼는다는 점에서 자기 자신과의 긴밀한 관계 맺기이기도 하다.젠, 2016: 600 위험을 감수하고 자기 자신이 믿는 진실을 말하는 용기, 즉 '진실 말하기'는 자기가 진실이라 믿는 바를 발언하는 실천이라는 점에서 진실과의 관계 맺기이다. '진실 말하기'는 진실의 실천이고, 자기 자신으로의 전향이고, 자기 실천이고 주체화의 실천이다.Foucault, 2017: 345 이것은 법에 주체를 예속시키는 방식이 아니다.

진실 말하기에는 다양한 형태가 있고, 그것이 이루어지는 다양한 맥락이 있지만, 발언자 스스로가 자기 자신과 맺는 관계, 즉 '자기 배려' 혹은 '자기 돌봄'을 가장 중요하게 여긴다. 여기에서 가장 부각되는 이슈는 '자기 돌봄/배려'이다. 푸코가 주목한 고대인의 '삶의 기술tekhn tou biou'은 인간이 스스로 행동규칙을 정할 뿐 아니라, 스스로를 변화시키고 변형시킬 수 있게 하는 실천들의 총체이다. 그는 이를 인간이 자기의 삶을 하나의 작품으로 다듬어 가고 스스로의 주체가 될 수 있게 하는 기술, 곧 지식-권력의 작용에 저항할 수 있게 하는 가능성으로서 삶의 기술을 조망한다. 이 시대의 삶의 기술로서 '자기 배려/자기 돌봄epimeleia heautou/self-care, 자기에 대해 고심하기, 자기에 대해 우려하기'[59]은 더 넓은 외연을 가진 윤리적 실천이었다. '자기 돌봄/배려'는 자기 자신에 단순한 관심이나 주의보다도 자기 테크닉 혹은 자기가 자기에게 가하는 작업에 훨씬 가까우며, 자기 자신을 배려하고 돌보는 행위, 그러기 위해 자기 자신에 몰두하는 행위라는 실천적 의미를 내포한다. 이것은 가르치거나 배우는 인식의 문제가 아

59. '돌봄'이나 '배려'로 번역되는 'epimeleia'는 일차적으로 '~에 관심을 쏟음'이라는 뜻을 갖지만, 여기서 파생하여 배려, 노력, 사명, 탐구 등의 의미를 지닌다. 어떤 것에 대한 관심 자체를 가리키는 것이 아니라, 관심을 지닌 그 대상을 위해 쏟는 행위를 지칭한다

니라, 자기 자신에게 가하는 수련/수양이라고 할 수 있다. 자기 배려의 가장 큰 특징은 진실을 향해 자신을 끊임없이 다듬는 것연마, 즉 자율적인 '자기 수련/수양askêsis/self-cultivation, 자기가 자기에게 가하는 수련으로서의 고행'[60]이다.Foucault, 2017: 342 'askêsis'는 진실의 실천이고, 자기 자신으로의 전향이고 자기 실천이고 주체화의 실천이라고 할 수 있다.Foucault, 2017: 345 검토, 인고의 시련고행, 표상의 통제를 거쳐야 한다. 이것은 법에 주체를 예속시키는 방식이 아니다. 몸을 길들이는 '훈육mathémata/discipline'과도 다르고, 주체의 변형 및 형성과 무관하게 지식을 전수받거나 습득하게 되는 '학습mathésis/learning'과도 다르다. 따라서 한편으로는 이론적 지식이 있어야 하고, 다른 한편으로 실천적 지식을 간직하고 있어야 한다. 실천적 지식은 자신을 훈련시킴으로써만 획득할 수 있다. 고통, 열의, 훈련은 실천적 지식을 습득하게 해 주며, 이것들은 이론적 지식에도 필수 불가결하다.Foucault, 2017: 343

'진실 말하기'는 철학적 삶의 문제를 제기할 수 있게 하고, 이를 통해 철학적 기획 내에서 진실의 전통적 의미가 변형될 수 있게 한다. 진실 말하기는 분명 진실한 말이지만, 그 주된 기능은 논설문 쓰는 법을 기르는 것이라기보다는 오히려 실존들의 선한 힘들이 움직이도록 하는 것이다. 진실 말하기는 담론을 구성하기보다는 삶 자체를 시험에 빠뜨리는 어떤 요소를 구성한다. 주체가 말하는 진실은 보편적 인간성과 관련된 모두의 진실—객관적 진실 또는 자신의 간주관적으로 공유하는 진실—이라기보다는 윤리적 주체와 관련된 모두의 진실이다.

자신의 '진실 말하기'에서도 자신의 비밀, 자신의 주관, 자신의 체험과

60. '자기 수양'은 독일인들이 'Selbstbildung/self-formation→culture)'이라 명명한 바를 중심으로 'paideia(→Erziehung→education)'라는 또 다른 형식의 수련 간의 격차, 상호작용, 근접성 내에서 고대 세계의 철학과 영성 간의 작용과 관련된 다소의 문제가 발생한다(Foucault, 2017: 83). 'Bildung'은 고대 그리스 사회에서 내면적 삶의 함양, 인간의 정신과 영혼의 함양을 뜻했다.

느낌, 한마디로 말해서 자신의 내면적 진실을 고백하거나 자신이 알고 있거나 소유하고 지식을 전달하는 것이 아니라, 자신의 삶과 자기배려에 적용되고 체화된 진실을 말하는 것을 가리킨다.이영진·김상섭, 2021: 75-76 즉 진실 말하기는 진실의 주체로서 자신이 구현하고 체화한 지식을 말하는 것이다. 자신의 생각을 투명하게 말하는 것이 아니라, 자신이 사랑하는 것, 즉 자신의 선택, 자신의 실존적 선택을 가장 투명한 방식으로 보여 주는 것이다.[61] 이것은 태어나는 것이 아니라 진실에 수반되는 위험과 의무를 기꺼이 감수하고 수행하는 데서 비롯되는 권리이다. 그것은 '자기와 자기가 관계 맺는 방식', 그리고 '자기와 타자가 관계 맺는 방식'을 드러낸다. 반드시 타인과의 관계 속에서 기울어진 권력관계에서 아래에서 위로, 그리고 위험을 감수하는 유형의 말하기 실천을 필요로 한다. 따라서 '진실 말하기'는 매우 넓은 맥락에서 이해되어야 한다.

푸코는 고대 그리스 도시국가에서의 원초적 파레시아스트parrhesiast, 진실을 말하는 사람를 조건으로 정의한다. 첫째, 진실을 말하는 사람은 자신이 진실이라고 생각하는 바를 말해야 한다. 자신이 생각하는 것을 숨김없이 타자에게 말할 필요가 있다. 둘째, 그 발언은 자유롭게 행해져야 한다. 법정에서 증언을 요구받았을 때 진실을 말하는 것은 파레시아트라고 할 수 없다. 셋째, 파레시아스트는 말을 거는 상대를 비판하고, 돕고, 개선시키기 위해 스스로 위험을 무릅쓰고 말해야 한다.겐, 2016: 73 진실 말하기의 담론이 되려면 권력관계에서 아래에 있는 사람이 위험을 무릅쓰고서라도 진실을 말하는 것, 자신이 반드시 진실이라고 믿는 것을 말하는 것, 그리고 말하는 것과 사는 것이 일치하는 실존의 동일성을 갖춰야 한다. 진실 그 자체가 아니라, '진실을 말하는 용기'를 필요로 한다.

진실 말하기에서는 말하는 자기 자신의 자유를 행사하고, 설득보다는

61. 푸코는 진실의 주체로 변형·형성해 나갈 수 있는 쓰임을 갖는 지식을 삶의 태도를 형성하는 지식, 즉 '윤리시학적(éthopoétique=éthos삶의 태도+poiesis제작/제작)' 지식이라고 부른다(Foucault, 2007: 70).

솔직함을 선택하며, 거짓이나 침묵보다 진실을 택하고, 생명이나 안정성보다 죽음의 위험을 택하며, 아첨보다 비판을 택하고, 자신의 이익이나 도덕적 무관심보다 도덕적 의무를 택하는 것이다. 진실의 공표를 통해 실천하고, 그리고 자신의 삶 속에서 진실을 구현한다. 자기 삶의 외적인 품행 가운데 현시하고 자기 신체 속에서 연극화함으로써 묵묵히 행위하고 유효하게 행동하는 가운데 진실을 폭로한다.

푸코의 위대성은 아마도 우리가 새로운 삶의 양식을 발명할 잠재력을 얼마나 잊고 살아왔는지, 또 신자유주의가 우리 삶의 양식과 주체성을 경제적 인간호모 에코노미쿠스에 예속시키면서 이 잠재력을 파괴하고 있는 오늘날에 그것이 얼마나 긴급한지, 그리고 이 잠재력이 얼마나 우리 가까이에 있는지를 환기한다는 점에 있다. 진실을 말하는 사람은 간결한 삶, 타협하지 않는 삶, 궁핍 속에서도 주권을 가진 삶, 그 무엇에도 구애받지 않는 투명하고 순수한 삶을 살고자 한다. 그것은 불평등한 권력관계에도 겁먹지 않고 위험을 감수하며 진실—누군가의 삶을 그의 실천적 양상들의 총체 속에 놓는 것, 즉 긴장 속에 놓은 것—을 드러내는 용기 있는 행동이라고 할 수 있다.Foucault, 2017: 17-19, 369

진실을 말한다는 것은 '당신! 지금 잘못하고 있어!'라고 말하는 것이다. 그러나 이것은 선생이 제자에게 '지각하면 안 돼!'라고 말하는 것, 혹은 부모가 어린 자식에게 '청소년이 담배를 피우면 안 돼!'라고 말하는 것과 다르다. 제자나 자식의 잘못을 지적한다고 해서 불이익을 당할 일은 없으니, 이는 '용기'를 필요로 하지 않기 때문이다. 그렇다면 누구를 향해서 '당신은 지금 잘못하고 있다'라고 말할 때 용기가 필요할까? 바로 나보다 강한 사람, 내가 한 말 때문에 기분이 상해서 나를 위험에 빠뜨릴 수도 있는 사람을 비판하려 할 때 필요한 것이다. 이러한 진실 말하기는 왕에 대한 신하의 간언, 정치적이거나 사회적인 비판, 조직 내부의 비판, 폭로 등의 형태로 나타난다.[62]

자기 돌봄은 무위의 권유와는 정반대로 우리로 하여금 잘 행위하게 하고, 우리 행위의 진정한 주체로 우리를 구축하도록 만드는 것이다. 자기 돌봄은 세계로부터 우리를 고립시키기보다는 우리를 세계에 정립하도록 해 준다.Foucault, 2007: 566-567 푸코는 사회제도와 담론이 집중되는 장으로서 몸/육체를 탐구하고 몸-권력/생체-권력bio-power의 개념을 제시한다. 푸코에게 몸은 '사건이 각인된 표면'이다. 어떤 사건에 용기를 내는 것은 몸이 용기를 내는 것이고, 착취를 당하는 것은 노동자 계급이 아니라 노동자들의 몸이다. 마찬가지로 학생 및 교사 그리고 시민이 군대식 규율에 놓이는 것은 그들의 몸이 훈육되고 길들여지는 것이다. 권력이 행사되고 감금되는 것은 바로 '몸'이다. 푸코의 호기심은 시대의 지식-권력에 의해 직조된 주체가 아닌 '주체', 담론의 대상으로 편입되지 않았다는 의미에서 '자유로운 주체'에 대한 인간의 갈망을 반영한다.김세희, 2019: 174

오늘날 파레시아는 더 현대적인 다른 이름, 즉 '자유libertas'나 '비판'이라는 이름으로 복원되고 있다. 칸트는 계몽Aufklärung/enlightenment, '빛'이라는 뜻을 자신의 오성sapere aude을 사용할 용기를 갖는 것으로 정의했다. 푸코의 『계몽이란 무엇인가』1984에 따르면, 교육이란 칸트가 말한 대로 대부분의 사람을 특징짓는 '미성숙한' 상태에서 벗어날 수 있는 길을 찾도록 돕는 일이다. '미성숙immaturity'이란 말은 칸트가 이성의 사용이 요구되는 영역에서 다른 사람을 이끌 수 있는, 다른 사람의 권위를 받아들이게 하는 마음의 특정 상태를 의미한다. 그러한 미성숙은 사람이 더 이상 스스로 비판적으로 생각하지 않는다는 의미에서 영적 지도자가 사람의 양심을 대신할 때—고해성사처럼— 발생한다. 요컨대 그런 미성숙은 받아들인 모든 실천을 무비판적으로 수용하는 데 존재한다. 푸코는 더 나은 대안을 묻고 제안하는 방법을 배우는 것은 존재하는 것에 맞서 투쟁하고, 저

---

62. 파레시아는 우리 역사에서 '말하기의 윤리'로서 '직언', '간언', '고언', '진언', '충언'이라는 어떤 의무의 감정을 수반하며, 발언자의 위험을 초래할 수 있는 것과 유사하다.

항하고, 거부하는 사람들을 위한 도구임을 강조한다.Foucault, 1991: 48 개혁자들이 예언하는 것이든, 입법자가 한 것이든, 무엇을 해야 할지는 위에서 결정되는 것이 아니라, 오랜 기간에 걸쳐 오고 가고, 교류하고, 성찰하고, 재판하고, 다양한 분석들에 의해 결정되어야 한다.Foucault, 1991: 49

자기를 돌보는 적절한 행위를 위해서는 자기로의 시선 전환이 필요하고, 이를 위해서는 자기 자신에 대한 각성이 필요하다. 자기각성이 자기 자신을 알아 가는 과정의 일부라고 볼 때, 이 시대의 자기인식'너 자신을 알라'은 언제나 '자기 돌봄'과 결부되어 있다. 자기 돌봄은 도시국가를 잘 통치하기 위해 젊은 시절 잠시 필요한 것이 아니라, 평생에 걸쳐 자기 자신과 관계 맺는 지속적인 작업이다.

따라서 '성찰하는 삶examined life'은 자기 돌봄이란 목적을 지향하고 있다. 돌봄의 중요성을 깨달은 후 돌봄의 대상을 검토하는 과정은 자연스럽게 인식앎을 끌어들인다. 이렇게 돌봄/배려와 인식/앎은 자연스럽게 연결되며, 상보적 관계에 놓이게 된다. 자기 자신을 진정으로 돌보기/배려하기 위해서는 타자와의 관계 속에서 서로가 서로에게 솔질하고, 자유롭게 진실을 말할 필요가 있으며, 또 진실을 말하는 위험에서 자신을 노출시킬 수 있는 능력을 갖추기 위해 진실을 인식하기 위한 훈련 이상으로 자신에게 작업을 할 필요가 있다.

진실과 소통하고 받아들이는 '진실 말하기' 과정에 참여하는 고백자와 고백을 받는 자 사이에 이루어지는 '고백confession' 형태는 곧 교육의 형식이라고 할 수 있다.Luna, 2017: 210 푸코는 자기에 대한 '진실 말하기'의 계보학을 통해 자아 관리 기술인 '고백'에 의해 형성된 내면성의 속박으로부터 스스로를 해방시키는 실천, 즉 미시권력의 말속에 포획된 우리가 다른 현실을 생산할 수 있게 해 주는 진실 말하기 행위가 가능함을 보여 준다. 자기에 대한 진실 말하기는 오늘날 지배적으로는 '고백'이라는 통치 기술로 구현되어 우리는 자신의 내면으로부터 속박되어 있다.Fejes & Nicoll, 2015

고백 및 진실 말하기의 맥락에서 권력관계의 영향은 더 넓은 교육적 맥락에서 권력관계의 작동에 대한 고려로 곧바로 해석될 수 있다. 교육적 맥락에서 권력관계의 역할과 효과는 수익 창출과 상품화를 향한 끊임없는 추진력에서 볼 수 있다. 신자유주의는 책임 있는 개인 창출을 위한 수단으로서 교육을 이익 창출을 위한 구조로 전환시킨다. 권력관계의 영향에 대한 지식과 함께 적절하게 적용되는 진리 말하기 과정의 최종 결과는 책임지는 개인을 길러 내는 것이다.

따라서 진실을 말하는 사람은 자기 자신에 대한 진실을 말하면서 자기 내면으로 파고 들어가 모든 것이 '내 탓'이라며 감내하고 전면적으로 복종할 수 있는 대상을 찾지 않는다. 그보다는 타인의 분노를 무릅쓰는 용기를 가지고, 자기 및 타자와 관계 맺는 '진실 말하기'의 실천은 '다른 현실'을 생산하기 위한 윤리적 태도와 통치 행위를 실험한다. 푸코는 진실 말하기와 자기 돌봄의 교차 지점으로서의 삶을 우리에게 환기하고 숙고된 비순응성과 저항을 통해 삶을 창조하라고 종용한다. 그리고 윤리, 정치, 철학, 예술의 교차 지점에서 시작되는 자유의 실천으로서의 저항운동과 해방운동을 하도록 우리를 설득한다. 여기에서 해방적 실천가인 프레이리를 만나게 된다.

물론 푸코는 자기 돌봄/배려에서 나오는 '진실 말하기'를 더 중시하는 반면, 프레이리는 옳고 그름의 판단에서 나오는 '진리 말하기'를 더 중시하는 듯하다. 양자의 강조점은 다르지만 미시권력과 거시권력의 관계 등 상황과 맥락에 따라 진실과 진리는 중첩되면서 부각되고 있다. 진실 말하기의 실천에 관심을 기울이면서 솔직히 말하기는 우선 정치적 개념이었고, 이후 윤리적·철학적 차원으로 발전한다. 소크라테스는 정치 참여를 거부하고 타자를 배려하는 것을 목표로 하는 '윤리적 진실 말하기'를 실천한다. 소크라테스는 자신의 대화 상대자들이 자기 자신에게 물음을 던지고 그와 더불어 그들 자신을 찾고 스스로를 돌보도록 유도한다. 소크라테스는 자신이 아테네 시민들에게 그들 자신을 돌보라고 종용하는 것은 도시국가 전체에 유용하다고 주장하고, 진실한 담론을 보호하는 것이 도시국가에 이득이 된다고 웅변했다. 윤리적 목적을 갖는 진실 말하기의 실천은 이렇게 정치적 가치를 지닌다.Foucault, 2017: 378-379 푸코는 소크라테스를 통해 진실을 말하는 원리와 아름다운 삶이라는 이상이 자기 돌봄 내에서 서로 교차하게 된 시기를 재발견하려고 시도한다. 디오게네스는 아름다운 삶과 진실 말하기를 직접적으로 결부시켰다. 진실을 솔직히 말하는 삶은 곧 아름다운 삶이라는 것이다.

푸코는 적절한 철학적 질문 방법, 역사에 새로운 자극을 주는 새로운 방법을 알고 있었다. 푸코의 권력 개념이 예속에서 구출시키는 자유의 행위나 해방교육의 실천을 허용하지 않았지만,[63] 프레이리의 '앎의 교육학pedagogy of knowing'은 대화와 의식화에 초점을 둔 교육의 해방적 실천을 강조한다.Nehkwervha, 2012: 80 대화와 의식화를 강조하는 그의 관점에서 앎의 교육학만이 해방적 실천을 가능하게 한다. 푸코와 프레이리는 해방 프로젝트에서 '앎의 교육학'의 유용성과 그것의 주체 개념을 보여 주기 위한 주체 담론에 대해서 대조적 견해를 보여 준다. 푸코는 자기를 가꾸는 자기 삶의 예술가를 '주체'라고 불렀다. 주체에게 중요한 것은 어떤 원리로 정당화하는지가 아니라, 자신의 삶을 미학화하려는 의지가 작동하는지 아닌지 여부가 중요하다.

푸코의 관점을 넘어서는 프레이리의 비판적 교육학은 교육자 및 교육실천가가 스스로 모순을 심화하는 상황에 대해 책임을 회피하기보다 해결할 수 없는 딜레마의 경험을 성찰의 출발점을 삼고, 그 모순 속에서 사

---

63. 푸코의 계보학적 연구를 살펴보면 사회 변화를 지배의 수단으로 바라본 '담론' 논점이 돋보인다. 그런데 푸코는 담론의 양가적이면서 다중적인 속성에 큰 비중을 두지 않은 듯하다. 『감시와 처벌』과 같은 문헌을 읽으면 세상은 염세적으로 보인다. 개별적인 삶은 결코 창조적이거나 능동적일 수 없다. 권력과 지식으로부터 지배적인 담론질서에 포획되어 있다. 규율적 권력의 감시와 개입은 모세혈관처럼 사회 전 영역을 관통하고 있고, 우리는 일상생활에서 순응적인 몸을 가진 무력한 인간으로 살고 있다.

유하는 능력을 함양하도록 한다. 공통의 사회 맥락에서 교육의 혁신이나 타자의 이해라는 명목하에 가려진 사회적으로 주변화된 학습자의 다양한 삶의 궤적, 경험, 이야기, 관점에 더욱 관심을 기울이도록 한다. 그리고 변혁적 교육의 실현을 위해 통합과 배제의 권력 역학이 작용하는 사회적 제반 조건에 자신이 얽혀 있는 계기를 반성적으로 성찰하는 것이 필수적일 것이다. 이런 점에서 세계 비판은 근본적으로 자기비판으로 귀결되는 것을 의미한다. 따라서 동시적 비판이 요구된다.

그런데 진리를 향한 진보와 해방을 위한 정치적 행위의 실천적 함의를 허용하지 않지 않는 푸코의 상대주의적 관점은 해방을 위한 투쟁을 무의미한 것으로 환원시켜 버릴 수 있다. 이처럼 자유와 해방적 진리의 불인정 때문에 푸코의 이론이 침묵주의, 허무주의, 그리고 숙명론을 부추긴다는 비난이 커져 갔다.[Nehkwervha, 2012: iv] 이런 비난은 지배 문제에 대한 프레이리의 해결책이 지닌 힘이 더욱 부각되는 이유이기도 한다. 특히 교육을 공공재라기보다 상품으로 취급하는 신자유주의 교육체제가 전인적 시민을 길러 낼 수 있는 교육의 역할을 전복시킬 수 있는 거대한 위험이 여전히 거세기 때문이다. 책임 있는 개인을 길러 내기 위해서는 학생이 적절한 진리 체제를 받아들이는 것은 물론이고, 교사의 의사소통을 더욱 필요로 한다.[Luna, 2017]

요컨대 비판의 통로가 점점 좁아져 가는 시대를 맞이하여 비판 없는 조용한 사회를 평화로운 사회라 착각하는 사람들이 점점 더 강력한 권력을 행사하려 하는 오늘날, 진리의 담론을 진실되게 말하는 데 더 많은 용기가 필요한 시대가 되었다. 학생들의 말하기/질문하기를 허용하지 않기 때문이다. 교사 또한 표현의 자유가 없고, 그리고 오래 길들여진 탓에 위험하지 않은 '안전한' 주제만을 다루는 데 익숙해져 있다. 서열적 입시체제 때문에, 그리고 시험이 나오지 않기에 진리/진실 말하기는 물론이고 말하기 자체에 익숙하지 않은 경향을 보인다. 이렇게 되면 새로운 사회는 열리지 않는다. 더욱이 오늘날 우리의 학교는 지금 여전히 '감옥' 또는 '군대' 같다고 말한다. 그래서 학교가 아이들을 길들이는순치시키는 '훈육사회' 또는 '규율사회'로 불린다. 학교가 그만큼 억압적이라는 말이다. 그러기에 학교폭력 사태가 좀처럼 풀리지 않는다.

그렇다면 우리는 촘촘히 짜인 미시권력에 속박되지 않고 거시권력의 해방적 전망을 설정하면서 솔직하게 '진실을 말하는 사람파레시아스트'을 많이 길러 내야 한다. 그래야 가짜뉴스에 휘둘리지 않게 되며, 나아가 새로운 교육의 지평이 열릴 것이며, 그러할 때 새로운 사회가 출현할 것이다. 이를 위해 무엇보다 새로운 사회의 도래를 위한 새로운 지식을 창출할 수 있는 교사의 정치적 시민권이 보장되어야 한다. 여기에서 교사의 틈새적 실천이 요구된다.

## 9. 듀이, 삶과 분리되지 않는 교육의 안내자

존 듀이John Dewey, 1859~1952와 프레이리는 20세기 교육사상을 형성한 중요한 인물이다. 듀이의 『민주주의와 교육』1916와 프레이리의 『억압받는 사람들의 교육학』1970은 21세기 오늘을 살아가는 현대인들에게 가장 영향을 미친 책이다. 『억압받는 사람들의 교육학』은 『민주주의와 교육』에 대한 대안적 구성물이라고 평가되기도 한다. 두 사람의 저작은 현대 교육사상의 큰 족적을 남겼다. 이러한 성과를 남긴 두 사람의 저작은 수많은 언어로 번역되었고 교육자와 학자들에게 큰 영감을 불어넣었다. 듀이는 실용주의 철학자이며 진보주의 교육자이다.

프레이리의 교육사상은 철학을 본질적으로 교육철학으로 보는 듀이의 교육사상과 닮았다. 『억압받는 사람들의 교육학』은 『민주주의와 교육』이 진보주의 교육을 대표하는 고전적 저작으로 남아 있듯, '교육 고전'의 높은 자리에 위치하고 있다. 듀이는 책 중심으로 이루어진 학교교육의 전통주의[64]에 대한 비판자로서 아동 중심적이고 활동적 학습을 하는 교육과정에 대한 커다란 전망을 보여 주었다. 듀이는 전통적 교육에 대한 반발로 등장한 진보주의 교육 또한 교육 내용에 대한 관심을 배제하고 학습자라는 한 가지 원리만 고수함으로써 전통적 교육과 마찬가지로 이분법적 사고에 빠진 것을 비판한다. 듀이에게 교육은 교육 내용과 학습자의 상호작용으로 이루어지는 것이며, 이 점을 간과할 때 교육은 전통적 교육이든 진보적 교육이든 이분법적 사고라는 오류에 빠질 수밖에 없다고 보았다.

듀이는 경험에 대한 전통철학의 이분법적 사고를 비판하고, 동시에 경험이 무작정 시도해 보는 시행착오를 의미하는 것이 아니라, '실험적' 성격을 지닌 것으로 해석함으로써 이론적 정당성을 보인다. 사실 '아동 중심'은 '아동과 학습자를 위한 것'이라는 의미로 경험이나 학습의 주체가 어디까지나 아동과 학습자인 만큼 교육 자료·교사·행정·시설 등 교육의 모든 여건이 그들을 중심으로 재배치되어야 한다는 것으로 볼 수 있다. 따라서 듀이에게 학습자 중심이라는 말은 교육이 학습자의 유의미한 경험을 위한 것이 되어야 함을 의미한다.

학교는 지식전달소가 아닌 진정한 의미에서 하나의 생활공동체협력적 실험의 사회적 실천여야 한다. 모든 학교는 더 큰 지역사회를 반영하는 형태의

64. 전통적 교육의 세 가지 특징은 전통적 교육의 목적과 방법에 대한 시사점을 제시해 준다. 전통적 교육의 주된 목적은 어린 학생들로 하여금 교육 내용을 구성하고 있는 잘 조직된 지식 및 정보체계 그리고 언제든지 사용할 수 있는 다양한 기술들을 습득하게 함으로써, 앞으로 그들이 주역이 될 미래 사회에 대한 책임감을 갖게 하고 성공적인 삶을 살 수 있도록 준비시키는 것이다. 교육 내용이나 올바른 행위의 표준은 먼 과거로부터 누적적으로 전달될 것이어서 그 사회 구성원 모두에게 타당하고 올바른 것으로 인정되기 때문에, 학생들은 대체로 그러한 교육 내용과 행위의 표준에 대하여 수용적이고 순종적인 태도를 가질 수밖에 없다. 교재, 특히 책은 과거의 지혜와 지식 중 가장 가치 있다고 생각되는 것들을 모아 놓은 것이며, 교사는 학생들이 이러한 교육 내용을 효과적으로 학습할 수 있도록 해 주는 데 없어서는 안 될 중요한 매개자이다. 교사들은 지식과 기술을 자라나는 세대에게 전달하고 행동의 규칙을 가르치는 일을 책임지고 있다.

활동들이 활발하며, 그리고 모든 면에서 예술, 역사, 과학의 정신이 스며들어 있는 기초적 단계의 공동체가 되어야 한다. 민주주의 사회에서 교육은 나와 남의 장벽을 허물어 '우리'라는 공동의 경험을 창출해 내는 사회적이고 도덕적인 과정이다. 실질적으로 아동의 성장을 이끄는 활동들이 학교의 중심이 되며, 그 활동들은 두 가지 방향으로 전개될 것이다. 하나는 건설적인 노동의 사회적 관계이며, 다른 하나는 활동의 재료를 공급하는 자연과의 접촉이다. 모든 교육 내용은 우리 인간의 사회적 활동과 연관되어야 하며, 특히 노작활동여러 교과를 서로 관련짓는 좋은 수단은 사회적 활동의 기본적인 형태를 띠고 있기에 이것은 여러 교과를 서로 관련짓는 좋은 수단이 된다. 이론적으로 집을 지을 때 목공일 등과 같은 것이 어떻게 한편으로는 사회적 훈련의 중심이 되고, 다른 한편으로는 과학적 훈련이 되어야 하는지를 이해하도록 해야 한다. 공동체적인 삶을 살아갈 수 있는 사회적 지능과 관심을 갖춘 개인을 교육의 과정을 통해 가르고자 했다. 학교가 집, 놀이터, 마을과 같이 삶의 공동체 사회로서 아이들이 흥미와 관심을 발달시키고 다양한 경험의 의미를 함께 나누는 삶의 방식을 배우는 자리로 변화되어야 한다.[65] 학교교육 개혁을 통한 진보적인 사회변화를 꿈꾸었던 듀이는 사회주의자들이 주장하는 계급투쟁 방식을 거부하면서, 진정으로 효력 있는 사회개혁의 길은 사회 구성원의 기질과 성향을 근본적으로 변화시키는 교육에 있다고 보았다.[66]

이런 측면에서 프레이리는 다양한 방법으로 듀이와 비슷한 관점을 함께한다. 듀이는 현재 문제를 다루기 위해 과거의 역사와 문학의 가치보다 새로운 지식을 더 중요시했다. 프레이리가 추가한 새로운 지식관은 역

---

65. 듀이가 실험학교를 운영할 당시, 미국에서도 부모들이 자녀들의 개인적인 성공과 행복에 교육의 목적을 두어 있어 첫 번째 강연의 시작에서 '교육의 사회적 목적'을 강조했다. 듀이의 실험은 교육이 개인을 존중하면서도 이기적이 않게 하며, 그리고 개인의 성공과 행복을 넘어 민주주의 사회의 진보와 발전에 기여하는 공동체의 일원이 되도록 돕는가에 대한 것이었다. 이러한 실험은 우리 사회와 학교에 많은 시사점을 준다.

사와 문학 같은 과거의 지식이 인간의 의식과 그것의 결과인 인간의 자유에 어떤 영향을 주는지를 분석했다.Elias, 2014: 201-202 프레이리가 듀이를 직접 인용한 부분은 많지 않지만, 듀이와 여타 북미 교육자들의 자유주의적 사고를 많이 빌려 와서 논의하는 부분이 적지 않다. 그래서 가히 프레이리를 '라틴아메리카의 듀이'라고 부를 정도이다. 프레이리는 자신의 생각에 어느 정도 수정을 가했지만, 정치와 교육의 연계와 관련해서는 자유주의적 개혁을 설파했다.

『민주주의와 교육』은 미국 사회의 급격한 사회적·정치적·경제적 변화의 반영이다. 듀이의 저작은 1916년 근대화된 미국 사회를 반영하고 있으며, 산업화와 이민에 대한 생각에 큰 영향을 받았다. 근대화와 산업화의 부정적 영향은 시민들의 민주적 삶을 위협했다. 듀이는 자본주의 산업화로 인한 급격한 사회 변화가 이루어진 미국에서 전통 철학의 이원론—이성과 육체, 육체와 영혼, 정신과 행동, 심리적인 것과 사회적인 것, 개인과 사회, 학생과 환경, 목표와 방법, 이론과 실제, 일과 여가, 실제적 활동과 지적 활동, 인간과 자연—을 극복하고 전통주의에 맞서 민주주의적 시민 주체 형성의 교육을 이루고자 했다. 경제적·사회적 생활의 급격한 변화는 듀이가 다양하고 다원적인 사회의 필요를 충족시키는 교육이론을 발전시키도록 촉구했다. 이러한 상황 전개는 개인 사이의 균형 잡힌 상호작용을 하도록 하는 공동의 삶의 방식에 대한 생각을 발전시키도록 했다. 그는 사회적 자원이 평등하게 배분되고, 개인에게 역량과 능력을 발전시키는 동시에 모든 사회적 과정에 참여할 기회가 있는 다양한 사회를 열망했다.

---

66. 19세기 후반 미국은 20세기라는 새로운 시대를 준비하면서 그러한 새로운 시대를 위한 교육에 대한 기대가 높았다. 이 시점에 듀이는 시카고에 있었고, 기존의 교육과는 다른 자신의 새로운 교육이론을 시카고대학교 부설 학교인 '실험학교'에 적용할 수 있는 기회가 주어졌다. 민주적인 삶의 방식이 사회에 깊숙이 뿌리내리지 않는 한, 개개인에게 지적·정서적·사회적 성장을 위한 교육이 불가능한 일일까? 이 간극에 다리를 놓으려는 것이 교육체제로서 학교 개혁을 향해 품은 고귀한 희망이다. 인간에게 가장 바람직한 사회는 민주주의 사회였으며, 민주주의 사회를 강화하기 위해서 학교가 '작은 사회'가 되어야 할 뿐 아니라, 학생들이 민주 시민으로서의 태도와 자질을 경험하는 공간으로 실험학교를 구상했고 실천했다.

프레이리의 작업은 역사적으로 1960년대 후반 종속되고 착취된 비민주적이고 식민화된 브라질 사회의 상황을 반영하고 있다. 그는 전 세계적으로 일어난 사회운동으로 특징지어진 당대의 시대정신68혁명을 반영하면서 유럽인에 의해 식민화되고, 미국에 의해 착취당하고 있는 라틴아메리카의 역사적 현실로부터 자신의 철학을 발전시켰다. 인본주의 운동의 영향을 받은 프레이리는 피억압자-억압자 모순에 반영된 사회의 인간화 개념을 발전시켰다. 그는 개인에게 자유롭고 평등한 소명을 완성시킬 수 있는 계급이 없는 독립된 사회를 구상했다. 프레이리의 작업은 가난하고 문맹자인 성인 농부에 관심을 두었고, 그의 교육학은 그들의 노동과 일상생활에서 경험한 억압이나 폭력을 해방시키는 일에 헌신했다.

프레이리와 듀이는 서로 다른 시대와 환경 속에서 살았지만, 교육적 맥락에서 유사성과 차이점을 보인다. 다양한 문화와 장소에서 이론화 작업을 하면서 듀이는 다른 학습 집단성인 농부을, 프레이리는 아이들을 배치하고 있다. 여기서 프레이리는 '해방'을, 듀이는 '민주화'를 목표로 하고 있다.Oikonomou, 2018: 5 두 사람의 교육철학은 사회 발전에 기여하고 사회 변화를 가져오는 잠재력을 지니고 있다. 프레이리는 '교육'과 '선동'의 차이를 구분한 듀이의 『민주주의와 교육』1916에 언급된 생각을 그대로 따른다.Freire, 1978: 82 프레이리는 헤시피대학교에서 교육철학과 교육사 교수가 되기 위해 논문을 쓴 이후 계속 듀이 이론을 참고했고, 1936년 브라질에서 출간된 『민주주의와 교육』을 인용했다. 듀이의 저작을 브라질에 소개한 사람은 아니시우 테이셰이라Anasio Teixira[67]이다. 프레이리는 테이셰이라의 진보주의 교육학을 따랐다. 그는 테이셰이라가 브라질 교육제도의 권위주의와 엘리트주의와 연결된 과도한 중앙집권 제도에 대해서 행했던 비

67. 테이셰이라는 브라질 바이아 출신의 유명한 교육자, 사상가, 활동가로서 해방교육과 민중학교의 수용자이다. 그는 새로운 학교를 옹호하기 위해 듀이의 사상을 브라질에 소개했다. 브라질리아 대학교의 설립자 중 한 사람이며, 그를 가장 유명하게 한 『교육은 특권이 아니다』(1957)는 교육의 민주화를 옹호한 대표적 저서이다.

판을 따랐다.

프레이리는 그의 스승과 함께 지역사회에서 삶의 지식을 강조한 듀이에 생각을 따랐다. 오늘날 소위 지역 환경에 대한 조사는 학생들에 의해 이루어져야 하며, 교사의 도움이 따라야 한다. 그런데 지금까지 전통적 교사가 가르친 생물학과 자연과학, 그리고 수학은 지역사회 환경을 조사하는 데 실패했다. 그래서 학교와 지역사회의 연계, 그리고 민주적 삶의 양식을 강조한 듀이는 근대 학교교육의 부적절함에 대응했고, 교육체제의 실패에 대한 대안을 찾고자 했다. 전통적 학교는 가치 있다고 여겨지는 지식꾸러미 지식의 전달에 초점을 둔다고 비판했다. 물론 그렇다고 지식교육을 반대한 것은 아니다.

교육은 학습자의 경험 성장을 위해 존재해야 하고, 경험의 성장은 학습자의 유의미한 경험 활동을 통해서만 가능하다. 교육은 경험의 계속적인 재구성/재조직이며 경험의 공적 의미 또는 사회적 내용을 증가시키는 방향으로 경험의 내용을 재구성 또는 재조직해 나가는 것이다. 교육은 아동 개인의 흥미와 관심사로부터 시작하여 사회에 기여하는 것으로 나아가야 한다. 듀이가 교육은 '경험의 재구성'이라고 끊임없이 말해 왔기 때문에, 그의 이론을 오늘날의 교육에 적용하고, 또 '실험학교'에서 시작된 교육을 실제로 적용할 때 조화를 이룰 수 있다. 실험공간으로서 학교를 제창한 듀이가 학교교육에 주는 시사점은 첫째, 학교에서의 생활과 학교 밖에서의 생활이 서로 연결되어 있음을 시사한다. 둘째, 교육은 아동 개인의 흥미와 관심사로 시작하여 사회에 기여하는 것으로 나아가야 함을 시사한다. 셋째, 학교에서 학생들이 그들의 지성을 사용할 기회와 환경을 제공해야 한다. 넷째, 협력적·사회적·민주적 지성은 학교에서 길러질 수 있다는 것이다.김상현, 2021: 73-76

듀이는 1896년 시카고대학교에 실험학교Laboratory School를 세웠다.[68] 시카고 실험학교를 통해 듀이의 실험주의experimentalism[69]와 아동중심주의

childcenteredness를 실천했다. 듀이는 실험학교를 설립해 운영하면서 그의 철학과 일관되는 교육의 이론적·실천적 모색을 주도했다. 학교는 아이들을 민주적 공공 생활에 참여하도록 준비시키는 '축소된 공동체'이고 '맹아적 공동체'이고 '아동의 서식지'이다. 학교는 축약된 질서가 작동하는 사회적 삶의 한 형태, 학교는 모두가 참여하고 공헌하고 타인들과의 관계를 통해 사회적 자아를 발달시키는 '축소된 사회'이다. 듀이 실험학교에서는 전통적으로 가르쳐 온 교과 중심 교육과정에서 벗어나 협동과 지성적 의사소통을 필요로 하는 공동(공동체적) 작업social occupations[70]을 중심으로 학교 교육과정을 구성했다. 분명 학교는 물리화학 실험실, 생물 실험실, 미술실, 음악실처럼 '실험적'이어야 한다. 자연과학이 실험실을 통해 놀라운 발전을 이루었듯, 철학도 실험실이 필요하다. 만약 철학이 실험적 과학이 되려면, 인간·지식·가치의 주제를 탐구하는 철학적 실험의 장은 인간의 지적·도덕적 성향을 형성하는 학교의 설립이 그것의 시작점이다. 실험공간으로서 학교는 학생들이 민주시민의 태도와 자질을 경험하고 실천하는 실험실이다.

---

68. 듀이의 견해와 뜻을 함께하는 지식인, 학부모, 교사들의 적극적인 참여에 힘입어 1896년 시카고대학교에 실험학교가 문을 열게 된다. 전통적인 학교의 고정된 교과 중심 교육에서 탈피해, 실험학교에서는 어린이의 진정한 흥미와 필요에서 출발하고 실제 삶의 경험과 맞닿는 교육을 지향하며 교육의 내용과 방법에서 다양한 실험적 실천을 시도했다. 듀이는 거의 매일 실험학교를 찾았고 교사들과 주례 협의회를 통해 이론과 실제, 철학과 현실을 다리 놓게 된다. 듀이는 약 7년 동안 실험학교를 관리하고 운영하면서 그의 철학을 교육의 실제에 적용하고 수정하며 검증하는 과정을 거치며 교육에 대한 그의 신념과 이론을 명료화하고 발전시켜 나갔다. 16명의 학생과 두 명의 교사로 시작한 실험학교는 계속 확장되어, 1902년에는 최고 140명의 학생이 등록해 있었고 23명의 교사와 10명의 대학원생 조교들이 함께 일하며 자리를 잡아 갔다.
69. 듀이는 실험(experimentation)으로서 경험, 실험적 탐구로서의 경험, 실험적 지성을 강조했다. 사물이 '우리에게' 하는 일(겪는 것)과 그 사물에 변화를 일으키기 위하여 우리가 그 '사물에게' 할 수 있는 일(시도해 보는 것), 양 양자의 결합이 '경험'을 이룬다고 보았다.
70. 교육활동의 중핵에 두는 통합 교육과정으로 이루어진 '공동 작업'은 전통적 학교와 구별되는 듀이 실험학교의 또 한 가지 중요한 특징을 이룬다. 실험학교의 공동 작업 활동 사례는 정원 가꾸기, 요리 수업, 직물 작업, 목공 활동, 인쇄와 제본, 연극, 이야기 구성하기, 탐방 등으로 다양하다. 이것은 노작교육이나 협동학습 등과 개념적으로 관련되어 있다. 그렇지만 듀이 실험학교에서 공동 작업 중심 교육과정 구성의 기본 의도는 지적, 도덕적, 사회적 목적을 포괄하려는 점에서 독특하다.

듀이의 실험학교가 전통적인 학교와 가장 달랐던 점은 교사들의 지성적 예술적 실천의 힘이었다. 그 바탕에는 듀이의 교사에 대한 철저한 신뢰가 자리해 있었다. 듀이는 교사의 일을 정해진 처방에 따르는 기술적 과정으로 보는 견해에 반대하며, 예술가의 열정과 상상력, 감수성, 비판적 지성 등을 요하는 예술적 과정으로 보았다. 듀이 실험학교 교사들은 아동의 발달 단계를 이해하고 해석하고 방향을 안내해 주는 방식으로 교육적 성장의 경험에 적극적으로 참여하는 예술적 실천가이다. 실험학교에서는 이러한 교사의 역할을 연극 공연에서의 연출가의 역할에 비유했다. “교사는 아동의 삶의 살아 움직이는 드라마를 위한 무대를 마련해 주고, 필요할 때 적절한 소품을 제공해 주고, 아동의 즉각적인 목표를 향한 그리고 더 나아가 교사의 마음에는 분명하지만 아직 아이들에게는 잘 보이지 않는 멀리 있는 목적을 향한 아동의 행위를 방향 잡아 주어야 한다.”

학교에서의 생활과 학교 밖에서의 생활이 서로 관련 있어야 한다. 학생들이 학교에서 경험한 것을 자신의 매일의 삶에 적용함으로써 학교는 더 이상 고립된 장소가 아니라, 사회와 유기적인 관계를 맺어야 한다. 하지만 듀이는 루소처럼 사회 현실에 만연한 해악으로부터 자라나는 아이들을 지키고 성장의 길을 이끌기 위해 교육 공간인 학교에 모종의 울타리가 필요하다고 보았다. ‘사회적인 삶’과 성인들의 사회생활을 혼동해서는 안 된다며, 아이들에게 실제 사회 현실 그대로를 서둘러 경험하게 하려는 관점에 대해 우려를 표명했다.

다른 한편 프레이리는 듀이 철학을 ‘비판적 교육학critical pedagogy’의 영역으로 끌어와 문해교육으로, 그리고 학교교육의 민주화로 확장시켰다. 공교육 담론에 대한 비판적 교육학의 기여는 교육문제에 대한 대안적이고, 휴머니스트적이고, 급진주의적인 해결책을 제시한다. 프레이리의 비판적 교육학은 학교의 매일 활동에서 투쟁하기 위해 공감, 긴장 그리고 가능성을 모색한다.

듀이의 진보적 민주주의 교육 이상과 프레이리의 혁명적이고 유토피아적인 억눌린 자들을 위한 교육학의 비판적 프래그머티즘은 서로 매우 우호적이다.[O'Cadiz, Wong & Torres, 2022: 36] 프레이리는 인본주의적 정신과 전문적 기술을 분리하지 않는 교육을 지향했다.[Freire, 1978: 60] 모든 발전은 근대화이지만, 모든 근대화가 발전은 아니다.[Freire, 1978: 115-116] 그는 기술 메시아주의나 현상의 전통주의 극단을 피하면서 근대화/현대화와 인도주의의 균형을 모색했다.

| | 듀이 | 프레이리 |
|---|---|---|
| 사회 비판 | 삶의 양식을 파괴하는<br>근대화와 산업화 비판 | 자유와 평등이 없는<br>식민화된 억압적 사회 비판 |
| 사회 변화를 위한<br>도구로서의 교육 | 사회개혁<br>사회의 민주화<br>의사소통, 민주적 삶의 양식 | 사회변혁<br>사회 모순의 해결<br>비판의식 고양, 문화적 서클 |
| 교육적 수단으로서의<br>의사소통 | 성찰적 대화<br>협동적 활동 | 비판적 대화<br>학습 과정의 위계적 구조 타파 |
| 문제 기반 교육 | 문제제기/절차<br>사회적 활동 | 문제제기/투쟁<br>생성어 추출 |
| 교사-학생 관계 | 위계적 구조 해결, 교사 중심에서 학생 중심<br>변화의 주체로서 교사와 학생의 평등한 참여<br>존중, 신뢰, 공감 | |
| | 안내자로서의 교사<br>(학생의 흥미와 호기심 중시) | 혁명적 지도자로서의 교사<br>(억압받는 사람들의 해방) |

Oikonomou, 2018: 84-86 참고

프레이리는 자신의 교육 방법을 '위험스러운 의식화'와 '국가의 볼셰비키화'로 연결시키며 비판하는 것에 대해 『민주주의와 교육』[1916: 187]에서 강조한 '독창성originality' 이론을 끄집어내 항변했다. "독창성은 비정상적이고 환상적인 데 있지 않고, 다른 사람들이 쓰지 않은 용도로 일상의 사물들을 쓰는 데 있다."[Freire, 1978: 82] 듀이가 강조하는 독창성은 각 개인이 개성에 따른 반응을 자유롭게 하는 자세이다.

듀이와 프레이리는 당대의 학교 및 전통과 이론의 정전화는 물론이고 교육의 권위주의와 엘리트주의를 거부했다. 두 사람의 저작은 비전통적 교육의 개념에 대한 현대적 이해의 형성에 크게 기여했고, 민주적 가치와 사회적 평등을 확립한 교육을 제안했다.Oikonomou, 2018: 4 사회의 일부분으로서 교육은 지배문화를 반영하고, 동시에 사회 변화를 위한 도구로서 교육은 행동의 미래 영역을 준비해야 한다. 여기에서 듀이와 프레이리는 교육과 사회의 연계에 대한 생각을 전파했다. 교육은 바람직한 것에 대한 단순한 가정이 아니라, 혁신이 필요한 과정이다. 그래서 사회의 부정의에 의해 세워지고 그것을 재생산하는 사회에서 듀이와 프레이리는 민주적 이상을 목표로 하는 사회적 행동의 필요성을 드러낸다. 그들은 모든 인간은 처음으로 배우는 세계를 형성하는 잠재력을 가지고 있다고 믿는다.Oikonomou, 2018: 4

듀이의 공동체와 사회의 개념에는 사회정의의 요소도 포함한다. 사회정의가 살아 있어야 '더 나은 미래 사회'가 가능하기 때문이다. 그리고 학교는 그런 목적을 추구하는 핵심적 기관이다.[71] 듀이는 성숙한 구성원들이 가지고 있는 관심, 목적, 정보, 기술 및 활동의 전달을 통해 사회의 성숙한 구성원과 미성숙한 구성원 사이의 간극을 좁히고자 했다.Dewey, 1916: 3 그리고 그 과정에서 모든 성원의 적극적 참여를 통해 사회의 계속성을 보장하고자 했다. 듀이는 과거의 교육 실천을 검토하면서 민주적 교육을 제창했다. 반면 프레이리는 억압의 관점으로부터 민주적 가치를 언급하면서 억압받는 사람들의 속박으로부터 그들을 해방시키고 사회변혁을 가져올 수 있는 '해방적 교육emancipatory education'을 제창했다.Oikonomou, 2018: 4-5

듀이와 프레이리는 문화의 개념과 교육의 목적에서 철학적 차이를 보인다. 그 외에도 민주주의, 정체성, 대화, 학습, 다양성과 사회 등의 개념에서도 차이를 보인다. 그들은 총체적holistic 관점에서는 공통의 기반을 갖고 있으나, 어느 정도 한정된 영역에서는 다른 관점을 보인다. 두 사람의

71. 듀이는 공동체를 위한 교육의 중요성을 주장함에도 불구하고, 개인 발달을 위한 교육을 옹호하는 입장을 취하고 있다.

교육이론은 대화적 관계에서도 다른 구성 요소를 이루고 있다. 그것은 교육과 사회의 관계에 대한 서로 다른 개념을 형성한다. 우리는 듀이와 프레이리의 교육사상을 역사적·문화적 맥락 속에서 사회의 인식, 사람들이 염원하는 사회의 개념, 그리고 사회적 조건에 대한 반응과 이런 사회이념을 달성하기 위한 도구로서 교육의 개념에 따라 비교·고찰해 보아야 한다.

듀이와 프레이리를 고찰하다 보면 정도의 차이는 있지만 모두 마르크스의 사상적 영향을 발견할 수 있다. 그들은 사회가 대립되는 이익을 가진 다양한 집단과 계급으로 나뉘고 있다는 것을 인식하고 있었다. 그래서 사회적 재화의 불평등한 배분과 착취의 위험성을 제기했다. 프레이리는 사회를 비인간화되었다고 보았고 그의 교육적 개념을 이러한 사회적 구분, 즉 억압자와 피억압자의 모순에 토대를 두고 있다. 그런 모순은 그의 사상에서 근본적이지만, 다소 절대적인 방식으로 제시된다. 여기서 우리는 사회적 이동성을 주목해야 한다. 교육은 피억압적 계급을 버리고 억압자들에게로 합류하게 할 수 있는 가능성이 있다. 그런데 개인이 피억압자에 속하든 억압자에 속하든 모순은 여전히 절대적 힘을 발휘한다. 한시적인 조건에 놓인 두 특정 계급과 사회적 모순을 명확히 보고 이론화할 수 있는 구역 사이에는 엄격한 구분이 존재하기 마련이다. 그러기에 그런 구분도 다른 맥락에 위치하면 그 타당성을 잃어버린다. 예를 들어 억압자의 계급에 속하는 여성이 가부장적 사회에 살 경우 피억압자의 계급에 속하게 될 것이다.

라틴아메리카 사회에서나 볼 수 있는 두 계급, 즉 부자와 빈자 사이의 모순에 대해서 듀이는 서로 다른 관점을 제시한다. 듀이는 사회적 갈등 집단의 존재를 인정하고, 구성원들 사이의 적대적이고 기계적인 관계를 촉진하는 것에 대해서 문제의식을 드러낸다. "어떤 사회 집단에서도 상당히 많은 인간관계는 여전히 기계와 같은 수준에 머물러 있다. 개인들은 서로 상대방을 이용하여 각자가 바라는 결과를 얻고자 하며, 그 상대방의 감정 및 지적 성향이나 동의 여부에 신경을 쓰지 않는다."Dewey, 1916: 5 듀이는 노동계급과 유한계급 사이의 사회적 구분은 결국 '자유의 결핍'에서 나온다고 이해했다. "대다수의 인간은 여전히 경제적인 면에서의 자유를 누리지 못하고 있다. 오늘날의 경제적 조건은 여전히 많은 사람을 노예의 상태로 몰아넣고 있다. 따라서 실제상황을 통제하는 사람들의 지력이 자유로운 것이 되지 못한다는 결과가 나온다. 그들의 지력은 인간적인 목적을 위하여 세계를 굴복시키는 일에 자유롭게 활용되는 것이 아니라, 그들 자신에게만 도움이 되는 비인간적인 목적을 위하여 다른 사람들을 조종하는 데 쓰인다."Dewey, 1916: 136 듀이는 소수의 상층부가 다른 사람을 대신하여 결정을 내리도록 권한을 부여하는 사회적 계층화에 대해 경고하면서 자유롭고 인본주의적인 사회의 필요성을 강조한다. 동시에 그의 사회 인식은 다원적이고 복잡한 사회구조를 설명하고, 사회가 수많은 사회집단으로 구성되어 있다고 말한다. 개인은 반드시 동일한 이해관계에 이바지하는 것이 아니라, 갈등하고 대립하는 다양한 사회집단과 연결되어 있다. 그러한 집단은 민주적 형태에서도 사회의 일부로 남아 있는데, 협력하고 균형을 이루며 법을 배운다는 점에서 차이를 보인다.

듀이와 프레이리는 사회의 민주적 이상 및 사회의 인간적 이상이라는 사회적 개념을 제시한다. 듀이의 민주적 개념은 그의 교육철학의 주요한 요소를 구성한다. 그는 "모든 사람이 유용한 봉사에 참여하고 모든 사람이 가치 있는 여가를 즐기는"Dewey, 1916: 256 사회를 열망한다. 프레이리는 듀이의 민주적 개념 같은 것을 발전시키지 않았지만, 분명 평등하고 인간적인 사회humane society를 열망했다. 듀이의 민주적 개념은 사회집단을 여전히 평등한 기반에 위치 짓고 있는 데 반해, 프레이리의 인본주의적humanistic 체제는 억압받는 사람들-억압자 사이의 모순 해결을 통해 확립하도록 하고 있다.Oikonomou, 2018: 72 프레이리의 사회적 이상은 공동체적 삶의 발전이 계급 없는 사회의 구현을 통해 실현되기에 사회적 구분의 소멸을 전제하고 있는 반면, 듀이의 사회적 이상은 모든 사회집단 사이의 균형을 이룬 상호작용을 촉진하는 데 두면서 공동체 삶의 방식을 성취하는 것을 목표로 하고 있다.

이러한 차이를 보이지만, 듀이와 프레이리가 강조하는 사회의 새로운 개념은 둘 다 자유롭고, 인간주의적이고 평등한 사회를 지향하고 있다. 듀이와 프레이리의 교육사상에서 공통적인 것은 '변화change'의 철학이다. 교육을 사회 변화의 수단으로 보았다. 이들이 보기에 개인은 세계의 주체이기에 세계를 계속 변화하는 객관적 실재로 인식한다. 세계는 변화하지 않을 수 없고, 개인은 그 속에 흔적을 남기는 주체인 것이다. 교육은 참여하는 모든 사람에 의해 열려 있고 발전하는 계속적 과정이다. 교육이란 인간 존재의 불완전한 성격을 완성하는 일이다.Oikonomou, 2018: 81 교육의 본질은 자신의 삶을 결정하고, 그리고 더 이상 공동선에 이바지할 수 없게 된 사회를 변화시키기 위해 인간성과 개인의 능력에 대한 신뢰에 바탕을 두어야 한다.

프레이리의 교육이 비판적 사고를 촉진하는 것이라면, 듀이의 교육은 성찰적 사고를 목적으로 한다. 프레이리의 의사소통이 억압의 사회적 조건을 파악하고 해방을 위한 투쟁의 이념을 공유하는 수단이라면, 듀이의 의사소통은 사회적 삶의 근본적 구성 요소이다. 그래서 학습 과정이 중요하다. 학교생활 속에서 공유하려는 경향은 공동체와 미래의 삶에서 가치 있는 공유의 습관을 구성하게 된다. 두 사람의 경우 말하는 것은 행동의 결과 및 한계를 결정하고, 사회적 조건에 영향을 미치기 위한 수단이다. 말하기나 생각하기와 같은 지적 과정은 단순한 정신활동이 아니라, 개인의 행위와 밀접한 관계가 있다. 정신마음과 행위실천를 분리하는 이원론에 비판적 관점을 취한 듀이와 프레이리는 언어의 실천적 차원을 강조한다. 그것은 상호 공유와 이해의 맥락에서 개인의 의식뿐 아니라, 사회적 조건에 강한 영향을 미치기 때문이다.Oikonomou, 2018: 83

의사소통의 중요성 외에도 개인의 완성과 공동선 사이의 관계는 두 사람의 철학에 주요한 구성 요소를 이룬다. 두 사람은 개별선과 공동선이 각 개인에게 서로 의존하고 있다고 보았다. 듀이에게 개인적인 것은 항상 사회적이고 공동의 것이다. 개인들이 모두 공동의 목표를 위하여 일한다고 해서 사회집단을 이루는 것도 아니기 때문이다. 책이나 편지를 통하여 사람들은 수 천리 떨어져 있으면서도 같은 지붕 밑에 사는 사람들 사이보다 더 긴밀한 유대를 맺을 수 있다. 사람들이 신체적으로 서로 가까이 있다고 해서 사회가 되는 것도 아니며, 서로 몇십 리 떨어져 있다고 해서 사회적인 영향을 주고받지 않는 것도 아니다. 각 구성원이 모두 공동의 목적을 인식하고 있고, 모두 그 목적에 관심이 있어서 각각의 활동을 그 목적에 맞게 조정한다면, 그 부분들은 '공동체community'를 구성한다고 볼 수 있다.

공동체 구성의 주요한 요소인 일치consensus는 소통communication[72]이 필수적이다.Dewey, 1916: 5 부모와 자녀, 교사와 학생, 고용주와 직원, 통치자와 피통치자의 관계는 활발한 의사소통이 없다면, 이들의 활동이 서로 아무리 밀접하게 연계되어 있더라도, 진정한 의미에서 사회집단을 이루고 있다고 볼 수 없다. 명령을 주고받는 것은 행위와 그 결과에 변동을 가져오기는 하지만, 그것만으로 목적의 공유, 관심의 교환을 가져오지 않기 때문이다.

따라서 진정한 사회집단은 "그 구성원이 다른 사람들이 무슨 일을 하는지를 알아야 하고, 그 다른 사람들에게 자기 자신의 목적과 진전 상황을 알리는 방법을 가지고 있어야 함"Dewey, 1916: 5을 전제한다고 할 수 있

72. 사회는 전승과 의사소통에 의해 존속한다고 말할 수 있다. 사람들이 사회에서 살아가는 것은 그들이 무엇인가를 '공동'으로 가지고 있기 때문이며, '의사소통'은 그 공동의 것을 가지게 되는 과정을 나타낸다. 사람들이 사회를 이룩하기 위하여 공동으로 가지고 있어야 하는 것은 목적, 신념, 포부, 지식(공동의 이해), 또는 '비슷한 마음가짐'이다. 의사소통, 그리고 그것으로 인한 공동 이해에의 참여야말로 사람들에게 유사한 정서적, 지적 성향을 지니게 해 주며 기대와 요구 조건에 대하여 유사한 방식으로 반응할 수 있도록 해 준다(Dewey, 1916: 4).

다. 그런데 듀이는 미국 사회가 아직 이러한 삶의 양식에 도달하지 못했다고 본다. 사회가 분명하게 억압되고 비인간화되었다고 규정하지 않으면, 그것은 인간 본성으로부터 격리되고 소외되는 것이다. "우리가 바라는 변혁transformation이 어떤 것인지를 형식적으로 규정하기는 어렵다. 그 변혁된 사회는 다른 사람의 삶을 가치 있는 삶으로 만들기 위하여 누구나 무슨 일인가를 하고 있는 사회를 의미한다. 따라서 그 사회는 사람들을 서로 묶고 있는 끈이 더 튼튼한 사회, 즉 사람들 사이를 갈라놓는 벽이 허물어진 사회이다. 각 개인이 그의 일에 대해서 가지고 있는 관심은 강제되지 않은 지력이 요구되는 관심이며, 자신의 적성과의 적합 여부에 입각해서 이루어지는 상태를 나타낸다. 물론 우리는 그러한 사회적 상태에서 멀리 떨어져 있다."Dewey, 1916: 316

마찬가지로 프레이리에게서 라틴아메리카 사회의 비인간화는 인간의 소명으로부터 이탈하는 현상이라고 할 수 있다. "인간성을 빼앗긴 자들뿐 아니라 그것을 훔친 자들까지 표시하는 비인간화는 좀 더 온전한 인간이 되려는 소명의 왜곡이다. 이러한 왜곡은 역사 속에서 일어난다. 그런데 그것은 역사적 소명이 아니다."Freire, 1970b: 44 해방을 위한 투쟁은 전체적으로 사회의 인간화로 이끈다. 그것은 피억압자와 억압자의 선을 위해 개인의 참여를 요구하는 행위라고 할 수 있다.

듀이와 프레이리는 서로 다른 사회계층으로 구분된 사회를 인식하고 그것을 공동선에 봉사하는 목적을 지향했다.Oikonomou, 2018: 72-73 두 사람 모두 사회적 재화가 평등하게 기여할 수 있는, 기회와 자원이 똑같이 이용될 수 있는 사회를 요청하고 있다. 그런데 두 사람은 분명히 사회의 이상을 서로 다른 토대 위에 구축하려고 했다. 듀이가 서로 다른 집단이 균형을 이루는 '다원주의 사회'를 구상했다면, 프레이리는 모순과 계급화로부터 어느 정도 해방된 '인본적 사회'를 구상했다.Oikonomou, 2018: 72-73 그러한 차이는 두 사람이 처했던 시대적 맥락과 사회상이 서로 달랐던 데서 비롯되었다고 볼 수 있다.

이런 사회 설정과 맞물려 있는 듀이와 프레이리의 교육사상을 요약하면 적어도 세 측면에서 다른 특징을 보인다고 정리할 수 있다.Schugurensky, 2014: 151 첫째, 철학적 관점에서 듀이의 이론은 과학적, 진화적, 발달적 접근에 기초한 '자연주의naturalism'에 바탕을 둔 반면, 프레이리의 개념은 자유에 대한 문화적, 사회적, 역사적 이해에 기초한 '인본주의humanism'에 바탕을 두고 있다. 프레이리가 제기한 문화와 사회에 대한 이런 다차원적 분석은 지역의 현실 분석에서 인류학적 소개와 함께 문화적 서클과 문해교육 과정의 중요한 차원이 된다. 둘째, 프레이리는 듀이가 제안한 여러 구성물을 채택했지만, 개발도상국가에서 주변으로 몰린 성인 학습자의 특정 맥락이라는 관점에서 채택했다. 듀이는 자신의 교육 제안이 분석적 초점과 실천실험학교에서 결코 아이들의 교육에 한정시켰다고 주장하지 않았지만, 성인 학습자는 여전히 주변부에 처해 있다. 반면 프레이리의 교육이론과 실천은 대부분 초점을 성인 학습자에 두었다. 그 점에서 프레이리는 진보주의 교육운동의 영역을 학교 울타리를 넘어 확장시켰다. 셋째, 듀이와 프레이리의 두드러진 차이는 프레이리가 교육의 중립성이 불가능함을 명시적으로 강조하고 정치적 본질을 인정한 것이다. 특히 프레이리는 교육활동과 사회적 변혁의 집단적·해방적 프로젝트 사이의 연계를 강조했다. 프레이리는 듀이와 진보주의 학교운동이 제창한 중요한 방법론적 공헌을 중시했다.[73]

교육자와 학습자 사이의 전통적 관계 및 지식의 파편화에 대한 비판에서 듀이는 프레이리의 생각과 같으나, 프레이리는 생산의 자본주의적 유형에 대해서는 듀이와 생각을 좀 달리했다.Schugurensky, 2014: 151-152 듀이의 진보주의는 경제·정치 체제를 급진적으로 변혁하는 혁명적 운동이 아닌 중산층 운동을 지향한 사회개량주의do-goodism이다.Gutek, 2013: 348 듀이는 점진적progressive 운동을 선호했다. 공화주의적 정치제도의 본질적 틀을 바꾸기보다는 입헌적 대의 체제와 합의를 중시하는 절차적 민주주의를 옹호했다.

듀이와 프레이리는 문화에 대해서 서로 개념 차이를 보인다. 듀이에게 문화란 사회적, 인종적 그리고 민족적 요소를 포함하지 않기 때문에 단순화시켰다면, 프레이리에게 문화는 항상 학생문화 내에서 교육적 실천이 일어나기 때문에 인류학적인 함축을 내포하고 있다.

프레이리가 듀이 사상으로부터 가져온 교육학은 행함을 통한 배움learning by doing, 협동작업, 이론과 실천 간의 관계, 학생의 말/언어로 작업을 시작하는 방법이라는 개념이다. 관념/이상과 실재/사실의 이분법을 넘어서고자 한 듀이의 실용주의pragmatism/실험주의experimentalism는 발전적으로 프레이리의 '예언적 실용주의prophetic pragmatist' 교육사상과 연계될 수 있다.Brown, 2012: 210

듀이는 제도로서의 민주주의를 넘어 삶의 양식으로서의 민주주의, 의사소통을 통한 공통성 추구, 그리고 새로운 대중으로서 공중의 탄생을 위한 민주적 교육을 제창했다. 프레이리에게 최고의 의식 단계에 속하는 '비판적 의식'이나 '비판적으로 이행하는 의식critically transitive consciousness'[74]

---

73. 듀이는 70세에 교수직에서 물러난 후에도 철학 분야뿐 아니라, 당대의 새로운 과학적 문화적 성과를 이해하고 적용해 자신의 사상을 재구성하려는 시도를 멈추지 않았다. 또한 경제 대공황, 2차 세계대전 등의 격변을 겪으면서 당대의 쟁점이 되는 사회정치적 문제들에 대한 자신의 진보적인 견해를 표명하는 일에도 적극적이었다. 듀이는 인간의 일상 경험을 기계적이고 무의미하게 만드는 사회적 삶의 조건에 대해 통렬한 비판을 가하면서 과학과 예술, 윤리와 정치적 실천 등 새로운 의미와 가치를 생성하는 인간 특유의 경험이 생명 활동을 포함하는 자연의 과정과 연속적임을 보여 주었다. 이 시기에 듀이는 교육개혁을 통한 사회개혁의 실현 가능성에 대해 초기의 낙관적인 기대와는 달리, 비판적인 현실 인식에 이르게 된다. 그리고 20세기 초 서구 전역에서 확산된 신교육운동의 미국적 형태인 진보주의 교육운동 등 다양한 교육혁신 시도들에 대해서도 문제를 제기했다. 소위 진보적인 학교들이 전통적인 학교의 문제점을 드러내 해체하는 데 얼마간 성공적이었으나, 그에 대한 대안으로 새로운 교육의 이념, 내용, 방법적 원리를 정립하는 데에는 실패했음을 통렬하게 꼬집고 있다. 1952년 그의 생이 다할 무렵 제자의 저서에 쓴 서문에서는 당시 사범학교의 교사 교육과정에서 진보적인 교육에 대해서 전혀 진보적이거나 실험적이지 않은 방법으로 가르쳐 주입하는 현실에 대한 안타까움을 나타냈다.
74. 프레이리는 의식과 의식화를 신비적 준-이행되지 않은 의식, 순진무구한 이행 의식, 비판적 이행 의식의 진화로 설명한다.

은 듀이의 '비판적 성찰'과 비슷하다.Elias, 2014: 223 프레이리에게 학습은 그들이 살고 있는 구체적 상황을 자각하고, 그 상황이 어떻게 도래하고 변화할지를 이해하게 한다. 이어서 그 상황을 변화시키기 위해 행동하는 전체의 과정이라고 할 수 있다. 이러한 학습 개념은 학습을 '경험의 재구성'으로 보는 듀이의 관점과 유사하다.Elias, 2014: 225 그는 듀이의 그러한 학습관을 적극적으로 그리고 비판적으로 적용하고, 지식 이론을 교육에 적용시키면서 듀이의 '실험주의experimentalism'[75]를 결합시키고 있다.

> 만약 교육을, 인식 가능한 대상을 매개체로 하는 앎의 과정에서 인식 주체들 간의 관계라고 칩시다. 그렇다면 교육자가 영원히 앎의 행위를 재구성하기에, 따라서 교육은 언제나 문제제기를 하는 것이 되어야 할 것입니다.Freire, 1973: 153

> 나는 항상 듀이의 견해에 동의하는데, 그가 말하는 독창성이란 "비범하거나 환상으로 가득한 것"이 아니라, "다른 사람이 생각하지 않는 용도에 일상적인 것을 배치하는 것"이다.Freire, 1973: 5

길들이기순치 교육을 반대하는 문제제기식 교육은 지배에 종속된 사람들이 그들의 해방을 위해 투쟁하는 기반을 설정한다. 프레이리는 자신의 문제제기식 교육problem posing education이 듀이가 제안한 '새교육new

75. '새교육'은 경험주의적이며 실험주의적인 철학을 그 기반으로 하고 있다. 그런데 경험주의나 실험주의란 말의 의미는 그다지 명백한 것이 아니다. 이들 말의 의미를 이해하기 위해서는 경험 또는 실험이라는 말을 먼저 이해해야 한다. 진정한 교육은 모두 경험을 통해서 이루어진다는 것은 지극히 당연한 말이다. 그런데 모든 경험이 진정한 교육적 경험이 되는 것은 아니다. 경험은 완전히 동일시될 수는 없다. 어떤 경우에 직접적인 즐거움을 주기는 하지만, 차분하지 못하고 덤벙대는 태도를 기를 수도 있다. 따라서 경험은 두 가지 측면으로 나누어 생각해 볼 수 있다. 하나는 지금 하고 있는 경험으로부터 우리가 어떤 느낌을 갖게 되느냐 하는 것이다. 또 다른 하나는 지금 우리가 하는 경험이 다음에 올 경험들에 어떤 영향을 미치느냐 하는 것이다(Dewey, 2002: 107-119).

education'[76]이나 '진보주의 교육progressive education'[77]과 비슷하다고 본다. 사실 듀이는 자유주의적인 교육자에 크게 의존하고 있음을 인정한다. 하지만 프레이리의 교육적 관점은 진보주의/자유주의 교육자들과 비견될 수 있음에도, 그의 교육적 절차를 설명하는 이론과 이들의 관점이 동일하다고 말할 수는 없다. 프레이리의 '문제제기식 교육' 개념은 듀이의 용어로 '문제해결식 교육'과 유사하지만, 학습의 정치적 측면에서 보면 듀이보다 훨씬 강한 입장을 지녔다. 억압적 지배계층은 항상 대중을 지배하기 위해 교육을 이용하는 것이라고 보기 때문이다. 그것을 이용하는 사람의 힘만큼이나 그것을 창출하는 사람의 힘도 크기 때문에 프레이리에게 학습은 '정치적'이라는 관점을 갖고 있다. 지배를 받는 입장에서 어떤 것을 배우거나 안다는 것은 상황을 변화시키거나 파괴하거나, 그 상황을 자신의 문제로 느끼고 충분히 경험하기 위한 결정과 분리될 수 없기 때문에 프레이리에게 학습은 정치적인 활동이라고 할 수 있다.

프레이리는 자신의 문해교육이 사람들을 지배하는 기계적 도구가 아니라, 그들을 자유롭게 하는 노력이라고 주장한다.Freire, 1987: 82-83 그에게 의식화는 조작도, 교화도 아니다. 현실을 신화화하거나 미신화하는 것이 아니기 때문이다.Freire, 1987: 174 민주주의의 미명하에 민주주의를 파괴하는

---

76. 듀이의 '새로운 교육' 또는 '진보주의 교육'은 전통적인 교육에 대한 불만이 있다는 것을 의미한다. 진보주의 교육운동에 숨겨져 있는 전통적 교육에 대한 비판은 전통적 교육이 위로부터 그리고 밖으로부터의 강요를 특징으로 한다. 전통적 교육과 진보주의 교육의 특징을 대조시킨다면, 위로부터의 강요 대 개성의 표현과 신장, 외부로부터의 규율 대 학습자의 자유로운 활동, 교재나 교사로부터의 학습 대 경험을 통한 학습, 반복 훈련에 의한 단편적인 지식과 기술을 습득하는 것 대 직접적인 삶에서 생생한 의미를 지니는 지식과 기술을 습득하는 것, 다소간 현재의 삶과는 멀리 떨어진 미래를 위한 준비 대 현재의 삶 속에 주어진 조건들을 최대한 활용하는 삶을 위한 것, 고정되고 불변하는 목적과 교육 내용을 학습하는 것 대 변화하는 세상 속에서의 삶을 아는 것으로 나열할 수 있다. 따라서 양극단적인 태도를 취하는 것은 잠시 중단하고 새로운 교육학을 탐구하려고 하면, 교육이 실제적인 경험(삶)의 과정과 밀접한 관련이 있으며, 실제적인 경험(삶)의 과정과 긴밀한 관련을 맺을 때 의미 있는 교육이 가능하다는 '새교육'의 기본적인 생각에서부터 출발하는 게 좋을 것 같다(Dewey, 2002: 93-106).
77. 듀이는 전통주의 학교에 대한 진보주의적 비판에 동의하였지만, 지나친 진보주의 경향(지식과 교과 무시)에 대해서는 매우 비판적이었다.

것을 두고서도 사랑이 아닌 증오를 부추기고, 개방이 아니라 폐쇄적인 태도를 보이고, 용기보다 두려움을 제공하고, 약자가 아닌 강자를 만들고, 비이성적인 전체주의적 경직성을 강화하고, 민중과 민족을 소외시키는 군국주의를 크게 우려한다.Freire, 1987: 83 프레이리에게 교육은 자유의 실천이기에 결코 지식이나 문화를 단순히 전달하는 것이 아니다.Freire, 1987: 174 그는 해방적 시각에서 교육을 억압적인 사회의 구조적인 변화와 연결시켰기 때문이다.Gadotti, 2012: 173 그런 면에서 프레이리는 듀이보다 훨씬 급진적이고 변혁적이다. 프레이리는 진보주의 노선을 걸었지만 듀이와 대립각을 세웠던 조지 카운츠의 노선—아동 중심 진보주의보다 사회개혁적 진보주의 교육을 지향—에 더 근접해 있다.

듀이에게 교육은 사회개혁을 위한 도구이다. 그는 다원적 사회의 발전과 그 사회구조의 민주화로 이끌 수 있는 교육과정, 교수 방법, 학교 실천의 변화를 안내한다. 프레이리에게 교육은 억압과 불평등을 재생산하는 사회구조를 변혁하는 수단이다. 교육의 과정은 상황/사태에 대한 비판적 의식을 통해 억압받는 사람들을 해방시킬 수 있는 투쟁에 이바지할 수 있다. 이러한 차이에도 불구하고, 듀이와 프레이리는 모두 인간이 더 나은 사회를 요구하기 위해 외부 환경이 구체화될 때까지 기다릴 수 없다고 믿었다. 이들은 불공정한 교육체제 내에 변화를 위한 길이 있다고 보았다. 목적을 가진 활동을 지적으로 수행해 나가는 것과 관련된 학습이 일어나도록 교육을 재조직하는 것은 시간이 걸리는 일이다. 그것은 오직 한 번에 한 단계씩, 점차적으로 이루어질 수밖에 없다. 그러나 그렇다고 해서 그럴듯한 교육철학으로 내세우면서 실제에서는 그것과는 다른 방식을 따라야 할 이유가 될 수 없다. 그 재조직의 과업을 과감하게 시작하여 집요하게 추진해 나가는 것이 우리의 할 일이다.Dewey, 1916: 137

교육은 필연적으로 그것이 실현되는 사회적 조건에 의해 영향을 받으며, 그 이상으로부터 벗어날 수 없다. 하지만, 사물의 불공정한 질서의 보존과 싸울 공간과 가능성이 있어야 한다. "해방은 아이 탄생과 같고, 고통스러운 산고이다."Freire, 1970b: 49 피억압자-억압자의 모순을 해결하고 억압적 의식을 극복하는 것은 많은 장애물과 맞서야 하는 어려운 과정이다. 현실의 비판적 검토와 혁명에 참여하는 결정은 노력 없이는 발생하지 않는다. 억압받는 사람들은 자신의 이원론과 싸워야 하고 자유의 공포를 극복하는 동안에 교육자들은 자기 계급의 편안함과 특권을 포기해야 한다. 이와 비슷하게 공동의 삶은 경험, 생각 그리고 공동의 필요는 물론이고 개인적 필요의 이해를 공유하는 것을 전제한다. 이것은 개인적 참여와 의사소통 및 수용에 대한 비판적 처리가 필요하기 때문에 노력이나 고통이 덜한 것이 아니다. 이 지점에서 프레이리는 교사의 정치적 자유가 중요함을 일깨운다.

자본주의의 세계적 확산을 통해 초래된 최근의 민주주의의 위기는 참여민주주의 위기라는 직접적인 정치적 결과를 넘어, 듀이가 강조하듯 'crisis of life', 즉 '삶/인생의 위기' 또는 '생명/생태의 위기'라는 보다 넓은 맥락으로부터 이해될 필요가 있다. 왜냐하면 듀이가 잘 지적하듯이 국민투표와 선거, 그리고 정치적인 권력을 가진 자들의 유권자에 대한 책임과 같은 민주적인 정치 형태들은 '참된 삶의 방식'으로서의 민주주의를 실현하기 위한 수단에 불과하기 때문이다.김성훈, 2020: 93

사회공동체의 개별 구성원들은 새로 태어나 얼마간 적응하여 살다가 죽고 사라진다. 따라서 공동common 소유라는 의미의 표현인 신념, 이상, 소망, 행복, 불행, 실천의 재창조를 통해 사회의 직조織造를 끊임없이 다시 짜는 수고를 통해서만 사회적 삶은 지속 가능해진다.Dewey, 1916: 5 듀이가 생명의 본질적 특성에 유추하여 제시한 교육 개념은 기존의 통념에 대한 비판적 대안의 성격을 지닌다는 점에서 다음 세 가지 의미를 주목해 볼 만하다.[78] 첫째, 교육은 생명의 자기보존 활동에 뿌리 둔 것으로서 진정으로 살아 있는 존재에게 필요하고 가능한, 자연적인natural 삶의 과정이다.

이러한 의미는 교육/교육과정을 삶/지역사회와 분리하고 인위적 형식적 제도로서의 학교교육 위주로 생각하는 개념적 경직성의 문제를 드러내준다. 둘째, 유기체-환경 상호작용으로서 교육은 공동의 의미 소통, 즉 경험의 의미를 함께 나누는 상호 역동적 관계를 통해 이루는 사회적인social 과정이다. 이것은 교육을 개체적 존재로서 파편화된 개인들의 이기적 욕망 충족을 위한 경쟁적 수단으로 여기는 통념의 한계를 비판적으로 조명한다. 학교는 본질적으로 사회적 기관이다. 아이는 학교라는 삶의 공간에서 타인들과의 상호작용을 통해 그 자신의 자아 개념을 발달시키고, 그렇게 인간으로 성장한다. 따라서 아이는 학교에서 성인이 사회생활에서 겪는 모든 것을 동일한 동기와 행위 기준에 입각해 경험해야만 한다. 셋째, 생명의 연속성을 확보하기 위한 자기갱신으로서 교육은 자아와 세계, 개인과 사회 모두가 거듭 새롭게 탈바꿈되는 구성적constructive 과정이다. 이로써 획일적으로 정해진 교과의 일방향적인 전달과 재생 및 추상적 상징과 기호의 기계적 학습을 당연시하는 교육 관행을 해체·재건하도록 일깨워준다.

19세기 말과 20세기 초를 산 듀이는 교육적이고 사회적인 문제점으로 이성과 육체, 개인과 사회, 그리고 인간과 자연 사이에 연속적 개념의 부재, 즉 전통적인 이원론의 문제점을 제기했다. 환경오염 문제, 전쟁, 기술 유전학적 재해 가능성, 강대국과 개발도상국 사이의 격차들도 그 기원을 전통적 이원론에서 찾을 수 있다. 듀이의 교육이론은 이런 문제점들을 해결할 수 가능성을 제공한다.

코로나 사태의 발흥으로 전 세계가 사회대전환의 갈림길에 서 있다. '먹고 사는' 산업사회에서 '죽고 사는' 생태사회로의 문명적 전환이 절실하다. 이런 측면에서 듀이 사상을 삶life으로서의 교육/삶의 교육학과 아

78. 양은주 교수가 〈교육사상 시민강좌〉(2021년 7월 31일), '존 듀이, 삶의 양식과 민주주의, 그리고 실험학교'에서 역설한 내용이다.

울러 생명life으로서의 교육/생명교육학으로 이해해야 한다는 의견이 대두하고 있다. 삶/생명의 연속성은 생명체의 필요에 환경을 끊임없이 재적응시켜 나가는 것을 뜻한다.

> 살아 있는 한, 생명체는 주위의 에너지를 자신에게 이로운 방향으로 활용하려고 노력한다. … 이것이 바로 '성장'인 것이다. … 결국 '삶/생명life'이라는 것은 환경에 작용함으로써 스스로를 갱신해 나가는 과정이다.Dewey, 1916

생명 원리에 기초한 듀이의 생태적인 교육 개념은 삶과 교육의 현실에서 어떤 문제에 대한 비판적 대안 모색의 의미를 지니는가? 우선 『민주주의와 교육』 첫 장 제목에는 교육이란 '생명의 필연적 요구', 혹은 '삶의 필요'에 따른 것이란 뜻이 담겨 있다. 이것은 생명체가 자기보존의 필요, 곧 생명의 연속성 확보를 위해 이룩해 가는 자기갱신 과정이 인간 교육의 근원임을 함축한다. 자기 존재를 보존하려고 애쓰는 것, 그것이 바로 생명의 본질적 특성이다. 이 연속성의 확보는 오로지 끊임없는 갱신을 통해서만 가능하기에 생명, 곧 삶이란 자기를 새롭게 하는 과정이다. 영양과 생식이 생물학적인 생명에 관계하는 것과 같이 교육은 사회적인 삶생명에 관계한다. 왜 생명의 원리인가는 당대의 현실에 대한 듀이의 철학적 문제의식을 통해 읽을 수 있다.

19세기 말 20세기 초 듀이가 고심했던 것은 산업혁명 이래 자본의 욕망에 따른 생산의 효율성 추구로 기계화·분업화가 가속화하면서 인간 삶이 생기를 잃고 공동체의 연대가 깨어지는 문제였다. 기계적으로 판에 박힌 틀에 따라 우리의 의식적인 몸은 활기 없이 굳어지고, 느낌과 생각을 함께 나눌 기회가 없어지면서 주위 자극에 더욱 무감각, 무관심해진다는 것이다. 대량생산체제에서 단순 반복 활동에 길들면서 인간의 일상

행위가 무감각한 기계처럼 변하고 수단 고안에만 기민해지고 협력적 공동 활동과 소통 가능성이 뿌리 뽑히는 상황에 주목한 것이다. 생명활동에 근거하여 제안한 교육 개념을 통해 듀이가 강조한 핵심은 교육의 자연주의적 원천, 사회적 상호작용 과정, 창조적·구성적 변화로 특징지을 수 있다. 이를 통해 근대 공교육체제 학교교육의 개념과 실천에 가로놓인 추상적 형식성, 개인주의화, 보수주의를 근본적인 문제로 밝히고 대안을 모색한 것이다.

교육이 인간해방과 사회변혁을 위한 경로라는 시각에서 보면, 연속적 자기갱신으로서의 교육 개념은 기존 체제의 유지, 정당화, 재생산의 수단으로 기능하는 것이 아닌지를 비판하게 한다. 특히 현대인의 일상 삶이 파편화·획일화하고 계층적 간극이 갈수록 심화되는 현실에 비추어, 새롭고 다양한 변화를 낳는 상호작용의 역량과 감각 회복의 과제는 오늘날 더욱 막중해진다. 따라서 인간과 인간의 관계 회복을 위한 삶의 원리소아적 교육관를 넘어 인간과 자연과의 관계까지 회복하는 생명의 원리대아적 교육관에 기초하여 듀이가 풀어 보려 했던 당대의 문제의식은 삶과 교육의 근본적/문명적 전환이 요청되는 우리의 위기 상황과도 일맥상통하며 유의미한 시사를 줄 수 있다. 이러한 듀이의 생각은 프레이리가 생애 말년에 생명과 생태를 중시한 교육을 중시한 것과 부합한다.

듀이와 프레이리 모두 실제 삶을 대표하고 의미 있는 활동에 적극적으로 참여하는 교육의 필요성을 강조했다. 듀이의 실험교육과 프레이리의 문제제기식 교육은 학교 안에서뿐만 아니라, 자연환경에서도 '실제적 활동realistic activity'을 요청한다.Oikonomou, 2018: 77 억압받는 사람들은 물론이고 아이들은 강요의 대상이 아닌, 학습 과정의 주요한 행위자이다. 그들은 스스로 자신의 인성과 습관을 지닌 자유롭고 책임 있는 개인이다. 그들은 학습 과정에 적극적으로 참여함에 따라 사회생활의 행위자가 된다. 왜냐하면 교육은 사회적 필요에서 생겨나고 그에 부응하는 과정이기 때문이다. 학습은 현실적이고 의미 있는 상황에서만 발생하며, 이것은 교육과 학습의 문제에 기초한 방법론을 이끈다.

교육의 목적은 지식과 가치를 교육받는 사람의 정신에 저장하는 것이 아니다. 그것은 참여한 사람들이 리얼리즘적 문제 기반 활동을 통해 세계를 발견하고 새로운 세계를 건설하는 협력의 과정이다.Oikonomou, 2018: 77 듀이에게 교육 내용은 사회적 활동에서 일어나는 현실적이고 실제적인 이슈에 대한 '문제 제출'에 기반을 두고 있다. 반면에 프레이리에게 학습 내용은 억압받는 사람들의 역사적·문화적 맥락을 반영하는 '생성어'로 체현된 현재의 구체적 상황에 대한 '문제제기'에 기반을 두고 있다.

듀이에게 이론은 실천을 통해 검증되고, 학습은 문제해결의 과정에서 일어난다. 즉 '행위를 통한 학습'이다. 반면 프레이리에게 낱말은 억압에 대한 비판적 대화와 각성을 위한 자극과 그것에 대한 투쟁을 위한 필요로 사용된다.Oikonomou, 2018: 84-86 듀이와 프레이리는 교육을 사회 변화를 위한 수단으로 생각했다. 듀이는 사회구조의 발전과 사회의 민주화를 위해 교육과정, 교수 방법, 학교 실천의 변화를 위한 '사회개혁social reform'을 주창했다. 프레이리는 인간성에 이바지하는 사랑의 행위가 되는 혁명을 통해 억압과 불평등을 재생산하는 사회구조의 변혁과 피억압자-억압자의 모순 해결, 즉 '사회변혁social transformation'을 주창했다.Oikonomou, 2018: 84 듀이는 전승transmission을 넘어 교변transaction을 주창하였으나 변혁transformation까지는 나아가지 못했다. 프레이리는 억눌린 사람들의 해방을 위한 사회모순의 해결, 즉 사회변혁을 더욱 강조한다. 그는 듀이보다 변화의 급진성을 더 중시하는 편이다.

듀이에게 교사는 아이들을 발달시키고 아이들의 관심흥미과 호기심 및 동기를 맨 앞에 두는 학습환경으로 이끌고, 다른 사람과 의미 있는 활동에 참여하도록 동기 부여하는 '안내자guide'이다. 이에 반해, 프레이리에게 교사는 억압받는 사람들과 함께 협동하며 사회적 조건을 탐구하고, 학습자의 관심과 필요에 기반한 교육 프로그램을 제시하는 연구자이고, 억압자의 특권을 단념하고 억압받는 사람들과 함께 해방의 투쟁에 참여하도록 하는 '혁명적 지도자revolutionary leader'이다.Oikonomou, 2018: 85-86 산업화 과정에서 민주적 삶의 양식이 형성되지 않은 미국 사회의 문제점을 제기하는 듀이의 문제의식과 식민지 상황과 억압적 권위주의 체제에 있는 브라질 사회의 문제점을 제기하는 프레이리의 문제의식은 여기에서 차이를 보인다.

듀이가 문제의 해결과 목표를 추구하는 프로젝트, 그리고 실험적 용기에 초점을 두었다면, 프레이리는 사회정의와 진보적 사회변혁을 목표로 하는 억압받는 사람들의 비판적 문제제기를 발전시켰다. 이러한 비판정신과 비전은 교육의 재구성을 요청한다. 듀이와 프레이리는 모두 교사 중심 교육에서 학생 중심의 교육으로 전환함으로써 위계적 교사와 학생 관계를 거부했다. 현실의 변화를 가져오기 위해 교사와 학생은 모두 주체로서 동등하게 교육과정에 참여하기를 기대했다. 존경, 신뢰, 공감은 교사-학생 관계의 기본적 가치이고 전제이다. 이들의 교육이론은 교육의 본질에 대한 대안적이고 인본주의적인 해결책을 제시하고 있다.

철학적 관점에서 보면 듀이의 이론이 과학적, 진화론적, 발달론적 접근에 의존한 '자연주의'에 근거하고 있는 데 반해, 프레이리의 개념은 자유의 문화적, 사회적 그리고 역사적 이해에 의존한 '인간주의' 관점에 뿌리를 두고 있다. 지역의 현실 분석에서 인류학적 요소의 소개와 관련된 프레이리에 의한 문화와 사회의 다차원적 분석은 문화서클과 문해-가르침 과정의 중요한 차원을 제공하고 있다.

듀이의 교육학적 이론과 실천은 현대 교육에 여전히 자리 잡고 있을까? 우리는 듀이의 저서나 활동이 분명히 진보주의 교육학파에 깊은 영향을 끼쳤다는 긍정적 답변을 내릴 수 있다. 그리고 사회와 교육의 민주화에 대한 듀이의 숙고는 오늘의 교육에 시사하는 바가 크다. 듀이가 제안하는 교육이론은 폭력에 의존하지 않고, 공동생활의 문제점을 확신하는 시민성 형성에 적합한 이론이다.베르트랑, 2005: 66 이 교육이론은 민주주의가 정부 형태 그 이상의 것이어야 함을 나타낸다. 진정한 민주주의 사회는 기본적으로 인류 전체가 나누는 공통의 경험과 협력적인 삶의 방식이다.

듀이는 계급 문제, 인종 문제, 젠더 문제에 대해 거의 주의를 기울이지 못했고, 문제를 해결하기 위한 과학적 방법의 힘을 지나치게 강조했다. 프레이리는 듀이의 생각을 상당히 따르면서도 사실을 단순히 전달하는 교육의 목표에 대해서는 매우 비판적인 견해를 표명했다.Glavin, 2018 『민주주의와 교육』을 썼을 때, 그가 마음에 그리고 있었던 것은 사려 깊은 실험주의자들의 공동체, 다시 말해서 여러 사람과 함께 일하고, 사물을 실험해 보고, 그 가능성을 통해서 평가하고 분류하는 사람들의 공동체였다.Dewey, 2010: 53 그는 인종 갈등, 압력단체의 정치, 증가하는 빈부격차, 과학이 우려의 문제를 해결하기보다는 악화시킬 것이라는 불행한 가능성을 다루는 데 많은 조언을 주지 못했다. 열광적인 추종자들은 이런 문제에 대한 해법은 적어도 방향 제시 정도는 듀이의 저작 안에서 찾을 수 있다고 주장한다. 하지만 그 해결은 민주주의에 대한 거의 유토피아적 시각에 기초해 있는 듯하다. 모든 수준, 거의 모든 경쟁 영역에서 권력 투쟁과 믿음의 상실로 인해 복잡해진 시대에 많은 사람이 듀이를 지나치게 순진한 낭만주의자로 여길 법하다.

여하튼 오늘날 우리가 듀이와 프레이리를 주목하는 이유는 삶과 분리되고 있는 학교교육, 그리고 진보주의 교육의 쇠퇴와 관련이 있다. 신자유주의 국제화/세계화는 진보주의 교육을 주요 공격 목표로 삼았다. 시장주의와 소비자 선택론이 지배하게 된 신자유주의 교육은 모든 교육론뿐 아니라, 인간관, 사회관, 지식관을 시장의 상품으로 전환시키고자 했다. 이에 대한 능동적 대응을 하려면 학교가 새로운 성찰과 대화의 장소가 될 수 있는 잠재력과 가능성을 갖추어야 한다. 여기에서 삶의 양식으로서의 민주주의 실천과 비판적 의식의 고양을 위한 교육이 요구된다. 특히 법과

제도를 넘어선 생활방식으로서 민주주의를 강조한 듀이의 관점은 우리 사회에 매우 유의미하다. 듀이는 '민주주의와 교육행정'이라는 한 연설에서 '민주주의democracy'를 다음과 같이 정의했다.

> 민주주의는 특정 정치형태나 통치방식 이상을 의미하는 말로서 국민투표와 그렇게 뽑힌 각료들에 의해 법을 제정하고 행정 업무를 수행하는 것보다 훨씬 넓고 깊은 개념이다. 민주주의의 정치적이고 행정적인 측면은 폭넓은 인간관계와 인간성의 발달[79]이라는 민주주의 본연의 목적을 달성하기 위한 지금까지 알려진 최상의 방법이다.Dewey, 1937

듀이가 중시하는 민주주의의 목표는 이제 정치의 형태만이 아니라, 더 근본적으로는 경험을 전달하고 공유하는 의사소통 과정이 곧 공동체community임을 지향한다. 서로 다른 사람들이 공생하는 결사체를 조직하는 것은 타인과의 유기적인 의사소통communication의 경험이 잘 이루어지게 하는 일이다. 이러한 협동하는 결합적 삶associated life의 형식이 민주주의의 과제라고 할 수 있다. 이 과제는 모든 것을 공유하고, 또 모두가 공헌을 하는 더욱 자유롭고 인간적인 경험을 창출해 내는 것이다. 사람들은 공통적인 것, 즉 공통의 믿음·윤리·문화·지식·복리·시설을 공유하고 소통을 통해 구성된 사람과 사람 사이의 유대를 구축하는 것이 공동체이다. 정치적인 개념을 뛰어넘는 사회적이고 도덕적인 민주주의의 개념

79. 록펠러(Rockerfeller, 1991)는 사회적 다수의 공헌을 강조하는 듀이의 사회적 이상을 '민주적 인문주의(democratic humanism)'로 명명했다(김성훈, 2020). 그것은 인류애라는 인간 본래의 특질에 기초하는 것이었는데, 듀이의 공동체적 삶의 방식으로서의 민주주의 개념은 다른 무엇보다도 타인에 대한 인간적인 관심과 태도를 요구하기 때문이다. 즉 인간다움의 회복을 위한 민주주의를 강조했다. 민주주의를 인간성 함양과 연관시킨 대표적인 인문학자 누스바움은 교육은 '사람을 위한' 그리고 '시민을 위한' '시민을 형성하는 교육으로 역사적으로 '인문학(Studia Humanities)'을 시민교육의 중심에 두었다고 강조하고 있다. 오늘의 교육을 살리기 위해 무엇보다 교육 현장에 인문학의 숨결을 불어넣지 못한다면, 민주주의라는 이념 자체가 심각한 위기에 빠질 수 있다고 역설한다(Nussbaum, 2018).

은 강제나 야만적 경쟁이 아니라, 상대방을 배려하는 열린 권고와 협동에 기초하는 공동체적 생활방식이 삶의 법칙이 되어야 한다. 이를 위해 듀이는 공동체를 구성하는 모든 개인이 그들 공동의 삶의 가치를 결정하는 일에 적극적으로 참여할 것을 강조했다. 스스로 '시민'으로 살아가고 실천할 수 있는 민주적, 시민적 삶의 양식을 함께하는공유, 共, common 인간을 기르는 교육, 즉 공중public, 公衆을 기르는 공교육을 제창한다.

민주주의의 이상은 사회 성원이 공유하는 공동 관심사의 수가 많고 종류가 다양하다는 것뿐만 아니라, 공동 관심의 범위가 확장되는 것, 그리고 개인이 가지고 있는 다양한 능력들이 충분히 발휘되는 것, 그리고 여러 사회집단 사이의 더욱 자유로운 상호작용뿐만 아니라, 사회적 습관이 변화한다는 것을 의미한다. 이것이 가능하려면 학생의 능동적이고 자발적인 학습, 특히 사회적 과정으로서 집단학습과 마을교육과정이 더욱 중요해진다. 이와 동시에 학생들의 사회적 활동과 집단학습의 구조를 제공하고 사회적 학습을 촉진하는 활동을 해야 교사의 지역사회 교육활동이 중요해진다. 그리고 교사, 학생, 학부모, 주민이 함께하는 지역사회의 마을 활동이 활성화되어야 한다.

국가와 시민사회의 동시적 민주화, 즉 제2의 민주화를 위한 우리 사회에 듀이의 민주적 생활방식의 요청은 권력의 민주화에 과도하게 집중된 민주주의에 대한 소중한 성찰이라고 할 수 있다. 생활방식양식의 민주주의는 곧 문화로서의 민주주의를 요청하는 것이라고 할 수 있다. 민주적 생활화마음의 습관 및 문화가 부재하면, 법은 쉽게 허물어지고 편법이 난무할 것이다. 따라서 이를 극복하려면 삶의 양식으로서 민주주의 문화가 안착되어야 한다. 여기에서 듀이의 '민주적 생활양식'과 프레이리의 '비판적 문해교육' 관점이 잘 결합된다면, 입논리, logos의 민주주의에서 가슴공감, pathos의 민주주의로, 나아가 손발실천, ethos의 민주주의로 나아가는 데 소중한 촉진제로 작용할 것이다.

## 10. 프레네로부터 협동과 소통, 자주적 학습을 발견

파울루 프레이리는 셀레스탱 프레네Célestin Freinet, 1896~1966[80]의 꿈이 나의 꿈이기도 했다고 힘주어 말한 적이 있다. 프레이리는 프레네를 "자유를 지향하는 교육에서 동시대 인물 중 가장 위대한 인물"Freire, 1985: 189이라고 평가했다. 프레이리와 그의 동료들은 포르투갈의 식민지였던 서아프리카에 위치한 기니비사우 국가 재건 과정에서 행동으로 실천하는 프로젝트 실현 사업1973~1975에 프레네의 교육 원칙을 상당히 차용하여 구현했다.Freire, 1978/2020: 50 프랑스의 초등교사 출신이고 대중교육 활동가인 프레네와 브라질의 성인 문해교육 활동을 치열하게 전개한 프레이리는 모두 학생 스스로 자신의 학습을 조직할 수 있다고 믿었다는 면에서 상당한 근접성을 보였다.Gadotti, 2012: 162 프레이리는 1975~1976년에 걸친 아프리카 신생독립국 기니비사우 방문 시 프레네 교수법에 입각한 최초의 훈련 세미나에 참여한 많은 초등학교 교사들을 만나기도 했다.

프레이리는 기니비사우의 새로운 학교교육 제도뿐 아니라, 이와 함께 진행된 교사훈련 세미나, 즉 프랑스의 프레네 교수법에 입각한 초등학교 교사의 연수 프로그램에 관심을 갖고 도입했다. 프레이리는 프레네 교육자들이 모여 있는 프랑스교사협회와 서신 및 교육적 자료들에 대해 잦은 교류를 해 왔다. 우리의 꿈과 목표 사이에 많은 일치를 보였다. 프레이리

80. 프레네는 급진적 정치철학의 경향을 보였다. 그를 사회주의자라고도 하고, 아나키스트라고도 한다. 직업생활의 시작부터 그의 주요 관심은 항상 노동계급 어린이의 사회적, 문화적 상황을 개선하는 것이었다. 그는 광범위한 혁명을 기다리는 대신 지금 교실에서 변화가 가능하다고 믿었다. 프레네 교육학은 여전히 유치원에서 대학 및 성인교육에 이르기까지 모든 학교 수준을 포괄하는 매우 강력하고 국제적인 운동으로 발전하고 있다. 그는 작은 마을에서의 교사를 시작으로 아나코-생디칼리스트 교사노조에 가입하여 공산당과 관련된 야당에서 활동했다. 그는 1927년 프랑스 공산당 당원이 되었고, 그의 출판물은 전통적인 국가교육 시스템에 대한 급진적인 비판을 구성한다. 그의 접근 방식은 이론적이고 정치적일 뿐만 아니라, 그의 아이디어를 교실에서의 일상 업무에 통합했기 때문에 매우 실용적이었다. 프레네는 사회주의 교육자로서 초등학교로 근무하는 전통적 교육의 권위주의와 관료화된 교육에 대항하여 중요한 투쟁을 전개했다.

는 대중교육을 위한 영구적인 헌신, 진지하지만 행복하기를 바라는 학교를 원했다고 술회한다. 프레이리는 프레네를 해방을 지향하는 교육에서 현시대의 인물 중 최고의 인물로 평가했다.

프레네와 프레이리는 지배 이데올로기에 반대되는 교사의 권리 및 의무를 주장함으로써 서로 다른 상황에서 정부 당국의 탄압을 받았다. 프레네는 1932년과 1933년 학교에서 반자본주의 영화 상영과 백여 명의 진보주의 단체인 신교육국제학회 참석자들의 학교 방문도 잇따르면서 보수주의자들로부터 공격을 받았다. 학교 감독관을 통해 세속의 이익을 훼손하고 위계질서를 위반했다고 학교를 압박했다. 프레네는 결국 여러 압력을 받고서 1934년 방스에서 자신의 학교를 설립하기 위해 근무했던 공립학교를 떠났다. 1940년에는 체포되기도 했다. 다른 한편 프레이리는 전혀 다른 맥락에서 1964년 브라질 쿠데타가 일어나 군대에 체포되어 이런 취조를 받았다. "당신이 주장하는 방식으로—문맹자들에 대한 정치적, 교육적 헌신— 볼셰비키 국가를 원했던 것을 부정합니까?"Freire 1971: 12

프레네는 평화주의자이며 국제주의자였고, 그리고 지역 레지스탕스의 지도적 역할을 했다. '자발성의 교육학'을 제창한 프레네는 1922년과 1923년에 아나키스트 또는 해방주의적 학교로 잘 알려진 독일의 알토나 학교, 스위스의 새로운 학교 국제연대와 루소 연구소를 방문했다. 교육 실천가인 프레네는 당시 유럽과 북미 대륙에서 개혁적 사상으로 세계적으로 명망이 있었던 사람들, 이를테면 페스탈로치, 헤르바르트, 페리에르, 피아제, 데크롤리, 듀이, 케르셴슈타이너, 블론스키, 마카렌코, 몬테소리, 파커스트, 리이츠, 페터젠, 로랑 같은 이름을 소개했다. 이들로부터 새로운 자극을 받은 프레네는 비슷한 생각을 하는 동료들과 함께 당시 학교의 틀에 박힌 일상, 곧 이론으로 치우쳐 있고 책만을 선호하는 학교 구조를 이와 전혀 다른 '자유롭고 활동적인 구조'로 바꾸고자 했다. 한마디로 이들의 교육이론을 수업 현장에 적용하고자 했다.

물론 민중학교를 지향하는 프레네 교육학Pédagogie Freinet을 강력하게 반대하는 세력도 있었다. 프레네가 1928년 부임한 생-폴 마을은 그가 있었던 이전 마을과 달리 예술인과 부르주와 계층 사람들이 사는 곳이었다. 그러다 보니 지역 부유층과의 관계가 어려웠다. 그들은 학교 재정 및 건물 유지, 교사의 정치적 노조활동, 학습신문에서 발간하는 자유 글쓰기 내용 등을 반대했다. 1934년에는 혁신적 교수 방법을 새롭게 적용하려 했기에, 그리고 프레네의 공산주의적 경향[81] 때문에, 공무원, 정치인, 선동가 등 때문에 난관에 부닥쳤다. 이러한 갈등 상황은 왕정주의자 우파와 프레네 학교 교사들 간의 대립으로 확대되어 여론의 악화를 가져왔다.

프레네 교육운동은 '생-폴 사건'으로 인해 역사적 단절의 시기를 마주하였으나, 이후 프레네 교육학은 프랑스 공립학교의 제도적 틀 밖에서 발전하게 된다. 이는 프레네 교육학을 옹호하는 교사들과 지역교육 당국의 보수주의자대중교육과 현대학교를 반대하는 보수적 행정가 등 사이에 벌어질 수많은 갈등이 일어날 것을 예고하는 상징적 사태가 된다. 사실 이러한 반대에 부딪히면서 버텨 온 교육운동이야말로 교육의 역사성을 말해 준다. 프레네는 1934년 공립학교의 교편을 접고, 1935년 자신의 교육 이상에 따라 운영할 새로운 학교인 방스 학교École de Vence를 설립한다. 그의 딸과 지인의 자녀들, 사회경제적으로 어려운 상황에 있었던 파리 근교의 학생들, 스페인 전쟁을 피해 망명한 고아들이 입학했다. 이 학교에서 프레네는 주간 학습계획서, 집단생활의 규칙 제정과 학생 간의 갈등 조정에 필요한 학생위원회 구성, 벽신문 활용, 자기수정카드, 자연스러운 일기 방법 등의 새로운 교육 방법을 개발하고 적용했다.

81. 러시아 교육학자 마카렌코는 마르크스주의와 공산주의 교육 전문가로서 프레네에게 영향을 미쳤다. 노동은 단지 부의 생산 같은 경제적 가치만을 갖는 것이 아니라, 새로운 인간을 탄생시키는 인류 유전학적인 것이라고 했다. 영혼을 가공하는 것은 위대한 작업이며, 위대한 교육학적 임무이다. 우리의 공통적, 정치적, 사회적 임무는 새 시대의 인간을 교육하는 것이다(제니스, 2005).

하지만 2차 세계대전이 발발하면서 프레네는 독일에 협력한 비시 정부에 의해 체포되고 학교는 문을 닫게 된다. 그는 감옥에서 『일의 교육』1941~1943, 『감각심리학 시론』1941~1943, 『새로운 경험의 모색』1941~1943, 『프랑스 현대학교』1943를 집필했다.

1944년 말 프레네는 물리학자 폴 랑쥬뱅이 주도하는 교육개혁위원회의 작업과 연구에 함께 참여했다. 이 위원회는 고위 공무원, 대학교수, 교사협회 대표자들로 구성되었다. 프레네 교육학은 교사 간 네트워크 형성을 시작하며, 1945년부터 〈교육자L'éducateur〉라는 잡지를 다시 발행하기 시작했다. 1947년 현대학교협의회ICEM[82]가 창립되었다. 2차 세계대전이 끝나고 프레네는 공산당과 매우 긴장된 관계에 있었다. 1926년 프랑스공산당KPF의 공동대표였던 프레네는 1950년대 초반 공산당을 탈당한다.

프레네 교사들은 이전보다 온건한 사회주의적 경향을 보였지만, 비판적 태도는 여전했다. 이들은 환경운동가, 여성운동가, 좌파적 사회주의적 경향 등으로 나타났다. 이런 성향은 1968년 프랑스의 학생운동으로 시작하여 1970년대 초에는 정치적 참여 활동으로 이어졌다. 이윽고 프레네 교육학은 1981년 5월 좌파 정치세력이 정권을 잡게 된 이후, 프레네 운동은 새 정부와 협조적 관계로 진전되면서 합법화되었다.바이에, 2002: 359 이때부터 '제도화된 교육학Pédagogie instituonelle'[83]이 정립되었다. 한마디로 공교육

82. 민중교육을 지지하는 프레네 교사들이 모인 현대학교협의회는 활발한 출판 활동을 전개한다. 그 결과 교사, 교육학자, 교육행정 관계자들은 프레네 교육학에 관심을 보이게 되었다. 프레네 교육학의 목적과 목표를 제시한 '교육 불변의 원리'는 아동의 본성, 아동의 반응, 수업 기술 등을 제시하고 있다. 1968년에는 현대학교헌장도 발표했다. ① 아동은 성인과 동일한 본성을 갖고 있다. ② 아동에게 자연스럽게 나타나는 것은 놀이가 아니라 일이다. ③ 학교의 새로운 삶은 바로 학교 협력이다. ④ 내일의 민주주의는 학교 내 민주주의 실천으로 가능해진다. ⑤ 아동은 교사의 수업을 듣기만 하는 것을 좋아하지 않는다. ⑥ 실생활과 관련 없는 학교만의 삶과 규칙은 더 이상 의미가 없다. ⑦ 내일의 학교는 일의 학교가 될 것이다. ⑧ 학교의 권위적 체제는 민주시민의 양성에 위반될 수 있다. ⑨ 수업에서 질서와 규율이 필요하다. ⑩ 우리는 교조주의에 반대한다. ⑪ 교사에 대한 학부모들의 대립적 반응은 사회적·정치적 요소와 결부되어 있기 때문에 변함없는 자세를 보여 주어야 한다.
83. '제도화된 교육학'은 학교협력위원회를 두고 있으며, 집단의 기능을 매우 중시하며, 집단 내의 자율성을 통한 학교 운영에 많은 관심을 두었다.

안에 대안학교가 된 것이다. 이렇게 프레네 교육학은 학교 밖에서 이루어지는 교육운동과는 다른 스스로 차별화된 독특한 교육운동으로 발전해 갔다.

프레네의 '새로운 교육L'Éducation Nouvelle'[84]과 '새로운 학교École Nouvelle' 운동은 프랑스의 중등교육이 인문학적 전통과 현대적 교과 간의 갈등이 심화될 때 나타났다. 당시 교육개혁론자들은 전통 교육에 반대하여 새로운 교육과 학교 운동을 교육현장에 도입하고자 했다. 프레네는 학교교육이 뒤르켐이 주장하는 사회 보존 기능을 뛰어넘어 사회를 개혁하는 데 일조해야 한다고 주창했다. 그는 새로운 사회를 건설하기 위해, 그리고 학교를 통한 사회개혁을 이루자는 급진적 태도를 갖고 '학교로부터의 혁명'을 주장했다. 미래 사회를 위해 현재의 학교는 변화해야 하며, 이로써 학교는 모든 사회 변동의 출발점이라는 것이다. 프레네는 이런 관점에서 '민중학교école du peuple'를 건설하고자 했다.

프레네는 아이들을 어떤 교범이나 지침의 명령을 기다리지 않고, 스스로 방향을 설정하는 날카로운 비판의식을 소유한 자유로운 존재로 기르고자 했다.Freinet, 1969 새로운 학교 운동을 벌이는 프레네 교사들은 교재 중심의 기존 지식 체제를 전수하는 틀을 벗어나, 학교에서 어린이를 정당한 상대로 대우하고, 공동체의 일원으로 어른들과 함께 참여하는 것에서 활동을 시작했다. 어린이의 필요를 인식한다는 것은 새로운 교육의 출발점이다. 새로운 교육 방법을 '활동적'이라고 불렀다. '활동적'이란 동물이 자신의 먹이를 찾아 먹듯이, 아동도 자신의 에너지를 욕구, 관심, 기원을 만족시키는 데에 소비한다는 의미이다.황성원, 2016: 86 프레네는 학교가 공

84. '새로운 교육'을 미국은 '아동중심주의 교육' 또는 '진보주의 교육'으로, 독일은 '개혁교육학'으로 불렀다. 주로 좌파 진영의 교육 슬로건이다. 자발적 학습이 부재한 지식의 외적 구조만의 전달은 아동 성장을 방해하는 '강요'라고 본다. 아동중심주의 교육의 특징은 주로 낭만주의(루소, 아동의 자연적 성장, 권위에 대한 불신), 경험주의(듀이, 정전과 교사의 권위 부정), 탈학교화(일리치, 억압적 사회화 제도인 학교에 대한 적대감) 주장으로 나타난다(Paterson, 2015: 225-231).

동체의 일원인 아이에게 초점을 두어야 한다고 주장했다. 그는 아동의 흥미와 욕구를 충족시킬 수 있는 일의 교육적 가치를 중시했다. 이런 프레네의 교육이론은 문해교육을 노동의 한 부분으로 간주하고, 생산노동의 한 형식으로서 그 중요성을 인식한 프레이리와 상통한다.Freire, 2000: 111-112; Freire, 1978: 155-156

> 프레네는 희망의 연설을 멈추지 않았습니다. 그에게 기다림의 시간은 행동의 시간이었습니다.Freire 1991b

> 프레네는 결코 현존하는 것에 머무르지 않았을 뿐 아니라, 또한 학습자의 존재를 그의 영역 안으로 끌고 들어옴으로써 그들의 존재를 약화시키는 일은 결코 하지 않았습니다.Freire, 2003: 189

여기서 프랑스 교육자와 브라질 교육자 사이의 공통된 꿈, 투쟁 및 약속이 무엇인지 검토해 볼 수 있다. 우리는 두 교육자의 작업을 가로지르는 동일한 이론 및 실천을 끄집어낼 수 있다. 프레이리는 비판적 교육이론의 맥락에서 사회, 정치, 경제적 모순을 인식하는 법을 배우고, 현실의 억압적 요소들에 맞서 행동할 수 있게 '비판적 의식화'의 힘을 발달시키는 것을 중요한 과제로 삼았다. 비판적 의식화의 힘을 길러 주기 위해 프레이리가 강조한 교육 방법은 협동과 소통의 방법을 중시했던 프레네와 많은 부분 일치한다.

프레이리와 평생 학문적·실천적 동지였고, 상파울루시 교육청의 프레이리 교육감의 비서실장 역할을 한 교육학자 가도티는 프레네가 프레이리와 마찬가지로 글을 읽는 것을 세상을 읽는 것과 관련시키는 보편적 방법을 사용했다며, 두 인물 사이의 유사점을 밝혀 주었다.Gaddoti, 1994: 228 세계를 읽는 일과 글자를 읽는 일을 구분하지 않고, 세계를 읽는 것이 낱말을 읽는 것보다 앞선 행위라는 것이 두 사람의 공통점이다. 프레이리는 글을 읽고·쓰는 법을 배우기 전에 세계를 읽고·쓰는 법, 다시 말해 세계를 변화시키고 세계에 접촉하는 경험을 먼저 해야 한다는 점과 낱말을 읽고·쓰는 것은 세계를 읽음으로써 획득되는 것이며, 세계를 읽는다는 것은 낱말을 읽는 것보다 앞서는 행위라는 점을 강조한다.Freire & Macedo, 1987/2014: 23; Freire, 1994/2002: 123 '습득'이란 규칙들과 법칙들을 공부하는 것으로 형성되는 것이 아닌 경험하는 것을 통해 형성되는 것이기에 규칙들과 법칙들을 먼저 공부하는 것은 소 앞에 쟁기를 놓는 꼴이나 다름없다.Freinet, 1994 규칙들과 법칙들을 공부하는 것은 개인 자신의 경험이 지워지지 않는 삶의 기술로 변형된 이후에나 할 일이다.정훈, 2020: 253

학교는 '대중의 학교'가 되어야 한다고 생각한 프레네는 사회주의와 아나키즘 사상이 담긴 『민중학교를 위하여』1946, 『민중교육학의 탄생』1949을 썼다. 프레네의 민중교육학에서 '노동'은 그의 교육사상에 핵심을 차지한다. 노동일은 철학적이고 정치적 사상 측면에서 자주성과 함께 강조되었다. '일에 대한 사랑'은 인간 활동을 생성하는 근본적인 심리적 특성이자 생명 원리이다. 진정한 우호 관계는 노동의 우호 관계이다. 가족, 집단, 당의 구성원 사이에 가장 견고한 끈은 역시 노동이다. 프레네가 말하는 '일'은 단순한 수작업이나 흥미 위주의 놀이가 아니라, 인간의 자연스러운 노동활동 자체이다. 프레네 학교는 한마디로 '노동학교'라고 할 수 있다. 이 학교의 이념은 종합기술교육polytechnic education에 바탕을 두고 있다. 즉 일터와 학교 사이의 경계를 부수고, 생산노동이 지닌 교육적 가치를 중시했다는 점을 참작하면, 그가 주장한 교육에서의 '일작업'은 이들의 '생산노동'과 맥을 같이하고, 당시 추진되던 새로운 학교교육 재건에 중요한 이론적·실천적 근거가 되었다.

프레네는 일과 놀이를 매우 상반된 개념으로 보았다. 일반적으로 '일'은 괴로움과 고통을 생각하게 하며, 되도록 빨리 벗어나고 싶은 상황을 연상시킨다고 했다. 일은 신분과 지위가 낮으면 해야 하는 의무라고 보기 쉽다고 했다. 반면 놀이는 맹목적이고 일시적인 기쁨과 즐거움을 준다고 했다. 그래서 일과 놀이는 대립적인 개념으로 이해된다. 일은 부담스럽고 압박을 주며, 아동을 위한 것이 아니라고 한다. 학교에서는 공부로 대체되며, 그대로 놀이와 학습의 분리로 이어진다. 하지만 프레네에게 일과 놀이는 대립적인 개념이 아니며, '일'은 아동의 욕구에 인위적인 연출이나 욕구를 대체하는 반응 없이 본질적이고 자연적인 기능이라고 했다.황성원, 2016: 59 '일작업'은 '놀이 성격을 가진 작업travail-jeu'도 있고, '일작업 성격을 가진 놀이jeux-travaux'도 있다. 프레네는 '놀이 성격을 가진 작업travail-jeu'을 중시했다. 교육을 다시 설립해야 한다는 교육철학적 맥락에서 보고, 농부의 일과 과업을 모델로 삼으면서 전통적 방식의 노작을 '자연적'이라고 정의했다. '놀이 성격을 가진 작업'을 일반화하여 학교에서 그 장점을 최대한 강조했다. 일작업이 프레네 교육학의 주된 관심사이며, 일을 삶의 중심에 놓고자 했다.

시대의 고통을 함께한 프레이리와 프레네는 각각 속한 사회는 달랐지만, 민주주의와 사회정의를 위한 교육운동에 헌신했다. 그들은 평생 자신들의 교육적·사회적 이상을 위해 싸웠다. 위대한 사상가 두 사람은 서로 다른 시간과 공간에서 교육 실천의 우군이 되었다. 모두를 위한 교육을 옹호하는 두 사람의 전투성은 삶의 의미로 이어져야 하는 역사적, 정치적, 사회적 현재에 초점을 맞춘 변혁적 교육학의 공고화에 헌신하고 조직하는 등 다양한 운동을 벌였다. 그들은 학교교육에 직면하여 사회, 문화, 정치, 역사적 맥락에서 교육구조의 변화를 시도했다. 교육 전문가로서 교육자들이 자신들의 위치에 의문을 제기하고, 학생들은 민주주의, 대화, 인권의 가치를 지지하도록 이끌었다.

프레네와 프레이리가 그들의 교육학 중심에 투쟁과 행동을 두었다면, 그것은 둘 다 교육의 정치적 역할을 자임했고, 각각의 작업에서 교육을 정치적 행위로 간주했다는 말이다. 동시에 교육의 중립성을 인정하지 않았고, 중립성에 대한 거부를 강력하게 확인한 것이다. 이들이 해방교육을 제창한 것은 이러한 교육의 '정치적 중립' 거부로부터 시작되는 것이라고 할 수 있다. 따라서 이들 작업에서 중립성을 주제로 대화를 이끌어 낸 것은 타당하다.

프레네는 교육이 매우 구체적으로 중립적일 수 없음을 표명했다. 교육은 정부의 결정에 의존하고 사회의 영향을 받기 때문이다. 다른 한편, 그것은 사람들의 정치적 운명에 너무나 큰 영향을 미치므로 교육의 중대한 문제를 연구할 때 효과적으로 중립적일 수 없는 것이다.[Freinet, 1928a] 그리고 교육을 정치와 불리할 수 없다고 보았다. 실제적인 변화가 오기 위해서는 정치적 참여가 불가피하다는 인식에서였다. 그리고 이는 그의 사회주의적인 개혁사상 때문이기도 했다.[송순재, 2000: 96] 교사운동을 조직하고, 농촌소비조합을 결성했으며, 사회주의적인 정치활동에도 참여했다. 하지만 그는 어떤 교조주의적인 노선도 거부하려 했던 '이탈적' 사고 유형의 사람이기도 했다.

프레네는 교육의 물리적 조건과 학교에 다니는 어린이의 건강 상태는 교육 분야와 불가분의 관계에 있으며, 이러한 주제는 통치자들의 정치적 선택에 달려 있다고 보았다. 기술은 교육의 필수 요소를 구성한다. 방의 위치가 불량하고, 아이들 사이에 분열이 심하거나 학급에 교재가 없으면, 그리고 아이들이 영양실조에 걸리거나 오두막에서 시들시들하면 이 모든 것이 더 이상 학교의 책임에 달려 있지 않고 사회의 책임에 달려 있다고 할 수 있다. 그것은 모두 사회적, 정치적 문제인 것이다.[Freinet, 1927]

프레이리도 교육이 정치적·이데올로기적 성격을 많이 갖는다고 주장했다. 브라질 교육자에게 교육은 항상 교육을 위해 설정된 목표에 따라 달라진다. 교육 실천은 항상 정치적이다. 이것을 프레이리는 교육의 '정치화'라고 불렀다. 교육의 본질은 기본적으로 정치적이다. 그렇다면 어떤 유형의 지식이 어떤 유형의 정치인지, 무엇을 위해, 누구를 위해, 무엇을 반대하는지의 문제가 발생한다.Freire, 1991a: 23

> 교육은 끊임없이 그 자체를 넘어 발전하고 있습니다. 목적이 없는 교육은 없습니다. 이것이 교육의 중립 또는 교육자의 중립을 방해하는 것입니다.Freire, 1991a: 110

교육의 중립성 문제는 오늘날 브라질과 프랑스 모두에서 뜨거운 화제를 불러일으키기에 더욱 중요하게 부각된다. 프레이리는 이렇게 말한다. "중립은 죽음입니다. 삶은 중립적일 수 없습니다."Freinet, 1925 "나는 신자유주의적 실용주의 담론이 정의한 교육의 중립성을 부정합니다."Freire, 1997 두 사람 모두 교육의 중립성, 삶의 중립성이란 존재하지 않는 관점을 보였다. 프레이리는 실천해야 할 제도와 구현해야 할 가치에 대해 중립적 교육은 완전히 불가능하다고 주장한다. 프레이리에게 교육을 정치화하는 것은 개인이 아니다. 교육은 그 자체로 이미 정치적이기 때문이다. 사실 중립적인 교육은 불가능하다. 이러한 불가능성은 교사가 '선동가'이고 '전복적'이라는 사실에 의해 결정되지 않는다. 교육은 이러저러한 교육자의 결정에 의해 정치적으로 되지 않는다. 교육은 이미 정치적이다.Freire, 2006: 123

프레이리와 프레네에게 인간적 결정의 산물인 교육이 중립적일 수 없다면, 학교의 중립성을 주장하는 사람들의 이해관계는 무엇일까? 교육에서 중립성의 원칙을 주장하는 논리는 결국 지배계급과 이데올로기의 이익에 도움이 된다고 믿기 때문이다. 프레네는 교육에 영향을 미치는 지배적인 집단 중에서, 특히 권력을 가진 부르주아지뿐만 아니라 은행가와 자본가를 표적으로 삼았다.Freinet, 1928b

> 지배 집단은 학교에서 사회적 문제가 다루어지는 것을 방지함으로

써 권력을 유지하기 위해 중립의 개념을 사용했다. 그런 다음 정치적 또는 사회적 활력이 없는 중립적인 세대를 탄생시켰다.Freinet, 1926a

지금까지 정권은 교사의 수업을 그의 유일한 기능으로 제한하려고 시도했다. 전문 저널은 학교와 경제 및 사회 조직 간의 관계에 대한 암시를 엄격히 금지했다. 교사를 교실의 네 벽 안에 가두어 자신의 책, 그림, 지도 너머를 보지 못하도록 한다. 그렇게 하는 것은 착취와 위선 체제에 봉사할 뿐이다.Freinet, 1934a 물론 교사는 아이들이 수업을 통해 사회문제를 스스로 해결하도록 하는 것은 체제의 중립성에 의문을 제기하는 것으로서 교사는 위험에 처할 수 있다.

아이들이 사회계급에 대한 자연스러운 감정을 자유롭게 표현하게 하고, 중립을 지키지 않고 학교에서 볼셰비즘을 실천하는 것은 사회의 신성한 기초인 재산, 종교, 국가를 훼손하는 것입니다. 당신은 이러한 거짓 속에서 혜택을 받으며 살고 있는 정권을 섬기는 것이 합당하지 않다고 말하여 해고되었습니다.Freinet, 1933

이와 비슷하게 중립적인 것으로 제시된 교육은 지배자의 관점에서 미래의 노동자인 학생이 자율성을 갖고 스스로 결정을 내리는 것을 방해한다.

중립주의자들은 위선의 가면을 벗기면 정권을 섬기는 데 더욱 힘쓰고 있습니다. 노동자들의 열망을 가로막았던 문화적 장벽은 점차 그 효과를 잃어 가고 노동자들에 대해 정권을 위해 이 학교를 운영해야 한다는 계급적 필요성을 갑자기 선언했습니다. … 전통적 교육은 생명을 두려워합니다. … 이런 교육은 아이들을 영원한 학생으로 만드는 경향이 있으며, 그들에게 주어진 과제를 지성과 결단력으로 숙고할 수 있는 미래의 노동자를 길러 내지 못합니다.Freinet, 1934b

인생의 참된 조건을 연구하고, 이 삶과 어울려 삶의 아름다움과 추함을 느끼며, 나중에 자유인으로서 일할 준비를 하는 프롤레타리아트의 자손들을 부르주아 학교에서는 가르칠 수 없다. 아이가 모르는 것이 있기 때문이다. 레닌이 말했듯이, 중립성이란 실제로 부르주아의 위선이고, 대중을 기만하는 방법이며, 중립은 프롤레타리아트를 배반하고 있다.Freinet, 1926a

진보적인 교사가 교육의 중립성에 대한 아이디어를 교묘하게 퍼뜨리는 지배 이데올로기의 정교함에 직면하여 오늘날처럼 주의를 기울이고 정보를 제공해야 했던 적이 없었다고 믿습니다.Freire, 2006: 111

프레이리에게 중립 교육은 또한 사회계급에 의문을 제기하지 않도록 함으로써 지배적 이데올로기와 불평등을 재생산하는 것을 목표로 하는 것이다. 이 간단한 사태를 이해하지 못한다는 것은 매우 순진한 일이다. 지배계급이 때로는 의식적으로, 때로는 그렇지 않은 것처럼 하기에 교사에게 이데올로기를 재생산할 것을 기대하거나 요청한다는 점을 바로 파악해야 한다. 프레이리에게 지배 이데올로기는 경제적 착취에만 국한되지 않으며, 중립적이라고 제시되는 교육이 영속화되는 성차별을 통해서도 볼 수 있다. 학교의 '순결한 순수성'에 대한 죄는 문법 체계만으로는 알 수 없다.Freire 1991: 104 프레이리는 생의 마지막에 한 강의에서 비판적 분석이 없는 단순한 문법교육은 여성보다 남성을 지배한다는 것을 보여 주었다.

교육이 중립적인 활동이 될 수 없고 현재 학교는 지배적 그룹의 이해관계에 종속되기 때문에 프레네와 프레이리는 교사의 의무가 자신의 약속을 편들고, 긍정하고, 떠맡는 것이라고 생각한다. 두 사람에게 교사는 학생과 함께 사회적, 정치적 문제를 해결함으로써 어느 한쪽 편을 들 수 있는 권리와 의무가 있다고 보았다. 프레네는 학교의 물질적 빈곤과 학생들의 사회경제적 취약성을 주장함으로써 동료들을 민감하게 만들려고 노력했다.

교육이 본질적으로 정치적이기 때문에 모든 교육자가 자신의 정치적 선택을 분명히 확인하고, 이를 가정해야 한다고 생각한다. 거기에서 모든 교육자는 가능한 한 빨리 자신의 실천이 지닌 정치적 성격을 가정하는 것이 필수적이다. 교육은 인간이라는 윤리적 존재가 살아가면서 부딪히는 수많은 사실을 판단, 선택, 결정하는 활동이다. 프레네와 프레이리는 현재 학교가 지배 그룹의 이익에 종속되어 있다는 점에서 교사의 의무는 자신의 약속 편에 서서 자신의 약속을 확인하고 수용하는 것이라고 생각한다.

그렇다면 프레네가 구상했던 학교개혁의 방향은 무엇인가? 이는 개방적이고 독자적인 사회주의적 사상의 틀 안에서 생각해 볼 수 있다. 곧 학교는 사회의 지배계층에 의해 형성된 방향으로부터 벗어난 민족과 민중을 위한 학교로서 프롤레타리아노동자·농민의 자녀와 장애자를 위한 공간이 되어야 한다는 것이다.송순재, 2000: 96 교사 여행단의 일원으로 다녀온 소련 여행은 그에게 깊은 인상을 남겼다. 그리고 교육개혁 사상이 중시했던 '자연'은 또 하나의 중요한 발판이 되었다. 이는 농부의 아들로 자라난 생활 경험에서 비롯된 것이다. 그가 말하는 합자연적 교수학습법은 생생한 삶으로부터 유리된 억지 교육을 거부하고, 대신 건강한 인간을 키우기 위한 것이었다. 따라서 중요한 것은 아이들을 서로 경쟁과 투쟁의 자리에 내모는 기존교육 방식 대신, 학교생활과 학습에서 연대성을 강조하고, 공동 작업이 가능하도록 하는 것이다.

프레이리 또한 노동과 인간의 말, 즉 대화를 동일선상에 두면서 언어를 읽고·쓰는 것, 타인과 세계와 소통하는 것을 인간의 '실천praxis'으로 규정한다. 읽고·쓰기를 배운다는 것은 사람들에게 '말한다는 것'이 곧 성찰과 행동을 내포하는 인간적 행동임을 알게 되는 기회가 되어야 한다. 앎의 행위는 행동에 대한 성찰로, 그리고 성찰로부터 새로운 행동으로 이어지는 변증법적인 운동이 되어야 한다.Freire, 1970a: 25-26 프레네 역시 '읽기'를 일종의 '일'로 보는데, 이는 '프락시스' 개념과 유사하다. 그의 용어를 빌리면 삶을 위한 기술로서의 읽기는 무엇보다 '일을 통한 읽기lecture travail'이다. 이는 읽는 사람을 현실에서 분리하고, 그를 공상 세계에 몰두하도록 하는 '도착적인' 읽기와 정반대이다. 도착적 읽기는 술 마시고, 담배 피우고, 카드게임을 하는 것과 동일한 방식으로 책을 읽는 것을 말한다. 이러한 도착적인 읽기에서는 성찰과 숙고가 정지되고 만다.Freinet, 1994

프레이리와 프레네는 의식, 대화, 협력 및 활동에 기반한 방법론을 근간으로 교육을 수호했다. 전통적 교육 관행을 비판하면서 교사의 역할을 중시했고, 이 역할을 통해 학생 자신이 교수-학습 과정에 참여하도록 유도하는 학생 중심의 교육 실습을 강조했고, 학생을 학습의 주체로 간주했다. 텍스트 전반에 걸쳐 가르침과 학습이 기계적인 것이 아니라 문화, 도덕적 가치, 윤리, 시민성, 사회경제적 조건 및 표현의 자유 허용 등 학생들의 권한 강화를 강조했다. 프레이리는 자신의 작업에서 '생성적 주제'를 구축하고, 교육을 위한 지칠 줄 모르는 투쟁으로 일생을 보냈다. 반면 프레네는 당대의 전통적 패러다임의 혁신을 목표로 교수법을 통해 위대한 업적을 남겼다. 프레네는 실험과 문서화의 필요성에서 출발하여 쌍방향 수업으로 혁신을 이루었다. 실험이 무엇보다도 학생들에게 능동적이고 역동적이며, 상호작용하는 지식을 제공할 것이라고 믿었다.

프레이리와 프레네가 교수-학습 과정만큼 복잡한 과정을 이해할 수 있는 모든 가능성을 만들어 냈는데, 그들이 우리에게 고전적이고 구조화된 지식을 남겼다고 말하는 것은 절대 아니다. 그리고 확실히 그들은 그들의 비전과 태도에서 가르치고 배우는 지도하고 도전적인 실험을 통해 학교

공간의 일상생활을 다룰 수 있는 효과적인 가능성을 반영했다.

물론 프레네와 프레이리는 상호작용의 기술을 통해 삶의 과정의 중재자로서 교사의 역할을 간과하지 않았다. 학생들의 경험에 대한 기록은 지식의 구성을 찾는 자율적이고 참여적인 주제로서 교육자의 형성과 학생의 형성에 작용하기 때문에 기억을 초월한다. 다양하고 복잡한 교육-학습 과정과 관련하여 프레네와 프레이리 교육학의 기여는 공통점을 갖고 있다. 두 사람 모두 전통적이고, 시대에 뒤떨어진 교육과 학습을 비판할 뿐만 아니라, 그들의 경험을 통해 단순한 행동주의를 문제삼는다.Gumiero & Araújo, 2019 두 사람 모두 이 과정에서 '주체'로서 학습자의 중요성뿐만 아니라, '대화'를 강조한다. 이 대화에서 또 다른 중요한 측면은 교육과 인간화 간의 관계이다. 프레이리는 참여, 집단적 숙고, 관여, 대화, 자치를 강조했다. 그리하여 전통적 교육을 민주화에 기여할 수 있는 비판정신을 형성시키는 교육으로 대체했다. 특히 프레네는 교육자가 학생을 해방시키는 동기와 열정을 가지고 있다고 확신한다. 이것은 삶을 위한 교육학적 기법을 통해 학습을 촉진하는 교육과정에 유리한 공간을 만들어 주는 것이다.Gumiero & Araújo, 2019

프레네와 프레이리는 서로 다른 시대와 장소에서 살았지만, 두 사람은 공통점이 많다. 프레네는 노동계급의 민중교육을 달성하려는 목표를 위한 교육 시스템을 개발했다.Gadotti, 2012: 162-163 프레네의 작업 방식은 교육 도구 및 기술, 인쇄, 자유롭게 그리기, 대화, 그리고 학생들의 현실과 접촉하기 등이었다.[85] 프레네는 열악한 환경에서 양질의 초등교육을 하는 방법을 개발하여 학생을 교육활동의 중심에 두고자 했다. 이를 위해 항상 작업에 중점을 둔 많은 교육학적 기술을 만들어 냈으며, 학생들의 삶에 유용

85. 프레네는 교육 도구/매체(인쇄기, 판화, 프린터, 복사기, 사진기, 녹음기, 투사기, 전기선, 카메라, 도서관 및 기술)를 통해 이론적·정치적 성격을 부여하는 '교육적 유물론(matérialisme pédagogique)'을 전개했다. 교육적 유물론은 학급의 분위기를 변화시키는, 학급에 도입되는 수업 도구와 기술들을 가리킨다.

한 자료 및 지적 결과를 제공했다.

프레이리는 일노동의 중요성에 의존하는 것 외에도 변혁적 행위인 '이론적 실천praxis'이라는 단어를 통해 인간의 현 상태를 인식하고 스스로 해방을 이루도록 돕는 것을 목표로 하는 방법론을 개발했다. 프레이리에게 비판적 문해교육의 실천적 토대는 행동과 성찰을 동시에 작용시키는 '프락시스적' 활동이다. 프레네에게는 '일travail'로, 프레이리에게는 프락시스praxis로 이해되는 점에서 비판적 문해교육 방법의 실천 토대는 '일노동'이자 '프락시스이론적 실천'이다. 프레네는 인간을 '일 애호'의 존재로 파악하며, 프레이리는 인간을 '프락시스'의 존재, 즉 행동의 존재요 성찰의 존재로 파악한다.정훈, 2020: 256 프레네에게 일은 동기와 목적이 있고 만족감을 주는 활동이자, 감각과 지성뿐만 아니라 각종 근육을 정상적이고 조화롭게 사용하는 활동이다. 프레네는 육체신체를 부도덕한 것으로, 영혼정신으로부터의 실제적인 기능을 지적이고 섬세하고 청결한 것으로 분리시키는 철학과 학문의 오류를 지적했다. 우리가 형식화된 지성과 삶의 과정으로부터의 추상화라는 이름으로 일과 사고 사이의 파괴적 분리를 수행해 왔다는 것이다. 그러면서 그는 사고를 집약시키는 것이 일이고, 그에 대한 반응으로서의 사고가 일의 조건에 영향을 미친다고 말한다.Freinet, 1994 이러한 일은 학교와 사회에서 자발적으로 삶을 재조직하는 과정과 인간 존재가 발달하는 토대로 기능한다. 어린이가 스스로 자라나는 존재라는 점을 깊이 인식해야 한다.

프레네에게 생산적인 일은 가르치고 배우는 과정을 계속해서 진행하게 하는 원리이다. 프레이리 또한 인간의 독특한 성질을 '일'을 통해 세계를 변화시키고, 세계를 선언하고, 세계를 표현하고, 자기 자신을 표현하는 일들로 파악한다. 그러면서 어떤 수준에서든 교육이 근본적이고 인간적인 표현의 욕구를 개발시키도록 자극할 때 더 많은 가치를 얻게 될 것이라고 말한다.Freire, 1985: 75 프레네는 프레이리처럼 소위 문해교육을 하는 보편적 방법을 사용했는데, 그것은 글을 읽는 것을 세상을 읽는 것과 관련시키는 것이다. 그는 아동과 성인 모두 교재를 읽을 때, 그것을 이해할 필요가 있다고 주장했다.

프레네 교육학의 핵심 개념은 일의 교육학, 협동학습, 아동 중심 교육학, 탐구 기반 학습, 자연적 방법이다. 일의 교육학pedagogy of work은 학생들이 유용한 제품을 만들거나 유용한 서비스를 제공함으로써 배운 것을 의미한다.[86] 강요 없는 교육을 강조한 프레네는 '자기-조직화self-organization/auto-organization' 개념을 학교에 불어넣어야 한다고 주장했다. 이는 스스로 돕기, 즉 자조의 개념에 가깝다. 프레네 교육에서 핵심 단어는 학습보다 '작업travail/work'이다. 프레네 교육학에서 작업은 교육의 중심이자 삶의 중심 그 자체이다. 작업은 모든 학생 개개인의 욕구를 만족시키는 것을 목표로 하고, 그래서 아이가 자연스럽게 하게 되는 행위이다. 작업을 통해 학생들 개개인의 욕구를 만족시키는 것이 목표이기 때문에 아이들이 자연스럽게 자기 욕구를 충족시키기 위해 노력하게 만든다. 작업이라는 개념이 교육과정에 들어가면, 단순히 학습하고 외우고 배우는 것을 넘어서서 뭔가를 조작하고 만들어 간다는 생각을 하게 된다.

학습이 큰 줄기라면 그 학습이 잘 일어나기 위한 도구와 수단, 방법과 인간관계를 만들어 가야 학교생활 전반을 '실험적으로' 해 나갈 수 있다. 학생들은 스스로 배워 나가는 작업 과정을 통해 삶과 배움을 일치시킬 수 있다. 학교 공동체 내에서 스스로 배워 나가려면 얼핏 생각해도 협력과 민주성, 책임감이 있어야 한다는 것을 쉽게 유추할 수 있다. 작업은 배우는 수단이기도 하지만, 아이들의 미래를 준비시켜 주는 '직업학교'와 같

86. 일을 통한 학습(Pédagogie du travail/éducation through work))에 대한 프레네의 접근 방식은 독일 케르셴슈타이너, 러시아 블론스키 및 스위스 교육자 페리에르의 개념과 대조될 수 있다. 케르셴슈타이너는 학습에 대한 보다 추상적인 접근 방식이 사회적으로 관련된 행동 및 성과의 미덕을 충족시키지 못한다고 믿었기 때문에 노동계급의 아이들을 육체노동으로 교육하기를 원했다.

은 역할도 한다. 프레네 교육학 이론은 실제 기술에 기초할 뿐만 아니라, 신교육운동의 개념 틀에서 더 큰 철학적, 정치적 맥락에서 볼 수 있다. 그의 교육학은 '자발성의 교육학'이라고도 할 수 있다.

내일의 학교는 '일하는 학교'이다. 일은 향토적, 민족적 교육학의 원리로서 동력의 근원이자 철학이 되어야 한다.[87] 프레네의 '일을 통한 학습' 개념은 첫째, 학교와 사회에서 삶이 자발적으로 재구성되는 과정으로서의 일에 중점을 둔다. 그에 따르면 노동은 모든 인간 활동의 기초이며, 실제로 인간의 발전 자체이다. 따라서 생산적인 일은 가르치고 배우는 지속적인 원칙이다. 아이들은 인쇄술[88]의 기법으로 텍스트를 개발하고 일기장, 전시회 등을 제작하는 동안 끊임없는 학습 과정에 참여한다. 둘째, 협동학습cooperative learning이다. 이는 생산과정에서의 협동을 기반으로 한다. 협동학습에 대한 프레네의 강조는 농업협동조합 설립자로서의 자신의 경험에 뿌리를 두고 있다. 그는 또한 학교 공동체에 대한 영국의 실험을 알고 있었다. 동시에 그는 1923년 프로피트B. Profit가 설립한 학교협동조합 중앙사무실이라는 프랑스 조직에 대한 토론에 참여했다. 셋째, 아동 중심 교육학child-centred pedagogy이다. 이러한 신교육운동[89]의 지지자들은 순수하고 약속으로 가득 찬 어린 시절의 기원으로 돌아갈 것을 권장했다. 학교를 통해 어린이를 현대 산업사회에 적응시키려는 노력은 본질적으로

---

87. '일하는 학교상'은 단순히 단편적인 육체적 노동이나 기술교육이 아니라, 케르셴슈타이너와 쉬프랑어의 노작교육론과 비견될 수 있다.

88. 학습기술과 재료를 혁신적으로 창안해 낸 프레네는 당시 지배적인 과학 및 학문 사조에 저항하는 교육문필가이자 이론가이기도 했다. 다만 일련의 구상에 의해 조직적인 작품을 쓰기보다는 실천과 또 다른 실천 사이에서 틈틈이 단속적으로 또한 단편적으로 작업했다. 이런 실천의 연장선에서 동료들과 함께 출판사를 설립하여 교재도 편찬하고 그들이 생각하는 바도 널리 공표했다.

89. 당시 국제적 '신교육운동(new education movement)'은 프레네에게 큰 영향을 미쳤다. 그의 추종자 중 일부는 그를 허공에서 그의 모든 기술을 창조한 교육 천재로 보았다. 하지만 프레네 이전에도 이미 알려진 교육적 실천이 있었다. 학교인쇄는 19세기에 여러 교사에 의해 사용되고 있었다. 이미 1921년 폴란드의 교육자 야누시 코르차크는 학교신문을 교육 도구로 사용한 바 있다. 프레네가 언급하고 그가 철저히 연구한 교육학적 개념은 벨기에의 심리학자 데크롤리(Ovide Decroly)와 미국의 철학자 듀이의 영향으로 생겨났다.

썩은 행위이다. 오직 '자연적 교육'만이 육체노동, 공예 작업과 같은 지역사회 기반 활동을 도입하여 문제해결 방법을 제공할 수 있다. 자연적 방법은 귀납적 글로벌 접근 방식을 기반으로 한다. 그들은 더 건강하고 형성적인 것으로 간주된다. 프레네의 교육학은 그가 육체노동을 칭찬하고 아이들의 필요와 욕구를 무엇보다 우선시한 기반 위에 서 있다. 넷째, 탐구 기반 학습이다. 그룹 작업을 포함하는 시행착오 방법이다. 다섯째, 어린이의 학습 관심과 호기심을 기반으로 한 흥미 중심 학습이다.

그러한 맥락에서 프레네 교육 실천의 두드러진 세 가지 주제는 인쇄, 학교 교류, 학급위원회 활동이다. 이것들은 자연적인 방식으로 이루어지는 자유로운 본문 작업, 모둠활동, 개인과 공동 학습계획, 탐사와 프로젝트법들로 이루어진다. 학급의 인쇄 작업 활동은 프레네 학교교육 전반을 꿰뚫는 핵심이다. 기존의 책 같은 것은 치워 버리고—책은 기성 가치체계의 각본에 따라 움직이게 하기 때문— 스스로 생각하고 작업한 것을 내용이나 형식에 구애받지 않고, '입으로', '글로', '예술'로 자유로이 표현하도록 했다. 이와 비슷한 예는 다른 개혁학교들에서도 찾아볼 수 있지만, 학급인쇄기와 학급 교류다른 학급과의 지속적인 교류가 특징적 모습을 보여 준다. 우리나라에서의 학급신문 작업은 이와 닮았다. 학급위원회 활동은 민주주의를 연습시키기 위한 것이다. '학급'은 하나의 공동체요, 공동생활이다. 학습계획을 짜고, 이를 함께 실천함으로써 공동체적 구조와 법을 갖춘 하나의 사회가 생겨나는 것이다. 그 안에서 책임의식이 형성되고 임무가 나뉘는 것이다. 모든 상황에서 어린이 인격이 자유롭게 전개되도록 돕는 것이 중요하다면, 그들의 한계를 인식하는 것도 마찬가지로 중요하다. 프레네는 서로 돕고 함께 책임을 지며 살아가는 삶의 원리를 학교에서 구현하도록 했다. 공동체를 교란시키는 행위는 밖에서 개입하여 적절히 교정되지 않으면 안 된다. 이 역할을 교사가 맡는다.

또 공동체를 형성하기 위해 긴요한 것은 '비판능력'이다. 다만 비판은 비판을 위한 비판이 아니라, 어떤 경험과 사실에 입각한 것이어야 한다. 그래서 한편으로는 타자의 의견을 경청하도록 하고, 다른 한편에서는 자유롭게 의견을 개진할 수 있는 권리를 준다. 프레네는 이를 위해 현실을 비판적으로 관찰하고 분석하도록 했다. 자유롭게 실험하고, 가설을 설정해 보고, 오류에 빠져 보기도 하되 그것 때문에 책망을 받는다든지 하는 일은 없게 한다. 학생들로 하여금 민주적인 공동생활의 규칙을 연습하도록 하는 것은 다양한 의견이 배출되는 사회구조 속에서 공동생활과 정치적인 의사소통 및 결정 과정을 위해 좀 더 설득력 있는 삶의 방식을 구현하기 위한 것이다.송순재, 2000: 102 이러한 사회공동체적 삶의 연습은 오늘날 민주적 학교를 형성하려는 이들에게 날로 공감을 더해 가는 시도이자, 정치교육의 훌륭한 연습장인 '어린이 공화국Kinderrepubliken'의 한 전형이라고 할 수 있다. 이런 형태는 영국의 서머힐 학교와도 유사한 방식이다.

프레이리가 말하는 문해교육은 역사적으로 구성된 자기 경험을 비판하는 과정이다. 자기 경험을 돌아봄으로써 우리는 세계를 '읽게' 되고, 우리 사회에 내포된 정치적 속성을 이해하게 된다. 문해교육literacy education에서 대화와 소통은 집단 속에서의 협동하는 방법으로 진행된다. 자신의 경험에 대한 성찰은 프레이리의 '문화서클'이나 프레네의 '협동그룹' 같은 협동 집단 속에서 이뤄진다.[90] 문화서클 안에서 진행되는 프레이리의 '대화적 방법'은 집단에서의 의사소통이나 다른 사람들과의 교류와 언제나 짝을 이뤄 진행되는 프레네 교육의 '협동 원리'를 자연스럽게 계승한 것으로 이해할 수 있다.정훈, 2020: 269 집단을 단위로 한 협동작업은 '프레네 실천교육학'[91]의 중요한 특징이다. 프레네는 교실이 집합적 상상력과 참여

---

90. 프레네와 프레이리의 작업은 고독한 사고에서 나온 것이 아니라, 실천과 활발한 교류와 협력 속에서 나온 것이다.
91. '프레네 실천교육학'은 실천으로부터 출발하여 작업해 냄으로써 학교 현장을 대단히 풍부하게 변화시킬 수 있었다. 다른 실천 사이에서 틈틈이 단속적으로 또한 단편적으로 작업했다. '모색하는 시도들(tatonnement experimental)', 즉 실험적 활동을 많이 한다. 그의 사고와 실천이 주는 인상과 착상, 그리고 경험들은 그 바탕을 이루고 있다.

를 통한 공간이 되기를 기대했고, 거기서 이뤄지는 수업은 집단으로 모이는 것이 통상적인 모습이었다. 프레네 교실에서 학생 주도적인 작업은 동료들과 하는 협동작업을 통해 완성되고, 협동작업 속에서 모든 아이들의 능력은 서로 보완된다. 사고 행위에서의 주체들의 이러한 공동 참여가 바로 소통이다.Freire, 1973/2012: 212 결국 협동의 방법은 문해교육 과정에서 대화 주제가 그들을 매개하고 그들에게 문제로 제기되는 현실에 관심을 기울일 수 있게 한다.Freire, 2000: 217

결국 공동체와의 비공식적이고 개인적인 접촉에서 도출된 생성적 주제들은 대화의 과정을 사용하여 문화서클에서 논의된다. 문화서클에서 구성원들이 그룹 토론을 통해 여러 상황을 밝히고 그 밝힘으로부터 어떤 주제와 관련된 경험 세계가 생성되며, 교사들은 거기로부터 그러한 공동체들과 사회적·문화적으로 관련된 여러 단어로 구성된 경험 세계의 낱말을 추출한다. 다양한 독자들이 텍스트를 논의하는 일은 읽은 내용을 분명하게 하고 읽은 것에 대한 집단적 이해를 새롭게 창조한다. 집단적 글 읽기는 서로 다른 관점을 제시하며, 그 가운데 각 관점들이 서로에게 노출되기 때문에 더욱 풍부하게 텍스트를 이해할 수 있게 한다.

문해교육 진행 방법과 관련하여 프레네가 주로 학생들 사이의 대화와 소통, 협동의 방법을 많이 강조했다면, 프레이리의 강조점은 주로 교사와 학생 사이의 대화와 소통, 협력의 관계에 좀 더 초점이 맞춰져 있다. 비판적 문해교육의 진행 방법은 프레네가 비판하는 '스콜라주의 방법'이나, 프레이리가 비판하는 '은행저축식 교육'이 아니어야 한다. 두 사람 모두 학습자/학생 스스로 자신의 학습을 조직할 수 있다고 믿었다. 지성의 문제를 지식 축적의 문제로 축소시키지 않았다. 대화를 지식/진리의 길로 삼았다.

문해교육은 종종 낡은 것으로 치부되거나, 성인을 대상으로 한 교육으로만 종종 평가되어 왔다. 그러나 프레네와 프레이리가 그랬듯이 일반 공교육체제 안에서 문해교육의 실천이 가능하다. 특히 학습자 자신의 삶에서 출발해 자신을 둘러싼 '세계 읽기'로 이어지는 '비판적' 문해교육 방법은 자신이 발 딛고 있는 세계의 현실을 자신의 힘으로 읽어 내는 방법의 한 모델로 매우 유의미한 작업이 될 것이다. 요즘 읽고 쓰는 능력을 지닌 사람은 많아지고 있으나 점점 '정치적 문맹자'는 역으로 많아지고 있는 작금의 상황은 비판적 문해교육을 더욱 필요로 한다. 정치적 문해자가 많아져야 성숙한 시민의 탄생과 시민사회의 공고화가 가능할 것이다.

프레네는 학교교육 개혁을 아주 구체적인 현실 문제재정이나 교사 재교육 등로부터 조명함과 동시에 인격적으로 작용하는 힘, 혹은 교육혼의 중요성도 아울러 신중하게 고려하고 있다. 개혁은 단번에 오는 것이 아니라, 부단한 고통을 수반하며 조금씩 투쟁해 나갈 뿐이다. 오늘날 공교육에 대한 프레네의 비판은 현실 사회주의 이후에도 불구하고, 여전히 타당성을 가진다. 이를테면 효율과 경쟁을 강조하는 사회와 학교의 기준에 관한 것으로, 이는 전형적으로 자본주의적 학교구조가 가진 고질적인 취약점이기도 하다. 학교의 선발제도, 초등학교 단계에서도 이미 성취도에 대한 압박, 적응하기를 강요하는 분위기, 학교제도의 이성적 합리화 과정이 존재하고, 이에 비해 교사와 학생의 공동적 유대, 경쟁에서 패배한 이들—약자, 결손가정의 아이들, 노동자와 실업자 아이들, 이민과 망명자의 아이들—이 주변으로 내몰려 있다. 그래서 어린이를 사려 깊은 공동체 품에서 키우면서 그 인격이 최대한 폭넓게 자라나도록 하여 어른이 되어서는 조화롭고 균형 있는 사회 형성에 기여하지 못하는 결과를 낳고 있다.

"학교는 끊임없이 상승하고 성장하고자 하는 인간 욕구를 무시함으로써 가장 강력한 인간의 원동력을 박탈한다"라고 프레네는 말한 바 있다. 이런 문제의식은 활동 초기부터 그를 사로잡았고, 그리고 이런 처지에 놓인 아이들에 대한 책임과 의무감, 그리고 소명의 발로였다. 그가 원칙적으로 별도의제도교육 밖의 프레네 학교를 거부하면서 공적 의무교육 연한 내의 공교육을 바꾸어 보려고 시도했던 것은 이런 배경에서 비롯되었다. 공교육을 벗어난 대안학교가 아니라, 공교육제도 안에서 부분적으로, 혹은 전적으로 이루어지는 대안교육의 사례를 보여 주는 것이다. 규모가 작은 학교 내지 마을학교의 실천이나 개념과 사상을 발전시키는 일 내지 정치적 참여와 교사 재교육 문제는 그의 주요 관심사였다. 이러한 프레네의 구체적 실천 활동은 프레이리의 변혁적 교육 실천에 막대한 영향을 미쳤다.

## 11. 하버마스의 의사소통적 행위, 대화이론과의 교감

프레이리는 1997년 7월 함부르크에서 열리는 성인교육 국제회의에서 의사소통의 대가인 독일의 철학자 위르겐 하버마스Jürgen Habermas, 1929~ 와의 만남이 약속되어 있었다. 그런데 애석하게도 프레이리는 1997년 5월 2일 갑작스레 세상을 떠났다. 하버마스는 엄밀한 의미에서 교육이론가로 알려져 있지 않지만, 교육철학자와 교육과정 이론가들은 그의 저서를 많이 인용한다. 특히 프레이리와 아직 생존한 하바마스의 저술을 통해 20세기의 사회이론, 교육이론 및 실천의 관계 이해에서 가장 중요한 발전 중 일부를 확인할 필요가 있다. 이들의 주요한 기여는 1960년대로 거슬러 올라가며 많은 학문 분야와 전문 훈련 유형에 걸쳐 엄청난 영향을 미쳤다. 두 사람 모두 학문적으로나 이데올로기적 용어로 분류하기 어려우며, 다양한 지적으로나 국가적 맥락에서 이들의 생각을 수용하는 것은 매우 복잡하고 논쟁적 과정을 거칠 수밖에 없다.

실제의 영향력을 행사한 하버마스의 작업이나 토대와 관련된 어떤 명시적 참고자료가 없음에도 불구하고, 프레이리의 사회적·교육적 이론과 하버마스의 의사소통 행위 및 숙의민주주의 사이에 있을 수 있는 잠재적 대화의 관점에서 프레이리의 급진적·민주적 휴머니즘이 지닌 함의를 살펴볼 필요가 있다. 이런 관점에서 프레이리의 브라질 귀국을 즈음하여 옹호한 급진적·민주적 휴머니즘 관점은 칼 만하임의 '근본적 민주화'와 프롬의 사회주의적 휴머니즘을 지지하는 초반 시기의 관점에서 예측해 볼 수 있다. 초기 프랑크푸르트학파마르쿠제의 비판이론과 프랑스 실존주의사르트르 전통에 대한 프레이리의 부분적 수용과 선별적 이해는 프레이리의 실천적 경험과 결합되어 나타난 것이다. 『억압받는 사람들의 교육학』에서 이론적으로 요약된 혁명적 대화에서 이상화한 모델들은 더욱 그렇다. 그러기에 프레이리의 사상 진화 문제를 다루기 위해서는 지식사회학의 차원에서 규명할 필요가 있다.

급진적 민주주의를 지향하는 혁명 국면으로의 전환, 그리고 그 이후 명백하게 드러났던 프레이리의 정치적 사고의 불연속성 또는 미묘한 '단절'의 가능성에 대한 역사적, 이론적 조건은 무엇인가? 이러한 문제에 대한 프레이리의 개인적 성찰과 자기비판은 비판교육학과 민주주의에 대하여 그의 생각이 진화하는 전체적 일관성을 설명할 필요가 있다. 이론적으로 프레이리가 하버마스 사상을 수렴한 시도는 의사소통적·대화적·비판적 사회이론의 형태로서 마르크스주의 전통과 그 혁명 이론과의 결별을 나타내는 네 차원을 따라 다음과 같이 추적해 볼 수 있다.Morrow, 2013: 70-71

첫째, 자유와 해방에 관심을 둔 비판적 사회과학을 정당화하는 의사소통과 대화 이론에 근거한 사회과학의 철학을 위한 후기토대주의·메타-이론적 틀후기구조주의 접근, 둘째, 다양한 사회운동의 투쟁을 통해 변혁의 가능성을 만들어 낸 모순들을 분명히 하는 사회적·문화적 재생산 이론후기마르크스주의 접근, 셋째, 지배의 역사적 형태와 비판 및 실천을 위한 가능성 사이의 틀을 만들어 내는 사회적 주체의 발달 이론후기모던주의 접근, 넷째,

변혁과 숙의민주주의deliberative democracy[92]의 도전과 관련하여 교육의 위상을 논하는 개인적·집단적 학습이론후기자유주의 접근이다.Morrow & Torres, 2002: 14-15

하버마스와 프레이리의 이론적 관점 사이의 관계에 대한 발달주의적 관점은 실제 발산과 수렴이라는 역설적 형태를 취한다. 사상의 중요한 전환점은 1967~1971년 무렵이었다. 이 시점에서 그들은 학문적 생애 중반기의 지적 발달 논리로 보자면 서로 반대 방향으로 움직이고 있었다. 프레이리가 '혁명의 과학'을 옹립한 그 시기에 하버마스는 초기 프랑크푸르트학파의 선배들이 제시한 혁명 이론을 재고하기 시작했다.

1960년대 후반쯤 하버마스는 더욱 네오-마르크스주의적 비판이론 입장을 폈고, 이후 숙의민주주의 이론으로 더욱 발전되어 갔다. 계급적 혁명 이론에 대한 하버마스의 재고는 1971년 이론과 실천에 대한 쉬운 모음집을 소개하면서 새로운 사상 징후를 보였다. "계몽을 받아야 하는 사람에 대해 계몽을 해야 할 사람의 우월성을 옹호하는 것은 이론적으로 불가피하지만, 동시에 그것은 허상이기에 자기 교정을 필요로 한다. 계몽의 과정에는 오직 참여자만 있을 뿐이다."Habermas, 1973: 40 이 기간에 하버마스는 마르크스의 계급혁명 이론을 암시하는 '해방된 사회'의 개념을 사용하지 않았다.

프레이리의 혁명적 교육학은 그가 1964년에 강제 추방되고, 교육과 현대화의 계급적 차원에 대한 인식이 높아지면서 정점에 이르렀는데, 1960년대 후반에 혁명 이론과 모호하게나마 연결되었다. 프레이리의 대화적 교육이론과 억압받는 사람들에 대한 개념의 일반화된 버전은 하버마스에 더 가깝게 만들었다. 그럼에도 불구하고 그는 1980년대에 망명을 끝내고 브라질로 돌아왔을 때 해방을 혁명적 과도기 모델과 연결함으로써 하버

92. 유토피아 프로젝트로서 하버마스가 제창한 '숙의민주주의'—숙의를 필요로 하는 의사소통적 평등 중시—는 혁명적 성격을 지니고 있다.

마스와 재수렴될 때까지는 국면적으로 각각 분리 노선으로 나아간다.

프레이리의 지적 발전은 세 가지 중첩된 국면으로 특징지을 수 있다.Morrow, 2013: 72 첫째, 강제로 추방된 1964년까지 프레이리의 정치적 관점은 이미 대화적 교육학의 토대를 발전시켰지만, 만하임의 근본적 민주화fundamental democratization를 지지하고, 그동안 알고 있던 교조적 마르크스주의 이론을 거부했다. 둘째, 프레이리는 망명 후 칠레에서 일하면서 『억압받는 자의 교육학』을 가지고 이론적으로 마르크스 이론, 특히 그람시 이론을 적용하기 시작했고, 또한 비혁명적 민주주의 맥락에서 문맹퇴치 프로젝트를 촉진했지만, 실질적으로는 다양한 혁명적 상황에서 문해력 컨설턴트로서 작업을 계속했다. 셋째, 프레이리는 1980년 망명 생활을 끝내고 귀국하여서는 자신이 초기에 작업했던 민주적 초점으로 복귀하는 새로운 종합적 입장을 보였다. 이를테면 '비판적 포스트-모던'보다 정확하게는 역사주의적[93] 가정에 대한 인식, 혁명 운동의 다양성과 한계, '새로운' 대중적 사회운동의 전략적 중요성을 강조하면서 내용이 더욱 풍부해졌다.

세 번째 국면에서만 프레이리의 접근은 비판적 교육학의 상호주관적 인식론이 실제 하버마스의 의사소통적 행위와 병행했는데, 정치적 차원에서 하버마스의 접근으로 수렴이 되었다. 그의 이러한 변화는 마르크스가 「포이어바흐에 대한 세 번째 테제」1845에서 제시한 "환경과 교육의 변화에 대한 유물론적인 학설은 환경이 인간에 의해 변화되고 교육자 자신이 교육받아야만 한다는 사실을 망각하고 있다. 환경의 변혁과 인간 활동 혹은 자기변혁의 일치는 오직 '혁명적 실천'으로서만 파악될 수 있으며, 또 합리적으로 이해될 수 있다"라는 명제와 궤를 같이하고 있다. 이는 혁명적이고 기술관료적 엘리트주의에 비판적이었던 그의 전기적 인식의 결과이기도 하다.

93. 프레이리의 역사주의는 칼 만하임의 역사철학에 바탕을 둔 '급진적 역사주의'를 지향하고 있다. 재-발견과 재-발명에 바탕을 둔 맥락적·실용적·실험적 역사주의다(Morrow, 2013: 73-74).

프레이리는 대체로 교육계에서 제3세계 성인교육자, 문해교육 전문가로 알려져 있다. 그는 교사-학습자 간의 위계적 관계를 타파하고, 성인들이 자신의 사회적 세계를 정의하는 권력관계를 '이름 붙이는' 방법을 배우도록 한다. 그의 공헌은 지식이 기계적으로 축적되는 은행저축식 교육과 학습자가 실제 경험과 관련하여 지식을 활용하는 데 적극적으로 참여하는 비판적 교육을 구분하는 방법론이다. 최근 몇 년 동안에는 프레이리가 종, 계급, 성별, 민족에 기반한 학습과 의식화 등 '비판적 교육학'과 연결된 교육과정 이론의 논쟁적 맥락에서 널리 인용되고 있다. 프레이리의 접근 방식은 브라질과 라틴아메리카뿐만 아니라, 전 세계적으로 참여적 행동과 같은 다양한 분야에서 자력화empowerment 지향적 연구 및 실행에 영감을 주었다.

이와는 대조적으로 하버마스의 이론은 1920년대 후반 바이마르 공화국에서 18세기 미완의 계몽주의 비전에 대응했던 비판적 모더니즘critical modernism을 옹호함으로써 시작되었다. 그는 일반적으로 1920년대 후반 독일의 프랑크푸르트학파[94]에서 시작된 비판적 사회이론의 전통을 암시하는 용어인 비판이론critical theory[95]의 가장 중요한 현대적 대표자로 여겨져 왔다. 프랑크푸르트학파연구소는 최초의 체계적이고 자율적인 탐구의 기반이 되었다. 프랑크푸르트학파의 구성원들은 2차 세계대전이 끝날 무렵 마르크스주의 전통에 환멸을 느꼈다.[96] 하버마스는 1960년대에 다른 이론적 전통과 결합하여 비판이론을 급진적으로 재구성하면서 이를 활성화하는 전략을 개발했다. 그리고 하버마스의 의사소통행위이론communicative action

94. 프랑크푸르트학파의 구성원, 특히 호르크하이머와 아도르노가 마르크스주의에 대해 비판을 가했다. 비판의 핵심은 자본주의에 영향을 준 것과 똑같은 인식론적 관점에 마르크스주의가 젖어 들었다는 것이다. 그것은 이성의 일방적인 주관적 발달, 즉 이성을 도구적, 실증적 역할에 한정시켜 버린 관점이다. 그들은 보다 확대된 이성관을 회복하려고 했다. 이 견해에 의하면 이성은 도구적이고 실증적일 수 있으나, 정치적이고 윤리적일 수도 있다. 프랑크푸르트학파는 '내재적 비판(immanent critique)'이 비판의 적절한 방법이라고 믿었다(Young, 2003a: 38-40).

theory[97]은 논쟁이 많은 고전적 마르크스주의와 프랑크푸르트 전통의 핵심 가정을 허무는 독특한 대안적 형태를 구축했다. 교육학에서는 이것이 '의사소통의 교육학'으로 계승·발전된다.

하버마스의 개념 체계에서 '식민화colonization, 일상생활, 문화, 관계, 일자리 등에 지배 이데올로기가 주입되는 상황'에 해당되는 개념은 프레이리의 '억압oppression'과 호환될 수 있다. 이 두 용어는 현대의 사회적 요소로서 두 사람의 사회이론에 대한 가설에 담고 있다. 프레이리의 교육학은 사회적 지배와 억압의 문제에서 비롯되었다. 그의 입장은 소유의 수단이 되는 현대 생활 및 교육의 개념—강한 소비주의적 사고방식, 소유문화의 지배, 그리고 물질주의적 존재의 개념—을 비판하는 데 확고한 생각을 보여 준다. 사람들은 주변의 모든 것을 물건으로 바꾸는 경향이 있고, 즉 돈이 만물의 척도로서 구매력의 대상이 된다. 프레이리는 세계화 이론이 보편적인 인간 윤리

---

95. '비판'은 선과 악을 구별하고 어떻게, 그리고 왜 선악이 발생하는지를 이해하는 과정이다. 비판은 그 자체가 '향상의 행위'는 아닐지라도 '향상을 위한 준비'일 수 있다. '비판이론'은 '비판에 대한 이론'이라고 할 수 있다. '비판'은 부정적일 뿐만 아니라 긍정적일 수 있다. 하버마스는 널리 만연된 과학 및 공학적 지식관을 비판한다. 그 대신 지도가 없어서 숲속에서 길을 잃어버리고 있는 것은 아닌지를 묻는다(Young, 2003b: 17-28). 하버마스가 제창하는 새로운 비판이론은 재구성적 과학, 즉 인식자인 인간 존재의 인류학이다. 비판 그 자체는 이제 인식론적 규칙의 적용이 아니라, 생물학적·인류학적 비판이론에 기초한 과정이다. 이는 탐구공동체들의 존재론에, 그리고 그 공동체들의 의미 해석에 직접 의존한다. 이것은 탐구공동체들 안에서 한계와 편견의 근원을 극복하는 것에 기반을 두고, 그 탐구공동체들이 새로운 의미를 어떻게 창조하는지, 즉 그 탐구공동체들이 어떻게 학습하는지를 이해하는 것에 기반을 둔 비판을 가리킨다(Young, 2003b: 73).
96. 하버마스는 마르크스의 정치경제학에 대한 수많은 비판을 다음 네 가지로 정리했다. ① 단순한 상부구조가 아닌 자본의 일반적 관리 대행자로서의 국가의 발달은 자본주의에서의 역할 관계를 변화시켰다. ② 일반적으로 향상된 풍요는 계급 갈등에서 순수한 경제적 요소의 의미를 감소시켰다. ③ 후기자본주의의 왜곡에 포함된 물질적 관심의 더욱 복잡한 구조 때문에 노동계급의 역사적 역할이 소실되었다. ④ 러시아혁명의 역사적 진상과 세계 공산주의의 역사는 마르크스주의의 교조적, 반민주적 해석을 불신하게 만들었다(Young, 2003a: 66).
97. '인식론적(지식 이론적) 질문'은 사회와 역사 속의 의사소통적 존재인 인식자에 관한 이론 안에서 제기된다. 이 이론의 핵심은 사회적, 즉 '의사소통행위이론'이다. 이 이론은 타당성 판단과 발화(utterance) 의미 해석 간의 관계이다. 그는 심층적 의미를 이해하려면, 발화—사회적 공간과 시간 속에서 실제 사건으로 발생하는—에 대한 존재론적, 도덕적, 실천적 전제들을 먼저 이해할 필요가 있고, 그 이해는 전제들의 타당성에 대해 모종의 위치를 취할 때 비로소 완전해진다고 주장한다. 발화의 타당성은 화자가 실재, 타자, 자아와의 여러 관계 속에 동시에 발화를 자리 잡게 하는 데서 나타난다. 화자의 이런 능력은 '의사소통적 능력'이라고 한다(Young, 2003b: 71, 74, 81).

를 핑계로 시장의 윤리를 확립했다고 지적한다.Freire, 1998b 억압하는 사람들에게는 “존재하는 것은 소유하는 것”이기 때문에 “지구, 재산, 생산, 사람 만들기, 사람 자신, 시간 등 모든 것이 처분 대상”으로 전락한다.Freire, 1970a: 40

프레이리와 하버마스는 사회이론과 교육문제를 보는 관점에서 마르크스주의를 경제적 환원주의가 덜한 방식으로 보려는 시도에서 비롯된 ‘사회적 재생산’ 개념으로 지난 수십 년 동안 교육과 사회의 관계를 이해했다. 이들은 특히, 마르크스 이론의 전통적인 토대-상부구조 모델이 사회이론 유형의 심대한 역사적·관계적 성격을 다루는 데 상당히 부적합했음을 보여 주었다. 그동안 우리는 프레이리와 하버마스를 별개의 맥락에서 다루어 왔지만, 최근 그것에 대한 비교고찰을 통해 이전에 구조structure에 집중했던 것을 보완하는 행위자agency의 문제로 초점을 이동시키고 있다. 동시에 프레이리와 하버마스를 비판적인 사회이론과 방법론, 특히 하버마스의 인간과학 비판과 관련하여 좀 더 일반적인 문제의 관점으로 보려고 한다. 특히 라틴아메리카의 맥락에서 프레이리의 철학과 관련된 오랜 집중적인 관심과 관련되어 있음을 유의한다. 여기에서 주된 관심은 광범위한 비판을 전개하기보다는 프레이리와 하버마스를 상호보완적인 사상가로 이해하는 데 두었다. 그리고 의사소통적 행위는 비판적 계몽[98]과 학생의 독립적 권위의 정당화에 기반한 숙의적 교육의 맥락에서 비판적 교육의 진정한 실천으로 간주될 수 있다.

프레이리의 대화 이론 및 실천적 교육학practical pedagogy은 의사소통적 행위 이론의 추상적인 개념을 구체화하는 것을 촉진할 수 있다. 그리고

98. 프레이리에게 비판적 계몽(critical enlightenment)은 정치적, 사회적, 경제적 모순을 인식하고 그 전제 위에서 현실의 억압적인 요소에 대항하여 행동하는 능력을 수반한다. 위계적이고 억압적인 사회질서의 원인으로 간주되는 것은 ‘비판적 인식’의 부족이다. 또한 하버마스가 목격한 바에 따르면, 법과 정치적 권리는 의견을 만드는 담론 안에 합법적이며, 오직 시민들이 개인의 이익을 추구할 때 개인의 자유를 독점적으로 사용하지 않고, 오히려 ‘이성의 공적 사용’을 목적으로 그것을 의사소통의 자유로 사용할 경우에만 그러할 것이다.

프레이리의 기여를 주로 교육 실천의 비판적 사회심리학으로 위치시킴으로써 그의 작업을 종합적 사회이론이나 인문학으로 분리시켜 평가하는 함정을 피할 수 있다. 이러한 교육 및 비판적 사회이론에 대한 프레이리와 하버마스의 접근에 대한 비교는 다음 네 가지 공유된 주제를 확인하는 데 기초를 두고 있다.

첫째, 프레이리의 작업은 프락시스 이론과 일반적인 변증법 철학에 기반을 둔 '비판적 마르크스주의'의 한 형태로 동화되었다. '비판적 마르크스주의'는 해방 가능성을 지향하는 비판적 사회과학의 특정 과제를 정당화하는 사회과학의 메타이론적 틀 또는 철학이다. 비판적 사회이론 프로젝트는 사회이론은 물론이고 마르크스주의 전통을 오랫동안 괴롭혀 온 주관주의와 실증주의의 양극화[99], 또는 관념론과 유물론을 중재하려는 사회과학철학 또는 메타이론의 개념에 내재되어 있다. 프레이리와 하버마스는 행위의 사회적·구조적 맥락을 고려할 뿐만 아니라, 행위자의 이해해설적 또는 해석적 차원에서 사회조사에 기초를 두려는 비판적 해석학의 광범위한 메타-이론적 전통 내에서 작업을 하고 있다.Morrow & Torres, 2002

| 존재론<br>(지식의 본질/실재의 본질) | 프레이리 | 하버마스 |
|---|---|---|
| 실천의 본질 | 행위-성찰 | 상징적 상호작용 |
| 지배의 원천 | 반-대화적 행위 | 전략적 행위 |
| 가능성의 구조 | 존재론적 소명으로서 인간화 | 타당성 요청과 발달적 능력 |

Morrow & Torres, 2002: 42 참고

둘째, 프레이리의 작업은 해방 윤리에 기반한 신학적 관점에서 바라본 '비판적 교육학'에 근거를 두고 있다. 변혁의 가능성을 창출하는 모순을

99. 프레이리의 지식 이론(인식론)은 오늘날 교육이론을 지배하고 있는 실증주의 패러다임을 단호히 반대한다. 실증주의자들은 지식을 중립적이고 탈가치적이며, 객관적인 것으로, 즉 의식 바깥에 존재하는 것으로 생각하기 때문이다. 게다가 지식을 인간이 어떻게 사용하는가와 철저히 분리된 것으로 본다.

| 인식론<br>(인식자/탐구자와 인식되는/<br>인식될 수 있는 것<br>사이의 관계) | 프레이리 | 하버마스 |
|---|---|---|
| 지식의 근거 | 주체와 객체의 일치<br>주체와 주체의 대화 | 논변의 이론<br>의사소통적 행위 |
| 비판의 논리<br>(비판적 해석학) | 거리두기로서 의식화<br>현실의 성찰적 재-전유 | 비판적-해방적 지식 관심<br>왜곡되지 않은 의사소통의 이상 |
| 진리 이론 | 외적 대상을 전유하는<br>수단으로서 주체와 주체의 대화 | 담론적 공동체 내에서의<br>상호작용적 일치 |
| 합리성 개념 | 소통적<br>(문제제기의 교육학)<br>vs<br>기술적<br>(은행저축식 교육) | 소통적 합리성<br>(의사소통의 교육학)<br>vs<br>도구적 합리성<br>(개발주의 교육) |

Morrow & Torres, 2002: 54 참고

식별하는 사회적·문화적 재생산 시스템으로서의 사회이론이다. 하버마스와 프레이리는 교육과 사회적 지배 및 문화적 재생산을 연결하는 비판적 사회이론을 전제로 한다. 이것은 문화적 재생산이 한 사회가 세대를 거쳐 대대로 자신을 복제하는 정적이고 결정론적인 과정이라고 가정하지 않는다. 역사적 특수성에 대한 이해를 바탕으로 한 문화적 재생산의 통합 이론은 행위자와 구조의 변증법을 효과적으로 다룬다. 프레이리는 그러한 문제에 대해 가끔만 언급했지만, 이는 분명히 그의 전체 프로젝트의 핵심이다. 하버마스는 역사적 유물론의 재구성을 위한 한 방식으로 사회이론에 훨씬 더 분명한 관심을 기울였다.Morrow & Torres, 2002

셋째, 프레이리의 작업은 '저항 포스트모더니즘'의 형태로든 하버마스의 비판이론과의 친화성이든, 전략으로서 비판적 사회이론에 대한 기여로 해석될 수 있다. 역사적 형태의 지배에 의해 좌절되었지만, 비판과 실천을 통해 잠재적으로 도전받는 보편적 발달 가능성과 관련하여 구성된 사회적 주체에 대한 비판적·사회적·심리학적인 이해이다. 지배와 발달 문제는 대화적이고 발달적인 주체에 대한 프레이리와 하버마스의 공유된 이론, 즉 비판적 사회심리학의 주요 관심사이다. 이 문제는 프로이트를 이

| 방법론<br>(탐구자가 지식을 찾기 위해<br>어떻게 해야 하는가?) | 프레이리 | 하버마스 |
|---|---|---|
| 인간과학의 본질 | 구조의 변증법<br>잠재적 의식 | 구조의 상호작용<br>해석적 분석 |
| 방법 사이의 관계 | 다원적 맥락 내에서<br>참여적 방법의 우선 | 맥락적으로 정의되지만,<br>참여의 이상에 의해 규제됨 |
| 사실과 가치 사이의 관계 | 참여적 연구이지만<br>탐구의 자율성 존중 | 논리적으로 구분되나<br>실천에서 연계됨 |

Morrow & Torres, 2002: 61 참고

용하여 권위주의적 성격을 분석한 프랑크푸르트학파뿐만 아니라, 마르크스의 소외와 실천 이론에서도 논의된다. 그러나 프레이리와 하버마스는 고전 마르크스주의의 사회적·심리적 결손에 직접적으로 마주함으로써 이러한 문제들을 급진적으로 다룬다. 인지발달심리학과 함께 상징적 상호작용주의자 및 현상학적 미시사회학이 최근에 이용되면서 사회적 비판이론이 마침내 사회행동에서의 행위자, 발달 및 저항 분석을 위한 포괄적인 틀을 통합하게 되었다. 프레이리의 비판적 교육학과 하버마스의 소통행위이론이 공유하는 문제를 언급하기 위해서는 대화적이고 발달적인 주체의 개념을 사용할 필요가 있다. 이 이론들은 사회적 지배의 관계에 의한 실현이 방해받는 보편적인 인간의 가능성을 암시하는 발달 모델을 상정한다.Morrow & Torres, 2002

넷째, 프레이리의 작업은 교육과 변혁 사이의 관계를 재고하는 전략을 제시하는 개인적·집단적 학습의 실천praxis으로 이해될 수 있다. 프레이리와 하버마스는 형식 및 비형식 교육활동에 중대한 영향을 미치는 학습에 대한 대화적·성찰적 이해에 공통의 관심을 두고 있다. 여기에서 중심적 명제는 다양한 형태의 비판적 문해력이 개인의 자율성과 집단적 실천의 발전을 위해 필요하다는 것이다. 이러한 성찰적 학습 개념은 개인 개발의 기초가 될 뿐만 아니라, 민주화 과정과 사회운동과의 관계까지 확장된다. 그 결과 두 사람 모두 지식인의 임무를 지식[100]의 '입법자'로 전체화하는 것이 아니라, 지식의 '해석자'로 간주하게 된다. 둘 다 사회 세계와의 관계 변화의 일환으로서 자신의 집단적 학습 과정을 구성하는 참가자만이 변혁적 행위를 수행할 수 있다고 본다.Morrow & Torres, 2002

하버마스의 사회이론, 즉 생활세계lebenswelt/life-world, 인간 생활의 일상적 조직와 사회체제인간관계의 제도적·구조적 유형, 시민사회, 숙의민주주의 그리고 의사소통적 행위는 프레이리의 비판적/교육학적 사고억압, 문해력, 의식화의 프리즘을 통해 제시될 수 있다.Marojevi & Mili, 2017 삶의 세계가 정치적, 경제적 사회체제로부터 보호를 받으려면, 민주주의를 보존하고 시민사회를 재건해야 한다.Freming, 2010: 117 하버마스는 현대 사회의 위기의 핵심은 인간 공간의 자유를 좁히는 사회체제가 확산되는 경향에 있다고 생각했고, 이런 경향이 결국 학교 사회에서 출현하고 있다고 보았다.

프레이리는 '급진적 민주화radical democratization'Freire, 1996, 하버마스는 '숙의적 민주화deliberative democratization'Habermas, 1996를 각각 강조했는데, 억압 속에서 개인의 삶 및 현실이 식민화된 사회의 막다른 골목에서 벗어날 수 있는 유일한 탈출구가 될 수 있다고 믿었다. 사회질서를 인간화하는 과정에서 하버마스는 의사소통적 행위에서, 그리고 프레이리는 변혁적 실천으로서 언어에서 대안을 찾았다. 하버마스의 교육학은 학생들의 개인 생활이 더 큰 사회 및 세계화된 세계와 교차하는 지점으로서 프레이리가 말하는 '생성적 주제generative topic'를 통해 삶 자체를 부정하는 것만큼이나 암묵적 지식의 원천이 되는 '삶의 세계'를 재건하고자 했다.Freire, 1996. 2008 따라서 '소통의 교육학' 또는 '문제제기식 교육학'은 문맥적일 뿐만 아니라 학생 자신의 요구에 따라 개인적인 것이 되기도 한다. 이것은 교육과정, 교과서, 궁극적으로 지식의 원천으로서 교사의 인식론적 확실성을 어느 정도 무너트리면서 동시에 학생 스스로 인식론적 각성을 촉구

---

100. 하버마스는 '지식'이란 탐구공동체 안에서 제반 명제와 이론을 보증해 주는 일단의 규칙과 인습에 따라 창출된다고 주장했다. 이와 같은 일반의 인습은 세 가지 심층 인간학적 관심, 즉 통제, 이해, 통설로부터 자유 등을 나타낸다(Young, 2003a: 62).

한다.

하버마스와 프레이리 두 사람의 관심 초점과 스타일의 상당한 차이에도 불구하고, 접근 방식에서 상호보완을 하며 이들의 이론 체제를 비교하는 것은 의미 있는 작업이 될 것이다. 이들의 접근법은 대화적이고 발달적 주체에 대한 공유된 비판이론 내에서 작업을 하고 있다. 이들은 접근 방식에서 주체에 대한 독백적 초월적인 이론, 즉 세계[101]를 개인주의적으로 '안다'는 추상적이고 형이상학적인 '나'에 기반을 둔 이론을 거부하는 '대화적 주체dialogical subject'를 가정하고 있다고 볼 수 있다. 대신, 그들은 상호주관적 소통intersubjective communication의 맥락에서 자기다움과 정체성 형성을 찾는다.Morrow & Torres, 2002

이들의 전략은 정체성 형성이 문화 내용의 차이에도 불구하고, 오직 최적의 사회화 조건하에서만 충분히 실현될 수 있는 것이라기보다는 성장을 위한 방향성을 가지고 있다고 전제하기 때문에 '발달적'[102] 의미에서 이해될 수 있다. 즉 하버마스와 관련해서는 의사소통 행위, 도덕성 발달, 해방적 이성에 대한 큰 관심에서 드러난다. 프레이리의 경우도 그의 해방교육학 및 문화적 행위의 개념에 대한 큰 관심에서 유사함을 보여 준다.

하버마스의 이론적 언어는 복잡하고 다층적이지만, 교육학적으로 매우

101. 하버마스는 화자의 존재론적 전제가 내용 면에서 다양하지만, 그 속에는 세계 관계의 공통된 일반적 구조들이 들어 있다고 주장한다. 이것은 네 가지 기본 세계, 즉 ① 설정된 공통의 객관적(물리적 대상)의 세계, ② 객관적 세계와의 관계 속에서 관계를 맺을 수 있는 사회적 세계(상호주관성의 세계), ③ 자아의 내적 세계, ④ 언어의 세계를 가리킨다. 이들은 각각 다른 방식으로(인지적·도구적·전략적 행위, 규범적으로 규제되는 행위, 표현적·드라마적 행위, 의사소통적 행위) 의사소통적으로 상호 조정된다. 합리적 행위의 종류와 이와 연결된 비판 행태들을 가지고 유형을 만들 수 있다(Young, 2003b: 82-85).

102. 하버마스는 아동의 '발달(development)'을 세 국면으로 구분한다. ① 인지적으로 아직 전-조작적 사고 단계에 있는 학령 전 아동에게 사회적 행위와 관련된 아동의 상징 세계는 단지 개인적, 구체적, 행동적 기대와 행위로, 그리고 만족이나 제재로 이해될 수 있는 행위의 결과로 구성된다. ② 아동이 사회적 역할 수행을 배울 때, 그의 상징 세계는 일시적으로 일반화된 행동 기대(규범)의 충족으로서의 행위를 비로소 포함할 수 있다. ③ 청소년이 마침내 사회적 규칙과 행위 규범의 타당성에 이의를 제기하는 것을 배울 때, 반대되는 규범을 판단할 수 있는 원칙이 나타난다. 아이들에게 '발달'이라는 아이디어를 직접적으로 적용하는 것이 인간 발달의 보편적 가능성의 재구성을 가능하게 해 줄 수 있으며, 이는 교육적으로 의의 있는 일이 될 것이다(Young, 2003b: 187, 193).

적절성이 높으며, 궁극적으로 읽을 만한 언어이기도 있다. 식민화된 사회 질서를 벗어나는 것에 대한 사회적 지향과 심층적인 몰입은 일련의 교육적 가치 개념을 낳았다. 특히 결정론적 특성이 계속 식민화되는 현대 세계에서는 비판과 담론이 살아 있는 교육 및 학습, 역동적 실천을 기반으로 하는 학교를 건설할 필요가 있다. 하버마스는 세계의 탈식민화에 깊은 관심이 있기 때문에 정확히 자신의 '돌봄care'[103]을 통해 숙의민주주의에서 바람직한 인간관계 모델로서의 소통적 행위 개념을 등장시킨다.Marojevi & Mili , 2017 이 개념은 또한 하버마스 이론의 주요 교육학적 함의로 정당하게 간주될 수 있다. 의사소통적 활동은 잠재적으로는 현대의 비판적 지향성을 갖는 양육 및 교육의 기본 단위로 설정될 수 있다.

소통적 행위를 교육실습에 적용할 때 다음과 같은 함의를 가질 수 있다. 첫째, 교육의 담론적 성격은 교실과 학교가 담론의 공간으로 변모할 것을 요구한다. 학습은 보다 높은 지적 또는 도덕적 판단 수준에 도달하는 대화적이고 성찰적인 과정으로 이해된다. 둘째, 모든 형태의 개인주의 개념을 극복하고, 의미들이 조화롭게 구성되는 상호주체적 영역으로 교사와 학생 사이의 학습 과정을 배치한다. 셋째, 지식의 유일한 원천으로 교과서와 교사에게 질문을 던지는 인식론적 상대주의를 통한 의사소통적 행동은 개인적이고 상황적인 인식론, 대상화된 지식 및 학생의 '삶의 세계'에 개입하고, 삶과 관련된 지식의 행동을 확립한다.Marojevi & Mili , 2017

프레이리가 문제삼은 은행저축식 교육 모델의 교수 실천은 실질적으로 도구적, 전략적 행동의 논리에 기초하고 있는데, 이는 하버마스가 문제삼은 비성찰적 학습을 초래한다.Morrow & Torres, 2002 하버마스가 말하는 성찰적 학습reflective learning은 사실 비판적 교육의 전략이다. 하버마스의 소통적 행위 개념에 대한 해석은 역량competence 기반 교육의 반대편에 놓이게 한다. 이러한 협소한 전문적 능력은 개인이 수행하는 작업의 질에 충

---

103. 돌봄을 부버와 프레이리와 연결 짓는 돌봄 윤리학자도 있다(Noddings, 2013).

분하지 않다.Marojevi and Mili , 2017

교육과 더 넓은 사회경제적, 정치적 이슈를 연결시키는 프레이리의 대화 모델은 이데올로기 비판과 소통적 행위상호주체적 담론, 그리고 이상적 대화 상황ideal speech situation 이론과 연결되면서 교육의 대안적 모델로서 부각되고 있다. 게다가 소통적 행위의 이론에 근거한 지식은 개인의 전문적 성취뿐만 아니라 무엇보다도 지역사회에서 삶의 충실함과 공동체 삶의 질—삶의 세계에 대한 열린 담론을 통해서만 달성할 수 있는 사회—에 중점을 둔다. 소통적 행위는 가장 넓은 의미에서 이상에 대한 일반적인 구성이며, 우리는 숙의적인 비판적 교육학을 통해 나타낼 수 있다. 여기서 우리는 이 용어의 교육학적 재개념화 및 실현을 필요로 한다. 이는 모든 것에 근거해 중요한 교육적이고 보편적인 인본주의적 잠재력을 가지고 있다. 그런데 그동안 신자유주의 교육정책이나 권위주의 권력은 이를 무시해 왔다.

프레이리의 구어체와 비교하면 하버마스의 추상적 용어 사용은 상당히 프레이리적이지 않지만, 실용적이고 과학적인 신뢰성 측면에서 그의 작업을 정당화하는 것은 그의 관심과 지향은 꽤 일치한다. 프레이리에 대해 가장 주목할 만한 것은 그의 교육학적 비전을 뒷받침하기 위해 필요한 사회이론의 종류에 대해 그가 놀라운 직관력을 보이고 있다는 점이다. 그래서 비교사상적 전략의 핵심으로 프레이리의 업적을 현대의 비판사회이론의 더 큰 맥락에서 찾아내고 프레이리를 통해 하버마스의 교육학적 함의를 파악하는 일이 중요하다. 즉, 하버마스를 통해 프레이리를 읽고, 그리고 프레이리를 통해 하버마스를 읽어 낼 필요가 있다. 그렇게 함으로써 개발도상국제3세계의 사회 및 교육과 관련된 하버마스의 실용적 함의뿐만 아니라, 프레이리의 이론적 깊이를 더 구체적으로 파악할 수 있다. 그 과정에서 하버마스에 대한 역설적 비판에 대한 통찰력을 얻을 수 있다.

우리 사회 및 교육은 지금 소통의 부재에 직면하고 있다. 극단적 불통만이 난무하고 있고, 선거 때가 되면 더 심한데, 민심과 소통하는 것이 아니라 오히려 이반된다. 특히 언론은 그 정도가 더 심하고, 종편은 더 심한 편이다. 진영 논리가 가득 차서 서로를 적대시하고 있다. 합리적 소통이 전혀 이루어지지 않고 있다. 이러한 정치적·사회적 환경이 학교 안으로 밀고 들어가 사회적 쟁점에 대한 합리적 토론을 어렵게 만든다. 그리고 우군끼리의 담론 교환도 마찬가지다. 따라서 숙의민주주의를 위한 정치교육의 장으로서 소통적 유토피아집단적 삶의 비전 공유 공동체 건설이 절실하다. 하버마스가 강조한 대로 이상적 대화 상황과 소통적 담론윤리가 활성화되어야 한다. 일상적 민주주의가 매우 취약하기 때문이다. 일상의 민주화는 한국 사회의 중요한 과제이다. 이를 위해 일상생활 차원의 비민주적 의식과 태도, 관행 등을 개선하면서 주체적이고 자율적인 실천이 필요하다. 그런 점에서 미래 시민을 준비하는 교육의 역할이 더욱 중요해진다.

## 12. 코르차크의 사랑과 헌신, 혁명적 문해교육에 영감

야누시 코르차크Janusz Korczak, 1878~1942는 프레이리처럼 실천과 사회개혁을 소중히 여겼던 교육사상가이자 실천가였다. 혹자는 그를 페스탈로치의 화신으로 부르기도 한다. 코르차크는 "사회를 개혁하는 것은 교육을 개혁하는 것이다"라고 강조했다. 단, 그것은 코르차크 혼자만의 일이 아니었고, 아이들과 함께 하는 일이었다. 세상의 개혁과 교육의 개혁은 그렇게 아이와 교사가 공동으로 추구해야 할 과제가 된다. 그리고 이런 통찰을 기점으로 그는 본격적으로 사회, 문화, 그리고 교육에 대한 비평가로 나서게 된다. 그는 평생 동안 세상을 인간의 더 나은 곳으로 만들고, 세상을 위해 더 나은 인간을 만들기 위해 추구했던 뛰어난 사람이다. 그는 더 인간적인 세상에 대한 희망을 불러일으키고, 긍정적인 인간의 성장과 협력에 대한 우리의 비전을 넓히고, 이 희망을 현실로 바꿀 수 있는 도구를 제공할 것이라고 믿는다는 측면에서 '급진적 인문주의자radical humanist'로 분류되기도 한다. 이후 이 주제는 이념적 사회운동의 방식이 아니라, 아이들을 위한 다양한 교육과 의료, 사회비평가적·문필가적 활동의 방식으로 구현되었다.

프레이리와 오랫동안 학문적 우정을 나누었던 브라질의 교육학자 가도티Gadotti, 1941~ 는 교육자가 교육의 본질인 변증법을 치열하게 실천했음에도 불구하고, 종종 간과되었던 위대한 교육학 이론가로 코르차크를 소개한다. 이 점에서 프레이리와 너무나 닮았다고 한다. 코르차크는 학문주의를 비판했고, 교육이론이 실천이 없고 실천에 적용되지 않으면 아무런 의미가 없다고 했다. 이론과 실천 사이의 밀접한 연관성은 그의 저작에 특별한 힘을 주는데, 그가 이룩한 작업의 가장 큰 성공 원인은 현실이 항상 이론보다 더 살아 있기 때문이다.Gadotti, 1998: 2

많은 가난한 아이들은 학교에서 차별을 느낀다. 이것은 아이들의 다양한 사회적 조건, 특히 코르차크와 프레이리 모두가 억압받는 것으로 취급되는 아이들의 사회적 조건을 보여 주는 이야기이다. 프레이리는 『억압받는 자의 교육학』에서 사람들이 자신이 어디에 살고 있는지를 깨닫고 인간성을 되찾기 위한 끊임없는 투쟁을 시작할 때 의미가 있다고 본다. 코르차크는 『어떻게 아이들을 사랑해야 하는가』2012에서 어린이는 사람이며, 성인과 어린이는 경험, 성향 및 인식 지평이 서로 다르지만, 성인은 어린이를 학대해서는 안 된다는 점을 잊지 말아야 한다고 강조한다.

코르차크[104]는 바르샤바에서 삶의 대부분을 보낸 폴란드계 유대인이다. 자녀교육에 대한 독특한 아이디어를 제시했고, 구현했다. 그는 아이들과 함께 일했지만, 프레이리는 성인들과 일했다. 그들은 둘 다 국가를 위해 싸웠기에 많은 공통점을 가지고 있다. 코르차크는 '맨발의 프롤레타리아트'라고 불렀다. 어린 프롤레타리아트는 바르샤바 전쟁 기간에 억압받는 어린이였다. 1차 세계대전 중 코르차크는 동부 전선에서 의료봉사를 하는 데 시간을 보냈다. 그는 우크라이나 수도 키이우에서 폴란드 교육가이자 활동가인 팔스카Maryna Falska를 만났다. 그녀는 남편과 두 살배기 딸을 잃은 후 분쟁으로 피해를 입은 집 없는 아이들과 고아들을 돕기 위해 평생을 바쳤다. 1919년 바르샤바에 돌아온 코르차크는 팔스카 등과 함께 군대를 모아 세계에 의해 희생된 노동자의 자녀를 대상으로 한 어린이교육센터를 설립했다.

코르차크는 러일전쟁, 1차 세계대전에 참가하는 동안 자신의 문제로 다른 사람을 괴롭히지 않는 내성적인 사람이었고, 감정에 대해 말하지 않았으며, 고독한 삶을 선택했다. 오히려 그는 오랫동안 아이들을 위해 자신의 삶을 바쳤다. 그의 가장 강렬한 작업 중 일부는 전쟁 기간에 발생했으며, 그의 활동과 어린이 및 10대와의 상호작용이 관련되어 있다. 그는 아이들이 선한 마음을 타고났으며, 기회를 주고 올바르게 이끌면 더 나아지려고 애쓴다는 것을 확신했다. 또한 어린 시절은 앞으로의 삶을 준비하는 시간으로 생각하는 경우가 많지만, 사실 매 순간은 그 나름대로 소중하며, 아이들이 어떻게 될 것이기 때문에 존중해 주는 것이 아니라 지금 현재 존중해 주어야 한다고 생각했다. 그리고 아이들을 어른의 눈으로 바라보지 말고 아이가 사고하는 방식을 이해하고 존중해야 한다고 말했

104. 코르차크는 교육자이자 소아과 의사로 많은 이들에게 영향을 끼쳤다. 그는 30여 년 동안 고아 유대인들을 교육하는 데 일생을 바쳤고, 그들이 트레블링카 강제수용소에서 모두 죽을 때까지 그들과 함께했다. 그는 고아원에서 '어린이 공화국'을 꾸려 갔다. 나치의 학살이 절정에 달했던 1942년 8월 6일 본인의 안전을 보장해 주겠다는 제안을 거절하고, 고아원 안에서 돌보던 고아들을 이끌고 의연히 죽음의 수용소로 불린 트레블링카행 열차로 향했다. 그는 당시 이미 유명해진 이름 덕분에 충분히 살아남을 수 있었고, 그리하여 절정기에 오른 활동을 더욱 왕성하게 해 나갈 수 있었지만, 죽음의 수용소로 집단 이송되는 200여 명의 아이들 곁에서 끝까지 남고자 했다. '어린이의 변호자'로서의 코르차크의 면모가 여실하게 나타난다. 그는 이러한 정신을 바탕으로 그의 교육공동체에서 아이들과 동고동락했다. 그의 어린이를 위한 변호는 독일군이 진주한 이후 벌어진 살벌한 상황에서도 치열하게 전개되었으며, 소위 유대인에 대한 최종적 해결책이라는 나치의 기획이 이 교육공동체에 밀어닥쳤을 때 순수한 평화의 정신으로 빚은 투쟁적 몸짓으로 일관했다.

다.Korczak, 2008: 179-180 어린이들에게 필요한 것은 오직 한 가지, 사랑받고 존중받는 것임을 안다. 어린이들에게는 그럴 권리가 있다. 어린이들은 또한 보호받을 권리가 있다. 존중받고 사랑받으며 자란 어린이들은 다른 사람을 존중하고 아끼는 방법을 배우고 사회에 이바지하는 사람으로 자라는 것이다.Korczak, 2008: 14

가도티는 브라질 청중을 위해 『어린이를 어떻게 사랑할까』와 『내가 다시 어렸을 때』의 번역본에 대해 언급하면서, 코르차크의 저작이 그의 교육학적 이론을 공식화하기 위해 '실재/현실reality'을 먼저 검토했다는 점에서 프레이리의 저작과 닮았다고 말했다. 코르차크의 『어린이를 어떻게 사랑할까』는 임상적 인지를 통해 아이의 발달에 애정이 하는 역할을 사회문화적으로, 그리고 교육적 이슈를 고려하여 기술하고 있기 때문이다. 『내가 다시 어렸을 때』는 프레이리와 유사하게 '억압받는 사람들' 개념으로 작업했다. 그는 아이들이 근육과 지식의 측면에서 뛰어난 거인들에게 압도된 '억압받는 계급'임을 보여 주었다. 코르차크Korczak, 1981는 아동에게 권리보다 더 많은 의무를 지우는 하위 주변적subaltern 삶의 조건 때문에 그렇게 보았다. 코르차크는 고아에 대한 방대한 경험을 바탕으로 젊은이들이 성인 생활에 도움이 되는 체계적 일/작업systematic work과 자치self-government를 높이 평가하도록 의도했다.Nawroski, 2019 그는 더 나은 미래를 위해 의식 있는 젊은이로 키우고 싶었다. 그는 프레이리가 문맹 노동자의 교육을 본 것과 유사하게 가난한 아이들의 교육을 보았다. 그들의 유사점은 여기에서 분명하다. 이 두 교육자는 주로 억압받는 자들의 교육에 초점을 맞췄다.

아이들이 조작 없이 문제의 본질에 접근하면서 성인 세계의 문제에 대해 어떻게 쓰는지 관찰하는 것은 흥미롭다. 그들은 독창적 영감과 진실을 동시에 보여 준다. 프레이리는 억압받는 사람들이 이런 방식으로 표현할 수 있는 출구를 필요로 한다고 말한다. 매우 어린 시절이지만, 코르차크가 보기에 이 출구는 억압받는 아이들에게 천재일우의 기회였다. 그리고 그는 이들을 존재론적이고 역사적 소명에 대해 성찰하는 사람들로 인식했다.

코르차크는 이렇게 말했다. "위험한 것은 문맹입니다. 유대인들에게 폴란드어를 잘 쓰도록 가르치는 것은 아름답고 필요한 일입니다. 이 잡지 덕분에 많은 어린이가 이 위대한 보물인 폴란드어를 사용하는 법을 배웠습니다."Korczak, 1937: 1 이 같은 맥락에서 프레이리Freire, 1987도 문해력은 발명하는 것이 아니라, 자기성찰과 각성으로 이어진다고 믿었다. 일반적으로 아이들은 적극적인 태도를 가진 역동적인 교사들을 감사히 여긴다. 교사가 교실에서 놀기 때문에 선생님을 정말 좋아한다. 프레이리Freire, 1996는 아이들의 교육활동에 즐거움이 필요하다고 말한다. 가족의 재정 상황은 자녀의 생활에 영향을 미치기 때문에 이에 대한 대책도 주문했다.

코르차크는 아이들이 어린 나이부터 그들의 책임을 배우기를 원했지만, 창의적이고 동기부여적인 방식을 원했다. 프레이리도 그의 성인 학생들에게 그들의 사회적 현실과 연결된 주제를 사용하여 동기를 부여하고자 했다. 코르차크는 작업 크레디트work credit나 공로장merits을 고안했다. 누구든 친구 중 한 명을 도와서 공로를 획득하도록 도울 수 있다. 30분마다 작업 단위로 간주되었다. 500개의 공로가 쌓일 때마다 일찍 일어나면 공로로 받은 '공훈commemoration' 카드와 비슷한 그림엽서를 주었다. 그는 스스로 존재하고 현재에 살며 행복할 수 있는 아이들의 권리를 강력하게 옹호했다. 그는 미래의 행복을 위해 공허한 약속을 할 의도는 결코 없었다.

코르차크와 프레이리는 모두 학생들에게 자율성과 희망을 주려는 비슷한 목표가 있었다. 이론과 실습을 통합하려는 의지가 있는데, 실천이 먼저 나타나고, 이론이 나중에 나타나는 경우가 많다. 프레이리에 따르면, 사실 우리가 해야 할 일은 어떤 기본적인 모순을 통해 사람들에게 그들의 실존적이고 구체적인 현 상황을 지적 수준뿐만 아니라 행동 수준에서도 이에 도전하고 그에 따른 대응을 요구하는 문제로 제안하는 것이다. 결코 내용에 대한 강의만 하지는 않고, 열망, 의심, 희망, 두려움과 거의 또는 전혀 상관없는 내용을 절대 주지 않는다.

코르차크가 간행한 〈작은 리뷰Little Review〉[105] 저널은 프레이리처럼 삶이 비판적으로 깊어지고 의식이 살아 있는 세상으로 찾아오도록 하는 일종의 '문화서클'이 되었다. 세상을 객관화함으로써 글을 읽고 쓸 수 있게 함으로써 작가와 독자가 서로 하나가 되고 서로를 인식하게 되어 문화적 순환의 일부가 되었다. 프레이리의 문화서클에서는 가르치면서 의식의 상호작용 속에서 배운다. 교육자는 교사라기보다 조정자로서 참가자들이 요구하는 정보를 제공하고, 그룹의 역동적 관계를 위한 조건을 제공하는 것이다. 이것은 또한 코르차크가 조정자이자 촉진자로서 했던 일이기도 하다.Nawroski, 2019 그는 어른들과 관련된 문제들뿐만 아니라, 아이들이 훌륭한 아이디어와 목소리를 가지고 있다는 것을 교사들에게 보여 줌으로써 아이들에게 힘을 실어 주고자 했다. 그는 숱한 연구와 사색과 실천을 통해서 작업했지만, 마지막에는 마치 소크라테스처럼 이렇게 말했다. "우리는 아이들을 모른다." 그 자신이 지닌 소크라테스와 비슷한 철학자의 태도, 즉 '너 자신을 알라'는 '무지無知의 지知'를 반영한 말이었다.

코르차크가 평생토록 끊임없이 몰두했던 주제는 '어린이'였다. 마치 20세기 진보주의 교육의 다양한 흐름이 제각기 어린이를 발견했던 것처럼 말이다. 그는 오직 어린이와 그들의 권리를 지켜 내기 위한 변호자로 나섰다. 아이들에게는 그 어떤 외적 권위, 즉 교회의 권위든 국가의 권위든

---

105. 〈작은 리뷰〉는 1926년부터 1939년까지 소셜 플랫폼 역할을 했다. 인터넷상의 소셜 네트워크가 출현하기 전에 이미 양방향 의사소통을 가능하게 했다. 그는 어린이와 청소년의 편지를 출판하는 것 외에도 그들에게 답장을 보냈다. 그는 아이들, 특히 가장 가난한 사람들을 위한 상담자의 역할을 맡았다. 일반적으로 '새로운 학교(New School)'의 아이디어가 교육의 의미를 바꾸기 시작한 시대에 코르차크는 '새로운 학교'의 아이디어를 매우 잘 구현했다고 할 수 있다.

사회의 권위든 부당하게 행사되어서는 안 된다는 것이다. 교사들은 그렇지 않았지만, 그는 다음과 같은 방식으로 어린이와 청소년에게 주의를 기울였다. 〈작은 리뷰〉의 초창기에는 교사들이 아이들에게 그것을 읽도록 권장하지 않았을 것이다. 아마도 아이들이 교사에 대해 자유롭게 불평을 했기 때문일 것이다. 편지는 또한 어린이들 사이의 사회적 불평등 문제를 명확히 제기했다. 이것은 학교에서 그들을 괴롭히는 차별, 그들이 입는 옷, 휴가를 보내는 방식 등에서의 차별을 보여 준다. 아이들이 쓴 저널에서 확연히 드러나는 사회적 불평등 문제는 유대계 폴란드인 교육자 코르차크와 브라질 교육자 프레이리를 가깝게 하는 연결고리라고 할 수 있다.

그는 프레이리와 마찬가지로 사회적 불평등에 대항하는 무기로 읽기와 쓰기를 사용했다. 두 사람은 모두 교육이 세상을 바꿀 것이라고 믿고 동일한 전략을 품고 있었다.Nawroski, 2019 그들은 사람들의 의식을 개발하기 위해 글쓰기와 해석의 힘을 사용했고, 그들을 조작의 맥락으로부터 해방시키고자 했다. 코르차크의 '어린 프롤레타리아트'와 프레이리의 '문맹 노동자들'은 읽고 쓰기를 통해 세상을 이해하고 의식 있고 자율적인 사람들이 되는 법을 배워야 한다는 것이다. 그들은 다른 맥락에서 다른 시간에 다른 사람들과 함께 작업을 했지만, 두 교육자는 해방을 통한 사회적 변화라는 동일한 목적을 가지고 활동을 했다.Nawroski, 2019

이렇게 코르차크의 글을 읽노라면 프레이리가 강조한 이론과 실천의 변증법적 통일인 '이론적 실천praxis'의 중요함을 더욱 상기시킨다. 프레이리는 '실천 없이는 앎도 없다'라고 역설했다.Freire, 2006: 129 이론과 실천의 결합을 강조하는 프레이리는 자신의 저서 곳곳에서 코르차크의 말을 인용했다. 코르차크는 '이론과 실제'라는 짧은 글에서 다음과 같이 말한다.

> 이론의 덕택에 나는 지식을 얻고, 실천하는 덕택으로 나는 느낀다. 이론은 지성을 풍부하게 하고, 실천은 감정에 색채를 부여하며,

의지를 단련시킨다. 내가 안다고 하는 것은 알고 있는 바에 따라 행동한다는 것을 뜻하지는 않는다. 다른 사람들의 직관들이 살아 있는 내 고유함 속으로 비집고 들어와야 한다. 나는 이론적인 전제들 가운데서 선택하여 추려낸다. 비난하든지, 잊어버리든지 혹은 피하든지, 거짓으로 모면하든지, 대수롭지 않게 판단해 버리는 것이다. 그 결과 나는 내 행동을 이끄는 의식적 혹은 무의식적인 이론을 가지고 있다. 내 속에 약간이나마 이론의 조각이 들어 있어, 계속해서 어느 정도 영향을 미치게 된다면, 그것은 이미 많은 것이다. 종종 나는 하나의 이론을 단념하지만, 나 자신을 단념하는 일은 드물다.Korczak, 2000: 35-41

실천, 그것은 나의 과거이고, 나의 삶이며, 주관적인 성과의 전부이며, 숱하게 겪어야 했던 실패와 실망들, 패배와 승리와 환호와 부정적인 혹은 긍정적인 느낌들에 대한 기억이기도 하다. 실천은 이론이 갖는 거짓과 오류에 대해 의문을 던지면서 통제하고 검열하고 찾아내려고 애를 쓴다.Korczak, 2000: 35-41

이론과 실천의 간격을 알고 있는 사람은 감정적으로는 현대적 이론의 수준만큼 성숙되지 않은 것이다. 그는 더 이상 책이 아니라, 인생에서 문자를 읽어야 한다. 책에는 진리를 깨닫고 이론의 진실과 자신을 결부시키고자 하는 도덕적인 힘이 결여돼 있다.Korczak, 2000: 35-41

코르차크는 우리에게 이야기꾼으로 다가온다. 그는 자기가 말하려는 바를 학술적 형식이 아니라, 길거나 짧은 이야기 형식으로 풀어낸다. 그래서 그의 목소리는 '이야기 교육학'에 관한 탁월한 사례다. 그가 말하는 이야기는 단순한 상상의 산물이 아니라, 일상의 경험을 바탕으로 한다.

코르차크는 어린이가 주어진 상황에 대해 스스로 깨닫고, 감성적으로 체험하고 겪으며 결론을 유추할 수 있어야 한다고 믿었다. 그럼으로써 다른 상황에 대비할 수 있어야 한다고 했다. 그는 가르침을 주고 글을 쓰면서 교사들에게 그들의 작품을 질문하고 질문함으로써 자율적인 지식 생산자가 되도록 격려했다. 그는 어린이들과, 프레이리는 어른들과 함께 주로 활동했지만, 그들은 사회의 억압받는 사람들을 위한 교육권을 위해 싸웠기에 여전히 많은 공통의 지향점을 가지고 있다.

코르차크는 자기가 치료했거나 돌봤던 모든 어린이가 자신의 아이라고 생각했다. 그는 자신의 아이들을 차별 대우를 하거나 편애하는 것을 허락하지 않았다. 그는 전통적 가족구조가 인간관계의 가장 중요하고 기본적인 사회적 유대관계의 중심이라고 생각하지 않았다. 삶의 활동은 미래뿐 아니라 현재의 시점에서도 만족할 만한 것이어야 한다. 이러한 방식으로 미래에 대하여 관계하는 모든 현재적 순간은 동시에 인간을 역시 만족시켜야 한다는 것이다.

코르차크는 프레이리처럼 금지나 제한 또는 압력을 행사하는 교육을 거부했다. 억지로 압력이나 폭력을 행사해서 성취한 것은 그 어떤 것도 지속적으로 발휘하지 못한다는 것이다. 만일 순종을 잘하던 선량한 아이가 갑자기 까다롭고 반항적으로 변할지라도, 아이가 그렇게 자기 방식으로 행동한다고 분통을 터뜨려서는 안 된다는 것이다. 요컨대 교사는 아이가 천성으로 가지고 나온 소질과 능력에 대하여 원하는 모양대로 만들어 낼 수 없고, 그 자라나는 속도를 조정할 수도 없다. 자작나무는 자작나무이고, 참나무는 참나무이고, 무는 무일 뿐이다. 나는 그 영혼 속에 잠들어 있는 것을 깨울 수 있지만, 내가 새롭게 만들 수 있는 것은 하나도 없다.

코르차크가 보는 교육의 가장 중요한 요소들은 다음과 같다.

- 나이 또는 맡은 역할의 차이에서 발생하는 물리적, 언어적 폭력을 방지한다.
- 어린이와 어른 교육의 상호 작용으로 기존 교육학의 개념을 넓힌다.
- 어린이는 어른과 똑같은 사람이다.
- 교육과정은 모든 어린이 개개인의 개성과 상태를 염두에 두어야만 한다.
- 어린이의 필요, 목표, 감정은 어린이 자기 자신이 제일 잘 알고 있으며, 어린이의 의견은 어른들에 의해 존중되어야 한다.
- 어린이는 존중받을 권리, 무지無知의 권리, 실패의 권리, 사생활의 권리, 자기 의견의 권리 그리고 소유의 권리를 가지고 있다.
- 어린이의 성장 과정은 힘든 일이라는 인식이 필요하다.

이러한 교육 원리는 학교교육에 일대 변혁을 불러일으켰다. 또 그는 후대를 위하여 끊임없는 영감의 원천이 된 '개혁교육학Reformpädagogik'[106]을 탄생시켰다. 코르차크의 교육학은 서구의 개혁교육학적 경향과 많은 점에서 접촉점을 보이며, 공동체 안에서 자라나는 삶을 중시한 러시아의 진보적 흐름톨스토이, 마카렌코 등에도 깊이 관련되어 있었던 것으로 판단된다. 그는 루소, 페스탈로치, 칸트를 알고 있었다. 그리하여 19세기 계몽주의 철학의 주제라 할 수 있는 개인의 가치와 소중함이 그의 이야기 도처에서 생생하게 빛을 발하고 있다. 그는 유럽의 개혁교육학 이론을 대담하게 도입했고, 귀족주의적 이론과 민주주의적 교육 실천을 결합시켰다.Korczak, 2000: 32-33 코르차크가 '현재'를 다시금 미래와의 특정한 긴장 관계 속에서 조건화시키려 한다는 점에서, 그의 사유형식은 반교육학反敎育學,

106. 유럽과 북미에서 그 정신과 방향에서 일맥상통하는 다양한 교육운동이 일어났다. '개혁교육학'은 독일의 상황을 지칭한다. 스위스와 프랑스에서는 '신교육(education nouvelle)', 이탈리아에서는 '능동적 교육(attivismo)', 영미권에서는 '진보주의 교육(Progressive Education)'으로 불리며, 이들 각각 상이한 흐름들을 용어상 총칭하는 뜻에서 독일 문화권의 'Reformpädagogik'과 영미 문화권의 'Progressive Education'이라는 개념들이 종종 여러 문헌에서 선택적으로 사용되기도 한다.

Antipädagogik[107]인 입장과는 구별된다.

코르차크가 끊임없이 몰두했던 주제는 '어린이'였다. 그에게 교육이란 변화시키고 재형성하기보다는 "그저 있는 그대로 두는 것"이었다. 그것은 다시 말해서 아이 안에 잠들어 있는 '나'를 깨워 내는 것과 같다. 그는 지칠 줄 모르는 관찰, 조심스러운 진단과 사유하는 태도, 망상에 빠지지 않는 교육 행위 등을 중시했다.Korczak, 2000: 5 그는 모든 아이를 모든 경우에 전적으로 용서하는 것, 즉 투덜대고, 소리 지르고, 호통치고, 위협하고, 벌주는 것 말고는 할 줄 모르는 교사에게 일체의 비행과 과실, 죄에 대해서 관대할 것을 요구한다. 아이란 무엇인가? 단지 물리적으로만 관찰한다면 그는 성장해 가는 유기체이다. 그 말은 옳다. 하지만 몸무게와 키가 늘어나는 것은 많은 다른 현상들 가운데 하나일 뿐이다. 아이들의 성장 과정은 시기별로 균등하지 않다. 빠르게 성장하는 시기와 느리게 성장하는 시기가 있다. 그 밖에도 아이는 자라날 뿐만 아니라 자신의 관심을 바꾼다. 모든 현상을 잘 살펴보면, 항상 새로운 체험과 인상을 찾는 과정에서 아이는 오랫동안 한 가지 사물에 몰두할 수 없으며, 심지어 노는 데서도 곧바로 흥미를 잃는다. 한 시간 전에는 자기 친구였던 사람이 이제는 적이 되고, 잠시 후에는 다시 그의 진정한 놀이 친구가 된다.

20세기 개혁교육학의 다양한 흐름이 제각기 어린이를 발견했던 것처럼, 19~20세기 전환기에는 헤르만 리이츠의 전원학사가 태동했고, 1900년에는 엘렌 케이의 저서 『아동의 세기』[108]가 출간되었다. 1906년에는 베르톨드

107. 'Anti-Pädagogik'은 미래를 지향하는 성인 중심의 교육을 전혀 쓸데없는 것으로 보는 일련의 '교육 무용론' 내지 '교육 폐기론' 관점에 서 있다.

108. 『아동의 세기』는 새로운 세기에 새로운 인간의 양성을 희망하는 모든 부모들에게 이 책을 바친다고 천명하고 있다. 새로운 인간의 양성은 새로운 교육을 통해서만 실현될 수 있기 때문에 당시에 새롭게 시작된 세기, 즉 20세기에 이런 작업이 추구되어야 한다는 것이다. 케이는 어린이의 고귀하고 존엄한 인격성을 성인들이 존중해야 한다고 강조했으며, 더 나아가 어린이의 권리를 옹호했다. 이러한 관점은 어린이를 성인의 축소판으로 보는 종래의 어린이에 대한 관념을 뛰어넘게 한다. 이런 점에서 케이는 '어린이의 권리와 어린이 삶의 대변인'으로 불리곤 한다. 어린이와 교육에 대한 새로운 이해 및 새로운 학교(미래학교) 제안은 무엇보다 20세기 전환기에 독일을 중심으로 전개된 '개혁교육학운동'의 흐름과 맥락을 같이한다.

오토가 가정교사학교를 열었으며, 1907년에는 마리아 몬테소리가 로마에서 육아원을 시작했다. 영국에서는 보이스카우트 운동이, 그리고 독일에서는 철새 운동이 일어났다. 1920년에 있었던 인상적인 시도는 마카렌코가 시작한 고르키 공동체이다. 그에게서 우리는 프레네와 듀이와 같은 '새로운 학교New School'의 선구자들과 레닌의 부인인 교육부장관 크룹스카야Nadezhda Krupskaya가 사용한 경험 개념을 목격할 수 있다. 1920년대와 1930년대에 이들 모두는 교육에 중점을 두어 아이들의 경험을 가치 있게 생각했다.

코르차크는 어린이 인권 보장을 강조하며 어린이들이 자율과 권리, 자유를 보장받아야 한다고 주장했다. 그가 일하는 아동교육 시설에서 교사들은 어른과 아이들을 똑같이 대하는 민주적인 원칙을 매일매일 실행했다. 어린이는 어른과 똑같이 연상하고 판단을 내리지만 경험의 짐만 가지고 있지 않을 뿐이다. 그는 의사로서 사회에 부적응하는 어린이들을 다시 사회로 돌려보내기 위해 복합적이고도 혁신적인 교육법으로 아이들을 보살폈다.

코르차크는 어린이가 있어야 할 곳은 집구석이 아닌 또래 친구들 사이여야 한다고 주장했다. 어린이들이 스스로 본래의 신념과 이제 막 생겨난 세계관을 공유하고, 사회화 과정에 순응하면서 성인의 삶을 준비할 수 있도록 노력했다. 그러한 코르차크의 의견은 다음과 같은 말에 잘 나타나 있다. "어린이는 없다. 다만 사람들이 있을 뿐이다."

그는 아이들이 독자적이고 자치적인 방식으로 공동체적 삶을 꾸려 갈 수 있도록 일종의 '어린이 공화국Kinderrepubliken'[109]을 시도했다. 그는 폴란드 사회에 의회와 법원을 갖춘 '정의로운 공동체'를 지향하는 진보적 고아원을 도입해 버려진 아이들을 보살폈다. 고아원 신문을 창간하거나 어린이들에 의한 '어린이 법원'을 운영하며 아이들이 존중받을 권리를 지닌 존재로 커 가도록 이끌었다. 아이들을 지켜 주기 위해 최초로 전국 단위의 어린이신문을 창간했다. 그는 소년법원에서 아이들을 위해 증언했으며, 오늘날 '도덕교육'으로 불리는 교육 방식을 교사들에게 가르쳤다.Lifton, 2020: 12-13 코르차크는 일상생활 안에서 도덕적 감수성을 가지고 스스로의 삶과 공동체적 삶을 영위하게끔 능력을 배양하는 생활교육을 강조했다. 이는 스스로에게는 자율적인 삶의 기회를 의미하고, 타자와의 관계에서는 사랑, 존중, 신뢰, 협력을 위한 기회를 의미한다. 생활교육의 도덕적 차원을 중시한다.

그는 아이를 위한 기본법으로 '자유대헌장Magna Charta Libertatum'[110]을 주창한다.

- 아이는 사랑받을 권리가 있다.
- 아이는 존중받을 권리가 있다.
- 아이는 최적의 환경에서 성장하고 발전할 권리가 있다.
- 아이는 현재에 살 권리가 있다.
- 아이는 자기답게 살 권리가 있다.

---

109. 코르차크의 교육공동체는, 유럽 여러 나라에서 시도된 다양한 어린이 공화국 형태들을 배경으로, 또한 폴란드의 정치적 상황을 배경으로 이해해 볼 수 있을지라도, 코르차크에게서만 드러나는 특징이 있다. 아이들의 집, 즉 자발적이고 공동체적인 기숙학교에서는 아이들은 물론 모두 코르차크 자신도 시민의 일원이 되었고, 그들은 거기서 권리를 행사하고 의무도 지워졌다. 이러한 자기관리 방식의 특징은 한 아이의 모든 행동이 같은 또래의 다른 아이들의 인성이나 판단을 통해 분명히 드러나도록 하는 것으로, 종종 투표 방식을 통해 밝혀지기도 했다. 한 개인의 삶의 방식이 전체적 분위기 속에서 규정되도록 하는 것이다. 어린이 공화국 모델은 적어도 서구 사회에서 200여 년 전부터 일기 시작한 전통적인 기숙학교 교육에 대한 비판에서 비롯된 것이다. 병영식의 권위주의적인 가정 모형을 따르는 전통적 기숙학교 대신에 민주공화국적 삶의 모형으로부터 시작되었다. 그 핵심은 아이들 스스로가 자기들을 자유롭게 규정할 수 있는 새로운 삶의 원칙, 이른바 '자율(Selbstregierung)의 원칙' 속에서 함께 살아가는 법을 익히도록 하는 데 있었다.

110. 자유대헌장(Magna Charta Libertatum)은 1215년에 영국의 귀족들과 성직자들이 존왕에게서 얻어낸 특권으로 영국 의회주의에 바탕을 둔 '마그나카르타'에 기초하고 있다. 코르차크는 이 헌장을 빌려 어린이헌장을 제창했다. 코르차크는 어린이의 권리에 대한 개혁교육학자들의 관점을 공유했다. 그는 "사회는 어른에게 적합하게 발전하는 동안, 어린이는 사회에서 전혀 고려의 대상이 되지 못했고, 그들의 참된 의미를 인정받을 가능성이 없는 것처럼 망각된 존재가 되었으며, 사회에서 추방된 존재가 되었다"라는 몬테소리의 말을 인용한다.

- 아이는 실수할 권리가 있다.
- 아이는 실패할 권리가 있다.
- 아이는 진지하게 대우받을 권리가 있다.
- 아이는 있는 그대로의 모습으로 인정받을 권리가 있다.
- 아이는 소망하고 요구하고 요청할 권리가 있다.
- 아이는 비밀을 가질 권리가 있다.
- 아이는 거짓말하고 속이고 훔치는 행동을 해 볼 권리가 있다.
- 아이는 가진 물건과 가진 돈을 존중받을 권리가 있다.
- 아이는 교육받을 권리가 있다.
- 아이는 자신의 믿음에 반하는 교육적 압력을 거부할 권리가 있다.
- 아이는 불의에 항의할 권리가 있다.
- 아이는 어린이 법정에서 서로 간에 판결하고 판결받을 권리가 있다.
- 아이는 소년사법제도 내에서 변호 받을 권리가 있다.
- 아이는 자신의 슬픔을 존중받을 권리가 있다.
- 아이는 하느님과 교감을 나눌 권리가 있다.
- 아이는 어린 나이에 죽을 권리가 있다.[111]

이 모두 중요하고, 다른 것도 강조될 수도 있지만, 코르차크는 그중 다음 세 가지 기본권을 더욱 중시했다.Korczak, 2012: 77, 94

111. '자기 죽음에 대한 권리'라는 말은 어쩌면 스스로 목숨을 끊을 수 있는 권리라는 말처럼 들리기도 한다. 이 무슨 해괴한 말인가? 하지만 이는 당시의 교육이 어린이를 지나치게 감싼 나머지, 아이 스스로는 아무런 경험도 할 수 없도록 강요된 극단적인 상황에 대한 '반어법'에서 나왔다. 다시 말해 이는 아이가 처한 생활에서 스스로 경험을 거듭해 가도록 내버려 두는 것을 의미한다. 내버려 둔다는 것은 방치한다는 뜻이 아니라, 잘못을 저지르게 하고 어려움에 처해 보고, 그러고서 스스로 깨달아 고치도록 한다는 뜻이다. 실패나 오류는 권장 사항이 된다. 코르차크는 소위 교육이라는 이름 아래 이루어지는 아이들에 대한 과잉보호가, 즉 아이들을 지나치게 감싸고돌거나, 일일이 가르쳐 주려 하거나 감시 기제를 사용하는 등의 과보호가 아이들을 무력한 존재로 전락시키는 첩경임을 지적한다. 이는 장차 어른이 되어 맞닥뜨려야 하는 '힘든 싸움의 순간'을 스스로의 경험을 통해 직접 몸으로 부딪히며 배워 가는 행위를 뜻한다. 숱한 언설에 의한 교화는 쓸데없는 짓일 뿐이라는 것이다.

- 오늘 하루에 대한 어린이의 권리
- 자기 모습대로 있을 수 있는 어린이의 권리
- 자기 죽음에 대한 어린이의 권리

'오늘 하루에 대한 어린이의 권리' 주창은 아이들이 오늘 누려야 할 바, 그 채워져야 할 욕구와 희망, 행복, 과제가 미래로부터 오는 요구 때문에 하찮게 내쳐지곤 하는 현실에 대한 고발이다. 코르차크는 '미래'라는 시점에 고착된 교육을 근본적으로 결손된 것으로 보면서 그러한 아이의 '오늘'과 그 존재와 의미를 여실하게 받아들이라고 말한다. 이는 바로 어린 시절에 대한 요구이기도 하다. 그런데 교사 편에서 볼 때 이 오늘이라는 시간적으로 구획되어 있는 전체를 잘 살아 내기란 말처럼 그리 쉬운 일이 아니다. 교사는 사회의 미래에 대해 '간접적"으로는 책임을 지겠지만, '직접적'으로는 자기가 돌보는 아이들의 '현재'에 대해 전적으로 책임져야 하기 때문이다. 그가 강조하는 일상적 삶의 실천은 규범이나 명제를 따르는 것이 아니라, 일상적인 교류를 통해 아이들과 함께 살고, 그들의 일상적인 욕구에 대해 사려 깊게 다가가는 것을 의미한다.

코르차크는 아이들의 기본적 권리들을 지키고 가능하면 잘못을 적게 범하기 위해서 우리는 아이들을 알아야만 한다고 역설했다. 위의 세 가지 기본권이 분명 허점이 있겠지만, 겁을 먹어서는 안 된다고 주장했다. 우리가 아이의 측정할 수 없는 능력과 강한 저항력을 약화시키지 않으면, 그 아이는 놀라울 정도의 주의력을 가지고 스스로 수정할 것이라고 역설했다.Korczak, 2012: 49 교사는 아이들 앞에서 쓸모없게 될 수 있어야 하고, 아이들은 갈등 상황과 스스로 씨름해 볼 수 있어야 한다. 이런 뜻에서 코르차크는 아이들을 '설교자'가 아니라 '노동자'로 키우려 했다. 다시 말해 그것은 육체적으로나 도덕적으로 건강한 인간을 키우는 것을 뜻한다. 이런 방식의 자기 수정 과정은 소크라테스의 대화술에서, 그리고 괴테에게서도 고전적으로 찾아볼 수 있다.

코르차크는 국제연맹이 〈아동인권선언〉을 채택하기 훨씬 전부터 '아동인권선언'이 필요하다고 주장했다. 그러나 1924년 정작 국제연맹이 제네바에서 발표한 선언문에 대해서는 후한 평가를 내리지 않았다. 그는 "선언문은 선의에 호소할 것이 아니라 강요해야 한다. 호의를 부탁하는 것이 아니라 요구해야 하는 것이다"라고 했다. 이후 국제연합은 국제연맹이 1924년 채택한 선언을 좀 더 충실하게 개정하여 1959년 국제연합총회11월 20일에서 〈아동인권선언〉을 채택했다. 그러나 이조차도 아직 구속력이 없는 것이었다.

1978년 폴란드 정부는 코르차크의 사상에 기초하여 '아동권리협약'을 위한 초안을 유엔인권위원회에 제출했다. 여기에는 모든 어린이가 교육, 사회 및 의료 보호를 받아야 한다는 것, 모든 어린이가 착취, 학대, 전쟁으로부터 보호를 받아야 한다는 것, 그리고 어느 정도 나이가 든 어린이들에 대해 중요한 결정을 내릴 때는 반드시 그들과 상의해야 할 것 등이 명시되어 있었다. 유네스코는 코르차크 탄생 100주년을 기념해 1978~1979년을 '어린이의 해'이자 '야누시 코르차크의 해'로 선포했다. 초안 말미에 코르차크의 〈아동권리선언〉이 실렸는데, 이후 〈아동권리협약〉[112]의 사상적 토대가 되었다. 아이들의 마음을 헤아리는 데 탁월했던 코르차크는 아동 인권 옹호의 선구자였다. 이 초안에 기초하여 국제연합UN은 1989년 총회에서 〈아동권리협약Convention on the Rights of the Child〉을 만장일치로 채택했다.

코르차크는 아이들을 미화하지 않는다. 그 점에서 루소와는 달랐다.

112. 〈아동권리협약〉은 총 54개 조항으로 구성되어 있으며, 아동의 생존, 보호, 발달, 참여라는 네 가지 범주로 묶어 아동의 기본권에 관한 40개 조항을 협약문에 명시하고 있다. 1990년부터 국제법으로 효력을 발휘하게 되었다. 2002년 5월에는 유엔총회에서 이 협약과 관련하여 2개 의정서를 채택했다. 하나는 아동의 무력분쟁 참여에 관한 선택 의정서이고, 다른 하나는 아동의 매매, 매춘, 포르노그라피에 관한 선택 의정서이다. 2021년 1월 현재 196개국이 이 협약을 비준했다.

그는 루소가 순진하다고 생각했다. 코르차크는 아이는 누구나 도덕의 불꽃을 품고 있으며, 그것으로 인간 본성의 중심에 있는 어둠을 물리칠 수 있다고 생각했다. 그 불꽃이 꺼지지 않게 하려면 아이를 사랑하고 보살펴야 한다. 아이가 나치라는 형태로 나타나 나치 깃발, 광나는 장화, 가죽 채찍을 휘둘러댈 때, 코르차크는 언제나 그랬던 것처럼 유대인 고아들을 어른 세상의 불의로부터 지키기 위해 싸울 준비가 되어 있었다.Lifton, 2020: 22-23

사랑과 자율자주관리, 그리고 반권위주의를 중시한 코르차크는 이상주의자이면서 동시에 실용주의자로서 아이들의 교육을 통해 더 나은 세상을 만드는 일에 전념한 인물로 평가할 수 있다.Lifton, 2020: 14 그는 형식적이고 논리적인 체계 안에 숨겨진 권력과 잘못된 이데올로기를 통찰하면서, 차라리 병원과 기숙학교와 고아원에서 어린이의 삶의 문제에 매달렸고 실천하고 사고했다. 그렇게 하여 코르차크는 강단교육학과는 다른 교육학을 이야기할 수 있게 되었다. 우리가 그에게서 배울 수 있는 점은 지칠 줄 모르는 관찰, 조심스러운 진단과 사유하는 태도, 그리고 망상에 빠지지 않는 교육 행위다. 그는 어린이가 처해 있는 현실에 철저하려 했다. 바닥에 떨어진 인간의 현실적 상황과 그 비루함, 이는 평생에 걸쳐 자신이 다루고자 한 주제를 예고한 것이나 다름없다. 그의 교육적 상상과 독창적인 방법은 이러한 현실에 발붙인 그의 근본적 태도에서 유래한 것이다. 코르차크의 아이 사랑과 헌신은 망명지 칠레에서 혁명적 문해교육을 실천하고자 했던 프레이리에게 큰 영감을 주었다. 프레이리는 코르차크에 대해 잘 알고 있지는 못했지만, 그의 삶과 활동은 코르차크와 너무나 닮아 있다.

코르차크의 아이들에 대한 사랑은 프레이리의 민중에 대한 사랑과 같은 뜻이라고 봐도 좋을 것이다. 그뿐만 아니라 코르차크가 아이들의 잠재력, 문제해결 능력에 대해서 지녔던 무한한 믿음은 프레이리가 민중의 잠재력, 스스로 깨우칠 능력에 대해서 지녔던 믿음과 빼닮았다. 그것은 비록 시공간을 초월하여 지식정보가 통하지 않았다 하더라도 인간에 대한 진정성이 드러난 결과라고 볼 수 있을 것이다.

## 13. 비고츠키의 사회적 언어습득 이론, 비판적 문해과정의 출발

프레이리는 말년에 비고츠키Lev Vygotsky, 1896~1934[113]의 『생각과 말』1931을 읽고 큰 영향을 받아 무척 고무되었다고 한다. 『생각과 말』은 프레이리의 언어관에 크게 영향을 것으로 보인다. 비고츠키의 '역사문화적 언어관'은 사회주의 사회로의 실질적인 이행기에서 혁명적 상황을 반영한 것이고, 프레이리의 '의식화'는 혁명의 미래 주체가 그들 자신의 참여적이고 비판적 세계의식을 창조하고, 그 세계에서 자신의 자리를 차지하도록 돕기 위한 시도였다. 프레이리는 교육감을 하면서 처음에는 성인교육에 초점을 맞추었으나, 비고츠키의 초점은 아동 및 청소년의 전체 심리적 발달에 있었다. 프레이리는 성인교육 및 문해력 프로젝트를 통해 자신의 독특한 접근 방식을 구축했지만, 비고츠키의 관심은 부상자와 병자에 대한 작업에

113. 비고츠키와 프레이리는 한 세대가 조금 넘는 나이의 차이를 보이지만, 비고츠키는 37세의 젊은 나이에 세상을 떠났다. 비고츠키는 주로 마르크스주의와 스피노자 등의 영향을 받았으며, 1930년대에 정립된 문화역사이론은 생물학적 기능으로부터 고등심리 기능이 발달하는 과정이 복잡한 변증법적 과정임을 드러내고자 했다. 고등정신 발달과 관련한 그의 저술들은 마르크스와 엥겔스의 변증법적 유물론에 기초하고 있다. 비고츠키는 마르크스의 저작으로부터 단순히 인용함으로써 마르크스주의적임을 표방하는 쉬운 방식을 취하지 않고, 마르크스주의적 정신에 맞는 방법론을 추구함으로써 마르크스주의 심리학을 세우고자 했다. 그런데 비고츠키의 저서는 소비에트 시절에, 특히 스탈린 체제에서 출판이 금지되었다. 스탈린 체제에서 경직된 마르크스 비판주의와 해석이 주도하던 시절에 비고츠키의 저작이 20년간 금지된 것은 놀라운 일이 아니다. 그런데 그의 업적과 지적 전통은 소비에트 심리학계에 많은 영향을 주었으며, 그의 제자들은 소비에트 심리학을 대표하는 학자들로 성장했다. 특히 1960년대 이후 그의 이론은 서구의 학자들에게서 많은 공감을 얻었으며, 현재까지도 그의 이론을 연구하는 체계적인 이론서가 계속 출간되고 있다.

서와 같이 '결함'에 초점을 두었다.

하지만 두 사람은 환경이나 경험 자체가 다름에도 불구하고 공통점이 있다. 자신들의 문화 속에서 개인적 관점과 다른 사람들의 관점을 연관 짓는 능력을 지니지 못하면, 이러한 결함은 문해의 장애를 낳는다.Finlay & Faith, 2015: 114 이들은 이러한 문제들의 해결을 원만하게 처리했다. 개인과 공동체의 실천에 본질적이라고 할 수 있는 지식과 문화에 대한 인식, 정치, 권력, 교육 간의 상관성에 대한 생각을 같이하고 있다.

2021년 프레이리 탄생 100주년을 맞이하여 비고츠키와의 가상적 대화가 미국에서 열렸다. 두 사람 사이의 대화를 상상하는 모임이라고 할 수 있다.Jones, 2021 21세기 오늘의 관점에서 프레이리와 비고츠키를 연결하고자 하는 시도였다. 인간의 자기해방에 봉사하는 교육 철학 및 실천을 재고하고 재창조하는 데 헌신한 두 명의 교육사상가의 가상 대화 마당이었다. 비고츠키와 프레이리는 서로 다른 시대에 서로 다른 대륙에 살았지만, 두 사람의 접근은 사회 변화와 교육 변화의 의미심장한 결합을 강조하는 접근법을 공유했다. 개인적 맥락과 사회적 맥락의 부단한 상호작용을 통해 언어가 발달하고 확장되고 수정되어 가면서 인간과 사회는 진화해 간다고 할 수 있다. 두 사람의 이론 사이에는 인간해방을 추구하는 교육학적 실천에 대한 가상 대화를 열었다.

인간의 상호작용에 대한 사회적·대화적 특성을 강조하는 언어 인식에서 비고츠키는 어린이와 청소년의 심리적 발달을 향상시키고자 했고, 프레이리는 학생들의 비판적 인식을 개발하는 데 초점을 두었다.Jones, 2021 비고츠키와 프레이리는 많은 부분에서 유사하거나 연결 지점을 가지고 있는데, 프레이리의 '사고-언어' 개념과 비고츠키의 '낱말-의미' 개념은 말과 생각이 강하게 연결되어 있다는 의미에서 이해될 수 있다. 비고츠키가 심리학의 역동성에 초점을 맞추었다면, 프레이리는 적절한 교육 전략을 개발하는 데 초점을 두었다.Elsasse & John-Steiner, 2015: 97 1920년대에 활동한 소비에트 실험주의자 비고츠키의 사회언어학 연구[114]는 1970년대 브라질의 문해교육자인 프레이리의 대화교육 방법론으로 종합되어 발전되어 갔다. 프레이리는 실천을 중시하는 지식 이론인식론의 새로운 관점과 방향을 비고츠키의 저작에서 찾아 발전시켜 나갔다.

비고츠키의 언어습득 이론과 프레이리의 교수 전략의 통합은 비판적 문해과정에 적용되었다. 사고는 언어적 성격을 띤다. 말하기는 정신 기능주의집중, 기억, 사고 등과 상호작용하며, 이 때문에 '말과 생각'[115]은 변증법적 관계를 맺는다. 비고츠키가 말과 생각의 관계에 착안한 것은 그것이 인간 학습의 생물학적이면서 문화적인 성격의 변증법적 관계를 잘 보여 줄 수 있기 때문이다. 비고츠키는 언어는 어떤 것에 관한 인간의 사고를 분류하는 방식의 일종이라고 여겼다. 사고가 인식과 행동을 구조화하는 하나의 양식이라는 관점을 갖고 있다.

비고츠키는 말과 글이라는 매개를 통해 의식과 인식을 만들어 간다고 말한다. 말speech은 낱말word을 사용하여 행위를 한다. 말은 인류의 진화 과정에서 노동연장의 사용과 동시에 출현했다. 인간은 낱말과 함께 세계world를 향해 끊임없이 질문하고 실천하고 다시 질문하고 다시 실천한다. 이러한 과정을 통해 인간은 자신과 세계를 성장시켜 간다. 프레이리는 텍스트

---

114. 비고츠키는 20세기 전반에 걸쳐 가장 중요한 러시아의 심리학자 중 한 사람이다. 그의 대표적인 연구는 인간 의식의 발달과 구조, 그리고 문화의 발달 과정에서 아동이 언어를 내재화하는 방법을 설명하는 기호이론(theory of signs)이다. 비고츠키는 1920년대와 1930년대에 러시아의 심리학연구소에서 주로 활동했다. 연구 초점은 자연스러운 심리적 기능이 높은 논리적 기억, 선택적 집중, 의사결정, 학습 그리고 언어이해의 기능으로 변형되는 체제에 대한 실험연구였다. 그러다가 스탈린 체제가 들어서면서 비고츠키의 접근은 '반마르크스적'이라며 제동이 걸렸다. 그래서 지방으로 좌천되거나 공산당의 입맛에 맞는 주제의 연구를 해야 했다. 서구 심리학자들의 주목을 받기 시작한 것은 1960년대와 1970년대이다. 그의 문화역사 이론은 문화심리학의 새로운 장을 여는 데 결정적 역할을 했다. 비고츠키는 인간의 정신 기능이 역사적이며 사회적 산물임을 밝혔다. 그는 고등정신 기능의 기원을 사회에서 찾았다. 그의 사상적 뿌리는 마르크스주의에서 기원하고 있다. 비고츠키는 발달심리학을 넘어서 특수교육, 성인교육, 언어소통, 직업교육, 그리고 정보처리체계 등 여러 분야에 많은 영향을 끼친 연구 업적을 남겼다.

115. '생각' 또는 '사고'는 영어로 'thinking' 또는 'thought'로, '말'은 'speech' 또는 'word' 또는 'language' 등 다양하게 번역되고 있다.

에 대한 생각이 바뀌려면, 자신의 사회적 맥락을 의식적으로 성찰해 볼 필요가 있다고 보았다. 비고츠키의 이론은 내적 언어에 대한 학생들의 쓰기 과정을 돕는다. 프레이리의 교육학은 학생들이 자기 자신의 문화와 개인적 지식을 교실로 가져오게끔 격려하며, 자신의 삶과 사회의 연관관계를 이해하도록 도울 뿐만 아니라, 쓰기를 통해 자신의 환경을 통제하는 능력을 갖도록 한다.Fore & Elasser, 2015: 156-157

비고츠키는 개인의 언어 구사 역량이 개인적 맥락과 사회적 맥락의 부단한 상호작용을 통해 발달해 간다고 하는데, 이는 프레이리가 '말을 통한 세상 읽기'를 강조한 것과 맥락이 통한다.

> 사고와 언어의 결합 없이는 언어가 불가능하며, 낱말 없이는 사고가 불가능하듯이 인간의 말은 어휘 그 이상의 기능을 한다. 그것은 낱말과 행위가 결합된 것이다. 문해과정의 인지적 영역은 반드시 인간과 그들 세계의 관계를 포함해야만 한다. 이러한 관계는 세계를 개조해 가는 과정에서 인간이 만들어 낸 생산물과 거꾸로 이러한 산물이 인간에게 작용하는 변증법적 관계의 원천이다.Freire, 1970a: 12

위의 프레이리를 보면, 비고츠키의 생각을 그대로 옮겨 놓은 것 같다. 비고츠키는 많은 사람으로부터 배우는 자발적으로 말하는 입말spoken speech로부터 글말written speech과 같은 기호로 발전해 간다고 보았다. 고등정신 기능은 '입말'에서 '글말'로 나아가면서 발달한다. '글말'은 상호 연관된 두 맥락에 대한 앎의 활동이다. 하나는 학습자와 교육자가 대등한 앎의 주체로서 참된 대화를 나누는 맥락이다. 다른 하나는 사실관계, 즉 인간이 존재하는 사회적 실재에 대한 현실적이고 구체적인 맥락이다.Freire, 1970a: 14 입말로는 부지불식간에 자연스럽게 이루어지던 과정이 글말에서는 더욱 의식적으로 되기를 요구한다. 역으로 글말은 입말을 이해하는 데 도움을 준다. 비단 입말이 변증법으로 쌓인 글말 학습뿐 아니라 자연발생적 양 개념과 변증법적 쌓인 수에 의한 양 개념 학습, 모국어와 외국어 학습, 일상적 개념과 과학적 개념 학습 등 학교에서 습득이 이루어지는 기호적 상징들은 인간의 고차적 교류와 협력을 가능케 하는 기초일 뿐 아니라, 의식적 파악과 의지적 숙달을 요구하는 활동들이라는 점에서 고차적 의식을 가능케 한다.

개인과 사회의 관계는 프레이리가 언급한 '사고 언어thought-language'로 매개되기 때문에 언어는 사회적 삶의 중요한 부분이라고 할 수 있다. 언어적 사고의 단위로서 낱말에 관한 비고츠키의 설명은 프레이리의 의식 조사 방법 이면에 놓인 원리를 더욱 분명하게 한다.Finlay & Faith, 2015: 118 인간의 사고를 낱말로 완벽하게 표현해 낼 수는 없지만, 언어적 사고가 인간의 사고를 지탱하는 가장 중요한 근간임에는 틀림이 없을 것이다. 다른 이들의 말을 이해할 때 화자의 생각을 모른 채 단순히 낱말을 이해하는 것만으로는 언제나 불충분하다고 할 수 있다.

비고츠키는 사고 발달을 위한 매개 수단으로 말/언어의 중요성을 매우 강조한다. 사고가 발달하기 위해서는 말이 먼저 발달해야 한다고 보았다. 이때 혼잣말soliloquy/private speech[116]은 어린이의 '내적 말'로서 내면적 사고를 조직하는 데 중요한 역할을 한다. 내적 말은 세상에 관해 자신의 생각과 사고를 분류하기 위한 수단으로 제공하는 조절 과정으로 나타난다. 비고츠키는 언어가 문화적이고 추상적인 개념적 용어로서 더욱 고차적

116. 비고츠키에 따르면 유아의 언어는 외적 언어에서 내적 언어로 발달해 간다. 그는 유아의 사고력이 언어를 매개로 발전해 가는 것으로 보았는데, 외적 언어는 사고 언어와는 거리가 먼 극히 초보적 수준이기 때문에 언어와 사고의 결합이 일어나지 않는다. 언어와 사고의 결합은 외적 언어가 내적 언어로 발달해 가는 과도기의 언어로서 비고츠키가 '혼잣말'이라 일컬은 언어 발달 단계에서 일어난다. 외적 언어와 달리, '혼잣말'은 자기 내면을 향할 뿐 외적 의사소통을 지향하지 않기 때문에 자기중심적이다. 피아제는 '혼잣말'의 자기중심성을 언어적 결함으로 보았지만, 비고츠키는 이것의 순기능적 측면에 주목했다. '혼잣말'은 사고를 촉진하여 점차 내적 언어와 사고의 결합이 가능했지만, 내적 언어에서는 머릿속에서 사고의 작동이 가능해진 것이다. '혼잣말'과 내적 언어의 차이는 마치 수학 연산에서 필산과 암산의 차이와도 같다.

인 토대의 방식을 제공한다고 보았다. 프레이리는 문해력literacy[117] 그 자체로 의식의 변화를 위한 핵심이 될 수 있다는 것을 보여 주었다. 사회적으로 의미 있는 생성어가 문해 프로그램에서 사용될 때, 학생들은 그것을 통해 자신의 경험을 반추하며 비판적으로 음미할 수 있게 된다. 이런 면에서 성인에게 읽기와 쓰기를 가르치는 것은 더 이상 무의한 '가나다라'나 여타의 기계적인 단어 암기가 아니라, '세계에 이름을 붙이는naming the world' 힘겨운 도제 활동이다.Freire, 1970a: 11 이러한 이름 붙이는 행위는 해방적인 활동이다. 이러한 교육을 통해 학습자와 교육자는 전례 없이 폭넓은 맥락 속에 함께 뛰어든다. 또한 학생들의 사고는 더 이상 직접적인 경험에 갇혀 있지 않다. 교사와 학생 모두의 의사소통 범위가 확장됨에 따라, 언어 기호의 역할과 구조도 늘어나고 변화된다. 이 과정에서 "단지 낱말의 내용만 변하는 것이 아니라, 현실이 낱말 속에 일반화되고 반영되는 방식도 변한다".Vygotsky, 1934/1962: 121-122[118]

> 낱말은 우리 의식 속에 있는 사물이다. 그것은 한 사람을 위해서는 절대적으로 불가능하지만, 두 사람을 위해서는 실재가 된다. 낱말은 인간 의식의 역사적 본질을 직접적으로 표현한 것이다.Vygotsky, 2011

비고츠키는 피아제의 발달이론이 인간 사고 발달의 '사회적 상호작용'

117. '문해력'은 사회적·개인적 현실을 비판적으로 재구성하기 위해 필요한 여타의 기술과 전략의 원천으로서 가치가 있다.

118. 듀이의 이론으로 표현하면, 언어는 문화적 역사의 체화라고 할 수 있다. 듀이가 인간과 동물을 구분짓는 특성으로서 언어를 다루면서 주장하는 내용이 비고츠키의 입장과 상당히 유사하다는 점은 매우 흥미롭다. 예컨대, 혼잣말은 사회적 의사소통의 결과이지 의사소통이 혼잣말의 결과가 아니라는 부분(Dewey, 1981: 135)이나 인간이 대화를 통해서 자신을 타인과 구분하게 되면서 스스로의 정체성을 갖게 되고, 이에 따라 정신이 형성된다고 보는 부분(Dewey, 1981: 135)이 그렇다. 서로의 글을 읽었다는 흔적은 찾을 수 없지만, 듀이의 러시아 방문(1928년)을 계기로 이후 듀이와 비고츠키 모두 관점의 변화를 보였다. 듀이와 비고츠키가 가장 활발하게 활동하던 1920년대는 러시아혁명을 계기로 전 세계적인 진보의 기운이 높았던 시기이다. 이 둘의 접점은 역사사회적 존재로 인간을 발달하게 하는 교육의 원리 안에서 찾을 수 있다(이윤미, 2019).

을 간과하고 있다고 보았다. 비고츠키는 피아제가 지나치게 세계와 대면한 '개인'에 집중한다고 지적하면서 언어는 사회 속에서 살아가는 사람들 마음에 내재된 '집단적 삶의 형식'을 반영하고 있다고 보았다.

프레이리는 자신의 이론이 모든 면에서 '구성주의constructivism'와 관련이 있다고 보았다. 그는 피아제와 비고츠키의 구성주의가 모든 면에서 자신의 이론과 관련이 매우 깊다고 판단한다.Freire, 39-40 비고츠키는 언어를 피아제의 이론에서처럼 개인적인 측면인 내면으로부터 나타나게 되는 것이 아니라, 역사문화적인 측면에서 타인으로부터 받아들이게 되는 것으로 보았다. 비고츠키는 과거의 역사문화적인 것과 현재의 발생적인 것을 언어로 보고 있다.Bruner, 2011: 257[119] 정치경제 발달에 관한 마르크스의 이론과 언어적 사고 발달에 관한 비고츠키의 이론 사이에 닮은 점이 있기 때문이다. 마르크스주의에서 서로 갈등을 겪다가 통일되는 두 체계는 정치와 경제이고, 비고츠키 이론에서는 생각과 말이다.Rather & Silva, 2020: 281 생각과 말은 '낱말의 의미', 즉 말과 생각의 통일, 소리와 의미의 통일에서 일치한다.

우리 관념 속에서 막연한 생각으로 있던 것을 말로 풀어내는 과정에서 점차 아이디어가 구체화되고 확장되어 가는 것을 누구나 경험했을 것이다. 머릿속에 접힌 상태에 있는 사고를 입말이나 글말로 펼쳐 낼 때 우리의 사고가 발전하는 것이다. 비고츠키에게 있어 인간의 사고 확장, 이를 프레이리 방식으로 말하면 문해 역량 신장을 위한 '펼침unfold'의 방법은 입말보다 글말이 훨씬 중요하다. 분류된 핵심 낱말들을 들려주었을 때, 학생들은 그것들을 상호 배타적인 두 낱말군으로 양분해서 나타낼 수 있다.

프레이리와 비고츠키가 생각한 것처럼, 하나의 낱말은 인간 의식의 소

119. 비고츠키가 교육학, 심리학, 뇌과학 등에 미친 영향은 지대하다. '심리학의 모차르트', '미래에서 온 사람'이라는 별칭부터 '사회적 구성주의', '문화-역사주의', '네오-비고츠키주의', '활동이론' 등에 이르기까지 교육 담론 안에서도 다층적으로 분화하고 있다.

우주이지만, 그것은 소우주에 대한 의식적인 이해 없이도 사용될 수 있다. 생성적 주제들은 '묻혀 있는 사고'일 뿐이다. '묻혀 있는 사고'란 비고츠키의 개념으로 '접힌 사고'를 말한다. '접힌 사고'는 바깥으로 펼쳐질 때 더욱 정교해진다. 우리가 머릿속으로 알고 있다고 생각하는 것을 막상 설명하려고 하면 여의치 않을 때가 많다. '접힌 사고'의 정당성을 사회적으로 승인받기 위해, 즉 설명을 잘하기 위해 여러 가지 전략이나 아이디어를 생각해 내는 과정에서 우리의 사고와 개념이 발전해 간다. 그는 사고와 언어가 동시에 일어나는 것으로 보았다. '묻혀 있는 사고'는 말해지지 않으며, 처음에는 말할 수도 없는 것이다. 이것들은 겉으로 보기엔 별 연관이 없는 어떤 과업을 수행하고자 애쓰는 과정에서 놀라운 부산물로서 그 모습을 드러낸다.Finlay & Faith, 2015: 120-121

비고츠키의 글쓰기 방법에서는 학습자들이 공동으로 '낱말'을 조사하고, 분류하고, 비교·대조하면서 배치하고, 가치 평가하는 등의 작업을 통해 글말을 향상시켜 나간다. 이 펼침 과정은 프레이리에게서 보았던 코드화[120], 탈코드화[121] 과정과 아주 유사하다. 코드화된 이미지는 학습자들과 이야기할 주제, 내용을 응축해 놓은 것이다. 즉 접힌folded 상태이고 열리기de-coding를 기다리고 있는 상태인데, 어떻게 보면 접혀 있는 사고를 이미지화해서 밖으로 꺼내 놓았다고 할 수 있다. 비고츠키는 이 과정을 통해 글말을 배우는 과정과 연결시켜서 좀 더 일반화된 사고 능력으로 발전시켜 나가고자 했다고 할 수 있다. 말과 생각의 발생 근원을 추적하면

---

120. '코드(code)'는 듣기 과정에서 나타나는 특정 비판적 이슈에 대한 구체적인 물리적 표상이다. 코드는 처음에는 교사에 의해 개발되다가 학습 진행 과정에서는 학생들에 의해 대화 기록이나 이야기, 사진, 풍자, 콜라주, 노래 등의 여러 가지 형태로 나타난다. 그 형태가 어떠하든 하나의 코드는 교실로 돌아왔을 때, 학생들의 현실을 재조명하게 된다.

121. '탈코드화(de-codification)'는 내면의 사고를 바깥으로 드러내어 사회적·정치적 맥락과 연결 지어 분석하는 과정이다. 코드화란 학습자의 구체적 현실(예컨대 빈민지구의 주거환경) 중의 몇몇 중요한 측면들의 있는 그대로의 상징이거나 혹은 상징화를 의미한다. 이 코드화는 교육자와 학생 간의 대화 대상이 되며, 생성어를 소개하는 하나의 상황을 설명해 준다. 탈코드화란 편찬물이 낱말이건, 그림이건, 다른 편찬물이건 간에 서술과 해석의 과정을 의미한다. 이러한 탈코드화(해독화)와 그 과정은 단순한 해독 과정이나 낱말 인지와는 구별된다.

서 인간은 말과 글이라는 매개를 통해 의식과 인식을 만들어 간다고 할 수 있다.

비고츠키와 프레이리는 왜 수많은 사람이 짜임새 있는 글쓰기를 배우는 데 곤란을 겪고 있는지에 대해 합리적이고 풍부한 설명을 제공해 준다. 내적 말에 관한 기술에서 비고츠키는 인간의 모든 인지적 측면에서 개인은 나이가 들고 경험이 늘어남에 따라 변화하고 발전해 간다고 생각한다. 하지만 현대의 교육은 새로운 기능적인 체계의 성장을 유지하는 데 실패했다. 왜냐하면 교육이 프레이리가 말한 '은행저축식 개념', 즉 개인의 창조력을 마비시키고 금지시키는 방식으로 이루어지기 때문이다.Freire, 1970b

마음을 '보다 높은 수준'에서 저절로 파악하기 위한 수단으로서의 도구는 무엇인가? 비고츠키의 유명한 근접발달영역Zone of Proximal Development/ZPD, '실제적인 발달 단계'와 '잠재된 발달 단계' 사이의 거리[122]에서 최초의 아이디어들을 집중한다. 그것은 어린이들의 사물의 본질에 관해 보다 추상적으로 숙고하기 위한 단계로서 요구되는 도움이다. 근접발달영역은 프레이리가 중시하는 멈추지 않고 계속하는 변증법적 과정으로서 실천에 참여한다. 이것은 '우리가 말한 것'과 '우리가 행하는 것' 사이의 거리를 좁히는 것과 연관된다.Freire, 1993: 22 즉 이론과 실천의 균열은 곧 근접발달영역의 균열로 이어질 수 있기 때문이다, 프레이리가 말한 행동-성찰, 이론-성찰의 변증법적 합일 또는 일치가 일어나지 않는 상태에서는 진정한 실천이 없는 이유가 그것이다. 같은 방식으로 구체적 상황과 변증법적

122. 비고츠키는 인간의 사고와 언어의 발달이 외부(사회)에서 시작되어 정신 사이의 기능을 통해 내면화, 내적 담화로 변화해 간다고 말한다. 여기에서 '정신 사이의 기능'에 해당하는 것이 바로 인간과 인간의 '대화'이며, 대화를 통한 관계 형성은 비고츠키가 주장한 근접발달영역을 창출하는 핵심 요인이다. '근접발달영역'은 아동이 혼자서 문제를 해결할 수 있는 '실제의 발달 수준'과 보다 유능한 또래들과 협력하거나 성인의 지도 아래 문제를 해결할 수 있는 '잠재적 발달 수준' 사이에서의 간극을 말한다. 교육은 아동 정신과정의 잠재적 발달 수준에 초점을 맞춤으로써 발달을 이끌어 간다.

합일 또는 일치가 아닐 경우, 이론적 상황도 존재하지 않는 것이다.Freire, 1985: 156

브루너는 발달이론가로서 비고츠키가 가진 아이디어는 프레이리보다 훌륭한 해방이론을 제공해 주었다고 평가했다.Bruner, 2011: 251-252 비고츠키가 말하는 '인간 학습'은 아이들이 그러한 것들 주위에서 지적인 삶으로 이르게 되는 과정과 구체적인 사회적 상태를 전제로 한다. 그리고 근접발달영역의 개념은 우리가 발달을 향상시키는 훌륭한 학습인 새로운 방식을 제기할 수 있도록 한다. 네오-비고츠키주의자 또는 후기비고츠키주의자[123]로 불리는 엥게스트롬은 기존 활동체계와 새로 등장한 새로운 활동체계 사이의 '틈'이 바로 활동의 근접발달영역이라고 보았다.EngestrÖm, 1999 이는 비고츠키의 인지적 근접발달영역 개념을 활동체계로 확장한 것이라고 볼 수 있다. 이러한 확장은 비고츠키를 지나치게 개인주의 심리학으로 전유하는 흐름을 넘어 문화역사적 측면에서 비고츠키주의의 발전에 기여했다. 행위action 보다 '활동activity'을 강조하는 후기비고츠키주의자들의 입장은 이론과 행동을 통합한 형태의 '프락시스praxis'와 근접해 있다.[124] 오늘날 비고츠키의 후계자들은 어린이의 문화적 발달에서 모든 기능이 처음

123. 오늘날 네오비고츠키주의자들은 생득주의자, 행동주의자, 구성주의자들이 인간 발달과 동물 발달의 결정 요인을 보지 못했다며, 인간 발달에서 사회적 환경의 결정적인 중요성으로 말미암아 인간과 동물 사이의 결정요인에 중대한 차이가 존재한다고 주장한다. 사회적 환경은 아동이 발달하고 또 적응하고자 분투하는 맥락에 불과한 것이 아니다. 그보다는 아동을 둘러싸고 있는 사회적 환경의 대표자로서 성인은 아동에게 이른바 정신 도구를 제공한다. 아동이 습득하고 내면화한 정신 도구는 아동의 정신 과정을 매개하게 된다. 이러한 관점으로부터 인간의 정신 과정은 아동에 의해 독자적으로 구성되는 것(구성주의자들)이 아닐 뿐 아니라, 성숙의 결과로 스스로 전개해 나가거나(생득주의자), 성인이 아동에게 주입한 것(행동주의자)도 아니다.

124. 후기비고츠키주의자 레온티에프(1978)는 '행위'와 '활동'를 구분해서 사용한다. '행위'는 일시적으로 일어나며, 그것이 언제 시작해서 언제 끝나는지가 비교적 명확한 것인 반면, '활동'은 보다 긴 사회역사적 시간을 가지는 것으로 조직이나 제도의 형식 속에서 일어난다. 인간의 활동이 항상 목적지향성과 동기를 가지고 있다는 것이다. 3세대 비고츠키주의자로 불리는 엥게스트롬은 이러한 관점을 이어받아 '활동이론'을 창안했다. 활동이론이 비고츠키와 레온티에프의 심리학을 계승시켰다고 평가받는 것은 '매개'를 중심으로 하는 학문을 이어받았기 때문이다. 그리고 활동이론은 '모순'을 변화와 발전의 원천으로 설정한다. 모순은 단순히 고충이나 문제점이 활동체계 내에 역사적으로 쌓인 '구조적 긴장'이라고 할 수 있다.

에는 사회적 수준에서 나타난다고 말했다. 즉 어린이는 사회적 환경에서 다른 사람의 도움으로 어떤 임무를 수행할 수 있다. 이후에 같은 기능이 심리적 수준에서 나타나고, 어린이는 그것을 활성화할 수 있다.

비고츠키에게 언어는 문화적 역사의 전달을 위한 단순한 도구를 넘어서 보다 진보적인 역할을 제공했다. 언어 발생은 용어의 현대적 의미뿐만 아니라, 프레이리가 강조한 대로 '의식의 고양자'로서의 중요한 역할을 한다.Bruner, 2011: 254 비고츠키의 역사문화적 심리학과 프레이리의 의식화론은 사회주의마르크스주의와 개인의 자발성개인주의을 적절하게 타협시켜 계속적 대화와 민주적 참여를 강조하는 사회민주주의social democracy와 접목될 수 있다.de Castro, 2015: 67-90 그리고 교육의 공공적 가치를 잠식하고 있는 신자유주의적 경제에 대한 비판 논리는 비고츠키와 프레이리의 연관적 논의를 더욱 부각시키고 있다. 비고츠키의 교육이론은 프레이리식 비판적 문해교육에 접목해 다양한 실천 방안이 제시될 수 있다. 비고츠키는 역사결정론과 의식의 역할 사이의 틈을 이을 수 있는 강력한 도구를 제공하기 위해 노력했다. 그는 스스로가 위치한 이론적인 체제와 아마도 그가 이룩한 결론에 결코 구속되지 않았다. 비고츠키는 사회주의의 영향으로 인해 개인보다는 사회문화적 측면에서 교육을 바라보았다. 이 점에서 프레이리는 비고츠키의 교육관과 닮았다. 지식이 개인의 내적인 구성능력을 통해 발생한다기보다는 사회문화로부터 개인 내 지식으로 내면화되어 간다고 보았기 때문이다. 근접발달영역은 아동이 사회적 목적을 위해 필요로 하는 특정한 경험적/문화적 도구를 갖추는 것과 관련된다.

이 점에서 프레이리는 언어관이나 지식론 측면에서 듀이보다 비고츠키에 더 근접해 있다고 할 수 있다.[125] 그리고 비고츠키는 프레이리와 마찬가지로 인간의 생각이 말이라는 기호를 매개로 사회의 영향 속에서 발생하고 성장한다고 주장했다. 다만 비고츠키는 발달의 맥락에서 도구와 기호를 이해하며 문화적으로 규정된 목표들을 향하게 되는데, 이는 듀이의 목적관과 다르다고 볼 수 있다. 이것은 다른 말로 하면, 듀이가 상향식 비결정론적 접근을 한다는 것으로 이해할 수 있다. 듀이가 개인의 교육과 다양화된 사회적 환경 속에서 도구들을 문제시했다면, 비고츠키는 사회 공동체의 새로운 구성원들이 문화적으로 발전해 온 도구들을 효과적으로 잘 이용하도록 교육하고자 한다고 볼 수 있다. 교사, 성인, 멘토의 역할도 이에 따라 다르게 설정된다고 본다. 듀이는 도구들이 역사에 기반해 있다고 보지만, 개인적이고 즉각적인 상황에서 타당하게 사용되는가를 중시하고 있고, 역사성이 활동 속에 내재되어 있어도 결정론적이지는 않다고 보았다. 반면 비고츠키는 발달과 교육에서 역사의 역할을 보다 중시한다. 사고-언어-행동의 주체는 인간이며, 사고-언어-행동이 이루어지는 세계와 별개일 수 없으며, 변증법적이고 영속적인 상호변화 과정에 있다.

교육과 정신 발달 사이의 관계에 대한 비고츠키의 관점은 많은 수업 프로그램 및 이론에서 실행되었다. 학교 수업과 인지발달에서 비고츠키의 '성찰osoznanie/reflection, 의식적 각성'과 '제어ovladenie/mastery/control'의 관계는 프레이리의 '행동'과 '성찰'의 관계와 닮아 있다.Veer, 2007: 88-92 인간의 의식은 사회의 제도 사이에 제기되는 모순을 극복하는 방법을 제시한다고 보았다. 모두 존재의 능동적 차원에서 비고츠키는 심리 발달을 강조

125. 듀이와 비고츠키 모두 아동이 언어를 사회적 상호작용에서 학습하며 그 언어를 매개로 해서 사고하게 된다고 본다. 비고츠키는 더 나아가 개인들의 사고 과정에서 나타나는 각 낱말들이 지닌 의미 속에 들어 있는 역사와 맥락의 중요성을 강조한다. 언어는 활동의 맥락을 만들어 내며, 특히 그 활동에 대한 반성적 사고가 이루어지도록 한다. 비고츠키의 사회적 의미 이론은 역사와 연결되어 있다. 비고츠키는 듀이의 개인주의에 대한 관심을 공유하지 않으며, 개인 수준의 반성적 사고(자연적, 직접적, 행위와의 일치 등)를 요구하지 않는다. 언어는 어떤 순간에 개인적 성찰을 하기 위한 것이라기보다, 역사를 통해 활동에 의미를 부여하는 것이다. 활동이 역사적 소산에 의미를 부여하는 것이 아니라, 역사적 소산들이 매개로서 활동에 의미를 부여한다고 할 수 있다. 듀이는 흥미-의문-문제해결의 과정을 '개인적 수준'에서 설정한 데 비해, 비고츠키는 탐구과정에서의 의문이 개인 스스로에 의해서보다는 '사회적 상호작용'을 통해 '사회'에 의해 제시된다고 보았다. 즉, 근접발달영역에서 중간 매개자 혹은 지도자의 역할이 크다고 본다. 비고츠키는 자신의 도구적 방법이 듀이의 도구적 논리와 이름만 같지 다르다고 말한 바 있다. 비고츠키의 근접발달영역에서의 외부 조력은 비가시적인 것이며, 발달과정에 따라 그 기능이 다르다.

하고, 프레이리는 교육적 행동을 강조한다.Moreira & Pulino, 2021 비고츠키가 심리적 동력에 초점을 맞춘 반면, 프레이리는 교육의 단계들과 언어 분석에 집중했다. 프레이리는 발화하고 의미를 만드는 일을 동시적이고 상호적이라고 보았다.Freire & Macedoi, 2014: xi-xxi 그래서 교사는 학생들이 억압을 극복할 수 있는 더 높은 수준의 사고를 동시에 촉진함으로써 두 가지 접근 방식 모두로부터 이점을 얻을 수 있다.de Dourado, 2000 다만 교육을 공동체의 역사적/사회적 사실로 이해할 때 비고츠키와 프레이리는 각각 초점이 다르다. 프레이리 '사회적 행동social action'에 초점을 두었다면, 비고츠키는 '사회적 사고social thinking'에 초점을 둔 것이 다를 뿐이다.

물론 비고츠키와 프레이리 두 사람은 교육적 협력의 비전 사이에 상당한 긴장을 보인다. 비고츠키의 근접발달영역은 교사와 학생 사이의 명확한 역할의 비대칭을 전제로 하는 주도적 장인 데 반해, 프레이리의 경우는 교육이 교사와 학생이 동시에 교사이자 학생이 되면서 모순의 극단을 조정, 해결하는 것으로부터 시작한다.Freire, 1972: 46, 53 비고츠키는 인간 개발집단 및 개인이 실천에서 시작되고, 실천에 내재되어 있다는 분명한 원칙을 취한다.

여기에서 프레이리는 비고츠키와 마찬가지로 '닭이 먼저냐 달걀이 먼저냐'처럼, '언어가 먼저냐 사고가 먼저냐'라는 순환적 질문에 사로잡히지 않았다.Freire & Macedo, 2014: xxi 내적 대화와 외적 대화는 변증법적으로 상호작용한다는 면에서 두 사람의 제안은 단지 기본 문맹퇴치 제도만이 아니라, 좀 더 발전된 글쓰기 기법을 가르치는 프로그램에서도 강력한 수단이 될 수 있다. 프레이리와 비고츠키는 기호학, 문화 및 의식의 개념을 중심으로 한 텍스트 구성에서 마르크스주의 영향에 기초한 공통점을 보이고 있다.

비고츠키는 인간 활동의 특징인 고등정신 기능은 두 번 나타난다고 주장했다. 처음에는 개인 '사이', 즉 사회적 수준에서 나타나며, 나중에는 개인 '안', 즉 개인적 수준에서 나타난다. 처음에는 사회의 제도에 의해 인간의 의식이 구축되지만, 나중에는 인간의 의식이 사회의 제도를 창출한다고 주장했다.Wertsch, 1995 이러한 발달, 즉 내면화[126] 과정은 집단에서 시작해 개인으로 옮아가는데, 프레이리의 '의식화' 과정 또한 집단화 과정이면서 개인적 과정을 밟는다고 할 수 있다.

비고츠키는 의사소통을 사회적 실천과 통합된 상호작용 능력으로서 이해한다. 반면 프레이리는 은행저축식 교육의 교수학습의 전달 모델을 거부하고, 참여 주체간의 협력적 상호작용의 교육을 선호한다. 두 사람 모두 학습이 사회적 차원에서 개별적 차원으로 진화하는 유사한 교육적 순서, 그리고 사회적 상호작용을 매개하고 사고 과정을 매개하는 언어의 역할을 인정한다. 이러한 공통된 경로는 두 교육의 경향 사이에 존재하는 상호보완적 잠재력을 키우는 최종적 요청으로 이어질 수 있다. 반면 비고츠키의 문맹퇴치 방식이 더 높은 수준의 사고를 촉진하여 학생의 억압을 극복하고자 하는 프레이리의 문해교육은 사회정의를 구현하여 학생의 억압을 극복하고자 하는 더 깊은 투쟁의 요소를 보인다.

비고츠키의 언어관은 언어와 문화[127]가 응축된 '생성어generative words'를 강조하는 프레이리 교육론과 상당 부분 닮았다. 프레이리는 문해교육을 기술적 읽기·쓰기를 뛰어넘어 학습자가 언어를 읽고·쓰는 활동을 통해 자신들의 세계를 창조해 나가는 활동으로 보았기 때문이다. 언어와 사고에 대해서 별개로 취급하는 것이 아니라, 사고-언어로 묶어서 생각한

126. 어른과의 상호작용은 처음에는 겉으로 드러나는 의사소통의 형태로 이루어지고, 인간은 그런 외적 의사소통을 자기 자신과의 대화라는 내적 말과 생각으로 내면화(internalization)한다. 처음에는 외적 대화와 상호작용으로, 다음에는 내적 말과 소리 없는 생각으로 나타난다. 이것이 바로 환경이 인간에게 작용함과 동시에 작용받는 과정이다. 우리가 경험한 상호작용의 방식, 실패했을 때, 즐겁고 행복할 때나 무언가를 성취했을 때 나에게 해 주던 말, 문제해결 방식이 나에게 내면화되면서 나 자신에게, 그리고 내가 타인에게 행동하는 방식을 만들어 낸다. 그 과정에 '나'의 인격과 의지도 중요하게 작용한다.

127. 비고츠키의 '문화' 개념은 '서로 다른 생각의 가닥'을 말한다. 문화는 인간의 사회생활과 사회 활동의 산물이다.

다.Freire, 1970b/1979: 12 문해교육에서 생성어와 생성주제 역시 사고만 담고 있지도, 그리고 언어만 담고 있지도 않은 둘 모두를 담고 있는 것이다. 사고와 언어는 구체적인 역사문화의 현실 사이의 변증법적 관계에서 생성되는 것이다. 사고-언어가 소외되어 있으면 '참된 사고'를 할 수 없고, '참된 사고'를 할 수 없다면, 또한 대화의 본질인 '참말'을 할 수 없다.

그렇다면 어떻게 사고-언어는 참말과 참의식이 될 수 있을까? 프레이리는 여기서 언어사고를 행위행동와 결합시킨다. 즉 사고-언어-행동의 주체는 인간이며, 사고-언어-행동이 이루어지는 세계와 별개일 수 없으며, 변증법적이고 영속적인 상호변화 과정이라고 할 수 있다. 즉 읽고·쓰고·말하는 것과 이해하고·행동하는 것이 서로 얽혀 있는 것이다. 그래서 프레이리에게 실천은 이론과 행동을 통합한 형태의 '프락시스praxis'다. 프레이리는 의식화 활동 역시 의식을 가지는 것이 아니라, 현실에 대해서 행동하는 의식으로 이해해야 한다고 역설했다.Gaddotti, 2012: 89 프레이리의 이러한 관점은 말, 실천, 앎에 대한 여러 실존적 문제의식과 관련된다.

프레이리와 비고츠키의 이론적 대화는 사회정의와 연대를 기반으로 한 교육 및 심리·사회의 발전에 기여하는 것을 목표로 하는 여러 연구에서 재연되고 있다. 프레이리와 비고츠키는 그들이 몰두한 사회-문화 관계의 변증법적 변화, 주체로서 인간을 옹호하는 이론적, 표현적, 정치적 입장을 공유한다. 의식 및 인간의 자유와 관련하여 역사적으로 형성된 사회 모델이 제공되는 위험에도 불구하고, 프레이리와 비고츠키 모두 의식 구성 자체에 대한 결정론을 거부하고 있다. 비고츠키의 역사문화심리학과 프레이리의 변혁적 교육학은 모두 낙관적인 관점에서 자유를 중시하고 있다. 비고츠키는 자유와 발전으로서 스피노자의 주체 존재론과 공유하고 있는 반면, 프레이리는 자신감, 비판적 낙관주의, 운동변혁 또는 재창조을 인간화의 근본적인 차원에서 옹호한다.Moreira & Pulino, 2021 이 때문에 비고츠키의 심리학적 이론과 프레이리의 교육학적 이론 모두 인간의 진정한 욕망 및 필요의 해결을 목표로 해결책을 재발명·재창조하고자 한다. 우리는 또한 의식과 자각의 개념, 그리고 열린사회의 모델을 바탕으로 한 비고츠키의 역사문화심리학과 프레이리의 실천적 교육학 사이에는 몇 가지 유사함을 발견할 수 있다. 이들의 접근은 대화의 중요성과 다양성 속에서 살아 있는 인간의 존엄성을 중시한다.

또한 보다 연대적인 방안을 만들기 위해 사회정치적 자유의 정복에서 감정과 정서의 차원을 인식할 필요성을 주목해야 한다. 비고츠키의 문화역사적 활동이론cutural-historical activity theory[128]은 인간이 변증법적으로 발전한다고 보았고, 프레이리의 교육학 또한 마르크스주의[129]의 토대를 바탕으로 인간의 주관성을 사회적, 문화적, 역사적 현상으로 이해하는 데 중요한 기반을 구축했다. 프레이리의 논변은 심리학 또는 주관주의라고 부르는 것과 관련된 비고츠키의 비판적 관점을 받아들였고, 교육자교사의 말을 그대로 따를 경우 주체적 의식의 태동 가능성을 차단할 위험성을 염려하였다.

프레이리와 비고츠키 모두 역사와 언어의 언어의 숙달에 있어 상호연관성을 보여 주고 있다.Gadotti, 2012: 175 프레이리는 학습자의 환경에 초점을 맞추어 쓰기의 사회정치적 측면들을 논의한다. 해방적/혁명적 문해 프로그램들의 개발자로서 프레이리는 문해 프로그램의 목표가 학생들로 하여금 자신의 삶과 사회와의 연관성을 비판적으로 의식하고, 문해력을 자신의 환경을 변화시키는 수단으로 사용하도록 돕는 것이라 주장한다.[130] 프레이리의 교육이론은 학습의 배경이 되는 문화역사적 맥락을 중시한

128. 비고츠키 후학들은 아동발달을 논리적이면서 내적 일관성이 있는 '활동 이론'으로 정교화했다. 이 이론은 아동 발달에서 활동의 중요성을 강조하면서 인지적, 동기적, 사회적 측면의 통합적 발달을 촉구한다.

129. 마르크스의 설명에 따르면, 마르크스는 주관주의의 결정론에 종지부를 찍고, 객관성과 주관성의 변증법적 관계를 이해할 수 있는 토대를 구축했다.

130. 프레이리는 사람들이 자신의 사회적·언어적 현실을 변화시키기 시작한 많은 곳들, 즉 브라질, 칠레, 기니비사우, 쿠바, 미시시피 등에서 활동하며 실험적 시도를 했다.

다는 점에서 다른 구성주의 철학자피아제 등 급진적 구성주의자들와 다른 경향을 보여 준다. 피아제를 추종하는 주류의 구성주의 이론가들은 문화역사적 맥락을 무시하고 개인의 내면에서 일어나는 의식 변화에 집중하는 상황이지만, 비고츠키의 사회문화적 구성주의 심리학은 '인간이 언어와 도구를 매개로 세계에 대하여 실천함으로써 의식 변화가 일어난다'라는 입장에 동조하기 때문이다. 인지심리학의 대가인 브루너는 비고츠키로부터 받은 영감과 더불어 그의 연구를 돌이켜보면서 이렇게 말했다. "나는 그가 자연의 산물로서뿐만 아니라, 문화의 산물로서 인간을 이해하는 방식을 발견하기 위해서 여전히 필요한 자극제를 제공하고 있다고 생각한다."Bruner, 2011: 146

비고츠키는 사회적 상호작용이 인간 발달에서 지니는 중요성과 역할을 정확하게 인식한 아동학의 전문가이다. 인간의 고등정신기능은 자연발생적 혹은 생물학적 경로에만 의존하는 것이 아니라, 오히려 비-자연발생적인 문화적 노선에 크게 의존한다. 비고츠키의 이론에서 발달의 핵심 기제는 문화를 매개로 한 사회적 상호작용이다. 이처럼 사회적 상호작용은 비고츠키 이론의 중심적 개념 중 하나로서 인간 발달의 고유성을 설명하는 핵심 개념이기도 하다. 비고츠키에 따르면 어린이는 성장 과정에서 사회적 상호작용을 통해 비-의식적 영역을 의식적 파악의 영역으로 개척해 나간다. 어린이는 대상과 타인, 나아가 자신의 행동과 개념, 그리고 내적 심리과정 그 자체에 대해 의식적이 되어간다. 이것은 현대 심리학의 한 주제인 '메타인지'의 문제의식과 일맥상통한다.

비고츠키 이론에 대한 현대 교육학의 또 다른 주된 평가는 교육에 중요성을 가장 크게 부여한 발달이론이라는 점이다. 듀이는 학교와 같은 형식 교육에 대해 현대 사회의 상황에 따른 '유용성'의 측면에서 사회에서의 도구적 가치를 가진다고 인정한 반면, 비고츠키는 학교와 같은 형식 교육의 가치를 사회적 도구 이상으로 생각했다. 비고츠키에 따르면 학교에서 이루어지는 교수-학습 과정을 통해 정신기능 고차화의 공통 토대인 의식적 파악과 의지적 숙달이 발생하게 되며, 일상적 상황에서 부지불식간에 수행했던 과정들이 학교에서는 의식적이고 의지적인 형태로 이루어지게 된다.

우리는 아주 어린 시절 어른들, 특히 부모와 교사의 안내나 지도가 타인과 세계를 대하는 아동들의 태도와 습관 형성에 엄청난 영향력을 미치는 것을 쉽게 목격한다. 아동의 인지와 인성, 그리고 사회성 발달이 각각 분리된 것이 아니라, 아동 발달의 총체적 인격체로서 성장한다. 인간은 자신이 말하는 것을 현실로 변형시키고 성찰하는 과정을 통해 스스로의 존재 의미를 깨닫게 된다. 우리가 사용하는 입말과 글말, 동네 이웃 사람들 사이에 교환되고 있는 언어의 의미, 그리고 낱말과 행동 사이의 관계에 대한 이해를 통해 사태·사물과 사람 사이의 관계 및 소통 능력을 높일 수 있다. 읽고·쓰고·말하는 것과 이해하고·행동하는 것은 서로 얽혀 있다. 이론과 실천을 매개하는 말은 세상에 대한 이해 및 변화의 도구가 될 수 있다. 이러한 도구를 획득해야 비판적 문해력을 가진 시민이 될 수 있을 것이다.

비고츠키의 개념들은 과거의 이론임에도 현대 교육학자들과 현장 교사들에게 재조명되어 유효한 것으로 평가받고 수용되고 있다. 그것은 무엇보다도 비고츠키 이론이 가진 현상에 대한 높은 설명력 때문이라고 볼 수 있는데, 비고츠키 이론이 '인간 발달'이라는 현상에 대해 높은 설명력을 가지게 된 배경에는 특유의 연구 방법이 있었다. 비고츠키는 '발달 development'이라는 프리즘으로 인간을 연구함으로써 인간의 존재적 본질을 새롭게 조명했으며, 사회적 관계와 교육을 인간 발달에서 필연적 요소로 설정함으로써 추상적이고 선언적인 의미의 교육적 인간관을 넘어섰고, 교육과 인간 및 사회가 변증법적으로 통일된 '교육적 인간관'을 끌어냈다. 비고츠키에 따르면 인간 발달의 원천은 사회적 관계이며 "기호를 매개로

한 체계적이고 협력적인 상호작용"이 인간의 의식을 고양시키는 열쇠이다.

비고츠키는 마르크스의 사회적 관계와 교류가 개별 인간이 발달하는 토대라는 것을 바탕으로 발달 시기에 따라 발달을 이끄는 유의미한 활동들을 제시하였을 뿐 아니라, 학교에서의 교사와 학생의 체계적 협력 과정을 바탕으로 "과학적 개념과 일상적 개념의 상호 침투와 결합" 과정을 통해 개념적 사고가 형성된다고 규명함으로써 생산노동과 학습의 결합을 통한 인간의 전면적 발달이라는 마르크스 교육론의 기본 취지를 '발달교육학'의 차원에서 풀어냈다.진보교육연구소비고츠키교육학실천연구모임, 2015

비고츠키 이론에 따르면 발달의 원천은 사회적 관계이며 올바른 발달을 위해서는 관계가 협력적이어야 한다. 적대적 관계 속에서는 발달을 이끄는 교수-학습은커녕 성립 자체가 불가능하다. 이는 기능 발달의 저하로 연결될 수 있다. 최근 교육문제를 넘어 사회문제가 되고 있는 사건들은 가치와 교육과정에서 별도의 인성 함양 교육이 없거나 부족해서 발생한다기보다는 입시와 성적 중심 교육 패러다임이 '관계'의 적대성을 강화하며 교과교육이 입시-진도교육의 테두리를 벗어나기 어렵기 때문이다.

비고츠키 이론에서 인격은 '고등정신기능들의 총체'이며 이 인격은 처음부터 타고나는 것이 아니라 삶의 과정에서 변화하고 발달한다. 비고츠키의 인간 발달에 대한 총체적, 인과역동적, 발생적 관점과 도구와 기호, 언어의 매개적 역할, 고등정신기능, 개념적 사고와 주체성의 발달과정, 근접발달영역 창출 등의 개념들은 우선 교육현상과 실천을 이해하는 주요한 틀과 기준을 제공한다. 이러한 관점과 개념들은 교육 현상에 대한 이해로부터 한 걸음 더 나아가 '전인교육론'의 구성으로 나아갈 수 있는 지렛대가 될 수 있다.

비고츠키와 프레이리는 모두 개인의 성장이나 사회의 변혁을 위한 도구로서 언어의 중요성을 강조한다. 급격한 사회 변화가 일어나는 대전환의 시기에는 많은 사람이 나름의 새로운 미래를 상상한다. 이러한 전환적 국면에서 고차원적 사고를 할 수 있는 개념적 언어의 획득을 통해 세상의 변혁을 구현할 잠재력을 함양할 필요가 있다. 세상의 변혁을 위한 인간의 변혁, 그리고 이를 위한 변혁적 개념언어의 획득을 위한 학습을 필요로 한다.

## 14. 랑시에르의 바보 만들기와 해방교육의 접점

프레이리와 랑시에르Jacques Rancière, 1940~는 학습자 존중의 해방교육론을 제창했다는 점에서 공통점이 많다. 랑시에르의 『무지한 스승』은 불평등을 재생산하는 교육에 대한 의문을 제기하는 프레이리를 포함한 비판적 교육학critical pedagogy의 우산 속으로 들어가는 비판이론에 합류했다.Jagodzinski, 2018: 83; Baldacchino & Biesta, 2018: 143 민주적 평등과 지적 해방을 중시하는 랑시에르는 19세기 후반 유럽 대학의 교육 현실을 비판하며 지능intelligence[131]의 평등교육론을 전개했다. 1980년대 프랑스에서 교육개혁 논쟁에 개입한 『무지한 스승e maître ignorant/the ignorant master』1987에서 자코토[132]의 특별한 수업 성과는 처음에는 예술계에서, 이후에는 철학계와

131. '지능'은 타인의 검증을 거쳐 자신을 이해시키는 능력이다. 지능은 상황에 따라 구체적이며, 그 자체의 것이 아닌 역사적 힘과 외부 원인에 의해 조건 지어진다. 그리고 오로지 평등한 자만이 평등한 자를 이해할 수 있다(Rancière, 2013: 78, 142).

132. 자코토(Joseph Jacotot)는 네덜란드어를 전혀 알지 못함에도 불구하고, 망명지인 루뱅에 있는 가톨릭 대학에서 프랑스어를 강의해야 했는데, 그 과정에서 우연히 '보편적 가르침'을 실험하고, 그것의 놀라운 결과를 발견하게 된다. 네덜란드어를 전혀 몰랐던 그는 언어로 소통이 불가능했기에 오로지 프랑스어-네덜란드어 대조 번역판 교재 하나만을 매개로 삼아 학생들에게 프랑스어를 가르쳐야 했다. 자코토는 통역을 통해서 학생들이 이 번역본을 이용하여 프랑스어를 익히라고 주문했다. 그는 학생들이 1장의 반 정도에 이른 후에 익힌 것을 반복해서 읽고 외우라고 시켰다. 이후 학생들에게 그들이 읽은 내용에 대해 생각하는 바를 프랑스어로 써 보라고 주문했다. 부정확과 무능을 예상했던 것과는 달리 그 결과는 놀라울 정도로 성공적이었다. 자코토가 학생들에게 프랑스어의 철자법과 동사변화 같은 기본적인 원리조차 설명해 주지 않았음에도, 학생들은 자신이 아는 단어에 상응하는 프랑스 단어를 확인하고 그 단어들의 어미변화의 이치를 스스로 찾아냈다. 나아가 철자법도 점차 정확해지고, 학생들은 단어를 조합하여 작가 수준의 문장까지도 만들어 낼 수 있었다. 이 학생들에게 선생의 설명은 필요 없었다.

교육계에서 관심을 보였다. 교사가 학생에게 지식을 전달하는 것이 아니라 시행착오를 통해 자기 이야기를 스스로 만들고 학습하는 '구성주의적 읽기constructive reading'를 시도하고 있다.Biesta, 2017: 76-79 이것은 교사가 학습의 촉진자로 돌아가는 것이다. 랑시에르는 '무지한 선생'[133]의 주제를 가지고 관객에 대해 논해 달라는 요청을 받고, 그 요청에 답하면서 집필한 『해방된 관객』2008은 『무지한 스승』으로부터 시작된 실험적 담론을 이어갔다.

프랑스 68혁명 당시 적극적인 학생 활동가로서 가르치고 배우는 것을 직접 체험한 랑시에르는 혁명과 비판적 교육에도 불구하고, 여전히 불평등과 위계구조가 재생산된다는 점에 주목하여 지적 해방을 탐구했다. 그는 정규교육 수단을 갖지 못했던 노동자와 가난한 사람들이 자기 자식들을 직접 가르치는 자코토의 '보편적 가르침' 사례를 들며 지적 평등론을 편다. 그에게 가르침과 배움이란 동등한 지적 능력을 지닌 사람들이 만나 하나의 지식을 다른 지식과 연결시키는 과정이다. 유식한 선생이 무식한 학생에게 일방적인 설명을 통해 하는 지식 전달은 억압적일 뿐만 아니라 효과적이지도 않음을 보여 준다. 교육의 효과가 있으려면 무엇보다 우선 학생이 배우고자 하는 열의가 있어야 한다고 주장한다.

랑시에르는 지적 해방의 이론가인 자코토의 교육론에 기대며 기존의 엘리트주의적 계몽주의 교육론에 근본적으로 반기를 들며, 조건의 평등, 즉 평등주의 교육을 매우 흥미롭게 개진한다. 자코토로부터 대담하게 빌려 온 랑시에르의 급진적 교육학은 '설명자의 질서the explicative order'를 뒤집고자 한다. 이 새로운 교육학은 기존의 설명 질서에서 주요한 가정의 역전에 의존한다. 지능의 평등 원리는 설명자의 질서를 해체하고 새로운 급진적 교육학을 정초한다. 학생에게도 지성이 있다고 전제한다. 이러한

133. '무지한 선생'은 첫째, 학생에게 가르칠 것을 알지 못하는 선생이며, 둘째 어떤 앎도 전달하지 않으면서 다른 앎의 원인이 되는 선생이며, 셋째 불평등한 축소하는 수단들을 조정한다고 여겨지는 불평등에 대한 앎을 모르는 선생이다(Rancière, 2013: 32-33).

전제는 좀 더 논쟁적으로 말하면 교사의 무지를 가정하는 것이나 다름없다. 왜냐하면 교사는 학생들이 배우는 환경과 맥락 및 구조를 만들어 내면서 학생에게 '의지의 우위'를 강요하는 위치에 있기 때문이다.Chamber, 2019: 93-94

랑시에르는 보편주의 교육 담론동일한 학습 기회를 제공하라는 보편적 시민교육과 진보주의 교육 담론소수자들의 필요와 방식에 따르는 학습과 문화정치이 기묘하게 대립하는 역설적 상황을 만들어 내면서 개입한다. 교육과 계몽을 통해 불평등을 줄이고자 하는 진보적이고 비판적인 시도들은 그 과녁을 빗나간다. 오히려 기존의 감각의 분할, 말하자면 계몽하는 자와 계몽되는 자, 해방시키는 자와 해방되는 자, 가르치는 선생과 배우는 자, 고급문화를 배우는 자와 저급문화 및 자신들의 아비투스habitus, 항구적 성향 체제를 주입하는 자 사이의 분할과 기존의 위계 지어진 질서가 재생산된다.

그런데 전통적 교육자들은 학생이 배우려고 하지 않는 이유를 학생의 게으름이나 낮은 지능과 가정환경 등에서 찾았다. 이에 대해 자코토는 학생이 배우려고 하지 않는 것은 전혀 필요를 느끼지 못하기 때문이라며, 학생이 알지 못하는 것은 그가 알 필요를 느끼지 않아서란다. 그가 알 필요가 있는 것이라면 이미 그것을 알 것이며, 알지 못한다면 알려고 할 것이기 때문이다. 노동자가 배우려 하지 않는다면, 그것은 사회가 노동자에게 배우는 것이 쓸모없는 것이라고 인식하도록 만들기 때문이다. 사회는 노동자에게 그의 사회적 지위에 적합한 알아야 될 것들을 정해 주고, 그 외의 것들은 불필요한 것으로 인식하도록 만들었기에 그렇다. 그래서 철학책, 클래식 음악, 현대미술 작품을 이해할 수 없는 노동자는 지적 능력이 낮은 것으로 간주되고, 반면 그것들을 이해하고 즐기는 상류층은 지적 능력이 높은 것으로 간주된다.

이렇게 해서 마치 원래부터 사람들 사이에 지적 능력의 불평등이 존재하는 것처럼 생각하고 행동하도록 '아비투스'를 형성한다. 상급학교로 진학할수록 아는 것만큼이나 모르는 것이 점점 더 많아지며, 아는 사람으로 군림하는 선생은 또 다른 아는 자에게 정기적으로 재교육을 받도록 한다. 이러기에 전통적 교육이든 비판적 교육이든, 교육에서 아는 자와 모르는 자 사이의 평등은 결코 달성할 수가 없다. '보편적 가르침universal teaching'[134]을 신봉하는 진보주의자들은 진보를 위한 교육 방법을 신뢰한다. 그들은 보편적 가르침을 배우고 사회를 진보시키고 민중들을 지도하기 위해, 그것을 사용하고자 했다. 그런데 이들의 '보편적 가르침'은 민중을 지도하기 위한 방법이 아니라, 인간을 해방시키고 하는 방법이었다. 지식의 불평등을 교육을 통해 개선시키면서 무식의 단계에서 유식의 단계로 나아가는 것이 교육의 진보이기 때문이다. 그런데 모든 인간은 동등한 지적 능력과 스스로 배울 수 있는 의지를 갖고 있다는 자코토의 평등론과 지적 해방의 담론은 잊히고, 다른 한편으로 보편적 가르침은 의미가 변질된 진보적 교육 방법으로 전락하는 난관에 봉착하였다.

이 지점에서 랑시에르는 소크라테스와 자코토를 비교하면서 전통적으로 권위적인 교육에 맞선 해방의 교육자로서 소크라테스가 거리로 나가 질문자에게 말하는 그의 담론 진행 그 자체로부터 스스로 가르치는 진리를 이끌어 내는 방식에 대해 문제를 제기한다. 자코토의 사유나 대화는 소크라테스를 해방자가 아니라, 오히려 상대를 '바보'로 만드는 데 일조한 사람이라고 반격한다. 즉 소크라테스는 제자가 스스로 자신의 담론 내의 공백 및 모순aporia[135]과 마주하게 되는 무대를 만들었다는 것이다. 말하자면 소크라테스주의란 바보 만들기의 조금 개선된 형태나 다름 없다는 것이다.Rancière, 2013: 65[136] 소크라테스의 질문 방식은 앎의 길이 있

134. 랑시에르의 '보편적 가르침'이 신칸트주의(윤리적 기능의 핵심으로서 선의지의 자유로운 행위, 반-정초적·형식적·보편적 법칙, 그리고 순수이성에 따른 의지를 지향하는 예외 없는 정언명령)의 적용으로 설명하기도 한다(Lewis, 2012: 77).

135. '아포리아'는 당혹스러움이나 어쩔 줄 몰라 함의 정신적 상태, 해결하기 어려운 문제, 난제와 모순을 의미한다. 원래는 '막다른 골목' 정도의 뜻으로 쓰인다. 그러나 이론을 발전시키기 위해서는 우선 문제점을 명확히 한다는 의미에서 '아포리아'의 발견을 중시하는 경우도 있다.

을지라도, 전혀 해방의 방안을 만들어 주지는 못했다며, 이런 교육 방식은 제자를 완전히 '우매화abrutissement/stultification', 즉 '바보'로 만드는 것이나 다름없다고 질타한다. 선생은 학생이 스스로 이해할 수 없다고 가정하고, 즉 스스로를 '바보'라고 가정하는 학생에게 '설명explication'만 할 뿐이다.Chambers, 2019: 11 말하자면 학습자 스스로 자신의 불충분성을 스스로 드러나게 하여 비일관성을 끌어낼 뿐이다.Rancière, 2020: 548

반면 자코토는 진리를 스스로 깨닫게 하는 소크라테스의 질문식 교육 방법과는 다른 방식으로 가르쳤다. 교육적 관계에서 선생은 말을 하고, 절대로 자신의 지식을 제자의 머리에 집어넣으려고 하지 않는다.Rancière, 2020: 847 소크라테스의 방법에는 앎의 길은 있을지언정 해방의 길은 없기 때문이다. 거기서 노예적 앎의 방식은 선생에게 의존시키는 길, 즉 무능의 증명을 통한 길로 나가게 한다. 우리의 이웃이나 부모들 누구나 아이의 말이나 글에 주의를 기울여 주기만 한다면, 아이들은 스스로 비교하고 구별하고 인식하여 알아보며 질문할 수 있다. 이렇게 비교하고 식별하여 인간적으로 질문하는 방식은 모국어를 배우는 아이가 언어와 기호의 세계로 진입하여 지능을 자율적으로 발휘하도록 '진정한' 질문을 하게 한다.

그런데 '무지한 선생'은 학습자의 지능, 특권, 기술 등의 우연성을 제거함으로써 자신의 의지를 학생의 의지에 직접적으로 지시하며 복종하게 한다. 한마디로 학생을 '바보'로 만드는 것이다. 여기에서 '설명하는 선생explicative master'은 교사와 학생 사이의 의존구조뿐 아니라, 지시의 위계까지 만들어 낸다.Lewis, 2012: 27 무지한 선생은 자의적 고리 안에 지능을 가두려는 교육자이다.Rancière, 2013: 35 선생은 우월한 지능을 가졌기 때문에 자신이 가지고 있는 지식을 학생의 지적 능력에 맞추어 전달할 수 있는 능력이 있고, 또 학생이 배운 것을 잘 이해했는지 검증할 수 있는 위치에

136. 랑시에르는 소크라테스를 최초의 무지한 선생으로서 플라톤을 최초의 바보를 만드는 자로 적시했다.

있다. 이런 선생의 교육 방식은 '설명'의 원리에 의존하고 있다.

랑시에르와 프레이리 사이의 논점은 두 가지로 분류하여 정리할 수 있다. 랑시에르가 사례로 든 자코토와 프레이리와의 관계는 첫째, 지적 해방과 사회적 해방 간의 관계와 연관되어 있다. 자코토의 사유 방식은 집단으로서의 가난한 사람들을 의식적으로 무장시키는, 프레이리가 강조하는 '의식화'의 작업과는 좀 다르다. 자코토의 사유는 개인들에게 말을 건다. 이 점에서 자코토의 지적 해방과 프레이리의 사회적 해방 사이에는 의도의 차이를 보여 준다. 다만 정치적 해방 운동의 매개로서 지적 해방의 과정과 사회적 제도가 분리되어 있다는 점은 양자에게 공통적이다. 둘째, 교육의 방법이 가난한 자들을 교육하기 위한 수단으로서 어떤 것을 전제한 프레이리의 교육 접근 방식은 자코토의 방법과는 차이를 보인다. 왜냐하면 자코토에게는 관계의 재생산 혹은 근본적인 장치로서 제도적 대안은 없기 때문이다.

랑시에르의 '무지한 스승' 담론은 궁극적으로 세계로부터 닫힌 바보를 만드는 무지보다는 '호기심curiosity'의 작업을 통해 세계의 숭고한 아름다움을 여는 '민주적 무지'를 드러내고자 한다.Lewis, 2012: 134 이 지향점은 세계의 사실사태에 대한 자각, 즉 인간 의식이 '인식론적 호기심'의 역량을 고양시키고 자각을 심화시키기에 사회의 변화를 위해 반드시 체득해야 할 수단을 주창하는 프레이리의 '의식화' 개념과 닮았다. 프레이리는 무엇을 공부하느냐보다는 왜 공부하느냐 하는 비판적이고 정의로운 호기심을 강조하기 때문이다.

바보 만들기의 굴레에서 벗어나는 해방으로의 전환을 모색하는 랑시에르의 '바보 만들기 교육stultifying pedagogy'은 결국 교사와 학생 사이의 유식과 무식, 활동성과 수동성의 엄격한 위계를 확립하려는 교육적 실천, 말하자면 프레이리의 '은행저축식 교육banking education'의 여러 특징과 상당히 유사한 면을 보여 준다.Lewis, 2012: 10-21; Biesta, 2017: 68-69 프레이리와 랑시에르는 모두 교사가 교재를 말로 그리고 입으로 설명하고, 학생은 무조건 들어야 하고 암기해야 하는 기존의 교육 형태에 대해 매우 비판적 태도를 보였다. 교육은 동시적으로 일어나는 앎의 행위이고, 정치적 행위이고, 그리고 예술적 사건인데도 말이다. 교육은 인식과 예술, 그리고 정치와 함께 결합되어 있다. 교육은 마치 '무대 위의 공연'을 하는 것이나 다름없다고 할 수 있다.Lewis, 2012: 56

배우와 관객 사이의 불평등을 고수하려는 기획은 전자의 능동성과 후자의 수동성이라는 근본 전제를 되풀이하는 한에서만 유지되며, 이것이 『무지한 스승』의 '불평등의 고리', 즉 '바보 만들기'와 닮았다. 그래서 수동적 관객/구경꾼이 아닌 '해방된 관객'은 "학생들에게 숲에서 직접 모험을 해 보라고 말한다. 학생들이 스스로 숲에서 본 것에 대해서 이야기하고, 어떻게 생각하는지 이야기하라고 말한다. 또한 그들이 그것들을 스스로 입증하고 검증하라고 말한다. 전통적 교육론에서는 선생의 설명과 지도가 필수적이라고 당연히 전제하지만, 랑시에르의 '급진적 교육학radical pedagogy'은 그러한 설명의 전제가 전복되어야 할 신화라고 본다. 이런 허구적 논리와 질서는 단절되고 전복되어야 한다.Rancière, 2020: 19 '설명하는 선생'의 질서는 필수적이지도 않고 당연하지도 않은 '바보 만들기'의 원리에 기초한 질서라고 할 수 있다.신병헌, 2019: 334 '설명'은 분명 미래의 평등이라는 대의를 위해 지식의 불평등한 상황을 줄이기 위한 수단으로 등장했지만, 그 자체가 도래할 평등을 위해 불평등의 간극을 재생산하는 논리를 함축하고 있다.

전통적으로 받아들이는 교사의 역할이란 학생들에게 설명하고 해설하고 교훈을 전해 주며, 텍스트의 의미를 보여 주는 데 머물고 있다. 그래서 교육적 실천의 설명이나 통상적 관행은 학습자의 불평등을 드러낼 뿐이다. 교육자가 선생인 까닭은 학습자들이 스스로 이해할 수 없는 텍스트를 설명할 수 있는 능력이 있기 때문이다. 이러한 전통적인 의미의 가르침은 학생과 교사 사이의 '지능의 불평등'을 전제하고 있다. 전통적인 가르침이 정립한 이러한 전체적 구조에 대해 랑시에르는 학생의 무능력에 더해 설정된 유일한 질서인 '설명자의 질서'를 문제삼는다.Chamber, 2019: 93 설명은 설명자가 행사하는 질서의 핵심에 위치한다. 설명자는 '거리두기의 기술'을 소유한 자이다. 선생의 비밀은 가르친 교과와 지도해야 하는 주체 사이의 거리를 식별할 줄 아는 데 있다. 그것은 또한 배우는 것과 이해하는 것 사이의 거리를 식별하는 것이기도 하다.

설명자는 거리를 설정하고 없애는 유능한 선생이다.Rancière, 2016: 17 선생은 텍스트를 설명하면서 지도하고, 학생은 그 설명을 이해하면서 배운다. 학생은 이렇게 배우면서 스승과의 거리를 좁히지만, 학생의 배움에는 끝이 없기에 스승과의 거리는 다시 벌어진다. 이 상황을 보면, 유식한 선생과 무지한 학생 사이에는 '설명'이라는 매개가 있다. 설명은 학생의 이해로 변환되어 사라지는 매개가 된다. 그리하면 선생의 지능과 학생의 지능은 직접 연결되고, 학생의 지능에 대한 선생의 지능의 우위가 고착되면 학생을 '바보'로 만든다. 그래서 랑시에르는 설명을 불평등주의에 바탕을 둔 교육학의 신화라고 비판한다. 『해방된 관객』에서 연극 개혁자들은 스펙터클의 악과 참된 연극–능동적 관객=행위자로 이루어진 살아 있는 공동체 집단의 산출– 사이에 사라지는 매개로서 연극을 내세운다는 점에서 교육학 모델을 따른다.Rancière, 2020: 218-221 단지 능동적인 배우와 수동적인 관객이라는 대립물의 통일이 아니라, 관객과 공연되는 연극 사이에 새로운 관객, 즉 비판적이고 능동적인 관계를 창조하는 것이며, 관객이 미완성의 연극을 완성시키는 배우가 되는 식이다. 이를 위해서는 연극과 관객의 '거리'를 만들어야 하는데, 이 거리란 '의식의 환상들에 대한 비판이자 그 실재적 조건들의 드러내기'이다. 관객의 '거리두기'를 가능케 하는 극의 구성, 연극과 관객 사이 거리를 설정하는 '거리의 기술', '사라지는 매개'인 연극이 끝난 뒤 현실에서 배우/행위자가 되는 관객은 랑시에르가 문제삼은 교육학적 주제가 모두 들어 있다.

그러기에 무능한 사람들, 즉 볼 줄 모르는 사람들, 자신들이 본 것이 무엇을 의미하는지 모르는 사람들, 획득한 지식을 투쟁의 에너지로 바꿀 줄 모르는 사람들을 치료하는 것을 그 목적으로 하는 사회비판의 절차들에 대해 탁월하게 통찰하는 '해방된 관객'으로서 참여해야 한다. Rancière, 2020: 842[137]

이러한 발상은 랑시에르가 인간이 지적 능력이 평등하다고 보는 데서 도출된 것으로서 '해방적 학습emancipatory learning'을 설정하고 있다. Biesta, 2017: 60 의지의 강도가 다름에 따라 학력의 차이는 날지언정 앎 능력에서는 차이가 나지 않는다는 지적 평등주의 노선을 취한 것이다. "무지한 자도 다른 무지한 자를 가르칠 수 있다. 모든 사람은 지적으로 평등하다. 설명에 의존하는 교육은 바보 만들기 교육에 불과하다." Rancière, 2009 물론 랑시에르는 '물질적 평등주의자'가 아니라, '지적 평등주의자'의 입장을 취한다. 이 점에서 기존의 평등주의자들과 다르다. 그리고 무식한 자가 다른 무식한 자를 가르칠 수 있다는 랑시에르의 말은 프레이리의 '문제제기식 교육problem-posing education'이 강조하는 가르치는 자가 배우는 자가 될 수 있다는 말과 상통한다. 프레이리도 말한다. "교사는 더 이상 가르치는 유일한 사람이 아니라, 그 자신도 차례로 가르침을 받으면서 가르쳐야 한다." Freire, 1973: 80

랑시에르도 프레이리의 은행저축식 교육과 흡사한 전통적 교육론의 사례를 제시한다. "아이들은 듣고, 기억해 두고, 따라 하고, 되풀이하고, 틀리고, 고치고, 운 좋게 성공하고, 방법을 익혀 다시 시작한다." Rancière, 2013: 1891 관찰하기, 기억에 담아 두기, 되풀이하기, 검증하기, 알려고 하는 것과 이미 아는 것을 연관시키기, 행하기, 행한 것에 대해 반성하기, 학생들

---

137. 배우(acteur)와 관객(spectateur)은 로마 어원이 가리키듯 각각 '능동적인 행위자(actor)'와 '수동적인 구경꾼(spectator)'을 말한다. 전통적으로 행위(인식)와 보기의 구분은 연극에 뿌리박고 있다.

은 가서는 안 되는 식으로 수업을 진행한다.Rancière, 2013: 26 이런 '설명식' 교육 담론은 교육자의 행위이기에 앞서 교육학이 만든 신화라고 할 수 있다. 또한 교육학의 신화는 세계를 둘로 분할한다. 그것은 유식한 정신과 무식한 정신, 성숙한 정신과 미숙한 정신, 유능한 자와 무능한 자, 똑똑한 자와 바보 같은 자로 분할하는 세계는 우화 거리다. 설명하는 자만 가지는 재주는 이처럼 이중으로 시작하는 몸짓일 뿐이며, 배워야 할 모든 것의 뒤에 무지의 베일을 씌운다.Rancière, 2013: 20

이런 교육 방식은 교육자가 세계를 학생의 '안으로 들어가도록' 일방적으로 규제하는 것이나 다름없다. 이 경우 지식은 교사가 학생들에게 떠먹여 주면서 '살만 찌도록 길러지는', '잔뜩 채워 넣는' 것이나 다름없다.Sartre, 1947[138] 이런 현상을 두고 프레이리는 사르트르1959의 말을 빌려 '소화식digestive', '영양식nutritive' 교육 방식이라고 명명한다.Freire, 1973: 63 사르트르는 "아는 것은 먹는 것이다"라며, 알기 위해서 '채워 넣거나', '먹여지는' 인간의 모습을 비판한다.Freire, 2003: 107 읽은 것을 단순 암기하여 '써먹는' 박약한 지식인들의 공부 지식에는 인위적 개념인 살만 찌우는 '영양사적' 지식 개념밖에 없는 것이다. 이렇게 낱말들로 구성된 지식은 학습자들의 자발적이고 창조적인 노력에 의해 획득되는 것이 아니라, '채워 넣어지는' 것인 셈이다. 이러한 개념에 따르면, 인간은 읽고 쓰기를 배우는 과정의 주체가 아니라, 객체, 즉 수동적 존재에 불과하다. 객체로서 인간이 할 수 있는 일이란 자신의 사회문화적 현실과 전혀 상관이 없거나 없다시피 하고, 그리고 거의 완전히 소외되어 있고 동시에 소외시키는 각본에 짜인 각 과목을 '집어넣는' 것뿐이다. 학습자들의 의식을 '텅 빈 공간'으로 간주하여 낱말과 문장들을 그 공간 속에서 채워 넣는 작업만을 되풀이할 따름이다.

기존 교육학에서 일반화되어 온 방식인 '설명하는 방식의 가르침'은 선

---

138. 사르트르의 지적은 『후설 현상학의 근본이념: 지향성』(1947)에서 빌려 온 것이다.

생이 학생에게 지식을 전달함으로써, 학생이 선생의 지식 수준에 도달하도록 점차 끌어올리는 방식의 주입식 가르침이다. 즉 지식 전달과 체계적인 정신 형성으로 나가도록 하는 방식의 가르침이라는 것이다. 설명하는 가르침의 방식에서 선생이 행하는 것은 그 본질에서 학생이 우연의 길에서 길을 잃지 않도록, 원리부터 단순한 상태에서 복잡한 것으로 앎을 체계화시키고, 사회적 용도에 따라 요구되는 수준의 판단과 취향을 형성시키는 일이나 다름없다. 어떤 것을 '설명' 한다는 것 자체가 논리적으로 설명이 없이는 알 수 없다는 것을 전제하고, 다른 한편으로는 설명을 통해서 무지한 이의 무능함을 증명한다.

이럴 경우 학생 스스로 '지적 피지배자'가 되게 할 뿐이다.목영해, 2012 이렇게 무지의 선생에 의한 바보 만들기 교육은 설명하는 선생에 의해 창출되는 '무능의 연출'을 통해서, 그리고 그로 인해 자신이 무능하고 지적으로 열등하다는 느낌, 즉 '바보 된 느낌'을 갖게 된 학생의 상태를 일컫는 말이다.신병현, 2019: 337 이런 비판은 모두 기존 가르침에 대한 접근들에서 당연시되었던 암묵적 전제들과 관련된 것들이고, 랑시에르는 이를 역설, 또는 위계적 질서를 합리화하는 허구라고 부른다. 그는 이런 역설들과 새로운 역설을 대질시킴으로써 기존 가르침의 질서가 디디고 있는 토대의 허구적 성격을 폭로하고, 그것을 '바보 만들기' 원리에 기초한 교육 질서라고 명명할 수 있다.

그래서 랑시에르는 무식ignorance과 유식intelligence의 영구적 거리를 만들어서 학생을 '바보'로 만드는 방식의 '설명하는 선생' 이론을 넘어서는 시도를 한다. 민주주의의 구현을 위해 취약한 위치에 있는 아이들을 위한 지능[139]의 평등을 강조하면서 평등이 언제나 앎의 평등이자 누구나 또는 모두를 위한 평등의 정치여야 한다는 것이다.Chamber, 2019: 88[140] 앎의 능력

139. 이성과 의지가 동의어이듯, 평등과 지능은 동의어다. 개별 인간의 지닌 지적 능력을 정립하는 동의 관계는 사회 일반을 가능케 하는 동의 관계이기도 하다.

이라는 평등은 인류를 이어주는 공통의 끈이자, 인간 사회가 존재하기 위한 필요충분조건이라고 할 수 있다.Rancière, 2013: 143 정치의 일상적 활동을 '치안의 실천'이라고 정의한 것과 마찬가지로, 설명은 교육 영역에서 '바로 만들기'와 유사하다.Chamber, 2019: 93 자신을 해방하지 않고 가르치는 자는 학생을 바보로 만든다.Rancière, 2013: 39 이것은 학습자를 교육자의 지식을 단지 수령할 뿐인 '빈 그릇'으로 보는 프레이리의 설명과 닮았다.Freire, 2003: 182-185

유식과 무식, 유식하다고 가정된 선생과 무식한 선생의 대립에 대한 랑시에르의 고민은 흔히 부친살해에 비유하곤 하는 『알튀세르의 교훈』1974까지 거슬러 올라간다. 그는 알튀세르의 이데올로기 대 과학의 대립 속에 대중의 무지와 피지배 상태가 영속될 수밖에 없다고 보았다.[141] 왜냐하면 과학주의는 대중의 무지가 이론적 실천을 하는 지식인 혹은 과학자의 개입을 통해 앎으로 전환된다고 가정하는 바, 여기에서 무지한 자는 항상 무지한 자로 '전제'되며, 무지한 자와 아는 자의 구분이 존속하는 한, 지적 평등은 도래하지 않을 것이기 때문이다. 랑시에르는 지식인들이 쉽게 빠지는 이런 식의 과학주의와 유식주의의 고리를 신랄하게 비판한다.

랑시에르의 교육철학은 설명을 통한 바보 만들기의 덫에 빠지지 않고서 반-바보 만들기를 추구하는 '급진적 교육학'이라고 할 수 있다.Chambers, 2019: 11 그의 평등주의 교육론은 엘리트주의적이지 않으면서

140. 학교는 사회와 권력의 기능 논리가 재현되는 상징적인 장소이다. 학교는 또한 경제사회적인 질문을 공동체와 개인 간의 관계의 질문으로, 다시 말해 불평등에 반대하는 투쟁을 평등에 관한 투쟁으로 옮기기 위한 모범적이고 상징적인 장소이다. 따라서 학교에 대한 공화주의자의 담론은 우선 '기회 평등'의 문제, 다시 말해 사회적 질서의 숙명에 반한 투쟁이 학교의 역할 한가운데 차지한다. 그러기에 기회 평등을 위한 투쟁은 위계질서, 초월성 등등의 복권을 위해 개인 소비자들의 평등주의에 반한 투쟁이 되었다(Rancière, 2020: 726-727).

141. 알튀세르의 제자들 중에서 68운동을 겪으면서 알튀세르에 대해 공개적이고 신랄한 비판을 가하면서 결별을 선언하고 새로운 길을 모색한 사람이 있었다. 그가 바로 랑시에르다. 그는 알튀세르의 이론적 전제들을 갖고서는 68운동의 정치적 의미를 전혀 이해할 수 없을 뿐 아니라, 심지어는 마르크스주의의 원칙을 배반하고 68운동을 공격하는 수정주의자들의 도구로 사용되기 때문이라고 주장했다. 랑시에르는 68운동이 일으킨 충격파 속에서 대중의 자발적 힘을 가능하게 만드는 감성과 욕망에 관심을 갖는다.

지적 해방의 가능성을 모색하는 진보적 교육론이라고 할 수 있다. '문제제기식 교육'을 제창한 프레이리와 '무지한 스승' 이론을 제창한 랑시에르는 교육에 대해서 공통된 관심을 갖고 있다. 그는 이를 다음과 같이 진술한다.

> 교육이란 우선 능력, 억압된 자나 '혜택을 받지 못한 계급'의 사람들이 소유한 능력을 밝힌다는 것을 의미합니다. 반면 '지적 해방'은 억압된 자를 위한 특수한 교육학이 없다는 것, 가난한 사람들이나 억압된 자들에게 적합한 교육이 없다는 것을 의미합니다. 만일 억압된 자를 위한 어떤 교육학이 있다면, 그것은 지적 해방의 일반적 이념의 특수한 경우로서 생각해야 한다는 것입니다. 왜냐하면 근본적으로 해방의 이념은 부자나 가난한 자 모두에게 동일하기 때문입니다.Rancière, 2020: 877

자코토는 "우리는 불평등에서 출발하는 것이 아니라, 우리는 평등에서 출발해야 한다"라고 주장한다. 사람들이 나중에 평등해지기 위해 우리가 줄이고자 하는 불평등한 실존에 대한 담론과의 거리를 취하는 것이다. 항상 이미 주어진 평등 능력이 있다. 따라서 우리는 지식의 결핍 또는 이해의 결핍으로부터 출발해서는 안 된다. 무지하다고 전제되는 사람이 이미 현실화할 수 있는 모든 능력으로부터 출발해야 한다. 지식인과 무지한 자, 선생과 학생이 공유하는 것, 즉 평등적 참여로부터 시작되어야 한다.Rancière, 2020: 868

랑시에르의 논의 안에서 평등이란 언제나 지능의 평등이면서 '누구나'와 '모두'의 평등이다.Chamber, 2019: 88 그의 평등에 대한 헌신은 그의 정치에 대한 헌신과 맞물려 작동한다. 그에게 있어 평등의 정치는 항상 '누구라도'의 정치이며, '누구나'와 '모두'의 정치이다. 그의 평등 이론은 질서 짓는 원리가 아니라, 차라리 '탈-질서화의 기제'—모든 지배 체제를 의문에 부치는 하나의 논리—이다.Chamber, 2019: 89 이런 생각이기에 그에게서 아나키스트의 사상적 면모를 보게 된다.[142] 제도화를 거부하는 자코토의 아나키스트 사고는 마르크스주의 사회학과 프로이트 정신분석을 결합하고자 하는 랑시에르의 야심 찬 시도로 볼 수 있다.de Castro, 2015: 23-42

랑시에르의 평등은 투쟁의 과정에서 출현하며 주체적으로 입증되는 어떤 것이자, 지금 여기에서 그것이 무엇이며, 무엇이 아닌지가 선언되고 경험되는 어떤 것이다. 여기서 출현하는 평등 논의는 지적인 대결과 노동자들의 투쟁을 연결하는 핵심적 개념이다. 그의 평등 이론은 평등을 불평등과 엮어 주는 매듭을 움켜쥐는 과정을 통해 입증된다. 평등과 불평등은 언제나 서로에게 매듭으로 엮여 있다. 평등은 자신만의 공간에 거주하거나 자신만의 공간을 창조하지 않는다. 평등도 불평등의 공간, 즉 치안질서를 오염시킬 수 있다. '치안'[143]이라는 단어가 순찰차를 타고 다니거나 경찰봉을 휘두르는 경찰관의 이미지를 연상하기도 하지만, 근본적으로 인간 존재자들 사이의 위계적 관계들을 결정하는 법과 질서의 강제력을 의미한다. 즉 치안질서는 인간과 사물 간의 관계를 설정하기에 또한 하나의 물질적 질서를 구성하는 규범이기도 하다. 치안질서는 사회의 다양한 부분들의 분할과 배분을 구성하는 사회의 수직적 구조를 암시한다. 위계와 지배의 사회질서인 치안질서는 볼 수 있는 것들과 말할 수 있는 것들의 질서라고 할 수 있다.

랑시에르는 교육으로부터의 해방을 재고해야 3중의 모순을 극복할 수 있다고 지적한다. 첫째, 해방교육emancipatory education은 종종 해방의 행위

142. 랑시에르는 도대체 왜 어떤 인간들이 다른 누군가를 지배해야 하는지의 문제에 대해서 납득할 만한 아무런 이유도 찾을 수 없었을 것이다. 이 사실은 지배자의 통치가 이뤄지는 궁극적 토대가 된다. 궁극적으로 지배의 실천은 지배할 이유의 부재에 의존한다.

143. '치안'은 감각적인 것의 나눔을 집행하는 수단이라고 할 수 있다. 랑시에르는 이를 '치안적 나눔'이라고 불렀다. 푸코의 '통치성(governmentality; 목적에 편리하게 이를 수 있도록 정리된 사물들의 적절한 배열)'과 유사하다. '치안'의 반대는 '정치'이다.

에서 불평등한 의존성을 구성한다. 이런 차원에서 평등은 영구적으로 지연될 수 있다. 둘째, 모든 해방교육의 출발점은 불평등을 전제한다. 여기서 랑시에르는 불평등을 전제하는 순간, 교육자와 학생은 역할의 위계적 배분의 영원한 회귀에서 벗어날 수 없는 치명적 울타리에 갇히게 된다. 셋째, 해방이 관련된 사람들의 '최고의 이익'을 위해 행해지기는 하지만, 해방되는 사람들의 신념, 지식 및 경험에 대한 의심이나 불신을 가지고 행해진다.Lewis, 2012: 81

특히 대학의 교육을 중심으로 실험적 시도인 '적게 가르치는' 랑시에르의 해방교육론은 이론앎의 권위라는 지렛대를 둘러싸고 로고스이성와 파토스감성의 새로운 분할을 통한 생각하기와 말하기의 위계적 분화를 향한 열정을 자극했던 스승 알튀세르의 교육적 실천과는 좀 달랐다. 달리 말하면 이것은 두 가지 열정의 경합—불평등을 조장하는 '위계적 열정'과 불평등의 제도를 차단하는 '민주적 열정'—이다.Lewis, 2012: 23 알튀세르의 마르크스주의[144]를 비판적으로 계승한 랑시에르는 20세기 유럽 대학을 자신이 실제 경험한 것을 중심으로 보편적 가르침의 행위를 통해 '선생master'—프레이리의 은행저축식 교육자banking educator와 같은—의 가르침이 보여 주는 지능의 불평등을 전복시키고자 했다.

랑시에르는 자유와 평등의 세계에서 사람들은 과거와 다르게 자유롭고 평등한 개인으로 믿고, 실제로 그런 것처럼 사유하고 행동하고 욕망하거나 유토피아를 추구한다는 점을 프랑스혁명기의 노동자들이 남긴 문헌들을 통해서 확인했다. 그는 역사적으로 대부분의 진보적인 사회와 실천들에서는 빈민, 민중, 노동자 등에 대해 엘리트에 의해 허구적으로 주조된

144. 랑시에르는 발리바르, 바디우와 더불어 널리 알려진 포스트-알튀세르주의 정치철학자이다. 랑시에르는 알튀세르(억압적/물리적 국가기구와 이데올로기 국가기구를 통한 민중 통제)와 관계에서 철저한 단절보다는 스승과 제자라는 다소 복잡하고 미묘한 관계를 보였다. 랑시에르는 명확한 행위자 이론을 결여한 알튀세르의 구조주의 비판론과 전체주의적 국가통제 이론을 비판적으로 계승했다.

형상을 기준으로 삼아 계몽화·의식화시키고자 했다는 점을 비판하고 있다.신병헌, 2019: 354 랑시에르의 급진적 교육학해방교육론은 기존 교육이론과는 뚜렷하게 단절되고 이질적인 특이한 교육이론이라고 할 수 있다. 그것은 기존 교육론이 전통주의적 교육론이든 진보주의 교육론이든 비판적 교육론이든 간에 전혀 다른 내용과 전제에 기초한 교육론을 전개하고 있기 때문이다.

프레이리의 미래를 모르는 불확실성과 예측불가능성은 랑시에르의 '교육 불가능성' 또는 '해방적 무지emancipatory ignorance'와 닮았다. 비판적 교육학은 해방적 무지를 위해 프로그램을 수행하는 데 있는 것이 아니라, 계속 열어 놓고 있다. 문제는 이론의 정합성에 있는 것이 아니라, 교육학적이고 정치적인 정합성에 있다. 그러기에 비판적 교육학의 권위를 포함하여 모든 권위의 주장에 도전해야 한다. 이것이 의미하는 것은 어떤 우월한 지식이나 특권적 비전의 이름으로 도전할 수는 없다는 것이다. 그것이 억압받고 주변화된 사람의 지식이나 비전이라고 하더라도 마찬가지다. 그것은 근본적으로 '무지'에 토대를 두고 진행되어야 한다. 이것은 존 롤스의 '무지의 장막'을 연상하게 한다. 이 무지는 순진무구한 것도 아니고 냉소적인 것도 아니다. 이 무지는 미래가 어떻게 될 것이고, 어떻게 되어야 한다는 것을 알고 있다고 주장하지 않는다. 이것은 길을 보여 주는 것이 아니고, 여행의 출발을 알리는 초대장을 보내는 것이나 다름없다. 생각하는 내용을 말하는 것이 아니라, 그것에 대해 어떻게 생각하는지를 물을 따름이다. 요약하면, 폭로의 가능성 여지를 주는 무지이다. '해방시키는 무지'인 것이다.

결국 전통적 교육학은 뒤집기inversion 논리를 통해 아이들을 바보로 만든다. 랑시에르의 급진적 교육학은 설명자의 질서에 대한 도전과 강제적인 바로 만들기를 피하고자 하는 노력하며, 비판적 사유의 새로운 형태를 위한 길을 시도한다. 랑시에르는 해방에 대한 자신의 변별적인 발상, 즉 해방의 관념을 전도의 어떠한 구조로부터도 절연시키는 발상을 강조한다.Chamber, 2019: 350 여기서 해방은 하나의 신체가 그 신체에 부여된 미리 결정된 모든 역할들로부터 단절하는 것을 말한다. 해방의 또 다른 유형에 대한 이러한 헌신은 '무지한 스승'이라는 랑시에르의 급진적 교육학을 전도에 의지하는 모든 비판적 장치들에 대한 도전과 연결시켜 준다. 무지한 선생은 바보 만들기 없는 해방의 가능성을 제공함으로써 바보로 만드는 전도와 해방 사이의 연결고리를 제거한다.Chamber, 2019: 351

그리고 공공적 교육학public pedagogy이나 입문적 교육학initiation pedagogy이 안고 있는 문제는 설명적 교육론을 극복할 수 없는 '묵시적 진보주의 목적론'—무식한 사람은 전문가의 지도를 통해 서서히 지식을 쌓게 된다—에 바탕을 두고 있다는 점이다.Lewis, 2012: 134 이러한 측면에서 랑시에르의 해방교육학은 경제의 평등에 중심을 두었던 공화주의자들의 '공공적 교육학'[145] 노선과는 다른 관점을 취한다.Lewis, 2012: 28

결국 랑시에르의 보편적 가르침은 평등의 전제로부터 개시되어 자유롭게 펼쳐지는 해방적 교육 실천을 지향한다. 랑시에르는 보편적 가르침의 주요 방법론적 측면으로서 평등의 방법에 대해 지능intelligence으로부터 의지will로, 그리고 다시 미적 열정으로 전환을 모색한다. 반면 프레이리는 순진한/자발적 호기심에서 인식론적/비판적 호기심으로의 이행을 시도한다. 랑시에르는 엘리트선생들의 전문적 지식과 교사와 학생의 위계구조에 의존하는 바보 만들기/길들이기 교육이 아니라, 비판적 호기심과 의지를 고취한다. 그리하여 두 사람의 불완전한 관점을 넘어 종합을 시도하는 교

145. 지루는 '공공적 교육학'을 시장주의 교육 모델에 의해 압살당한 비판적 사고, 분석, 대화, 그리고 행위의 교육적 가능성을 복원하고자 하는 문화적 장치로 보았다(Giroux, 2012: 7, 133-135). '공공적 교육학'은 교육이 제도적·비제도적 교육뿐 아니라, 제도 및 관계 등을 포괄하는 총체적 환경과 관련되어 있다. 교육의 영향은 단지 학교에 한정되지 않으며, 인간 형성에 영향을 주는 전체적 환경 속에서 논의된다. 교육의 공적 역할을 강조하는 교육학자들은 학교체제 밖에서 대중문화, 인터넷, 공적 공간들(박물관, 공원 등), 상업적 공간들, 새로운 사회운동 영역 등을 통해 이루어지는 교육의 재생산과 저항에 주목한다.

육의 미학the aesthetics of education' 논의로 발전한다.Lewis, 2012: 16-17, 31

따라서 우리는 왜 교육하는가라는 질문을 다시 하게 되며, 그에 대한 답변으로 지적인 해방과 평등의 전제를 말해야 한다. 프레이리는 교사가 수업지도안을 준비하거나 학생들과의 대화에 참여할 때 해설narrative이나 설명explaining이 아니라, '인지적'이고 '대화적'이어야 한다고 주장한다.Freire, 1973: 38, 68 랑시에르는 대안으로 '보편적 가르침'을 제시한다. 랑시에르는 사람은 배우고자 할 때 자기 자신의 욕망의 긴장이나 상황의 강제 때문에 설명해 주는 선생 없이도 혼자 배울 수 있다고 주장한다. '보편적 가르침'은 세상이 열리고부터 모든 설명 방법과 함께 실제로 존재한다. 교육학에 대한 랑시에르 자신의 성찰은 파열의 순간과 제도화된 교육과정의 고정성 사이에 있는 실천에 근거하게 된다.Lewis, 2012: 57

요컨대 교육은 결코 중립적이지 않으며, 교육적 약자를 해방에 이르게 하는 일이어야 한다는 점에서 프레이리와 랑시에르 두 사람의 견해는 일치를 보인다. 다시 말해 프레이리 해방교육론의 중심을 이루고 있는 '의식화'는 본질적으로 개인의 인간성 회복을 지향하기는 하지만, 사회에 만연해 있는 권력적 억압과 경제적 수탈을 타파하기 위한 과정으로서의 성격을 더 강조하고 있다. 프레이리가 대표적 저서 『억압받는 사람들의 교육학』의 서문에서 그 저술의 목적이 "쉽게 사랑할 수 있는 세계의 창조"Ranciere, 1987: 22에 있다고 한 것에서 보듯이, 프레이리는 랑시에르에 비해 사회의 해방에 더 큰 비중을 두고 있다고 할 수 있다.

이에 비해 랑시에르는 해방교육의 목적과 내용에서 '개인의 해방'에 더 큰 비중을 둔다. 그는 대표적인 교육 저서 『무지한 스승』 어느 부분에서도 사회의 해방을 직접적으로 표명하지 않았다. 그에게 사회의 해방은 개인의 해방에 부수적으로 따라오는 현상 혹은 자동적으로 이르게 되는 현상이므로, 해방교육 속에 사회해방을 위한 별도의 목적이나 내용을 포함시킬 필요가 없었다고 볼 수 있다. 해방교육이 두 지향 중 어느 것에 더 비중을 두는가 하는 것은 다른 차원의 문제이다. 프레이리는 해방교육을 주장하면서 권력적·경제적 억압이 없는 사회건설을 위한 '세상의 변혁'에 상대적으로 더 큰 비중을 두는 반면, 랑시에르는 '개인의 지적 자유 확장'에 비중을 둔다고 할 수 있다.Galloway, 2012: 178

랑시에르는 20세기 후반 유럽에서의 경험을 바탕으로 자신의 교육론을 구축했다. 비록 신자유주의에 의한 사회의 양극화 현상이 본격적으로 벌어지기 시작한 시점이기는 하지만, 20세기 후반기 유럽은 20세기 중반의 남미에 비하여 사회체제는 안정적이었고, 일상생활에서 개인의 자유는 상당히 보장되어 있었다. 굳이 별도로 혁명이라고 불러야 할 정도로 사회의 근원적 변혁을 위한 '사회적 해방교육'을 벌일 필요가 없었다. 프레이리와 랑시에르 두 사람이 해방교육을 주창한 당시 시대정신의 차이 또한 두 해방교육론의 지향점은 달랐다고 할 수 있다. 프레이리가 자신의 해방교육사상을 담은 『억압받는 사람들의 교육학』을 출간한 1971년은 근대성modernity이 절정에 달한 시기이다. 근대성은 해방, 역사적 진보, 인간성 회복, 사회의 총체적 인식 및 변화와 같은 큰 주제를 중심으로 한 거대서사를 추구하던 시대사조이다.

프레이리 또한 사회의 총체적 인식을 위한 의식화와 사회변혁을 위한 실천을 주장했다. 그는 근대성의 영향 아래 의식화 및 실천으로서의 해방교육이라는 거대서사를 구축했던 것이다. 반면 랑시에르가 그의 해방교육사상을 담은 『무지한 스승』을 출간한 1980년대는 조국 프랑스에서 시작된 포스트모더니즘이라는 새로운 시대사조가 밀려들어 영향력을 발휘하고 있던 시기였다. 이에 랑시에르 또한 비록 해방교육이라는 모더니즘적인 주제를 다루고 있었는데, 작은 서사 중심의 포스트모더니즘 영향에서 완전히 벗어날 수는 없었다고 보여진다. 물론 이와 달리 랑시에르는 여전히 물적 평등을 넘어선 지적 평등을 통한 사회변혁을 추구했다는 반론을 제기하는 관점이 있다.

프레이리와 랑시에르가 '해방을 위한 교육'을 같이 표방하면서도, 위와 같이 그 지향점이 달라지는 이유를 분석하면, 우선 두 해방교육론이 형성된 사회적 여건상황의 차이에서 비롯된 것이라고 할 수 있다. 말하자면 프레이리는 브라질을 비롯한 남미 여러 나라에서의 교육적 체험을 바탕으로 하여 그의 해방교육론을 구축했고, 그 시기는 20세기 중반이었다. 20세기 중반의 남미는 독재정권의 폭압 정치가 절정에 달해 있었고, 민중들의 생활 여건은 극도로 열악했으며, 민중들 대부분은 문맹 상태였다. 이러한 여건 아래서 프레이리 자신은 문맹퇴치운동을 했다는 이유로 조국 브라질에서 투옥된 후 타국으로 추방되어 망명 생활을 하고 있었다.

이에 프레이리가 의식화와 사회변혁이 양면의 관계에 있기는 하지만, 문맹퇴치운동조차도 반사회적 불법으로 규정되는 폭압적 사회를 변혁시키는 일에 더 큰 비중을 두는 것은 당연한 시대적 귀결이었다. 민중들의 기본적 의식주 충족이 너무도 절실하지만, 폭압적 사회의 변혁 없이는 이것의 충족이 불가능하고, 여기에 더하여 설령 일시적으로 개인이 주체적 사고와 행동을 할 수 있게 되었다 하더라도 폭압적 사회의 변혁 없이는 그것이 지속될 수 없는 것이다.

프레이리와 랑시에르는 설명식 수업이 불합리, 불평등한 사회의 형성 및 유지의 수단이 되는 교육 방식이라고 보는 점에서 같은 입장을 취한다. 프레이리에 의하면 설명식 수업은 학생의 비판적 사고력와 행동력을 소멸시키며, 그 결과로 불합리 불평등 사회에서 부당한 억압을 받아도 이를 수용하게 만든다. 랑시에르에게도 설명식 수업은 학생으로 하여금 지적 능력에는 서열적 위계 체제가 있고, 지적 능력이 열등한 자신은 우월한 사람에게 의존해야 한다는 신념을 갖게 한다. 이는 결국 불합리한 위계 사회를 수용하게 만든다. 프레이리와 랑시에르는 설명식 수업이 한 인간의 발달을 왜곡시키는 것에 그치지 않고, 공동체까지도 왜곡시킨다고 보는 점에서도 동일한 입장을 보인다. 프레이리와 랑시에르에게 교육이란 학습자에게 정보나 지식을 단순히 전달하는 일이 아니다. 그들에게 있어서 교육이란 사람을 해방시키는 과업이기 때문이다. 해방은 의지의 관계와 지능의 관계의 차이가 인정되고 유지되는 것을 말한다. 의지가 또 다른 의지에 복종할지라도, 한 지능의 행위가 바로 자신의 지능에만 복종하는 것이 해방인 것이다.

그리고 프레이리의 자유 중시와 랑시에르의 평등 중시는 배타적 강조가 아니어야 한다. 자유와 평등 사이의 역동적 긴장에서 존재하는 더욱 복잡한 작동으로서 해방 및 해방교육을 지향해야 한다. 랑시에르의 지적·의지적 평등은 '자발적 섬김'의 형태가 되어야 하고, 프레이리의 자유/자율성 요청은 이타적인 '자선적 권위'를 필요로 한다.Lewis, 2012: 17 교육을 통한 사회 변화 혹은 교육의 변혁적 기능에 대한 비판적 사유는 비판적 교육학의 핵심적 요소로서 해방적 무지 전략과 마찰을 일으킬 소지가 있다. '무지한 스승' 전략이 자유방임 및 정치적 중립성의 함정에 빠질 위험도 있다. 따라서 랑시에르와 프레이리 어느 한 사람의 해방교육론을 채택하기보다 서로 상승할 수 있는 방안을 모색할 필요가 있다. 양자 모두 해방교육의 미학적 차원으로 돌아가야만 풀리는 문제가 있기에 양자의 변증법적 통합을 필요로 한다. 아름다운 행위로서의 가르침교수학, 인식론적 호기심학습학, 해방으로서의 의식고양정치학 등을 포괄하는 변혁적 교육학으로 발전해야 할 것이다.

랑시에르의 '무지한 스승론'은 지금 지역사회의 마을교육공동체운동을 벌이고 있는 활동가들의 처지를 인정하고 위로하는 말로도 들려온다. 랑시에르의 '무지한 스승론'처럼 민중의 지혜를 신뢰한 프레이리가 역설한 대로 가르치는 자와 배우는 자의 위치는 고정되어 있지 않다. 이들의 생각은 우리의 전통사상인 '교학상장'이나 '청출어람' 정신과 흡사하다. 지역사회의 변화가 명망가들의 지난한 노력을 통해서뿐만 아니라, '무명'의 실천가 집단에 의해서도 이루어질 수 있다는 가능성으로 이해할 수 있다. 개인 실천가가 창조적으로 공간을 만들고 모델을 제공하며, 자신의 정체성과 리더십을 바꾸어 그러한 운동들이 전진할 수 있도록 해 주는 것과 마찬가지로 지역사회운동 또는 마을교육공동체운동도 개인 실천가들이 앞으로 적극적으로 나아갈 수 있는 힘을 실어 주는 지지자의 역할을 할 수 있다. 물론 '무지의 지'를 몸소 실천한 겸손한 태도를 체득한 프레이리처럼 현실의 변화 전망을 알려 주는 앎의 전망적 안내리더십는 또한 필요할 것이다.

## 15. 일리치의 탈학교화, 의식화의 동반자

이반 일리치1926~2002[146]는 파울루 프레이리와 함께 사회적 교육이론 분야에 지대한 영향을 미쳤다. 이들의 저작은 제3세계적 관점을 취하고 있지만, 그 영향은 제3세계를 넘어 산업화가 고도로 발전된 선진 국가들에 이르기까지 확산되었다. 이들의 영향은 교육사상의 영역을 훨씬 넘어 사회개혁론에까지 미치고 있다.

두 사람의 교육사상의 핵심에는 두 가지 개념이 놓여 있다. 프레이리 사상의 핵심은 '의식화'이다. 이것은 사람들이 자신이 몸담고 있는 문화적 배경을 인식하고, 더 나은 사회로의 발전을 위해 적극적인 활동을 하도록 요구받는 과정이다. 일리치의 기본 개념은 '탈학교화de-schooling'이다. 탈학교화는 모든 형태의 교육 조직의 철폐를 주장한 것이 아니라, 학교의 '탈

146. 일리치는 미국 뉴욕에 있는 푸에르토리코 가톨릭대학 부총장과 가톨릭 사제로 일하면서 피임 정책을 지지하고, 평범한 신자들만이 교회를 구원해 줄 것이라는 진보적 신학을 믿었다. 그는 라틴아메리카 지역에 사제들을 늘리려는 교회정책에 반대하여 보수적 교황청과 항상 마찰을 빚다가 1969년 바티칸으로부터 정치적으로 부도덕한 인물로 낙인찍혀 완전히 사제직을 떠났다. 이후 일리치는 쿠에르나바카에서 남은 일생을 보냈지만, 이때부터 멕시코, 미국, 독일 등지에서 살면서 자기 나름의 독창적인 식견을 발표하거나 체험을 쌓는다. 1961년 일리치는 멕시코로 건너가 쿠에르나바카에 일종의 대안 대학인 '문화교류문헌자료센터'(CIDOC)를 설립했다. CIDOC은 수많은 선교사, 신부, 수녀, 지역활동가들에게 원주민의 지역 언어와 문화를 교육하는 '탈서구화 센터' 역할을 했다.

제도화'를 주장한 것이다.Gabbard & Stuchul, 2009: 358

사회를 제도화사회화하는 형성적 제도인 학교교육의 탈제도화를 주장하는 일리치는 랑시에르의 '무지한 스승바보 만들기 교육'을 불러오기도 하고, 오케숏트의 자유교양교육liberal education, 문화와 문명의 형성을 불러오기도 한다.Babich, 2016: 203 일리치가 학교의 현상학을 학교의 해체로 이행하는 전조로 이해한다면, 자아의 현상학적 해석학을 거론하는 니체의 문제의식과도 닮아 있다.Babich, 2022: 133

일리치는 민중들의 의식과 교육문제를 역사적으로 추적해 들어갔다. 신자가 교회를 떠나듯, 학생들이 학교를 떠나는 것을 '탈학교화de-schooling' 현상으로 파악했다. 그는 과거를 '봉건시대' 또는 '기독교 시대'로, 현대를 '학교교육의 시대'로 규정했다.Illich, 1981: 165 오늘날에는 학교가 새로운 종교가 되었고, 학교의 붕괴란 곧 중세 교회의 붕괴와 같은 징후를 보인다는 것이다. 중세 교회가 모든 인간을 위한 길이라고 믿었던 종교와 같은 성격을 학교교육이 그대로 재현하고 있다는 것이다. 역사적으로 중세의 질서를 지배해 온 교회는 오랫동안 지상에서 가장 계층화되어 경제적으로 착취당하는 생활을 하는 농노들에게 하늘나라에서 평등이 이루어지리라고 기약했다. 종교개혁 이전의 가톨릭교회에서 구원의 독점권면죄부을 주장했던 것처럼, 오늘날의 학교와 대학에서는 지식의 독점권을 주장하고 있다고 할 수 있다. 학교 사회에서도 하층계급에 대한 경제적 착취가 나타나고, 온갖 불평등이 존속함에도 불구하고, 그들에게 교육의 평등이 이루어지리라고 기약한다. 학교교육의 교육 내용이 매우 강력한 영향력을 행사하고 있다고 믿게 한다. 또한 그러한 교육 내용은 학교가 미래의 높은 신분의 지위 획득에 결정적인 영향을 주는 증명서나 자격증을 발급하는 권한을 갖고 있다는 사실에 의해 더욱 강화된다.

교회는 지상에서 하층계급에 대한 경제적 착취가 나타나고 온갖 불평등이 존속함에도 불구하고, 그들에게 교육의 평등이 이루어지리라고 기약한다. 학교교육은 단지 극소수에게만 이익을 주고 있지만, 누구나 학교교육에 대한 신뢰를 갖게 함으로써 거짓 믿음을 갖게 했다. 가난한 사람들이 일단 학교교육의 신화를 받아들이게 되면, 그들은 스스로 학교를 잘 다니지 못해 가난해졌다고 믿는다. 출세할 기회가 자신들에게 주어졌다고 생각하고 또 그렇게 믿기 때문에 이 믿음은 더욱 강화된다. 사회적 지위는 학교교육의 정도에 따라 성공한 자로 나타난다. 학교 내에서 부유한 사람들이 사회경제적으로 유리하기 때문에 교육의 성공도 더욱 쉽게 차지할 수 있다. 반면 가난한 사람들은 사회경제적으로 불리하기 때문에 쉽사리 실패를 겪게 되고, 결국 학교는 낙오자를 만들어 내고 만다. 실제로 이들은 학교가 존재하지 않았다면 생겨나지도 않았을 것이다.

중세 교회와 같은 사회적 안정의 도구가 19세기에 보편적 보통교육 체제로서 출현했을 때, 제1의 목표는 국가를 위한 시민훈련을 행함으로써 사회질서를 유지하자는 것이었다. 그러나 학교를 통해 사회적 안정을 찾는 것은 사회적 침체와 동시에 사람들이 학교의 소굴 속에 계속 덜미가 잡혀 있는 것이나 다름없다. 일리치는 이런 상황을 생동감 있게 표명한다.

> 일단 아이가 자신은 학교라는 자궁 속에서 사회적으로 잉태된 몸이라고 뼛속 깊이 자각하게 되면, 그는 엄마인 학교의 젖가슴을 영원히 빨겠다고 매달리게 된다, 그는 인류의 전일성 같은 학교를 나온 동창생처럼 모교에서 똑같은 수태 기간을 겪고 나온 산물로서 파악한다. 그는 하나의 기관, 곧 교육이라 불리는 사회적 재생산을 독점하는 제도 없이는 이 사회를 상상할 수 없다고 생각하게 된다.Illich, 1970

> 대학과 고등학교 시절 반항하던 학생들은 모교의 어머니 같은 보호를 거부한다. 그런데 오로지 교사가 되겠다고 꿈을 꾼 급진 학생들도 막상 교사가 되면 어느새 자기의 어머니같이 되기 시작한다.Illich, 1970

이렇게 학교교육은 요람에서 시작하여 학교를 거쳐 직업전선으로, 그리고 무덤에까지 질서 있는 변화를 마련해 준다. 일리치는 타인의 학습에 간섭할 수 있는 권리를 가진 사람은 아무도 없다고 보았다. 의무교육 제도를 개개인의 권리에 대한 부당한 침해로 간주한다. 일리치는 중세의 교회가 죽었듯, 근대의 학교도 죽었다고 생각한다.

그래서 이러한 권리를 보장하기 위해 현 제도를 수정할 것을 요구한다. '탈학교화된 사회de-schooled society'는 우발적 교육이나 비형식적인 교육으로의 새로운 시도이다. 즉, 사회제도의 탈학교화뿐 아니라, 사회문화를 탈학교화하지 않으면 안 되며, 교육 등 사회 전체 모두가 '탈학교화'가 되어야 한다는 것이다. 그는 그동안 '가르침'은 쭉 있어 왔지만, '교육'은 없었다고 질타한다.Illich, 1981: 167 일리치는 '학교'가 조직을 갖춘 형식 교육에만 있다고 보지 않았다. 그가 문제의 표적으로 삼은 것은 우리가 당연시하는 아동보호와 같은 통과의례나 다름없게 된 '학교화schooling'가 문제라고 보았다.Illich, 1981: 147

학교는 상품으로 포장된 지식을 팔며, 가치의 제도화에 의해 소비자 사회에의 무한한 진보라는 신화를 심어 주고 있다. 학교화는 사회에서 모든 구성원에게 용인된 관례적 보증 절차로 기능할 뿐이다. '학교화'는 산업적으로 제도화된 생활양식의 하나이다. 그런 생활양식에서는 병이 들면 무조건 병원에 가는 병원화, 이동하기 위해서는 무조건 자가용을 이용하는 교통화, 본래의 신앙과는 무관하게 버릇처럼 교회에 가는 교회화 등이 바로 제도화institutionalization이다.정윤경, 2021: 144

이처럼 학교화, 병원화, 교통화, 교회화와 같이 제도화된 사회를 흔히 선진 사회로 간주하는데, 일리치는 이러한 근대적 제도화를 비판적으로 바라본다. 그래서 일리치는 '제도화된 교육'보호 관리의 방식, 사람들 간 직업 역할의 분배, 지배적 가치의 학습, 사회에서 승인된 기술 및 지식의 습득[147]의 문제를 푸는 열쇠로 탈제도화de-institutionalization를 위한 공생적 제도로서의 '학습망learning web'[148] 체제를 주창한다. 일리치는 일찍이 오늘날에는 일반화된 학습망 체제 구상을 창안한 셈이다. 일리치에게 사회로부터의 탈학교화는 사람들을 기만적이고 억압적인 제도에의 몰입으로부터 해방시키는 필요조건이다.

일리치와 프레이리 모두 가톨릭 인문주의 사상가이기에 종교적 견해에서 상당한 유사성을 보인다. 이러한 유사한 관점은 인간의 본성과 사회, 정치, 교육에 관한 원리를 제공함으로써 그들의 사회개혁론 형성에 지대한 영향을 미쳤다.Elias, 1984: 5[149] 일리치가 멕시코 쿠에르나바카에 설립한 문화교류문헌자료센터CIDOC는 1969~1970년 '교육 대안에 관한 세미나'를 열었다. 일리치는 푸에르토리코의 높은 학교 탈락률에 대한 국가 지원 정책에 대한 논의를 했다. 이 모임에는 전 세계의 수많은 교육학자가 참석했다. 폴 굿맨, 존 홀트, 디디에르 피베토, 조엘 스프링, 조지 데니슨, 파울루 프레이리 등이 초대되었다. 이때 프레이리와 일리치는 민주사회를 향한 교육제도의 잠재적 역할에 대해 동의하는 부분과 그렇지 않은 부분을 포함하여 교육에 대한 흥미 있는 대화를 나누었다. 두 사람 모두 교육제도에 대해 매우 비판적이었지만, 학교의 비민주적 본질을 다루면서 서로 다른 대안을 제시했다. 일리치는 교육체제를 민주화할 가능성에 대해 별 희망 없는 그것의 소멸을 바랐지만, 프레이리는 사회를 민주화하기 위한 더 넓은 프로그램의 일부로 학교의 민주화를 제안했다.

일리치는 이 모임의 결과물로 『탈학교 사회』1971를 출간했다. 이 책의

---

147. 일리치는 제도화된 가치체계에서 생겨나는 신체적, 심리적, 사회적, 지적, 정서적 무력감을 극복하기 위하여 개인적·사회적 자아실현에서 비롯되는 정신적 건강을 회복하고자 했다. 기술적 가능성과 사회적 현실 사이의 거리와 긴장이 크다고 보고, 참여적이고 지방분권적이며 자연스러운 학습기술에 도움이 되는 교육의 사회적 관계에 대한 새로운 전망과 함께 대안을 제시했다. 제도화된 가치는 경직된 물신화의 형태를 띠게 되는데, 이때의 물신화란 상품과 공공서비스의 물신화이다.

148. 학습망은 네 가지 네트워크(교육 대상에 대한 참조, 기술 교환, 동료 매칭, 교육자 전반에 대한 참조)로 구성되어 있다. 이러한 네트워크의 목적은 학생들이 제약 없이 자신의 관심사를 추구할 수 있도록 하는 것이다. 일리치는 "학교가 고객으로서 필요로 하는 창조물은 자율성도 없고, 스스로 성장할 동기부여도 없다"(Illich, 1972: 150)라고 주장한다.

149. 교육제도와 사회를 근본적으로 비판하면서 급진적 대안을 구상하는 탈학교론자들을 '신낭만주의자'로 분류하기도 한다.

테크놀로지에 대한 비판은 소비문화를 현대 사회문제의 핵심으로 보는 프랑크푸르트학파의 사상과 일맥상통한다. 당시 칠레에 망명 중이던 프레이리는 1967년부터 준비한 『억압받는 사람들의 교육학』을 1968년 포르투갈어로 출판했다.

일리치는 자신이 속한 지역사회의 정치적 문제에 관심을 보이는 성인들이 밤에만 공부하는데도, 여섯 주 이내에 읽고 쓸 수 있는 능력을 갖추는 것을 보고 프레이리의 문해교육 프로그램에 전폭적 관심과 함께 지지를 표명했다.Illich, 1981: 157[150] 프레이리는 1967년 일리치의 초청으로 뉴욕에서 회동했다. 프레이리는 일리치가 관리하던 뉴욕의 여러 지구를 함께 몇 번에 걸쳐 둘러보면서 억압받는 사람들의 내면을 지배하는 인간의 교활함이 배어 있는 행동에 대한 문제의식을 공유했다.Freire, 1994: 83-84 억압받는 사람들의 문제 행동들은 민중들이 살아남기 위한 불가피한 현상이라면서도, 이런 행동은 단순히 언어적 변혁이 아니라 감정적 변혁의 형태로 나타난 것이기에 이런 형태의 근원적 의식의 변화를 찾고자 했다. 프레이리는 오랫동안 지배해 온 마술적 혹은 준-마술적 언어를 변화시키는 의식화 실험이 일리치의 탈학교 교육론과 유사한 사고구조를 지니고 있다고 보았다.Freire, 2003: 265

일리치와 프레이리의 인생 행보는 겹치는 부분이 많다. 1970년대 상황 및 사조의 흐름은 두 사람에게 큰 영향을 미쳤다. 이들은 몇 번의 만남을 통해 서로의 생각을 교류하면서 당대의 과제를 공동으로 해결하고자 했다. 두 사람은 혁명적 프로그램의 추진에서 교육이 필수적이라는 데 의견의 일치를 보았다. 프레이리와 일리치는 교육기관에 대해 매우 비판적이었다. 둘 다 관료주의적 구조 때문에 전통적인 학교를 비판했다. 교육제도가 학생 소외를 낳았고, 교육사업이 창의성과 자율성을 촉진해야 한다는

---

150. 일리치는 읽고 쓰는 것을 가르치는 문해교육 프로그램이 짧은 기간임에도 불구하고 가장 잘된 학교교육보다 훨씬 효과적이라고 지적한다(Illich, 1981: 157).

데 동의했다. 이들은 자유를 매우 중시한 열렬한 인본주의자였다.

일리치는 프레이리와 닮아 있는 프로메테우스[151]적인 인간 대신에 역사적 과거와 지구 그 자체를 주목한 에피메테우스[152]의 감정과 스타일을 강조했다.Illich, 1970: 105-106 프로메테우스적 인간은 인간의 악을 시정하기 위해 여러 제도를 만든다. 그는 인간에 의해 계획되고 통제되는 결과들에 의존한다. 그가 추구하는 만족은 예견할 수 있는 과정으로부터 나온다. 합리적이고 권위주의적인 사회를 건설하는 것은 바로 이러한 인간이다. 이러한 인간은 스스로 환경을 창조하며, 자신이 끊임없이 그 환경에 적응하도록 자신을 개조해야 한다는 것을 알게 된다. 그리하여 수많은 제도들은 그의 주인이 된다. 프로메테우스적 인간은 법과 과학, 기계, 전자계산기에 의지하는 인간이다. 니체가 상정한 아폴로적 인간을 연상하게 한다.

이에 반해 일리치는 에피메테우스적 인간성의 출현을 기대한다. 이 인간성의 발현은 인간이 계획하거나 창조해 낼 수 있는 것이 아니다. 에피메테우스적 인간은 희망의 인간이다. 그는 인간의 본성과 인격이 선하다고 믿는 인간이다. 그는 어떤 예견보다도 희망을 존중하며, 제물보다도 인간을 더욱 사랑한다. 에피메테우스적 인간은 19세기의 니체가 예고한 디오니소스적 인간과 유사성을 갖고 있다.Elias, 1984: 27 에피메테우스적 인간은 신성한 의식에의 신화적 참여를 통해 사회 속에 편입된 원시인과 매우 유사하다. 인간은 사물을 변화시켜야 한다. 그런데 환경에 적응하기 위해 스스로를 개조하는 일을 그만두어야 한다. 우리는 제도상의 발전보다는 인간 개인의 선의에 더욱 의존할 필요가 있기 때문이다.[153]

결국 문해력, 급진적 민주주의, 비판적 의식을 강조하는 프레이리의 '프

151. 프로메테우스(Prometheus/*ρομηθε*ύς)는 고대 그리스 신화에서 올림포스의 신들보다 한 세대 앞서는 티탄족에 속하는 신이다. '먼저 생각하는 사람, 선지자'라는 뜻이다.
152. 에피메테우스(Epimetheus/Ε*πιμηθε*ύς)의 이름은 그리스어에 대한 에피, 에피타, 메티스의 이름에서 유래되었으며, '사후 고려(afterthought/hindsight)' 또는 '늦은 상담'을 의미한다.
153. 일리치는 신학적으로는 구티에레즈 등의 해방신학, 몰트만의 희망의 신학, 그리고 세속사상으로는 프롬과 블로흐와 많은 유사성을 보인다.

로메테우스 교육학Promethean Pedagogy'과 전례 없는 사회생태적 위기를 고발하고 공생적 도구와 학습망을 제안하는 일리치의 '에피메테우스 교육학Epimethean Pedagogy'은 상충되는데, 균형을 이루는 급진적 교육학/해방적 교육학/생태적 교육학으로 발전되어야 할 것이다.Kahn, 2010: 81-99 그렇게 하여 팽창하는 미디어, 테크놀로지의 정보사회와 세계화 시대에 대응하는 다중적 문해력을 가진 시민을 길러 내야 한다. 우리는 양자의 교육학을 동시에 필요로 할 것이다.

프레이리는 자신의 짧은 글, 「자신의 역사에서 배우기」에서 1962년 일리치의 만남을 통해 귀중한 조언을 얻었다고 술회한다. 일리치는 프레이리에게 이렇게 말했다.

> 언젠가 당신은 지금보다 더 잘 알려질지도 모릅니다. 10년 내에 당신의 생각들이 전 세계 수많은 곳에 도입될 것입니다. 당신이 갖게 될지도 모르는 명성이 당신의 머리를 잠식하게 하지 마세요. 이 명성이 사라졌을 때 기뻐하세요. 당신이 더 이상 유명하지 않다는 것을 받아들이는 것이 유일하게 삶을 지속할 수 있는 방법입니다.

프레이리는 자신이 바보 같은 허영심을 잘 통제할 수 있었던 것은 일리치의 조언이 큰 도움이 되었다고 회고한다. 일리치가 현재의 학교제도에서 이루어지는 학습 형태를 비판하는 이유는 학교제도가 기존 사회의 유지에 기여하기 때문이다. 그래서 의도적 가르침의 결과로 얻어지는 학습과 일상생활을 통해 얻어지는 학습 사이에 적절한 균형이 필요하다고 생각한다. 그런데 이런 균형은 자발적이고 공생적인 학습의 방향으로 더 중심을 잡아야 한다는 것이다.Elias, 1984: 111 일리치가 중시하는 이런 자유롭고 비강제적인 교육의 가치는 프레이리의 생각에 큰 영향을 미쳤다.

그런데 전략적으로 일리치와는 다른 비전과 구상을 지닌 프레이리는 공교육 내부에서의 비판적 실천을 강조한다. 일리치 교육론의 중심 개념을 '학습'이라고 한다면, 프레이리의 그것은 '의식화'이다. 프레이리는 현상학적 관점에서 '인식/의식'을 더 급진적인 정치철학에 결부시켰다.Elias, 1984: 115 의식화를 사회적, 정치적 책임과 연관된 대화식 교육 프로그램을 통해 성취되는 비판적 인식/의식의 발전 계기로 삼았다.

일리치가 개별자로서 개인의 학습을 상정하는 데 비해, 프레이리는 특정 집단이나 계급 구성원으로서 개인의 학습을 상정한다. 일리치는 모든 나라의 교육제도에 대해 특정한 사회적·정치적 체제 안에서의 생활을 위해 사람들을 완전히 '사회화'하는 데 고정시켰다고 질타했다. 반면 프레이리는 제3세계의 교육체제를 억압적 엘리트가 대중을 장악하기 위해 휘두르는 도구로 파악했다. 두 사람 모두에게 학습과 지식은 그것을 사용하는 사람에게 권력일 뿐 아니라, 그것을 창출하는 사람에게도 권력이기에 '정치적인' 문제라고 할 수 있다.Elias, 1884: 120-121 그런데 지식의 정치학을 더욱더 정확하게 설명한 사람은 프레이리다. 그에게 무엇을 배우거나 안다는 것은 그것을 변화시키고 보존하고, 그것을 파괴하거나 자기 자신의 문제로서 완전히 경험하려는 결단과 분리될 수 없는 것이다.Elias, 1884: 120-121

오늘날 전 세계인들은 날이 갈수록 특정의 방법으로 습득된 학교 지식의 독특한 형태가 곧 지식의 전부라고 착각하게 된다. 그렇다면 모든 어린이에게 고등학교에 갈 기회를 주자는 요구에 도전할 사람이 있는가? 하지만 가난한 나라들이 일반 학교교육의 이러한 수준에 도달하기 전에 그 국가들의 교육 능력은 고갈되고 말 것이다. 학교를 유지하는 일은 개발도상국의 자력을 초과하게 될 것이다. 교육을 학교 안에만 한정시킬 경우, 저학년에서 고분고분하도록 교육된 사람들에게만 더 높이 올라가는 것을 허가하는 결과가 되기 때문이다. 무한정한 학교교육을 구매할 만큼 부유하지 못한, 자본이 궁핍한 사회에서는 대부분의 사람이 순종적이 되도록 교육받게 될 것이다. 그래서 학교가 이제는 이미 학교교육을 받은 사람들을 보호하는 압제적인 우상이 되어 버렸다.Illich, 1981: 152-153 학교는 특권에 다 평등과 관용의 외양까지 씌운다. 젊은 시절 학교교육을 받을 수 없었던 사람이 현재의 자기 지위에 불만스러워한다면, 그는 언제나 야학이라든지 실업학교에 관한 얘기를 들을 수 있을 것이다.

> 정규교육을 근본적으로 혁신하자면 그 전제로서 근본적인 정치변혁이 있어야 하고, 생산조직도 근본적으로 변혁되어야 하며, 학교를 필요로 하는 인간 자신의 형상도 근본적으로 변혁되어야 한다.Illich, 1981: 143

일리치는 자신의 자녀가 받아야 할 가치 있는 교육을 위해 그동안 교육받아 온 학교체제를 변혁하지 않으면 안 된다고 역설했다. 그런데 전면적인 학교개혁이 제기되어도 우리가 몸담고 있는 사회구조 때문에 실패할 경우 이런 사실이 종종 망각되고 있다. 우리는 현재 제도에 너무나 익숙해져 있어서 제도로서의 학교에 도전하기가 어렵다. 교육을 학교의 산물로만 이해하면, 학교를 통하지 않는 교육은 비합법적이고 신뢰할 수 없는 것이라는 인상을 줄 것이 분명하다.Illich, 1981: 149

> 개인에게 학교는 항상 도박이다. 기회는 희박하지만, 모든 사람이 똑같은 큰 횡재를 목표로 혼신의 정력을 기울인다. … 학교 도박에 대한 믿음은 보다 많은 사람을 현혹시킬 만한 공적주의의 싹을, 즉 개개인의 시민들이 이미 학교에 의해서 자기에게 지정된 자리를 마땅히 가지고 있다고 믿는 정신 상태를 키우고 있는 중이다.Illich, 1981: 248-250

일리치는 학교교육의 확대가 정의롭고 인간적이며 민주적인 질서의 기초가 된다는 생각은 완전히 잘못된 것이라고 판단한다. 왜냐하면 학교교육의 확대는 물질적 풍요를 추구하는 데 몰입할 뿐 아니라, 점차 모든 결정이 선출된 권력에 의해서가 아니라 기술적 지식을 가진 엘리트들에 의해 내려지기 때문이라는 것이다. 그리고 개인의 생활은 사람들이 통제할 수 없는 거대 관료조직에 의해 움직여지기 때문이다. 그리하여 사회의 기술공학적 세계관을 지지하는 버팀목 역할을 하게 된다. 모든 사람이 학교라는 제도를 신봉함으로써 학교는 사회적 배제와 수용을 결정하는 가장 강력한 도구의 구실을 할 뿐이다. 학교는 사회의 어느 제도보다도 돈을 많이 쓰면서도 성과는 훨씬 적은 제도임이 입증되었다고 일리치는 주장한다. 학교교육에 대한 절대적 맹신에서 무엇보다 중요하게 자리하는 생각은 더욱 가치 있는 지식을 습득하기 위해 교사나 전문가들에게 의존해야 한다는 사실을 학생들에게 인식시켜 준다.

인간이 수도원이든, 교회당이든, 학교이든 신성한 영역에 틀어박힘으로써 '속세'를 위해 준비해야 한다는 중세적 전통을 유지시킬 이유가 우리에겐 없다. 일리치가 학교의 실패에 대한 치유책은 근본적이고 성숙된 교육이다. 일리치는 상품의 물신화와 '여유'가 결여된 노동을 배격하면서 그 대안으로 '활동activity'을 강조했다. 일리치는 바쁘게 올라가는 승강기의 역할을 하는 학교상보다는 그리스어의 '여유 있는 공부'를 하는 성찰적 학교상과 문화의 의미를 갖는 파이데이아paideia 상을 설정하고 있다.Illich, 1981: 158[154]

공교육의 목적은 기본적으로 사회가 각 개인이 자기 자신과 자기의 가난을 객관적으로 평가할 수 있는 상황을 조성해 주는 것이다. 교육에는 독립적인 생활을 해 주게 하고, 남과의 관계를 더 친밀하게 해 주고, 인류 공동체의 자식을 사용할 수 있게 해 준다는 의미가 내포되어 있다. 교육

154. 일리치는 그리스인들의 'Schole'의 어원이 뜻하듯, 통찰력을 기르기 위한 '여유'를 가지고 학습할 것을 원했다. 스콜레를 학교에 도입하려면 교육관의 진정한 변모가 있어야 한다(스틸, 2018: 279).

제도는 바로 이러한 일을 위한 구심체적 역할을 해야 한다.

> 교육제도는 우리들 각자가 놀라움으로 깨어나는 사회 내의 한 장소를 전제하고 있습니다. 그 장소란 바로 남들의 자유를 보고 놀라며, 나 자신이 무엇인가를 일깨워 주는 만남의 장소를 뜻합니다. 대학교는 자체의 전통이 가치 있는 것이라면, 그 목적이 자유의 실현과 동일시되는 제도라고 할 수 있으며, 대학의 자치제는 자유의 실천에 대한 자신감에 근거해 있음이 틀림없습니다.Illich, 1981: 180-181

일리치는 자신을 각성시키고 자녀들에게 맞는 교육제도를 창출해 내서 우리를 각성시켜야 한다고 역설한다. 오늘의 세대가 참으로 해방되기를 원한다면, '학교교육의 시대'가 종말을 고하도록 하는 새로운 교육에 대한 대안을 창출해 내야 한다. 일리치는 과거에 개혁자들이 권력 엘리트의 일부분이었던 성직자들과 싸운 것처럼, 우리는 지금 경제적 이해관계에 얽매여 있는 학교제도와 싸워야 한다고 열변을 토한다.Illich, 1981: 169, 181 프레이리와 일리치는 모두 전통적 학교에 대해 비판적이었다. 그리고 두 사람 모두 적어도 교육을 바라보는 사고구조에서 '아동 중심성child-centredness'에 공감했다.Howlett, 2013: 267 오늘날 학교가 관료화되는 상황에서 두 사람 모두 교육자들이 창의적 자율성의 재발견을 제안하고, 학교에서 고립되는 상황과 싸우면서 개인의 발전과 집단적 해방을 추구했다.

일리치는 각 개인이 탈사회화/탈제도화/탈조작화의 책임을 안고 있다고 주장한다. 탈학교화 교육은 새로이 학문에 들어오는 사람들이 교육적 모험을 계속하는 것을 즐거이 도와주는 사람이며, 아리스토텔레스가 강조하는 실천적 지혜를 가지고 있는 사람을 찾아내는 일이다. 조작적인 제도들은 없애야 하고, 개인의 자유로운 발달을 허용하는 조직 형태로 대체되어야 한다. 교육제도 등 '가치의 제도화'는 외적인 강제에 의해서가 아니라, 광고와 교육과정 등 정치적 조작에 의해 일어나기 때문에 사회변혁을 위한 운동은 의식을 함양하는 문화적인 것이 되도록 해야 한다. 여기에서 정신적 조작을 거부하는 형태의 정치적 행동이나 활동이 중요하다. 물신숭배의 가치가 감염되는 것을 방어하거나 금지하는 활동이 요구된다. 이 점은 비판적 의식 고양을 위한 교육을 강조하는 프레이리의 생각과 같다.

그런데 두 사람의 공통점과 함께 상당한 차이점도 보인다. 일리치의 작업은 사실 학교에 관한 '비관주의'를 보여 주고 있다. 이는 그가 전통적인 학교에 미래가 있다고 생각하지 않기 때문이다. 이런 이유로 학교와 싸우고 그것을 파괴하는 '탈학교화'[155] 사회가 필요하다는 것이다. 사회혁명의 한 형태로서 탈학교는 가난한 사람들의 학교교육에 대한 맹신신화을 폐기하는 것을 의미한다. 엄청난 돈을 계속 쏟아붓는 사회에서 탈학교는 매우 중대한 사회혁명의 하나임이 틀림없다.

물론 일리치는 자신의 개인적 필요와 연관하여 서로에게 접촉할 수 있는 사람들의 네트워크를 통해 개인에게 학습의 임무를 맡기는 지식의 '반-제도화'를 옹호했다. 장래의 잠재적 사용자는 스스로 학습하고자 하는 활동을 선택할 것이며, 컴퓨터가 주제의 전문가들 이름을 제공할 것이다. 그런데 이런 제안은 기본적인 학교교육 이후에만 가능할 것이다.

학교교육에 대해 비관적 전망을 지녔던 일리치와 달리, 프레이리는 학교에 대한 '낙관주의'를 보인다. 프레이리는 학교가 본질적으로 나쁘다고 보지 않는다. 그는 학교가 사회적이고 역사적인 기관이라면서 학교가 변화할 가능성이 있다고 보았다. 하지만 법을 통해서만 학교를 변화시킬 수

---

155. 일리치는 『탈학교 사회』(1970)에서 진보적 자유주의의 주장들을 거부하면서 현대 가치체계의 광범위한 위기에 대해 도전했다. 그는 관료주의 체계와 소비의 신화를 비판하면서 교육이 인간을 평등하게 하지 못하고 있고, 개인의 해방을 가져오지 못했다고 신랄하게 비판했다. 그는 학교교육의 지배적인 제도적 구조를 포함한 경제·정치 생활의 기존 사회적 관계가 자유스럽고 생산적인 기술의 발전에 방해가 되기 때문에 지금의 시대가 이를 혁파해야 할 혁명의 시대라고 보았다.

있는 것이 아니라, 제대로 준비된 교사들도 학교를 변화시킬 수 있다는 능동적 입장을 취했다. 학교는 사회의 변화에 중요한 역할을 하면서 바뀔 수 있는 틈새가 있다. 이를 위한 첫 단계가 '의식화 운동'이며, 여기에서 가르칠 교육자의 역할 공간이 있다는 것이다.

일리치와 프레이리 모두 현재의 교육기관이 가진 위기를 돌파할 비책을 갖고 있는 것은 아니다. 그들은 모두 해방의 수단으로 '비판'의 역할을 중시한다. 미래의 학교 혹은 학교의 종말 역시 오늘날 비판의 집단적 결과물이 될 것이기 때문이다.Gadotti, 2012: 168

다만 일리치의 생각에 해결해야 할 세 가지 주제가 발견된다. 첫째, 그가 사제로 소속되어 있던 교회이다. 둘째, 신조와 신화들로 '신성한 소sacred cow'처럼 되어 버린 학교이다, 셋째, 무제한의 성장과 발전이라는 신화를 지닌 산업사회이다.Gadotti, 2012: 168 이에 대해 일리치는 다음과 같은 대안을 제시한다. 첫째, 교회는 계속 묻고 질문하는 탐문자로 존재해야 한다. 둘째, 사람들 다수가 지식의 상당 부분을 학교 밖에서 습득한다는 점을 잊어서는 안 된다. 셋째, 산업 발달이 현대 인간의 삶의 질을 파괴하고 있다는 사실을 유념해야 한다.Gadotti, 2012: 169 현대 산업문명의 반-생명성[156]을 고발하고 있다.

일리치는 학교가 스스로 수행하고 존재를 유지하기 위해서 인위적인 필요들을 만들어 냈다고 믿었다. 그는 평생 지속되는 교육 프로그램을 제안하는 교육 전문가들도 신랄하게 비판한다. 이런 제안에 대해 학교 산업을 보호하고 커 가는 시장과 고객들을 보장하기 위한 구실로 보았다. 이와 달리 프레이리는 교회 안에서도 계급투쟁이 벌어지고 있다고 판단하

---

156. 일리치는 현대문명의 타율적 관리를 넘어 자율적 공생으로 가야 하는데, 이는 결국 정치적 과정에 달려 있다. '반-생명성'의 대표적 모델은 학교, 병원, 자동차이다. 이들이 없는 사회가 '탈제도화된' 사회다. 현대문명의 위기는 인간이 인간을 대신해서 일을 해 주는 기계를 만들고, 그것들을 사용하기 위한 준비교육을 위해 학교를 설립했으나, 현실적으로 인간이 기계의 노예가 되고 있으며, 학교는 역으로 인간이 인공적으로 만들어 낸 환경에서 자기 자신을 적응시키기 위한 기능을 수행하는 존재가 되고 말았다는 데 있다.

고, 억압받는 사람들의 '예언적 교회'의 가능성을 믿었다. 그는 사회혁명이 민중의 종교적 감성을 감안해야 한다고 생각한다. 그는 학교에 관해 낙관적이었으며, 모든 사람이 누릴 권리가 있는 기관으로서 '민중적 공립학교'를 옹호한다. 그는 경제적 발전을 거부하지는 않았지만 그 혜택의 불평등에 대해 비판적 입장을 취했다.

일리치와 프레이리를 함께 이끌어 온 신념은 현재 학교의 내용 및 교육상황에서 실제의 혁명을 달성해 낼 필요가 있다는 점이다. 이들 모두 인본주의, 표현의 자유에 대한 존중, 그리고 사회 내 조직의 자유를 옹호한다. 이러한 변화들은 교육적이며 정치적이고, 그리고 학교에 대한 비판은 모든 현대 사회에 대한 더 넓은 비판의 일부임을 믿는다. 두 사람은 고답적이고 관료주의적인 학교제도를 인정하지 않으면서 지식, 교육, 권리 그리고 민주주의가 무엇인가를 둘러싼 주제들에 대해 폭넓은 논의가 이루어지기를 제안한다.Gadotti, 2012: 169-170

두 사람은 종종 순례자들, 즉 오늘날의 복잡한 결과가 이루어지는 우회로 사이에서 분명하고 근본적인 것을 가리키는 사람으로 비유된다. 프레이리는 일리치를 매우 존경했으며, 여러 번 그의 저작이 많이 읽힐 것이라고 거듭 강조했다. 또한 그는 일리치의 분석들이 종종 '이상주의적idealistic'이라고 말했다. 이 점에서 프레이리는 일리치보다는 학교와 그 안에서 계급 갈등이 일어나는 사회적이고 역사적인 제도를 강조했다.

학교가 오늘의 위기를 극복하는 유일한 방법은 '비판'을 통해 변화를 위한 실천으로 이행하도록 하는 것이다. 학교를 변화시키는 과제는 사회의 변화를 수반하지 않는다면, 시지푸스의 과제나 다름없게 될 것이다. 이것은 또한 칼 마르크스가 자신의 「포이어바흐에 대한 세 번째 테제」에서 명시했던 방향이다. 그는 교육자는 교육받을 필요가 있으며, 그 자신의 결정들을 교육하고 그것들을 알아 가면서 그것에 영향을 미칠 수 있다고 말했다. 이것이 마르크스가 본 교육자와 사회의 관계였다. 프레이리의 모든 작업은 마르크스의 테제를 광범위하게 이론적이고 실천적으로 보여 주고 있다.Gadotti, 2012: 171

일리치와 프레이리는 모두 인간과 사회에 대한 사회주의적 이상에 매료된 유토피아적 사상가임이 틀림없어 보인다.Elias, 1984: 107 두 사람 모두 실존주의적 가톨릭 휴머니스트, 혁명적 실천가, 교육 비판가이다. 따라서 기존의 전통적 교육이론과는 판이한 성향을 갖고 있다. 이것은 기존의 자본주의적 교육이론과 실천에 대한 비판에서 유사한 특성을 보여 준다. 일리치의 주요 타격 목표는 개혁하고자 하는 사회의 존재를 영속화시키는 학교제도다.

일리치는 선진국이나 후진국이 똑같이 해결해야 하는 문제로 강제적 의무교육을 폐지하고 진정한 교육 목적을 촉구하는 대안적인 '공생적convivial 제도'를 설립하는 것이 시급하다고 주장했다. 그런 제도들은 상호친화적인친밀하고 즐거운 제도라야 한다. 탈학교 이후의 대안을 자율적이고 창조적인 교류가 이루어지는 '공생 사회'[157]에서 비강제적인 성격의 학교가 출현하는 것을 설정했다. 프레이리와 일리치의 교육제도론을 비교하는 것은 쉬운 일이 아니다. 일리치는 새로운 사회 건설을 위한 교육적 대안을 제기함으로써 프레이리의 생각을 능가한다. 일리치의 이론은 확실히 현재의 제도적 장치에 대한 대안을 구상하고 있다.[158]

이러한 학습체계를 제시한 일리치의 목적은 학교에 대한 대안을 제시하

157. 일리치가 바라는 '좋은 사회(good society)는 재화와 서비스를 사고파는 시장을 가진 소규모의 기업가적—법인기업과는 반대되는— 자본주의에 기초한다. 이러한 사회에서 정부의 역할은 조작적인 광고의 방지 및 시장을 가진 소규모의 복지제도와 조화되는 상호친화적 기술의 발달, 사회적 기간산업의 설치 등이다. 학교제도를 대신할 대안적 제도, 교육자치에서 학습망(learning webs, 학습 네트워크)의 구축 등 일리치의 제안은 상호친화적 기술이라는 전망과 조응한다. 탈학교 교육을 위한 정치운동은 일리치가 강조한 것처럼 '인간해방을 위한 근간'이 된다. 일리치는 사회주의 국가도 탈학교화되지 않아 실패했다고 질타한다.

는 데 있다. 그는 사회가 학교 이전의 시대로 돌아갈 것이 아니라, 사회가 올바른 교육제도로서의 학교를 지향해야 한다고 주장한다.Elias, 1884: 126 교육의 과잉 관료화가 결국 교육을 붕괴시킬 것이라고 주장한 점은 오늘날의 교육 현실을 보면 시사하는 바가 크다.

일리치에게 사회혁명의 한 형태로서 탈학교는 가난한 사람들의 학교교육에 대한 맹신신화을 폐기하는 것을 의미한다. 엄청난 돈을 계속 쏟아붓는 사회에서 탈학교 구상은 중요한 사회혁명임이 틀림없다. 그는 주로 현재의 조작적이고 중독적인 교육제도에 대한 대안을 제시하는 데 열중했다. 이 문제에 관해 일리치는 한층 더 충격적이고 급진적 대안을 제시했다.

오늘날 우리에게 익숙한 학점은행제와 방송통신대학 및 개방대학은 일찍이 일리치가 제시한 제도였다. 그리고 프레이리의 문해교육 방법은 인류학자나 사회학자들이 논구하는 참여관찰이라는 방법과 유사한 선진적 제안이었다. 새로운 사회를 이룩하고 혁명 전략의 일익을 담당하는 프레이리의 문해교육을 우리는 오늘날 '문제제기식 교육' 또는 '정치적 문해력'이라고 부른다.

그런데 프레이리는 일리치와는 좀 다른 차별성을 보였다. 프레이리는 학교를 부정하거나 없애기보다 학교를 변혁시키자고 역설했기 때문이다. 학교개혁 방법론에서 일리치가 학교를 폐지 또는 해체시켜야 한다고 주장하는 반면, 프레이리는 학교를 재건해야 한다는 입장에서 현실적 접근을 했다. 일리치가 'de-schooling'을 주장했다면, 프레이리는 're-schooling'을 주장했다고 할 수 있다. 사람들을 기만적이고 억압적인 제

158. 일리치는 네 가지 유형의 학습제도를 제시한다. 첫째, 책, 라디오, 현미경 및 TV와 같은 '교육 매체'를 확보한다. 둘째, 어떤 기술을 터득하고자 하는 학생과 학습자에게 그 기술을 교수하는 선생 간에 관계를 형성시켜 주는 '기술 교환'이다. 세 번째, 공통의 이해관계에 입각한 '동등한 관계 형성'인데, 이것은 계산기를 통하여 이루어진다. 넷째, '독립적인 교사체제'인데, 이런 독립적 교사들은 공동 결정하에서 어려운 지적 임무를 담당하게 된다. 이 모든 체계의 담당자들은 그 체계를 이용하는 학생들에게 도움을 주는 상담역과 더불어 상당히 중요한 역할을 하게 된다(Elias, 1884: 125)

도에의 몰입으로부터 해방시키는 일리치의 '탈학교론'이 '학교의 재건축' 차원이라고 한다면, 프레이리의 're-schooling'은 '학교의 리모델링' 차원이라고 할 수 있다. 학교는 제거될 수도 없고, 제거되어서도 안 되지만, 교육의 사회적 관계는 진정한 투쟁을 통해 변화될 수 있다. 그리고 통제받은 경험이나 교육현장의 투쟁은 학생들에게 일터에서 미래의 정치적 활동을 준비시키는 과정이라고 할 수 있다.

일리치와 프레이리는 학교의 반민주적 성격을 다루면서 서로 다른 제안을 했다. 일리치는 학교 시스템의 민주화 가능성에 대한 희망이 거의 없다고 보고 그것의 '해체'를 요청한 반면, 프레이리는 사회 민주화의 광범위한 프로그램의 일환으로 그것의 '민주화'를 제안했다. 프레이리는 일리치가 도구제도와 교육의 이데올로기적 지향을 섞어 버렸다고 주장했다. 프레이리에게 학교는 사회적 기관이며 개혁의 대상이 될 수 있다. 실제로 프레이리는 일리치가 그의 책에서 설명한 학교의 문제를 인정하고 사회적 불평등을 재생산하는 데 교육 시스템의 역할을 인식하고 있었지만, 학교는 여전히 가난한 사람들을 위한 몇 안 되는 상향 이동 수단 중 하나라고 주장했다. 일리치는 학교를 획일적이고 관료적이며 상환할 수 없는 제도로 그린 반면, 프레이리는 갈등이 발생하고 변화가 일어날 수 있는 역사적·사회적 기관으로 간주했다. 프레이리에게 진보적 개혁가들의 임무는 학교를 완전히 없애는 것이 아니라, 학교를 보다 민주적이고 포용적이며 적절하게 만드는 것이었다.

프레이리는 일리치의 탈학교화 구상에 두 가지 문제점을 지적했다. 첫째, 학습망에 참여하기 위한 전제 조건과 관련이 있다. 과목을 공부하기 위해서는 컴퓨터의 정보에 접근하거나, 학습 친구를 찾거나, 의사소통 방법을 설정한다. 전문가와 함께 학습자는 컴퓨터에 액세스하고, 일부 셈하기와 문해력의 수용 가능한 명령을 포함한 기본 교육 수준에 대한 접근을 기대한다. 프레이리가 볼 때 일리치의 '학습망' 제안은 사회에 존재하는 다양한 수준의 문화적, 사회적, 경제적 자본을 이해하는 데 실패할 수 있다. 이것은 프레이리가 구별한 두 번째 문제와 연결되는 것으로 학습망의 실제 작동과 관련이 있다. 프레이리는 보편적 공교육을 포기하고, 학습활동을 비공식적인 사회적 상호작용에 맡김으로써 학습망 모델은 더 많이 가진 사회집단에게 편향된다고 주장했다. 학습망 모델이 세 번째 문제는 교육과 정치에서의 평등과 해방에서 제안의 혁명적 측면과 보수적 측면 사이의 긴장을 거론할 수 있다. 일리치는 학습망을 민주적, 평등주의적, 그리고 공생적 제도로 개념화하면서 동시에 주인이 과정의 중심에 있는 전통적인 지식을 전달하는 '숙달mastery'의 오래된 개념을 유지했다. 학습망에 대한 네 번째 우려는 시간이 지남에 따라 학습망이 동일한 학교 패턴에 빠져 결국에는 출석 및 성적과 같은 문제를 처리해야 하는 관료적 성격을 띠게 될 것이라는 점이다.Barrlett & Schugurensky, 2020

최근 De-schooling탈학교화, Home-schooling재택교육, 그리고 Un-schooling학교교육 없이 자신의 교육을 스스로 책임지는 것이나 Re-schooling학교의 리모델링이 등장하고 있다. 학교의 리모델링이 제도교육의 혁신학교운동이라 한다면, 오늘의 대안학교운동은 학교 밖의 탈학교화로서 홈스쿨링과 언스쿨링 사이에서 요동하며 상호 견제하는 담론이 전개되고 있다. 새로이 등장한 언스쿨링 운동[159]은 스스로 학습하는 자연스러운 학습, 즉 삶/일상생활로부터의 학습life learning이다. 언스쿨링은 사회개혁과 변화에 관한 것이며, 이와 관련하여 언스쿨링은 모든 연령대의 사람들이 배우고 함께 살 수 있

159. 몬테소리 접근 방식과 유사한 '언스쿨링' 아동 중심 학습을 촉진하고, 학부모가 교육과정 선택 및 수업 과정에서 뒷자리에 앉는다. 일부 가족은 요리, 정원 가꾸기, 쇼핑과 같은 일상적인 일을 배움의 기회로 받아들인다. 다른 유형은 비디오, 블로그 및 모듈을 제공하는 사이트 또는 특정 주제를 중심으로 한 리소스(예: 내셔널 지오그래픽)를 제공하는 사이트의 형태로 온라인 공부를 통해 주제를 탐색한다. 미국에서는 홈스쿨링 가정의 약 20%가 공식 커리큘럼에 거의 또는 전혀 의존하지 않고 비공식 '언스쿨링' 접근 방식을 사용하는 것으로 추정된다. 현재 학교 폐쇄 기간 동안 일부 가족의 경우 기본적으로 언스쿨링 접근 방식을 채택했다. 일부 성인은 집 밖에서 일해야 하기 때문에 많은 어린이가 자신의 창의성과 온라인 공부 및 오락 선택에 맡겨졌다.

는 공간을 만들거나 회수해야 한다고 주장했다. 대안적 교육 모델로서 원격학습, 마이크로스쿨링[160], 홈스쿨링 및 언스쿨링 중에서 '언스쿨링'이 일리치가 '탈학교 사회'에서 개발한 아이디어와 이데올로기적 유사성을 갖는 모델이라고 주장할 수 있다. 원하는 공부 목표 또는 전체 교육자에 대한 약간의 안내와 촉진된 노출이 없으면 창의성, 문제 해결, 비판적 사고, 탐색적 공부에 대한 노출 등과 같은 언스쿨링의 전반적인 목표가 도태된다. 듀이, 린드만, 일리치, 홀트 등의 아이디어에 따라 현대의 언스쿨링 학생들은 교육이 삶과 동일선상에 있어야 한다고 주장하며, 교육 활동과 비교육 활동을 인위적으로 분리하는 것을 거부한다. 언스쿨링 운동은 루소의 소극적 교육과 자연교육 또는 일리치의 탈학교화와 공생교육 논의와 상당히 닮았다.

'언스쿨링'의 개념화는 원래 일리치의 가까운 동료인 존 홀트[161]가 쿠에르나바카의 문화교류문헌자료센터CIDOC에 여러 번 방문하여 학교교육에 대한 비판적 접근 방식과 대안 모델 설계에 대한 오리엔테이션을 공유한 것이다. 홀트는 그들에게 뚜렷한 임무가 있다고 믿었다. 그는 일리치를 환상의 예언자로, 자신을 일리치의 비전을 현실로 변환할 수 있는 능력을 갖춘 실용적인 전술가로 보았다. 홀트는 1970년대 이후 '탈학교'가 많은 사람에게 너무 급진적으로 인식되는 것을 알았다. 그래서 홀트는 디스쿨링de-schooling, 탈학교화을 향한 전략적 단계로 개념화한 '언스쿨링'을 개발했다. '언스쿨링'은 아이들을 학교에서 데려오는 것이고 '디스쿨링'은 학교를 강제하지 않는 학교로 만들기 위해 법률과 정책을 변경하는 것을 말한다. 언스쿨링은 사회의 개혁 및 변화에 대한 것이다. 언스쿨링은 모든 연령대의 사람들이 배우고 함께 살 수 있는 공간을 창출하거나 재요청해야 한다고 주장했다. '언스쿨링'은 가정이 공식 교육과정에 거의 의존하지

160. 2010년경에 시작된 보다 최근의 현상인 마이크로스쿨링은 홈스쿨링과 사립학교의 하이브리드이다. 이 모델은 현재 많은 지역에서 팬데믹 포드 또는 학습 포드라고 불리는 것을 조직하는 온라인 그룹과 함께 전염병 상황에서 번창했다.

않고, 학생들이 무엇을, 언제, 어떻게, 왜 배우고 싶은지를 선택하는 홈스쿨링[162]에 특별한 접근 방식이다. 생활 속에서 그리고 자연 속에서 배우는 '언스쿨링'은 아이들이 자연스럽게 호기심이 많고 열정적으로 자신의 흥미를 따르는 가정을 전제로 한다.

사실 홈스쿨링을 하는 환경에서 부모는 자녀 교육의 위치를 제어하지만 여전히 규정된 교육과정, 교과서 및 학년 할당에서 벗어나기 어렵다. 부모는 교사보다 더 많은 자율성을 갖고, 보충 자료와 개인화된 학습 경험을 추가할 수 있지만, 교실에서의 교사처럼 행동한다. 홈스쿨링 모델 내에서 학습하는 학생들은 종종 수업과 과제 사이에 더 많은 시간과 속도를 할당받을 수 있다. 이 모델에서 홈스쿨링을 받은 학생들은 교실 환경

161. '대안교육, 홈스쿨링의 선구자'인 존 홀트는 아이들이 타고난 배움의 능력과 학교에서의 실패를 관찰하며 심도 깊은 교육철학을 주창한다. 학교 안에서는 진정한 배움이 이뤄질 수 없다는 것을 깨달은 홀트는 더 나은 배움을 위해서는 아이들을 학교로부터 빼내야 한다고 결론 내린다. 강제적인 교육은 두려움만 심어 줄 뿐이며 우리가 최고로 잘 배울 수 있는 곳은 학교가 아니라 삶 속이라는 것이다. 그런 배움이야말로 아이들을 좀 더 능동적이고 흥미로운 삶으로 이끈다. 우리가 할 일은 아이들이 스스로 무엇을 할지 정하고 실천할 수 있는 조건을 만들어 주는 것이다. 홀트는 강제적인 교육 행위 자체를 비판하고 있지만, 아이들이 타고난 호기심과 열의, 재능을 키워 주기 위한 교육까지 포기한 것은 아니었다. 그는 자신이 꿈꾸었던 진정한 배움, 사회, 아이들을 위해 강제적 교육을 통하지 않고도 배울 수 있는 다양한 길을 제시했고, 그것들은 오늘날 대안교육, 홈스쿨링, 언스쿨링을 실천하는 사람들에게 널리 활용되고 있다. 학교만이 유일한 배움의 장소가 아니라는 사실은 이제 새로울 것도 없지만, 그에 앞서 제도 교육의 목적에 대해 신랄하게 비판하고 그 대안을 찾고자 끊임없이 고민했던 홀트의 목소리는 진정한 교육과 배움은 무엇인지, 우리 아이들에게 정말로 필요한 것은 무엇인지 생각해 보게 한다. 자기 주도적인 삶과 배움을 꿈꾸는 사람들과 자신의 아이들이 그렇게 자라길 바라는 사람들이라면 홀트의 주장을 경청할 필요가 있다. 홀트는 학교의 상을 알아 가는 진지한 작업이 협동적으로 이루어질 수 없고, 서로 쫓고 쫓기는 경쟁 속에서만 이루어진다고 가르친다고 주장한다. 탐욕이란 길들여야 할 악이 아니라 북돋아야 할 선이라고 가르치기 때문이다. 그리고 이기는 것이라면 엄청나게 중요한 걸로 만드는 그 모든 상황처럼 학교는 속임수를 가르친다. 교육(강제 학교 교육, 강제 학습)은 인간의 정신과 영혼에 반하는 폭압이요, 범죄다. 그로부터 탈출할 수 있는 모든 사람들을 탈출하게 놔두자고 주장한다.

162. 비판적 관점에서 홈스쿨링은 민주주의에 해로운 영향을 미치는 세 가지 주요 단점이 있다. 첫째, 홈스쿨링은 학생의 학습 경험과 다양한 학습 기회를 육성하는 가정 기반 시설을 필요로 한다. 따라서 사회의 문화적, 사회적, 경제적 자본의 상당한 비대칭을 감안할 때 홈스쿨링은 교육 불평등을 강화하는 데 기여할 수 있다. 둘째, 홈스쿨링에서 아이들은 다른 가치 체계를 접하지 않고, 가정의 가치, 습관 및 신념만을 알고 있다. 이것은 학습자를 다양한 문화, 교육 및 신념 체계에 노출시키는 공간으로서의 학습망이라는 일리치의 개념과 정반대이다. 셋째, 홈스쿨링은 동료들과의 사교 및 사회적 정서적 학습을 위한 제한된 기회를 제공하며, 그룹 작업과 협력을 희생시키면서 개인주의적 접근을 강화할 수 있다.

에서 동료들과 덜 접촉하지만, 때때로 견학 및 유사한 비공식학습 기회를 위해 다른 홈스쿨링 학생들과 합류한다. 전염병의 여파로 많은 가정에서 엄격한 학교 후원의 원격학습 모델 대신 홈스쿨링 모델을 선택했다. 팬데믹 기간 동안 가족 작업 일정과 요구사항을 고려하여 홈스쿨링 모델을 통해 학생과 가족은 학습 기회와 유연한 일정을 만들 수 있다.

전통적인 학교교육에 대한 개별적으로 개발된 두 대안, 즉 자유학교 Freedom School[163]와 홈스쿨링 집에서 학교처럼 아이들을 가르치는 것[164]이 '언스쿨링 un-schooling'[165]의 성장에 기여해 왔다. 자유학교와 홈스쿨링에서 적은 수의 아이들은 각각 어린이의 관심을 관찰하고 돌보는 어른들과 함께 친밀한 관계를 발전시켜 간다. 홈스쿨링과 아동 양육 방식이 매우 다양하기 때문에 이러한 주장은 홈스쿨링보다는 자유학교에 더 일반적으로 적용될 수 있다. 비제도교육 접근 방식은 아이들이 더 많은 지식을 가진 다른 사람들의 도움을 받거나 '견습생'이 되어 지식과 세계에 대한 자신의 정신 모델을 구성함으로써 배운다고 가정하는 사회구성주의 social constructivism 이

---

163. '자유학교'들은 전통적 학교보다 아이들이 자신의 시간, 활동 및 결정을 더 잘 통제할 수 있는, 보다 구조화된 '학교' 환경의 조합을 통해 더 많은 자유를 향유하도록 할 가능성이 있다. 때때로 아이들은 제안도 구하지만, 학교에서 어른들을 조언을 구하듯, 다른 아이들에게 자문을 구한다. 자유학교의 아이들은 자신의 정신적 모델을 구축한다. 교사들은 학생들의 흥미를 존중하는 방법을 알아야 하고, 부모들은 자식의 배움이 부모의 관리에 수동적으로 이끌리지 않도록 하면서 아이들 스스로 배울 수 있도록 신뢰하면서 성장시켜야 한다. 그리고 모든 접근 방식을 대표하지는 않지만, 1921년 영국에서 초기 민주주의 자유학교인 서머힐이 설립되어 오늘날까지 이어지고 있다. 미국에서는 1968년 서드베리 밸리 학교가 설립되어 아이들에게 완전한 민주적 권리를 부여하고 있으며, 현재 전 세계적으로 50개 이상의 서드베리 학교가 있다. 이들 학교에서는 아이들이 무엇을, 어떻게, 언제 배울 것인지에 대한 많은 결정들이 어른들에 의해 관리되기보다는 아이들 스스로에게 맡겨진다. 예를 들어 서머힐에서는 교육과정이 정해져 있는 동안 학생들이 수업에 갈지 말지를 선택한다. 서드베리에서는 학생들이 교직원 채용과 시설 이용과 같은 '성인'의 것들을 포함하여 교직원들과 협력하여 학교를 관리한다. 물론 시장주의자들이 선호하는 민영화된 '자유학교'와는 좀 다르다.
164. 학습 또는 교육이라고 부르는 삶에 대한 욕구, 추동력, 동기 및 책임을 학습자의 통제에 맡기는 것은 '홈스쿨링' 방식이다.
165. '학교에 다니지 않는(un-schooled)' 학생들은 예를 들어 일리치의 학습망 모델에 따라 전통적인 학교에 다니지 않거나, 심지어 전혀 학교에 다니지 않는다. 비제도교육은 자유와 자기결정의 강조에 의해 유사하게 추진된다. 'un-schooling'은 'de-schooling'과 엄격하게 구분되지 않는데, 최근 'un-schooling'이 'un-learning'과 함께 자주 오르내린다.

론에 기초한다.Petrovic & Rolstad, 2017 이러한 견습apprenticeship의 개념은 탈학교 사회에 대한 일리치의 논의에서 특히 중요하다. 일리치의 접근은 학교를 해체하기를 원하고, 전통적인 학교를 대체할 수 있는 '학습망'을 옹호하였기 때문이다.[166]

언스쿨링은 탈학교화된 사회에 대한 일리치의 사회문제 해결 아이디어와 웹 기반 학습 제안에 가장 가까운 실천일 수 있고, 원래 지역사회와 세계에서의 학습이 개념화된 것이지만, 실제로는 종종 홈스쿨링으로 나타났다. 언스쿨링 관점에서 홈스쿨링에 대해 제기된 비판 중에는 다른 아이들, 특히 다른 사회경제적 집단의 문화 및 배경을 가진 아이들과 사회화를 할 기회가 상대적으로 부족하다는 점이 있다. 그리고 도구 및 연계성을 포함한 부모가 경험, 지식 및 자원을 갖지 않은 부모들과 자신의 이익을 추구하기 위해 자녀를 지도하기에 엘리트주의의 위험도 있다. 또 성인 생활에 유용한 많은 교육과정의 내용을 놓칠 수도 있다.

그러기에 보다 정의롭고 사려 깊으며, 평등하고 민주적인 사회를 건설하기 위한 기회의 재분배나 사회적·경제적·문화적 목표의 재분배로 이해되는 해방적 프로젝트를 손상시킬 수 있음도 간과해서는 안 된다.Barrlett & Schugurensky, 2020

여기에 몇 가지 비교, 대조되는 점이 있다. 첫째, 비제도교육과 자유학교에서 자유에 대한 강한 추진력을 감안하면, 민주적인 자유학교에서의 삶은 여러 면에서 '학교에서의 비제도교육'의 한 형태, 즉 구조와 자유의 역설과 유사하다는 것에 주목해야 한다. 둘째, 전통적인 학교에 다니지 않는 것을 감안하면, 비제도교육은 홈스쿨링과 쉽게 결합될 수 있다. 물론, 비제도교육은 사실 홈스쿨링의 한 형태일 수 있다. 이런 단순한 주

166. 일리치의 탈학교론은 다른 한편으로 방법론적 비판(경험적 실증성 부족, 기능적 분석과 관론적 요소가 뒤섞임, 개념 규정의 애매함), 대안상의 비판(구체적 대안의 결여 및 빈약함), 혁명 전략상의 비판(정치권력의 문제와 생산관계의 문제를 다루지 않음), 유토피아 비판(혁명 전략에 대한 대안의 부재, 수사학적 유토피아 제시) 등이 제기되고 있다.

장을 넘어 홈스쿨링은 이질적인 운동의 성격을 갖고 있으며, 부모들은 자신의 자녀들을 홈스쿨링 하는 무수한 동기를 든다. 이것은 홈스쿨링 운동 내에서 비제도교육 운동의 범위를 결정하는 것을 복잡하게 만든다. 여기서 언스쿨링은 민주적인 자유학교운동에서, 그리고 홈스쿨링은 학교에 대한 더 전통적인 이해에서 파생된 것이다. 분명한 것은 오늘날 홈스쿨링이 증가하고 있다는 것이다.[167]

많은 홈스쿨러들은 이들의 동기와는 무관하게 학교 일정, 지식을 개별 과목으로 나누는 것, 교육학적 방법의 반복을 선택하려 한다. 일리치의 생각에 비추어 보면, 이 점은 '학교'와 '교육'의 제도화된 개념들이 교육받은 사람이 되는 것이 무엇을 의미하는지에 대한 '사회적 상상력'을 무디게 하는 방식으로 구체화된 것이라도 할 수 있다.Petrovic & Rolstad, 2017 현재의 관점에서 볼 때 홈스쿨링에 대한 이들의 접근법은 그냥 '집에서 학교를 운영하는 방식'이라고 할 수 있다. 물론 근본주의적 홈스쿨링과 세속주의적 홈스쿨링의 목적에는 더 큰 차이가 있다. 전자는 자율성의 발전을 거부하는 경향이 있으며, 따라서 불법의 형태를 띤다. 후자는 단지 '집에서 학교를 운영하는' 정도로, 아마도 자율성의 개발을 노골적으로 거부하는 것은 아니라도, 집에서 전통적 학교교육을 또다시 모방하는 정도이기에 자율성을 더욱 약화시킬 가능성이 있다.

이렇게 서로 이질적인 운동방식을 조명하기 위해서 우리는 비제도교육의 규범적 철학을 짚고 넘어갈 필요가 있다. 일리치의 탈학교화는 자율성에 기초한 '언스쿨링'으로서 민주적 교육에 중요한 통찰력을 제공한다. 전통적 학교교육이 해방과 반대되는 방향으로 치닫고 있는 신자유주의

---

167. 역사적으로 이질적인 운동이지만, 최근 종교 근본주의 가족들이 의심스럽다고 여겼던 전통적 학교의 교과과정과 도덕을 피하기 위해 홈스쿨링을 시작하면서 홈스쿨링 운동에 힘을 싣고 있다. 많은 홈스쿨링 부모들은 자신과 자녀들을 위한 반-문화적 경험을 통해 홈스쿨링하도록 이끈다. 이런 동기는 주로 비제도교육의 기풍을 반영한다. 학교는 아이들이 스스로 배우고, 지식을 추구하고, 환경에 참여하고, 삶을 이해하기에 이상적인 장소가 아니라고 여기는 것이다.

적 기조에 의해 점점 더 지배되는 대중화 프로젝트가 되어가면서, 언스쿨링 운동은 오늘날 학부모에게 민주적 교육을 추구하는 선택권을 제공하려는 홈스쿨링 운동과는 반대되는 방향으로 나아갈 수 있다. 따라서 우리 시대가 보여 주는 대중화 현상과 신자유주의적 충동을 극복하기 위해, 민주적 교육에 필요한 학교에서 비제도교육의 철학을 제대로 이해하려면, 일리치와 프레이리의 생각을 동시에 파악할 필요가 있다.

그리고 홈스쿨링과 언스쿨링은 일치하는 요소도 있지만, 동질적이지 않다는 점을 분명히 해야 한다. 다시 말해 홈-스쿨러들을 언-스쿨러로 간주하려면, 특별한 동기와 목적 그리고 설계가 있어야 한다. 학교교육을 받지 않으려는 부모들은 전통적 학교주로 인문계 학교의 우수성을 거부하고, 민주적 자유학교의 존재에 따라 자녀들의 자발적 흥미와 활동을 촉진하고자 한다. 더 나아가 일부 가정에서는 비제도교육을 교육에 대한 대안적 접근 방식일 뿐만 아니라, 삶의 어떤 영역에서 아이 양육을 강압적이지 않은 대안적 생활방식으로 본다. 이런 대안적 가정들은 '급진적 비제도교육자'들이라고 할 수 있다.

그러나 언스쿨링 철학은 전통적 홈스쿨링에만 적용될 수 있을 뿐이기에—지금은 종교적 근본주의에 의해 추진되는 홈스쿨링의 형태나 그냥 집에서 학교를 하는 것으로 정의되지만—, 구성주의 학습의 심리적 토대를 넘어서면서 민주적 교육을 제공하는 철학적 이상을 넘어서고 있다. 비억압 및 아이들의 흥미에 따르는 것이 민주적 교육의 관점에서 민주주의, 더 구체적으로는 '비판적 민주주의'를 촉진하는 것을 핵심 목표에 두어야 한다. 다시 말해 자유freedom는 비제도교육의 필수적인 목표이지만, 자율성autonomy의 개발까지 핵심적 요령으로 삼아야 한다. 그렇지 않으면 자유는 거의 틀림없이 아이들의 변덕에 따라 놀아나고, 자율성의 발달은 견습생에게 좌우되고 말 것이다. 누구나 일리치의 모든 세부 사항에 관심을 가질 수 있지만, 여기서 변호되는 '자율성'의 개념에 특별한 관심을 두지 않으면, '제도교육화가치의 제도화'를 초래할 것이다.Petrovic & Rolstad, 2017 왜냐하면 학교의 자율적/해방적 기능보다 길들이는 순종적 기능이 커지기 때문이다.

그래서 최근 원격-학습, 홈스쿨링, 마이크로-스쿨링, 언스쿨링 등 전통적 학교교육과 다른 모습의 교육이 많은 관심을 받고 있다. 결국 아이가 지적으로 독립적이고, 타인과 조화롭게 생활하고 행동할 수 있으려면, 그리고 타인의 번영을 보살피면서 자신의 번영하는 삶을 영위할 수 있는 인격체로 아이를 성장시키려면, 자유권위로부터 자유로운와 자율성방종이 아닌 책임을 지는 모두를 필요로 한다. 따라서 비판적 민주주의를 위한 교육, 즉 합리적 숙의로서 자율성을 장려하는 교육은 순전히 소극적인 개념에 머물러서는 안 된다.

결국 비제도교육은 민주주의 사회에 필요한 특정한 성향을 길러 주는 역할을 요구한다. 타인에게 양도할 수 없는 권리로서 인격에 대한 상호 존중으로부터 시작하여 다양한 사람들의 좋은 삶에 대한 견해를 알려주는 다양한 경험, 문화적 애착, 종교적 소속에 대한 인식을 포함할 수 있다. 합리적인 사람들이 동의하지 않을 것으로 예상되는 근본적인 도덕적 책무를 이미 갖고 있지 않다면, 다른 사람들에 의해 받아들여지지 않는 주장과 논변을 고집하지 않는 '호혜성'의 규범을 포함해야 한다. 우리는 주체로서 자신의 삶을 통제해야 한다. 특히 모순이 다른 사람들의 자율성을 훼손하고, 그리고 그것에 내재된 모순에 대해 문제를 삼을 때, 사회와 그것의 역할을 세밀히 파악해야 한다. 자유를 바탕으로 한 민주적 교육을 기본적으로 필요로 하지만, 민주주의를 위한 교육에는 불충분하다는 점을 유념해야 한다.

그동안 일리치와 프레이리 사후에 비판적 교육학이 방향을 상실할 위험이 상존하는 조건에서 최근 이들의 관점을 재구성하는 논의가 다시 활발해지고 있다. 교육의 재건은 복잡한 일상생활, 노동, 그리고 문화의 새로운 유형과 협의할 수 있는 교과를 만드는 데 도움이 된다. 교육의 재건은 현대 생활이 더욱 다면적이고 위험해짐에 따라 새로운 방식의 일상생활, 노동 및 문화의 복잡성을 더 잘 협상할 수 있는 주체를 만드는 데 도움을 줄 수 있다. 현대 교육제도의 두드러진 문제는 수업계획, 교육과정 및 교수법이 균질화된 단일 모델 수업에 고정되어 있으며, 도전적인 정치와 문화 및 생태학적 문제를 다루지 않는다는 것이다. 공생적 도구와 민주적인 교수법의 개발은 교사와 학생들이 일종의 실험교육듀이 등에 참여할 수 있도록 해야 할 것이다.Kahn & Keller, 2008: 29

일리치와 프레이리 같은 급진적 교육자에 대한 친화성과 차이점에 불구하고, 테크놀로지와 정치, 교육의 재건 관계과도한 테크노 열광이나 테크노 공포 등 그리고 기후위기와 교육의 상관성 등 현재의 필요에 대한 긍정적으로나 부정적으로 맥락화된 평가는 더 많은 변증법적 비판을 요구한다. 비판적 학습 상황에서 의사소통, 자존감 그리고 정치적 학습을 위한 필요를 완성하는 것뿐만 아니라 지원적이고, 대화적이고, 상호적인 사회관계는 협동, 민주주의, 그리고 적극적인 사회적 가치를 촉진할 수 있을 것이다.Kahn & Keller, 2008: 29

근대 교육제도는 인식 모델을 기반으로 삶을 직선적으로 보는 경향이 있다. 경험을 개별 순간과 행동 조각으로 나누는 교육학을 개발했지만 문해력, 급진적 민주주의, 비판의식을 강조하는 프레이리의 변혁적 교육학은 개인이 현대 생활의 다양한 영역과 도전을 더욱 잘 탐색하고 종합할 수 있는 기술을 만들어 냈다. 일리치가 교육의 대립적 개념과 억압적 제도에 대한 대안을 제시했다면, 프레이리는 사회정의와 진보적 사회변혁을 목표로 하는 억압받는 사람들의 비판적 문제제기를 발전시켰다. 사회와 함께 재건을 요구하는 이러한 종류의 비판정신과 비전은 더욱 급진적인 교육학, 사회정의 및 생태정의를 위한 도구, 그리고 더 나은 세상을 위한 유토피아적 가능성을 생산하는 데 도움이 될 수 있을 것이다.

진보주의자들이 교육 및 정치운동을 하면서 도전했던 미래교육의 재건을 위한 대안적 교육 실천은, 유토피아적 열망의 최종 목표를 가지고 텍스트를 읽기 위해 역사를 이용하고, 역사를 읽기 위해 텍스트를 사용하는 변증법과 진단적 비판을 필요로 한다. 그리고 오늘날 일리치와 프레이리의 급진적 교육학은 교육정신을 상실한 학교교육, 적절한 교과서와 자료를 제시하지 못하는 학교환경, 상업적 광고와 생산물에 물든 표준화된 교육과정, 기술공학적 컴퓨터 문해, 그리고 이전투구하는 살인적 경쟁구조의 해결에 많은 시사점을 제공할 것이다.

요컨대 프레이리는 학교를 더욱 민주적이고, 포용적이고 참여하는 제도로 변혁하는 데 매우 낙관적이었고, 일리치의 탈학교교육론이 가지고 있는 두 문제를 분명히 했다. 첫 번째 문제는 학습망에 참여하는 전제 조건과 관련이 있다. 학습자가 교과 과목을 공부하기 위해서는 컴퓨터에서 데이터를 읽거나, 학습 친구를 찾아야 한다. 또한 학습자는 전문가와 의사소통을 하기 위해 컴퓨터에 접근할 수 있어야 하며, 3R읽기, 쓰기, 셈하기이 가능하도록 검색 능력을 포함한 기본적 수준의 교육이 필요하다. 일리치 모델에서 이 문제에 대한 해결책은 정해진 것으로 가정했지만, 그 정해진 책임을 어느 사회기관이 담당할지는 명확하지 않았다. 일리치는 가족이 컴퓨터를 제공하고, 아이들에게 기본적 셈법과 문해교육을 할 필요가 있다고 주장하지만, 이 논변은 사회에 존재하는 다양한 문화적·경제적 자본을 고려하는 데 실패했다.

이것은 두 번째 문제, 즉 학습망의 실제적 작동과 연계된다. 프레이리는 보편적 공교육을 포기하고 교육적 노력을 비형식적·사회적 상호작용에 맡김으로써, 일리치의 제안은 중산층 및 상류층이 사회, 문화, 경제적 기회에 훨씬 더 쉽게 접근할 수 있고, 따라서 저소득층보다 더 유리하게 편향되어 있기에 중산층 및 상류층이 학습망을 더 잘 이용할 수 있다고 주장했다. 프레이리는 일리치에 의해 묘사된 학교들에 대한 문제를 인정하고, 사회적 불평등을 재생산하는 교육 시스템의 역할을 알고 있었다. 그렇지만 그는 학교는 여전히 몇 안 되는 '사회적 평등자' 중 하나이며, 즉 가난한 사람들을 위한 상승 이동의 몇 안 되는 수단 중 하나라고 주장했다. 학교를 획일적이고, 관료적이며, 그리고 구제할 수 없는 것으로 인식한 일리치와 달리, 프레이리는 학교를 계급 갈등이 발생하고 변화가 일어날 수 있는 역사적·사회적 제도로 여겼다. 세속적 이상세계를 추구한 프레이리와 종교적 이상세계를 추구한 일리치는 같으면서도 다른 실천적 삶을 살았다고 할 수 있다.

프레이리에게 진보적 개혁가들의 임무는 학교를 완전히 없애는 것이 아니라, 학교를 보다 민주적이고, 포용적이며, 적절하고, 즐겁게 만드는 것이었다. 프레이리의 생애 마지막에 교육감으로 일할 기회가 생기면서 이러한 생각들을 실험할 수 있는 기회를 가졌다. 그리고 일리치는 교육의 정신을 상실한 학교의 폐지를 주장했지만, 학교의 근본 목적을 상기시키면서 '대안교육'의 새로운 가능성을 실험하도록 하는 촉진자 역할을 했다. 탈학교 등 대안교육의 실천은 머리와 가슴과 손발로 대표되는 지덕체의 전면적 발달을 추구한 전인교육, 지속가능한 공생적·생태적 가치의 구현, 지역사회에 뿌리내린 작은 학교 등의 지향성을 갖고 있다.

지난 50년 동안 일리치의 책을 읽은 많은 독자들은 주요 전제에 대한 공감이나 불일치에 관계없이 사회를 대규모로 '탈학교화'하자는 제안이 헛된 꿈이라고 믿었다. 일리치는 생애 말기에 헛된 꿈이었음을 반성하기도 했다. 이런 측면에서 프레이리는 교육감직을 수행하면서 추진한 학교교육의 민주화를 통한 민중적 '민주학교' 또는 '시민학교의 재건 노력은 제도교육의 가능성을 포기하고, 아예 새로운 학교를 창조하려는 일리치의 탈학교론 전략과는 상당한 차이가 있다. 프레이리는 탈학교 옹호론자들하고는 좀 거리를 두면서 학교교육 체제 내에서 '작은 틈새'를 내는 작업을 시도했다. 이렇게 프레이리가 구상하는 교육은 사회체제의 불공정성을 확인하고 이를 비판하는 데 중점을 두었다.

2020년 코로나 펜데믹 사태로 전 세계 대부분의 학교가 문을 닫았고, 수백만 명의 어린이가 집에서 학습을 시작하면서 일리치의 탈학교론이 제창하는 '학습망'에 다시 관심을 보이기 시작했다. 이런 맥락에서 일부 학자들은 일리치가 제안한 사회의 탈학교화가 결국 정책 설계를 통해서가 아니라, 지난 20년간 정보통신기술ICT의 확산과 전염성이 높은 바이러스의 잔혹성을 통해 일어나고 있다고 주장한다. 일부 논평자들은 역설적이게도 코로나19가 일리치의 기본 틀과 예측 및 권고 사항의 대부분을 충족했다고 주장한다. 하지만 관찰자 중 많은 사람이 놓치고 있는 것은 코로나가 발생한 특이한 시기에 무슨 일이 일어나고 있는지에 대한 것과 일리치가 공식화한 방식—협력적이고 대화적인 방식으로 공동으로 조직된 새로운 교육적 접근—과는 정확히 일치하지 않는다는 점이다.

그 대신 오늘날 우리가 목격하고 있는 것은 이미 기존의 대면적in-person/face to face 학교교육에 대한 다양한 대안들과 관련이 있지만, 뚜렷한 대안으로서 특히 원격학습, 홈스쿨링, 마이크로스쿨링 및 언스쿨링 등이 확산되고 있다는 사실이다. 원격학습remote learning은 통신 연구로 시작된 이래 1세기 이상, 그리고 나중에는 라디오와 텔레비전을 통해 사용되어 온 원거리 교육distance education 방식의 최신 표현이다. 원격학습은 본래 대부분 비-동시성이지만, 인터넷에 크게 의존하면서 교사와 학생, 학생과 학생 간의 동시적 상호작용이 가능해졌다. 20세기의 원거리 교육은 주로 성인교육 및 고등교육에서 시행된 반면, 21세기의 원격교육은 특히 현재의 공중보건 위기의 결과로 어린이와 청소년에게로 그 범위가 확대되었다. 이 경우 원격학습은 기존 학교수업의 연장선에 있으며, 교사가 제공하는 자료, 내용 및 지도로 수행된다. 아이들이 물리적으로 학교에 다니지 않더라도, 학교는 여전히 표준 기반 교육과정을 처방하고, 학생의 주간 일정을 구성하고, 학업성취를 인증하는 과정의 중심에 있다. 인터넷을 통한 원격학습의 동시적 차원으로 인해 학생들은 교사와 다른 학생들을 화면에서 볼 수 있다. 이런 학습 모델은 온라인 교육의 회의 공간을 제공하는 다양한 기술 커뮤니케이션 플랫폼에 의존하며, 교육은 종종 비디오, 모듈, 토론 게시판 및 학생 프레젠테이션을 통해 전달된다. 책임과 성적을 추적하고 가족과 의사소통하기 위해 교사는 다른 포털을 사용한다.

오늘날의 생태계 위기와 신자유주의 경제 난국의 상황을 맞이하여 어떻게 하면 우리 교육의 변혁을 통해서 새로운 대안을 마련할 수 있을까를 탐색한다. 이 일에서 이미 50여 년 전에 서구 자본주의 사회의 무한정한 성장을 향한 인간 욕망의 위험성을 목도하고 "성장을 멈추라"고 주창하면서 '탈학교 사회'를 제안한 이반 일리치의 사상이 다시 호출되고 있다. 일리치는 오늘날 우리 모두의 삶에 있어서 가장 기본이 되는 농업, 의료, 수송, 교육, 페미니즘의 문제를 지구와 인간의 자연적 한계성에 맞추어서 다시 사고할 것을 촉구했다.

오늘 한국 사회가 겪고 있는 신자유주의 경제 파탄과 거기서의 하수인 역할을 하는 무한 경쟁주의와 공리주의 교육에 맞서서 다시 교육에서 종교적이고 초월적인 근거를 회복하고, 일상의 삶과 여성주의적 가치, 공적 감각의 교육으로 탈바꿈할 것을 촉구한다. 그리고 최근 코로나 바이러스에 대응하여 줌 강의와 원격학습 모델이 급증하면서 일리치의 탈학교론에 대한 관심이 높아졌다. 학교가 줌 강의와 원격학습으로 옮겨 감에 따라 장치 및 광대역 접근성을 해결하는 데 어려움을 겪었고, 인터넷 회사는 더 많은 공공 핫스팟, 저렴한 요금, 심지어 저소득 지역 전체에 개방된 연결의 담요를 제공하기 위해 학교 및 커뮤니티와 협력해야 했다. 오늘날 줌 강의와 원격학습은 정규교육 전달의 일반적인 통로가 되었으며, 학생과 가족 및 교직원의 안전을 보호하는 데도 중요한 기여를 했다. 줌 회의나 토론회도 일상화되어 대중소통의 기능도 확장되고 있다.

그런데 이러한 기술적 장치들의 도구적 기능이 우리들의 생각을 획일화하고 상품화하는 등 대중조작 기능도 발휘하고 있기 때문에 여기에 말려들지 않는 비판적 문해력미디어 리터러시을 더욱 배가할 필요가 있다. 기술적 근대화를 넘어 성찰적 근대화와 해방적 근대화, 나아가 생태적 근대화로 나아가야 한다는 말이다. 그러지 않으면 기술적 근대화만을 주창했던 개화파와 영성적 근대화만을 외쳤던 개벽파의 분열을 가져와 일제 식민지화로 전락될 것이다. 우리는 이런 역사적 과오를 잊지 않아야 한다.

## 16. 그람시의 유기적 지식인, 민중교육에 대한 상상력의 원천

파울루 프레이리는 안토니오 그람시Antonio Gramsci, 1891~1937를 자신의 사고에 절대적 영향을 미친 사람으로 인식하고 있다. 그람시가 1960년대 이후 현재까지 라틴아메리카 좌파 진영에 큰 영향을 미친 것은 놀랄 일이 아니다. 프레이리는 브라질로부터 추방된 후 칠레에서 그람시의 글을 읽었다고 한다. 그의 그람시에 대한 관심은 학문적인 것보다는 실용적인 데 있었다. 당시 의식화 개념의 대중적 확산에 어려움을 겪고 있었는데, 잠시 중단했다가 그람시의 생각을 접하면서 의식화 개념을 다시 사용하기 시작했다고 한다. 그만큼 그람시가 프레이리에게 엄청난 영향을 미친 것으로 보인다.

프레이리에게 '의식화' 개념은 상식이 상식적인 수준을 넘어서도록 실재를 더 깊이 읽도록 한다는 것을 의미한다.O'Cadiz, Wong, & Torres, 2022: 119, 주 27 의식화는 세상이 어떻게 작동하는지, 우리가 관심 있는 문제, 권력에 대한 의문을 좀 더 잘 이해할 수 있게 하는 방식이다. 이 말은 세계를 아주 엄밀하게 혹은 어느 정도 엄밀하게라도 읽는 것이다. 의식화는 의식할 수 있는 능력을 갖추는 순간부터 의식하게 된 상태에 이르기까지의 전

과정을 가리킨다.

그람시는 프레이리에게 비형식 교육과 민중교육에 대한 엄청난 상상력을 불어넣어 주었다. 그람시는 민중교육과 관련하여 가장 많이 언급되는 마르크스주의자이다. 프레이리가 모든 인간은 지식인이라는 그람시의 '유기적 지식인' 이론을 받아들이면서 혁명적/극좌적 마르크스주의와 일정한 거리를 두게 된 것도 그람시 때문이다. 프레이리는 후기에 들어 더욱 포스트모던 마르크스주의 노선을 추구했다.

프레이리의 그람시에 대한 언급은 『억압받는 사람들의 교육학』1970, 『자유를 위한 문화적 행동』1970, 『과정으로서의 교육』1978, 『희망의 교육학』1994 곳곳에 나타난다. 그람시와 프레이리의 저작은 기존 사회를 재생산하는 것이 아니라, 마르크스의 변증법적 개념화를 통해 민주적 사회관계와 변혁적 실천을 특징으로 하는 비판적 교육학의 접근을 시도하고 있다.Mayo, 2008 그람시는 헤게모니의 모든 관계를 교육적 관계라고 개념화했다. 그람시의 실천철학은 헤게모니가 교육적 관계의 집합체라는 점에서 교육학적 접근을 하고 있다. 그람시의 전체 프로젝트는 헤게모니 작업이 핵심이므로 '교육적 프로젝트'라고 할 수 있다. 그람시는 헤게모니의 변혁을 향한 돌파구를 성인교육의 문화적 형성에서 찾았다. 헤게모니와 대항-헤게모니[168]는 이항 대립이 아니라, 헤게모니 구조 자체의 틈새 속에서 변혁의 물꼬를 내는 재-협상의 변증법적 관계에 있다.Mayo, 2013: 62 그러한 변혁이 일어나는 데 필요하다고 여겨지는 '지적·도덕적 성취'는 레이먼드 윌리엄스가 언급한 '장기적 혁명'으로 특징지어진 기나긴 교육의 과정을 수반한다.

168. 비판적 교육학에서 대항-헤게모니는 주류 제도의 주변 내에서 역사적으로 존재하는 사람의 목소리와 경험을 중심에 두기 위해 권력 관계가 재구조화되는 지적·사회적 공간을 말한다(Darder, Balfodano & Torres, 2003: 14). 이것은 해방의 가능성을 위해 권력 관계를 민주화하는 대안적 구조 및 실천을 확립함으로써 대항-헤게모니 맥락이 저항의 순간에서 밀려날 때 달성된다.

이 과정에는 형식적, 비형식적, 그리고 무형식적인 많은 형태의 교육이 관여한다. 이러한 기나긴 작업 과정에 참여하는 유기적 지식인은 변혁적 학습의 장으로서 기여할 수 있는 잠재력을 지닌 수많은 장을 모색하게 된다. 그람시는 정치활동가, 지도자, 정치인으로서 활동하고 수감된 기간에, 특히 유스티카섬에서 재판을 기다리는 수년 동안 그의 끊임없는 구상과 상상에 대한 쉼 없는 몰입, 그리고 성인학습의 기회를 가졌다는 점에서 가히 실천적 교육자의 롤 모델이라고 할 수 있다.

프레이리가 강조하는 '이론적 실천praxis'은 그람시가 『옥중수고』에서 강조한 교육자와 피교육자 집단 사이의 '유기적 지식인'과 연결되어 있다. 프레이리는 모든 인간은 지식인이라는 그람시의 '유기적 지식인organic intellectuals'[169] 이론을 받아들였다. 그는 사회변혁을 위한 '유기적 지식인'의 역할을 통해 민주적 시민사회의 문화적 진지를 구축하고자 한다.Mayo, 2010 물질과 노동을 움직이는 노동자의 문화적 지식인성을 강조한 것이다. 그렇게 해야 노동자의 종속적 지위를 벗어날 수 있다고 본다. 진지전에서 중심적 역할을 하는 정당성의 전문가, 문화적·교육적 일꾼인 '유기적 지식인'은 기성 권력을 조종하는 기술자가 아니라 권력의 원동력이라고 할 수 있다.Aronowitz, 2014: 236

그람시의 '양식good sense' 주창은 상식common sense—양식의 요소를 갖고 있으나 일관성을 결여한 무비판적이고 파편적인 실재관—을 넘어서는 수단이라고 할 수 있다.Mayo, 2013: 58 그람시의 실천철학은 프레이리의 '실천교육학pedagogy of praxis'으로 발전한다. 그람시는 마르크스주의를 '실천철학philosophy of praxis'으로 재구성하려는 철학적 작업을 시도했다. 프레이리 교육이론이 형성되는 원리는 교육을 하나의 노동으로 간주하여 사회적 실천으로서 교육은 그간 잃어버린 제 기능이 무엇인지 밝히려는 흐름에

---

169. '유기적 지식인'은 자본주의 재생산과 같은 특정 사회의 재생산에 기본적으로 필요한 임무들을 수행하는 지식인이다.

따라 이뤄진다. 여기에서 실천은 프레이리의 정치철학과 교육학의 중심 위치에 있다. 프레이리는 마르크스주의자 그람시가 마르크스의 실천 개념을 수용한 방식, 즉 '실천의 철학'이라는 관점에서 인간 사유로서의 이론과 실제 세계와의 관계를 규정하고, 이를 자신의 교육론에 적용해 '실천의 교육학'을 형성한다.

그람시의 실천철학은 성찰적이지 않은 상식을 넘어 변혁적 특성을 갖는 양식의 형성을 추구한다. 프레이리 또한 순진무구한 의식상식에서 비판적 의식양식으로 이행을 모색한다. 그람시가 묘사하고 있는 '상식'은 어떤 사회에 일반적으로 공통적인 가정과 신념의 불일치한 종합이며, 그래서 실천적·경험적 특성을 갖는 '양식'과 구별된다.Gross, 2011: 52 상식은 더욱 일관되고 모순이 덜한 양식의 요소를 포함하고 있다. 상식은 살아 있는 경험 및 상식과 상충하지만, 사람은 두 가지 관점을 동시에 가질 수 있다. 그람시는 이를 두 개의 이론적 의식, 또는 하나의 모순된 의식으로 설명한다. 여기에서 하나의 의식은 일과 살아 있는 경험에 기반하고 있는 반면, 다른 의식은 물려받은 상식에 근거하고 있다. 프레이리는 '양식'을 다음과 같이 설명한다.

> 양식은 내가 알고 싶어 하는 것을 알려 주지 않을 수도 있지만, 내가 꼭 알아야만 하는 뭔가가 있음을 말해 줄 것이다. 이럴 때 양식은 비판적 인식을 낳으며, 비판적 인식이 빠진 양식은 잘못된 결론에 이르기 쉽다. 하지만 양식이 없는, 다시 말해 예언하고, 육감을 따르고, 항상 의문을 품고, 사람은 오류를 저지를 수 있다는 것을 알 만큼 충분히 겸손하지 않은, 그런 능력이 부재한 비판적 인식은 또한 실패에 이르는 지름길이다.Freire, 2007: 74

상식이란 실재의 진정한 개념과 왜곡된 개념들이 공존하는 인간 의식의 영역을 알게 한다. 그러한 개념들은 적응과 저항의 아이디어를 통해 물질세계를 신비하게 하고 정당화한다.Darder, 2021: 170, 주 8 한 예로 교사는 경험을 통해 구역 변경 계획이 그것의 변경을 위한 자원을 더욱 잠식하리라는 것을 알고 있지만, 그럼에도 불구하고 사업 지원이 유일한 방법이라는 것을 '설득'할 수 있다.Gross, 2011: 52 이럴 때 그람시가 비판한 '상식'은 학생들이 자기형성 과정에 담긴 사회적 구성 자료들을 알지 못하게 방해하며, 구성 자료에 도전하고 그 고리를 끊는 것이 뜻하는 바를 알지 못하게 방해한다. 그러함에도 학생들이 자신의 목소리로 얘기할 수 있어야 한다는 것이다.Giroux, 2001: 357

'상식'은 어느 특정 시기에 다수 민중이 보유하고 있는 가정들과 신념들의 산만하고, 어떤 때는 모순적인 특성을 지니고 있다. 그람시는 상식에서 발견되는 민중적 세계의 개념을 철학, 종교, 과학의 개념과 연관시켜 탐구한다. '상식'은 철학의 민속이며, 학자들의 진정한 민속과 철학·과학·경제학의 중간에 있다. 그람시에게 있어 '상식'—도덕과 관습과 그들이 살고 있는 사회의 제도화된 관행을 받아들이는 대중들의 철학—은 건전한 상식의 의미를 지닌 '양식'과는 구별된다. 일반적으로 '상식'은 일상적으로 민중들이 받아들인 신념이나 가정들의 조리에 맞지 않는 일련의 체계를 가리키는 것이다. 다시 말해 상식은 어떠한 사회나 시대에도 공통적인 무비판적 세계의식이나 세계이해를 뜻한다. 일종의 '통념' 또는 '통설'이라고 할 수 있다. 따라서 더 확장된 헤게모니를 구축하려면, 상식의 반동적 요소를 해체하고 그 안의 긍정적 요소를 살려내야 한다. 이 진보적 변화를 그람시는 '양식'이라고 불렀다.

그람시는 '모순적 의식contradictory consciousness'에서 '비판적 의식critical consciousness'으로 이동하는 이론과 모델을 발달시킴으로써 '헤게모니hegemony'[170]를 이해하고, 설명하고, 그리고 궁극적으로 그것에 도전했다. 모순적 의식은 지배집단이 다른 집단에 대해 행사하는 사회적, 문화적 혹은 경제적 영향력이라고 할 수 있는 헤게모니를 이해하는 핵심 열쇠이다.Gross, 2011: 52-53 이 영향력은 종속집단이 지배집단에게 부여한 정당성에 대한 인지에서 유래한다. 모순적 의식은 동시적으로 행사되는 두 이론적 의식—하나는 살아 있는 경험에서 태어나고, 다른 하나는 무의식적으로 유전되는—은 상충모순하며 동의의 형태를 띠면서 무관심과 수동성으로 이끌어진다. 비판적 의식은 우리의 상식을 인식하고 양식을 발달시킨다. 지배집단에 의해 행사되는 영향력은 모순적 의식에 기여하는 상식을 형성한다. 반헤게모니를 구성하는 비판의식은 지배집단에 의한 동의의 부식과 지지의 철회로 이끌 수 있다. 헤게모니는 지배집단에 의한 동의지배집단을 위한 암묵적 지지와 강요위협이나 물리력의 사용를 통해 정당성이 추구되고 유지되는 능동적 과정이다.

여기에서 프레이리가 훈련보다 '형성formation/formação/Bildung'을 강조한 것은 '형성적 문화formative culture' 없이는 민주주의가 지속될 수 없다는 강한 문제의식의 발로이다.Giroux, 2022: 18 그람시는 음악적 수사법의 사례를 통해 혼란상식으로부터 질서양식를 이끌어 냈다.Coben, 2002: 272 마치 개별 연주자개인가 오케스트라전체의 구성원을 이루어 화음을 이루는 것과 같다. 양식을 형성하는 지적·도덕적 블록의 요점은 소규모의 지식인 집단뿐 아니라, 대중의 진보를 가능하게 만드는 정치라고 할 수 있다.Aronowitz, 2014: 234-235 교수-학습 과정에서 현상으로 나타난 인지적, 교육적 효과를 뒤집어 학생들의 '상식'과 '양식' 사이의 간극을 메우려면, 개인의 자유,

---

170. 'hegemony(정치적·지적·도덕적 영향력/지도력/동의)'는 그리스어 'egemonia/eghesthis(인도, 안내, 선도자/leader/guide)'로부터 파생했다. 헤게모니는 지배계급의 세계관의 확산과 대중화를 통해 확보되는 피지배계층의 정당한 동의를 획득하는 과정이다. 헤게모니는 윤리적·정치적인 것이지만, 경제적인 계급 지배로서 경제적 행위의 중추에서 지도적 집단이 행사하는 결정적인 기능에 기초하고 있다. 이것은 한 사회집단이 사회전반에 걸쳐 자신들의 지도력을 사용하여 자신들의 세계관을 포괄적이며 보편적인 것으로서 확립하고, 타 사회집단의 이해와 욕구를 구체화하는 성공적인 시도이다. 이러한 동의(concordata/agreement)와 설득 전략은 피지배집단과 특정의 타협을 하는 방식과 관련되어 있다. 그것은 물리력의 제 수단에 대한 전권을 통하여 단순히 그 동의를 통틀어 장악하는 '지배권(domination)'과는 다르다.

평등, 관용이 훨씬 더 강력하게 강화되어야 한다는 것이다. 양식은 많이 국민들에게 통용된 상식(저차적 질서)으로부터 출발하기에 중첩된 부분도 있지만, 고차적 질서인 '양식'은 대중들이 일반적으로 믿고 있는 '상식'을 넘어 실재의 비판적 개념물질적으로나 정신적으로에 부합하는 지적 통일성이며 윤리라고 할 수 있다.Hill, 2007: 232, 주 72

가르침의 기술과 실천의 형성적 성질은 교사가 이 책임을 어떻게 수행해야 하는지를 알려 주고 있다. 그람시는 공립학교가 직업교육과 전문교육보다 전통적 인문학 교육인 '형성적' 교육을 중시해야 한다고 역설한다.Aronowitz, 2014: 228-229 '형성적 교육'이란 보통교육을 통해 일반적/인문학적 인격 형성의 교양을 전달한다. 이런 노력을 통해 육체적 또는 기술적, 산업적으로 일하는 능력 및 지적 노력에 필요한 능력이 균형을 맞출 수 있다.Gramsci, 1999 기술 변화가 급격하게 진행되는 상황 속에서 세분화된 직업교육—육체노동을 주로 하는—을 극복하려면 '상식'을 '양식'으로 변화시켜야 하는데, 이를 위해 모든 사람을 위한 공통교육으로 수준 높은 인문교육이 요구된다. 기술교육의 변혁적 기능으로의 전환을 위해 비판적 인문교육이 필요하다는 것이다.

프레이리는 정신노동과 육체노동을 분리할 수 없다는 그람시의 주장을 자신의 저서 주석을 통해 밝히고 있다. 공작인homo faber과 이성인homo sapiens은 분리될 수 없다는 그람시의 주장은 『옥중수고』1970에서 보여 준 것이다. 모든 인간은 지식인인데, 사회에서 지식인의 기능을 다 하지 못하고 있다고 한다. 확실히 육체노동에 대한 정신노동의 우위는 다양하게 나타나고 있다. 그런데 실제적/실천적 활동이 아무리 간단한 것이라도, '기술적, 지적 차원'을 결코 결여하고 있는 것은 아니다.Freire & Macedo, 1987: 78 여기에서 그람시가 말하고자 하는 중요한 초점은 정신이 먼저냐 육체가 먼저냐가 아니라, '노역effort'의 사회적 기능에 있다.

> 스스로의 노역을 통해 획득할 수 있을 때야 사람들은 진리를 받아들인다. 진리는 홀로 존재하는 것이 아니라 정신적인 투쟁의 산물이다. 마찬가지로 진리에 도달하기 위해서 앞서 서로의 마음속에 있는 호기심을 계속 유지해야 한다. 이런 일이 상대방에게 구조화된 형태로 똑같은 지식을 전달하는 일보다 더 교육적이다. 사람들은 노력, 시행착오, 점진적인 숙련 과정을 통해서 실제적인 지식에 도달한다. 가르치는 일이 이런 방식으로 전개될 때 교수 활동은 해방 활동이 된다. Gramsci, 1979

경쟁적 경제구조 속에서 노동과 교육, 그리고 일반교육과 직업교육이 더욱 긴밀히 연계되어야 노동해방이 가능하다. 직업의 사회적 맥락과 노동자의 기술이 지닌 정치적·경제적·사회적·문화적 함의가 갖는 의미가 여기에 있다. 나아가 노동의 윤리적 의무에 대한 인식과 함께 생산의 미학적 차원에 대한 근원적 성찰을 필요로 한다.

> 남자와 여자는 노동을 합니다. 인간은 행동하고 사고합니다. … 인간은 앞날을 예측하고 일을 기획하고 노동 그 자체를 목적으로 삼으며 노동을 합니다. 인간은 온몸으로 노동을 합니다. 인간의 몸은 의식을 갖고 있습니다. 이 때문에 육체노동과 정신노동을 구분하는 것은 잘못된 일입니다. 공장노동자나 농장노동자 또한 지식인입니다. … 우리가 창조하는 사회에서는 육체노동과 정신노동을 구분하지 않습니다. 이 때문에 우리의 학교는 일하는 학교입니다. 어린이들은 아주 어릴 때부터 노동을 하면서 학습을 할 것입니다. … 학습하기 위해서 노동하거나 노동을 위해서 학습하는 사람이 사라질 날이 올 것입니다. 우리 모두는 노동을 하면서 동시에 학습하게 될 것입니다. Freire & Macedo, 2014: 67

이러한 차원에서 볼 때 가르치는 경험을 단순히 기술의 문제로 변형시키는 것은 이 경험 안에 있는 근본적으로 인간적인 것, 즉 인간다운 사람이 될 가능성을 박탈하는 일이라고 할 수 있다.

> '인간적'이란 무엇인가를 진지하게 고려한다면, 내용을 가르치는 일은 학생들의 도덕적 성장과 분리될 수 없다. 교육한다는 것은 본질적으로 '발달'시키는 것이다. 기술이나 과학을 신성시하거나 사악한 것으로 대하는 것은 대단히 잘못된 부정적 사고방식이다.Freire, 2007: 38

이런 생각은 아이러 쇼어가 프레이리와 나눈 대화를 기록한 『해방의 교육학』Shor & Freire, 1987의 상식common sense과 양식good sense을 구분한 그람시에 대한 언급에서도 나타난다.

> 과학적 엄격성은 세계에 대한 순진한 이해를 극복하려는 노력에서 나온다. 과학은 상식의 출발점 이후 우리가 실제로 관찰하는 것에 대한 아주 강력한 비판적 사고이다.Shor & Freire, 1987: 106

과학은 과학적인 형태의 사고를 모든 사람의 개인 생활에 처음부터 도입하는 것이 아니라, 이미 존재하는 활동을 혁신하고 '비판적'으로 개조하는 문제이다. 이미 알고 있는 것을 더 좋게 하기 위해 알고자 하는 권리를 행사하도록 도전하고 자극하는 것이다.

육체노동과 정신노동, 실천과 이론의 통일에 기반을 둔 교육이 새로운 교육이다. 그람시는 과도한 지식교육을 벗어나기 위해 학생의 흥미와 관심을 중시하는 진보주의 교육/아동중심주의가 학교교육의 본래적 목적인 전통적 지식교육을 멀리할 가능성이 있음을 경계했다. 여기에서 '전통적' 학문교육지식 기반 교육과정이 노동계급 아동들에게 도움이 된다는 그람시의 실용적 관점을 주목할 필요가 있다. 산업노동 자체가 역사의 해방적 동력이 되어야 하며, 그리고 그것이 교육적 원리가 되어야 하기 때문이다. 겉으로 그럴듯해 보이는 '직업중심주의vocationalism'가 정의로운 지식에 접근할 수 있는 기회 접근을 차단하고 종속집단을 배제하는 진보주의적/아동 중심적 논리와 연동되어 있다며 새로운 사회의 구성을 위해 직업교육의 중요한 요소로 보수적 인문교육을 끌어들이고 있다. Entwistle, 1979 그람시는 급진적 변혁을 위해 학교교육에서 이루어지는 전통적/이론적 지식고전의 재발견을 통해 변혁적 사회를 건설하고자 한다.

그람시의 주장은 전통적 인문주의 문화를 반드시 익혀야 하지만, 변증법적 의미에서 보면 진보적 노동계급의 요구에 맞게 그 문화를 비판하고 재-명료화하기 위해 그 문화를 이해해야 한다. 전수하는 것이 아니라, 저항하는 것에서 진보적 학교교육의 핵심적 교육 과제로 삼았다.Giroux, 2001: 355-356 그렇다고 기존 문화를 몽땅 쓸어 없애자는 것도 아니며, 완전히 새로운 문화로 대체하자는 것도 아니다. 전통적 인문교육을 생산한 것은 귀족 등 지배계급이라고 하더라도, 생산한 성과물은 민중적으로 활용할 수 있는 혁명의 싹 또는 불씨의 가능성을 발견할 수 있기 때문이다.

문제는 대중의 상식을 넘어 커다란 사회운동 내부의 정치적 리더십을 책임진 사람들이 공유하는 '상식의 영향력'을 극복할 방법을 찾아내는 일이 쉽지 않다는 점에 있다. 그래서 그람시와 프레이리는 사회적, 경제적, 정치적 변화를 가져오는 유기적 지식인사실은 '혁명가'의 역할이 중요하다고 보았다. 이 역할은 교육적인 과제이기도 하다. 정치적인 과제가 곧 교육적 과제이기 때문이다. 그람시가 볼 때 교육과 정치 사이의 관계는 유기적이다. 그의 작업은 지배계급과 종속계급이 사회를 세계에 대한 그들 자신의 개념으로 교육시키려는 방법에 대한 지속적인 중재이다. 그람시에게 교육의 과정은 국가나 그 대행자에 의해 통제력을 유지하려 하고, 그리고 유기적 지식인이 사회의 통제력을 얻으려 하는 헤게모니의 창조와 유지를

위한 광범위하고 고도로 차별화된 과정이라고 할 수 있다.Coben, 2015: 122

그람시와 프레이리 교육학의 민주적 재구성을 위한 이론화 작업은 교육이 사람들에게 점점 복잡하고 변화하는 세계 속에서 생존하고 번영할 수 있는 상징적·문화적 자본과 더욱 협동적이고, 민주적이고, 평등적이며, 정의로운 사회를 창출할 수 있는 자원을 제공하도록 촉구하고 있다. 이를 위해 학습자의 힘을 강화하는 사회적·문화적 문해력, 정치적·역사적 문해력 등 다중적 문해교육이론으로 발전할 것을 요청한다. '다중적 문해력'은 미디어와 컴퓨터 문해력은 물론이고 다양한 영역의 사회적·문화적 문해력, 그리고 생태적 문해력몸과 환경의 이해으로부터 시작하여 경제적·재정적 문해력 같은 사회적 세계에서 잘 살 수 있는 다방면의 능력을 포괄한다.Kahn & Keller, 2008: 25

그람시가 보기에 현대 사회의 어떤 계급도 이론과 조직의 통일을 구현할 궁극적 임무를 띤 유기적 지식인의 참여 없이는 권력을 향해 자기 자신을 조직화할 수 없다. 다시 말해 지식인의 참여 없이는 혁명 활동인 '기동전war of maneuver'[171]을 향해 나아갈 수도 없다. 유기적 지식인이야말로 대학뿐 아니라 시민사회와 노동조합에서 싸우는 투쟁가들이다. 그람시는 지적이고 도덕적인 개혁이 필요하다고 하면서, 윤리적 개혁과 경제적 개혁을 연결함으로써 지배적 힘을 행사한 신과 그에 맞먹는 정언명령을 대체할 수 있는 국민적이고 대중적인 집단공동체를 발달시킬 수 있는 '진지전war of position'[172]을 벌이는 것이야말로 새로운 사회를 건설할 수 있는 중요한 고리라고 역설한다.

프레이리는 그람시처럼 지식인의 범주를 재정의하면서, 모든 사람이 지

---

171. 그람시는 능동적 혁명인 '기동전'(국가에 대한 군사적 대결/정면 공격을 통한 권력의 장악)은 발전 단계가 낮은 동구(1917년 11월 볼셰비키 혁명 등)에 적합하다고 했다.

172. 수동적 혁명인 '진지전(정치적인 참호전)'은 공식적인 전쟁이나 기동전이 불가능할 때 필요로 하는 비공식적인 침투 전술을 의미하는데, 그람시는 서구에 적용 가능하다고 보았다. 진지전은 국가권력의 변혁 이후와 그리고 새로운 사회가 건설되고 강화되는 동안에도 계속된다.

식인이 될 수 있다고 주장한다. 즉 각자의 사회·경제적 기능과 관계없이 모든 인간은 세계를 끊임없이 해석하고, 그것에 의미를 부여하면서 특정 세계 관념을 취하는 등 유기적 지식인으로서의 기능을 수행한다. 더구나 억압받는 사람들은 자기교육을 육성하고, 동시에 여러 억압 형태에 대해 투쟁하도록 도와주면서 피억압 집단과 더불어 배울 수 있는 그들 자신의 유기적이고 저항적인 지식인을 개발할 필요가 있다.Freire, 2003: 43 이 경우 지식인은 대중에게 이론을 전달하는 국외자가 아니라는 점을 뜻한다. 그들은 억압받는 사람들의 문화 및 실제적 행동과 유기적으로 융합된 이론가들이다. 지식인이란 감사해하는 대중에게 불쑥 일방적으로 자기의 지식을 분배해 주기보다 급진적인 사회계획을 위해 필요한 조건들을 끊임없이 만들어 내기 위해 억압받는 사람들과 융합해야 한다.

이러한 입장은 지식인의 정치적 기능과 중요성을 강조한다는 점에서 매우 중요하다. 그것의 교육적 본질을 강조하는 정치적 투쟁의 관념과 그러한 투쟁이 갖는 대중적이고 민주적인 본질의 핵심을 재규정하는 방법 역시 중요하다.Freire, 2003: 44 이 점은 프레이리가 이론과 실천 사이의 관계를 어떻게 규정할 것인가에 대한 중요한 물음을 제기한다. 프레이리는 이론의 실천으로 통합해 들어가기를 요구하기보다는 이론과 실천 사이에 일정한 거리가 있어야 한다고 주장한다. 이론은 한 사회의 사실과 경험으로부터 비판적인 거리를 유지하는 대항적인 논의를 하는 기능을 한다. 실천과의 긴장이라는 갈등은 이론의 본질에 속하며, 이것이 곧 이론의 구조이다. 이론은 실천을 구속하지 않는다. 오히려 이론은 역사의 특정한 시대, 특정한 장소에서 필요한 실천의 유형을 매개하고 비판적으로 간파하기 위해 실천과 일정 거리를 두고 있다. 여기서는 보편적인 법칙이나 역사적인 필요성에 호소하지 않는다. 이론은 그런 배경을 비판적으로 검토함으로써 광범위한 실천의 기초 위에서 중재하도록 특정 배경과 경험 형태로부터 창출된다.Freire, 2003: 44

여기서 프레이리는 이론과 실천의 본질이나 사회변혁 과정에서 지식인이 담당하는 역할 이해에 지대한 공헌을 했다. 프레이리에 의하면 이론은 여러 특정한 사회적 장소대학, 농촌공동체, 노동자단체, 교원단체, 학부모 단체 등로부터 이루어지는 담론 형태의 생산으로 간주할 수 있다. 이러한 상이한 장소가 이론적 생산과 실천의 여러 형태를 촉발시키는 것을 급진적 교육자가 인식해야 하고, 지배의 본질과 자아해방 및 사회해방의 가능성에 대해 다양하면서도 동시에 비판적인 통찰력을 제공해 준다. 이러한 것은 그 각각에 의미를 주는 역사적이고 사회적인 특수성으로부터 이루어진다. 비판 속에서의 상호 존경과 모든 형태의 지배에 대한 투쟁의 필요성만이 이들을 함께 묶어 둘 수 있다.Freire, 2003: 45

그람시는 지성으로 현실을 비관하더라도 의지로 미래를 낙관하는 것을 멈추지 않아야 세상을 바꿀 수 있다고 역설했다. 그람시의 이런 생각을 그대로 따르는 프레이리는 '이론적 실천praxis'을 길게 설명한다. 인간이 자신들의 작업을 통해 세계를 변혁시키면서 세계에 대해 효율적으로 행동해 감에 따라 그들의 의식 역시 '실천의 반전'을 통하여 역사적·문화적으로 조건 지어지는 것이다.Freire, 1979: 50 행동이란 행위 주체가 사용한 육체적으로 많고 적음에 따라 작업이 되는 것이 아니라, 자기의 노력에 의지하느냐 못 하느냐, 행동의 계획을 수립하느냐 못 하느냐, 도구를 만들어 자기와 행동 대상 간의 매개물로 사용하느냐 그러지 못하느냐, 목적이 있느냐 없느냐, 그리고 행동의 결과를 예측하느냐 그러지 못하느냐에 따라 작업이 가동될 수 있다. 게다가 행동이 작업이 되려면 의미 있는 결과를 가져와야만 하며, 그런 결과는 다시 행동 주체로부터 떨어지거나 그를 조건 지으며 그의 성찰 대상이 된다.

프레이리에게 이해된 그람시의 교육 전략은 단순히 사회변혁의 시초인 민중의 의식화에만 국한되는 활동이 아니라, 시민사회운동 전반에서 끊임없이 이루어지는 '사회변혁의 전 과정에 걸친 교육적 작용'으로 확대된 것이다. 프레이리를 비롯한 비판적 교육학자가 직접적으로 변혁을 시도하는 '사회'라는 것은 일차적으로 정치사회와 분리된 이데올로기와 시민문화의 장인 '시민사회'로 볼 수 있다. 그러나 이러한 시민사회의 변혁은 종국에 정치사회로 대표되는 국가의 변혁으로 이어진다.문혜림, 2012: 128 시민사회는 민주국가의 건설에서 매우 중요한 역할을 한다. 시민사회는 민주주의의 현장이다. 민주사회의 책임을 다하기 위해 시민의 형성을 중요하게 다루는 교육 영역은 시민사회는 물론이고 사회의 기본단위인 가정의 영역이 지지될 때 성공할 수 있다.Ozolins, 2017 가정의 시민사회화까지 강조한 것이다.

그람시에게 '문해교육'은 넓은 의미에서 유기적 지식인의 사회를 창출하기 위한 일종의 정치적 기획으로서 반헤게모니 교육을 의미한다.Freire & Macedoi, 2014: 174 그람시는 이러한 유기적 지식인이 민중의 해방과 지배에 필요한 조건 창출을 위한 투쟁에 적극적으로 참여할 수 있다고 믿었다. 그뿐 아니라 이런 지식인이 지배 질서에 대항해 민주적 공공 영역 창출의 중요성을 이해할 수 있으리라 생각했다. 그람시는 문해literacy가 역사적으로 볼 때 유기적으로 통합된 지식과 권력에 연결된 개념이자 사회적 실천이라고 보았다.Freire & Macedoi, 2014: 173 글 읽기와 세상 읽기는 항상 비판적 인식이자 비판적 이해, 그리고 읽은 것에 대한 다시 읽기 과정이다.

그런데 그람시에게 문해교육은 양날의 칼과 같다. 문해교육은 개인과 사회의 자력화empowerment를 위해 쓰일 수도 있지만, 억압과 지배 관계를 영속화하는 침묵의 도구로 기능할 수도 있다. 여기에서 그람시는 비판적 문해를 일종의 투쟁 영역으로 본다. 따라서 그람시는 문해교육을 통해 이데올로기의 구축과 사회운동을 위한 투쟁이 이루어져야 한다고 본다. 그에게 문해교육은 과거와 미래에 대한 관점, 즉 역사관 형성에 기능하는 사회적 장치다. 나아가 그에게 문해교육은 인간의 삶과 자유를 존중하고 고양시키는 윤리적이고 정치적인 프로젝트 위에서 이루어져야 한다. 또한 그에게 문해교육은 급진적 사회 장치로서 세계를 이해하고 변혁하는 일에 사람들을 참여시키는 비판정신과 희망의 기획 위에서 이루어져야 한다. 문화교육 활동을 통해 사람들이 어떤 지식과 기술을 체화하든 간에 문해교육은 사회문화적 해방을 위한 전제 조건이 되어야 한다는 것이 그람시의 생각이다.Freire & Macedoi, 2014: 174

문해교육의 정치성은 프레이리 초기 저작의 핵심 주제다. 프레이리가 보기에 문해교육은 식민지 잔재를 일소하고, 독재정권의 공포정치 아래에서 숨죽이고 있는 집단의 목소리를 되살리기 위한 해방과 변화로 안내하는 등불이다. 문해교육의 핵심적 구성 요소인 언어는 의사소통의 중요한 매개체이다. 우리는 언어를 통해 의미를 만든다는 사실을 잊고 지내는데, 프레이리 변혁적 교육학은 언어가 생성적인 힘을 갖고 있다는 철학적 기반 위에 있다. 우리는 어느 정도의 법칙성[173]을 갖고 있는 언어의 힘을 빌려 사고한다. 생각하고 나서 그것을 글자로 적는 것이 아니다. 말하는 동시에 의미를 부여한다. 발화하고 의미를 만드는 일은 동시적이고 상호적이다.Freire & Macedoi, 2014: xi-xxi

프레이리는 문화적 경험을 정치, 페다고지, 권력 자체로부터 분리시키는 것에 도전했다. 그는 문화적 경험을 정체성 정치의 한정된 개념과 연결했는데, 이로써 당대 많은 사람이 저지른 실수를 피할 수 있었다. 그에게는 평범한 사람들이 역사와 자신의 운명을 형성할 수 있다는 강한 믿음이 있었으며, 억압적인 사회적 조건하의 개인 경험과 문화를 낭만화하

173. 프레이리가 보기에 언어와 권력은 뒤엉켜 있다. 또한 언어와 권력은 인간 주체화와 사회변혁이 일어나는 발원지다. 언어는 활발하게 경험을 구성한다. 그리고 언어는 다양한 집단들이 사회적 실천들을 조직화하고 정당화하는 데 기여한다. 언어는 문화의 질료이며, 지배 영역과 희망의 장을 동시에 만든다(Freire & Macedoi, 2014: 182). 그람시의 용어를 빌리자면 언어는 헤게모니이기도 하고, 반헤게모니이기도 하다. 언어는 억압받는 자들의 목소리를 잠재우기도 하고, 억압적인 사회관계를 정당화하기도 한다. 이 점에서 언어는 도구적이다(Gramsci, 1971). 특정 이데올로기가 보편화하는 과정에서도 언어는 인간 주체와 투쟁의 힘을 지배집단의 이익 아래에서 무력화시키고자 했다. 하지만 언어는 급진적인 욕망과 열망, 그리고 꿈을 실현시키는 토대가 되기도 한다.

는 데 강한 거부감을 드러냈다.

물론 프레이리는 권력이 특정한 형태의 문화적 자본, 즉 말하고, 살아가고, 행동하는 특정한 형태를 특권화한다고 보았지만, 종속적 피억압의 문화가 권력의 억압적 이데올로기 및 제도의 관계를 오염시키는 영향력으로부터 자유롭다고 믿지 않았다. 결과적으로 그에게 문화[174]는 가장 가까운 정체성 형성의 영역에서뿐만 아니라, 더 큰 사회구조에 영향을 미치는 중요한 교육적인 힘으로서 현대 사회에서 지속적 투쟁 및 권력의 장과 다르지 않다. 프레이리는 이러한 특별하고 지역적인 맥락을 전 지구적이고 초국가적인 세력과 관련하여 이해하는 것이 중요하다고 보았다.

프레이리는 교육자가 학습자와 달리 '문화적 자본'을 갖고 있기 때문에 교육자에게 대중과 하나가 되어 민중계급의 문화에 융화되기 위해서라도 '계급 자살'을 두려워하지 말라고 촉구한다.Mayo, 1999 유기적 지식인으로서 교사는 현재 진행 중인 사회적 상호작용과 세계에서 발생하는 정치적 사건들 위에 자기 지식을 구축함으로써 의미를 만들기 위해 노력해야 한다. 이러한 지식의 변증법적 관점은 이데올로기적 가치와 신념들의 차이에서 발생하는 지속적인 경쟁에 따른 긴장 속에서 관계와 인간 활동을 인식하게 한다. 그러나 바로 그러한 긴장이 창조적 영향력이며 꼭 필요한 것임을 경계한다.

그람시의 논의는 대중이 교육체제뿐만 아니라 주요 경제제도와 시민사회 제도를 통제하는 조건 속에서 교육체제가 제공해야 할 것들을 거론한다. 공립학교에 대한 그람시의 소신은 대표자뿐만 아니라 대중도 민주주의에서 동등하게 중요한 책임을 지는 것이 민주정치와 사회철학이라는 자신의 이론을 드러낸다. 그람시의 교육사상이 지향하는 것은 개혁 자체가 아니라, 국가와 시민사회의 모든 기관에 새로운 사회규범을 정착시키

174. '문화'는 내면화의 산물이자 다시 인간의 행위를 조건 짓는 것이므로 사람들이 문화의 조건화 작용의 힘을 인식하려면, 이를 지식습득의 대상으로 삼아야 한다. 이는 알튀세르가 중층적 결정의 변증법이라 부른 것에 의해서만 이해될 수 있다(Freire, 2003: 120).

는 일이다.Aronowitz, 2014: 229-230 제도와 법이 무너지지 않게 하려면, 문화 민주주의가 공고하게 받쳐 주어야 한다. 문화 혁신과 경제 혁신을 분리하지 않아야 하는 이유이다. 삶의 양식이 형성되어야 민주주의의 문화적 토대가 튼튼해질 수 있다. 삶의 양식으로서 문화는 삶의 모든 것이다. 따라서 서로를 이해하고 소통하는 데 필수적인 '문화적 해독력cultural literacy'을 길러 주는 교육이 절실하다.

프레이리와 그람시의 정치적 지향은 비슷하다. 둘 다 정치적 스펙트럼의 좌파에 속한다. 이들의 작업은 사회에서 혁명적 변화를 야기하고 보존하려는 명백한 사회적·정치적 목적이 있고, 교육에 대한 이들의 저서 또한 그런 맥락에서 쓰였다. 넓게 보면 둘 다 인문주의 전통humanist tradition을 따른다. 교육의 과정에서 정치적으로 중립적이라기보다 정치적으로 개입하고 있다. 특히 성인교육의 관점은 엄밀하게 말하면 교육적 관심을 넘어서고 있으며, 더 넓은 정치적 목적을 위한 수단으로 보고 있다. 이런 측면은 한편으로 '교육사업의 확장'이기도 하지만, 역설적으로는 말하면 사회가 희망하는 변화를 대표하는 더 큰 선에 교육을 종속시키는, 말하자면 '교육 사업의 축소'로도 볼 수 있다.Coben, 2015: 122 그람시의 성인교육이론을 오늘날의 포괄적 관점에서 보면 '교육 중심 사회' 또는 '학습사회' 이론을 일찍이 보여 주었다고 할 수 있다.Mayo, 2008: 56

그람시는 노동계급 그리고 정당과 함께 행위주체agency, 즉 혁명적 변화의 행위주체를 강조한다. 넓은 의미에서의 교육은 혁명적 주체의 선포를 위한 수단이며, 종속집단들 사이에서 정당과 이를 따르는 혁명을 위한 지지를 창출하고 유지하는 데 중요한 역할을 한다. 프레이리가 그의 저작 중 일부에서 언급한 것은 사회 변화의 실제 메커니즘이 유리한 역사적 조건에 기반한 비판적 교육의 노력이다. 그람시는 혁명 주역들의 해방이란 교육의 과정에서 비롯된 결과 자체에서 일어나는 것이라기보다, 오히려 교육적이라고 할 수 있는 정치적 과정의 맥락 그 자체에서 비롯된 교육의 결과에서 일어나는 것이라고 주장한다. 이와 달리 넓은 의미의 용어로 교육의 개념을 사용한 프레이리는 모든 사람이 사회를 운영하도록 준비하는 것으로 본다. 여기에서 그람시의 질문은 교육의 과정이 개인과 집단에게 혁명 투쟁에서 주도적 역할을 취하는 데 도움을 주느냐이다. 그람시는 교육의 핵심 과제를 전체 그룹을 가장 발전된 부분으로 동화시키는 문제로 파악한다. 그것은 대중교육의 문제이며, 그리고 성취해야 할 목표의 요건에 따른 '적응'의 문제이다.Gramsci, 1971

그람시가 성취해야 할 마르크스주의의 목표는 명확하다. 이것은 혁명 전과 이후의 맥락에서 성인교육은 객관적이거나 가치중립적인 것이 아니라, 열정적인 전투력의 특징을 가져야 한다는 것이다. 그람시는 혁명적 의식을 외부에서 노동자 계급에게 기계적으로/강압적으로 집어넣는 것이 아니라, 안에서 끄집어내야 한다고 역설했다. 그리고 프레이리의 목표는 참여자가 의식화 과정을 통해 더욱 온전한 인간이 되어야 하고, 그렇게 하면서 세계를 변혁해야 하는 것이다. 자기변혁 없이 세계변혁은 있을 수 없다는 말이다. 레닌은 마지막 숨을 거두면서 자기변혁 없는 스탈린을 보면서 생애 마지막에 가서야 인간혁명을 강조했지만 이미 때는 늦었다. 벌써 권력은 전체주의 국가로의 이동이 시작되었기 때문이다. 레닌은 사회주의 혁명의 하부구조 우선론이 초래한 과오를 늦게야 깨닫는 매우 역설적 유언을 남겼다. 그람시는 레닌의 유언을 의미심장하게 받아들인 듯하다. 프레이리도 그랬다.

프레이리는 확실히 교육이 객관적이거나 가치중립적일 수 없고, 해방의 도구가 될 수 있다는 데 동의한다.Coben, 2015: 123 그람시에게 프롤레타리아 혁명의 맥락에서 교육의 과정은 단일한 사건이라기보다는 과정으로서 혁명의 개념에 의해 형성된다. 프레이리는 그람시와 달리 특정의 운영 방식 및 방법론과 밀접하게 관련되어 있다. 교육적 과정에 대하여 상대적으로 제한적인 개념을 따르는 프레이리는 그람시보다는 교육을 더욱 협소하고 특별하게 본다. 프레이리는 국가를 교육자로 보지 않고, 정당은 교육적 과정에서 반드시 필요한 것은 아니라고 보았다.Coben, 2015: 135 그람시와 프레이리는 교육과 국가 사이의 관계에 대한 개념에서 공통된 것이 별로 없다. 그런 이유는 국가 그 자체의 개념에 대한 중요한 차이점에서 비롯된 것이다. 프레이리에게는 정부의 태도가 해방을 위한 교육의 가능성과 큰 관련이 있지만, 국가 개념을 별로 설명하지 않는다.Freire, 1978: 110-117 결국 프레이리는 서로 다른 국가 형태나 정치적으로 복잡한 정부와 관련하여 정치적, 교육적 전략을 명료화하지 않았다. 이것은 교육이론 자체에서 예외일 수 없는 것이지만, 교육을 정치적으로 보는 사람에게는 이상한 누락이라고 할 수 있다. 이와는 대조적으로 그람시의 '교육 국가educative state' 개념은 국가 형성을 구별하고 기관과 국가 간의 관계를 분석하도록 한다.Coben, 2015: 128 이것은 특히 많은 나라의 성인교육과의 관계에서 중요하다. 그람시에게는 성인교육이 준-자율적 기관이나 상대적으로 독립적인 기관으로 위치하게 된다.

그람시에게 교육은 계급해방의 도구이며, 즉 혁명 과정에서 모든 억압받는 집단, 그리고 궁극적으로 모든 사회를 해방시킬 수 있는 잠재력을 가진 지도그룹인 노동계급에 의한 해방이다. 이와는 대조적으로 프레이리의 저서에서 계급은 좀 모호한 개념이며, 혁명의 본질에 대한 분명한 비전을 갖고 있지 않다.Coben, 2015: 123 프레이리의 논지는 사회적, 정치적 변화가 적절한 상황에서 억압받는 개인의 의식 변화를 형성하고, '비판적 이행 의식critically transitive consciousness'을 가진 개인의 발달로 이끈다는 것이다. 그는 대중과 함께 문화적 행동을 통해 그러한 변화를 일으키는 것을 목적으로 한다. 프레이리의 비전은 보편적이고 인본적이며, 가톨릭 해방신학의 가치가 강하게 배어 있다. 이와 달리 그람시는 확실히 종교적이지 않으나, 특히 로마 가톨릭교회에 관심이 많았다.

그 연장선에서 그람시가 제시한 '활동적 학교'는 딜레마를 변증법적으로 극복하는 진정한 변혁주의transformism—오래된 것에 종속시키기 위해 새로운 것을 통합함—를 다룬다. 그람시는 국가와 시민사회에 대한 성찰을 통해 활동적 학교의 '구상'을 명료화했다.Soares, 2010: 132-133[175] 나아가 소위 진보주의 교육운동의 주된 내용인 '활동적 학교active school'의 최고 단계인 '창조적 학교creative school'를 제시한다. 창조적 학교는 이성과 감성의 통합, 행동과 성찰의 통합, 이론과 실천의 통합, 그리고 학교와 생활 간의 통합을 지향하는 비판적 의식 고양을 위한 민중학교를 구상한 것이다.Ledwith, 2010: 101[176] 이러한 구상은 프레이리 교육사상과 거의 일치한다.

양식의 형성을 추구하는 그람시의 진보적 교육학은 인간의 요구 및 사실의 직접성을 격하했다기보다, 단순한 사실을 거부하고 학교교육이 '교육적'이면서도 '형성적'이기를 요구했다. 우리에게는 '형성적 교육'을 할 수 있는 개혁 투쟁이 요구된다. 자기 자신을 비판적으로 이해하는 일은 상반되는 헤게모니 투쟁, 그리고 상반되는 경향의 투쟁을 통해 발생한다고 할 수 있다. 상반되는 경향의 투쟁은 처음에는 도덕적 영역에서, 그리고 그다음에는 현실에 관한 고차원적 수준의 인식 영역에서 발생한다. 이런 투쟁을 통해 발생하는 의식이 바로 자신이 특정 헤게모니 세력 중 하나라는 사실을 의식하는 것인 '정치의식'이다.Gramsci, 1999 첫 단계에서 이론과 실천이 종합되는 더욱 진보적인 자기의식을 향해 나아가는 것이다. 교육에서 중요한 쟁점은 정치적 헤게모니를 다루는 방식과 진보적 정치 행위자

175. 이러한 구성은 '통일학교(unitary school)'의 공식화를 통한 국가에 대한 그람시의 개념을 말해 주며, 그리고 일반종합 기술수업이나 공동의 직업학교의 이념을 능가하는 사회주의적 개념의 새로운 발전을 의미한다.

176. 낯익은 부르주아의 교육 방식—어린아이가 생활은 집에서 하면서 일정하게 학교에 나가고, 거기에서 서너 시간 보낸 후 다시 집으로 돌아오는 방식—을 따르는 한, 모든 어린아이들에게 동등한 교육을 수여하거나, 그들의 단체정신을 배양시킬 수 없을 것이다. 동시에 그람시는 하층계급 출신의 아이들이 조기훈련을 실시할 특별한 필요성을 강조했다. 어느 계층이든 신체적·정신적 습관들을 몸에 배게 해야 한다고 주장했다. 일반적으로 학생들은 매달 마지막 날까지는 그들의 일을 연기하는데, 이것은 교육의 중대성을 떨어뜨리는 것이자 그 학생들을 도와야 할 형편에 있으면서 업무 때문에 시달리는 교사들에게는 큰 어려움을 뜻하는 것이다. 반면 매달 첫째 주에는 그 학생들은 별로 할 일이 없거나 아예 할 일이 없는 형편이 된다.

들의 실천적 의식과 이론적 의식을 하나로 모으는 방법이다.

그람시는 보수적 학교교육을 통해 고전교육을 재발견하면서 급진적 변혁을 위한 새로운 지식의 역할에 주목하였다.Entwistle, 1979 그는 어린아이가 '상식'에 치우친 토대에서 벗어나 보다 더 통합되고 일관된 세계관철학적 이성으로의 이행을 꾸려 나가기 시작하는 '결정적정화 단계'가 이 시기에 이루어지기를 원했다.Adamson, 1986: 227-228 이 시기의 창조적 국면에 자기 훈련의 토양이 미리 닦여 있지 않으면, 가치 없는 것이라고 주장했다. 이를테면 미국식 달톤 방법이나 이탈리아의 몬테소리 등의 교육이론가들이 주창하는 진보주의 교육progressive school과 활동적 학교active school에 관심을 가졌는데, 그람시는 그것에 심각한 결함이 내재하고 있음을 발견했다.Adamson, 1986: 227

> 활동적 학교에는 여전히 기계주의적인 예수회 교육을 거부하는 투쟁적 경향을 보이는 낭만주의적 측면과 고전주의적인 합리적 측면이 불편하게 극적 대조를 이루고 있다. 이제 고전적인 합리적 단계에 들어가 결국에는 새로운 방법 및 형태의 자연적 원천을 확보하는 방법을 발견하지 않으면 안 된다.Gramsci, 1965

그람시는 듀이와 몬테소리 등이 실험한 '활동적 학교active school'[177]의 진보주의 교육이 지식과 훈육을 경시했다고 지적한 바 있는데, 프레이리도 이들과 동일한 입장을 보였다.McLaren, 2008: 233 그람시에게 교육적 과제는 부분적으로 어쩔 수 없었던 교조적인 접근법을 훨씬 다채롭게 완화하

177. '활동적 학교'는 아동의 흥미와 경험을 중시하는 진보주의 교육철학에 바탕을 두고 있다. 진보주의 교육철학에서는 '활동적 학교'를 주로 '자유학교'의 한 경향으로 표현해 왔다. 그동안 자유학교는 권위주의적인 학교 이미지를 불식하는 창의적 대안을 제시하며 실천하는 '실험학교'를 시도해 왔다. 개인의 전인적 발달을 촉진하고, 협동적이고 민주적인 교육을 지향한다. 그런데 자유학교는 계급적으로 중산층 이상의 계층이 누리는 특권이라는 한계를 보이고, 지식(교과)와 전통 및 훈육의 가치를 경시한다는 비판을 받았다.

고 새로이 만드는 것이었다. 쉽지 않은 이 과제는 한편으로 자유주의 이데올로기에 대한 한계를 명확히 할 것을 요구하면서도, 다른 한편으로 기계적이고 예수교적인 학교에 맞선 투쟁의 요소들이 무분별하게 강조되고 있기 때문이다. 그래서 그람시의 진보적 교육학에는 온건한 휴머니즘 대신에, 완고한 진보주의적 교육 원리가 그것의 바탕에 깔려 있다고 보아야 한다.Giroux, 2001: 352-353 이렇게 볼 때 그람시의 교육학에서 필요와 자발성, 그리고 훈육과 상상력을 통해 중요한 기본 기술을 학습하는 노역이나 훈육이 옹호되고 있음이 분명하다. 여기서 노역을 요청하는 것은 그람시가 활동에서 발견한 원리라기보다 노역이 지닌 변혁적 힘 때문이다.

그람시는 "언제나 모든 교사는 학생이고, 모든 학생은 또한 교사이다"Gramsci, 1965—프레이리가 '은행저축식 교육'이라고 비판한 슬로건—라고 주장할 때도 힘든 훈육의 요청을 포기하지 않았다. 그람시가 강조한 자발성과 의식적 지향의 중첩과 프레이리의 권위와 자유의 연결은 50%는 전통적 교사이고, 50%는 민주적 교사가 되어야 하는 순간을 강조한 것이라고 할 수 있다.Mayo, 2008: 60 신체 연마와 자기 통제의 개념이 그람시가 강조한 대항적 헤게모니 개발의 중요성과 분리된다면, 학교교육에 대해서 그람시가 보는 훈육과 비판적 사고의 상호관계가 보수적 교육 개념을 지지하는 것으로 보일 수 있다. 그람시가 강조한 대항 헤게모니는 스스로를 통제할 권리를 위해 한 발짝도 물러설 수 없는 싸움을 벌일 자의식이 강한 노동자 계급proletariat의 양산을 필요로 한다.Giroux, 2001: 353 달리 말해, 신체적인 자기 연마와 자기 통제를 학습하기 위한 노력이 있어야 하며, 학생들은 실제로 정신과 육체를 훈련하지 않으면 안 된다는 것이다.

그람시는 개방적이고 진보적인 '자기교육self-education'은 '강요된 훈련'이지만, 그것을 바탕으로 시작되어야 한다고 주장했다.Adamson, 1986: 227 자기교육은 사회적 인간 활동을 개혁하는 수단이고, 존재 형성적onto-formative

노력, 즉 자기실현을 위한 자기계발이라고 할 수 있다.Hill, 2007: 78 이러한 인성 및 인격을 함양하는 존재 형성의 철학은 지배적인 사고방식에서 불충분하기에 도전할 수밖에 없는 유일한 해방적 요소이다. 존재인간/세계의 잠재태는 의식적이고 비판적인 문화적 노력대항문화적 실천을 통해 현실태로 변화될 것이다.

프레이리도 그람시처럼 '훈련training'보다 '형성formation/formação'이라는 말을 중시한다.Freire, 2006: 274 프레이리는 지금까지 '형성'의 필요성을 강조해 왔다고 술회한다.Freire, 2020: 70 프레이리는 'formation형성' 또는 'becoming되어감'의 의미를 같은 뜻으로 사용한다.Freire, 2007: 12, 38

> 가르침—인간만이 독특히 지닌—의 기술 및 실천을 행하는 일은 그 자체가 심오한 '형성적 활동'이며, 그 때문에 윤리적 활동이다. … 가르침의 활동을 행하는 사람들은 고결함과 무엇이 옳고 정의로운지에 대한 명확한 감각을 가져야 한다.Freire, 2007: 76

프레이리는 교육을 형성의 과정으로 파악하고 형성의 개념을 윤리적 차원의 의미로 해석했다. 사람이란 사회·역사적 관계의 맥락 속에 던져지고, 그 맥락에 의해 형성되는 존재이므로 우리는 비교할 수 있고 평가할 수 있고 결정할 수 있고, 새로운 방향을 택할 수 있으며, 그렇게 하여 우리 자신을 윤리적 존재로 구성할 수 있게 된다.

> 우리가 우리의 존재를 윤리적으로 구성해 낼 수 있는 것은 우리가 형성되는 과정 속에 있기 때문이다. 즉 형성 과정이 바로 존재의 조건이기 때문이다. 게다가 윤리적 조건을 떼어낸 인간의 처지는 상상할 수 없다. 윤리적 조건을 떼어내거나 관계없는 것으로 여긴다면, 이 또한 우리 인간에게는 하나의 도덕적 범죄 행위가 되기 때문이다.Freire,

2007: 38

프레이리는 교사가 형성 과정에 있는 학생의 존엄성, 자율성, 정체성을 존중해야 할 의무에 대해 성찰하면서 교육 실천을 할 때 학생들에 대한 비판적 경계심을 늦추어선 안 된다고 보았다. 교사의 교육활동은 자신과 연관된 것이 아니라, 교사-학생 관계의 맥락 속에서 비로소 의미를 갖기 때문이다. 교사의 실천에 대한 이러한 비판적 평가는 학생을 진실하게 평가하거나 존중하는 데 필수적인 일련의 태도나 덕목의 필요성을 드러내기 때문이다. 이러한 태도나 덕목은 학생의 자율성, 존엄성, 정체성 존중으로 이어지는 지식을 실천에 옮기는 데 반드시 필요한 것으로 말과 행위 간의 거리를 좁히기 위해 우리 자신에게 부과하는 구성적/형성적 노력의 결과라고 할 수 있다.Freire, 2007: 75

프레이리는 그람시처럼 혁명정부든 진보정부든 가장 힘써야 할 일은 사회를 변혁시킬 수 있는 '교사/교사됨의 형성/양성'이 중요함을 강조한다. 교사의 형성은 몇 주나 몇 학기 만에 할 수 있는 일이 아니라, 지속적인 과정을 통해 이루어져야 한다. 교사의 형성은 우리가 하고 있는 일을 비판적으로 이해하는 연습 과정이어야 한다. 다시 말해 자신의 실천과 경험이 갖는 의미를 이론적으로 이해하기 위한 성찰의 장이라고 할 수 있다.Freire, 2006: 275

프레이리가 주목하는 형성의 윤리적 입장은 제도의 민주주의를 넘어 삶의 양식이나 시민성 형성을 통해 '공중publics'을 길러 내고자 한 듀이의 관점과 상통한다. 프레이리는 토크빌의 『미국의 민주주의』를 읽고서 사회를 건설하는 데 제도가 필요하지만, 그 이상의 것들이 필요로 한다고 주장한다. 그것은 바로 특수한 정신구조, 즉 대다수에 의해 공유되는 어떤 경험, 태도, 선입관, 신념을 말한다.Freire, 1978: 48 이렇게 볼 때 저항이란 차라리 기존의 이데올로기적 요소를 교체하고 다시 명료화하는 과정이라고 할 수 있다. 다시 말해, 지배문화를 바꾸려면 먼저 그 문화를 비판적으로 이해해야 하는 것이다. 이는 비판의 언어와 가능성의 언어를 통합한 변혁적 교육학의 과제이다. 그것은 그람시의 교육 개념에서 중요한 논제이기도 하다. 이런 전략은 문화투쟁을 강조하는 프레이리에게 그대로 관통되고 있다. 비판적 이해는 비판적 교육학에서 말하는 교사-학생의 관계에 중요한 시사점을 주기 때문이다.

학교의 시민사회는 마을의 시민사회화 없이는 불가능하고, 그리고 더욱이 가정의 시민사회화 없이는 마을의 시민사회는 불가능함을 말해 준다. 가정, 마을, 학교의 동시적 시민사회화가 이루어져야 한다는 말이다. 어느 것이 먼저일 수 없다. 그렇게 될 때 시민사회가 국가사회와 마주할 수 있는 힘을 갖게 되는 것이다. 시민사회는 국가의 도량으로서 요새와 보루와 같이 강력한 체계를 갖추고 버티고 있어야 한다. 혁신학교운동이나 대안교육운동의 과제도 여기에 있다고 본다.

그람시의 주요한 유산은 자신의 혁명적 실천에서 파생된 다양한 이론적 통찰, 즉 그람시를 정치 이론에서 지속적으로 참조할 수 있는 원천으로 만드는 통찰력이다. 더욱 그람시적인 눈으로 본다면, 우리가 해야 할 일은 지배적인 형태의 공식 지식을 취해서 그것을 재가공하는 것이다. 그렇게 재가공된 지식들은 지역사회 문제의 해결을 돕게 된다. 또한 그 지식들이 그 지역사회가 가지고 있는 문화와 연결될 때, 그 지식들은 근본적으로 해방적인 것이 된다. 정치적·교육적 통찰력을 공유했던 그람시와 프레이리는 시민사회와 지역사회의 문화적 진지 구축에 크게 이바지했다. 역사적이고 변증법적이고 비판적 각성을 촉구하는 그람시의 변혁적 세계 인식은 프레이리의 변혁적 교육학에 지대한 영향을 미쳤다. 변혁적 교육학은 교사와 학생 사이의 관계가 적극적이고 상호적 관계여야 한다. 그리고 다양한 사회적 실천의 장에서 일어나는 교육의 사회적 관계는 참여적이고 급진적으로 민주적이어야 한다. 시민사회는 양식을 가진 사람으로 가득 차야 한다. 그래야 국가를 건강하게 견제할 수 있는 NGO가 될 수 있다. 오늘날 그람시와 프레이리의 급진적 교육학은 상식현재를 고수하는 전통적 지식인에서 양식새로운 사회를 구현하고자 하는 유기적 지식인을 길러 내는 장기혁명의 과제를 안고 있다.

프레이리에게 엄청난 영향력을 발휘한 그람시는 현재의 질서가 힘을 잃고 작동하지 않는 것은 위기가 도래한 것인데, 위기가 너무 길어지면 아노미 현상과 함께 반동이 엄습한다고 했다.[178] "모든 위기는 오래된 경제적, 사회적, 문화적 질서의 정상적 기능이 새로운 방식으로 그것을 재조직하기 위한 기회를 제공하는 재건의 순간이다"라며 잠자는 우리의 변혁적 의식을 일깨워 주고 있다.

## 17. 게바라의 혁명적 사랑, 변혁적 교육학으로 승화

의사였던 게바라Che Guevara, 1928~1967는 중남미의 가난과 질병에 관심을 기울이며 사회주의 혁명을 시도한 혁명가이다. 아르헨티나 출신인 게바라는 조국이 아닌 나라에서 쿠바의 혁명지도자 피델 카스트로와 함께 쿠바의 사회주의 혁명을 성공시켰다. 그는 사후에 전 세계적으로 '체 게바라 열풍'을 일으킬 정도로 인기를 끌었다. 아르헨티나 의사의 자리를 버리고 전 아메리카의 쿠데타 정부를 타도하기 위해 혁명에 뛰어들었으며, 쿠바에서 최고의 자리에 오르고도 이를 박차고 또 다른 혁명을 위해 헌신하는 숭고한 모습이 사람들을 감동시켰기 때문이다.

프레이리가 칠레에서 망명 생활을 한 시기1964~1969와 쿠바가 게바라의 주장에 입각해 독자적인 사회주의를 추구한 시기1966~1970는 서로 맞물려

178. 비판적 지식인들 또한 자신의 존재 조건을 벗어나 민중 지향적 의식과 태도를 지닐 수도 있다. '진보의 이중성' 또는 '진보의 퇴행성'도 나타날 수 있다.

있다. 쿠바에서 강조한 '새로운 인간' 창조를 위한 교육 중시 추세가 당시 라틴아메리카 정신이 망명 국가인 칠레 산티아고에 전해져 프레이리에게 강한 영향을 미쳤을 것이다. 쿠바가 추구한 새로운 인간은 사회구조의 변화가 선행되고, 이 구조에 개인의 이해관계를 종속시키는 것이 아니라, 구조 변화에 앞서 인간의 변화를 더 우선시하는 것이다.

프레이리는 게바라와 직접 만났다는 기록은 보이지 않지만, 그의 발언을 여러 곳에서 인용한다. "말할 수 없을 정도로 위험한 상황에 처해서도 진정한 혁명가는 강력한 사람의 감정에 이끌리는 법입니다."Freire, 2020: 13 게바라의 '민중주의적 리더십'은 대중을 조작하는 대중주의적 리더십과 다른 모습을 보인다. 그는 민중과 대화하는 혁명적 지도자로서의 끊임없는 증거를 보여 주었다. 그는 진정한 혁명가가 되기 위한 필수요건으로서 '사랑할 능력'을 인식하는 데 주저하지 않았다.

게바라로부터 큰 영감을 받은 프레이리는 게릴라 작업 대신 의식화 사업을 시도했다. 프레이리는 변혁적 교육학의 관점에서 쿠바혁명을 자랑스럽게 생각했다. 쿠바의 사회주의 혁명을 남미혁명의 유일한 성공 국가 사례로 들었다. 남미 국가 중 쿠바 이외에는 진정한 의미에서 발전하고 있지 않다고 본 것이다. 프레이리는 '발전'을 첫째 종속사회 전체가 제국주의로부터 해방되는 것이며, 둘째 억압당하는 계급이 억압하는 엘리트로부터 해방되는 것이다. 왜냐하면 억압당하는 계급이 존재하는 사회에서 '발전'이란 불가능하기 때문이다.Freire, 2003: 227 남미를 비롯한 제3세계는 지배로부터의 해방 없이 어떠한 종속사회도 진정한 발전을 기대할 수 없다고 보았다.

브라질의 위대한 교육자 프레이리는 사랑의 힘에 대한 공통된 믿음, 대화가 갖는 상호적인 힘에 대한 믿음, 그리고 의식화 운동과 정치적 실천에의 참여로 사람들을 하나로 결집시키는 놀라운 능력을 보여 주었다. 좌파 교육계에서 프레이리만큼 널리 알려지고 존경받는 사람은 없다고 해도 과언이 아니다. 거리에서 보이는 건물에 걸린 게바라의 슬로건 옆에는 거의 언제나 프레이리의 슬로건이 함께 쓰여 있다. 또 정치적 실천에 관련된 공개토론회나 학술 발표장에서는 게바라와 프레이리의 이름이 함께 거론된다. 그만큼 해방을 위한 실천의 도구로 교육의 역할을 강조하며 투쟁을 계속한 사람은 거의 없다고 해도 틀린 말이 아닐 것이다. 게바라가 프레이리보다 세상에 널리 알려지기는 했지만, 교육현장에서는 세계 어디를 가도 프레이리만큼 유명하고 존경받는 '교수'를 만나기 어렵다. 그의 이름을 내건 학교, 학생조직, 노동조합, 민중도서관, 연구소가 적지 않다.

프레이리는 비폭력 저항과 투쟁을 주장했지만, 브라질에서는 그의 반체제적 사상 때문에 정치적으로 위험한 인물로 낙인찍혀 투옥되고 망명길에 올라야 했다. 프레이리와 달리 게바라는 폭력을 사용해서라도 제국주의자들에게 토지 반환을 요구하는 것은 정당방위이며, 폭력적 저항은 파시즘과 양키 제국주의를 물리치고 신처럼 군림하는 식민주의자들도 꺾을 수 있음을 대중에게 보여 줄 수 있는 유일한 방법이라고 역설했다.

이런 차이에도 불구하고, 프레이리와 게바라는 서로 가슴을 나눈 형제 같았다. 그들은 감옥, 전쟁터, 교육 투쟁의 현장 등 그 어디에서도 얼굴을 맞댄 적은 없었지만, 머리와 가슴으로 비슷한 세계관—세계가 현재 어떤 모습이고, 어떤 방향을 지향하고 있으며, 앞으로는 어떻게 변해 가야 한다는 철학—을 지녔던 사람들이었다.McLaren, 2008: 9 사상적, 정치적 동료로서 그들은 인간 정신에서 기대할 수 있는 최상의 모습을 보여 주었다.

그런데 게바라가 가르침이나 게릴라로 초지일관한 삶을 살았다는 점과 그의 역할이 비판적 교육학의 강좌에서 거의 언급되지 않는 것은 크게는 교사와 사범대학 교수들, 좁게는 좌파 교육계의 중대한 잘못이 아닐 수 없다. 이런 점을 안타까워한 맥라렌은 게바라의 유산을 도덕적 리더십, 정치적 비전, 그리고 혁명적 실천의 모델로 부각시켰다. 그가 살아온 방식을 '교육학적' 입장에서 교육사상적 유산으로 살려낸 것이다.

프레이리는 게바라보다 30년이나 더 살았다. 두 사람만큼 인간 정신이 전진하도록 하는 데 성공한 사람을 찾기가 쉽지 않다. 길에서, 회의실에서, 교실에서, 자본주의자의 공장에서 인간의 가슴으로 투쟁하며 단련된 전사의 정신이 없다면, 그리고 그의 혁명적 사랑이 없다면 역사의 상처는 치유될 수 없다는 사실을 우리에게 가르쳐 준다.

게바라는 전쟁터에서도 틈만 나면 막사에 들어가 프루스트, 포크너, 사르트르, 밀턴을 읽었다. 콩고에서 게바라는 콩고 군인들에게 프랑스어와 스와힐리어를 가르쳤고, 교양을 가르쳤다. 쿠바혁명 기간에는 스터디그룹에서 쿠바의 역사와 군사교리 시간에 정치학과 마르크스를 공부했다. 볼리비아 게릴라전에서는 그의 옆에 크로체의 『자유에 관한 이야기로서의 역사』, 트로츠키의 『영구혁명론』과 『러시아혁명사』, 리베트의 『아메리카인의 기원』이 놓여 있었다. 드골과 처칠의 전쟁 회고록을 읽었고, 헤겔의 『정신현상학』과 기번의 『로마제국 쇠망사』, 디드로의 책을 읽었다. 그는 역사를 사랑했고, 끝없이 책을 읽고 끝없이 공부하는 학생이었다. 그는 공부를 게을리하지 않았다. 마르크스적 휴머니즘에 입각한 게바라의 혁명적 교육학은 마르크스의 『자본론』, 『경제학·철학 초고』, 『포이어바흐 강의』에서 큰 영향을 받았다. 이것들로부터 소외를 극복하는 의식의 역할과 아래로부터의 혁명적 교육의 가능성을 배울 수 있었다.

게바라는 1965년 우루과이 몬테비데오에서 발간된 급진적 주간지 〈행진〉에 새로운 사회주의자를 양성하기 위한 교육적 비전을 제시했다. "가장 간단하게 시작하는 방법은 인간의 다듬어지지 않은 자질을 인정하는 데 있다고 생각한다. 인간은 미완성의 존재라는 뜻이다. 과거의 선입관이 개개인의 의식에서 현재까지 스며들어 영향을 미친다. 따라서 그런 의식을 뿌리 뽑기 위한 지속적인 노력이 필요하다. 사회가 직간접으로 교육을 시행하는 것이 하나이고, 다른 하나는 개개인이 독학이란 의식적 과정에 충실해야 한다. 양방향에서 노력이 있어야 한다."

'새로운 인간'을 만들어 가기 위한 게바라의 교육적 열정은 단호했다. 혁명적 교육의 핵심적 역할은 개인주의를 없애는 데 있었다. 개인주의의 불식이 혁명의 요체였다. 미래의 개인주의는 오로지 공동체를 위해 개개인이 혼신을 다하는 삶이 되어야 한다고 믿었다.McLaren, 2008: 137 혁명은 집단의지의 표준화가 아니다. 혁명은 개개인의 역량을 마음껏 펼치는 통로가 되어야 한다. 그래야 혁명을 위한 방향으로 그 역량을 쏟아낼 수 있기 때문이다.

쿠바혁명 직후 게바라는 대학이 보수세력의 반동적 활동을 위한 발화점이 될 수 있다는 우려를 나타냈다. 게바라는 학생들에게 혁명정부의 원대한 계획에 참여하라고 독려했다. 기술 인력이 절대적으로 부족한 노동시장에서 또한 국민이 무장 혁명을 목격했던 노동시장에서 인문과학이 무익하게 비치는 것을 우려하며, 게바라는 아바나 대학에 경제학부를 확대하라고 촉구했다. 또한 대학들에게는 학생이 사회인으로서 의무를 수행하면서도 학습을 계속할 수 있도록 허용하라고 촉구했다.

게바라는 생산적인 노동의 중요성을 굳게 믿었다. 달리 말하면, 인간의 일상적 고민을 이해하기 위해서는 정신적 작업에도 육체노동이 더해져야 한다고 믿었다. 그는 전문직과 지식인에게 팽배한 엘리트 의식을 타파하기 위해서는 자발적 노동이 중요하다고 생각하며, 그들에게 문화적 활동을 제공하는 잉여물이 어떻게 만들어지는가를 가르쳤다. 요컨대 게바라는 지식인의 우월성에서 비롯된 '새로운 계급'의 출현을 피하기 위해서라도 육체노동자와 정신노동자를 결속시키기 위한 결정적인 조건으로 이런 노동이 필요하다고 믿었다.

게바라에게 혁명을 떠난 삶은 존재하지 않았다. 정의와 진리를 추구하고 실천하는 삶은 '살아 있는 인간을 향한 사랑'에서 시작된다고 믿었다. 개인은 매일 노동을 하면서 각자에게 주어진 사회적 의무를 수행하는 존재이다. 그는 자유와 희생, 도덕적 의무와 혁명적 욕구, 새로운 윤리적 테크놀로지라 할 수 있는 드높은 인격과 미완성인 인간 정신이 변증법적으로 투쟁하면서 새로운 사회주의자가 탄생한다고 믿었다. 인간 정신은 미완성이기 때문에 지평선에서 어렴풋이 보이는 새로운 인간의 지속적인 양성이 가능했다. 게바라는 혁명이 인간을 통해 이루어지지만, 인간은 매일 혁명정신을 가다듬어야 한다고 굳게 믿었다. 그래서 우리는 게바라가 사회주의의 건설을 위해서 인간의 전형을 소련 모델로 만들어 가는 데 있어 완강히 반대했다는 점을 기억하지 않으면 안 된다.McLaren, 2008: 139

게바라는 새로운 사회주의적 존재를 만들어 가기 위해 글을 읽고 쓰는 행위, 꾸준한 학습이 필요하다고 생각했다. 그에게 글 읽기와 쓰기 및 학습은 정치적 행위이자 삶을 확인하는 행위였다. 프레이리식으로 말하면 이런 문맹퇴치 방식은 '앎의 행위act of knowing'이다. 이런 점에서 학습은 정치적 행위일 수밖에 없다. 새로운 사회주의자는 비판적으로 자기를 성찰하는 동시에 자기비판적인 인간이었다. 달리 말하면, 자신과 사회를 변화시켜 나아가는 인간이었다. 게바라에게 개인이란 옛 자아를 승화시켜 사회와 그 사회의 이상을 위해서 자신을 의식적으로 희생시킬 수 있는 정신적 수준까지 이르러야 한다고 믿었다.

게바라의 교육학에서 가장 눈에 띄는 부분은 '본보기'를 통한 교육이다. 요즘 교사들이 가르쳐야 할 윤리적이고 실천적인 모델이라고 할 수 있다. 대중들은 지도자들이 말하는 것과 그들이 실제로 살아가고 정치를 행하는 방법이 너무나 자주 커다란 차이를 보이기 때문에 사상에 대한 신뢰감을 잃어버렸다. 따라서 게바라는 민중운동을 결성하고 원칙을 지키는 조직을 만들어 가는 데는 무엇보다 신뢰가 중요하다고 생각하여 이런 목적을 성취하기 위해서 지도자들에게 본보기를 보이라고 촉구했다.

우리는 게바라와 프레이리에게서 자기 변화와 사회 변화는 서로 영향을 미치고 변증법적 관계를 이루며, 궁극적으로는 혁명을 실천하는 행위의 전범을 볼 수 있었다. 프레이리는 쿠바혁명을 이끈 카스트로를 포함하여 게바라의 '혁명적 리더십'에 관심을 보였다.Freire, 2003: 155 쿠바의 혁명적 지도자인 카스트로는 자신의 젊은 날의 열변을 '교육 기간'이라고 표현했다.

우리는 게바라의 삶과 그의 일에서 무엇보다 그러한 동기가 강력한 힘이 되고 있음을 보게 된다. 이는 결코 회피하지 않는 그의 혁명적 태도를 보여 주는 것이다. 또한 게바라의 진정한 의지를 처음 알게 되면 움츠러들지도 모를 사람들을 무장 해제시켰다. 그의 태도는 가장 이타적인 사랑에서 피어난 혁명적 열정이라 할 수 있다. 게바라에게 '혁명적 사랑'은 언제나 범세계적 차원의 해방을 향한 충직한 헌신을 지향한다.

이런 점에서 프레이리가 생각하는 사랑은 체 게바라의 사랑과 일치한다.McLaren, 2008: 268 그에 따르면 새로운 사회주의자에게 가장 중요한 지도자적 덕목은 사랑이다. 그리고 프레이리의 변혁적 교육학은 '사랑의 정신'에서 나왔다고 할 수 있다.

> 사랑하려는 용기 없이 가르칠 수 없습니다. 포기하지 않고 수천 번 시도하려는 용기 없이 가르치는 것 또한 불가능합니다. 요컨대 사랑을 느끼지 못하고, 사랑하지 못하고, 사랑에 대해 깊이 생각하지 않고 가르칠 수는 없습니다.Freire, 1998b

혁명적 사랑에 대한 헌신은 사회적 투쟁과 문화적 혼돈의 시기에 삶을 부인하기 일쑤인 허무주의와 절망을 극복할 때 유지될 수 있을 것이다. 관습에 대한 도전과 이의 제기에 뿌리를 둔 사랑은 희망의 주춧돌이 될 수 있다. 바보 같다고 생각될지 모르나, 진짜 혁명가는 위대한 사랑에 의해 인도된다.

게바라는 "인간에의 사랑, 정의에의 사랑, 진실에의 사랑, 사랑이 없는 진짜 혁명가를 상상하기는 불가능하다"라고 했다. 5명의 자식에게 남긴 편지의 일부에 다음과 같은 말을 남겼다. "세상 어딘가에서 누군가가 고통당하고 있는 부정을 마음 깊숙한 곳에서 진심으로 슬퍼할 수 있는 인간이 되어라! 그것이야말로 혁명가로서 가장 아름다운 자질이므로…." 이 말은 쿠바를 떠나 볼리비아 혁명 사업을 위해 출발할 즈음, 죽음을 예감하며 남긴 마지막 말인데 애석하게도 유언이 되고 말았다.

혁명가는 언제나 불신에 차 있어야 한다는 게바라의 역설적 표현은 대화적 행동 이론의 근본 조건을 무시하라는 이야기가 아니다. 그는 단지 현실적인 생각을 하라고 충고하는 것이다.Freire, 2019: 205 대화에는 신뢰가 필수적이지만, 그것이 대화의 선험적 조건은 아니다. 신뢰는 인간이 세계 변혁의 일환으로 세계를 규탄하는 공동 주체일 때 생겨날 수 있다.

그러나 억압받는 사람들 '내부'의 억압자가 억압받는 사람들 자신보다 강할 경우에는 자유의 공포로 인해 세계 대신 혁명 지도부를 탄핵하게 된다. 게바라의 『쿠바혁명전쟁 회고록』은 바로 그런 위험, 혁명의 대의를 버리는 데서 더 나아가 배신하게 되는 위험까지도 언급하고 있다.Freire, 2019: 205-206 이 책에서는 집단의 단결과 규율을 보존하기 위해 배신자를 응징할 필요성도 인정하고 있다. 그 요인 가운데 가장 중요한 것은 배신자의 모호한 태도를 꼽는다.

프레이리도 집단의 응집력과 훈육을 유지하려는 목적으로 혁명 대오에서 이탈한 변절자들을 벌하라는 게바라의 훈계에 동의하였다. 그는 혁명의 필연성을 받아들일 준비가 되어 있지 않은 자들에 대한 게바라의 불관용에 동의할 것이다. 그러면서도 프레이리는 다른 수많은 예에서도 자신의 혁명에 대한 대화 이론에서 타협을 모색했다. 그가 구상한 혁명의 전체 그림은 문화혁명, 사회 내에서 부단한 대화를 통해 집단을 의식화하는 작업, 민중과 함께 혁명 지도자들을 조직할 필요성을 포함한다. 프레이리는 카스트로나 게바라와 같은 혁명가에 대해 논할 때, 민중과의 친교나 대화에 관한 자신의 개념들과 이들을 연결시키려 끊임없는 노력을 기울였다.

게바라는 민중과의 친교가 무의식적이고 다소 낭만적이었던 각오를 명료한 힘으로, 전혀 다른 하나의 가치로 변화시키는 데 결정적인 역할을 했다. 그렇다면 농민과의 대화에서 게바라의 혁명적 실천이 결정되었다고 할 수 있다. 게바라가 말하지 않은 것은 그가 지닌 겸손함과 사랑할 줄 아는 능력이 민중과의 친교를 가능하게 했다는 점이다. 결국 대화적 친교가 곧 협동이 되는 것이다. 민중과의 친교가 이론에 그치는 게 아니라, 우리 자신의 중요한 일부가 되었다는 게바라의 이야기를 되새겨 볼 필요가 있다.[Freire, 2019: 206-207] 프레이리는 게바라가 말했던 것처럼 친교는 협동을 낳고, 협동은 지도부와 민중을 융합시켰다.[Freire, 2019: 207] 이 융합을 통해 혁명 활동이 진정으로 인간적이고, 공감적이며, 사랑과 의사소통과 겸손한 태도를 취해야만 가능하며, 해방으로 이어질 수 있다고 보았다. 해방의 실천 이론은 민중과 지도부가 친교와 실천을 통해 함께 만날 때만 수립될 수 있는 것이다.[Freire, 2019: 222] 참된 친교는 세계를 매개체로 하는 인간들 간의 상호 의사소통을 내포하고 있다. 그리고 친교의 맥락 속에서 행해지는 실천만이 의식화를 생명력 있는 프로젝트로 만들 수 있다.[Freire, 2019: 164]

게바라의 혁명적 교육학은 마르크스주의만큼이나 확고했지만, 결코 틀에 박히지 않았다. 무엇보다 그는 혁명적 교사였다. 또한 그는 국제사회주의자로서 혁명의 실천에 대한 모범적 교육자였다. 자신이 살고 있는 사회가 사회주의로 변화해가야 할 이유를 역설한 이론, 혁명전쟁에 대한 관점, 게릴라전에 대한 철학, 그리고 사회주의적 휴머니즘은 마르크스의 전통을 충실히 따랐다. 게바라의 혁명적 교육학은 범세계적 차원에서의 계급투쟁이 필요하다는 마르크스주의의 문제 인식과 깊은 관련을 갖는다. 마르크스·레닌의 가르침을 게릴라식 군사행위로 실천한 방법과 관련시킬 때, 게바라의 혁명적 교육학은 더욱 생산적으로 비쳐질 수 있다. 어떤 면에서 게바라의 혁명적 교육학은 위대한 혁명가 레닌과 무척이나 흡사하다. 레닌도 객관적이고 주관적인 역사적 조건이 교육적 차원의 대중동원이나 대중 조직을 비롯해서 적절한 '투쟁 방법'을 결정해야 한다고 주장했다. 실제로 게바라의 혁명적 교육학은 많은 사건과 관계에서 영향을 받았다.

게바라는 이론과 실천을 하나의 연속된 과정으로 보았다. 비판적 교육자들이 '교육적 실천'이라 일컫는 이런 과정은 게바라에게 변화하는 상황에서 계급투쟁과 계급정치라는 마르크스적 개념의 실천적 재창조라고 여긴 것과 같다.McLaren, 2008: 89 게바라는 혁명적 프로젝트의 방법, 내용 그리고 목표 간의 분리를 꾀하지 않았다. 그와 그의 동지들의 목숨이 위험했음에도 불구하고, 그는 산 송장 같은 사람에게 생명을 불어넣어 줌으로써, 자유에의 입문으로 게릴라전에 새로운 의미를 부여했다. 그는 해방을 경험함으로써 '새로운 사람'으로 태어날 것을 꿈꾸었기에 인간을 사랑하는 사람으로서 게릴라가 되었다. 이런 의미에서 게바라는 진정한 혁명적 유토피아를 실현했다. 그는 침묵이 강요한 제3세계의 위대한 예언자 중의 한 사람이었다.Freire, 2019: 164

프레이리는 게바라가 그랬던 것처럼, 단호하게 식민주의와 자본주의의 착취의 논리를 거부하고, 궁극적으로 우리의 학교, 지역사회, 사회 속 우리의 작업을 이끄는 해방에 대한 정치적 헌신을 '혁명적 사랑'이라고 단언했다. 왜냐하면 이러한 사랑으로 우리는 사회적 갈등과 문화적 혼란의 시대에 허무주의와 절망이 불가피하게 삶을 거부하도록 하는 것을 막을 수 있을 뿐만 아니라, 열정, 아름다움, 해방의 기쁨과 함께 우리가 만들어 가는 역사를 구현할 수 있기 때문이다.Darder, 2021: 378-379

프레이리식으로 해석하면 사랑은 혁명의 산소로서 역사적 기억에 신선한 정신을 흘려 넣는다. 프레이리의 혁명적 교육학은 괴로우면서도 즐거운 낙관주의로 자본주의의 무자비한 힘에 맞서는 것이다. 그는 우리가 희망을 버리지 않으면 희망도 우리를 버리지 않을 것이라고 확신했다. 그는 혁명에 대하여 삶을 사랑하고 창조하는 것에 비유한다. 삶을 창조하기 위해서는 삶을 제한하지 않아야 한다.

프레이리는 『억압받는 사람들의 교육학』에서 게바라를 혁명적 실천의 화신이라고 칭하면서 쿠바혁명을 극찬했다. 혁명 과정에서 카스트로를 필두로 한 쿠바 게릴라들이 대화를 통해서 민중과 연대를 발전시켜 나아간 과정에 대해서도 찬사를 아끼지 않았다. 게바라는 쿠바의 토지개혁에 적극적으로 참여했고 국립은행 총재, 쿠바 산업상을 역임했다.

쿠바의 통일혁명 조직을 이끌었던 게바라의 혁명사상에서 우리는 교육사상의 실마리를 발견하게 된다.[179] 첫째, 새로운 사회를 건설하는 인간의 자질과 가치의 형성이다. 그는 '집단주의'를 쿠바에서 사회주의 인간의 중요한 본질로 보았다.Marti, 2018 집단적 과업을 수행하는 곳에서 집단주의가 발전하며, 동시에 그에 상응하는 개인의 힘과 능력, 도덕적 자질이 발전할 적절한 조건이 생겨나는 것이다. 그는 개인-집단-사회의 관계를 강조했으며, 개인은 사회적 이해관계를 자신의 것으로 체험할 필요가 있다고 주장했다. 둘째, 게바라는 쿠바 역사 과정에서 필요한 과학으로서 '사회교육학'을 중시했다. 사회교육학이란 사회가 모든 개인에게 끊임없이 교육적 작용을 한다는 이론에 바탕을 두었다.Marti, 2018

모든 개인의 교육은 개인들교사, 부모, 가족, 동료의 영향을 받을 수밖에 없다. 그러한 교육적 영향력을 발견하고 분석하는 것이 사회교육학의 과제이다. 그리고 개인과 집단에게 더 나은 교육을 위해 적절한 목표를 지적하고 교육의 잘못을 비판하며 교육의 방향을 제시하는 것도 사회교육학이 다루어야 하는 내용이다. 게바라는 사회 전체가 거대한 학교로 전환되어야 한다고 주장했다. 그는 연설, 에세이, 대담, 편지 곳곳에서 사회교

179. 물론 현재 쿠바는 생산력 발전의 핵심적 요소라고 할 수 있는 자유/자율성의 부족이 창의성 결여로 연결되어 인간/인민의 보다 높은 욕구 실현을 모두 만족시키지 못하고 있다는 평가를 받기도 한다.

육학을 실천하는 체계적인 사례를 보여 주고 있다. 교육자가 게바라의 모범을 따르고자 한다면, 자본을 전제로 하지 않는 사회질서를 세우는 데 전력을 다해야 한다.McLaren, 2008: 197

게바라와 프레이리의 관점에서 혁명적 교육학의 핵심은 마르크스 이론에 기초한 의식화와 실천이었다. 즉, 그들의 교육에 대한 인식은 마르크스적 휴머니즘으로 발전시킨 것이었다. 혁명적 교육학은 지식과 존재 및 그 둘의 관계에 대한 우리 사고방식에 인식론과 존재론 모두에서 혁명적 변화를 모색하는 데 있다. 형식적이든 비형식적이든 어떤 맥락에나 적용할 수 있는 대안적 교육 접근 방식에 녹아든 비판적이고 변증법적인 실천의 중요성을 강조하기 때문에 혁명적 교육학은 변혁적 실천이 어떻게 문화적 행동과 혁명에 채택되었는지를 잘 보여 준다.McLaren, 2008: 291 게바라의 혁명적 교육학은 교실과 학교라는 제도적 공간에서 변화를 위해 투쟁할 뿐만 아니라, 학생과 학생의 부모가 땀 흘려 일하는 객관적 조건을 변화시키기 위해서도 투쟁한다. 따라서 혁명적 교육학은 완전고용을 보장하고, 공립학교, 범세계적 노동권, 지속가능한 발전, 환경보호, 사회경제적 변화를 위한 민중운동의 확대 등 공공분야를 확실히 지원하는 거시경제정책을 쟁취하기 위해 끝까지 투쟁한다.McLaren, 2008: 304

게바라의 혁명정신을 뒤따르고자 한다면, 혁명적 교육학은 문화이론과 정치경제에 대한 이해의 폭을 넓히고, 사회적·경험론적 분석에 적극적으로 참여함으로써 현재와 같은 역사의 소용돌이에서도 지식인과 제도적 기관의 양성 방법을 더욱 비판적으로 다룰 수 있어야 한다. 혁명적 교육학은 게바라의 혁명적 사랑을 거울삼아 끊임없이 변신을 거듭하는 자본주의의 형태를 면밀하게 연구하고, 자본주의의 제국주의적 성격뿐만 아니라, 정복을 통해 축적된 역량의 그 특수한 발현들을 드러내어 쟁점화하고 공론화시켜야 한다. 달리 말하면, 혁명적 교육학은 교육개혁가라는 사람들이 언제 세계자본주의의 이익에 맞춰 무분별하게 행동하는가를 정확히 파악하고, 사회적 부를 공정하게 활용하고 분배하는 시스템의 창조와 소유관계의 변화에 초점을 맞춘 해방 프로젝트를 설정할 필요가 있다. 급변하는 전환기를 맞이하여 세상을 올바로 이해하고, 세상을 변화시키기 위한 교육 실천을 필요로 하는 시점이다.

## 18. 비판적 교육학과 변혁적 교육학의 상호침투

비판적 교육학critical pedagogy은 교실수업, 지식의 생산, 학교라는 제도적 구조 간의 관계, 더 넓게는 공동체와 사회 및 국가의 구체적 관계를 연구 대상으로 삼고, 궁극적으로 변화/변혁시키기 위한 방법이다.Giroux, 2008: 73 교육문제를 비판적으로 사고하고 실천하려는 프레이리의 비판적 교육학은 말과 실천이 일치되는 사고와 행동의 총합인 '이론적 실천/변혁적 실천praxis'을 지향한다. 사람들은 자신들의 세계에 대하여 비판적인 방식으로 관계를 맺는다. 그들은 자기네들의 현실에 대한 자료들을 짐승들처럼 '반사'를 통해서가 아니라 '반성'을 통해 파악한다.Freire, 1978: 11 반성과 행동은 언제나 변증법적 결합 관계에 있다. 프레이리가 말하는 '이론적 실천'이란 실천과 의식의 멈추지 않는 고양의 과정이다. 인간과 세계를 분리시키고 고립시키는 것이 아니라, 인간과 세계를 결합시키는 문제 인식을 갖도록 하는 '이론적 실천'을 하도록 하는 교육을 지향한다. 지식과 권력이 유착하는 것을 차단하면서 역사적 현실 속에서 지식과 교육이 결합하는 유토피아를 고대한다.

프레이리가 사회계급에 대한 관심에서 종교, 인종, 사회적 성, 성 정체성, 민족성, 종족성, 그리고 연령 등과 관련된 이슈로 이동한 것은 이런 다양한 사상에 접하면서부터이다. 현대의 많은 비판적 교육자들은 비판을 강조하고, 권력/지식의 억압적 체제를 붕괴시키고, 비판과 사회 변화를 이루고자 하는 프레이리의 관점을 견지한다.

프레이리의 『억압받는 사람들의 교육학』의 출판과 확산은 '비판적 교육학'[180]의 발전에 획기적인 전환을 가져오게 했다. 탈식민주의 이론가인 파농, 카부랄, 메미, 그리고 마르크스, 엥겔스, 레닌 등의 혁명적 평등주의 비전에 바탕을 둔 프레이리와 그의 업적은 아마도 가장 상징적인 존재가 되어 전 세계의 비판적 교육학자들에게 지대한 영향을 미쳤다. 물론 비판적 교육학의 정치적 뿌리는 프레이리 이전에 존재했다. 비판적 교육학의 중요한 개념인 계몽, 자유, 이성, 해방 등의 어휘들은 독일의 경우 호르크하이머, 아도르노, 마르쿠제, 프롬, 하버마스, 몰렌하우어, 클라프키 등과 같은 다양한 비판이론가들critical theorist, 주로 프랑크푸르트학파에 의해 규명되었다. 특히 아도르노의 영향을 받아 '비판교육학Kritische Pädagogik'[181]이 탄생했고, 교사들은 점차 '비판이론의 대행자'로 변해 갔다.Albrecht, 2000 학교에서 아도르노의 제자들은 비판이론에서 영감을 얻은 '비판교육학'에 근거하여 반권위주의 교육을 실천했다. 아도르노의 교육담론은 68혁명과 브란트정부 탄생 이후 불어 닥친 거대한 사회변혁의 소용돌이 속에서 1970년대 초부터 교육개혁에 큰 바람을 일으켰다. 아도르노에게는 그것이 '교육학적 전환'의 결과물이었지만, 독일 교육학 전체에게는 '사회학적 전환'의 출발점이 되었다. 이러한 전환을 거친 독일의 교육학은 비판교육학을 재탄생케 했고, 반권위주의 교육, 탈-야만의 교육, 성숙의 교육을 기치로 내걸며 '새로운 독일'을 만드는 데 중추적 역할을 떠맡았다.김누리,

---

180. 특히 이 저서는 억압이 심하고, 비민주적인 정치체제에 대한 반대 투쟁이 활발했던 제3세계(개발도상국)에 큰 영향을 미쳤다. 또한 이 책은 세계의 많은 노동운동과 공동체운동 그리고 교육민주화운동에 큰 영향을 미쳤다.

181. '비판교육학'의 핵심 개념인 계몽, 해방, 사물화, 소외, 비판, 권위주의적 성격 등의 개념이 모두 비판이론에서 온 개념들이라는 사실은 독일 교육학에 미친 아도르노와 비판이론의 영향력을 가늠하게 한다. 나아가 비판교육학의 공통된 문제의식인 기존 질서 비판, 적응으로서의 교육 거부, 사회의 강압에 맞서 인간의 능력 강화, 성숙과 자유의 옹호 등도 아도르노의 문제의식을 고스란히 이어받고 있다. 이러한 문제의식은 비판 교육학이 비판이론의 교육학 버전이라는 사실을 여실히 보여 준다.

2017[182]

다른 한편 북미의 비판적 교육자는 여러 가지 이론과 관점프랑크푸르트학파, 실존주의, 휴머니즘, 탈구조주의, 탈근대주의, 그리고 탈식민주의 등으로 방향을 돌렸고, 그것으로부터 많은 이론적 분파가 나왔다. 여러 나라와 다양한 지역의 교사들 사이에서 오늘날 우리가 '비판적'[183]이라고 부르는 실천들이 이미 이루어지고 있었다. 초기 비판적 교육학은 기존의 사회관계나 권력구조에 대하여 문제를 제기하고, 인종·계급·젠더에 대해 본질적인 질문을 던짐으로써 기존의 교육체제와 다른 교육 비전을 제시해 왔다. 비판적 교육활동의 역사는 실제로 세계 거의 모든 지역에서 형식적 교육기관뿐 아니라, 지역사회를 기반으로 하는 문해교육, 노동교육, 반인종차별교육, 반식민교육, 여성운동 등의 강력한 사회운동이나 급진적 교육 실천이 전개되어 왔다.Apple & Au, 2011: 25-26

프레이리는 미국의 사회적 재건주의자들social reconstructionists[184]과 같이 공동체의 실재를 형성하는 구체적 맥락의 중요성을 강조했다. 교육은 단지 지배집단의 이데올로기적인 목적과 문화의 형식 및 내용을 재생산하고 있는가? 학교교육은 현존하는 사회의 중요한 쟁점들에 대한 문제제기를 하는 데 이용될 수는 없는가? 그보다 진일보해서 학교교육은 사회를 재조직함으로써 사회를 재조직하는 데 적극 참여할 수는 없는가? 이러한

182. 독일의 교육이 오늘날 비판교육, 반권위주의 교육을 모토로 삼게 된 것은 전적으로 프랑크푸르트학파의 영향 때문이다. 결국 오늘날 독일교육의 진보성은 바로 비판이론의 진보성에 기인하는 것이다.

183. '비판(criticism)' 개념은 무엇인가를 '선별하다' '구분하다', '결정하다', '판단하다'라는 어원론적 의미를 가지고 있다. 이러한 비판의 의미는 비판 개념 그 자체에 적용시킬 필요가 있다. 이것은 '비판의 비판'과 반성적 태도를 요구하고 있다. 이를 위해 사유와 실천으로서 비판이 현재 어떻게 이뤄지고 있는지를 면밀하게 검토하고 비판의 실행 과정을 분석할 필요가 있다. 비판은 타자를 겨냥하거나 외부로 향하기보다, 자기 자신이 가지고 있는 생각이나 신념들을 검토하는 것으로부터 시작한다.

184. 미국의 '사회적 재건주의'는 1930년대와 1940년에 조지 카운츠, 해롤드 러그, 윌리엄 킬패트릭, 시어도어 브라멜드 등 급진적 진보주의자들에 의해서 제창되었다. '재건(reconstruction)'은 사회와 학교의 완전한 재건을 말한다. 프레이리가 '비판의식의 고양'을 촉구하기 이전에 헨리 지루가 먼저 이것을 '비판적 교육학'으로 작명했다. 이후 사회적 재건주의는 비판적 교육학의 중심적 특징을 이룬다(Groenke, 2009: 3-4).

질문을 던질 수 있었던 인물 중 가장 눈에 띄는 사람은 미국의 경우 조지 카운츠George Counts, 1889~1974이고, 브라질을 넘어 제3세계 개발도상 국가들에서는 단연 프레이리다. 카운츠나 프레이리에게 다른 모든 중요한 제도가 그렇듯이 학교교육은 특정한 지리적 배경에서 특정하게 주어진 시공간 안에서 살아가는 특정한 문화와 사회의 표현이라는 것을 의미한다.Apple, 2014: 108 보편적 법칙이 아니라 사회경제적 지배 관계, 그리고 이 관계와 관련되어 있는 제도들과 역학이 지금 무엇을 하고 있으며, 미래에는 무엇을 할 수 있고, 해야만 하는지를 바로 이해할 수 있게 해 주는 핵심 요소들이라고 할 수 있다.

카운츠는 교육자들에게 현실에 안주하지 말고, '사회변혁'이라는 주제를 가지고 전진할 수 있도록 격려했던 핵심적인 인물들 가운데 한 사람이다. 그는 "학교에 대한 사업가들의 속박이 거둬들여지지 않는 한, 그리고 교육의 통제권이 교육에 종사하고 있는 교사들의 손에 들어오지 않는 한, 인간의 지성을 해방시키거나 교육과정을 변혁한다는 말은 바보 같은 소리에 지나지 않는다"Apple, 2014: 106라고 역설했다. 카운츠의 전기를 저술한 제럴드 구텍Gerald Gutek은 다음과 같이 말한다.

> 과거는 현재의 문제점들과 미래의 가능성이라는 조건에서 쓰이고 해석된다. 만약 우리가 직면하고 있는 현재의 문제가 과거 우리의 정치적이고 사회적인 구조를 지배했고, 또한 현재도 계속 지배하고 있는 경제적 이해관계에 의해 가장 강력하게 영향을 받고 있다면, 우리는 마땅히 이러한 지난한 사회적 문제의 근원에 대해서, 그리고 그것들을 극복하는 데 무엇이 필요한지에 대해서 정직할 필요가 있다.Gutek, 2006: 7

조지 카운츠의 『학교가 감히 새로운 사회질서를 수립할 수 있을까?』

1932[185]는 교육자들이 그들 자신과 본인이 일하고 있는 기관들이 자본주의의 주요한 전제와 과정들을 극복할 수 있다는 가능성을 선언하고 있다. 그는 1930년대 대공황이라는 고통스러운 경제 위기의 한복판에서 반동적인 운동, 정치, 정책의 급격한 성장을 겪으면서 이러한 위기, 그리고 보수적 이데올로기의 공격이 만연한 상황에 대처하는 데 학교는 무엇을 할 수 있을지를 진지하게 묻고 있다. 프레이리도 이러한 질문의 연장선에서 브라질의 위기에 대한 해법을 모색했다.

비판적 의식 고양의 인지적 과정으로서 '비판적 교육학'은 근본적 가치로서 평등을 주창하는 것과 함께 사회화를 거부하면서 '탈사회화'를 지향한다. 상업적 의식을 극복하고 비판적 의식을 선택하며, 불평등의 재생산을 넘어 사회를 변혁하고자 한다. 민주주의의 실천과 권위주의의 탐구를 통해 올바른 민주주의 의식을 함양하고, 참여 과정을 통해 학생들이 중도 이탈을 이겨 내도록 한다. 사회의 엘리트 계급을 지지하는 신화를 벗겨 내며, 비판적 문해 프로그램을 통해 학생들의 학구적 무능을 극복하고 일상적 삶에서 표현된 언어와 사고에 관한 각성을 촉구한다. 사회 내의 정치역학 관계를 조사하는 데 유용한 조사 기법과 정보 분석 능력을 길러 줌으로써 통계학의 한계를 극복하도록 돕는다.Shor, 2015: 33

1980년 초 프레이리를 처음 만난 후 지속적으로 학문적으로나 운동적으로 우정을 나눈 헨리 지루Henry Giroux는 '비판적 교육학'을 학생들이 자유에 대한 의식을 개발하고, 권위주의적 경향을 인식하고, 상상력을 강화하고, 지식과 진실을 권력에 연결하고, 낱말과 세계를 행위 주체, 정의,

185. 카운츠는 듀이의 추종자로서 교육의 사회적 측면을 중시했다. 그가 관심을 가졌던 것은 ① 민주주의의 역할을 축소시키는 자본주의가 지나치게 강조되고 있다는 점, 그리고 ② 진보주의 교육에 의해 개인주의가 지나치게 강조되고 있다는 점이다(Counts, 1932: 6). 그에 의하면 이런 것은 교육의 의미를 너무 좁게 파악하고 있으며, 전체 모습이 반 토막만 그려내고 있다는 것이다. 카운츠는 낭만주의 교육자들이나 일부 진보주의 교육자들과는 상반된 주장을 내세운다. 사회주의 및 집단주의 등 교화를 옹호한 카운츠는 이를 반대한 듀이—사회주의 가치가 아무리 중요하다고 하더라도 지성적 탐구를 통해 도달해야 한다—와 격렬한 논쟁을 벌이면서 듀이는 진보주의 교육학회를 탈퇴했다.

민주주의를 위한 투쟁의 일환으로 읽어 내는 법을 배우도록 열정과 원칙에 의해 안내되는 운동으로 정의한다. 프레이리가 억압받는 자라고 불렀던 그들은 현실에 대해 비판적으로 생각함으로써 삶의 상황을 변화시키기 위한 행동을 취한다. 프레이리는 교육제도가 억압을 유지하는 데 중심적인 역할을 했기 때문에 억압을 위한 상황이 변화하기 위해서는 개혁되어야 한다고 믿었다.

그리고 비판적 교육학은 이전 비판이론들의 경제적·문화적 결정론보울스와 긴티스에 대한 대응으로서, 그리고 그것을 수정하려는 시도로 등장했다. 비판적 교육학은 계급주의의 부정함으로써 사회적 재생산을 촉진하는 기계적이고 비인간화하는 교육의 억압적이고 정적 본질을 거부했다.Dale & Hyslop-Margison, 2012: 85 또 인간 주체와 저항의 가능성을 도입함으로써 비판적 교육학자들은 비판의 교육학만이 아닌 희망의 교육학을 건설하려고 시도했다. 근본적으로 비판적 교육학의 목적은 신마르크스주의의 결정론적이고 비관주의적인 결론을 수정하고, '비판의 언어'를 '가능성의 언어'로 변화시키는 것이었다. 비판적 교육학은 가능성과 희망의 언어를 프랑크푸르트학파, 실존주의, 휴머니즘, 탈구조주의, 탈근대주의, 그리고 탈식민주의 등 다양한 이론과 관점에서 찾았다. 프레이리의 뒤를 이어 비판적 교육학을 중심으로 헨리 지루, 피터 맥라렌, 스탠리 아로노비츠, 맥신 그린, 마이클 애플 등의 많은 학자들이 나타났다. 그들의 공통된 과업은 학교 내부에서 사회정의의 이상과 실천에 진지하게 헌신할 뿐만 아니라, 만인의 민주적 참여를 가로막는 사회 내의 구조 및 조건들을 변혁시키는 데 헌신하는 일이었다.

프레이리는 교육자가 새로운 사회의 탄생에 기여하는 길은 비판적 태도의 형성을 촉진시켜 주는 '비판적 교육'을 하는 데 있다고 주장했다. 순진한 변화 가능성으로부터 비판적 변화 가능성으로 이동하도록 밀어 주고, 자기 시대의 도전을 파악하는 능력을 증대시켜 주는 교육만이 국민으로 하여금 사회 변화를 가로막는 감정적 힘에 저항하도록 준비시킬 수 있기 때문이다. 사회 변화가 더욱 비이성적인 방향으로 흘러갈 때 '비판적 태도'를 고취시킬 교육을 창조해야 할 필요가 있다. 프레이리의 변혁적 교육학은 인간의 창조성, 자율성 그리고 사회정의를 촉진했다. 프레이리의 비판적 교육학의 프락시스는 학생과 교사가 스스로 역사의 주체가 되는 것을 목적으로 한다.Apple & Au, 2011: 31 학생과 교사는 현실을 직시하고, 이를 비판적으로 검증하여 현실을 변화시키기 위한 실천을 수행하는 행위자가 된다. 이러한 행위자가 되는 과정—이는 결코 완결되지 않는 과정이지만—을 거쳐 자기의식을 심화시킨 학생과 교사는 더욱 정의로운 사회를 지향한다. 프레이리의 비판적 교육학은 문제제기와 대화라는 교육방법을 통해 학생-교사의 관계를 포함한 모든 위계적 권력관계를 비판적으로 검증할 것을 요구한다. 이때 교육은 학생과 교사를 교실 안팎의 변혁적 행위자가 되도록 하는 것이다.

교실에서의 민주적 대화, 학습자들의 현실에서 나온 교육과정, 참여적인 교수 체제, 비판적 문해 활동 등이 이루어졌다. 프레이리의 비판적 교육학은 진보적 사회 변화의 기본적 요소로, 우리가 정치에 대해 어떻게 생각하느냐 하는 것이 우리가 열망하는 세계, 권력, 도덕적 삶을 이해하는 방식과 분리될 수 없다는 것을 보여 주었다. 프레이리는 여러 측면에서, 중요하지만 종종 문제가 되는 개인과 정치 사이의 관계를 구체화했다. 그의 삶 자체가 민주주의 원칙에 대한 신념뿐만 아니라, 한 개인의 삶이 더 인간적이고 민주적인 미래에 말을 거는 경험과 사회적 관계의 모델링에 가능한 한 가까이해야 한다는 관념의 증거이다.

비판적 교육학은 지배계급의 이익을 유지하는 불균등한 권력관계와 사회적 배열을 분명하게 설명하기 위해 헤게모니[186] 개념을 구체화한다. 게다

186. '헤게모니'는 종속집단에 대한 지배적인 사회문화적 계급의 지적·도덕적 리더십을 통해 수행되는 사회적 통제의 과정이다. 헤게모니는 현상유지로서 특권적 지위를 유지하기 위해 계속 추구된다.

가 헤게모니는 정치, 경제, 문화, 그리고 교육 사이에 존재하는 강력한 연계를 겨냥한다.Darder, Balfodano & Torres, 2003: 13 이런 맥락에서 교사는 종속 집단의 경제적·문화적 주변화를 영속화하는 헤게모니 과정에 묶인 교실 환경을 비판하고 변혁시키기 위한 책임을 인식하기 위해 도전해야 한다. 이런 인식에서 중요한 것은 헤게모니가 정적이거나 절대적인 상태가 아니기 때문에 비판의 과정을 계속되는 과정으로 이해하지 않으면 안 된다는 점이다. 진보적 교육운동과 지속적 투쟁의 오랜 전통 안에서 비판적 교육학을 이해하는 것은 '교수 방법'에 대한 비판적 교육학을 부적절하게 구체화하고 축소하려는 유혹으로부터 가능한 보호 수단을 제공한다.Darder, Balfodano & Torres, 2003: 20

우리가 비판이론의 전통에서 여러 주요한 사상가의 저작을 언급했지만, 교육사상의 한 학파로서 비판적 교육학은 프레이리의 저작과 상당히 결합되어 있다. 우리는 비판적 교육학의 정치적 프로젝트에 프레이리가 기여한 설계도 속에서 살아 숨 쉬는 정치를 발견하게 된다.Darder, Balfodano & Torres, 2003: 20-21 그리고 프레이리는 비판적 교육학의 과제에 여러 중요한 문제를 제기한다.

어떻게 해야 우리가 상식에 대한 문제를 해결할 수 있을까? 그리고 우파들이 창조적으로 교육을 지배 및 착취에 연결시킬 수 있을지를 이미 이해하고 있는 이 시대에, 우리는 어떻게 억압받는 사람들의 일상적 현실을 충분히 반영하는 교육을 할 수 있을까? 여기서 '우리'는 도대체 누구란 말인가? 어떻게 하면 '우리'는 해방으로 가는 유일하고 최선인 길을 알고 있고, 우리가 그것을 '당신들'에게 가져다줄 것이라고 가정하는 오만한 자리에 서지 않을 수 있을까? 이러한 질문에 대해 답을 내는 것은 매우 어렵다. 그리고 이에 대한 우리의 답변은 아마도 부분적이거나 오류가 있거나 모순적이거나 임시변통일 것이다.

그럼에도 불구하고 프레이리가 그랬듯이, 그러한 어려운 질문과 마주해야만 레이먼드 윌리엄스가 강조한 대로 '기나긴 혁명'을 이어갈 수 있을 것이다. 실제로 우리는 이 질문에 담겨 있는 여러 가지 쟁점들에 대해서 부분적이기는 하지만, 중요한 답변을 만들 수 있는 여러 가지 길을 알고 있다. 그런 면에서 비판적 교육학은 프레이리에 대한 관심에 활기를 불어넣는 데 중요한 역할을 한다.

교육이란 알 수 있는 대상에 의해 매개되고, 그리고 알아 가는 과정에 있는 주체들 사이의 관계이며, 즉 그 관계 속에서 교육자의 역할은 영원히 앎의 행위를 재구성하는 것이다. 바로 이것은 교육이 '문제제기적'인 이유이다.Freire, 1978: 178 문제를 제기한다는 것은 사회적 관계와 상호 책무를 창출하기 위한 개인적 경험을 드러내는 집단적 과정이라고 할 수 있다. 문화통합의 주체자는 무언가를 가르치고 전달하고 부여하기 위해 들어가는 것이 아니라, 민중과 더불어 민중의 세계에 관해 배우기 위해 들어가는 것이다. 문화 침략자처럼 민중 위에 군림하면서 구경꾼처럼 들어가는 것이 아니라 '다른 세계'에서 출발하여 민중의 세계로 들어가는 것이다. 민중과 통합을 이루며, 민중을 공동 행위자로 여기고 함께 활동한다.Freire, 1973: 181-182

비판적 교육학을 넘어선 변혁적 교육학이 왜 프레이리에게로 돌아갔는가? 변혁적 교육학의 정체성과 프로젝트를 형성하는 데 그는 어떤 영향을 미쳤는가? 변혁적 교육학이 프레이리에게 귀결된 이유는 그가 희망과 가능성의 요소를 제시했기 때문이다. 비판적 교육학자들이 궁극적으로 '희망의 교육학pedagogy of hope'을 찾은 곳은 프레이리였다. 그는 학교를 사회통제와 재생산의 도구로 보기보다 아무리 한계적 상황이라고 하더라도, 교육은 '해방적'일 수 있다고 주장했다. 이 점이 프레이리를 변혁적 교육학에서 '희망의 예언자'라고 호칭한 이유이기도 하다.Kincheloe, 2004: 72

프레이리는 교육이란 학습자/참여자의 현실에 대한 비판적 인식을 개발하는 실천이라고 보았고, 이런 실천은 효과적으로 '의식화'로 유도될 수 있다고 보았다. 다른 비판 이론가들이 주로 '비판'에 초점을 맞추었지만, 프레이리는 '해방'으로 유도될 수 있는 변혁적 교육transformative education이라는 대안을 제시했다. 달리 말하면 '해체deconstruction'에 초점을 맞추었을 뿐 아니라, '재건reconstruction'에도 초점을 두었다.Cho, 2014: 50

비판적 교육자들은 이제 '변혁적transformative' 교육 목적을 사회정의와 연결시켜 나갔다. 사회정의의 개념을 확충시킴으로써 다문화적 의미, 정체성, 차별적 권력/특권 등을 포함시키는 일은 정치와 정치변화에 대한 우리의 이해에 영향을 미쳤다. 그것은 또한 타인들에게 정의와 부정의에 관해 어떻게 가르칠 필요가 있는가에 대해서도 영향을 미쳤다. 비판적 교육에 머물지 않은 프레이리의 변혁적 교육학은 억압의 요소를 제거하는 비판의 언어와 새로운 유토피아를 창조하는 가능성의 언어를 결합시켰다. 재생산과 비판의 언어에서 가능성과 희망의 언어로 관심을 돌렸기에 다른 전통과 형식들에서 더욱 포괄적이고 진보적인 교육을 끌어낼 수 있었다.

프레이리는 학습자가 스스로 이데올로기적·물리적 실천의 장애물의식, 언어, 코드, 이데올로기 등을 드러내는 비판뿐 아니라 가능성과 대안을 제시하는 '변혁적 교육학transformative pedagogy'을 제창했다. 지식의 문제와 교육과정을 분리하는 것은 불가능하기에 프레이리는 진보적 지식의 형식과 그에 상응하는 진보적인 사회적 실천을 결합하고자 했다. 그의 변혁적 교육학의 목표는 길들이는 것이 아니라 근본적으로 해방하기에 있다. 대화와 실천의 교육으로 압축할 수 있는 프레이리의 '변혁적 교육학'은 학습자가 지금까지 그들의 삶을 지배해 왔던 권력을 깨닫고 비판적 의식을 형성하는 데 있다. 그의 변혁적 교육학은 단순히 교수 기법 및 방법론의 훈련에 있지 않다. 강요나 주입, 그리고 정치적 교화/선동을 거부한다. 그의 변혁적 교육학은 교육이 더 깊고 넓은 민주주의에 복무하는 길을 찾고자 한다. 변혁적 교육학은 학습자가 참여적/실천적 시민이 되도록 하고, 그 가능성을 스스로 탐구할 수 있도록 하는 지식과 기법, 그리고 이를 통해 사회적 관계를 맺어 가는 정치적·도덕적 실천으로 유도한다. 문제제기를 하는 의식화와 실천은 단순히 전달되는 지식교육이 아니다. 지식이 단순하게 전달되는 것에 불과할 때, 그 지식은 인간을 해방시킬 의도하에 전달된다 할지라도, 이데올로기적 신화가 되는 것이다.Freire, 2003: 166 의도와 실제가 불일치할 경우, 의도에 의해서가 아니라 이론적 실천praxis을 통해 해결된다. 인간과 세계 간의 변증법적 관계들, 그리고 그 관계들이 어떻게 전개되며, 역으로 그 전개가 인간의 현실 인식을 어떻게 조건 짓고 있는가에 대한 비판적 이해만이 현실에 대한 과학적 지식의 유일한 출발점이다.

그리고 비판적 교육학을 변혁적 교육학으로 발전시킨 프레이리는 해방의 이야기뿐만 아니라, 해방의 방법론을 제시했다. 그는 이를 '의식화의 방법론'이라고 불렀다. 그의 변혁적 교육학 이론은 실제적/실천적 프로젝트로부터 건설된 것이다. 그가 브라질에서 시작하여 이후 칠레, 기니비사우, 니카라과, 그리고 여타 지역으로 확대시킨 문해 프로그램이 그것이다. 프레이리 교육이론이 지닌 가장 큰 장점은 그가 직접 문제 해결을 위한 변혁적 교육학을 참여자와 함께 실천하는 방법을 제시했다는 사실이다. 변혁적 교육학은 사회정의에 기반을 둔 공동체적 교육 목적/교육에서의 공동체 목적을 주창하며, 교육을 공동체적 비전과 긴밀하게 연결시켰다. 학교는 그 자체가 공동체일 뿐만 아니라, 그 속에서 학생들이 일반 공동체를 변혁시킬 수 있는 방향으로 교육받도록 한다.

프레이리의 변혁적 교육학은 문제제기와 대화라는 교육 방법을 통해 학생-교사의 관계를 포함한 모든 위계적 권력관계를 비판적으로 검증할 것을 요구한다. 이때 교육은 학생과 교사를 교실 안팎의 변혁적 행위자가 되도록 하는 것이다. 변혁적 교육학의 주요한 교수학습 방법론인 '문제제기 방식'은 참여적, 비판적, 가치 지향적, 다문화적, 학생 중심적, 실험적, 탐구적, 간학문적 지향 등이 핵심이다. 변혁적 교육학의 교수학습 방법론은 사실을 단지 기억하는 데 시간을 보내기보다 '교육활동의 질과 성격'에 더 주목한다. 변혁적 교육학은 암기식 수업, 기계적 시험, 교사는 떠들고 학생은 침묵하는 수업, 학생 관심과 동떨어진 추상적 주제, 표준화된 교수요목, 과도하게 나뉜 학과 및 과목, 획일적 행정 등을 문제삼는다.

어떤 방향으로 프레이리를 이용하여 변혁적 교육학이 어떤 방식으로 지향했는지에 대해서는 또 다른 문제의식이 있다. 프레이리가 주요하게 초점을 둔 것은 개인의 의식을 변혁시키는 데 있었기에, 변혁적 교육학은 개별화된 프로젝트에 초점을 두고 있다고 할 수 있다. 또한 그는 사회 변화에서 '문화적 행동'을 크게 강조했다. 다른 말로 하면 정치혁명이나 제도혁명이 아니라 문화혁명에 관심을 보였다. 이러한 문화적 행동이나 문화적 혁명이 강조됨으로써 변혁적 교육학에 영향을 미쳤으며, 이는 '문화정치학cultural politics'으로 나아가도록 했다. 변혁적 교육학은 근본적으로 문화적으로 주변화되고, 경제적으로 각성된 학생들의 임파워먼트를 지지하는 학교교육의 문화 발전 및 진화에 개입하고 있다.Darder, Balfodano & Torres, 2003: 11

물론 변혁적 교육학에서 '문화정치학'이 중심이 된 것이 유독 프레이리의 영향 때문만은 아님을 주목해야 한다. 이러한 문화적 전환은 1970년대 이래, 좌파 정치 및 학자들에게 영향을 미쳤던 일반적 추세를 반영한 것이라고 할 수 있다. 그리고 이렇게 프레이리가 자신이 살았던 시대 상황의 흐름에 영향을 받았다는 것을 이해하는 것이 중요하다. 학교교육 비판뿐 아니라, 평화교육과 성인교육, 그리고 비형식 교육 및 비판적 문해교육에 대한 그의 영향은 비판적 교육학의 입지를 더욱 확고하게 자리 잡게 했다.

그렇다면 나락으로 떨어진 교육을 어떻게 평등과 해방을 위한 교육으로 바꿔 낼 것인가? 현장의 당사자들과 정부가 함께 절실하고도 단호하게 교육개혁을 위해 나서야 한다. 역설적이게도 코로나 이후의 위기가 교육개혁과 공공성 제고의 골든타임이 될 수 있다. 그리고 시민들도 자식과 스스로의 인간다운 삶을 위해서라도 해방적 교육에 더 많은 관심을 가져야 한다. 진보적 교육개혁을 추구하는 변혁적 교육학은 프레이리 교육사상이 적용된 교육 실천 및 연구 분야를 핵심적 지위에 올려놓았다. 변혁적 교육학은 학생들에게 기계적인 학습 및 습득한 기술을 적용하는 것보다 훨씬 더 많은 능력을 요구하는 질문의 문화 속으로 안내할 뿐만 아니라 참여자의 위치에서 읽고 쓰고 배우는 기회를 제공하고 있다. 유럽, 아프리카, 라틴아메리카 외에도 세계 곳곳에서 이루어진 변혁적 교육학의 이론과 실천에 관해 논할 때, 프레이리와 그의 이론을 계승한 사람들의 영향을 제외하고는 말할 수 없다. 그리고 사회계급에 근거한 불평등을 해소하려는 진보적 교육자와 학자가 제안한 변혁적 교육학은 반-성차별적이고 반-인종차별적이며, 그리고 동성애를 객관적 시각에서 바라보는 교육과정을 만들고 정책을 발의하는 데 큰 역할을 해 왔다.

물론 변혁적 교육학에서 프레이리의 중요성은 아무리 강조해도 지나치지 않지만, 이것이 프레이리 이론의 완벽성을 보증해 주는 않는다. 사실 많은 논자가 그의 이론에 대해 비판을 시도하고 있다. 프레이리에 대한 정당한 비판이나 검증도 있지만, 그리고 완전히 오독에 의한 것까지 실로 다양하다. 급진적 운동을 결여한 제2세계선진 국가에서는 프레이리의 교육학이 종종 교육자들에 의해 교수 기술이나 교수법 같은 탈정치적 형태로 활용되기도 했다. 다른 한편 변혁적 교육학은 민주주의의 전령, 혁명적 실천을 촉구하는 목소리의 역할을 제대로 해내지 못하고 있다는 일부의 비판도 제기되고 있다. 1970년대 말과 1980년대 초에 약속했던 급진적 민주주의radical democracy를 만들어 가는 데 필요한 비판과 가능성마저도 제시하지 못하고 있다는 지적이다.McLaren, 2008: 172-173 변혁적 교육학은 인종차별과 페미니스트 투쟁을 결합시켜서 다양성, 관용, 물질적 차원에서 평등한 접근법을 성취하기 위해 민주적 사회를 건설하는 데 목표를 두었지만, 탈마르크스적이고 탈정치적인 주장을 하거나 계급 관계에서는 양성

평등의 제한적 성공에 그쳤다는 평가를 한다.McLaren, 2008: 322-323, 주 26 그런가 하면 엄밀한 유물론적 입장을 취하지 않고 있는 프레이리의 교육론을 비판하기도 한다.

벨훅스bell hooks는 유색인종 페미니즘의 대표적인 학자로서 『프레이리: 하나의 비판적 만남』1993, 『경계를 넘어서는 가르침』1994에서 프레이리의 저작 속에 나타난 언어가 남성적임을 가감 없이 지적하고 비판한다. 이런 젠더적 시각에 대한 비판은 이후 문해교육의 언어를 둘러싼 비판, 인종적 문제에 대한 소극적 태도, 초기 저작에 나타난 동물 및 자연환경에 대한 태도 등을 지적하는 날선 비판으로 이어진다. 이것은 프레이리보다도 더욱 급진적인 '혁명적 교육학revolutionary pedagogy'의 도전적 비판이라고 할 수 있다. 프레이리 이론에 내재한 가부장제나 여성의 피억압적 경험에 대한 구체적 분석의 결여, 인종주의에 대해 충분히 고려가 없는 것, 그리고 환경 및 생태 문제 인식이 부족한 것 등은 비판적 교육 실천가와 연구자들 사이에 존재하는 긴장 관계를 반영하고 있다.Apple & Au, 2011: 32 변혁적 교육학의 전통들 사이에는 아주 복잡하며 동시에 많은 긴장과 논쟁이 내포되어 있다. 사회변혁에 대한 전략과 주체 설정에 다양한 노선이 혼재한다는 것이다.

다만 이러한 긴장과 논쟁들은 각각의 이론적 차이를 넘어 함께 투쟁하기 위한 탈중심적 연대를 구축해야 하고, 또한 비판적 교육자와 연구자들의 도전은 변혁적 교육학을 더욱 교육 및 사회의 변혁을 위한 수단으로 발전시켜 나가야 한다. 변혁적 교육학의 새로운 과제는 민주사회에서 우리가 권장하는 인간 능력의 신장과 우리가 제공받기도 하고, 그 속에서 우리가 살기도 하는 문화적 형식들 사이의 모순을 인식해야 하는 것이다. 라클라우와 무페1985가 강조한 바 있듯이, 변혁적 교육학의 담론에는 '진보적 상상력의 구성물'을 제안하는 새로운 가능성[187]의 언어가 부족

187. '가능성'으로서의 역사는 우리가 도그마에 길들여짐을 단호하게 거부한다는 의미이다.

한 것은 부인할 수 없다.Giroux, 2001: 292 '가능성에 대한 가능성'을 다시 모색해야 한다는 말이다. 우리에게 진보적 상상력이란 민주적인 사회관계를 위해 새로운 가능성을 비춰 주는 담론이다. 또한 진보적 상상력은 진보적 민주주의의 견해와 더불어 그리고 그 속에서 진지하게 참여하는 대항적 공공 영역의 개발을 촉진하기 위해 정치적인 것과 교육적인 것 사이의 관계를 잇는 노력이 있어야 한다.

이제 다양한 국면에서 저항의 계기가 되는 수평적/상향적 연합체를 구축하여 새로운 도전을 끊임없이 해야 한다. 변혁적 교육학은 마르크스주의나 네오마르크스주의의 전통에 의지하는 동시에 비판적 인종이론, 페미니즘, 탈구조주의, 탈식민주의, 퀴어이론, 장애에 대한 연구, 비판적 생태학 등 새롭게 대두된 지적 학문적 도구나 정치적 통찰을 적극적으로 받아들일 태세를 갖추어야 한다. 그리고 변혁적 교육학의 개발에서 우리는 내용과 방법 모두를 고려해야 한다. 해방적이지 않은 방법으로 제시된 해방적 내용은 비판적 통찰을 공허한 말잔치로 전락시킴으로써 학생들이 평소 당연한 것으로 생각해 온 현실에 의문을 품게 할 수 없다.

또 그리되면 더 이상 급진적인 변화에 헌신하고자 하는 상상력을 불러오지도 못할 것이다. 그리고 비판적 내용이 담겨 있지 않은 인본주의적/인간주의적 방법은 학생들에게 편안한 느낌을 갖게 할 수 있을지는 모르지만, 그들의 세계를 변화시키는 비판적 지식을 사용하는 주체로 서게끔 도울 수는 없을 것이다. 프레이리는 학생들의 삶에 의미를 주는 생각과 경험을 교사와 학생이 함께 찾아가는 과정을 통해 비판적 의식을 위한 교육 내용을 개발해야 한다는 입장은 확고하다고 할 수 있다.

우리는 지금 인간성 회복과 생태적 존속을 위해 시대사적 싸움을 하고 있다. 군사주의, 지구온난화, 신자유주의 공세 등으로 사회정의의 위기와 인간성의 실종은 더욱 고조되고 있다. 이러한 악조건 속에서 비판적 중재와 인간화를 위한 모형으로서의 학습, 정치적 행위로서의 앎의 개념,

변증적 탐구, 비판적 성찰, 사회적 행위실천의 활발한 교섭, 실재현실의 변혁, 권위주의가 아닌 권위, 조종이 아닌 지향, 참여민주주의, 꿈의 구체화를 위한 전술, 더욱 자율적이고 민주적인 공동체 문화, 사회 변화로서의 교육 변화 등 '변혁적 교육학'에 대한 관심을 더욱 요청한다. 이렇게 프레이리의 변혁적 교육학은 '민중교육' 운동의 발전에 중요한 영향을 미쳤고, 그리고 전통적 공립학교를 '시민학교'로 변혁하기 위한 토대를 확립했다.

프레이리에게 변혁적 교육학은 학교교육의 개념을 포함하지만, 또한 그 개념을 넘어선다. 학교는 교육이 일어나는 중요한 장소이며, 이곳에서 사람들은 특별한 사회교육적 관계를 만들기도 하고, 그 관계의 산물이 되기도 한다. 프레이리에게 교육은 의미를 만들어 가는 투쟁이자 권력관계에 대항하는 투쟁이다. 교육의 역동성은 개인과 집단의 변증법적 관계에서 나온다. 이들 개인과 집단들은 한편으로 특정한 역사적 조건과 구조적 한계상황 속에서 살아가는 존재이며, 다른 한편으론 다양한 사회가 살아온 현실, 즉 모순과 투쟁을 야기하는 문화적 형식들과 이데올로기들 속에서 살아가는 존재이다. 교육은 근본적으로 생산, 욕망, 언어, 가치들을 둘러싼 권력과 정치의 쟁투 영역이다. 프레이리 교육사상에 대한 연구가 이론적으로 특별하다는 것은 이러한 사회적 프로젝트의 독특성 때문이다.

사회변혁론과 맞물린 변혁적 교육학에서 교육현장의 학교 민주화는 변혁 이전에는 결코 이루어질 수 없으며, 변혁과 함께 그리고 변혁 이후에 구체적으로 이뤄지는 산물이다. 교육은 사회변혁을 향한 명확한 목표와 방향을 제시해야 한다. 모험에 도전하지 않는 교육이란 존재하지 않는다. 분노와 희망을 함께 갖게 하는 교육이어야 한다. 변혁적 교육학은 교육의 내적 모순을 극복할 수 있다는 확신과 낙관론에 결코 만족해서는 안 된다. 변혁적 교육학은 권력과 지식의 관계를 내적인 모순에 따른 충돌 상태에 놓는 교육학으로 발전되어야 한다. 푸코의 관점에 따르면 자유의 제도화가 이루어지면 구조적으로 자유의 상실을 초래하는 역설적 상황이 도래할 수 있다. 신자유주의 사회에서 분명 '비판'이라는 것이 존재한다. 교육의 상업성과 이데올로기적 문제점들을 심각하게 다루고 있지만, 또 다른 면에서는 이러한 비판을 긍정적 용어로 사용하는 각종 교육개혁 구상에 자연스럽게 흡수되는 경향을 보이기도 한다.

이렇게 보면, 비판을 요청하는 교육과 권력의 관계는 더욱더 복잡해진다. 운동 정치와 제도 정치 사이의 긴장도 여기에서 발생한다. 이러한 관점에서 보면 교육자 및 교육 실천가는 자신들이 견지해 온 사회변혁에 대해 스스로 자문하고 자신들의 이상과 전망 그리고 목표에 깊이 있게 성찰해 보아야 한다. 푸코의 권력 이론의 관점에서 보자면, 권력은 주체의 자발적인 자기 통치기술과 자기조절을 유도하는 특징을 지니고 있다. 주체는 자신의 개별적 잠재력과 성과를 자기 책임하에 관리하는 기업가적 자아의 형상으로 호명되기 쉽다. 이러한 유혹에 쉽게 휩쓸리지 않으려면 철학적·사상적 뿌리를 튼튼하게 해야 한다.

# 5장

## 프레이리 교육사상을 어떻게 읽고 실천할 것인가

## 1. 프레이리 교육사상의 현대적 계승

역사가 에릭 홉스봄은 짧은 20세기를 1914년 1차 세계대전에서 시작하여 1991년 소련의 붕괴로 개념화했다. 1921년에 태어나 1997년에 세상을 떠난 프레이리의 일생도 홉스봄1917~2012의 시간대와 밀접하게 조응한다. 프레이리는 대공황, 2차 세계대전, 그리고 라틴아메리카의 맥락에서는 1950년대의 민중주의와 발전주의, 1960년대와 1970년대의 혁명운동과 군사 쿠데타, 1980년대 민주주의로의 복귀, 1990년대의 신자유주의 등 20세기의 주요한 사건을 겪으며 살았다. 교육자로서 프레이리의 실천은 냉전 시기1945~1991와 거의 일치한다. 프레이리 교육사상에 대한 분석과 제안은 이런 배경을 염두에 두면서 행해져야 한다. 그의 저작에 대한 평가, 그의 생애 동안 발생한 논쟁의 양으로 판단하자면, 프레이리는 분명히 20세기에 지대한 공헌을 했다. 프레이리의 교육사상은 가히 '패러다임 전환'으로 여겨질 만하다. 영미의 교육철학사에서 볼 때 지배적이었던 칸트 철학이나 분석철학적 전통에 대한 비판을 넘어 급격한 단절을 선포한 것이나 다름없다. 이런 전통적 논의들은 교육과 정치의 관계에서 거의 논의되지 않았다. 이 점에서 프레이리는 진보적 학교운동과 저항 이론의 독창적 통찰력을 확장시킨 교육과 정치 사이의 연관성에 대한 이해, 참여적 실천 연구의 초기 운동에 특별한 기여를 했다.

프레이리는 20세기에 가장 영향력을 발휘한 전복적 교육사상가 가운데 한 사람이며, 이전의 진보교육운동을 심화시키고 확장시킨 중대한 공헌을 한 실천적 교육자이다. 그는 이론과 실천, 교육과 민주주의의 연계를 이해하는 데 기여했다. 프레이리는 더 나은 민주적 사회를 위해 교육의 잠재력과 가능성을 믿었다. 프레이리는 루소나 듀이 같은 사상가와 필적할 만하다. 그는 교육적 논변을 위대한 철학이나 사상으로부터 상당 부분 빌려 왔지만, 경험이 첨가되면서 자신만의 실천적 교육이론을 제시했다.

프레이리의 교육사상은 21세기 들어 더욱 중요한 의미를 지닌다. 프레이리가 사망한 지 25년이 지났지만, 그의 성인교육에 대한 철학적 접근과 그의 공헌이 1990년대 말부터 부상한 이윤 추구와 시장 중심적 신자유주의 환경에서 잊혔기 때문이다. 다른 한편으로 최근에 이르러 교육의 사회적, 문화적, 정치적 차원에 대한 프레이리의 통찰력이 개발도상국가의 학교교육에 엄청난 영향력을 발휘하고 있기 때문이다. 그런 상황에서 『억압받는 사람들의 교육학』은 제3세계의 바이블로 부상했다.

그리고 북유럽 국가를 제외한 대부분의 선진 국가에서 곤란을 겪고 있는 것도 프레이리에 대한 관심이 높아진 배경이라고 볼 수 있다. 프레이리의 민중적, 급진적, 민주적 접근이, 특히 시의적절하게 신자유주의적, 신보수주의적 교육개혁의 대안으로 부상한 것이다. 교사-학생 간의 대화와 실천이 교육에서 중요하다는 프레이리의 주장은 오늘날 인식 대상을 매개로 한 '구성주의constructivism' 학습이론으로 계승되고 있다. 프레이리 및 구성주의 철학자들 모두가 현상학에 기초를 둔 것도 덩달아 관심을 불러왔다.

프레이리의 교육사상은 미래가 불확실한 시대에 여러 가지로 매우 중요한 의미가 있다. 그의 교육사상은 학교교육과 교사교육뿐만 아니라 노동자교육과 성인교육 및 평생학습의 목표에 중요한 구성 요소로 자리 잡고 있다. 그의 핵심적 교육 개념들은 세계 교육사상가들과 깊은 연관을 맺고 있다. 그러므로 21세기에 프레이리 교육사상이 어떤 의의를 지니고 있는지 평가하려면, 다른 영향력 있는 사상가들이 제기한 생각과 관련된 해방적 교육이론 및 실천의 발전에 기여한 정도를 탐구할 필요가 있다.

교육이론의 비교는 주로 분석 목적으로 수행되었으며, 시간이 지남에 따른 사상의 흐름을 탐색하는 데 유용하다. 진보적인 교육자들이 다른 관점에서 가장 중요한 요소들을 결합하는 새로운 종합을 만드는 것을 돕기 위해 이론과 실천을 위한 교훈을 추출해 낼 수도 있다. 프레이리의 교육사상과 다른 사상가의 이론에 대해 상호보완점과 차이점을 탐구하는 것은 혼동을 일으키는 몇 가지 문제를 명확히 하고, 호환 가능한 사상가의 최상의 분석 및 제안을 바탕으로 끌어낸 이론적 총체를 구축하는 데도 도움이 된다.

예를 들어 소크라테스의 문답식 교육과 캐묻기 교육, 루소의 자연교육과 인간교육, 페스탈로치의 인간교육과 빈민교육, 부버의 만남과 대화교육, 로저스의 사람 및 학습자 중심 교육, 프롬의 존재적 삶과 생명애 교육, 라캉의 주체화와 주체적 행위자 교육, 푸코의 권력 해체와 진실 말하기, 듀이의 민주적 삶의 양식과 실험학교 정신, 프레네의 자주적 학습과 협동학습, 코르차크의 어린이 사랑과 어린이 공화국, 하버마스의 의사소통적 행위와 생활세계를 위한 교육, 비고츠키의 역사문화적 심리학과 근접발달이론, 랑시에르의 무지한 선생과 바보 만들기, 일리치의 탈학교론과 공생적 교육, 그람시의 유기적 지식인과 양식교육, 체 게바라의 친교와 혁명적 사랑을 위한 교육, 비판적 교육학과 생태적 교육학 등 광범위한 비교사상사적 논의로 확장될 수 있다. 이런 논의를 통해 프레이리의 교육이론이 광범위하게 보편적 사상체계의 원천을 갖고 있음을 확인할 수 있다.

프레이리의 교육사상을 세계적인 교육사상가들의 생각과 비교해 보면 연속 지점과 균열 지점이 발견된다. 프레이리는 이전의 많은 진보적인 교육자들처럼 전통적인 교육체제에 대한 철저한 비판을 일관된 틀에서 분명히 표현했고, 민주주의를 중심에 둔 교육적 대안을 제시했다. 프레이리는 브라질 사회뿐 아니라 세계의 엘리트 교육체제를 분쇄하고, 주변부 사람들의 삶의 조건을 증진하기 위해 헌신하면서, 사회정의를 실현하기 위해 주류 교육에 파열음을 내는 전조등을 켰다. 프레이리의 교육사상은 브라질 헤시피와 페르남부쿠에서 출발했으나, 그의 메시지는 세계적으로 보편적 호소력을 지니면서 영향력을 발휘하고 있다.

지금 우리가 프레이리 교육사상을 또다시 불러내는 것은 결코 과거에 대한 향수를 불러일으키는 지적 여행을 하려는 것이 아니다. 그의 시대적 공헌이 다음과 같은 다양한 이유로 여전히 적절성을 갖기 때문이다.

- 현재 프레이리 교육사상에 대한 연구는 진보교육학변혁교육학/해방교육학의 발달에 매우 중요하다. 프레이리의 교육이론을 좀 더 긴 역사적 관점에서 보면, 변혁적 교육학의 발전에 독창적인 기여를 했다. 왜냐하면 프레이리에게서 모순과 해방의 변증법을 발견할 수 있기 때문이다. 그의 담론은 행위와 구조 간의 관계 사이에 다리를 놓는다. 즉, 인간 행동을 역사적 실천과 당면한 실천에서 나온 제약 조건 속에 두면서 모순과 저항이 일어나는 사회적 투쟁의 가능성을 고양시키는 공간을 빠트리지 않고 두루 제시한다. 프레이리가 제시한 것은 일련의 범주와 사회적 실천을 만든 메타언어이다. 프레이리 교육사상은 특정의 맥락 속에서 해석되고 비판적으로 이해되는 이론적 이정표의 의미를 내포하고 있다. 프레이리의 글이 남의 말을 빌려 온 것이 많아 독창성이 없다는 지적을 받았는데, 그는 이를 부정하지 않는다. 자기 이전의 저자로부터 영감을 받은 것은 사실이기 때문이다. 프레이리는 '은행저축식 교육' 개념이라 불렀던 것을 거부하며, 이러한 전통적 형태의 교육은 '빈 계좌'로 보이는 학생들의 마음속에 축적하는 것이라고 비판한다. 프레이리는 교사가 통장을 만들어 주고 그 통장에 원금과 이자를 쌓아 가는 교

육을 거부한다.

- 프레이리의 대화론은 부버, 야스퍼스, 듀이로부터 빌려 왔다. 프레이리의 교육이론에서는 다른 사상가들의 비교교육학적 고찰이 곳곳에서 발견된다. 프레이리는 듀이, 일리치, 로저스의 생각과는 유사성을 보이지만 중요한 차이점도 발견할 수 있다. 그 차이점은 그람시, 프롬, 프레네의 사상을 끌어들인 데서 볼 수 있다.
- 프레이리는 세계를 변화시키기 위해 세계에 대한 성찰과 행동으로 이해되는 '이론적/변혁적 실천praxis'의 개념을 제시함으로써 진보주의 교육의 개념화, 즉 '학습 경험의 재조직화'를 더욱 심화시켰다. 프레이리의 관점에서 보는 교육은 사회비판과 사회변혁을 포함한다. 그리하여 불의한 사회관계의 원인들을 밝혀내고, 민주적 변화를 위한 집단적 노력을 강화하는 목표를 지향한다. 인간화를 목표로 한 더 거대한 프로젝트와 통합하는 방식으로 교육과 정치 사이를 확실히 연계시키는 프레이리의 노력은 진보적 교육운동에 중요한 기여를 했다고 평가할 수 있다.
- 프레이리 교육이론은 과거 전통적인 성인문해교육의 접근 방식에 대한 독창적이고 효과적인 대안을 제공함으로써 성인문해교육 분야에서 코페르니쿠스적 혁명을 일으켰다. 그의 독창적 문해교육 방식은 변혁적 문해교육 접근의 효능뿐 아니라, 인간화 교육의 일부분으로서 비판의식 계발을 위해 설계된 철학적, 정치적, 방법론적 접근에도 있다. 프레이리의 교육 제안은 성인교육, 지역사회교육한국의 경우 마을교육공동체운동, 농촌 확장 공공사업을 포함하여 학교교육을 넘어 진보 교육 영역을 확장시켰다. 프레이리의 진보 교육 이전에는 학교 이외의 환경을 무시했고 교육기관 중심이었지만, 그가 등장한 이후 진보 교육운동의 방향이 바뀌었다.
- 프레이리는 민중교육의 원리를 형식 교육체제에 적용함으로써 학교 민

주화에 독창적인 기여를 했다. 프레이리의 가장 주요한 활동 또는 저서는 성인교육에 맞추어져 있지만, 학교의 역할을 무시하지 않았고, 사회의 '탈학교화de-schooling'를 요구하지도 않았다. 프레이리는 기회를 평등화하고 더욱 민주적인 사회를 육성하기 위한 학교의 잠재적 역할에 주목했다. 동구 사회주의권의 붕괴 이후 참여민주주의와 숙의민주주의에 대한 관심을 보인 프레이리는 학교의 민주주의참여, 지방분권, 자율성를 또 다른 차원으로 발전시키는 계기를 마련했다. 그 핵심 가치에는 대화, 의사소통, 비판적 사고, 연대, 사랑 등이 자리하고 있다. 이런 지향은 인간의 주체성과 용기, 비판적 민주주의, 보편적 인간 윤리와 희망을 중시하고, 과도한 개인주의를 극복할 수 있는 비전을 가진 '대안적 학교'의 역할을 하고 있다고 볼 수 있다. 이들 학교는 모두 교육과 사회를 서로 밀접하게 연관시킨다.

- 프레이리는 교육이 정치적 행위임을 주장하고, 사회정의 프로젝트에서 스스로 억눌린 사람들의 편을 분명히 지지했다. 그리고 교실에서의 권력 역학을 더 넓은 지배의 역학과 연동시킴으로써 다른 많은 진보주의 교육 계승자들의 자유주의적 관점—교육은 상대적으로 중립적 영역이라는—을 넘어섰다고 할 수 있다. 변혁적 지식 유형의 비판적 교육학이 제창하는 실천과 대화와 같은 핵심어가 그럴듯하게 자유주의적 언어로 포장되거나 평화를 강조하는 구호, 그리고 학생 지도 방법으로 자본주의적 사회관계를 감추는 데 이용되고 있는 점은 문제가 아닐 수 없다.
- 프레이리의 방법론적 혁신특히 생성어와 주제들은 문해력 훈련에서 새로운 시대를 열었고, 과정의 효능성과 효율성을 크게 향상시켰다. 이것이 작은 업적은 아니지만, 21세기 교육에 대한 그의 주요 유산은 읽고 쓰는 방법이나 일련의 기법이 아니라, 핵심적 기둥—교육의 정치적 본질, 문제제기식 교육, 민주적 교사-학생 관계, 대화를 통한 의식화, 학습자와 지역사회의 지식과 경험 인지, 그리고 새로운 지식의 공동 창조—에 기

반을 둔 교육학적 접근이라고 할 수 있다. 이것은 실천 지향의 접근이고, 그래서 지속적 관계와 해방적 프로젝트, 그리고 교육적 변화와 사회적 변혁을 요구한다. 프레이리의 문해력 과정은 특수한 기법보다 학습자의 존엄성을 존중하고, 그들과 함께 걸어가는 교육자의 성향이나 능력에 더 의존했다. 이 같은 접근은 어떤 맥락에서도 적용할 수 있는 방법이나 단계별 구성물로 격하될 수 없는 것이다. 따라서 프레이리에게 변화를 위한 '방법 매뉴얼'을 요구하는 것은 그의 교육적·철학적 제안의 본질을 희석하고 왜곡하는 것이다.

- 프레이리의 수많은 문헌을 검토하면 교육이론화 및 탐구의 여러 하위 분야가 프레이리의 아이디어를 중심으로 생겨났고, 그에 대한 상당한 양의 학술적 연구는 그의 분석적 틀이 교육과 사회의 역학적 관계를 이해하는 데 상당히 기여하고 있음을 여전히 보여 준다. 게다가 프레이리의 아이디어를 다른 사상가들의 생각과 비교 대조하는 작업은 더 원대한 관점에서 그의 저서를 배치하고 새롭고 통찰력 있는 통합을 만드는 데 기여하고 있다. 프레이리의 텍스트는 대학에서 교사교육 프로그램뿐만 아니라 간호학, 유아교육, 공중위생, 농촌확장사업, 성인교육, 도시계획, 지역사회개발, 사회학, 공공행정, 음악교육, 수학, 물리학, 신학, 철학, 사회사업, 국제개발, 여성학, 교육심리학, 교육지식학, 교육노인학, 공적 문제, 드라마, 문학 등을 포함한 다양한 교과에서 원용·통합되었다.
- 프레이리의 삶과 작업은 사회변혁에 관심을 둔 21세기 진보 교육자들을 위한 상상력의 원천이 되고 있다. 이 점을 과소평가해서는 안 된다. 많은 커뮤니티 집단, 교육제도, 그리고 사회운동은 프레이리가 표출한 것인간화 프로젝트에의 헌신들로 인해 동기부여가 되어 하루하루 어려운 작업에 참여하고 있다. 프레이리 작업의 힘은 그의 지식 이론에 있는 것이 아니라, 더 나은 세계를 집단적으로 건설하기 위해, 사물을 변화시키기 위해 가능하고 필요하다는 신념에 있다. 그의 희망과 유토피아에 대한

주장은 교육자와 비교육자 모두에게 영감을 준다. 여러 세대에 걸쳐 진보적인 교육자들을 프레이리에게로 끌어들인 것은 그의 학문에 대한 지적 관심뿐 아니라 정치적 비전과 개인의 행동, 실용주의 윤리, 사랑, 연대의 윤리 안에서 작업을 배치하는 그의 독특한 방식에 있다.

- 교육적 개입에 대한 그의 제안 중 몇 가지는 여전히 현대의 교육문제를 다루는 것과 관련이 있다. 프레이리는 창조적 통합론자이고 변증법적 사상가였다. 프레이리의 교육이론은 1960년대의 '교육주의pedagogism'와 1970년대의 '재생산주의reproductionism'의 이분법을 극복하고자 하는Schugurensky, 2014: 44 견인차 역할을 했다. '교육주의'는 모든 사회적 문제의 주요한 구제책으로 교육을 지나치게 신뢰하려는 '순진무구한 낙관주의'가 문제였고, '재생산주의'는 학교가 사회적 불평등을 강화하기 위한 자본주의 국가의 도구에 지나지 않는다는 논변이 문제였다. 프레이리는 교육이 '지배'를 위한 것뿐 아니라, '해방'을 위해 이용될 수 있다고 주장했는데, 이러한 두 상황에서 현존하는 중심적 역학관계를 신중하게 검토하여 전략을 세웠다. 그는 세계 읽기와 낱말 읽기를 결합시키는 성인 문해 프로그램에 대한 혁신적 접근을 발전시켰다. 오늘날 사회정의에 관심이 있는 전 세계의 교육 실천가들이 프레이리 교육학을 다양한 맥락과 전문적 영역에 적용하려 하고 있다. 대학 외부에서 학교교사, 성인교육자, 교회지도자, 카운슬러, 건강전문가, 심리학자, 예술가, 사회복지사. 교도소 재활노동자, 언어학습전문가, 사회활동가 등이 프레이리의 생각을 응용하고 있다. 그의 영향력은 특히 비판적 교육학, 민중교육, 참여적 연구 운동에 강하다. 이렇게 보면 프레이리의 연구와 실천은 퇴색되고 쇠락하는 것이 아니라 오히려 더 각광받고 있는 셈이다.
- 프레이리의 정치노선은 '민주적 사회주의democratic socialism'라고 할 수 있다. 이 노선은 프레이리가 몸담았던 노동자당PT의 노선이기도 하다.

그는 상파울루시 교육감으로서 제도권에서 민주교육과 민중교육의 큰 업적을 남겼다. 프레이리 교육행정의 핵심은 교육 시스템의 민주화 지향, 학교의 자율성 강화였다. 그가 가장 관심을 기울인 교육정책은 학교의 모습을 전체적으로 바꾸는 것이었다. 참여, 분권화, 자율성의 원칙을 가지고 민중적 공교육, 즉 민중적 공립학교popular public school를 지향했다. 프레이리의 관점에서 민중적 학교의 목표는 교육을 사회적 해방의 역사적 프로젝트로 연결하는 것이다. 프레이리 교육청의 교육개혁 실천은 모두를 위한 민중적 공교육사상과 그에 따른 민중적 공립학교 만들기에 근거한 제도적 실험이었다. 그리고 권력의 분산을 통해 공동체적 활동을 유도한 '교과과정 재편성 운동'을 시작했고, 학교의 자율성을 키워 주며, 공동체의 쟁점을 비판적으로 다룬 교과과정의 개편을 주도했다. 이런 차원에서 추진된 '인터 프로젝트Interdisciplinary Project, 다학제적 프로젝트'는 민중적 공립학교 개념과 함께 학교 행정의 민주화 및 교육 수준의 향상이라는 목표를 모두 담고 있다. 그것은 비판적 시민성 창출을 목표로 삼았다. 학교교육의 민주화와 함께 브라질 사회와 정치적 삶을 민주화하는 운동에 참여하도록 미래의 시민을 준비시키기 위함이었다.

프레이리의 교육사상에 대해 다음과 같은 몇 가지 이론적 갈등과 긴장이 벌어지고 있는 점도 주목해야 한다.

- 절충주의와 일관성 사이의 긴장: 프레이리의 작업은 다른 많은 원천으로부터 가져왔기에 그를 명확한 범주 안에서 구분하거나 특정 학파 내에서 그의 작업을 분류하는 것이 쉽지 않다. 프레이리의 이론적 절충주의는 학문적 엄격성의 결여, 불일치를 보이는 이론적 틀, 그리고 빈약한 학문적 근거를 보인다는 평가가 있다. 반면, 학문적·이론적 경계

에 구애받지 않는 진정한 지식인이고 독창적 사상가이며, 윤리적·정치적 약속에서 일관성을 보인다는 평가를 동시에 받고 있다. 프레이리의 접근 방식이 절충적일 수도 있지만, 그것이 하늘 아래 모든 이론의 요소들을 무작위로 모아서 조합하여 구성된 것은 아니다. 그의 접근 방식은 오히려 선택적이고 주요 관심과 가정들에 의해 유추된 것이다. 그의 작업을 세심하게 살펴보면, 어떤 의미에서 전통에 더 가까웠다는 것을 알 수 있다. 따라서 프레이리를 교육 실천가 및 이론가로서 이해하는 것이 가능하다. 철학, 사회이론, 정치이론, 언어학, 인류학, 정신분석, 의사소통학, 역사 등 여러 분야로의 탐험 여행은 종종 프레이리의 교육적 관심에 따라 통제되고 있다. 그리고 그의 절충주의 때문에 다른 관점에서 해석될 수 있으나, 가장 중심적인 사상은 가톨릭 사상가로 이해될 수 있는 세계관에서 출발한다. 프레이리의 사람, 세계, 사회, 그리고 정치적 변화에 대한 신학적 관점은 그의 교육사상의 여러 요소자유주의, 실존주의, 현상학, 마르크스주의의 기초를 이룬다. 따라서 기독교적-실존주의적-마르크스적 교육자라는 융합된 범주로 분류할 수 있다.

- 가톨릭의 사회화와 마르크스주의 분석적 틀 사이의 긴장: 프레이리는 때때로 종교가 불평등과 비참한 가난을 정당화하는 데 사용되는 상황에서 가톨릭 신자로 성장했다. 프레이리는 어린 시절에 교회의 신부로부터 들은 말을 회상한다. “신에게 책임이 있다면, 인간은 아무것도 할 수 없다. 내가 어린 시절, 농부들에게 나가서 조금만 참으십시오. 이것이 신의 뜻입니다.” ‘어쨌든 그것이 당신을 위해 천국을 얻게 될 것이다’라고 말하는 많은 사제들을 알고 지냈다. 이런 류의 보수적 신학은 프레이리가 매우 수동적인 태도를 갖도록 하였다. 하지만 프레이리는 의문을 갖기 시작하였다. 그렇다면 우리는 어떻게 이 재난에 대해 신께 책임을 지게 할 수 있는가? 가톨릭 실천운동과 관련을 맺은 프레이리는 기독교인이 착취를 거부하는 도덕적 책임을 지녀야 한다는 원리를

지지했던 초기 해방신학의 원리에 더 친숙했다. 특히 군사정권하에서 사회정의와 인권 투쟁을 하며 진보적 주교로 잘 알려진 헤르더 카마라의 생각, 헌신, 그리고 목회 활동에서 깊은 영감을 얻었다. 프레이리는 노동자, 농민과 작업하면서 착취의 근원에 대해 묻기 시작했고, 그 해답을 마르크스주의 탐구를 통해 얻은 것은 놀랄 만한 일이 아니다. 그렇다고 그가 기독교 인간주의 철학을 포기하는 것은 아니다. 그는 일부 모순된 틈이 생길 수 있으나, 마르크스주의와 기독교가 그 긴장을 관리할 수 있다고 보았다. 프레이리는 인간화, 행위자, 사랑, 자유, 실천, 그리고 희망과 같은 철학적 접근의 토대와 정치적-교육적 이론의 핵심 개념을 기독교 휴머니즘과 마르크스주의 휴머니즘 사이의 대화에서 찾고자 했다.

- 민주주의와 권위 사이의 긴장: 프레이리는 자신을 1970년대에 번창한 비지시적 교육운동가들과 동일시하지 않았다. 하지만 민주적·대화적 교육에 대한 강조, 문화서클의 작업, 은행저축식 교육 접근법에 대한 프레이리의 비판을 감안할 때, 그가 교육의 '지시적' 성격을 옹호했는지는 분명치 않다. 그렇지만 자신을 비지시적 운동과 구별하고자 하는 노력에서 자유방임적 접근이나 권위주의 접근을 옹호하기보다는 '지시적 해방 접근'이라고 부르는 것을 선호했음은 분명해 보인다. 그는 전통적 교사 중심의 교육 모델을 비판하기 위해, 그리고 그가 제안한 학습자 중심과 문제제기식 교육 모델을 대조하기 위해 '은행저축식banking'이라는 은유를 사용했다. 은행저축 모델에서 교사는 지식으로 여겨지는 것에 대한 정보의 축적을 통해 학생들의 정신을 채우고, 학생들은 교사가 요구할 때마다 그 정보를 되찾기를 기대한다. 프레이리의 유추에서 교사는 주체, 저장자, 처방자, 지식 납품업자, 길들이는 자로 특징지어지는 데 반해, 학습자는 객체, 채워질 컨테이너, 텅 빈 창고, 그리고 순종적 대상으로 특징이 지어진다. 프레이리는 이러한 이분법적 분류를 넘

어 양자의 역전 가능성을 제시했다.

이러한 맥락에서 프레이리의 교육사상은 철학적 차원, 윤리적 차원, 인식론적 차원, 사회학적 차원, 심리적 차원, 정치적 차원, 그리고 교육학적 차원에서 다시 조명되어야 한다.Schugurensky, 2014: 92-95

- 철학적 차원: 프레이리는 인간이 불완전하고, 온전한 인간이 되기 위해 존재론적 소명을 지니고 있다고 보았다. 이것이 인간화 프로젝트이다. 가난한 사람과 잘사는 사람은 물론이고 교사와 학생은 서로 많이 배워야 하는 미완의 존재이다.
- 윤리적 차원: 해방교육은 피억압자가 새로운 억압자가 되는 세상을 창조하는 것이 아니라, 더 이상 억압이 없는 세상, 가난한 사람들을 위한 윤리적 선택, 그리고 삶과 정의에 대한 약속을 전제로 한다.
- 인식론적 차원: 주체성과 객체성은 변증법적 통일체에서 결합된다고 보았다. 학습자는 수동적으로 지식을 생산하는 능동적 주체이지, 타인에 의해 창조된 지식을 소비하는 사람이 아니다. 그래서 교육은 기존 지식을 해석하는 행위와 새로운 지식을 창조하는 행위를 결합해야 한다. 학습자는 오랫동안 주장된 가정들을 검토하고, 실재/현실의 비판적 읽기를 발전시켜야 한다. 지식의 창조와 배분은 사회적·역사적 맥락 속에서 발생한다.
- 사회학적 차원: 교육정책 및 실천은 경제적, 정치적, 그리고 문화적 자원에 접근할 수 없는 불평등으로 특징지어진 더 거대한 사회구조와 떨어져 존재할 수 없다. 교육은 종종 재생산하고 심지어 사회적 불평등을 강화하지만, 또한 사회변혁의 과정에 기여하기도 한다. 교육은 사회를 홀로 변혁할 수 있는 것이 아니며, 사회는 또한 교육이 없으면 변혁될 수 없다.

- 심리적 차원: 억압받는 많은 사람에게 억압자에 대한 공포, 지배적 세계관의 내면화는 자신의 문화와 함께 투쟁하는 것을 인식하지 못하게 하지만, 정신의 탈식민화에서 시작하여 개별적·집단적 행위자의 발전과 함께 계속되는 해방의 과정을 통해 소외된 역학으로부터 스스로 자유롭게 할 수 있다.
- 정치적 차원: 교육은 정치적 행위이고, 권력의 문제를 무시할 수 없다. 프레이리에게 교육은 정치와 분리될 수 없고, 물질세계 및 권력과 단절될 수 없다. 그것은 진공에서 발생하는 독립적 활동이 아니다. 이러한 변혁적 과정은 교육적 프로젝트이면서 정치적 프로젝트이다. 정치와 교육의 관계는 혁명의 교육적 성격을 말해 준다. 증대되고 있는 경제적·교육적 격차를 고려할 때, 비판적 탐구, 대화, 민주주의, 그리고 자유의 촉진을 목표로 한 그의 제안뿐만 아니라, 교육과 정치의 연계 그리고 사회 변화에서 교육의 역할에 대한 우리의 이해를 높여야 한다는 그의 요청은 20세기에 그랬던 것처럼 오늘날에도 의미가 있다.
- 교육학적 차원: 학습자를 빈 서판으로 취급하고 권위주의적 관계를 재생산하는 은행저축식 교육과 달리, 해방교육은 학습자를 경험을 가진 주체로 대우한다. 이런 접근은 교사의 직접적 역할을 인정하나, 대화적 관계와 참여적 연구를 촉진한다. 교육과정은 학습자의 현실에서 시작하고, 그 현실의 문제화를 격려한다. 교육은 세상을 변혁하기 위한 세상에 대한 여성과 남성의 실천이고, 성찰이며, 그리고 행동이다.

프레이리의 다양한 교육적-정치적 프로젝트는 기독교 휴머니즘, 인본적 마르크스주의, 실존주의, 그리고 진보적 학교운동 등 여러 가지 사상적 원천으로부터 영감을 받아 하나로 융합된 것이다. 그의 텍스트에서 사용된 개념과 논의들은 분명하고, 엄격하고, 체계적 틀을 갖추고 있다. 또 학문적 용어를 넘어선 문학적 언어를 구사하며 대중과 대화를 하고 있다.

프레이리 저작에 대한 비판은 주로 두 집단에서 이루어진다. 프레이리를 읽은 지도자라며 그의 책을 교의로 가득 차 있다고 보는 입장, 그의 저서 전체가 편견이라며 이데올로기적·정치적 차이를 보이는 입장이 있다. 이런 비판적 관점은 주로 보수주의자, 정통 마르크스주의자, 포스트모더니스트, 후기구조주의자, 신자유주의자 등에서 나타난다. 이들이 비판하는 내용을 범주화하면 언어 문제, 반-대화·조작·권위주의 문제, 인간화 문제, 모순 문제, 보편적 범주와 이분법 문제, 문화적 침략으로서의 의식화 문제 등으로 나눌 수 있다.

- 언어 문제: 표현의 모호함, 중복과 동어반복, 글의 지루함, 끝없는 반복, 현학적임, 다변, 난해함, 형이상학적, 비논리적, 학문적 추상성, 횡설수설, 지나치게 정서적임, 복잡한 산문, 신조어 남발, 넘치는 박학다식 등을 지적한다. 이는 일부 타당한 면이 있다. 글이 조리가 없고 산만하게 보이는 것은 부인할 수 없다. 이런 지적은 우리가 글을 쓸 때 조심해야 할 점이다. 프레이리의 전기 저작이 주로 이런 지적을 받는다. 이에 비해 후기 저서는 '대화 책dialogue books'이 많은데, 초기 저서보다는 문체가 읽기 쉽고, 직접적이며, 친절하고, 동정적이고, 지혜를 제공하고, 휴머니즘이 가득한 표현이 많다. 은행저축식 교육과 해방적 교육의 병렬은 프레이리의 독자들을 적어도 다음과 같은 두 가지 논란으로 이끈다. 첫 번째는 은행저축식 교육이 '강의'와 동일시되고, 그 강의가 진보주의 교육 접근에서 아무런 자리를 갖지 못하고 있다는 추론과 연관이 있다. 이런 잘못된 해석을 불식시키기 위해 프레이리는 가르침/배움의 과정에서 학생이 특정한 주제에 대해 깊이 생각하도록 참여하고 도전하는 강의는 질문과 대화가 특별히 결합된다면 확실한 자리가 있다고 설명한다. 프레이리가 중심을 두는 이슈는 강의 그 자체가 아니라 강의의 내용과 역동성이며, 그 강의가 토의와 비판적 사고를 저해하는

지 육성하는지 하는 정도의 문제이다.Freire, 1987: 40 두 번째 논란은 대화적 교육의 정확한 의미와 관련이 있다. 이것은 교사가 집단의 한 구성원일 뿐이고, 교사와 학습자가 비슷한 역할과 책임을 지니고 있음을 의미하는가? 대체로 방향성과 비지향성 사이의 긴장으로 되돌아가게 하는 이러한 논란은 프레이리 텍스트의 다음과 같은 모호한 구절에서 기인한다. "대화 관계가 성립하면, '학생들의 교사'와 '교사의 학생들'은 존재하지 않고, 교사-학생인 동시에 학생-교사라는 새로운 관계가 탄생한다. 교사는 더 이상 단순히 '가르치는 사람'이 아니며, 그 자신도 학생들과의 대화 속에서 배우는 사람들이 된다. 학생들 역시 배우면서 가르친다. 따라서 양측이 성장하는 과정에 대해 공동의 책임을 진다. 여기서는 누구도 가르치지 않으며, 누구도 혼자 힘으로 배우지 않는다. 사람들은 세계의 매개를 통해 서로를 가르친다."Freire, 1970a: 80 프레이리의 표현만 보자면 이 문단은 잘못된 이해로 이끌 수 있다. '학생들의 교사'와 같은 표현은 '누구도 가르치지 않으며', '사람들은 세계의 매개를 통해 서로를 가르친다'는 강력한 메시지일 수 있으나, 반드시 해방적 교육 모델에서 교사의 특정 역할을 분명하게 기술한 것은 아니다. 이때 비지시적 교육운동non-directive education movement에 프레이리를 포함할 수 있다고 주장한다고 해서 놀랄 일은 아니다. 이에 대해 프레이리는 몇 번이고 질문을 받았고, 교사와 학생은 교육과정에서 서로의 역할이 다르다고 말했다. 아울러 그의 주된 관심사는 권위주의와 무례라는 것을 여러 번 강조했다. 그는 결코 교육자가 학생과 같은 존재라고 말하지 않았다. 하지만 이 차이가 적대적 관계여서는 안 된다. 교육자의 권위가 학생의 자유와 대립하면 권위주의로 발전할 수 있다. 따라서 가르침과 배움의 과정에서 학습자를 무지의 대상이 아니라 인식할 수 있는 주체로 간주해야 한다는 것을 유념해야 한다. 앎의 거대한 과정에서 가르침과 배움은 프레이리에게 인식 또는 재인식을 함의하는 순간이다.Freire, 1994: 46-47 학생들을 조작하지 않으면서 교육의 지시적 본질을 파악하는 것이 중요하다. 진보주의 교육자는 권위와 자유 사이의 긴장 사이에서 살아야 한다. 자유방임과 길들이기라는 극단적 위험을 피하면서 지시성과 민주주의 사이의 적절한 균형점을 발견해야 한다.Schugurensky, 2014: 102 교사들은 학생들이 지식을 비판적으로 파악하도록 하고, 그들의 호기심을 일깨우고, 역할 모델이 되어 행동해야 한다. 이슈에 대한 입장을 피하지 않고, '드러내지만 강요하지 않으면서' 달리 생각하도록 학생들을 존중해야 한다. 이는 앞서 논의했던 랑시에르의 '무지한 스승' 담론과 통한다.

- 반-대화, 조작, 권위주의 문제: 프레이리의 접근 방식은 생성어의 선택에서 학습자의 참여를 제한하고 있기 때문에 '반-대화적anti-dialogical'이라는 지적을 받는다. 이에 대해 프레이리 문해교육의 일부 요소가 '비-대화적non-dialogical'이라고 볼 수 있으나, 꼭 '반-대화적'인 것은 아니라는 반론도 나온다.Roberts, 2000 프레이리 모델은 대화를 촉진했는데, 이는 아무것도 진행되지 않는 대화 유형이 아니라 주어진 한도 내에서 이루어지는 대화인 것이다. 게다가 프레이리의 생성어 선택은 한편으로는 참여자의 삶과 밀접하게 연관된 낱말을 찾을 필요성과 다른 한편으로는 언어적 기준과 같은 기술적 요구조건을 충족시키는 낱말 사이의 균형을 바탕으로 하고 있다. 프레이리의 교육학적 접근법이 '조작manipulation'의 위험이 있다는 비난과 관련하여, 그는 모든 교육의 실천—비지시적인 것을 포함하여—은 그러한 위험을 수반한다는 것을 관찰했다. 지시성과 권위주의에 대한 비판과 관련하여 프레이리는 교육적 실천이 권위주의적이든 민주적이든, 그것은 언제나 지시적이었다고 주장하며, 교육자의 지시성은 학생들의 창의적이고 탐구적인 능력에 간여할 때마다, 필수 불가결한 지시성은 조작이나 권위주의가 될 가능성이 있음을 부인하지 않았다.Freire, 1994: 66 이런 맥락에서 교사의 윤리적

의무는 사상과 입장이 정반대일지라도, 차이에 대한 존중을 표현해야 하는 것이다. 이와 유관한 비판은 마술적전통적 의식에서 비판적변혁적 의식으로 단계적으로 발전하는 프레이리의 의식화를 직선적이고 정적 진행으로 이해하는 것과도 관련이 있다. 사실 프레이리의 의식화는 초기에는 진화적 모델로 제안되었지만, 후기 저작에서는 더욱 역동적이고 영원히 진화하는 과정으로 개념화되었다. 프레이리는 '의식화'라는 용어가 불필요한 오해를 너무 많이 받자 여러 해 동안 사용하지 않기도 했지만, 생애 말기에는 사회운동 및 실천을 위한 준비를 위해 다시 이 용어를 사용했다.

- 인간화 문제: 인간화가 지나치게 추상적이라는 지적을 자주 받는다. 인간화는 철학적이고 역사적으로 이해해야 명료해진다. 여기에서 "가장 분명한 점—비인간화와 인간화 교육의 상호관계—을 강조하는 것이 중요하다. 다시 남자와 여자, 즉 인간 모두가 각자의 현실을 바꾸어야 한다. 이런 점을 무엇보다 강조하는 것은 억압적이고 불의한 세계의 필수적 변혁이 없으면, 인류를 위해 마지막으로 이룰 인간화 교육은 불가능하기에 이런 이상주의적 환상과 헛된 꿈을 극복하기 위해서다."Freire, 1985: 113 프레이리가 제안한 대로 인간화 과정은 희망, 인간 주체성, 대화, 그리고 교감을 필요로 한다. 그에게 인간이 된다는 것은 세계를 이해하고, 그 세계를 변화시키기 위해 행동을 취하는 것이다. 그런 행동을 취하는 데서, 그리고 객체에서 주체로 이행하는 데서 우리는 완전한 인간이 된다. 프레이리의 인간화를 위한 제안은 그런 한계를 극복하기 위해 인간을 신뢰하는 것, 미래를 집단적으로 정의하는 능력, 그리고 스스로 자신의 주체자agency가 되려는 그들의 헌신과 결의에 깊게 뿌리를 박고 있다.Schugurensky, 2014: 205 실천praxis을 통한 이러한 인간화 의식은 프레이리의 존재론을 정의하고, 그의 인식론과 교육학의 기초가 된다. 소외와 지배로 특징짓는 기존 질서를 유지하려는 정치적 프로젝트

인 비인간화와 대조되는 인간화 교육은 억압적 구조와 역학, 그리고 궁극적으로 세계의 급진적 변혁에 도전하는 것을 목표로 한다. 프레이리의 인간화 프로젝트는 억압자를 대체하는 피억압자에 있는 것이 아니라, 교감 속에서 착취, 배제, 혹은 권력 위계가 없는, 덜 추잡스럽고 더 인간적인 새로운 세계의 집단적 창조에 있다. 그에게 완전한 인간의 발달은 일부 사람들을 위한 것이 아니라, 모두를 위한 자유와 평등에 기반을 둔 사회에서만 일어날 수 있다. 이것은 추상적 이상이 아니라, 구체적인 비판적 성찰과 변혁적 행동을 필요로 한다. 이러한 행동은 조만간 반대 방향, 즉 체제의 자기보존으로 진행되는 다른 행동과 긴장 관계가 형성될 역사적 도전으로 간주된다. 21세기의 프레이리를 재발명하는 작업은 인간 중심적 프로젝트에 머물지 않고, 인간화 프로젝트를 인류 중심적인 프로젝트로 확장해야 한다. 나아가 이는 기술문명의 한계를 극복하는 생태학적 프로젝트로 이해되어야 한다.

- 모순 문제: 해방교육적 관점에서 볼 때 가르치는 교사와 배우는 학생 사이에는 모순이 발생한다. 이 문제는 앞서 거론된 권위와 자율성민주주의, 그리고 반-대화와 조작 논의와 맞물린다. 프레이리의 기본 입장은 교사와 학생의 관계에서 교사는 학생과 함께하지만 동등하지는 않다.Shor & Freire, 1988: 129-133 이 같은 관계론적 논의의 저변에 깔린 더 근원적인 문제는 프레이리의 교육이론에서 보이는 절충주의, 즉 마르크스주의 철학과 기독교 신학을 성공적으로 결합하지 못하고 있다는 모순과도 관련된다. 프레이리 저서의 절충주의와 일관성 사이의 긴장, 대화 지향성과 동시에 기독교인이자 마르크스주의자가 되는 것과 같은 모순 사이의 긴장을 문제삼는 사람들이 있다. 이 점에 대해 프레이리는 자신의 가톨릭 신앙과 마르크스주의 이념은 서로 보완적이기에 이들 사이에 아무런 불일치를 느끼지 않는다는 관점을 보인다. 이 입장은 바로 앞의 절충주의 문제와도 연관된다. 이는 민족해방운동의 이론과 실제,

사회주의 통설, 실존주의적 기독교, 기독교와 여러 다른 이론적·실천적 요소를 통합하고자 하는 가톨릭의 폭넓은 종교 혼합주의적 전통과도 맞물려 있다. 프레이리가 마르크스주의의 범주를 차용했지만, 계급과 권력에 대한 상세한 이해가 부족하여 진중한 마르크스주의 분석을 받아들이지 못했다는 지적이다. 이는 그가 전통적 마르크스주의 학자가 아니라는 것과도 관련이 있다. 또한 이 지적은 브라질 문해교육 사업에서도 제기된 사회주의 이행 문제를 둘러싼 논쟁이기도 하다. 그런데 프레이리가 휴머니즘적 마르크스주의, 특히 소외, 의식, 변증법, 실천과 같은 문화적 전통을 채택하고 있는 점을 주목해야 한다. 그는 경제적 환원주의교육의 구조주의 결정론를 거부하면서도, 생산 유형과 생산관계, 그리고 물질적 조건을 부정하지 않는 에리히 프롬 등의 인본적 마르크스주의 철학에 맞닿아 있기 때문이다. 프레이리의 정치경제학적 접근은 성인교육에서 그람시가 강조한 사회적 지배의 과정, 이데올로기, 그리고 헤게모니 분석, 사회운동과 해방교육과도 연결되어 있다. 또한 그가 해방신학의 영감적이고 예언적인 낙관주의에서 나온 급진적 가톨릭 사상가의 신앙적 언어를 사용하고 있고, 또 그가 교육이론가이면서 교육 실천가라는 점도 주목해야 한다. 프레이리가 견지하는 철학적 종합의 아름다움과 집단적 완전성이라는 가치가 잠재적인 불협화음보다 더 중요하다는 점도 간과할 수 없다.Schugurensky, 2014: 156-157

- 보편적 범주와 이분법 문제: 프레이리 교육이론의 중심을 차지하는 '억압받는 사람들the oppressed' 개념이 추상적이고, 보편적이며, 일반적인 용어를 사용하는 것에 대해 비판이 제기되어 왔다. "도대체 누가 억압받는 사람들인가?" 북미의 맥락에서 억압자와 피억압자 개념은 이 나라의 교사들에게는 비현실적일 뿐만 아니라 불공정할 수 있다는 말이다. 그런데 『억압받는 사람들의 교육학』은 브라질 북동부의 식민지적 상황과 군사정권의 현실적 경험을 반영하고 있다. 문제는 이 책이 사회

적 혹은 경제적 맥락에 근거하지 않은 공백 상태를 두고 있어서 억압의 관계를 파악할 수 없다는 지적이다. 말하자면 '의식의 억압'을 거론할 뿐 경제적 억압이나 인종과 젠더 억압에 대해서는 거론하고 있지 않다는 것이다. 그런데 『희망의 교육학』과 『자유의 교육학』에서는 인종, 젠더, 계급적 차별의 상관관계를 인식함으로써 억압의 개념을 확장하고 있다. 인간의 존엄성이라는 본질을 공격하고 민주주의를 급진적으로 부정하는 인종주의에 반대하고, 성차별주의 경향을 보이는 정체성 정치identity politics를 반대하면서, 작은 차이를 서로 존중하며 사회변혁을 위해 함께 행동하는 다양한 사회운동이 함께 모이는 '다양성 속의 통일unity in diversity'을 요청하고 있다. 프레이리는 보수적 포스트모더니즘과 진보적 포스트모더니즘을 구분하면서 자본주의의 불평등에 도전하고 민주주의와 인간화를 육성하는 보편적 인간 윤리를 옹호한 해방적 교육 프로젝트를 필요로 하는 '비판적 모더니즘'의 입장을 취했다.Schugurensky, 2014: 166-167 프레이리는 포스트-모던의 진보성을 취하면서도 포스트-모던의 과거 회귀성이나 반동성을 거부한 비판적/진보적 포스트모더니스트[1]의 입장을 보여 주었다. 그는 인종주의, 남성우월주의와 같은 권위주의적 경향을 거부하는 민주적 학교를 건설하고자 했다.

- 문화적 침략으로서의 의식화 문제: 프레이리의 접근이 문화적 침략을 촉진하고 정당화하는 논변이라는 주장이 많은 저자들에 의해 지지되어 왔다. 비판적 교육학에 생태교육학적 관점이 부재하다고 지적한 생태학자 보워스C. A. Bowers는 프레이리의 의식화가 지역의 신념을 존중

1. 프레이리의 전기 저작인 『억압받는 사람들의 교육학』이 모더니스트 입장이 강하다면, 후기 저작인 『희망의 교육학: '억압받는 사람들의 교육학'을 다시 살려내기』에는 포스트모더니스트의 입장도 나타난다. 아마도 이것은 전자가 억압적 국가체제 때의 작업이고, 후자는 민주화 정권이 들어선 이후의 작업이기에 다원주의적 생각이 많이 가미된 해석과 설명을 하고 있는 것으로 보인다.

하지 않았고, 식민주의와 서구 제국주의, 그리고 환경 위기 극복에 기여하지 못했다고 강하게 비판했다. 그는 프레이리가 오만하고 엘리트주의적이라며, '문화 침략자cultural invader'라는 극단적 표현까지 하며 힐난했다. 그의 저작과 교육사상에 대한 비역사적이고 비전체론적인 독해, 서구 문화와 비서구 문화의 자의적 이분법, 다양한 서구 사상과 실천에 대한 과도한 균질화 등의 비판은 과도한 왜곡이라고 할 수 있다.Schugurensky, 2014: 162-165 이는 교사의 역할을 학생에게 단순히 지식을 전달하는 중립적 활동으로 보는 교육적 실천에 대한 순진한 관점에서 비롯된 것이다. '문화적 침략'이 침략받은 문화를 가진 사람들에 대한 일종의 폭력 행위라고 인식한 프레이리는 그것이 지배 엘리트뿐 아니라 선의의 전문가에 의해서도 자행되고 있음을 누구보다 잘 인식하고 있었다. 새로운 사회의 도래에도 불구하고, 관료화와 가부장주의를 포함한 구사회 요소의 재활성화/반동화에서 또 하나의 원인을 찾기도 했다. 프레이리는 문화적 침략과 대비되는 문화적 통합을 추구하는 실천가로서 관망자가 아닌 민중들과 함께 세상에 대한 행동을 수행하는 공동-저자이기를 염원했다.Freire, 1970a: 180 더욱이 프레이리는 '억압의 교육학'에서 '희망의 교육학'으로, 더 나아가 생애 끝자락에 와서 '생태적 교육학'으로 인식의 지평 확대를 보여 주었다. 실제로 프레이리의 후학들이 세운 브라질 파울루프레이리연구소는 〈지구헌장〉2000을 만들었다. 프레이리의 마지막 저서인 『분노의 교육학』Freire, 2004: 47에서는 '생태학'이 매우 중요하다며 급진적이고, 비판적이며, 해방적 성격의 교육 실천에 매진해야 한다고 권고했다. 아울러 생태학적 주제는 민중적 공립학교에서 다루는 교과 내용을 부각시켰다. 전통문화와 기술문화의 균형을 강조한 프레이리는 전통토착 문화를 과도하게 강조한 보워스와 대척점에 서지 않을 수 없었다. 교육 실천가였던 두 원로 학자는 생전에 대화를 하지 못한 채 모두 세상을 떠났다.

프레이리의 교육사상은 여러 방향과 측면에서 발전 또는 진화를 계속하고 있다. 그의 변혁적 교육학이 던지는 메시지는 아무리 강조해도 지나치지 않을 것이다. 하지만 이것이 프레이리 이론의 완벽성을 보증해 주지는 않는다. 모든 교육이론이 전지전능한 것은 아니고, 수많은 사상적·시대적 도전을 받으며 성장하기 때문이다. 그리고 그의 이론과 실천에 대한 변증법적 논의를 기존 교육의 이론적 가정과 실제 등 여러 상황과 맥락을 통해 비추어 보면, 불일치한 부분도 보일 것이며 교육이론과 사상의 허점이나 난점들도 드러날 것이다. 이러한 점들은 후학들이 보완해야 하는 사명이며 과제일 것이다.

프레이리 교육이론을 재구성하려면 그의 철학적, 정치적, 인식론적, 교육학적 토대의 유지 및 이탈이 불가피하다. 따라서 프레이리 교육사상의 비판적 검토, 창조적 확장, 그리고 상상적 응용을 더욱 요구된다. 그렇게 해야 그의 교육사상은 재탄생되고 발전하게 될 것이다. 동시에 그의 교육이론을 비판하는 논자도 있다. 때로는 화해할 수 없는 문제를 제기하는 경우도 있다. 프레이리에 대한 정당한 비판이나 검증도 있지만, 때로는 완전히 오독에 의한 것, 그리고 정당한 비판과 오독이 함께 아우러져 분간이 잘 안 되는 것까지 포함하면 실로 다양하다. 교육학적 왜곡은 프레이리의 일반적·정치적 지향 그리고 민주주의와 사회정의에 대한 관심을 공유하는 진보주의 진영에서도 두드러지게 나타난다. 또 매일매일의 교육 실천에서는 은행저축식 지식 전달을 많이 보게 된다. 교육 내용에서 사회현실에 대한 이해는 프레이리와 동일하지만 방법론적 접근은 불일치하는 경우도 많다. 교사는 교단에서 설교하고, 마치 그것이 '계시된 진리'인 것처럼 교훈을 전달하는 계몽적 지도자 역할을 하며, 프레이리의 대화적이고 구성주의적인 접근인 양 립서비스를 하는 경우도 있다.

프레이리는 말년에 신자유주의 모델이 촉진하는 시장 중심적 개혁을 우려하며 급진적·민주적 시민교육에 더욱 박차를 가했다. 물론 그의 변혁적 교육학은 평화교육, 생태교육, 영성교육, 소외계층교육, 참여민주주의 교육, 젠더교육 등에서 더 많은 보완이 필요하다. 그것을 보완해야 할 책임은 우리에게 있다.

여기에서 프레이리를 다시 호출하게 되는데, 이때 그의 저작이 특별한 사회정치적 시간과 공간에서 생산된 것임을 인식하고, 그 맥락에서 해석하는 것이 중요하다. 그의 글을 신성한 경전으로 삼고, 그의 사상을 냉동시키고, 그를 무오류의 신으로 믿고, 또 프레이리 연구에서 기존 교리만 받아들이고, 불일치의 가능성을 전혀 받아들이지 않는 정통교회 시대로 환원하는 것은 바람직하지 않다. 프레이리 교육사상의 신화화도 반맥락적이고 비시대적인 것이므로 합당하지 않다. 그의 교육사상을 창의적으로 재창조하는 일은 새로운 시대의 과제에 대처하면서 형성되는 변증법적 과제인 것이다.

## 2. 변혁적 교육학과 '혁신교육'의 연계

프레이리가 1989년 브라질 상파울루시 교육감을 하면서 '실험적으로' 시도한 것이 20년 후 2009년 대한민국에서 혁신교육운동reformative education movement으로 나타났다고도 볼 수 있다. "프레이리 교육청이 수행한 4년간의 실험 내용은 오늘 대한민국 사회의 다양한 교육혁신의 모습을 고스란히 담고 있다."[2] 우리나라의 혁신교육운동은 공교육학교교육을 개혁하는 운동이고, 나아가 지역사회교육의 변화를 위한 마을교육공동체운동으로 나아가고 있다. 폐교 직전의 학교로부터 시작된 작은학교운동, 진보 교육청을 중심으로 한 혁신학교운동, 교육청또는 교육지원청과 지자체의

2. 이 말은 서울대 유성상 교수가 프레이리가 교육감을 하면서 추진한 교육개혁을 평가한 필라르 오카디즈, 피아 웡, 카를로스 토레스의 저서 『교육과 민주주의: 교육감 파울로 프레이리의 교육개혁 실험』(2022)의 해제에서 쓴 표현이다.

협력으로 이루어진 혁신교육지구사업, 학교와 지역사회또는 마을주민의 협업 및 연계 사업인 마을교육공동체운동으로 진화하고 있다.

앎과 삶의 결합을 중시하는 혁신교육운동은 지역교육청을 중심으로 한 '위로부터의 운동'과 학교 및 이웃 마을 현장의 '아래로부터의 운동'이 접목되는 협치/공치/공유 지대를 넓히고자 한다. 운동 정치와 제도 정치가 만나는 접점도 여기서 이루어진다. 혁신교육운동은 산업화를 달성한 근대 교육체제의 한계를 극복하여 새로운 교육의 미래를 구상한다. 어떻게 해야 더 좋은 교육이 가능한가? 어떻게 해야 잘 가르치는 교사가 될 수 있는가? 학생들은 어떤 상황에서 더 잘 배우게 되는가? 아이들이 행복한 교실의 배움을 어떻게 만들어 갈 수 있는가? 학교는 이 아이들을 위해 어떤 공동체가 되어야 하고, 어떤 방식의 인간관계가 만들어지는 것이 좋은가? 학교 바깥의 구조적 체제가 주는 답답함을 학교 안에서는 어떻게 유연하고 서로 포용적인 문화로 바꿀 수 있는가?

이런 여러 물음에 답을 찾고자 하는 것이 '비판적/변혁적 교육학critical/transformative pedagogy'이고 '진보주의 교육progressive education'[3]이다.[4] 이를 우리는 흔히 '혁신교육운동'이라 부른다. 프레이리 학교정책은 학교와 공동체를 통합하고자 하는 듀이와 계속적 민중 투쟁으로서 민주적 정당화를 위한 헤게모니를 강조한 그람시의 생각에 바탕을 둔 민중교육운동비판적·적극적 시민 기르기에 바탕을 두고 있다. 이와 유사하게 우리나라도 혁신학교의 수많은 질문에 대한 답변은 진보 교육감이 당선된 교육청에서의 정

3. '진보주의 교육'은 발달주의, 낭만주의(자연주의), 휴머니즘(전인의 발달), 민주주의, 경험주의, 실용주의, 탈학교론 등 다양한 이념으로 구성될 수 있다(심성보, 2018). 진보주의 교육은 '아동 중심 진보주의'(아동발달주의: 루소, 피아제)와 '사회 중심 진보주의'(사회적 재건주의: 카운츠, 애플)로 나뉠 수 있다. 양자의 중심에 듀이가 있다. 진보주의는 교육적 진보주의(아동 존중), 행정적 진보주의(효율적 관리), 사회적 진보주의(사회적 재건)라는 세 흐름의 양상을 보인다.

4. 교육의 새로운 흐름은 '진보적(progressive)', '혁신적(innovative)', '개혁적(reformative), 변혁적(transformative)', '급진적(radical)', '해방적(liberatory)', '혁명적(revolutionary)' 등 다양하게 불린다.

책적 학교체제 혁신 지원으로 이어졌고, 종국에는 학교-마을을 연계하는 교육 공간의 확대로 이어졌다. 흥미롭게도 최근 화두는 '교육과정 개편'지역 기반 교육과정, 지역 교육과정, 마을 교육과정, 마을 주도 교육과정이다.

상파울루시의 프레이리 교육청은 이러한 혁신적 실험과 실천을 1989~1992년에 실시했고, 이에 대한 성과도 어느 정도 보였다. 교육개혁은 '교육다운 교육'을 위한 변화의 몸부림을 체계적으로 내세운 교육 의제와 실현의 노력을 가리키는 말이다. 그러나 누가 교육개혁을 내세우고 또 그 교육개혁의 내용이 무엇인지, 교육개혁을 실현할 주체로 누구를 세워야 하는지, 그 성과는 어떻게 평가되어야 하는지에 대한 물음은 끝이 없다. 교육의 혁신적인 모습을 '교육개혁'이라고 이름 붙였지만 반교육적인 모습으로 후퇴되는 퇴행적 움직임도 보이고 있다. 상파울루시 교육감인 프레이리의 이름으로 공표된 교육개혁은 어떠한가?

적어도 분명한 것은 프레이리 교육청은 교육개혁이란 이름으로 교실에서의 교사-학생의 '진정한 배움'이 어떠해야 하는지에 관심을 기울였다는 점이다. 또한 학생들의 삶과 유리되지 않은 배움을 지향하고 도모하려 했다는 점에서 진정성 있는 접근이었다. 그리고 이 일에 가장 앞장서야 하는 교사를 평가의 대상이 아니라 지지하고 지원해야 하는 '둥지' 또는 '동지'로 여겼고, 이들과 함께 이 개혁을 실현하고자 하는 동반자적 작업同朋同行을 시도했다는 점에서 탁월한 공동체 교육의 실험이었다. 안타깝게 프레이리 교육청의 교육개혁 '실험'은 4년에 걸친 미완의 프로젝트였다. 어쩌면 교육적 변화를 도모하는 모든 노력은 그 완성을 말하기 어려운 미완의 실천이고 과제일 수 있다. 한국의 혁신교육 실험도 마찬가지일 것이다.

상파울루시에서의 교육정책은 국가의 재생산 기능과 더 큰 민주주의를 위한 투쟁 장소로서의 국가 사이에서 발생하는 긴장을 잘 보여 준다. 한국도 진보적 지역교육청과 중앙권력인 교육부가 꼭 일치된 지향성을 가진 것은 아니었다. 학교와 지역 현장의 상향적 요구에 대한 중간 및 중앙 권력의 민주적 수렴 체제가 그렇게 원활한 것은 아니었다. 혁신교육을 지원할 교육과정의 유연화나 대학서열체제 완화, 그리고 혁신교육을 실천할 수 있는 교원양성체제의 변화는 없었다. 교육과정 정책은 정권 말에 와서야 논의되었고, 대학입학시험의 정시 비율 확대 조치는 혁신교육에 찬물을 끼얹는 반혁신적 정책이었다. 정치와 정당이 진보주의 교육을 따라가지 못한 게 현실이었다. 아래로부터의 혁신교육의 목소리를 제대로 담아내지 못했고 조정 기능도 하지 못했다. 혁신교육의 구심력이 떨어지기 시작했다. 혁신교육의 발목을 잡는 학력 신장론도 이를 더욱 부추기는 분위기다.

사실 진정한 의미의 진보교육 또는 혁신교육이란 이것이냐, 저것이냐의 이분법적 사고가 아니다. 듀이가 강조한 것은 교과를 추상적인 언어로 가르치려 하지 말고, 학생들의 경험으로부터 출발하여 점진적으로 교과의 지식에 도달하도록 만들어야 한다는 점이다.엄태동, 2020: 100, 주 25 '전통주의 교육'에서는 아이들의 현재 삶이나 현재의 경험과는 유리되어 경험, 즉 추상적인 지식에서부터 시작하기 때문에 아이들의 삶에 급격한 변화, 즉 무게중심의 변화로 비유되는 그러한 변화를 초래했다. 반면 '진보주의 교육'에서는 아이들의 경험이 이루어지는 기반인 사회적이며 인간적인 구심점에서부터 출발하여 체계적으로 조직된 지식을 향해 나아가기 때문에 급격한 무게중심의 변화 같은 것은 야기하지 않는다. 그리고 '전통주의자들'은 의문과 지식이라는 기존의 표준으로 출발하려는 경향이 있고 언어와 상징을 통해 전달되는 사상과 개념을 강조하는 교육적 접근에 경도된 반면에, '진보주의자들'은 학생들의 흥미로부터 시작하여 물리적이고 사회적인 환경 안에서 직접 참여하며 체험하는 교육을 강조한다. '전통주의자들'은 진보주의자들이 학교교육을 이끌어 갈 확실한 대안을 제시하지 못하고 표류하는 듯한 모습을 보이는 것을 기회로 삼아 자신들의 입지를 강화하려고 한다. 반면 '진보주의자들'이 교과와 교육 내용을 효과적으로 조직하는 방안을 확립하지 못하게 되면, 교육의 실제는 과거의 상태로 되돌아가는 참담한 결과를 낳게 될 것이다.[5]

교과 지식은 내용의 문제이고, 아동의 경험은 방법의 문제이다. 전통주의는 목적과 내용 면에서 강점이 있고, 진보주의는 방법 면에서 강점이 있지만 내용 면에서는 약점이 있다. 사실 전통주의자가 중시하는 '교과 지식'과 진보주의자가 중시하는 '아동의 경험'은 서로 배척해서는 안 되는 교육의 목표이다. 경험 내용이 없는 교과지식의 형식은 현실이 없는 공허한 것이고, 지식 형식이 없는 경험실천은 방향이 없는 맹목적인 것이라고 할 수 있다. 진보주의 학교에 대한 8년 종단연구를 총괄했던 타일러는 진보주의 교육에는 '학습 경험'은 있어도, 그것의 전제인 '교육 내용'에 대한 학문적 논의는 없다고 지적한 바 있다. 교과 지식이 없는 아동의 경험이나 흥미만을 고려하면 세상의 질서를 바꿀 수가 없고, 그리고 아동의 경험과 발달단계를 고려하지 않는 교과 지식은 아이들을 대상화하고 수동화시키고 말 것이다.

따라서 양자를 소통시켜 적절한 균형을 이루는 것이 교육의 원리로 자리 잡아야 한다. 양자의 극단적 이분화이원론는 교육이나 사회의 발전을 위해 바람직하지 않다. 전통주의 교육과 진보주의 교육에 대해 이분법적으로 분리하여 접근하는 것은 바람직하지 않다.심성보, 2020: 108 이는 변증법적으로 풀어야 할 문제이다.

5. Hayes, 2021: 14.

| 전통주의적 접근 | 진보주의적 접근 |
| --- | --- |
| 1. 이수해야 할 주요한 수업과 정해진 교육과정, 교육의 산출 결과까지도 국가나 지방 정부가 정해 놓는다. | 1. 교육과정이 더 유연하며, 학생들의 흥미에 영향을 받아 구성된다. |
| 2. 교사의 주된 역할은 법으로 정해진 교육과정에서 요구하는 지식과 기술을 학생들에게 전수하는 것이다. | 2. 교사는 학습의 촉진자로서 학생들이 그 안에서 발견을 통해 많은 것을 배울 수 있도록 다양한 활동을 펼칠 학습 환경을 제공하는 사람이다. |
| 3. 교사가 사용하는 주요한 도구는 교과서와 연습 문제집이다. 오늘날에는 이런 수단이 파워포인트 발표와 같은 기술의 사용으로 자주 대체된다. | 3. 진보적 교사는 개별 혹은 집단 탐구가 가능하도록 다양한 교육 자료와 활동을 이용한다. 때로는 지역사회가 가지고 있는 자원을 활용하는 것도 이에 포함된다. |

세계 교육사를 보더라도, 교육을 둘러싸고 진보주의자들과 전통주의자들 사이의 '100년 전쟁'이라고 부를 수 있는 상황이 21세기에도 바뀌지 않은 채 계속되고 있다. 이제 반대편의 강점과 약점을 서로 보완하고 공존하며 발전하는 합리적 논쟁과 경합의 장을 열어야 한다. 우리가 바라는 교육과정은 과거로의 회귀와 미래의 가능성이라는 형태를 동시에 채택하는 것이 합당하다. 과거를 나쁜 것과 동일시하고 미래를 좋은 것으로 동일시하는 진보주의자의 수렁에 빠지지 말아야 한다.Young, 2013: 16 진보 없는 전통으로의 회귀는 미래가 없고, 전통이 결여된 진보는 토대가 없는 진보로서 사상누각이 될 위험이 있다.심성보, 2020: 111 내 속에 '낡은 과거'의 흔적이 없는지 끊임없이 되돌아봐야 한다. 그러지 않으면 '새로운 미래'가 잘 보이지 않을 것이다.

교장과 교육장도 지냈던 윌리엄 헤이스는 『진보주의 교육운동사: 진보주의, 학교 개혁에 여전히 유효한가?』에서 다음과 같이 말한다.

> 현재 교육정책이 우-편향 중이라고 믿을 만한 이유가 여전히 많은 것은 사실이지만, … 미국에서의 진보주의 교육이 최종적으로 쇠퇴했다고 단언하기에는 아직 이르다.Hayes, 2021: 16-17, 280

진보주의 교육운동은 그 복잡성에도 불구하고, 직접적으로 아동에게 관심을 집중했고, 학습자 흥미의 근본적 중요성을 인식했으며, 모든 진정한 교육의 기저에는 활동이 있다는 명제를 옹호했다. 또한 인간의 삶과 성장 안에서 이뤄지는 학습을 창안했으며, 자유로운 인격체로서 아동의 권리를 옹호했다.Counts, 1932 그러기에 학습자를 참여시키고, 상상력을 키워 주며, 인지적이고 예술적인 표현을 촉진시키면서 사회적·정서적·윤리적 발달을 함양하려는 진보주의적 교육 목적/목표는 계속 생명력을 가질 것이다.Hayes, 2021: 290

이제 혁신교육의 새로운 출발을 위해 합리적 경합을 벌어야 하는 시대를 맞이했다. 진보주의 교육자 듀이의 다음과 같은 언급이 의미심장하게 들린다.

> 근본적인 문제는 새로운 교육 대 낡은 교육도, 진보주의 대 전통주의 교육도 아니며, 교육이라는 이름에 합당한 것이 과연 무엇인가라는 질문이다. 나는, 바라고 믿건대, 단순히 진보적이라 이름 붙일 수 있다는 이유만으로, 그 어떤 목적이나 방법도 선호하지 않는다. … 우리가 원하고 필요로 하는 것은 '순수하고' '단순한' 교육 그 자체이다. 도대체 무엇이 교육이고, 그저 이름이나 구호가 아닌 현실이 되기 위해서 어떤 조건들이 충족되어야 하는지를 찾고자 전념할 때, 우리는 확실하고 더 빠른 진보를 이룰 것이다. Dewey, 1938, 『경험과 교육』

순수하고 단순한 교육은 무엇을 의미하는가? 그것은 오늘날 여전히 그리고 온전히 이루어 내지 못한 교육 현안들이 있을지언정, 우리 앞에 진보주의 교육이 자리할 수 있었던 이유, 곧 앞선 세대들의 변화를 위한 우직한 '한 걸음'일 것이다. 그러나 이 한 걸음을 떼기 위해서는 단단한 토대가 필요하다. 왜 이것을 시작하고자 하는지, 이것을 행함으로써 모두가 행복해질 수 있는지, 이것이 과연 우리의 세계를 좀 더 나은 단계로 나아갈 수 있도록 하는지 등에 대한 분명하고 명확한 밑바탕이 있어야만, 우리는 흔들리지 않고 단순하고 순수한 태도로 교육을 마주할 수 있을 것이다.

혁신교육운동이 공립학교에서 주류가 될 수 없는 이유는 여러 가지 있겠지만, 혁신교육 또는 진보주의 교육에 대해 확신할 수 있는 '토대'가 견고하지 않은 것이 크게 작용했을 것이다.[6] 그 확신의 토대는 우리가 교육을 위해 기꺼이 어렵고 힘든 길을 함께 가려고 고민하는 순간들이 이루어 내는 것이다.

프레이리는 다음과 같이 역설한다.

> 가장 훌륭한 철학도는 플라톤, 마르크스 또는 칸트의 철학에 대해 있는 그대로 진술하는 자가 아니라, 그들의 사상에 대해 비판적으로 생각하고, 더욱 사고하는 모험을 하는 자들이다. 어떤 철학자, 어떤 과학자도 문제들에 대해 도전받고, 그리고 대결함이 없이는 그들의 사고를 발전시켜 나가거나 또는 그들의 과학적 지식을 체계화하지 못한다. 이리하여 어느 한 사물을 탐구하고 있는 과학자가 다른 것, 즉 예기치 않은 다른 것을 발견했을 때, 이 발견은 문제를 해결하려는 시도에서 기원하는 것이다.Freire, 1978: 150

우리의 근심과 걱정만큼 혁신교육을 위한 토대는 단단해질 것이다. 토대 없이 지어진 집처럼 우리를 불안하게 하는 요소가 또 있겠는가? 많은 이들이 여전히 혁신교육의 미래를 확신하지 못하는 이유는 아마도 우리가 한낱 유행처럼 혁신교육을 읽고 써 왔기 때문인지도 모른다. 우리에게는 단순하고 순수하게 교육 그 자체를 고뇌하고 숙고할 시간이 필요하다. 바로 지금이 그때인 것 같다.

2022년 교육감 선거에서 보여 준 보수 교육감의 약진과 진보 교육감의 침체—물론 수적으로는 균형을 이루었지만—는 혁신교육의 새로운 역사를 쓰게 하는 새로운 계기가 되어야 한다. 교육개혁의 보수와 진보는 요동치면서 길항하며 전진하는 것이다. 보수와 진보의 합리적 대화가 절실하다. 영원한 진보도 없고 영원한 보수도 없다. 우리 앞에 아이들만 있는 것이다.

이제 우리는 혁신교육의 새로운 도약을 위해 그동안의 활동과 성과를

---

6. 이는 필자와 함께 번역에 참여한 윌리엄 헤이스의 『진보주의 교육운동사』의 역자 후기에서 조나영 박사가 한 말이다.

다시 성찰하고, 나아가 새로운 지향을 향해 더욱 분발해야 한다. 그리고 교육의 근원적·궁극적 목적을 잃어버린 '무늬만' '혁신'인 학교를 넘어서야 한다. 이를 위해 혁신교육의 철학적·사상적 토대를 튼튼히 해야 한다.

## 3. 삶의 양식으로서 가르침과 배움의 공존

역사적으로 한국의 교육은 유교의 본질로부터 벗어난 수직적 권위주의와 일제 치하의 군국주의적 잔재에 휘둘렸다. 한국의 교육체제가 실패하는 이유는 학생들에게 무미건조한 정보를 강제로 우겨 넣기 때문이다. 즉 여전히 대량생산이라는 산업문화체제에 근거를 두었기 때문이다. 가르치는 자는 위에서 일방적으로 훈도하고, 배우는 사람은 주체적인 생각이나 판단 없이 주어진 내용을 그대로 흡수하는 방식이었다. 학생은 한마디도 하지 않고 교사의 일방적 전달로 시종하는 수업! 교사는 앞에서 말하고 학생은 앉아서 듣기만 했다. 프레이리가 비판하는 '은행저축식 교육 방식'과 같았다. 우리의 초·중·고 교육이 그러했다.

그랬기에 교사의 일방적 가르침보다는 학생의 주도적/자주적 배움에 대한 관심이 더욱 커졌다. 대안학교나 혁신학교의 출현이 그것을 말해 준다. 학습자 중심의 배움에 대한 관심의 증대는 사회적 순응을 요구하는 권위주의적 교육에 대한 저항이었다. 근대학교 중심의 획일적 가르침에 대한 대항적 행위로서 '배움학'이 주창되었다고 할 수 있다. 삶의 철학으로서의 배움학은 '페다고지pedagogy'[7]로 대표되는 기존의 학교학에 대한 대안적 패러다임의 성격을 갖는다. 배움학은 교육이라는 인생살이를 새롭게 통찰하고 조망할 계기를 제고한다. 배움학은 학생들에게 배움에 대

7. '배움학'을 중시하는 일부 학자들은 '페다고지'를 학교 패권주의 또는 '스쿨 파시즘'으로 혹평하기도 한다.

한 욕구가 일어나도록 하는 교육의 형식을 채택하고 있다. 배움은 학생이 실제로 왜, 어떻게 학습하는지에 관한 심오한 이해를 통해서만 개선될 수 있다. 학습자 및 학습배움에 초점을 맞추다 보면 학교문화의 중요한 변화가 일어날 것이다. 평생교육이 '평생학습'으로 불리고 있는 것도 '교육주의'에서 '학습주의'로 패러다임이 전환한 것과 연동되어 있다.

교육체제는 다층적 형태로 사회적 활동을 결정하고 재생산하고, 또는 저항을 불러온다. 그러한 과정에서 몸에 각인된 행동거지, 말하고 생각하고 행동하는 방식과 같이 사회구조와 개인의 행위 및 특성 사이의 연결고리인 학습된 기질이라고 할 수 있는 '아비투스habitus ← hexis, 항구적 성향 체제'[8]가 형성된다.Giddens & Sutton, 2018: 861 부르디외는 우리가 어떤 가치관, 선호, 취향, 행동 방식, 습관으로 세상을 맞이하느냐는 아비투스에 달려 있다고 말한다. 사람들은 자신이 존재하는 사회적 환경과 관련된 아비투스를 받아들인다. 세상을 사는 방식과 태도라고 할 수 있는 아비투스는 아우라처럼 인간을 감싸고 있다. 아비투스는 인생 설계, 명성, 사고방식 및 생활양식, 식습관, 말투, 만족감, 신뢰, 사회적 지위, 성숙한 삶을 좌우하는 결정적 구실을 한다. 아비투스는 사회적 지위의 결과이자 표현이다. 아비투스는 사회적 서열을 저절로 드러낸다. 지위와 구별짓기 게임에서는 상류층 아비투스가 모든 것의 기준이 된다. 그런 아비투스가 더 많은 명성을 얻고 더 많은 가능성을 가진다.메르틴, 2020: 17, 21

여기서 행위의 매체이면서 산물이기도 한 사회구조는 '구조의 이중성'을 보이는데, 사회구조는 개인에 대해 가능성개방성과 구속성강제성을 동시에 지닌다. 더 나아가 실천은 의식적인 생산이면서 동시에 생산조건, 즉 사회의 무의식적 재생산으로서 구조의 이중성에 '실천의 이중성'을 덧붙인다. 이처럼 구조와 행위실천의 관계는 상호의존적이며 순환적이다. 인간 행위는 사회적 존재-의식-실천행위의 복합적 순환 과정 속에서 이루

---

8. 'habitus'는 라틴어 'habere(가지다, 보유하다, 가지다)'에서 나왔다.

어진다. 이러한 인간 활동에서 실천의 이론이라고 할 수 있는 '의식화conscientization' 활동이 중요해진다. 프레이리가 강조하는 의식화는 미완의 인간 존재로서 자신을 성장시키는 끊임없는 각성의 과정이다. 의식화는 허위의식을 극복하는 '의식을 발달시키는 과정'이면서 동시에 '현실을 변혁시키는 의식적 힘'이다.Freire, 2003: 104 의식화는 현실을 변혁시키는 '앎의 행위'이면서 동시에 '행위의 수단'이기도 하다.

이때 교육자의 역할이 중요하다. 아동과 청소년이 자신의 욕망을 '성숙한 방식'으로, '세계 속에서' 살아가며 조정하면서 살아가도록 인도되어야 한다. '세계 속에 존재하기'란 사람들이 세계 속에서 행동하고, 어떤 계획을 세계 속으로 가지고 들어온다는 뜻이다. 한나 아렌트는 아이들이 '세계에 낀 존재'라고 했다. 아이들은 앞으로 나아가려는 사람을 뒤에서 잡아당기거나, 아니면 뒤에서는 막 밀지만 앞에서는 막고 있어서 어찌해 볼 수 없는, 즉 '과거와 미래 사이에' 끼여서 나아가지도 물러서지도 못하는 상황에 처해 있다는 것이다. 아이는 과거와 미래의 '중간에 낀in-between' 존재, 탄생과 죽음 사이를 채우는 인간 실존의 조건에 놓여 있다. 그리고 세계에 영향력을 발휘한 현명한 '힘들'의 목록은 시간의 흐름에 따라 변한다. 따라서 우리는 이 중간지대를 '세계 속의' 공간으로 생각할 수 있는데, 동시에 이곳을 교육적 공간으로 신중하게 다루지 않으면 안 된다. 이 공간은 우리가 세계 속에서 혼자 존재하는 것이 아니라, '저 바깥의 세계'가 존재한다.

이렇게 본다면 학습자가 자신의 욕망에 대해 질문해 보고 세계와의 만남 속에 머무는 과정을 통해 세계 속에서 '성숙함'을 연습해 보도록 충분한 시간을 제공하는 '중간 지대middle ground/halfway house'로서 학교의 역할은 더욱 중요해진다.Biesta, 2019a: 30 달리 말하자면, 우리는 집과 일-생산의 세계 사이에 위치한 중간지대로서 '학교school, 원래의 의미는 '여유''라고 불리는 장소가 필요하다.Biesta, 2019a 학교는 아동과 청소년이 삶을 연습할 수 있게 해 줄 수 있는 장소, 특히 성숙함을 연습할 수 있는 장소이다. 이런 측면에서 중간지대는 아렌트가 말한 '탄생성banality'의 공간이다.Arendt, 2005: 237[9] 욕망을 억압하지 않지만 세계 속에서 잘 존재하고자 하는 우리의 바람을 욕망이 지원할 수 있도록 그것을 검토하고, 의문을 가져 보고, 필요하다면 전환시키는 '성숙한 삶의 방식'이 필요하다. 자신의 욕망만을 좇는 유아적 삶의 방식이어서는 안 된다. 아이들이 성숙한 삶의 방식에 이르도록 강제하지 않으면서도, 욕망의 전환이 이루어지도록 하는 '욕망의 비강제적 재배치'가 필요하다. 나아가 욕망을 전환시키는 교육뿐 아니라 교육의 비강제적 특성을 주목해야 한다. 이 점은 아동과 청소년이 자신들의 욕망을 시험하고 전환하고자 하는 '욕망을 일깨우는' 것이 교육이라고 보는 것이다.Biesta, 2019a 물론, 교육이 강제 행위가 아니라고 말한다고 해서 그것이 중요하지 않다는 것은 아니다. 그 반대로, 중간지대에 머무는 것에 도전하고 세계 파괴나 자기 파괴로 귀결되지 않도록 하는 것에 교육의 성패가 달려 있는 것이다.

아렌트는 정치적으로는 진보주의자였지만, 교육적으로는 아이들이 정치로부터 일정한 거리를 두어야 한다고 본 보수주의자였다.[10] 그것이 그들의 권리와 자유를 빼앗는다기보다는 오히려 젊은이의 창의적 가능성을 격려하기 위한 것으로 보았다. 그녀는 인종적 억압과 불평등과 같은 사회

---

9. 아동의 흥미와 관심을 교육과정의 원리로까지 적극 원용하며 확산되었던 '아동 중심 사상'은 학력 저하라는 현실적 비판과 맞물리게 되면서 미국 교육은 이전보다 엄격하고 딱딱한 학문 중심 교육 사조로 원상 복귀하게 된다. 교육은 다시 교사 중심의, 어렵고 지루한 내용전달식의 보수적인 정책들로 변해 갔다. 바로 이런 시점에서 나온 아렌트의 『교육의 위기』(1958)는 보수에서 진보로, 진보에서 보수로 정권의 교체에 따라 교육정책이 바뀌며 교육의 위기가 가중되어 갈 즈음에 쓰인 논문이다. 공교롭게도 아렌트가 이 책을 쓸 당시의 시대적 상황도 우리와 크게 다르지 않았다. 『교육의 위기』가 출판된 1958년은 미국에서 진보주의 교육이 매우 성행했던 시기였다. 그러다가 당시 미소 냉전체제 속에서 소련이 먼저 스푸트니크호를 발사하게 되자, 미국은 큰 충격에 휩싸였고, 그 책임의 화살을 당시 유행하던 진보주의 교육으로 돌리게 된다. 기존의 엄격하고 진지한 보수주의 학교교육에 대한 반발로 아동 중심, 학습자 중심을 표방하며, 아이들과 학부모의 환경을 받았던 진보주의 교육이 진행되면서 읽기·쓰기의 기초적인 훈련도 제대로 안 될 정도로 심각한 학력 저하를 초래한 것에 대한 사회적 우려를 나타낸 것이다.

적 문제에 대한 정치적 투쟁에까지 아이들이 적극적으로 참여하는 것을 염려했다. 아렌트가 이런 태도를 취한 이유는 성인들의 몫인 세상의 일에까지 아이들이 지나치게 관심을 갖고 참여하게 되면, 오히려 세상의 진정한 모습을 이해하지 못하게 될 수도 있다고 생각했기 때문이다. 어른들은 아이들을 어느 정도 안전한 장소로 남게 하여 공동체 의식과 세상을 올바로 이해하도록 보호하고 돕는 게 더 좋다고 본 것이다. 그녀는 아이들이 세계에 대한 이해를 폭넓게 할 수 있도록 어른들의 정치로부터 일정하게 거리를 두는 신중한 전략을 채택했다고 할 수 있다.

이러한 신중한 전략은 부모에게 '아이가 스스로 할 때까지 그대로 두라'고 가르치는 진보주의자처럼 지나치게 자율성을 강조하는 것도 문제이지만, 전통주의자처럼 아이를 위해 너무 많은 간섭을 하고 아이가 노는 것이나 옷 입는 것 혹은 여타의 일상적인 활동과 관련하여 아이의 결정권을 너무 빼앗는 것도 해롭다는 관점을 취한다. 아이들의 미덕은 타고나는 것이 아니라 적절한 습관의 형성과 이성의 계발을 통해 형성되는 후천적 성향임을 잊어서는 안 된다. 아이들이 자발적 선택을 하게 되기까지는 일련의 활동 기준이나 교사의 학습지도가 절대로 필요하다. 우리가 주입이니 선동의 위험성을 지나치게 의식한 나머지 기본적으로 공동체의 문화를 전달하기 위한 인격적 교화, 이를 위한 강의식 수업마저 완전히 배제할 수는 없는 것이다. 아렌트는 자율론자도 아니고, 훈육주의자도 아닌 그 어느 중립지대에 놓여 있다.

흔히 아동 존중 사상은 '소극적 교육negative education'을 강조한다. 그리고 소극적 교육이 중시하는 자발적 선택이 가능하려면, 교과 활동의 내적 기준이나 교사의 적극적 개입이 있어야 한다. 즉, '온정적 간섭주의paternalism'가 불가피하게 요구된다. 아이가 일정한 억압이나 학대, 무관심

10. 아렌트를 '주저하는 근대주의자' 또는 '반근대주의자'로 분류하기도 한다. 아렌트는 전통과 현대 그리고 미래, 권위와 자유, 기성세대와 새로운 세대, 정치와 교육의 양면을 동시에 공존하고자 하는 절충적 입장이라고 할 수 있다.

속에서 어린 시절을 보냄으로써 이타적 혹은 지향적 감정이 왜곡되어서도 안 되지만, 그런 여건이 아닌 자유로운 환경에서 자란다고 해서 반드시 이타적 성향이 생겨나는 것이 아니라는 점도 유념해야 한다. 세상을 적극적으로 이해하고 참여하도록 이끄는 행위를 모두 교화라고 볼 수는 없을 것이다. 하지만 상황과 맥락에 따라 교화의 경계선이 어디인지에 대해서는 각각의 입장에 따라 미묘한 판단 차이가 있을 수 있을 것이다.

이러한 관점에서 세 가지 차원의 작업, 즉 개입interruption, 세계와 만나기→지연suspension, 속도를 늦추고 시간 주기→지지sustenance, 지원과 자양분 제공하기의 과정을 필요로 한다.Biesta, 2006: 147-151; Biesta, 2017: 17-19

첫 번째 교육적 작업은 세계 속에서 성숙한 방식으로 존재하도록 하기 위해 아동과 청소년이 자연세계와 사회적인 세계를 진짜로 만나게 하는 것이다. 다른 말로 하면, 바깥 저편에 존재하는 세계가 그들의 삶으로 들어오게 하는 것이다. 여기에서 중요한 것은 '개입'의 성격이다. 교육의 목적은 아동과 청소년이 자기 자신에게만 관련되어 존재하는 것으로부터 '멀리' 벗어나게 하는 것이다. 이렇게 해야 교육 속에서 물리적 세계와 사회적 세계의 현실이 아동과 청소년의 현실에 개입할 수 있는 가능성이 생긴다. 다른 말로 하면, 아이들이 저항을 경험할 가능성을 갖게 될 기회이고, 바로 여기에서 교사의 중요한 임무가 보인다. 그들이 이러한 저항을 두려워하거나 도망치지 않고 그 저항과 함께 머물 수 있도록 하는 것이다. 다른 식으로 표현하자면, 인지적이라기보다는 존재론적 차원에서 아동과 청소년은 그들이 세계에 대해 원하는 바와 다른 '실재/현실reality'를 만나게 하는 어려움을 감당해야 한다. 코르차크가 역설한 대로 위험을 마주하도록 해야 한다.

두 번째 교육적 작업이 성숙함grown-up에 관심을 보인다면, 교육은 속도를 높이기보다는 낮추는 '지연' 과정임을 인식해야 한다. 속성재배나 웃자라기의 위험성을 강조하는 것이다. 세계와의 관계에서 한때 가졌던 욕망에 주의를 기울이기 위한 것만이 아니라, 어떤 욕망이 성숙한 방식으로 세계에 존재하는 데 도움이 될지, 아니면 걸림돌이 될지를 파악하는 데 시간을 갖기 위해 속도를 늦추는 것이다. 그것은 정치철학자 오케쇼트가 강조한 대로 세상으로부터의 일정한 '격리estrangement'일 수 있다. 자유교양 교육자들이 강조하는 '관조contemplation'[11]의 태도일 수도 있다. 세계와 만나고 그 세계 속에 머무는 성숙한 방식을 찾기 위해 우리의 욕망을 전환하는 과정에서 그런 방법들을 도입할 수도 있다. 하지만 정말로 느리게 이뤄지는 교육이야말로 훨씬 더 일찍, 별말 없이 시작된다는 점을 말하고 싶다. 목재와 석재, 금속 등에 대한 노작교육은 '물질적 세계의 저항'을 알려 줄 수 있다.Biesta, 2019a 이 모든 것에는 시간이 필요하며, 더 중요하게는 각각 적합한 시간이 부여될 필요가 있다. 느리게 가는 과정과 속도를 늦추는 과정으로의 교육이 필요한 이유다. 더 빨리 과정을 마치는 학생들일수록 자신의 바깥에 존재하는 세계와 진짜 만나고 만남을 통해 얻을 수 있는 시간을 줄 기회는 더 적어질 위험이 있다. 따라서 더 깊은 이해를 위한 일종의 '숙의deliberation' 과정이 필요하다.

세 번째로, '개입'과 '지연'에 덧붙여 교육에는 지원과 양분을 의미하는 아름다운 언어인 '지지'의 태도가 요구된다. 학생들을 세계 쪽으로 '돌아보게' 하고 세계를 향해 나아가게 하는 것이 교육의 과업이라고 한다면, 우리는 학생들이 어려움을 극복하고 스스로 세계와 만날 수 있도록 지원해 주어야 한다. 세계는 학생들이 바라는 모습이 아닐 수도 있고, 어쩌면

---

11. '활동(activa)'과 대조되는 '관조/묵상(contemplativa)'은 '진리에 대한 응시'를 말한다. 비타 악티바(Vita Activa)는 '활동적인 삶'을 의미하고, 여기에 대비되는 삶의 양식은 비타 콘템플라티바(Vita Contemplativa), 즉 '관조적 삶'을 의미한다. 아렌트는 『인간의 조건』에서 인간적 삶의 두 양식을 활동적 삶과 관조적 삶으로 나누었다. 그는 아리스토텔레스가 관조적 삶을 활동적 삶에 비해 우위에 놓은 것을 비판하면서 두 삶의 양식이 상보적으로 작동해야 함을 말하고 있다. 세상의 존재 원리와 작동 방식에 대한 탐색은 바로 이 '관조적 삶'을 통해 완성된다는 뿌리 깊은 서구의 입장에 대한 비판이기도 하다. 관조적 삶을 의미하는 다른 용어인 '테오리아(theoria; 모든 현실에 대한 관찰/관조적 수행)'가 세상을 설명하는 것들, 이론(theory)의 어원인 것을 보면 그 뿌리 깊은 역사를 잘 알 수 있을 것이다. 관조적 수행을 학교 교육과정에 제대로 통합하려면 교육관이 바뀌어야 한다(스틸, 2018: 448).

그들에게 도전할지도 모른다. 우리는 아동과 청소년이 어려움을 견디고 자신들과 세계의 만남을 이룰 수 있게 지지와 양분을 제공해 주어야 한다. 사회적 과정, 대화, 토론과 논쟁에서 도전의 수준은 상당히 높고, 지지와 양분은 아주 적을 수 있다. 반면에 석재, 금속과 목재로 하는 작업이나 정원 가꾸기, 예술적 활동들은 세계와 만나게 하면서도 맞춤형 지원을 제공하기도 한다. 즉, 식물이 자라고 동물이 번성하는 것을 보는 만족감, 만들고 창조하는 것이 가져다주는 즐거움 같은 것이 그것들이다.

결국 아이들이 세계 속에 진정한 한 인간 존재로 탄생할 수 있도록 돕는 것이 교육의 본질이다. 탄생성natality은 인간이 세상에 태어나 창발자로서 각각의 고유성을 바탕으로 하게 되는 새로운 시작을 의미한다. 개별 학습자의 고유한 탄생성은 다원성 속에서만 가능하며, '서로 다르다는 전제'하에서만 동등하다. 따라서 교육을 통해 개별 학습자가 세계 속에서 자신의 고유성을 드러내면서 지속적으로 '새로움'을 갱신하는 과정은 다른 존재와의 공존 속에서 가능하며, 그렇기 때문에 탄생성으로 발현되는 학습자 주도성자발성, 주체성은 다른 존재에 대한 책임을 고민하도록 한다. 따라서 공교육은 그와 같은 주도성을 연습하는 장소[12]로서 위상을 가져야 한다. 공교육은 사람들이 서로 함께 존재하고 서로 연결되는, 즉 경험을 매개로 의미화되는 시공간으로 다루어질 필요가 있다.

여기에서 요구되는 학습자 주도성은 사회적 존재인 인간이 자신의 개별성과 독특성을 유지하면서도, 서로 함께 존재할 수 있도록, 그것도 비-강제적으로 자신의 욕망을 공적인 것으로 전환하는 과정으로 유도되어야 한다. 학습자 주도성은 학습자의 흥미와 행위를 구성 요소로 하며, 역량으로서 잠재 가능성과 발현되는 속성으로서 행위주체성agency[13]의 속성을 지닌다. 학습자 주도성은 세계 속에서 성숙한 방식으로 존재하고자 하

12. '장소'는 구성원들, 즉 학습자를 중심으로 의미 있는 관계가 형성되고, 그 관계에 터한 공동의 정체성이 만들어지는 공간을 의미한다. 최근에는 '장소 기반 교육학(place-based pedagogy)'까지 등장하고 있다.

는, 곧 자신의 자유를 세계 속에 조화롭게 위치시키고자 하는 의지를 뜻한다. 이와 같은 학습자 주도성은 세계 변화를 주도할 수 있는 잠재 가능성이기도 하다. 따라서 학습자 주도성은 누스바움이 강조하듯 학습자 개인의 삶의 주도성이 '총체적 잘 살기'를 향한 성장 과정을 뜻한다.남미자 외, 2021: 65-66, 237, 252 그런 점에서 학습자 주도성은 삶의 주도성을 향한 연습인 동시에 현재의 삶의 주도성 그 자체를 의미한다.

그런데 학습자 주도성 또는 학습자 중심성은 가르침 중심의 반대말이 아니다. 아렌트는 "교육은 반드시 가르침과 동시에 이루어진다"라고 역설한다. 오늘날 가르침teaching이라고 하면, 보수적, 일방적, 강압적, 권위적 이미지와 함께 왠지 모를 거부감까지 들게 한다. 프레이리가 문제삼은 '은행저축식 교육'과 흡사하다. 가르침이 강해질수록 학습자는 수동적인 성향이 되고, 위축되고, 억압받는 피해자가 되는 것 같다. 이 모두가 권위주의 시대의 부산물이라고 할 수 있다. 심지어 공공연하게 진정한 교육을 위해서라면 "가르치지 말아야 한다"라는 주장까지 제기될 정도이다. 오늘날 교육에서 가르침은 필수적인 것이 아니라, 학습을 도와주거나 촉진하는 부속물 정도로 인식되며, 심지어 창의적 인재 양성에 방해된다는 비판까지 받고 있다.

비에스타G. Biesta는 『학습을 넘어』Biesta, 2006에서 지난 20여 년간 교육에서 가장 두드러지게 나타난 변화는 '교육'이 '학습'이라는 새로운 언어로 대체된 것이라고 말한다. 이 변화 속에서 교육은 학습의 기회, 혹은 학습의 경험을 제공하는 것으로 기술되고, 가르침은 학습을 지원하거나 촉진하는 것으로 소극적으로 기술되었으며, 학생은 학습자, 성인교육은 성인학습으로, 평생교육은 평생학습으로 대체되었다고 한다.Biesta, 2006: 15

그런데 '학습learning'이라는 새 언어가 등장하면서 기존의 '교육'이라는

13. 'agency'는 행동하고 변화를 가져오며, 우리가 그의 성취를 외부적 기준에서도 평가하는지 여부와 상관없이, 그 자신의 가치와 목표에 따라 평가될 수 있는 '행위자'이다.

언어가 표현하지 못하는 새로운 생각을 표현할 수 있게 되었지만, 정작 교육이 무엇인지, 교육이 어떻게 되어야 하는지는 도리어 설명하기 어렵게 되었다.Biesta, 2006: 14 아렌트가 경고했듯 교육의 위기는 오늘날 우리가 직면하고 있는 교육의 위기와 일맥상통한 면이 있다. 아마도 오늘날 우리가 마주하고 있는 교육의 위기는 다른 말로 하면 '가르침의 위기'라고 할 수 있다.박은주, 2021a: 26 학습 담론이 전면화되면서 그 무엇보다 교사의 가르침이 설 자리를 잃고 있기 때문이다.

그러나 가르침이 약화되고 있다고 하여 선불리 이전의 전통적 가르침으로 회귀해야 한다고 주장하면, 이는 아렌트가 경고한 대로 '교육의 위기'가 오히려 심화되고 가속화되는 섣부른 조치일 수 있다. 그래서 우리가 여기서 다시 물어야 할 질문은 "삶의 대전환 시대에 가르침의 의미는 무엇인가?"이다. 교육의 과업이 학생을 세계로 안내해서 자아의 성장을 도모하는 일이라면, 더는 전수할 만한 가치 있는 것이 사라지는 삶의 대전환 시대에 가르침의 의미는 무엇이며, 그리고 그것이 자아와 세계를 어떤 방식으로 관련짓는 것인지를 질문해야 한다.

가르침을 강조하는 견해는 학생들과 맺는 인격적이고 동등하게 함께함의 관계를 간과해서는 안 된다. 또한 이에 대한 반작용으로 학생과의 민주적이고 인격적인 관계를 강조하면서 학습 중심을 주장했던 입장이 세계를 안내하고 소개하는 교사의 가르침의 차원을 적절하게 왜곡하게 되면 교육적 관계의 '이중적' 차원의 균형을 깨뜨리게 된다. 지금처럼 학습 중심의 시대가 전개되고 있는데 가르침의 복원을 요청하게 되면, 기존의 교육적 관계를 다시 복원하자는 주장이나 다름없다.

그러기에 교육의 근본적이고 비판적 실천을 내면화하는 '실천적 가르침'이란 우리가 가르치고 있는 사람들에 대한 배움이나 재학습뿐만 아니라, 가르치는 사람들에 대한 배움과도 관련이 있다고 이해해야 한다.Freire, 2003: 278 올바른 사고방식에 내포되어 있는 비판적 가르침의 실천에는 '행함'과 그 행함에 대한 '반성' 사이의 역동적이고 변증법적인 운동이 개입되어 있기 때문이다.Freire, 2007: 44 올바른 사고방식이 단순히 주어지지 않는 것처럼, 비판적 가르침의 실천도 그렇지 않다는 것을 알아야 한다. 아울러 올바른 사고방식 없이는 어떠한 비판적 실천도 있을 수 없다는 점을 유념해야 한다.

가르침은 언제 일어나는가? 가르침은 수많은 환경 속에서 일어난다. 어떤 경우에는 명시적/의도적 가르침의 도움을 받지 않은 채 지식을 획득하기도 한다. 가르치는 활동, 즉 설명, 예시, 교정 등은 인간의 삶 곳곳에 스며들어 있다. 특히 교육적 변화의 예리한 경계선에 서 있는 가르침은 기술적, 지적, 정서적, 정치적 차원의 일이기도 하다.Bascia & Hargreaves, 2000 가르치는 일은 타인의 삶에 대해 절실하게 느끼면서 같이 지내고 도전하는 일이기도 하다. 가르침은 여러 세대를 거치면서 이어져 내려온 '책임을 받아들이는' 과업이기도 하다.Hansen & Laverty, 2013: 45

학교현장에서, 직장에서, 사회에서 배운다는 것은 무엇인가? 가르침의 개념과 함께 배움이라는 개념도 변해 온 것들이다. 그런데 가르침교수과 배움학습 개념은 학교 특유의 것들로 의미가 많이 변질되어 버렸다. 교수학습 활동의 과정 그 자체는 교사와 학생 간의 일방적인 관계, 말하자면 교사의 이야기가 오로지 진리라는 일방적인 과정임을 지시한다. 여기에서 학습배움은 일반적으로 지식의 양적 증가와 많은 지식의 습득, 기억할 수 있고 재생할 수 있는 정보를 저장하는 것, 필요에 따라 보유하고 사용할 수 있는 사실과 기술 및 방법을 습득하는 것으로 정의된다.

그런데 왜 배우려고 하는가? 배움이 무엇이라고 생각하는가? 막연히 삶을 이어 가는 것만으로 배움이 얻어지지 않을 것이다. 배움은 당연해 보이는 것들에 대해 의문을 던질 때 시작된다. 또한 삶의 의미를 만들어 갈 수 있게 하며, 더 나은 세계를 만드는 데 개입하도록 부추기기도 한다. 교육은 가르침과 배움으로 이루어진다. 가르침과 배움이 함께 일어날 때 진정한 교육이 가능해진다. 교육에서 배움이 없이 가르침만으로 이루어질 때는 가르치기는 해도 학생의 배움으로 연결되지 않는다. 가르침이 곧바로 학습으로 연결되지는 않는다는 말이다. 듀이의 말대로 물건은 시장에 내놓았는데 거래가 이루어지지 않는 것과 같다. 이럴 때의 가르침은 공허하며 교사의 연설이나 설교조로 되기 쉽다. 이와 반대로 가르침 없는 배움만으로 이루어지는 형태의 교육도 있을 수 있다. 교육받지 않으면서도 죽는 날까지 계속 배울 수 있다. 그러나 이 모든 것을 다 교육이라고 하지는 않는다. 진정한 교육은 반드시 가르침과 동시에 일어나기 때문이다.

그렇다면 가르침과 배움, 교사와 학생, 보수와 진보, 이와 같은 이분법적 틀을 벗어나 지금은 교육의 본질이 무엇인지 다시 물어봐야 한다. 진정한 배움은 다양한 차별과 억압적 사회구조를 인지하는 예민함을 길러주고, 자기인식의 한계를 깨닫게 하는 것이며, 삶의 의미를 만들어 가고, 더 나은 세계를 만드는 데 개입하도록 지지하는 일이라고 할 수 있다. 배움이란 익숙한 세계관을 뒤흔드는 내면의 불편함과 좋은 질문을 수반하는 것이다. 그리고 타인을 응시하는 것 자체가 중요하다. 진정한 배움의 전제는 비판적 성찰의 일상화이다. 일상에서 만드는 사람과 장소 및 매체 등을 경유하면서 비판적 성찰을 일상화하며 끊임없이 배울 필요가 있다. 아무리 많은 책을 읽고 많은 강연을 듣는다 해도 비판적 성찰을 작동하지 않는다면, 정보 축적 이상의 배움은 일어나지 않는다. 아무런 비판적 성찰 없이 책이나 선생으로부터 받기만 하는 수동적 배움은 다양한 차별과 억압적 구조에 대한 민감성을 길러 주지 않기 때문이다.

배움이란 비판적 성찰이 동반될 때 비로소 가능하게 되는 '사건'이다. 인류의 역사에서 새로운 변화는 '답'을 가져오는 사람이 아니라, '새로운 물음'을 묻는 이들에 의해서 가능했다. 그래서 배움이 필요한 것이다. 진정한 배움이란 '나' 속에 갇힌 '자기충족적 깨달음'만이 아니다. 나-타자-

세계의 상호 연관성에 대한 치열한 성찰이며 깨우침이다. 이러한 의미의 배움이란 나의 인식론적 사각지대에 대한 지속적인 인식을 통하여 그것을 넘어서고 확장하는 중요한 기능을 한다.강남순, 2017: 275 배움은 삶의 의미를 만들어 가고 저마다 몸담고 살아가는 이 세계가 더 나아가도록 개입하는 것이다. 그렇기에 배움은 특정한 시간과 공간에만 제한될 수 없고, 비판적 성찰은 우리가 살아가는 매일의 삶에서 공기를 마시며 호흡하듯이 작동되어야 한다. 비판적 성찰의 일상화가 진정한 배움의 길로 가는 길이다.

배움의 네 기둥은 원리적으로 알기 위한 학습, 행동하기 위한 학습, 더불어 살기 위한 학습, 존재하기 위한 학습이라고 할 수 있다.Delors, 1996 현대 사회에서 배움은 학습의 본래적 가치를 잃고 있기에 앎-삶-존재-공유의 가치를 회복하는 과정으로서의 평생학습이 더욱 강조되고 있다. 또한 배움은 성찰적 배움, 대화적 배움, 민주적 배움으로 구성되어야 한다.Veugelers, 2011: 31-32 이것들은 사실 프레이리가 강조하는 변혁적 교육학의 핵심이다.

물론 가르침과 배움의 과정에는 '권위'[14]가 필요하다. 지식의 발전은 권위에 의존하고 있다. 그리고 결과적으로 교육은 권위에 의존한다. 그러므로 권위의 붕괴는 교육의 붕괴로 귀결될 위험이 있다.Kitchen, 2014: 177 권위의 위기는 곧 전통의 위기, 즉 과거의 영역에 대한 우리의 태도 위기와 밀접하게 연관되어 있다. 교사에게 부과되는 권위란 항상 역설적인 것이라 말할 수 있다. 왜냐하면 교사에게 주어진 권위란 교사가 가지고 있는 힘

14. '권위(authority)'라는 말은 과거 로마 도시의 기초를 놓은 창시자들에 대한 존중에서 나왔다. 권위의 뜻을 지닌 'auctoritas'는 'augument(증대하다)'의 뜻을 지닌 동시 'augure'에서 나왔다. 권위와 권위적 지위에 있는 사람들이 항구적으로 증대시키는 것은 공동체(나라) 건설의 토대이다. 이 일은 과거의 시작과 기원을 놓은 사람들처럼 공동체의 기초와 기반의 '증대'를 위해 헌신한 사람들의 피어린 노력을 통해 획득되는 것이다. 또 창조자 혹은 권위자를 뜻하는 'auctores'는 'author(저자)'의 어원이다. 'auctores'는 건물을 실제로 지은 기술자가 아니라 전체 사업을 기획한 설계사이다. 건축물의 실제 '저자', 그것의 정초자이다. 건축물을 통해 저자(설계자)는 도시를 '증대시키는 자'가 된 것이다.

의 행사에 근거한 것이 아니라, 지식의 정당성에 대한 자발적인 승인에 근거한 것이기 때문이다. 권위와 전통에 대한 입문/훈육 과정 없이 자율성은 탄생할 수 없는 것이다. 배움은 텅 빈 곳에서 일어나지 않는다.

따라서 가르침과 배움의 유기적 통합은 다양한 삶의 양식—국가 번영, 행정적 효율성, 민주적 시민성 등—을 실천하는 과정이기도 하다.Dunne & Hogan, 2004 그러기에 아동 중심적 진보주의 교육은 가르침과 배움, 그리고 지식을 묶는 교육의 기본 원리를 잊어서는 안 된다. 학교교육 차원에서나 발달단계상 학습자의 욕구와 흥미를 중시하는 '학습주의'가 인류 문화의 유산을 전달하는 '가르침'의 역할을 전제하지 않는다면, '방법주의'로 전락할 위험이 있다는 것을 유의해야 한다. 따라서 교육주의가르침주의와 학습주의배움주의의 극단적 이분법을 넘어서는 변증법적 관계 및 대화가 필요하다.[15] 그리고 교사 주도성, 학부모 주도성, 학습자 주도성을 모두 포괄하는 '공동 주도성co-agency'이 행사되어야 한다.[16]

특히 아동 중심적 진보주의 교육은 가르침과 배움, 그리고 지식을 묶는 교육의 기본 원리를 잊어서는 안 된다. 교육에서 학습을 전적으로 버리는 것이 아니라, 이것을 껴안고 또 넘어서는 교육, 즉 '학습을 넘어post-learning/beyond learning'를 지향해야 한다.Biesta, 2022 배움은 '생각하기'와 어울려야 한다. 배우기만 하고 생각하지 않는다면 얻는 게 없고, 생각하기만 하고 배우지 않으면 위태롭다.學而不思則罔 思而不學則殆, 『논어』 생각하기는 배움의 토대 위에서 '나'가 사유하는 것이다. '나'가 없으니 자긍심, 자존감을 가질 수 없고, 남의 자리에서 생각하는 역지사지도 없다. 또 '나'가 없으니 비판의식이나 계급의식 형성도 애당초 불가능하다. 우리 교육에 배움만 있고 생각하기가 없는 것은 결국 서열화된 학벌체제를 영속화하

15. 좋은 학습은 좋은 가르침에서 나온다. 모든 학생이 좀 더 많이, 좀 더 좋은 학습을 하고, 더 큰 성취를 하도록 하기 위해서는 훌륭한 교사들을 찾아서 붙잡아 두어야 한다.
16. OECD의 〈미래의 교육과 기술 2030〉은 이 부분을 특히 강조하고 있다.

는 것이나 다름없게 된다.

그래서 가르침과 배움의 행위 사이에 기존 권력과 영향력을 둘러싸고 갈등과 긴장이 일어나는 것이다. 가르치고 배우는 것 사이의 이중적 헌신과 관련된 것은 단지 의사소통과 전략에서의 유능함뿐만 아니라 질적으로 좀 다른 차원의 것, 즉 현재 전례 없는 다양한 생활방식, 가치 지향 그리고 직업들을 가진 세상에서 인간으로서 '독특한 삶의 방식a distinctive way of life'으로 가르침과 배움이라는 이중적 헌신이 개입되어야 한다.Hogan, 2004: 19-20

길항 관계가 놓인 가르침과 배움이 불가피하게 일어나는 역사적·문화적 맥락은 망각될 수도 없고 가려질 수도 없다. 존재하는 가르침과 배움의 행위가 역사적으로 거부될 수도 없다. 프레이리는 교수가르침와 학습배움을 분리해서는 안 된다고 강조한다. 배움이 없이는 결코 가르칠 수 없다고 했다. "교사는 더 이상 가르치는 유일한 사람이 아니라, 그 자신도 차례로 가르침을 받으면서 가르쳐야 한다."Freire, 1973: 80 가르침교육자과 배움학습자이 동일한 것은 아니지만, 적극적 관계가 되어야 한다. 자학스스로 배움에서 공학함께 배움으로 나아가야 한다. 이 관계에는 무엇특정 체계를 가진 목표와 내용, 왜어떤 의미를 가진 일관된 목적과 올바름, 다양한 태도, 성향, 실천가 관여되어 있다.Hogan, 2004: 30

그러기에 학습사회의 도래에도 불구하고 개인의 독립이나 자립이 아니라, 공동체 구성원으로서 연립聯立이나 공립共立을 기본적인 삶의 조건으로 삼아야 한다. 사회적 존재로서 인간은 서로에 대해 공감하고 지지하면서 연대와 협력, 그리고 연립과 공립의 과정을 통해서만 자립/독립할 수 있다. 자율自律을 넘어 공률共律로 나아가야 한다. 그렇게 해야 양자 사이의 갈등과 대립을 극복할 수 있는 공존의 삶을 달성할 수 있을 것이다.

## 4. 형성적 문화로서의 변혁적 교양

현존하는 가장 오래된 사상인 '빌둥Bildung'[17]은 근대 서양 교육 전통의 핵심 개념 중 하나로서 대표적인 교육적 이상이라고 할 수 있다. 최근 근대 교육의 이상으로 새로이 '빌둥자기도야/자기함양/자기형성/교양'이 강조되고 있다. 역사적으로 빌둥은 고대 그리스에서 출현해서 로마 문화에 수용되어 휴머니즘, 르네상스의 신인문주의, 근대 계몽주의로 거쳐 현대의 프랑크푸르트학파로 이어졌다. 근대의 교육이론과 실천은 빌둥의 전통이 계몽주의와 결합함으로써 그 토대를 닦았다고 할 수 있다.

칸트는 '계몽'을 "자기 스스로에게 책임이 있는 미성숙[18]으로부터 우리가 해방되는 것"이라고 고전적 정의를 내렸다. 칸트 이후로 교육의 논리는 고유한 잠재성을 가진 특정 주체를 자기 동기화시키고 자기 주도적이 되도록 한다는 휴머니즘humanism에 기초하게 되었다. 이리하여 칸트는 계몽주의가 가장 핵심에 교육을 두고, 자율적 인간을 만들기 위해 그들의 합리성을 해방시켜야 할 임무와 책임을 교육자들에게 부과했다. 합리적 자율성을 토대로 한 그의 교육적 사고는 시민사회를 위해 스스로 생각할 수 있고 스스로 판단을 내릴 능력이 있는 주체들이 필요하다는 정치적 질문과 밀접하게 관련되어 있다.

---

17. 'Bildung'에서 'Bild'는 '그림'이나 '이미지'를 뜻한다. 땅이나 산의 '형상(formation)을 뜻하다가 라틴어에서는 'Imago'에 상응한 의미를 지녔다가 'formatio'나 'cultur'로 변용되었다. 'Bildung'은 '형성하다'라는 수공업적이고 예술적인 단어에서 출발하여 오늘날 'Bildung(스웨덴어는 'bildning')'은 'culture(way of life)', 'development', 'formation' 등 다양하게 번역되어 사용되고 있다. 교육학적 개념으로 인간의 '자기형성(self-formation)', '자기도야(self-discipline)'를 의미하게 되었다. 루소와 엘렌 케이, 그룬트비, 칸트, 훔볼트, 괴테, 가다머, 리케르 등으로 사상적 계승이 이루어졌다. 'Bildung'의 영어 번역은 매우 어렵다. 'Bildung'은 '형성하다'라는 수공업적이고 예술적인 단어에서 출발하여 인간의 '자기형성', '자기도야'를 의미하는 교육학적 개념으로 발전되었다.
18. 칸트는 '미성숙'이란 다른 사람의 도움을 받지 않고서는 자기 자신의 이성을 사용할 수 없는 상태라고 규정했다. 칸트는 미성숙의 원인이 이성의 결핍이 아니라, 다른 사람의 지도 없이 그것을 사용할 결심과 용기의 결핍이 있을 때, 자기 스스로에게 책임이 있는 것으로 보았다. "스스로의 이성을 사용할 용기를 가져라!" 이것이 계몽의 표어이다.

교육의 과업과 목적은 훈육이나 사회화, 도덕적 훈련과 같은 개입과 적응의 관점에서 이해되는 것이 아니라, 인간의 개발, 달리 말하면 개인의 인간성humanitas/humanity을 개발하는 것에 강조점을 두어야 한다.Biesta, 2006: 3/ Biesta, 2022: 29 빌둥의 전통에서 핵심 질문은 '교육받은 혹은 개발된 인간이란 무엇으로 구성되는가'이다. 빌둥의 내용을 획득하는 활동이 빌둥 과정의 구성적 측면으로 인식되었을 때, 헤르더, 페스탈로치, 훔볼트의 사상에서와 같은 중요한 사상적 진보가 이루어졌다. 교육의 과업은 이 잠재력을 발현하도록 하는 것 혹은 해방시키는 것, 그래서 완전히 자율적으로 미래 세대의 개인적, 의도적 주체성을 행사할 수 있도록 만드는 것으로 자리 잡게 되었다. 교육적 이상으로서 교육받은 사람의 빌둥은 '내용으로서의 빌둥'에서 '과정으로서의 빌둥'으로 발전해 갔다. 빌둥의 의미는 계속 진화를 거듭하고 있다. 근대 교육은 인간 존재의 본성과 운명에 관한 특정 진리에 기초하게 되었고, 합리성, 자율성, 교육, 이 세 가지는 계몽적 기획의 삼위일체가 되었다. 빌둥의 근대적 개념은 자기결정, 자유, 해방, 자율성, 합리성 그리고 독립과 같은 개념에 초점이 맞추어져 있다. 철학적으로 의견doxa/opinion과 인식episteme/true knowledge을 구분하도록 했다. 역사적으로 일반적인 것을 보편적인 것과 객관적인 것으로 인식론적 동일화를 가져오게 한 것은 과학혁명, 산업혁명, 테크노-과학혁명의 결과이다.

이러한 합리적 자율성 접근은 피아제나 콜버그의 교육이론처럼 다분히 칸트식 틀에 직접적으로 영향을 받은 경우에만 적용되는 것은 아니다. 이 접근은 헤겔, 마르크스, 신마르크스주의에 영감을 받은 프레이리나 북미와 유럽의 비판교육학과 같은 비판적 관점의 교육이론에도 토대를 제공했다. 두 흐름 모두에서 교육은 자율적이고 자기 주도적인 개인이 되도록 그들의 합리적 잠재성의 발달을 돕는 과정으로 이해되었고, 합리성은 '인간이 된다to be human'는 것의 의미에서 근대적 토대가 되었다.Biesta, 2006: 5/

Biesta, 2022: 31 이로 인해 아이들을 포함하여 합리적이지 않거나, 혹은 아직 합리성에 도달하지 못한 것으로 여겨지는 모든 사람들은 곤경에 처하게 되었다.

따라서 오늘날 휴머니즘의 문제는 인간다움humaneness의 준거, 즉 인간이 된다는 것의 규준을 설정함으로써 이 규준대로 살 수 없거나, 그렇게 살지 않는 사람들을 배제한다는 것이다.Biesta, 2006: 5/Biesta, 2022: 34 21세기 초엽 우리는 이것이 단지 이론적 가능성으로만 그치는 문제가 아님을 생생하게 목격했다. 21세기를 특징지었던 수많은 잔혹사, 예를 들면 홀로코스트나 인종학살은 실지로는 무엇을 인간으로 볼 것인가, 더욱 중요하게는 '누구를 인간으로 볼 것인가'라는 인간의 정의에 근거해서 일어난 사건들이었다.[19] 교육적 관점에서 휴머니즘의 문제는 인간성의 사례들이 실제로 드러나기 전에 이미 인간이 된다는 것의 규준을 명시하고 있다는 점이다. 휴머니즘은 아이 또는 학생과 같은 '새로 오는 자들new comer'[20]이

19. 레비나스는 '휴머니즘'을 인간(Man)이라는 것의 불변의 본질을 인식하는 것, 그리고 자신의 중심적 위치를 실재와의 관계 및 다른 가치들이 근거하는 핵심적 가치와의 관계 속에서 확증하는 것을 수반한다고 보았다. 그렇다면 왜 우리는 휴머니즘을 극복하기 위해 노력해야 하는가? 왜 우리는 그것으로부터 떠나야만 하는가? 의심할 여지 없이 그것은 인간 존재의 인간성을 보호하기 위한 중요하고도 성공적인 전략이었다. 그러나 문제는 그것이 오늘날에도 여전히 효과적인 전략인가 하는 것이다. 휴머니즘의 가능성과 바람직함 모두에 근본적 질문을 던진 레비나스가 보기에 우리 사회는 직면한 휴머니즘의 위기는 근대 역사의 비인간적인 사건과 더불어 시작되었다. 그 사건들의 예로는 1914년 1차 세계대전, 러시아혁명, 파시즘, 나치즘, 2차 세계대전, 원자폭탄, 인종학살, 끊임없는 전쟁들뿐만 아니라, 실재에 관한 사유가 아닌 계산으로서의 과학, 착취도 전쟁도 아닌 억제하지 못하는 자유주의 정치행정, 그리고 관료주의와 밀접하게 결탁된 사회주의 등을 들 수 있다.

20. '새로 오는 자'는 아렌트가 강조하는 세상에 처음 입문하는 자들이다. 과거와 미래 사이에 끼어 있는 존재인 아이들의 탄생성(natality)은 인간 조건과 밀접하게 연관되어 있다. 출생에 내재한 새로운 시작은 새로 오는 자가 새로운 어떤 것을 시작할 수 있는 힘, 즉 행위할 수 있는 능력을 소유하고 있기 때문에 세계에 그 모습을 드러낼 수 있다. 행위한다는 것은 무엇보다도 주도권을 쥐는 것, 즉 시작하는 것이다. 행위(action)는 사물이나 물질의 매개 없이 인간들 간에 직접적으로 이루어지는 유일한 활동이다. 그러기에 인간의 근본적인 활동으로서 노동(labor: 인간 신체의 생물학적 과정에 상응하는 활동)이나 작업(work: 인간 육체의 비자연성에 부합하는 활동; 생산, 창조, 도구와 관련됨)과 구별된다. 아렌트는 타인과 구별되는 유일성을 드러내는 것, 우리의 유일한 개인적 정체성을 능동적으로 드러내는 것은 오직 행위를 통한 것임을 강조한다. 이렇게 실천의 삶으로서 인간의 '활동적 삶(vita activa)'은 노동, 작업, 행위의 영역으로 이루어진다. 아렌트는 서양 철학 초기부터 관조적 삶(vita contemplativa)에 쫓겨난 실천(praxis)을 제자리로 복귀시키고 했다.

자신이 누구인지, 혹은 누가 되고 싶은지를 보여 줄 기회를 갖기도 전에 그들이 무엇이 되어야만 하는지를 규정한다. 따라서 휴머니즘은 새로운 구성원들이 인간이 된다는 것의 의미에 대한 우리의 이해를 급진적으로 바꿀 수 있는 가능성을 열어 두지 않는 것으로 보인다. 포스트-휴머니즘 post-humanism의 대두도 이와 무관치 않다. '휴머니즘'이 신에 대항하는 '하나의 인간'이라는 요청이었다면, 오늘날 '포스트휴머니즘'은 인간, 동물, 자연, 기계 등 '여럿 중의 하나'로 여겨지고 있다.

휴머니즘은 각 개별적인 인간의 고유함을 포착할 수 없다. 휴머니즘은 새로 태어난 아기가 또는 학생이 그리고 새로이 오는 자가 또 하나의 간디가, 테레사 수녀가, 만델라가 될 가능성을 차단하는 것처럼 보인다. 이것은 근대 교육이 기존의 근대 이성의 질서 속으로 편입되는 과정이었던 것처럼, 휴머니즘 또한 교육을 처음부터 새로운 구성원들을 기존의 인간다움의 질서 속으로 편입시키는 과정으로서의 사회화socialization로 생각한다는 것을 보여 준다.Biesta, 2022: 7; Biesta, 2022: 34 기껏해야 개별적인 새로운 구성원들은 이미 명시화되어 있고, 미리 알려져 있는 인간 본질의 사례로서만 생각될 수 있을 뿐이다. 이것은 '인간의 종말'이고 '주체의 죽음'이나 다름없다. 이러한 문제의식은 사회화의도적 행위를 위한 교육paideia의 전통을 주체화와 주체다움비가시적 축적을 위한 빌둥의 전통으로 전환시킬 것이다.Biesta, 2019a: 26, 42-48, 128-129[21] 이를 위해 교육 목적의 주체화subjectification가 더욱 요구된다. 오늘날 민주주의, 정치 행위자, 민주적 주체가 되는 탈동일시로서의 주체화 개념은 기존 질서를 넘어선 새로운 탄생으로서 민주주의의 실험이나 사건으로서 개입하는 학습에 초점을 맞추어야 한다. 탈사회화를 추구하는 주체화는 아이들이 서로 의존하고, 자신이 살고 있는 정치적·사회적·경제적 질서에서 벗어나 자율성/주체성을 갖추는 일

21. 비에스타는 '빌둥'이 자격화, 사회화, 주체화 등의 통합과 학습과 같은 심리적·사회적 개념으로 대체되어 사용되어 왔다고 주장한다(Biesta, 2019b: 25).

이라고 할 수 있다. 물론 주체화를 위한 자율의 실천은 타율의 습관화를 통하지 않으면 달성될 수 없다. 개인과 사회의 균형 추구가 제2의 본성인 민주적 인성을 형성하는 것으로서 공동선을 위해 사회화를 주체화로 발전시킬 수 있다.Biesta, 2010: 19-22 민주적 인간으로서의 주체화는 칸트의 개별적 주체·합리적 주체, 듀이의 사회적 주체·결합적 주체, 아렌트의 정치적 주체·다원적 주체를 통합해야 가능하다.Biesta, 2006: 125-137 그래야 다시 '정치적' 또는 '변혁적' 빌둥으로 발전해 갈 것이다.

프레이리의 후학들은 시민적 민주주의를 향한 진보적 교육학의 사회적-교육적 프로젝트로서 생태학적 파이데이아그리스와 휴머니타스로마의 키케로, 빌둥독일, 자유교양교육영국, 그리고 위대한 고전읽기운동미국의 허친스, 아들러, 쇼리스으로 발전할 비판적·변혁적 교양의 탄생 가능성을 모색했다.Kahn, 2010: 35-58 이들은 사회적 정의와 환경적 정의가 분리되지 않는다고 믿고 급진적, 비판적, 그리고 해방적 자연의 교육적 실천을 통한 변혁적 교육학으로서 생태적 교육학을 구축한다.Misiaszek, 2021: 97 지식사회학의 발달에 따라 사회적 구성물로 인식하게 된 '빌둥'의 비판이론은 탈미신화와 함께 비판적 문해력 개념을 출현시켰다. 그리하여 시민사회의 출현과 함께 더욱 관심을 끌었다.

고대 그리스 사회의 내면적 삶의 함양, 인간의 정신과 영혼의 함양을 의미하는 '자기형성Bildung → fomatio → formation'[22]은 칸트의 합리적 자율성[23]을 가진 'Selbst-Bildung/self-formation'과 프랑크푸르트학파의 비판적 이성과 연계된 시민사회에 출현한 주체성과 관련된 정치적 질문으로 이어

22. 칸트가 이성에 기반한 합리적 자율성을 천명한 중요한 의의는 그가 이 능력을 우연한 역사적 가능성으로 생각한 것이 아니라, 인간 본성의 고유한 속성 같은 것으로 보았다는 데 있다. 칸트는 자유롭게 사유할 수 있는 성향과 능력을 인간의 궁극적 지향이자 존재의 목적이라고 보았다. 따라서 계몽의 진보를 방해하는 것은 인간 본성에 반하는 범죄를 저지르는 것이 된다. 칸트가 자유롭게 사고할 수 있는 성향은 오직 교육을 통해서만 가능하다고 주장했다는 것은 매우 흥미로울 뿐 아니라, 계몽 이후의 근대 교육의 지향점과 관련하여서도 특히 중요한 대목이라 할 수 있다. 칸트는 인간을 교육받을 유일한 피조물이라고 썼을 뿐 아니라, 인간은 교육을 통해서만 오직 인간, 즉 합리적 자율성의 존재가 된다고 주장했다.

진다.Biesta, 2006: 100-101; Biesta, 2019b: 24 빌둥은 신의 형상Imago Dei을 모방하는 '타율도야Frembildung'에서 인간 내면의 힘을 밖으로 끌어내고 연마하는 '자기도야Selbst-Bildung'로, 나아가 '비판적 도야'로 발전한다. 그것은 독일의 정치교육political education이 기성세대의 의도적인 개입을 내포하고 있는 교육 개념인 'Politiche Erziehung'이 아닌, 스스로 논쟁하면서 자신을 형성해 가는 의미의 교육 개념인 'Politiche Bildung'을 의도적으로 사용한 것에서 알 수 있다.[23]

물론 '빌둥' 개념이 개인의 주체적인 결정을 표현한다고 하더라도, '극단적인 개인주의'로 치닫는 것은 아니다. 개인의 이성적 자기결정 능력은 곧바로 자기 스스로에게서 나오는 것이 아니라, 인간적인 문화 활동의 보편적이고 객관적인 것을 자기 것으로 소화하고 논쟁하는 과정에서 나올 수 있다.

듀이는 경험과 문화 사이의 연결을 위한 삶의 양식의 소통과 공유를, 하버마스는 식민화된 체제가 아닌 생활세계의 민주화를, 프레이리는 세계 속에서 그리고 세계와 함께 살기 위한 의식화, 비에스타는 세계적 공간을 창출하는 '형성/도야/교양Bildung'을 제창했다. 프레이리는 그람시가 강조하듯, 훈련보다 '형성formation/formação/Bildung'[24]을 강조한다. 그것은 '형성적 문화formative culture' 없이는 민주주의가 지속될 수 없다는 강한 문제의식을 드러낸다.Darder, 2021: 18 이와 비슷한 함의를 갖는 '빌둥'은 모든 개인에게 스스로 자신을 형성해 갈 수 있는 내적인 힘이 주어져 있다고 보고, 학습자가 외부 세계와의 자발적 논쟁을 통해 자신의 내부로부터 스스로

---

23. 독일 정치교육은 2차대전 당시 유태인 홀로코스트에 대한 반성과 교훈으로 탄생했다고 볼 수 있다. 아도르노는 그 사건 이후 서정시를 쓸 수 없다며 절필 선언을 하기도 했다. 그후 좌우 논쟁이 거세지면서 보수와 진보 진영은 1976년 보이텔스바흐 합의에서 강조하는 '논쟁재현의 원칙'을 채택했다.
24. 주체적 인간의 자유로운 자기형성의 의미를 지닌 'Bildung'은 일반적으로 개인들의 소질과 잠재력의 발달에서 타율적인 부분에 초점을 둔 '교육(Erziehung/education)'에 대조되는 개념이라고 할 수 있다.

를 형성해 가는 '자기형성/자기도야'의 뜻을 갖는 것으로 발전해 가고 있다. 자기형성은 자아의 끊임없는 변혁, 그리고 변혁적 교양의 형성을 요구한다.

그리고 인간의 재-형성은 '문화culture'의 이념과 연계된 자기형성으로 가는 과정으로서의 형성, 경험을 향한 사려 깊은 성향으로서의 형성, 행위할 수 있는 역량으로서의 형성, 재치로서의 형성, 미지를 향한 여정으로서의 형성을 포괄한다.Davey, 2012: 46-48 민주적·변혁적 교양은 공간과 시간의 변혁이다.Gustavsson, 2013 그리고 자기형성은 자아의 끊임없는 변혁이고 초월이며, 그리고 사회적, 문화적, 정치적, 지적 역사의 요체이다.

그런데 'Erziehung외부의 작용/사회화' 없이 'Bildung내부의 작용/주체화'이 가능하지 않다. '이끌어 내다'의 뜻을 지닌 'Erziehung'은 외부로부터 의도된 영향에 의한 인간 형성과 관련된 개념이라고 이해할 수 있는 반면, 'Bildung'은 스스로 자신을 형성해 갈 수 있는 내적인 힘이 개인에게 주어져 있다고 보고, 개인/학습자가 외부 세계와의 자발적인 논쟁을 통해 자신의 내부로부터 스스로를 형성해 가는 것을 중시한다. 'Bildung'은 주체적 인간의 자유로운 자기형성의 의미를 지닌 반면에, 일반적으로 사회화의 의미를 갖는 '교육education'에 상응하는 'Erziehung'은 개인들의 소질과 잠재력의 발달에서 타율적인 부분에 초점을 둔다고 할 수 있다. 이렇게 'Erziehung'과 'Bildung' 사이의 길항이 생기면서 줄탁동시啐啄同時가 작동한다.

하지만 오늘날 지식인은 니체, 아도르노가 강조하듯 반시대적 태도를 보이는 '반쪽의 교양Halbbildung, 즉 나태한 인간형, 가장된 인간형, 여론에 따라 사는 인간형으로 전락하여 사이비 문화가 주류가 되어 버렸다.Abengana, 2017 그것은 빌딩building의 부실한 건축 공사에 비견될 수 있다. 마이클 샌델은 이를 '지적 오만'으로 가득 찬 교양속물로 축소되어서는 안 된다고 경고한다. 'Bildung'은 때로 권력과 지배에 대한 저항의 가능성, 즉 반-교육학counter-education/Anti-pädagogik의 정신을 보여 주기도 한다. 아도르노처럼 강한 저항 정신을 드러내기도 한다. 프레이리는 아도르노1903~1969와 같이 상상력과 비판적 사고의 추구, 그리고 자유와 사회적 책임의 가르침보다 시장과 도구적 지식의 수요, 그리고 훈련을 우선으로 하는 조직된 교육 저하 체제를 거부했다.Giroux, 2012: 156

아도르노는 '성숙을 위한 교육Erziehung fur mündigkeit'을 제창한다. 성숙은 발달과 성장을 넘어서는 개념이다. 성숙을 위한 교육이란 자율적 지위를 가진 성숙한 개인, 사회적·정치적 존재로서의 개인, 책임의식을 가진 개인을 모두 포괄한다.Abengana, 2017: 187-191 새로운 교양 개념인 성숙을 위한 교육은 인간다운 삶, 진실한 삶성실하고 본래적인 삶, 인간의 교육적 잠재능력, 실존적이고 자율적이며 창조적인 삶을 지향한다. 인간적(도덕적) 성숙과 시민적(정치적) 성숙을 동시에 요구한다. 니체 또한 학교란 본래 학생에게 품격 높은 교양자립심, 독립심, 자율성/자기교육/자기승화을 기르기 위해 설립되었음에도 불구하고, 상급학교 진학을 위한 준비기관으로 전락/기형적인 교양인을 길러 내고 있을 뿐이라고 혹평했다.[25]

'Bildung'과 'Erziehung' 개념을 한국 사회의 경우와 대비해 보는 것이 쉽지 않지만, 'Bildung'의 주체화 기능보다는 'Erziehung'의 사회화 기능이 강해 보인다. 권위주의 체제가 여전히 잔존하고 있기 때문이다. 한국의 경우 권위주의로부터 벗어나는 소극적 자유freedom from/negative freedom를 더욱 중시하는 흐름이 아직 남아 있다. 그런데 소극적 자유는 어느 정

25. 가다머는 "교육은 자기 스스로를 교육하는 것이다"라고 말한다. 자기 교육은 자신의 한계를 지각하는 그 순간 자신의 힘을 강화시키려는 노력에서 찾아져야 한다. 그리고 스스로를 형성하는 도야(Bildung; 미성숙으로부터의 해방/인간의 조화로운 발달/인간형성/자기형성/자기함양)는 천천히 진행된다. 가다머는 교육의 핵심이 자기교육(self-education), 자기도야에 있음을 힘주어 강조한다. 만일 인간이 자신을 교육하고, 스스로를 도야하고자 한다면, 가장 중요한 것이 바로 인간의 능력이다. 이러한 교육에서 성공할 때만이 기술공학적 진보에서 파생되는 위협으로부터 살아남을 수 있다. 하지만 그러한 능력이 지속적인 책임감으로 승화되지 못할 때는 아도르노가 잘 표현한 바와 같이 '어설픈 교육/속물교양(Halbbildung)'으로 남고 만다.

도 획득하였지만, 무엇을 향한 적극적 자유freedom to/positive freedom를 얻지 못한 듯하다. 민주정권이 들어서도 억압 시대에 원했던 소극적 자유를 위한 관행이 여전하여 자유방임적 태도를 보이고 있다. 권위주의 정권으로 쉽게 회귀하는 것도 그 때문인 듯하다. 보수 진영이나 진보 진영이나 적극적 자유의 내용이 무엇인지를 잘 파악하지 못하고 있다고 보인다. 생활민주주의의 실현, 마을교육공동체 활동, 학습모임 등에 적극적으로 참여하지 않아 현장민주주의가 활성화되지 못하고 있는 것도 그렇다. 공격적·폭로적 민주주의에 너무나 익숙한 나머지 방향성을 잃어버려 갈 길을 잃은 듯하다. 진영 논리에 갇혀 있어 대화문화에도 익숙하지 않다. 그만큼 민주주의 기반이 취약하다는 것을 말해 준다. 새로운 가정문화와 마을문화가 출현하지 않은 것이다. 이럴 경우 학교문화의 변화도 난관에 부딪히기 마련이다. 혁신학교 문화의 발전도 딜레마에 빠질 수 있다. 사회 전체적으로는 엉터리 지식인이 난무해 더욱 진퇴양난에 빠질 수 있다.

민주주의와 교육의 연계에 대한 듀이의 구상은 정치적 프로젝트라기보다 교육적 프로젝트를 따르고 있다. 듀이는 교육을 사회와 문화가 상호작용하면서 이루어지는 개인의 형성 과정에 초점을 두었다.Biesta, 2019a: 115 학교와 사회를 다시 연결시키는 공고한 교육이 필요하다는 것이다. 교육에 대한 듀이의 사고를 독일적 맥락으로 돌아가 이해하면, 'Erziehung'보다는 'Bildung'에 더 가깝다고 할 수 있다. 교육자와 학습자 간 관계의 역동성이나 복잡성보다 교육적 또는 형성적인 것을 더 중시한다. 교육이란 사회와 문화와의 상호작용을 통한 개인의 형성 과정이라고 볼 수 있다.

그런데 듀이에게 있어 민주주의와 교육 사이의 관계는 기본적으로 정치적 논리보다는 교육적 논리, 즉 'Bildung'의 논리를 따르고 있다. 이렇게 되면 도덕적개별적 자아의 형성이 핵심적 역할을 한다. 그래서 정치적 빌둥과 교육적 빌둥의 불일치가 발생한다. 민주주의의 '결손deficit' 문제가 발생하는 것이다.Biesta, 2019b: 112-129 민주주의를 내재적으로 보지 않고 도구적으로 본 것은 민주주의와 교육의 조우를 어렵게 하고 있다. 민주주의를 정치와 제도를 넘어, 듀이가 강조하는 '결합된associated' 삶의 양식 문제로 보는 것과 관련 있다. 삶의 양식으로서 문화는 삶의 모든 것이라고 할 수 있다. 충분한 의사소통을 통해 형성되는 삶의 양식이어야 공통성이 많아지고 민주주의의 문화적 토대가 튼튼해질 수 있다.

물론 삶의 양식, 즉 문화소통적·연합적 경험로서의 민주주의도 중요하지만, 여전히 제도와 정치개혁도 중요한 것이다. 즉 '누적'의 교육이론이라고 할 수 있는 'Bildung'과 '의도적 행위'라고 할 수 있는 'Erziehung'을 함께 연동하여 풀어야 할 과제이다.Biesta, 2019b: 128 또한 이것은 듀이가 카운츠의 '교화' 논쟁에서 '지성적 탐구'를 강조하는 것과 통한다이 문제는 다음 절에서 자세하게 살펴볼 것이다. 그래서 프레이리는 형성에 대한 기본적인 생각에서 듀이의 관점을 따르고 있지만, 듀이보다 더 정치적이고 급진적인 제안을 한다. 교육은 정치적 행위이기에 권력의 문제를 등한시할 수 없다. 적어도 브라질 사회의 억압적 상황이 그러했기 때문이다. 그래서 프레이리는 망명 생활을 끝내고 귀국한 이후 브라질 사회가 민주화되고 상파울루시 교육감이 되면서 듀이의 실험주의와 경험주의 노선을 따른다. 이것은 제도권 밖의 운동 정치와 제도 안의 현실정치의 사이를 좁힌 것이라고 봐야 한다.

그람시가 강조하듯 '상식'을 '양식'으로 변화시키려면 훈련 및 교육이 필요하다. 우리 사회의 매우 강력한 이데올로기적 변형들은 상식을 급진적으로 바꾸는 대규모의 '교육적 프로젝트'를 필요로 한다. 역설적으로 이러한 프로젝트를 추진할 수 있는 힘은 프레이리가 요구했던 것과 흡사하다.Apple, 2014: 71 이러한 프로젝트는 라클라우와 무페가 선호하는 급진적 해결책을 통해 달성하려는 민주적 정치이기도 하다. 정치에 관한 과학적 이해를 체계적으로 제공할 수 있는 지적·도덕적 구역, 즉 주류의 '상식전통적 지식인'에 의문을 제기하고 시민사회civil society[26]의 제도와 다른 사회 간에 퍼뜨릴 수 있는 '양식유기적 지식인'을 형성하는 일이다. 그것은 '형성적 교육formative education'의 과제이다. 상식을 양식으로 전환시키는 프레이리의 변혁적 교양은 가르침의 기술 및 실천을 행하는 일 자체가 심오한 형성적 활동이며, 그 때문에 윤리적인 활동이라고 할 수 있다.Freire, 2007: 76

개인의 이성적 자기결정 능력은 곧바로 자기 스스로에게서 나오는 것이 아니라, 문화활동의 보편적이고 객관적인 것을 자기의 것으로 소화하고 논쟁하는 과정에서 얻어진다. 그래서 시민들 속에 민주적 자치에 필요한 인격적 성질을 함양시키는 정치가 필요하다.Sandel, 2012: 18 마이클 샌델의 공화주의 또한 '형성적 정치formative politics'를 요구한다. 자유주의자들과 달리 공동선과 공동체를 강조하는 공화주의자들이 생각하는 자유는 시민들에게 자치에 필요한 자질과 특성을 계발하는 형태의 '형성적 정치'를 필요로 한다.Sandel, 2005: 30 그의 표현을 보면 문화와 정치가 엄격하게 구분되지 않는다. 공화주의 또한 정치의 '형성적 기획'에 의해 길러지는 좋은 시민성정신의 특성, 마음의 습관 등은 '발견되는 것'이 아니라, '만들어지는 것'이다.Sandel, 2012: 422-430 교육적으로 표현하자면 '길러지는 것'이다. 형성의 정치 및 문화는 정의와 평등을 목표로 하는 인간, 그리고 시민의 자주적 활동으로 발전될 수 있다.Gustavsson, 2013: 39 학교는 사적 영역에 속한 생명으로서 생성적인becoming 아이를 이끌어 공적 차원을 갖춘 존재로 형성forming시키는 일을 해야 한다.박은주, 2021b: 103

세상에 처음으로 진입하는 사람들에 대한 자격화지식과 기술의 전승과 습득 영역와 사회화행동·사고·존재 방식의 전통 및 실천을 재생산하고 채택하는 영역, 그리고 그것을 넘어서는 주체화인간적인 사람을 형성하는 영역 과정을 필요로 한다.Biesta,

26. 그람시는 국가=정치사회+시민사회라고 보았다. 시민사회는 국가와 경제 바깥에 있는 자유로운 결사체의 영역이라고 할 수 있다. '시민사회'는 자발적 모임 등을 포함한 유기체의 총체로서 비정부기구를 포함하며, 사회 구석구석에서 헤게모니 기능과 조응하는 정치사회(혹은 국가)와 구분되는 상부구조의 또 다른 수준으로 여겨진다.

2019b: 84-85 물론 세 영역은 분리되지 않으며, 또한 서로 갈등하고 대립하기도 한다. 예를 들어 지식의 전승은 항상 기존 사회구조와 계층화를 확인시켜 주는 데서 모순과 불일치, 그리고 저항과 변혁을 유발하는 것이다.

마사 누스바움이 강조하듯 개인의 발달이나 국가경쟁력을 넘어서기 위해서는 비판적 성찰과 서사적 상상력, 다른 문화의 이해, 그리고 민주주의를 결합시키는 인간성 함양을 위한 민주적 전인 교육학을 요청한다.Nusbaum, 2018 '빌둥'은 차이와 다름이 존재하는 세계적 공간worldly space을 형성하고자 한다.Biesta, 2006: 105-108 오늘날 사회적·환경적 폭력을 극복할 수 있는 미래 시민의 양성을 위해 파이데이아와 후마니타스를 넘어서는 세계적 변혁지구적 시민성을 위한 생태적 교육학과 민주적으로 지속가능한 정치를 요청한다. 이를 위해서는 자연과 문화의 불균형을 회복하는 인간 문명의 생태적 민주주의를 구현해야 하고, 상업화, 식민화를 극복할 수 있는 민주적 인성을 가진 주체를 길러 내야 한다.

요컨대 제도와 법이 무너지지 않게 하려면, '문화 민주주의', '대화민주주의', '실천민주주의'가 공고하게 받쳐 주어야 한다. 그것은 듀이가 강조하듯 '공중publics'이 탄생해야 가능하다. 공중의 쇠퇴는 공적 영역을 구성하는 의사소통 및 공동체의 쇠퇴이다. 대중은 쉽게 우중화되어 권위주의자나 파시즘화될 수 있다. 이를 방지하려면 서로를 이해하고 소통하는 데 필수적인 '문화적 해득력'을 길러 주는 교육, 그리고 이것이 뿌리내린 '문화적 진지'가 구축되어야 한다. 교육의 '형성적' 역할과 교육의 '도덕적' 측면을 모두 중시하는 근거가 여기에 있다. 좋은 사회를 건설하는 일은 거의 모두 교육적 과정이라고 할 수 있다. 민주적 삶의 양식이 내재화·생활화되지 않은 것은 국가의 위기인 동시에 시민사회의 위기다. 제도와 윤리는 분리되어 존재할 수 없으며, 서로 영향을 미친다. 학교에서 지식으로서 민주주의를 아무리 강조해도 학교문화가 민주주의적이지 않거나 학교 밖의 마을이나 가정에서 민주주의가 실천되지 않는다면 공염불일 것이다.

따라서 제도 또는 정부 형태 등 정치의 민주주의를 동반한 윤리 또는 문화의 민주주의를 실현해야 한다. 결사체적 삶을 가능하게 하는 주민자치제도나 읍·면·동장의 주민직선제, 그리고 이와 연동된 지역교육장 주민직선제도 실시되어야 한다. 또 민주적 문화의 실천과 함께 이를 가능하게 하는 제도로서의 민주주의가 가능하려면 대학서열체제, 교장승진체제, 교사의 정치적 기본권 문제가 해결되어야 한다. 문화적 프로젝트와 정치적 프로젝트가 함께 작동되어야 한다. 학교의 민주주의와 지역사회의 민주주의가 동시에 이루어져야 한다. 민주적 맹아/주체의 싹을 형성시키는 일을 양쪽에서 동시에 발흥시켜야 한다. 이것이 프레이리가 구상한 형성적 문화로서의 변혁적 교양이다.

## 5. 자아와 사회의 동시적 변혁

프레이리는 언제나 덜 가 본 길임에도 과감히 걸어가는 용기를 가진 패러다임의 변혁자이고, 기존의 공고한 벽을 허물고자 도전하는 사람이었다. 그의 새로운 사회, 새로운 인간, 그리고 모든 이상은 혁명적인 변화에 대한 결기가 담긴 언어적 표현이라고 할 수 있다. 새로운 사회는 새로운 인간의 탄생을 요구한다. 결코 기계적 행동의 산물이 아니다. 새로운 사회는 어떤 법칙에 따라 자동적으로 만들어지지 않는다. 새로운 사회는 새로운 사람의 주체적 노력에 의해 새롭게 태어날 것이다. 그리고 이 탄생은 단기간에 끝나지 않는 영구적 과정이다. 그러기에 쉽지 않은 일이다.

인간 삶의 변화를 위해서는 인간 개개인의 자기변혁이 필요할 뿐 아니라, 사회구조의 변혁을 동시에 필요로 한다. 폴 틸리히는 『존재에의 용기』에서 자아 충실과 공동체 참여가 어느 한쪽으로 편향되지 않아야 한다고 역설한다. 공동체 참여 없는 자아 충실은 자아도취에 빠질 수 있고, 또한 자아 충실이 없는 공동체 참여는 자아 상실을 가져올 위험이 있다고 본다. 비고츠키는 인간의 정신기능이 역사적이며 사회적 산물임을 밝혔다. 그는 고등정신 기능의 기원을 역사와 문화에서 찾았다. 그의 사상적 뿌리는 마르크스주의에 기원하고 있다. 인간의 의식은 사회의 제도 사이에 제기되는 모순을 극복하는 방법을 제시한다고 보았다. 인간의 의식은 사회제도에 의해 구속되지만, 다른 한편 사회제도는 또한 인간의 의식에 의해 창출된다.Wertsch, 1995

심리적 차원에서 보자면 억압을 받는 많은 사람에게 억압자에 대한 공포, 지배적 세계관의 내면화는 자신의 문화와 함께 투쟁하는 것을 인식하지 못하도록 의식을 조종한다. 따라서 정신심리적 탈식민화부터 시작하여 개별적·집단적 행위를 통한 끊임없는 해방의 과정을 통해 소외된 관계를 벗어날 수 있는 틈새 전략을 시도해야 한다. 그래야 자아개인와 세상사회의 동시적 변혁이 가능할 것이다. 이 지점에서 에리히 프롬의 생각을 찾게 된다. 교육체제가 모든 세대마다 새롭게 생각되어야 하고, 새롭게 발견되어야 한다고 주창하기 때문이다. 우리 삶을 사랑한다면, 삶의 과정이, 다시 말해 변하고 성장하며 발전하고, 더 자각하며 깨어나는 과정이 그 어떤 기계적 실행이나 성과보다 훨씬 더 중요하다.Fromm, 2022: 40 이러한 깨닫기 과정을 교육으로부터 시작할 수 있다. 이것은 변화와 발전의 과정이며, 기존 구조와 태어난 환경이 주고받는 끊임없는 상호작용의 과정이기도 하다.Fromm, 2022: 26

삶을 사랑하기가 그토록 힘든 이유는 나날이 커지며 절대 채워지지 않을 사물에 대한 우리의 욕망 때문이다. 프롬은 교육제도는 사회 전체의 사회적·문화적 진보를 반영한다고 보았다. 하지만 인간의 제도는 불안한 인간, 따분한 인간, 어떻게 할 수 없는 고독한 인간, 가치 인식이 극히 희박한 인간, 자기 욕망에 가득 찬 인간, 그리고 살아 있다는 사실에 아무런 기쁨도 느끼지 못하는 인간을 길러 내고 있다. 이러한 인간은 경우에 따라 파괴적으로, 그리고 폭력적으로 변할 수 있다. 인간은 비인격화와 공허함, 무의미한 삶과 기계화되는 개인으로 인한 불만이 커져 간다. 따라서 한층 적절한 삶의 방식을 찾으려는 욕망이 뒤따르고, 우리를 그런 목표로 인도할 수 있는 규범도 원하게 된다. 인간에게 내재된 모든 잠재력의 성장과 발전을 목표로 삼는 새로운 성격 유형이 탄생해야 한다. 인격의 '생산적'[27] 지향은 기본적인 태도, 즉 인간 경험의 모든 영역에서 확인되는 관계의 한 유형을 가리킨다.Fromm, 2018: 131-1372 이러한 성격인격 유형을 탄생시키는 삶의 기술로서의 교육은 모든 예술이 그렇듯이, 상품 생산 중심 사회의 경향을 거역한다.

삶의 기술은 다음과 같은 능력을 말한다.Funk, Johach & Meyer, 2000: 21-22 타인을 애정으로 대하고 남들이 나와 다르다는 사실에 관심을 갖고 존중할 줄 아는 능력사랑의 능력, 타인에게 의지하고 있을 때라도 자립적 태도를 유지하며 비록 타인을 실망시킬지라도 자율성에 대한 권리를 끝까지 관철시킬 수 있는 능력자율의 능력, 자기 성격의 부정적인 측면까지도 똑바로 인식하는 능력자아 인식 능력, 자기 자신의 상반된 요소들, 즉 창조적이지만 덧없는 존재로 인식할 수 있는 능력자아 인식, 자기 확신, 자기애, 책임감, 두려움과 부끄러움을 아는 능력, 현실을 자신의 소망이나 두려움에 따라 임의로 왜곡하지 않고 있는 그대로 인식하는 능력합리적 능력, 그리고 현실의 만족과 불만족 및 즐거움과 괴로움을 모두 받아들일 수 있는 능력상반된 현실 체험: 굳건한 자아, 참을성, 위기 극복 능력, 유쾌한 생활 태도 등이다.

프롬이 강조한 대로 현대 산업사회의 병폐를 극복하기 위해서는 궁극적으로 인간 개개인이 소유 지향적인 삶을 버리고, 존재 지향적인 삶을 지향하는 정신혁명을 추구하는 것 이외에 사회구조의 근본적인 변혁이 필요하다.박찬국, 2018: 150 오랜 권위주의로부터 누적된 트라우마를 해독하

27. 여기서 '생산적'이라는 말은 인간이 자신에게 내재된 힘을 행사하는 '행위자'로 경험한다는 뜻이다(Fromm, 2018: 132).

는 해방적 심리치료를 필요로 한다. 그 밖에도 우리는 인간을 왜곡된 심리구조와 사회구조에서 해방시키려는 불굴의 의지를 지녀야 한다. 사랑과 자비가 지배하는 사회를 건설하기 위해서는 정신혁명은 물론이고 사회구조의 변혁이 동시에 진행되어야 한다. 프롬이 보기에 인간은 천성적으로 삶과 창조를 지향하지만, 그것이 제대로 실현되지 못하고 파괴와 공격으로 치달리는 것은 사회적 환경 때문이다. 프롬은 단순한 정신혁명을 내세우는 것을 넘어서 그러한 정신혁명이 지속될 수 있도록 하는 사회구조의 변혁을 요청한다.박찬국, 2018: 150-151 그는 우리가 자연과학의 발달을 통한 '기술적 유토피아'의 건설을 위해 쏟아 온 우리의 정력, 지성, 열의를 똑같이 '인간애가 지배하는 유토피아'의 실현을 위해 쏟는다면, 그것이 실현될 수 있다고 믿었다.

프레이리에게 상당한 사상적 영향력을 미친 프롬은 현대 사회의 위기를 현대인들의 삶과 사회구조가 철저하게 '소유 지향적' 성격을 갖고 있다는 데서 비롯된 것으로 보면서 '존재 지향적' 삶 및 사회구조를 대안으로 제시한다.박찬국, 1018: 19 프롬은 산업과 정치 조직이 공동체적으로 바뀌기 위해서는 교육과 문화 역시 공동체적으로 바뀌지 않으면 안 된다고 말했다. 사람의 성격 구조와 그가 속한 사회의 사회경제적 구조는 상호 의존되어 있다.Fromm, 1982: 134-135 한 사람의 전반적인 인격은 다른 사람들과 관계를 맺는 방법에 따라 형성되고, 사회경제적 정치적인 구조에 의해 상당한 정도 결정되기 때문에 이론적으로는 한 개인을 철저히 분석하면, 그가 살고 있는 사회구조 전체를 추론해 볼 수 있다.Fromm, 2018: 124-125 일단 건설된 새로운 사회가 반자동적으로 새로운 인간을 만들어 낸다고 주장하는 사람이 있는데, 실제로는 그렇게 되지 않을 것이다. 그들은 구시대와 똑같은 성격에 의해 움직이는 새로운 엘리트가 혁명이 창조한 새로운 사회정치적 제도 안에서 옛 사회의 조건들을 재생시킬 수 있다는 것을 모르고 있는 것이다.

프롬은 새로운 사회의 건설을 위해 해결해야 할 난관을 다음과 같이 열거한다.Fromm, 1982: 173-174

- 낡은 형태의 파시즘이나 기술주의적인 '미소를 띤 파시즘'으로 전락하지 않으면서 산업적 생산양식을 지속해 갈 수 있는 방법을 모색해야 한다.
- 허구임이 분명해진 자유시장 경제를 버리고 전반적 계획을 고도의 분권화와 연결시킨다.
- 경제적 파국이라는 모험을 피하면서 목표를 선택적 성장으로 전환하는 방법을 강구한다.
- 물질적 이득뿐 아니라, 정신적 만족이 효과적인 동기가 되는 사회 풍조와 노동조건을 만들어야 한다.
- 과학발전을 촉진시키면서 그것의 실제적 응용이 인류를 위험에 빠뜨리지 않도록 한다.
- 사람들로 하여금 최대의 쾌락을 만족시키는 것이 아니라, 안녕과 기쁨을 경험할 수 있게 하는 조건을 만들어야 한다.
- 개인에게 기본적 안전을 제공하면서 동시에 그들을 먹여 주는 관료체제에 의존하지 않도록 한다.
- 노동에서보다는 삶에서 개개인이 창의성을 발휘할 가능성을 회복해야 한다.

이렇게 열거한 난관들은 기술적 유토피아가 아니라, 휴머니즘적 인간과학에 바탕을 둔 것이다. 이러한 체제는 결국 생산력과 생산관계를 분리시키지 않으면서 동시에 작동되는 대안을 필요로 한다. 그렇게 하려면 생산력의 창조성과 생산관계의 민주성을 통합해야 한다. 프레이리는 프롬이 강조한 것처럼 인성 구조와 사회 구조를 분리시키지 않고 통합하고자 했다. 그는 교육감직을 수행하면서 그렇게 했다. 제도의 변혁과 함께 사람의 변혁도 요구했다. 사회의 변화는 사람의 변화와 상호작용 하기 때문이다. 인간의 본성의식, 가치, 성격이 변해야 하며, 그런 다음에야 참된 인간적인 사회가 건설된다고 주장하는 사람이 있는데, 반드시 그렇게 되지는 않는다. 인류의 역사는 그들의 오류를 증명해 주고 있다. 순수한 정신적 변화는 항상 사적인 범위에 머물거나 작은 오아시스에 한정되곤 했다. 게다가 정신적인 가치관에 관한 가르침에 반대되는 가치관의 실행과 결합될 때는 완전히 무력화되었다.Fromm, 1982: 135 새로운 사회의 기능은 새로운 인간의 출현을 출현시키는 데 있다.

여기서 말하는 새로운 인간이란 성격 구조가 다음과 같은 특징을 나타내는 존재일 것이다.Fromm, 1982: 170-172

- 완전하게 존재하기 위하여 모든 형태의 소유를 스스로 포기한다.
- 안전·주체의식·확신을 지닌다.
- 자기 이외에는 누구도 어떤 것도 삶의 의미를 부여하지 못한다.
- 자신이 존재하고 있는 곳에 온전히 존재해야 한다.
- 축재와 착취가 아니라 나눠 주고 공유함으로써 모든 기쁨을 가진다.
- 물건·권력·죽어 있는 것이 아니라 생명과 그 성장에 관련된 모든 것이 신성하다는 것을 알고 삶에 대한 사랑과 존경심을 지닌다.
- 탐욕·증오·환상을 될 수 있는 한 줄이도록 노력한다.
- 우상을 숭배하지 않는 생활을 한다.
- 비판적이고 냉철한 사고 능력과 함께 사랑할 수 있는 능력을 함양한다.
- 자기도취를 버리고 인간 존재에 내재한 비극적 유한성을 받아들인다.
- 자기와 동료들의 충분한 성장을 삶의 높은 목표로 삼고, 이 목표를 달성하기 위한 훈련과 현실 존중이 필요함을 안다.
- 구조 속에서 이루어지지 않는 성장이란 건전하지 못하다는 것을 안다.

- 삶의 속성으로서 구조와 죽음의 속성으로서 질서 사이의 차이를 안다.
- 현실적인 가능성에 대한 예측으로서 견딜 수 없는 환경을 제거하기 위한 수단으로서 상상력을 계발한다.
- 다른 사람을 속이지 않는다.
- 자신을 안다.
- 모든 생명체와 자기가 하나임을 인식한다.
- 방종이 아닌 자기화의 가능성으로서 자유를 구한다.
- 사악함과 파괴성은 성장에 실패함으로써 나타나는 필연적 결과임을 안다.
- 야망은 탐욕과 소유의 또 다른 형태임을 안다.
- 운명의 최종 지점이 무엇이든지, 끊임없이 성장하는 삶의 과정에서 행복을 맞이할 것이다.

이러한 새로운 인간의 성격 구조 특징은 오늘날 인공두뇌, 관료적 산업주의 속에 살고 있는 사람들이 삶의 소유 형태를 제어하면서 존재의 영역을 넓히기 위해 할 수 있는 일을 필요로 한다. 이것이 인류의 복리 달성을 위한 '존재의 기술the art of Being'이다. 새로운 사회를 건설하려면 새로운 인간을 출현시켜야 하는데, 이를 위해서 존재의 기술이 필요한 것이다. 따라서 '소유to have를 위한 교육'이 아니라, '존재to be를 위한 교육'으로 나아가야 한다.

프롬은 산업과 정치 조직이 공동체적으로 바뀌기 위해서는 교육과 문화 역시 공동체적으로 바뀌지 않으면 안 된다고 역설했다. 그런데 오늘날 학교는 교육적 결손을 보완하는 문제와 더 많은 지식을 전달하는 문제의 경계선에서 줄타기만 하고 있다. 따라서 이를 벗어나려면 소유를 위한 교육이 아니라, 존재를 위한 교육으로 나아가야 하는 문명적 대전환을 위한 결단이 요구된다. 민주주의는 권력의 대전환만으로는 지킬 수 없다. 삶의 대전환은 시민들의 다양한 욕망, 문제의식, 주장, 대안, 실천방식을 묶어내는 것이다. 젠더 평등, 출발선의 평등, 나열된 사실로부터 진실을 지켜내는 것은 인식의 힘만으로는 부족하다. 끊임없이 자신의 삶과 부딪히고 거기에서 근거를 내오지 않은 인식은 허망하다. 그래서 그에 상응하는 자아의 대전환이 요구된다. 몸과 마음을 단단하게 다지는 자기혁명이 요구된다. 세상의 혁명을 위한 주체가 되기 위해서는 자아의 주체적 혁명으로부터 시작되어야 기초가 공고해질 것이다.

프레이리에게 지대한 영향을 미친 프롬은 건전한 사회의 건설을 위해 정치적·경제적 구조뿐만 아니라, 새로운 예술과 문화, 그리고 교육과 종교가 출현해야 하고, 이를 통해 인간의 성격이 근본적으로 변화되어야 한다고 주장했다. 프롬은 인격 구조와 사회 구조가 분리되지 않고 동시에 해방되어야 함을 역설한다. 사랑과 자비가 지배하는 사회를 건설하기 위해서는 '사회변혁/세상혁명'과 함께 '정신혁명/자아혁명'이 동시에 진행되어야 한다.박찬국, 2013: 225, 273[28] 자기혁명과 세상혁명은 분리되지 않아야 한다. 프롬의 조사에 의하면 하부구조가 바뀌면 자동적으로 상부구조도 바뀐다고 믿었던 레닌도 마지막 유언에서는 '인격 없는 스탈린'을 한탄했다고 한다. 죽음이 임박해서야 인간의 내면적 혁명이 하부구조의 변혁에도 매우 소중함을 너무 늦게 깨달았다. 오늘날 사회주의 위기도 여기에 있다.

물질주의와 정신주의는 서로 영향을 주면서 함께 발전해야 한다. 인류 문명의 발전에는 의식화 과정은 물질적 기초와 지적인 기초가 함께 존재

---

28. 프롬은 인간의 사회적 차원만을 중시하는 마르크스적인 편향을 넘어서면서 동시에 인간의 내면적인 차원만을 중시하는 실존철학적 편향을 넘어서고자 했다. 프롬은 실존철학자들 못지않게 인간의 비극적인 상황과 인간의 비합리적이고 파괴적이고 퇴행적인 측면을 주목하면서도 마르크스주의자들과 함께 인간의 가능성에 대한 신념을 잃지 않는 양자의 통찰을 종합하면서 인간 및 사회의 동시적 변혁을 추구하고 있다. 그는 그 어떤 사상에도 휘둘리지 않고 항상 냉철함과 절도를 잃지 않으며 '이데올로기의 시대'라고 불리는 20세기의 한복판에서 그 유례를 찾아보기 힘든 균형 잡힌 자세를 보였다. 그런 그였기에 프레이리와 잦은 교류와 만남을 가졌을 것이다.

한다.Roberts, 2021: 293 물질의 변화에 의식의 변화가 동반되지 않으면 인간은 물질의 노예가 되고 말 것이다. 그래서 사물을 비판적으로 의식한다는 것은 지속적인 변혁 과정을 동반해야 한다. 의식화를 거친 사람들은 그들이 비판적으로 현실을 반성하고, 행동하며, 그들 자신과 그들의 환경 둘 모두를 바꾸고, 그런 변혁이 가져온 새로운 현실에 대해서 또다시 반성하고, 필요한 더 많은 행동을 수행하는 등의 활동을 하므로 계속해서 재구성될 것이다.

안창호는 민족개조, 사회개조, 국가개조, 세계개조가 동시적으로 연결된 고리로 보고 동시적 개조/개벽을 주창했다. 개화파의 사상적 전통을 계승한 점진혁명론을 주창했다. 경세론세상을 다스리는 논의과 인생론인생에 대한 논의을 결합시켰다愛己愛他, 大公主義.[29] 인격혁명개인수양과 사회개조세상혁명의 통일을 강조한 흥사단 지도자 안창호와 물질개벽에 상응하는 정신개벽을 강조한 원불교 지도자 박중빈의 만남1932.2은 물질의 혁명과 정신의 혁명이 매우 중요함을 자각하게 한다. 이들의 만남을 '변혁적 중도주의자'의 회동으로 해석한 백낙청2021: 66[30]은 '개벽을 향해 열린 개화파'안창호와 '개화를 수용한 개벽파'박중빈의 회동으로 해석했다. 기독교정신과 민족사랑을 하나로 엮어 '기독교적 민족주의'만이 아니라 '사회주의적 민족주의'도 함께 포용한 회동으로 이해할 수 있다. 단순히 의식과 제도 등 삶의 부분적 개변改變을 넘어 새로운 세상을 열어 가는 총체적 변혁變革으로서 일상의 삶과 국가사회 전반에 걸쳐 상생과 조화, 통합과 활용의 길을 모색한 것이다.

박중빈이 그랬듯 물질개벽과 정신개벽이 함께 일어나야 한다. 동학사상

---

29. '대공주의'는 당파·당리를 떠나 조국 독립의 대공(大公)에 복속시켜야 한다는 사상이다. 좌우의 대립 상황에서 민족독립이라는 공통의 목적을 실현하기 위한 정치적 슬로건으로 평등의 의미가 부각되었다.
30. 백영서는 정치·경제·교육의 불평등을 변혁의 대상으로 삼아 철저한 혁명을 수행하고자 하는 조소앙을 '삼균주의', 삼권의 균등을 기초로 '신민주주의'를 두고 경계를 횡단하는 변혁적 중도주의자로 해석했다.

가이고 아동교육이론가인 김기전이 강조하듯 역사변혁의 기초를 생활양식과 생활의식에 두어야 한다. 이돈화가 강조하듯 생활의식이 개조되면 생활양식과 태도사물에 대한 태도, 인간에 대한 태도에 의한 사회개조도 변화할 것이다. 그리되어야 역사 발전이 가능할 것이다. 동학사상가 김형준이 강조하듯 생활 태도의 변증법적 발전과 대립과 통일에 의한 개벽적 실천이 요구된다. '현실'은 대립물의 통일이자 모순의 구조이기에 언제든지 분열될 위기를 지니고 있고, '현실의 위기'는 현실의 몰락을 의미하는 것이 아니라, 현실의 내부적 구조인 주체인간와 객체자연, 사회, 우주의 분열·모순·충돌일 뿐 아니라, 주객의 대립대항의 논리을 통해 다시 새로운 통일 상태창조의 논리로 발전시키는 개벽의 전환적 계기를 마련해야 한다.정혜정, 2021; 정혜정, 2022

마르크스주의자인 심광현2020은 최근 '인간혁명개인구성체의 변혁: 인간 활동의 혁명적 변화'과 '사회혁명사회구성체의 변혁: 환경의 혁명적 변화'의 일치를 주장한다. '아래로부터의 인간혁명을 통한 새로운 사회혁명'을 강조한다. 자본순환의 폐쇄회로에서 인간혁명의 개방회로로서 토대생활양식와 상부구조주체양식의 결합을 주장한다. '인간혁명'은 과거의 종교혁명처럼 공허하며, '인간혁명 없는 사회주의혁명'은 20세기 사회혁명들처럼 맹목적인 것이라고 역설한다. 그래서 적노동/녹생태/보라여성 사이의 장벽을 넘어서는 문명 전환의 새 지평을 요청했다.

이렇게 볼 때 지금 한국 사회는 포스트코로나 시대에 100여 년 이전의 기술적 근대화를 주창했던 개화파의 논리를 재연하고 있지 않은지 우려스럽다. 인류의 대응이 종래의 기술문명 따라가기 또는 기술개발 앞서가기와 전혀 다른 성격이어야 함을 인식하기 위해서는 개벽에 대한 연마가 필수 불가결하다. 물질개벽만 더욱 눈부시게 하고, 인심과 정신은 상응하는 개벽을 이루지 못한다면 '민주주의'니 '주인의식'이니 하는 것 자체가 마음에 어른이 없는 애물들만 양산되어 스스로 주인이라 착각하면서 오히려 기술과 자본에 지배당하는 노예생활을 초래하기 마련인 것이다. 우리는 자유를 얻었지만 오히려 자유에서 도피하려 한다. 주체성의 기반이 취약하기 때문이다. 마찬가지로 민주주의를 어렵게 얻었지만 민주주의를 손에서 놓으려 한다. 민주주의를 지킬 만한 주인으로서의 역량이 부족하기 때문이다. 민주공화정 바이마르 체제에서 나치 전체주의 체제로 넘어갈 때가 그랬다. 공간과 시대적 상황이 다르지만 작금의 한국에서도 그러한 '도피적 민주주의'를 목도하게 된다. 촛불항쟁을 통해서 얻은 민주주의를 지키려면 그만큼의 대가를 지불하겠다는 자세, 책임감, 포용력, 인내가 필요하다.

하지만 자신의 작은 이익, 집값을 위해서라면 가차 없이 민주주의를 버리는 것이 한국의 현실이다. 20년 전에 '민주주의가 밥 먹여 주나'라는 말이 유행했었는데 지금도 여차하면 스멀스멀 기어 나온다. 한국 민주주의는 아직 그 단계라고 보지만 원래 인간의 본성에도 그런 부분이 있는 것 같다. 창업보다 수성이 어렵다고 한다. 민주화 투쟁 과정에서 흘리는 피보다 민주주의를 가꾸고 지키기 위해 흘려야 하는 땀이 더 많은 것 같다. 민주주의의 값은 '창업 값'+'수성 값'이라고 본다. 수성을 위해서는 끊임없는 성찰은 물론 사상 무장이 필요하다.

그러기에 기술적 근대화를 주창한 개화파와 정신적 근대화를 추구한 개벽파의 융합과 공존이 요구된다.[31] 백낙청2021: 59-67이 강조하듯 분열된 운동세력을 '정당한 중간의 길'로 다시 통합하는 과제변혁적 중도주의라는 일관적 잣대로 각각의 사상과 노선을 평가하는 일이 긴요하다. 이의 연장선에서 '대안적 현대'를 위한 대한민국의 교육 세상(공화국) 만들기 설계도를 작성하고 그 길을 찾아 나서야 한다.

31. 구한말/문호개방기(1876년 병자수호조약/강화도조약) 척사파(유교 중심의 중화주의적 문명; 조선의 예교 고수), 개화파(전면적인 서구적 근대; 유학을 서학으로 대체), 개벽파(전통사상과 서구 사상의 융합·회통을 기대했다.

## 6. 사회화와 주체화의 결합

인간은 이데올로기적 지배의 영향을 받으면 순응하면서 살아가는 것이 일반적이다. 어린 시절부터 가정교육, 학교교육, 대중매체 등을 거치며 휩쓸려 살아간다. 자신의 이해관심, 가치관, 성격, 태도 등에 맞추며 살아간다. 사회관계로서의 사회구조를 형성하는 기본 단위는 의식을 가지고 행위를 하는 개인들이라고 할 수 있다. 그러므로 개인의 '행위'가 '사회구조'와 어떠한 영향을 주고받는지를 살펴보는 것이 중요하다. 만약 개인들의 행위가 없다면, 사회구조를 지속적으로 재생산하는 것도 일정하게 변형시키는 것도 불가능하기 때문이다. 이처럼 행위는 개인적이기도 하지만, 집합적·관계적이기도 하다.

그러므로 행위들이 일정한 사회관계를 맺으면서 이루고 있는 것을 '사회구조'라 할 수 있다. 우리에게 사회구조는 항상 '과정 속'에 있고, 겉으로는 단단하고 자연스러워 보이지만, 사실은 고정된 것이 아니다. 인간 사회는 언제나 구조화structuration 과정에 있다. 개인 행위의 측면에서 보면 사회구조가 외적인 강제력으로 다가오지만, 개인 행위들이 없다면 사회구조 자체가 형성될 수 없다. 경쟁적 투쟁이 일어나는 다양한 사회적 장소 혹은 무대인 현장field, 거시적·미시적 수준에서 사회적 관계의 구조화된 체제을 통해 사회적 삶이 조직되고 권력관계가 작동한다. 개인과 개인, 개인과 구조, 그리고 객체성과 주체성 사이의 끊임없는 긴장된 변증법이 작동한다.Grenfell & James, 1998: 12-16

교육체제는 기본적으로 현존하는 사회적 불평등 구조를 재생산하는 경향이 있는데, 수동적인 사회적 재생산과 능동적인 사회적 재생산은 상호작용하면서 여러 수준에서의 응집성과 효과성을 지닌 체계/체제를 만들어 간다. 국가는 사회적 재생산을 수행하는 수동적 기구이면서도, 동시에 사회적 재생산을 할 때 틈과 모순을 낳는 기구이기도 하다. 교육체제/학교체제의 재생산 과정에서도 모순이 발생할 수밖에 없다. 사회구조structure와 행위자agency, 그리고 이론과 실천 사이의 간격이 벌어지면 갈등 관계가 증폭된다. 양자 사이에 갈등과 긴장이 일어나면서 재생산과 가능성의 대립적 관계가 형성된다. 그리되면 모순[32]이 발생한다. 모순contradictions은 단순히 고충이나 문제점을 넘어 주체, 매개, 대상, 공동체 활동체계 내에 역사적으로 쌓인 '구조적 긴장'이라고 할 수 있다. 이때 틈새가 생기고 활동과 운동이 벌어진다. 교육구조를 포함한 사회구조의 벽을 허무는 작은 틈새와 점진적 변화는 혁명적 변화를 위한 작은 물꼬/촉매이다.

물론 저항의 주체가 형성될 때 가능한 일이다. 이러한 모순은 또한 변화의 원동력이 된다. 모순은 갈등을 낳기도 하지만, 이런 모순의 상황에서 벌어지는 갈등은 성장과 발달을 위한 과정이 되기도 한다. 모순을 해결하기 위한 동기는 활동체계가 더욱 창의적인 해결책을 찾도록 유도하고, 주체들에게 무엇을 더 학습해야 하는지에 대해 생각할 기회를 주기 때문이다. 학교 사회의 갈등은 학교가 당면하고 있는 모순에 관한 교사들의 인식과 그에 따른 갈등이 더 나은 가치를 지향하는 과정에서 필연적으로 발생하는 것으로 이해할 필요가 있다.

프레이리는 정부 정책 및 프로그램과 동시에 사회운동 및 지역공동체

---

32. '모순'은 활동체계에서 서로 상반된 힘 사이에 발생하는, 역사적으로 축적된 변화의 원동력이다. '모순'이란 첫째, 개인의 말속에 또는 사람들 사이의 말속에서 평가가 엇갈려, 이러지도 못하고 저러지도 못하는 딜레마 상황이다. 둘째, 저항, 동의하지 않음, 논쟁, 비판의 형식을 띤 갈등을 모순으로 볼 수 있다. 셋째, 모순이란 사람들이 스스로는 해결할 수 없다는 회의적인 생각에 빠진 상황이라 말할 수 있다. 넷째, 활동체계에서 주체들이 출구를 찾지 못하고 아무것도 모른 채 남아 있는 상황을 모순으로 볼 수 있다. 이러한 정의는 모호하고, 엄격히 구분이 안 되지만, 골치 아픈 문제나 갈등과 같이 부정적인 함의를 갖는 것이 아니고, 긍정적인 효과를 내재하고 있다. '모순'을 해결하기 위한 동기는 활동체계가 보다 창의적인 해결책을 찾도록 유도하고, 주체들에게 무엇을 더 학습해야 하는지에 대해 생각할 기회를 주기 때문이다. 모순을 파악하고 이를 해결해 나가는 과정을 거쳐 주체들의 사고가 확장되는 것이다. 후기비고츠키주의자들의 활동이론(activity theory)에서 모순이 중요한 이유는 그것이 변화의 원동력이 되기 때문이다. 엥게스트롬은 이러한 기초 위에서 변화를 가져오기 위한 동기의 원천을 모순에서 찾았다(성열관, 2019).

의 일상적인 투쟁에 참여하면서 한 발은 체제 내부에, 다른 한 발은 외부에 유지하는 전략·전술을 채택했다. '전술적으로' 모두 체제 안쪽에 다리 하나를 걸쳤고, 그리고 '전략적으로' 체제 바깥에 다른 다리를 걸쳤다. 체제 내부와 외부 모두에 속해 있으면서 사고하고 가르쳤다.Schugurensky, 2014: 194-195 프레이리는 다음을 역설한다.

> 나는 천천히 자기의 오른 다리를 체제 밖에 놓으려고 하는 사람들을 알고 있습니다. 하지만 그들은 즉각적으로 두려움에 압도당하게 됩니다. 그들은 바깥에 발을 디딘 사람들, 그래서 처벌받게 된 사람들을 보게 됩니다.Freire, 2003: 279-280

프레이리의 이상과 목적을 구현하기 위해 체제 밖에 있는 자신의 다리를 안쪽으로 끌어당기려고 하면서도, 전략상으로는 자기의 다리 한쪽을 체제 밖에 두었다. 이러한 모호함은 자주 위기에 처할 수 있다. 사회운동 진영이 진보적인 지자체 정부를 상대할 경우 사회운동 단체들은 전술적으로는 정부 내에, 전략적으로는 정부 바깥에 있는 이중적인 태도를 취하게 된다. 다른 말로 하면 민중교육 혹은 사회정책 개발에 참여하려 싸우는 사회운동 단체들은 항상 한 발은 정부 내에, 다른 한 발은 정부 바깥에 두고 있기에 딜레마 상황에 놓이게 된다.O'Cadiz, Wong, & Torres, 2022: 89 이것은 민주정부 또는 지자체 사람들이 두 다리를 모두 체제 안에 두고 있는 경우와 비견된다.

이론과 행위 사이의 간극, 즉 행위자들의 이론적이고 철학적인 세계와 새로운 교육청의 매일의 실천적, 교육적, 정치적 활동이 서로 맞닿지 않고 이들 간에 불일치한 상황이 이어질 수밖에 없다. 경제적, 정치적으로 불꽃 튀는 모순과 다양한 사회문화적 복잡성으로 점철된 사회 환경 속에서 이러한 교육 프로그램들이 수행된다. 프레이리의 유토피아적 이상주의는 아동을 교육하는 일의 관료화, 제도화, 구체적 조건이라는 현실 상황을 마주하게 된다. 아동의 학교교육에 프레이리의 교육사상을 적용하게 된 상파울루시에서의 교육개혁 과정은 비판적 교육이론과 해방적 교육 프로그램의 실천과 그것에 대한 성찰적이고 분석적인 평가를 위한 특별한 기회가 되었다.O'Cadiz, Wong, & Torres, 2022: 33 여기에서 '운동 정치'와 '제도 정치'의 접목을 시도한 프레이리의 실험적 도전이 시도된 것이다.

프레이리가 강조하는 '교사teacher'는 구조, 정당성, 규범, 상징, 일상적 일에서 자신의 위치를 끊임없이 협상하는 행위주체agency[33]였다.O'Cadiz, Wong, & Torres, 2022: 25 교사라는 개념은 민주주의라든가 좋은 삶이라는 개념과 마찬가지로 사회적으로 구성된다. 교사도 모순을 인식해야 이를 해결해 나가는 과정을 거쳐 주체들의 비판적 사고가 확장되는 것이다. 학교와 수업을 변화시키고자 하는 노력은 모순과 갈등을 필연적으로 동반하며, 그렇기에 모순과 갈등을 부정적으로만 볼 필요가 없다. 모순은 변증법적 전개를 통해 학습자를 성장시키고, 활동체계를 변화시키는 동기를 부여한다는 점에서 중요한 의의를 지닌다. 사회를 재생산하려는 제도의 규칙과 이데올로기, 그리고 물질적 이익의 메커니즘들 사이에는 모순, 한계, 틈이 발생하기 마련이다. 여기에서 시도되는 새로운 교육 질서를 만들어 내는 틈새적 변혁interstitial transformation은 기존 제도의 한계를 약화시키면서 새로운 사회적 힘을 강화시키는 대안적 제도를 창조해 내는 데 결정적 역할을 할 수 있다.

교육체제의 형성 과정에서 기존 담론은 더 이상 원래와 다른 것으로 전환될 수 있는 '틈새'가 생길 수 있다. 교육체제는 그 내부로부터 변혁될 수밖에 없는 뚜렷한 한계가 드러나기 마련이다. 틈새 전략은 강화된 사회

33. 행위하는 주체 개념은 오늘날 OECD의 〈미래의 교육과 기술 2030〉 보고서에 나타나 있다. 더 나은 미래를 만들고 새로운 가치를 창출하고, 그리고 갈등과 딜레마를 조정하고 책임지는 역량으로서 학생의 행위주체성(student-agency)과 교사의 주체성(teacher agency), 그리고 학부모·지역사회와의 상호 주체성(co-agency)을 강조한다.

적 힘을 구현하는 제도들이 밑으로부터 창조되고 심화될 수 있게 한다. 틈새 전략은 포용적 사회를 위해 기존 사회의 구조 및 제도에 의한 체계적 배제의 장벽을 허물면서 적대적 이익을 추구하는 방해 세력들을 점차 밀어낼 것이다.

물론 틈새적 실천이 전복적이거나 체제의 논리를 반드시 허문다는 것은 아닐 것이다. 다만 이러한 틈새적 실천이 사회조직의 지배적 권력관계와 지배적 원칙들에 의해 직접적으로 지배되거나 통제되지 않는다는 것뿐이다. 또한 제도 정치가 활성화되면 일상의 운동으로서 정치, 삶으로서의 정치가 비정치화될 역설도 발생한다. 틈새적 변혁이 반드시 공생적 변혁symbiotic transformation으로 나아간다는 보장은 없다는 말이다. 그만큼 틈새의 구축이 중요하다. 교육제도들의 한계와 모순에 대한 인식은 사회변혁을 위해 필요한데, 근본적 교육개혁이 가능하려면 조건이 무르익어야 한다.

예를 들어 학생들이 학교에 다니는 행위를 생각해 보자. 학생들은 한국 사회의 교육구조교육제도가 규정한 규칙에 따라 학교에 다닌다. 교육구조는 사회구조로서 학생이 등교하는 행위를 가능하게 하는 조건이다. 그런데 학생들이 지속적으로 등교하지 않는다면, 이러한 교육구조가 유지될 수 없다는 점에서 교육구조는 학생들의 등교 행위의 산물이 된다. 이런 점에서 학생들의 등교 행위는 개인적으로는 의식적 행위이면서도, 의식하지 않은 사이에 교육구조를 재생산하고 있는 행위가 된다. 만약 많은 학생들이 등교를 거부한다면, 즉 저항 행위가 발생하면 기존 교육구조의 유지가 어려워지며, 그리고 일정한 교육구조 개혁이 이루어지지 않으면 재생산이 불가능해진다.

교육은 단지 지배집단의 이데올로기적인 목적과 문화의 형식 및 내용을 재생산하고 있는가? 학교교육은 현존하는 사회의 중요한 쟁점들에 대한 문제제기를 하는 데 사용될 수는 없는가? 그보다 진일보해서 학교교육은 사회를 재조직함으로써 사회를 재구조화하는 데 적극 참여할 수는 없는가? 조지 카운츠1889~1974는 교육을 정치적 투쟁과 운동에서 동떨어진 것으로 보기보다 오히려 '명시적으로' 정치적인 것으로 보았다. 그는 또한 교육을 정치보다 우위에 놓으려고 애쓰기보다는, 교육을 이해하고 교육을 실천할 수 있는 유일한 길은 정치운동과 보조를 같이하며 직접 그것에 관여하는 것이라고 보았다.

이 문제에 관해 카운츠는 "만약 진보적인 교육운동이 튼튼한 기반을 갖춘 사회운동이나 추세와 직접 연결되어 있지 못하다면, 그것은 사기의 도구가 될 수밖에 없다"Counts, 1932a; Counts, 1932b라고 주장한다. 만약 우리가 직면하고 있는 현재의 문제가 과거 우리의 정치적이고 사회적인 구조를 지배했고, 또한 현재도 계속 지배하고 있는 경제적 이해관계에 의해 가장 강력하게 영향을 받고 있다면, 이러한 지난한 사회적 문제의 근원에 대해서, 그리고 그것들을 극복하는 데 무엇이 필요한지에 대해서 정직하게 사고할 필요가 있다.

카운츠에게 학교교육은 다른 모든 중요한 사회제도가 그렇듯이 특정한 지리적 배경에서 모든 중요한 시공간 안에서 살아가는 특정한 문화와 사회의 표현이다. 보편 법칙이 아니라 사회경제적 지배 관계, 그리고 이 관계와 관련되어 있는 제도들과 역학이 지금 무엇을 하고 있으며, 미래에는 무엇을 할 수 있고, 해야만 하는지를 바로 이해할 수 있게 해 주는 핵심 요소들이다. 1930년대 경제 대공황 위기는 거대한 경제체제 속에서 일자리를 찾아 나서는 사람들에게만 나타나는 것이 아니었다. 학교에서도 똑같이 가시적인 위기가 동시에 진행되었다. 배고프고 집이 없는 어린이들, 파산한 가게들, 망가진 금융 시스템, 엄청난 불평등, 이 모든 것은 다른 많은 것들과 연결되어 있다. 그리고 거기에는 교육도 포함되어 있다. 그럼에도 마치 교육이 그것을 둘러싸고 있는 사회와 단절되어 온전하게 제 갈 길을 가고 있는 것처럼 말하는 사람들이 많다. 하지만 교육을 사회와의 연결성 속에서 파악하면, 교육은 지배계급의 이해관계와 직결되어 있는 것이 명명백백하다. 카운츠는 '민주적 아동중심주의'의 깃발이 사회복지를 촉진하는 사명을 다하지 못했다고 비판했다. 교육 자체가 경제적·사회적 자본에 지배당했고, 지배계급이 학교교육을 통제했다. 일상을 집중적으로 가득 채우고 있는 이데올로기와 짝을 이루어서 학교교육은 특정한 정체성이 행사되는 상황을 만들어 내야 한다고 강조한다. 카운츠는 사회적 이슈와 문제를 무시하는 아동 중심적 진보주의에 대해서 매우 비판적이었다. 그것이 『학교가 감히 새로운 사회질서를 수립할 수 있을까?』1932b로 나타났다.

> 개인이 국가의 자연자원으로 재산을 불리는 것, 단지 돈을 벌기 위해 사업을 조직하는 것, 언제 어디서나 자기가 하고 싶은 대로 새로운 공장이나 철도를 세우는 것, 자신의 사적 이익의 보호를 위해 통제할 수 없는 경제체제를 혼란에 빠뜨리는 것, 그리고 정치생활의 부패, 여론기관의 통제, 금융기제의 조작, 두뇌와 지식의 구매나 무지, 나약함, 그리고 불행을 이용하여 엄청난 부를 축적하거나 축적하려는 시도를 허용해서는 안 될 것이다.Counts, 1932b

카운츠는 교육의 '형성적' 역할을 강조했다. 그는 좋은 사회를 건설하는 일은 거의 모두 교육적 과정이라고 생각했다. 그는 교육은 중립적일 수 없으며, '교화'와 같은 영향력의 요소를 포함할 수밖에 없다고 주장한다. 그는 교사들이 교육의 형성적 역할을 잠재적 교육과정에만 맡기지 말고, 공식 교육과정에서 이 역할을 적극적으로 활용해야 한다고 천명해야 하며, 그렇게 해야 사회개혁을 수립할 수 있다고 역설한다. 그는 교육의 세계에서 학교가 공동체와 유기적 관계를 설정할 것을 제안하면서 더 분명하고 강력하게 다음과 같이 주장한다. "학교와 사회가 공동의 목적으로 연결되지 못하는 한, 교육 프로그램은 그 의미와 활력을 잃어버릴 것이다."Counts, 1932b: 17

프레네 또한 뒤르켐이 주장하는 사회 보존 기능을 뛰어넘어 학교교육이 사회를 개혁하는 데 일조해야 한다고 주장했다. 그는 새로운 사회를 건설하기 위해서, 그리고 학교를 통한 사회개혁을 이루자는 급진적 태도를 취하면서 '학교의 혁명'을 주장했다. 미래 사회를 위해 현재의 학교는 변화해야 하며, 이로써 학교는 모든 사회변혁의 출발점이라는 것이다. 사회정치적 맥락, 학부모와 학생의 일과와 생활조건은 교육의 방향을 결정하는 데 중요한 영향을 미친다고 할 수 있다.

그런데 듀이1859~1952[34]는 이와 다른 입장을 취한다. 듀이는 미래 사회에 대한 카운츠의 민주적 사회주의 관점에 크게 동의했지만, '교화indoctrination' 또는 '강압imposition'의 방식을 옹호할 수 없었다. 교화란 완전하게 공개된 토론 후에 학생들에게 자유롭게 입장을 선택할 수 있도록 하는 것이라기보다는 그들에게 이상, 감정, 사회적 해결책을 강요하는 외적인 시도라고 보았다. 듀이는 설사 그것이 최고의 선인 경우에도, 교화는 너무나 쉽게 지배와 권위주의 그리고 심지어 전체주의로 유도될 수 있다며 경계했다. 왜냐하면 교화는 학습자를 통제와 조작을 위한 대상으로 다루는 경향이 있기 때문이다. 듀이는 무엇보다 교육이란 목적은 물론 수단이 도덕적으로 받아들여져야 한다고 주장하면서, 배움의 내용보다 탐구의 방법이 더 중요하기 때문에 교수학습 과정에서 권위적 방식이 아니라, '비판적 지성'을 사용할 것을 역설했다.

듀이[35]는 학교가 사회의 축소판이고, 민주주의 실험장으로서 학교 민주주의의 활성화에 크게 기여할 것이라고 주장했다. 카운츠 등 사회재건주

34. 미국 컬럼비아대학교 교수였던 듀이는 미국교원노조(AFT) 대표, 뉴욕 자유당의 지도자였고, 미국 노동당을 창당한 인물이기도 하다. 1927년과 1929년 소련을 방문했다. 소련 교육에 대해 수많은 비교교육학적 업적도 쌓았다. 스탈린의 숙청 작업을 목격한 후 소련 공산당에 대해 비판적 입장을 취했다.

의자들social reconstructionists[36]의 관점보다는 온건한 입장을 취한 것이다. 듀이는 학교가 보다 큰 사회구조 속에 파묻혀 있기 때문에 학교가 곧바로 새로운 사회질서를 만들 수 있다고 생각하지 않았다. 그래서 듀이는 1930년대 대공황을 맞이하여 진보주의 교육운동을 함께했던 사회재건주의자들과 대논쟁[37]을 벌였다. 먼저 논쟁에 불을 붙인 사람은 진보주의 교육학회의 회의장에서 발언에 나선 카운츠였다. 정치적 급진성을 띤 그는 미국의 사회적, 경제적, 그리고 정치적 구조의 취약성을 비판하고, 사회를 개혁하기 위해서는 교육을 변화시키는 프로그램이 필요하다고 주창했다. 그는 어떤 교육에서나 어느 정도의 '교화'는 불가피하다며, 단지 문제되는 것은 주입되는 가치의 종류라고 보았다. 그는 1929년 경제적 대공황에 직면하자 개인주의, 민족주의, 경쟁, 자본주의 등을 기반으로 한 구-사회질서는 더 이상 유지될 수 없다고 생각해 새로운 사회질서로서 협동, 사회주의, 세계주의를 상정했다.

제자뻘인 카운츠와 격렬한 논쟁을 벌인 듀이[38]는 자신이 만든 진보주의 교육학회PEA, 1919년 설립를 탈퇴한다. 이렇게 하여 전통적 형식 교육, 틀에 박힌 행동, 권위주의를 거부했던 진보주의 교육은 아동 중심적 진보주의와 사회 중심적 진보주의로 내적 분화가 일어난다.Gutek, 2014: 372-373 듀

35. 듀이는 미국 최초의 교원단체인 미국교원노조(AFT)의 1번 회원이었다. 그는 영국 노동당을 모델로 하여 사회당과 공산당의 연합을 추진하기도 했다. 듀이는 다섯 번의 대통령 선거에서 사회주의 정당에 투표를 했다.

36. 1930년대의 카운츠와 러그, 그리고 1950년대의 브라멜드, 1970년대의 알린스키, 1980년대의 애플은 아동의 개성을 강조했던 진보주의 교육가들과 달리 학교가 사회 변화에 앞장서야 한다고 주장했다. 사회재건주의자라고 불리는 이런 유형의 진보주의자들은 진보주의 교육이 자유주의의 장단점을 모두 갖고 있다며 현 상태의 교육과 사회를 개혁하는 데 중심에 서야 한다고 주장했다. 새로운 사회의 창조를 추구해야 한다고 주창하는 사회재건주의는 원래 진보주의 교육운동의 한 부분이었으나, 사회의 개혁에서 '학교'의 위상을 달리 보았다.

37. 1930년대 대공황의 심각한 경제적·사회적 혼란의 와중에 교육계가 교화에 대한 논쟁으로 들끓었다. 논쟁의 중심은 정치·사회·경제의 현안에 대해 어떤 내용을 어떠한 방법으로 가르칠 것이냐에 대한 것이었다. 이에 대한 논쟁이 당시 〈소셜 프런티어(Social Frontier)〉 지면을 중심으로 격렬하게 전개됐다. 이 논쟁은 보수주의, 급진주의 그리고 제3의 관점으로 나뉘었다.

38. 듀이는 아동 중심적 진보주의가 아동의 흥미를 너무 중시한 나머지 교과를 지나치게 경시하는 것에 대해서도 비판적이었다.

이는 두 노선의 중간에 자리했다. 학교교실 안과 밖 모두의 정치화를 주창한 카운츠와 교실 밖사회의 정치화를 지지하면서도 교실에서는 교화적 방식이 아닌 의사소통과 비판적 지성을 요구한 듀이 사이는 운동노선의 차이라고 봐야 한다.

카운츠의 노선에 더 가까운 프레이리는 "교육은 사회변혁의 궁극적 수단은 아니지만, 교육이 없으면 사회적인 변화가 일어날 수 없다"라고 주장했다. 인간이 배운다는 것은 변화를 목적으로 구성하고, 재구성하고, 관찰하는 것이라고 했다. 프레이리는 선동을 지지하지 않았으며—이 점은 듀이와 노선을 같이한다— 교육 방법이 민주주의적 원칙을 지킨다면, 의식화를 통해 사회 변화가 가능하다고 보았다.

이를 오늘날의 시점으로 끌어와 듀이의 반-교화 노선을 따르는 넬 나딩스[39]는 사실 비민주적 방식으로 사용될 수 있는 '세뇌'와 마찬가지로 '올바른 교화righteous indoctrination'를 한다는 것은 자가당착이라는 주장을 편다.Noddings, 2016: 79-79, 170, 291-292, 311 다만 개혁의 이상을 너무 멀리에 두어서는 안 되며, 교육과정이 문제가 있다고 하여 모두 내버려서는 안 된다며 현실주의적 입장을 취한다.

감시와 처벌로 이루어진 학교를 통해 '대항품행'의 함양을 비판적으로 바라보는 푸코는 사회화 관점을 강하게 비판한다. 집단적 규범에 어긋나는 행동을 하는 개인은 '사회화'가 덜 된 사람이고, '비정상적인 사람'이라고 규정하고 판별하는 것은 멀쩡한 사람을 정신병자로 만드는 억압적 사회화를 위한 기제나 다름없다는 것이다. 푸코는 이런 교화/훈육 체제를 양순한 몸으로 길들이는 '훈육discipline'이라고 강하게 비판했다. '탈학교론자들de-schoolers'도, '소극적 교육'을 주창한 루소를 비롯하여 '의식화론'을 제기한 프레이리나 '교화'의 불가피론을 펴는 사회적 재건주의자는 반사회화론자라고 할 수 있다.

---

39. 나딩스는 듀이가 설립한 시카고대학교의 실험학교 교장을 지냈다.

그런데 '교화'의 불가피론을 펴는 입장에서는 일방적인 훈련 또는 조건화라는 관점에서 반박할 수도 있지만, 덕이 있는 교사가 덕이 없는 학생들을 진실로 '사회화socialization'[40]시키고자 할 때, '다른' 대안을 찾지 못해 정직함, 자제심, 이해심을 갖도록 훈련시키는 것을 두고 '교화'라고 딱지 붙이는 것은 부적절할 수 있다. 왜냐하면 도덕적 습관을 전승한다고 해서 비판적 성찰의 가능성을 완전히 차단하는 것은 아니기 때문이다. 교육이란 사회화의 한계 속에서 이루어지기는 하지만, 또한 그것은 교화적 기능이 있는 사회화의 한계를 극복하면서도 사회를 변화시키는 '대항-사회화'의 기능도 할 수 있기 때문이다. 이런 생각의 바탕에는, 사회화와 같은 기능을 하는 '교화'가 굴레와 축복의 양면성을 지닌 모순된 인간 활동이라고 보는 관점이 깔려 있다. 사회화 모두를 '억압적 사회화'로만 볼 수는 없는 것이다. 이 점에서 독일의 민주시민교육정치교육의 한 방식인 보이텔스바흐 합의에서 아무리 가르치는 내용이 진리라고 하더라도 '교화 금지의 원칙'을 지킬 것, 사회적으로 논쟁적인 주제를 교실에서 논의하는 '논쟁재현의 원칙' 강조는 카운츠와 듀이 논쟁에 시사하는 바가 많다.

이와 관련하여 한나 아렌트Hannah Arendt는 매우 신중한 접근을 한다. 그녀는 전통을 부정적으로 본 많은 비판이론가들과는 달리 '전통'이 학생들에게 새로운 무엇을 창조하는 힘을 길러 주는 '해방적 교육'을 활성화시키는 데 사용될 수 있다는 유연한 입장을 취한다. 그것은 그람시가 고전의 재해석과 학교교육을 통해 사회변혁이 가능하다고 본 것과 같은 맥락이다. 아렌트의 문제의식은 한마디로 '아동과 세계의 분리'라고 할 수

40. '사회화'의 일차적 관심은 '사회의 재생산'에 있다. 한 사회의 질서를 유지하고 문화를 계승하기 위해서는 새로운 구성원에게 그 질서와 문화를 규범으로 부여하고, 그것을 내면화하도록 해야 한다. 그 규범에 따라서 행동하고, 그 규범에 따라서 타인의 행동을 해석하도록 해야 한다. 개인은 사회화를 선험적으로 주어지는 명령으로 받아들여야 한다. 인간은 자신의 역사를 만든다. 그렇지만 인간은 자신이 원하는 대로 역사를 만들 수 있는 것이 아니다. 인간은 자신이 선택한 환경에서 역사를 만드는 것이 아니라, 현재 주어져 있는, 즉 과거로부터 주어지고 전수된 환경에서 역사를 만들기 때문이다.

있다. 아렌트의 접근 방식은 아이들을 성인 세계의 고정된 기준에서 해방시키려는 것—아이들만의 자율적인 세계가 존재한다—에 대한 대응이기도 하다. 아동 중심적 진보주의 교육사상으로 인해 아이들의 성장과 발달을 위해 필요한 가장 기초적인 조건들이 간과되고 무시되어 왔다는 데 대한 일종의 거리두기라고 할 수 있다. 이런 생각은 십대들이 미래를 준비할 겨를도 없이 너무 빨리 '늙은 아이'가 되는 것에 대한 우려의 표명이라고 할 수 있다. 하나의 인간으로서 형성 과정에 있는 아이들에게 지나친 해방이 주어지는 것은 '아무 생각 없이 골라잡기mindless plumping'에 불과하거나, 교육자의 교육적 책무를 망각하거나 방치하는 일종의 '직무유기'를 초래할 수 있기 때문이다. 이른바 '교화'의 위험성 때문에 도덕적 덕목을 전달하는 것까지 일체 배제하는 태도는 욕조물이 더럽다고 갓난아이까지 내버리는 것이나 다름없다. 아이가 독립과 자립을 추구할 수 있도록 적절한 자율성을 주는 것은 좋으나, 가치 판단의 기준이 될 수 있는 권위와 질서의 틀을 가르치지 않는 것은 문화와 전통의 상실을 초래한다. 그것은 공동체 보존에 필수 불가결한 역사의 부재나 다름없다. 그래서 아렌트는 세계상실과 대조되는 '세계사랑'을 중시한다. 세계에 대한 사랑이 결여되면, 개인의 상실 또는 파괴로 이어지기 때문이다.

그래서 비에스타는 점점 충동사회impulse society로 변해 가는 현실에서 이를 극복하기 위한 교육적 대안으로서 세계 중심 교육world-centered education을 제창한다.Biesta, 2022: 90-102 그는 민주주의와 교육의 관계를 연결하면서 두 가지 요인을 강조한다. 하나는 '개인의 욕망'이고, 다른 하나는 '사회의 성숙함'이다. 한 시민이 공공 영역에 관여하려면 어떤 방식으로든 '자제력'을 발휘해야 한다. 자신의 욕망이 빠르게 원하는 방식대로 구현되기 어렵기 때문이다. 민주주의 체계 안착은 저절로 이뤄지지 않는다. 고통스러운 과정을 거쳐 내면화되고 학습되어야 가능하다. 개인적 욕망을 좀 더 숙고한 형태의 욕망으로 치환하는 작업이 민주주의를 배우는 과정이다. 우리가 성숙한 방식으로 이 세계 안에서 존재하기 원한다면, 함께 살아가는 다른 인간 존재 안에서 자신이 원하는 것이 무엇인지 불러내고 발견할 수 있어야 한다. 지금 내가 욕망하는 것이 바람직한 욕망인지를 아이들이 자문하도록 하는 안내가 필요하다.

그것이 바로 '세계 중심 교육world-centered education'의 바탕을 이룬다. 세계가 처한 현실과 정직하게 만날 때 비로소 우리의 정체성이 흔들리고, 존재는 방해받으며, 원하는 일이 지연될 것이다. 그 불편함을 계기로 우리는 일방적 설명이나 이야기가 아닌 '대화'를 통해 다른 존재와 소통한다. 관계적 공간인 세계 속에서 세계를 함께 만나는 교육을 위해 미래 사회를 위한 도전을 열어야 한다. 이러한 과업이 성공적으로 수행되기 위해서는 '개입하는 가르침'과 '응답하는 배움'이 짝을 이루는 하나의 교육적 관계의 구조 안에서 아이들이 끊임없이 서로에게 가시적으로 등장하고, 동시에 이를 통한 세계성worldliness의 공간으로서의 이끌림이 일어나도록 해야 한다. 한나 아렌트가 강조하였듯 아동중심 진보주의가 세계상실 현상에 빠지지 않는 세계사랑과 결합해야 한다. 학교라는 공간은 과거의 존재인 교사와 미래의 존재인 학생의 만남이 이루어지는 곳이다. 학교 사회는 가정과 사회 사이를 매개/중개하는 중요한 영역이라고 할 수 있다.

그리고 사회의 다양성이 더욱 강조되고 있고, 그에 따라 학교는 그에 부응하는 인간을 길러 내야 하는 과제를 부여받는다. 사회를 통해 물려받은 유산에 의해 개인의 주체적 반성과 선택에 장애가 발생하는 일이 잦다면 그것은 문제이다. 도덕적 능력을 조작할 수 있다는 것은 나중에 사회적 가공의 수동적 대상이 될 수 있다는 뜻이 된다. 그뿐만 아니라 그러한 가공 과정에 저항하고 그것을 회피하며 그것을 넘어 살아남는 능력이 필요하다는 뜻이 된다.

프레이리에게 학교는 시민사회의 일부로서 자발적인 상호작용이 이루어지는 장소라고 할 수 있다. 학습자는 자신에게 주어진 삶의 조건과 현재까지 현실 세계를 만들어 온 요인을 적극적으로 관련시키는 법을 배워야 한다. 학습자는 현실 세계를 '새롭게 만들어 갈 수 있다'는 가능성, 그 새로운 세계에서 잉태되는 실존의 가능성을 생각하고, 새롭게 탈바꿈할 역사를 만들어 가는 데 헌신할 수 있어야 한다. 새로운 세계를 만들어 가는 일은 공동체 모두가 공유해야 할 사회적 임무이며, 그 과정에 참여하는 사람 모두의 목소리가 소홀히 여겨져서는 안 된다. 세상을 능동적으로 재구성하는 데 영향을 미치기 위해서 개인적인 경험과 의미를 접목시키는 과정에서 문자를 읽어 내는 능력문해력을 갖춰야 한다. 그런 과정을 통해서 학습자는 주체적 인간이 된다는 것이 무슨 의미인가를 이해해 가며 자신의 잠재적 능력을 실질적으로 경험하고 확인할 수 있다. 학습자는 지배적 담론의 신화가 어떤 이유에서 학습자 자신을 억압하고 소외시키는 신화인지 정확히 이해할 수 있어야 한다. 또한 변화를 도모하는 행동을 통해서 그 신화를 극복할 수 있다는 사실도 깨달아야 한다.

프레이리가 역설하듯 교육은 중립적일 수 없으며, 교육자가 행사하는 영향력의 요소를 포함할 수밖에 없다. 다양성을 바탕으로 통합성을 추구해야 한다. 그리고 민주주의와 정의로운 사회의 건설을 위해 모든 사람이 참여하는 평생교육, 민중의 계몽과 삶의 각성을 위한 시민교육, 정의롭고 품위 있는 인간과 시민을 기르는 '전인적 시민교육'이 요구된다. 그래야 아이들의 사물화와 상품화, 그리고 괴물화를 저지할 수 있는 문화적 진지가 구축될 것이다.

## 7. 정치와 교육의 상관성

국가를 정치적 지배를 담당하는 정부 형태로 이해하게 되면, 국가는 한 사회에서 정치적 권한의 총체라고 이해될 수 있다. 작동하는 수준국가,

시도, 지방 등이 다양함에도 말이다. 자본주의 구성과 재생산으로 향하는 정책에서 민주적 국가는 상품 생산 체제를 다양한 위협으로부터 보호하고 변화를 견인한다. 동시에 민주적 국가는 개인주의적 자본주의와 기업집단 사이의 분파적이고 단기적인 요구 혹은 논쟁을 극복하도록 한다.

그리고 국가는 민주주의의 역동성을 반영한다. 기본적인 인권이 민주적 국가에 의해 제정되고 강제되는 법률로 보호된다. 많은 민주주의에서 공정 영역은 시민권을 발전시키려는 시도로 소수 계층과 여성들을 고용하는 주요 원천이 되었다. 건강, 복지, 교육 정책은 특별히 시민의 민주적 열망을 만족시키기 위한 노력에서 민감한 영역이다. 따라서 민주적 국가는 복지정책, 진보적 법률 집행, 소수 계층 및 여성의 고용 등을 통해 평등주의와 형평성의 이상을 진전시켰다. 민주주의적 목표를 추구하려는 주요 형태는 사회운동[41], 광범위한 풀뿌리/실핏줄 조직들의 지원을 받아야 한다.

페스탈로치는 '체제의 총화로서의 국가'와 '이상의 총화로서의 당위'와의 양극단의 대립을 지양·통일하는 이상의 현실적 구현에 교육의 고유한 사명이 있다고 했다. 사회적·정치적 권력과 개별적 생존 사이에는 내외의 상극적 모순이 존재한다고 했다. 페스탈로치는 "나의 교육철학은 처음도 끝도 정치철학이다"라고 외쳤다.김정환, 1995: 13, 301 정치의 목적은 개별적 존재의 행복에 중점이 있고, 교육의 목적은 개별적 존재로서의 인간 도야이기 때문에 정치와 교육은 원래 분리될 수 없다. 교육은 정치, 경제, 사회를 떠나서는 생각할 수 없는 작용이다. 정치철학과 교육철학은 매우 밀접

41. '사회운동'은 권력에서 일련의 변화를 추동해 내려는 집합적인 노력을 가리킨다. 사회운동은 방어적 집단행동으로 특징지어지는 갈등적 행동 유형을 이용한다. 예를 들어 실업, 주택 부족, 보건이나 교육 시설 부족 상황을 개선하려는 풀뿌리 조직과 NGO의 노력은 집단적이고 방어적인 행동으로 쉽게 분류될 수 있다. 문화적 행동, 윤리적 가치, 과학 혹은 생산에서 권력의 사회적 관계를 변화시키려 한다면, 이 그룹들을 가리켜 '사회운동'이라고 분류할 수 있다. 사회운동의 예로 페미니즘, 생태환경, 평화, 반핵운동 등을 들 수 있다. 사회운동은 풀뿌리 조직과 공동체 조직, NGO, 정당, 노동조합, 교회 조직, 혹은 지식인, 예술가 및 기타 개인의 동맹으로 발생하게 된다.

하고 불가분의 관계에 있다.김정환, 1995: 296 프레이리는 "정치는 교육의 영혼이다"라고 역설했다. 그는 자주 탈정치 교육의 위험성을 지적한다. 프레이리의 말을 확장해 보면 "교육이 정치의 영혼이다"라고 역설한 것이나 다름없다. 사회, 경제, 국가, 가정, 학교 등은 함께 풀어야 할 종합적 변혁 프로젝트라고 할 수 있다.

그런데 페스탈로치는 프랑스혁명1789이 변질되자 다음과 같은 생각을 피력했다. "독재의 오랜 억압에 병든 민중들은 결코 성숙한 자유 능력을 가질 수가 없다. 그리하여 그들은 쉽게 다시 무정부의 혼란으로 빠지게 되고 반란의 유혹에 넘어간다. 따라서 혁명 하나만 가지고는 결코 악이 극복될 수가 없고, '대중으로서의 민중das Volk in Masse'이 아닌, 개개인의 자립 능력의 회복을 통해서만이 참된 자유가 이루어질 수 있다는 것이다. 우리로 하여금 먼저 인간이 되게 하라. 그렇게 하여 다시 시민이 되고 국가가 이루어질 수 있도록 하라. 그러지 않으면 새로운 사회의 주체가 되는 새로운 인간과 시민을 길러 내지 못할 것이다."

프레이리도 교육은 정치와 분리될 수 없고, 물질세계 및 권력과 단절될 수 없다고 강조한다. 교육활동은 진공에서 발생하는 독립적 활동이라고 할 수 없다. 사회의 변혁적 과정은 교육적 프로젝트이면서 정치적 프로젝트라고 할 수 있다. 정치와 교육의 관계는 혁명의 교육적 성격을 말해 준다. 증대되고 있는 경제적·교육적 격차를 고려할 때, 비판적 탐구, 대화, 민주주의, 그리고 자유를 촉진하는 것을 목표로 한 프레이리의 제안뿐만 아니라, 교육과 정치의 연계 그리고 사회 변화에서 교육의 역할에 대한 우리의 이해를 높여야 한다. 정치적 차원'에서 교육은 정치적 행위이고, 권력의 문제를 무시할 수 없다. 프레이리에게 교육은 정치와 분리될 수 없고, 물질세계 및 권력과 단절될 수 없다. 그것은 진공에서 발생하는 독립적 활동이라고 생각할 수 없다. 이러한 변혁적 과정은 교육적 프로젝트이면서 정치적 프로젝트이다. 정치와 교육의 관계는 혁명의 교육적 성격을 말해 준다. 상파울루시의 교육개혁은 정치-교육의 이중적인 의제에 초점을 두었다. 아동의 교육적 현실과 아이들이 다니는 학교에서 가르치는 교사들의 교육적 마음가짐에는 시간이 필요하다.

변혁적 교육학 프로젝트에서 고려되는 중요한 교육과 정치의 이중적 관계는 교육이 정치적이고, 그리고 정치가 교육적이라고 할 수 있다. 교육은 안에서 시작하여 밖으로 나가는 변화를 시도하는 것이고, 정치는 밖에서 안으로 들어가는 변화를 시도하는 것이다. 줄탁동시라고 할 수 있다. 프레이리는 교육이 정치적이라고 했지만, 하향식 전략과 선전을 옹호하는 것은 아니다. 오히려 프레이리는 슬로건이나 선동을 경고했고, 어떤 유형의 권위주의와 교조주의라도, 그것이 보수 우파에서 나온 것이든 당파적 좌파에서 나온 것이든, 이에 대해서는 항상 비판적 자세를 취했다.

프레이리에게 학교를 변화시키는 과제는 사회의 정치경제적 구조와 밀접한 관계가 있는 사회경제적 불평등을 극복하는 것이다. 세상은 학습자의 노력으로 이해하고 깨달아야 할 대상으로 접근해야 한다. 게다가 학습자는 직접적인 경험과 욕구, 환경과 운명을 통해서 자극받아 세상을 알아 가야 한다. 역사적이고 문화적인 세계는 인간에 의해 만들어진 세계이므로 언제라도 변화시킬 수 있는 세계로 이해되어야 한다. 역사적이고 문화적인 세계는 인간 자신과 마찬가지로 이데올로기가 반영된 현실에 맞추어 인간의 행동을 통해 계속 변하기 때문이다.

프레이리의 제안은 매우 다른 교육적·정치적 의제를 가진 사람들에 의해 길들여지고 조작될 수 있다. 일부 지역이나 국가의 문해 캠페인은 실제는 다른 목적 또는 정반대의 목적으로 사용되고 있음에도 불구하고, 공식적으로는 정당성 확보를 위해 그의 제안에 근거를 두기도 한다. 수십 년에 걸친 프레이리의 접근 방식은 실제 자신의 방법론적 도구 중 일부를 적용했지만, 그 내용이나 진보적인 정치적 지향은 삭제된 채 채택되어 오용되었다. 의식화 방법론 도입의 경우 반-대화적인 경향을 보였다. 교육 방법의 일부는 문제제기식 교육과 연계될 수도 있었지만, 사회정의 지향성은 빠졌다. 전자의 상황은 교육적 차원보다는 정치적 차원을 지나치게 강조한 경우이고, 후자의 상황은 정치적 차원을 희생시키면서 교육적 차원을 강조한 것이다. 이러한 왜곡을 피하기 위해 프레이리의 인간화 프로젝트가 교육적이면서 동시에 정치적이라는 점을 유념해야 한다. 은유적으로 표현하면, 교육적인 것과 정치적인 것은 인간화의 기차가 서로 환승할 수 있는 두 트랙이라고 할 수 있다. 이것은 앞에서 언급한 페스탈로치의 관점과 같다.

그런데 한국 사회는 교육의 영역과 정치의 영역이 가까이 있어야 함에도 불구하고, 아직 너무나 멀리 떨어져 있다. 오히려 불편한 관계 속에 있다. 교육이라는 행위는 사회를 형성하는 것과 인간을 형성하는 것 사이에 존재하는 구조적 유사성을 지니고 있다는 칸트의 관점과 일치한다. 정치적으로 행위한다는 것은 사회를 형성하는 것이고, 그리고 교육적으로 행위한다는 것은 개인을 형성하는 것이다. 따라서 사회의 형성과 인간의 형성은 밀접하게 연관되어 있다.

이것은 닭이 먼저냐 달걀이 먼저냐는 것과 같은 역설이다. 즉, 좋은 공동체가 우선이냐, 아니면 좋은 시민이 우선이냐 하는 역설과 같다. 이렇게 볼 때 문제제기식 교육은 곧 정치적 문해력을 위한 교육이라고 할 수 있다. 교육은 언제나 정치적 행위였다. 교육은 항상 정치적이며, 중립적이지 않다. 교육은 억압자의 편에 설 수도 있고, 피억압자의 편에 설 수도 있다. 교육은 불평등한 사회구조를 강화하고 재생산하는 데 이용될 수 있으나, 그것을 변혁할 수도 있다. 교육은 지배의 구조를 강화할 수도 있으나 사회의 변혁을 촉진하는 데 이용될 수 있다.

교육은 '재생산의 힘'과 '변혁의 힘' 사이의 더 넓은 사회적 투쟁을 반영하는 갈등의 장이다. 따라서 교육의 정치적 차원, 그리고 정치의 교육적 차원을 동시에 인식해야 한다. 교육의 정치적 본질을 중시한다고 하여 교육의 실제적·도구적 측면을 경시해서는 안 된다. 비판적 성찰과 집단적 변혁적 행위에 근거를 둔 프레이리의 정치교육은 더 민주적이고 정의로운 그리고 더욱 행복한 사회로 발전시키는 것이다. 프레이리 교육감 재임 동안의 교육청은 계급적 이익, 국가의 자율성, 사회운동의 독립성이라는 요소를 어떻게 역동적이고 생산적인 방식으로 통합하려고 했는지, 이런 통합에서 직면한 근본적인 도전 과제를 교육청이 어떻게 이해했는지, 이를 해결하기 위해 어떤 질문을 던졌는지를 파악해야 한다.

프레이리의 교육사상은 '삶을 위한 교육'과 '정치를 위한 교육'이 융합된 것이다. 이것은 그가 현재 상황에 환멸을 느끼고 사회정의에 관심을 가진 교육자들에게 공헌한 삶의 본질에 해당된다. 프레이리에게 잘 산다는 것은 성찰적이고 비판적이며 대화적인 행동을 통해 세계를 변혁하는 일이었다. 프레이리의 '정치교육political education'은 '철학교육philosophical education'이라고 압축할 수 있다.Kohan, 2021: 18-21, 236-256[42] 이런 차원에서 오늘날 영국과 독일 등의 민주시민교육이 의식화 개념과 근접할 수 있는 '정치적 문해력'과 연동시키고 있는 것은 시사하는 바가 크다. 여기에서 프레이리는 학교가 사회적/정치적 변화의 장소로 별로 인식되지 못하고, 오히려 노동력의 생산만을 위한, 정치적으로 '중립적' 영역으로 간주되고 있다는 점을 염려한다.

이런 관점을 통해 우리 사회 내부를 비추어 보면 대다수의 교사가 정치적 제약을 받고 있는 실정이다. 교육의 정치적 중립이라는 미명 아래 교육이 정치적으로 악용 또는 오용되는 경우도 비일비재하다. 교육이 정치적인 이해관계와 완전히 분리된 신성 영역으로 다루어지고 있다. 사실

---

42. 프레이리의 철학적 전기(철학적 삶)를 연구한 월터 코한은 프레이리의 '정치교육(political education)'을 한마디로 '철학교육'이라고 정리했다(Kohan, 2021: 17). 그의 저서 곳곳에 철학자의 말이 등장하고 있기 때문이다. 프레이리의 주 전공은 교육철학이기도 하다. 프레이리는 상파울루 교육감 시절 P4C 프로그램을 시행했다. 프레이리의 '문제제기식 교육'과 립맨의 '철학적 사고 실험/철학적(윤리적) 탐구공동체'는 가족유사성이 있기 때문이다. 프레이리를 립맨(Matthew Lipman)이 주창한 '아이들을 위한 철학자(P4C)'로 분류하기도 한다.

교육활동은 절대불변의 진리를 고스란히 넘겨주는 중립적이고 순수한 전달 영역일 수 없다. 이와 같이 교육과 정치가 과도하게 분리되는 것은 결국 특정 계급의 이익에 봉사하는 이데올로기 기제나 다름없게 된다. 따라서 민주주의의 책임은 교육의 정치적 형태와 정치의 교육적 형태를 필요로 한다.[Osberg, 2010: 164-165] 교육이란 기본적으로 정치적·윤리적 실천이며, 사회적·역사적으로 만들어진 구성물이다. 이런 점에서 프레이리는 정치와 교육의 밀접한 관련성을 상기시키고 있다.[Bahttacharya, 2011: xi] 이것은 정치철학과 교육철학의 연계이기도 하다. 교육 내용이 객관적이고 중립적으로 간주되는 부분이 없지 않지만, 교육의 전체 활동은 본질적으로 정치적이다.

그렇다면 이때 변혁의 대상이 되는 '사회'는 구체적으로 무엇을 의미하는지가 중요해진다. 시민사회는 민주국가의 건설에서 매우 중요한 역할을 한다. 시민사회는 민주주의의 현장이다. 민주사회의 책임을 다하기 위해 시민의 형성을 중요하게 다루는 교육은 시민사회는 물론이고 사회의 기본단위인 가정을 지지할 때 성공할 수 있다.[Ozolins, 2017] 이는 문화가 강한 힘을 발휘하는 시민사회를 말한다. 프레이리가 강조하는 교육을 통한 비판의식 고양은 학습자 개인의 의식뿐 아니라, 이들을 둘러싸고 형성된 사회문화를 새롭게 산출하는 힘으로 작용한다. 이는 종국에 국가라는 정치사회의 변화로 이어지면서 억압의 문화를 낳은 사회체제를 압박하게 된다. '교육의 사회변혁 기능'은 바로 이런 개념을 토대로 성립된 것이며, 변혁적 교육학의 기본 테제로 자리하는 것이다.

마르크스의 토대-상부구조론에 기반을 두면서도 시민사회에 대한 새로운 해석을 시도한 프레이리는 브라질을 비롯한 제3세계가 처한 상황 변화와 그의 말년에 급속하게 불어닥친 신자유주의 물결 속에서 새로운 사회를 만드는 방법에 대해 어느 정도 관점의 변화를 겪게 된다. 관점이 변화함에 따라, 사회적 실천으로서의 교육이 수행해야 할 역할이 어디까지

인지를 상상하고 탐색한다. 비판의식의 고양이라는 의식화 과정만으로 사회를 변혁시켰다고 주장하는 것은 지나친 관념론에 빠지는 것이기에 경계해야 하며, 이런 의식의 전환을 실질적인 실천 행위로 이행할 수 있는 방법을 고민해야 한다. 시민사회 영역에서 이뤄지는 각종 사회운동과 문화활동으로서의 교육을 상호 분리해서 생각할 수 없기 때문이다.

그러나 조직화 및 사회운동의 전개 과정에 내재한 교육적 측면을 밝히는 것과, 교육이 이와 관련해 실제 어디까지 역할을 수행해야 하는지를 규명하는 것은 분명 다른 차원의 문제라고 할 수 있다. 그런데 프레이리는 이런 구분을 다소 일축하는 듯하다. 이는 프레이리가 프락시스 개념에 입각해 교육론을 구성한 비판적 교육학자들에게도 그대로 적용되는 문제다. 이 문제는 비판적 교육학자가 주어진 사회 상황에 맞는 실용적이고 유동적인 이론을 이상적으로 여기는 것에 비해 구체적인 실천 방향이 부재하거나, 이에 지나치게 편중해 자칫 이론이 갖춰야 할 내적 논리성 자체를 소실해 버릴 위험 모두를 내포한다. 따라서 비판적 교육학자는 명확한 분석틀을 통해 당대 사회를 분석하는 동시에, 여기서 도출된 문제의 해결 방안을 끊임없이 모색할 필요가 있다.

프레이리의 업적은 빈민가에서 그리고 시골 지역에서 억압받고 착취당하는 사람들 사이에서 일어났던 투쟁과의 구체적인 연관성에서만 그 진정한 의미가 파악될 수 있다.Apple, 2014: 69 프레이리는 이론과 실천 사이의 긴장에서 구축되고 생성된 합당한 지식을 선호한다. 그는 즉각적인 이론적, 정치적 수정이 필요하다고 느끼는 사람들에게 그 어떤 레시피도 제공하지 않는다. 프레이리의 변혁적 교육학은 결코 방법론으로 축소될 수 없는 개인적·사회적 변혁 프로젝트로 접근한다. 이런 상황에서 프레이리의 변혁적 교육학이 우리에게 유의미하게 다가오는 것은 윤리적 나침반, 개념적 틀, 그리고 교육자와 학습자가 세상을 설명하고 변화시키는 데 도움을 줄 수 있는 분석 도구와 이론적 개념뿐만 아니라 영감과 주체성, 그리고 처음부터 그 작업에 착수하려는 선구적이고 개척적인, 때로는 도전적인 역할은 여전히 위력을 발휘한다.

프레이리는 교사에게 자유롭게 가르칠 권리, 말할 권리, 교육활동의 조건을 개선할 권리, 단결할 권리, 보복에 대한 두려움 없이 정부 당국을 비판할 권리 등이 보장돼야 한다고 주장한다. 그의 변혁적 교육학에서 매우 핵심적인 위치를 차지하는 교사라는 교육 주체는 정부라는 국가기관에 고용된 공무원이라기보다는 지식인으로서의 자기 의사 표출이 가능한 능동적이고 자율적인 존재로 여겨진다. 그래서 프레이리는 교육감 재직 시 교사교육과 연수프로그램이 단순히 관례적이고 일시적인 교육 행사로 치러지는 것을 배제하고, 구체적인 교육 실천의 방법을 모색하는 활발한 공론장이자 학습의 장으로 기능하도록 하였다. 이는 그가 교사라는 주체를 얼마나 중요하게 생각하는지, 교사가 누릴 수 있는 권리와 의무가 무엇인지를 얼마만큼 숙고했는지를 잘 보여 준다.

대한민국이 민주공화국이고 교육법에도 확실히 민주시민교육을 하게 되어 있음에도 불구하고, 교사의 정치적 기본권을 보장받고 있지 못한 것은 심각한 문제가 아닐 수 없다. 교사가 표현의 자유와 사상의 자유를 표출할 수 있는 정치적 시민권을 갖고 있지 않다면, 새로이 도래할 미래 사회의 청사진을 설계할 수 있는 가능성을 원천적으로 차단하는 것이나 다름없다.

그리고 교원의 정치적 행위가 교육의 중립성을 해친다고 볼 수는 없을 것이다. 교육의 중립성은 교육의 자주성을 해치는 정치세력으로부터 교육에 대한 간섭을 배제하려는 데 그 의의가 있다. 교육의 중립성 규정은 특히 공교육 제도하에서 국가의 교육 영역에서의 권한이 매우 큰 현실에서 국정교과서 제도 등을 통한 행정과 특정 세력에 의한 교육의 자주성 침해를 방지하는 역할에 충실해야 한다. 교사의 중립성이 헌법상 교육의 정치적 중립성을 위한 전제이고 이를 위해 교사의 정치활동이 금지된다고 보기는 어렵다. 민주주의 사회에서 주권자의 주권실현을 위해 선거가 가지는 의미와 정당 국가에서의 정당의 자유의 중요성, 그리고 민주주의국가에서 표현의 자유가 차지하는 비중들을 감안할 때 현행 관계 법규에서 공무원과 교원에게 이 모든 기본권을 매우 심하게 제한한다는 것은 바람직하지 못하다. 올바른 정치와 민주주의의 관점에 섰을 때, 교사의 정치적 표현의 자유는 민주주의 촉진을 위해 권장해야 할 사항이다. 민주적 정치의 출발점은 사회 구성원들이 다양한 정보나 정치적 견해에 접할 수 있는 기회를 보장하는 것이다. 교사는 국가 기구 내에서 활동하는 사람들이기 때문에 정부의 각종 정책이나 국가 기구 운영의 문제점들에 대해 직접 체험하고 이에 대해 높은 이해력을 가지고 있는 집단이다.

따라서 교사의 정치적 견해의 표현은 사회의 혼란과 불신을 가중시키는 것이 아니라, 일반 시민들의 정치적 판단에 풍부한 근거를 제공해 주는 민주적인 정치를 위한 중요한 행위라고 봐야 한다. 또한 교사에 의한 국가권력에 대한 비판과 견제 기능의 활성화는 국가권력의 남용이나 국가권력의 사유화와 편향성을 정정하여 국가와 정부의 공공성과 균형성을 강화하는 데 커다란 기여를 할 것이다. 공무를 수행하는 교사이기에 사회 구성원의 공통적 현안, 즉 정치 문제에 대해 오히려 더 높은 수준의 관심을 지니고 있어야 하며, 이를 위해 다양한 정치활동의 참여가 권장되어야 하며, 개인적-집단적 정치 행위가 보장되어야 한다.

이를 위해 국가공무원법, 정당법 등 관련 법률규정의 개정을 통해 교원의 정치적 기본권을 보장할 필요가 있다. 사회적 현안과 정치적 현안에 대해 무관심하거나 두려움을 가지고 있거나, 편협하고 주관적인 시각에 갇혀 있는 교사가 민주시민교육을 제대로 하기는 어려울 것이다. 교사들이 사회정치적인 문제에 더 많은 관심을 가질 수 있고, 편협한 시각을 벗어나 더 풍부하고 관용적인 관점을 갖기 위해서는 교사의 정치기본권이 보장되어야 한다. 정치적 권리가 금지당한 사람과 집단이 정치에 대해 관심을 갖거나 정치적 문제에 대해 숙고하거나 자신의 정치적 관점에 대해 성찰할 수는 없다. 따라서 교사의 정치기본권의 보장은 정치교육의 활성화를 위한 전제이다. 교사의 정치기본권 보장과 민주시민교육의 활성화는 서로가 함께 갈 수밖에 없다. 전자 없는 후자는 사실상 불가능하며, 후자 없는 전자는 공허하다. 즉 교사의 정치기본권 보장은 교사의 직업적 이해를 위한 정치 참여의 권리를 보장하는 것을 넘어 교사의 교육적-시민적 정치 참여를 확대하는 것이며, 나아가 이는 아이들(학생들)을 위한 민주시민교육으로 귀결되어야 한다.

교사의 정치활동은 민주주의 사회에서 시민이 향유하는 당연한 기본권이다. 다만 교사의 사회 및 정치 참여는 민주주의적 기본 질서를 침해하지 않아야 하는 한계를 가질 뿐이다. 교사의 민주시민으로서의 참여는 학교에서 학생을 민주적으로 교육하기 위한 측면에서도 반드시 필요한 것이다. 여기에서 당면하는 어려운 문제는 정치적인 교사가 교육에서 어떻게 당파성을 배제하고 불편부당하게 학생들을 교육할 수 있는지 하는 것이다.

이를 위해서는 교사들의 교육 합의가 필요하다. 보수학자와 진보학자 사이에 이루어진 '보이텔스바흐 합의'는 교육활동에서 정치적 중립성의 문제에 대해 교화 금지일방 주입 교육 금지, 논쟁성 재현학문과 정치에서 논쟁적인 것은 논쟁적으로 교육, 학습자의 이해관계 인지의 중요성 및 필요성학습자가 처한 정치적 상황과 이익 상관성 고려을 강조한다. 일방적인 교육을 통해 주입시키는 교화는 교육의 중립성을 훼손할 수 있다. 논쟁적인 주제나 내용에 대해 논쟁적으로 교육해야 하고, 교사는 다양한 견해와 그 근거를 제시하고, 학생들은 그것을 통해 스스로 판단하고 함께 토론하며 자신의 판단을 정당화하는 과정을 경험하는 것이 효과적인 정치교육이다. 학생과 학부모의 정치, 종교, 신념, 세계관의 상이함에 대한 배려와 소수자 의견에 대한 존중, 특정 사상의 주입 금지, 모든 쟁점에 대한 논의, 교사의 정치적 입장의 표명

등을 내용으로 하는 정치교육을 위한 최소 합의인 '보이텔스바흐 합의'는 우리에게 시사하는 바가 많다.

한국 사회는 현재 민주주의의 심화와 전진을 위한 중대한 갈림길에 있다. 제도와 광장의 민주주의를 넘어 일상적 삶의 실천 공간에 민주주의를 안착시켜야 하며, 사회 구성원의 성숙한 정치의식을 바탕으로 민주주의를 심화시켜 나가야 한다. 한국 사회는 정치 참여와 민주주의에 대한 매우 높은 열정을 보이면서도, 정치를 혐오하고 위험시하는 인식도 널리 확산되어 있다. 이는 학교교육에서의 정치교육의 부재와 왜곡에 기인하는 바가 크다. 따라서 교사와 공무원의 정치기본권 보장은 그들의 시민적 권리를 보장하는 것을 넘어 한국 사회 및 교육의 민주주의 성숙을 위한 중요한 과제이다. 이를 인식하고 실천해야 대한민국은 세계적인 민주국가로 발돋움할 수 있다.

## 8. 의식화와 사랑, 그리고 겸손의 변증법

사회운동으로서의 프락시스는 잠재적으로 프레이리를 따르는 '의식화' 접근이 어떤 모습인지를 보여 주는 풍부한 토대가 되었다. 사회운동은 통상적으로 조직의 토대 역량의 불만 사항을 고려해 지역사회를 위한 프로그램보다는 지역사회와 함께 지역사회로부터의 프로그램을 만들도록 한다.

프레이리의 교육사상은 이제 순수한 교육적 상황에서 발생하는 '치유적 의식화'를 넘어 정치적 질서에 대한 참여 의지와 연동된 '정치적 의식화', 나아가 '생태적 의식화'로 진화한다. 의식화의 전복적 경향은 억압적 사회 상황의 반영이라고 할 수 있다. 혁명적 프로젝트가 시작된 이후에도 '의식화'는 계속해서 필수 불가결한 활동이다. 의식화는 새로운 현실에도 불구하고, 민중 속에 잔존해 있는 문화적 신화들을 추방하는 도구라고 할 수 있다. 더 나아가 의식화는 혁명적 비전의 소멸을 기도하고, 자유의 미명 아래 민중을 지배하는 관료주의에 대처하는 하나의 힘으로 작용할 수 있다. 의식화는 새로운 사회가 그 사회의 후진적 하부구조를 변화시키기 위해 필요한 기술주의의 잠재적 신화화/절대화를 방지하는 도구적 역할을 한다.Freire, 2003: 168

그러나 의식화 용어는 한국 사회에서 아직도 위험한 금기어처럼 다루어지고 있다. 이 말은 한국교육이 '교화' 또는 '주입식 교육', '정치적 문맹자 교육'이 자행되고 있다는 뜻이 된다. 교육이 의식 각성의 과정이 아니라면, 한국교육체제는 영원히 전체주의 국가파시즘 체제로 남게 될 것이다.

여기에서 프레이리 교육사상의 핵심어인 '의식화' 개념을 '사랑의 정신'으로 승화시킨 논의는 우리의 관심을 끈다. 흥미롭게도 프레이리의 초기 저작에는 '사랑', '관용', '인내' 등의 개념이 거의 등장하지 않지만, 브라질 교육감을 마친 1992년 이후의 말과 글에서 '사랑'에 대한 담론을 많이 접하게 된다.

그렇다면 우리는 프레이리의 '사랑의 교육학'을 어떻게 위상 지을 수 있을까? 그의 '사랑의 교육학'이 만들어 내는 해방과 자유, 인간화로의 과정을 견인하게 할 것인가? 프레이리의 변혁적 교육학을 『사랑의 교육학 A Pedagogy of Love』2017으로 정리해 낸 다더는 프레이리의 사상을 사회정의에 대한 투신과 착취적 자본주의 체제에 대한 타파로 구성한 '사랑의 교육학'이라고 명명했다. 마치 구약성서가 강조한 정의의 정신이 신약성서의 사랑의 정신으로 승화하는 것 같다.

> 사랑하려는 용기 없이 가르칠 수 없다. 포기하지 않고 수천 번 시도하려는 용기 없이 가르치는 것 또한 불가능하다. 요컨대 사랑을 느끼지 못하고, 사랑하지 못하고, 사랑에 대해 깊이 생각하지 않고 가

르칠 수는 없다.Freire, 1998b

프레이리는 자신의 생애를 통해서 사랑의 행위가 가르침의 혁명적 힘이라고 확신했다. 『억눌린 사람들의 교육학』1970에서 그는 "사랑은 용기의 행위이고, 두려움이 아니라 타인에 대한 헌신, 그리고 해방이란 명분에 대한 헌신"Freire, 1970a: 78이라고 했다.

프레이리 사상에서 '사랑'은 실존하는 인간 삶의 근본적 특성으로 자신과 세계에 대한 사랑을 넘어 자신을 억압하는 사람과 상황에 대한 사랑까지 포함한다. 프레이리의 사랑은 활기 넘치고, 강렬하며 영감을 주는 사랑인 동시에 비판적이고, 도전적이며, 일관된 것이다. 프레이리의 사랑은 문화적·경제적 민주주의 원칙들을 근본적으로 무시하는 학교체제를 맹목적으로 고수하는 교사나 행정가들의 무비판적인 '관대함'에 직접적으로 대결하는 위치에 있다. 전통적인 종교관에 바탕을 둔 순종적이거나 자기 만족적인 종류의 것도 아니다. 완전한 일치, 무조건적인 수용, 달콤한 말들, 혹은 끊임없이 이어지는 키스와 포옹에 대한 것이 전혀 아니다. 프레이리의 사랑은 '정치적이고 급진적인 방식'의 사랑이다.Darder, 2021: 38 프레이리의 사랑은 속박 없는 사랑에 관한 것이다. 그것은 우리 삶의 목적을 가지고 끊임없이 노력하며, 진정한 소명—인간의 존재 의미—이라고 부르는 것을 실현하고자 하는 열정적인 의지에 근거한다.

세상의 모든 두려움, 걱정, 불완전함 가운데 열정을 갖는 것, 그리고 사랑을 하는 것은 프레이리에게 우리의 인간성을 구성하는 참된 구성물이다. 이때 인간성이란 자유와 실천을 위한 열정적인 교육자로서 우리가 용기를 내어 품어야만 하는 인간성이다.Darder, 2021: 38 프레이리에게 삶이란 의심의 여지 없이 끊임없는 열정의 연속이었다. 그는 인간이라는 존재와 삶을 사상과 지식에 대한 탐구 없이는 이해할 수 없다고 생각했다. 그는 살아 있는 동안 사랑했으며, 삶에 대해 알려고 분투했다.

사랑은 모든 인간에게 자신의 욕구가 충족될 수 있다고 믿게 하는 심리적 기초를 형성한다. 그리고 사랑은 희망을 가져야만 미래가 담보된다. 사랑은 용기의 행위로서 공포를 넘어서게 한다. 진정한 사랑은 타자에게 자신을 활짝 열어 보이는 사랑인 반면, 자기애적 사랑은 자기이해를 위한 문턱 앞에 서 있는 타자를 거부하면서 자기파괴적 악순환으로 치닫는다. 사랑은 억압의 상황에서는 가능하지 않다. 폭력과 지배는 사랑의 병리학을 야기할 수 있다. 비인간화는 사랑할 수 없는 독특한 결핍 현상이다.

프레이리의 글을 읽으면 그가 친밀하게 교류했던 프롬의 깊은 생각을 떠오르게 한다. 프롬은 "네 이웃을 네 자신과 같이 사랑하라"마가복음, 12: 31라는 말씀은 자기 자신에 대한 사랑이 타인에 대한 사랑과 떼려야 뗄 수 없이 연결되어 있는 것으로 이해한다.Fromm, 1956: 59 프롬에게 사랑이란 주로 관계 안으로 들어가는 것이 아니다. "어느 한 사람이 사랑의 한 대상과의 관계보다는 세계 전체에 대한 관계를 설정하는 태도, 즉 '인격의 지향'이다."Fromm, 1956: 46 사랑이란 영혼으로부터 내뿜는 역동성, 사랑받는 대상[43]으로 인하여 독특하게 지시받는 여러 유형의 사랑 안에서 그 자체를 나타내 보이는 활동activity이다. '활동' 또는 '활동적'이라는 말은 '생산' 또는 '생산적'이라는 말의 반대말이다. 일반적으로 '활동'이란 에너지를 소비함으로써 기존 상황에 변화를 가져오는 행위로 정의된다. 따라서 '활동'은 에너지의 실질적 소비와 그로 인한 변화만을 고려한 것이며, 내면에서 활동을 지배하는 심리적 조건들의 차이를 구분하지 않는다. 반면 기존 상황에 변화를 주거나 확실한 영향력을 행사하지 못하고, 거꾸로 외부의 힘에 영향을 받고 좌우되는 사람은 '수동적'이라 일컬어진다.Fromm, 2018: 133

프레이리의 글에는 프롬에 대한 언급이 곳곳에서 발견된다. 프롬을 '사

43. 프롬은 다섯 가지 사랑의 대상을 형제애/자매애, 모성애, 이성애, 자기애(자기 자신에 대한 사랑), 신의 사랑 등이다.

랑의 예언자'라고도 하고, '혁명적 희망'을 말한 사람이라고도 부른다. 프레이리가 '희망의 교육학자' 또는 '사랑의 교육학자'로 불리는 것과 흡사하다. 프레이리가 생각하는 사람은 게바라의 '혁명적 사랑'과 일치한다. 게바라의 태도는 가장 이타적인 사랑에서 피어난 혁명적 열정이라 할 수 있다. 사랑이 없는 혁명가를 상상하기는 불가능하다고 믿는 게바라는 인간에의 사랑, 정의에의 사랑, 진실에의 사랑을 강조했다.

프레이리는 '감히 가르치려는 활동을 하려고 나서는 교사들'에게 요구되는 자질로서 '사랑'은 매우 중요하다고 보았다. 교사는 가르치는 과정에서 즐겁고, 진지하고, 열정적이고, 과학적일 뿐만 아니라 타인을 위한 사랑을 함양할 수 있는 사람이어야 한다.Freire. 1998b 교사와 학생 사이에 인간적이고 민주적인 상호소통을 위해 교사에게는 '사랑'이라는 평범하지만 본질적인 자질이 필요하다. 사람이 억압의 힘에 더 이상 먹이가 되지 않으려면 거기에서 탈출해서 그 힘에 항거해야 한다. 그것의 처음은 '왜'라는 질문을 하는 것에서부터 시작하고, 근본적으로 이러한 과정 자체가 '사랑'의 행위이다.

의식화 활동은 억압하는 자와 억압당하는 자 간에 평화와 화해의 상호 이해적인 창조 과정이다. 의식화와 사랑의 매개자는 '대화dialogue'이다. 대화의 과정은 세계와 사람에 대한 깊은 사랑 없이는 존재하지 않는다. 프레이리는 교사가 이와 같은 사랑을 통해 연대하기 위해서는 능력, 신념, 겸손을 가져야 하고, 공교육의 억압된 이데올로기와 실천을 변화시키기 위해 함께 투쟁해야 한다고 주장했다.

프레이리는 1999년 인터뷰에서 교육/가르침과 사랑을 연결시키는 견해를 밝혔다. "가르침을 사랑의 행위로 이해한다. 가르침은 형식적인 의미에서 사랑의 행위가 아니며, 관료주의적인 의미는 더군다나 아니다. 사랑의 행위는 좋은 돌봄의 표현이고, 사랑하기 위한 욕구이며, 무엇보다도 당신이 사랑하는 것이다."Darder, 2021: 107-108 대화 방법으로는 다음과 같은 것

들이 있다.Aloni, 2011: 42-43

- 프레이리적 대화: 활동적 지식과 비판적 문해력 그리고 사회정의와 평등한 기회를 위한 정치적 투쟁을 통해 취약하고 억압된 학생에게 도움을 주어 억제하는 퇴행적인 힘으로부터 스스로 자유롭게 하도록 하는 대화
- 소크라테스적 대화: 역류된 지식과 이미 만들어진 대답을 제공하는 것이 아니라, 주어진 주제나 딜레마로 주어 학생에게 계속 도중에 있다는 느낌을 갖게 하면서 자기발견의 과정과 비판적 추리를 이끌어 지성적으로 힘을 주는 대화
- 니체적 대화: 집단적 순응의 선택을 거부하고 대안적으로 자기규정과 자기창조에 기반한 학생의 자기됨을 형성하도록 하여 학생의 자율성과 진정성에 힘을 주는 대화
- 부버적 대화: 전문적·위계적 소외를 교사와 학생의 인성이 완전히 현존하는 진지하고 주의 깊은 만남으로 대체하여 인간 상호 간의 관계 속에서 돌봄과 공감적 민감성을 개발하는 대화
- 로저스적 대화: 스스로 인식함으로써 성공적인 삶으로 이끄는 개인의 능력을 신뢰하며 증진시키는 대화
- 생태적 대화: 자연환경에 대한 공감력을 강화하여 학생 스스로 개인적 성장과 복지를 위해 필요한 조건을 인식하게 하여 황폐해진 자연, 오염된 강과 바다, 위험에 처한 동물을 돌보도록 하는 대화

사실 위에서 말한 대화는 프레이리의 사상적 원천 논의에서 보았듯, 소크라테스, 부버, 로저스, 하버마스, 듀이 등과의 비교고찰적 담론에서 다양하게 상론한 바 있다. 앞의 논의에서 보듯 대화는 사람과 세계에 대한 깊은 사랑 없이는 존재할 수 없다.Freire, 1970a: 77 프레이리의 교육학적

접근 방법의 아주 중요한 초석은 대화에 참여하는 것이고, 그 대화가 존재하려면 '사랑'에 토대를 두어야 한다는 것이다.Freire, 1973 사랑은 진정한 대화를 위한 기초이고, 학생들과 함께하는 정치적인 꿈에 대한 애정 어린 헌신이다. 희망의 개념은 신학적 덕목일 뿐 아니라, 형성의 행위로 나아가는 필수 불가결한 심리적 요소이다. 우리는 사랑의 교육학을 살아 있게 하는 것이 우리의 인간성, 곧 세계 속의 온전한 주체로서의 우리 존재를 지원하는 학생, 학부모, 동료 교사들과의 연대로 들어가기 위한 깊은 인간적 헌신임을 더욱 구체적으로 인식하게 된다.Darder, 2021: 104

따라서 사랑이 결여된 과도한 의식화, 말하자면 역사적 현실에 대한 비판적 의식의 고취를 지나치게 앞세우면, 내면적 자아의식에 대한 각성을 소홀히 하는 태도를 낳을 수 있다. 그리고 세상과 사람에 대한 동시적 사랑이 어려워질 수 있다. 따라서 사람과 세상에 대한 사랑은 또한 자신에 대한 사랑과 분리되지 않는다는 사실도 유념해야 한다.

> 대화는 세계와 인간에 대한 원대한 사랑이 없으면 존재할 수 없다. 세계에 이름을 붙이는 일, 그 창조와 재창조의 행위는 사랑으로 충만해 있지 않으면 불가능하다. 사랑은 대화의 주춧돌인 동시에 대화 자체다. … 사랑은 두려움이 아니라, 용기를 필요로 하는 행위이기에 다른 사람들에 대한 헌신을 뜻한다. 이 헌신은 그 자체가 사랑이기 때문에 대화적이다. 사랑하려면 대담한 용기가 필요하다. … 억압적 상황을 없애야만 그 상황에서는 불가능했던 사랑을 되살릴 수 있다. 세계를 사랑하지 않는다면, 결국 삶을 사랑하지 않는다면, 그리고 인간을 사랑하지 않는다면, 우리는 누구와도 진정한 대화 속으로 들어갈 수 없다.Freire, 1970a: 77-78

프레이리는 『억압받는 사람들의 교육학』에서 "사랑은 용기의 행위이다. 두려움이 아니라 타인에 대한 헌신, 그리고 해방이란 명분에 대한 헌신”Freire, 1970a: 78임을 역설했다. 프롬도 그와 비슷한 말을 한다.

> 삶에 대한 사랑이 없으면 어떤 인간과 문화도 존재할 수 없을 것이다. … 삶에 대한 사랑을 이야기하려면 먼저 우리가 삶을 무엇이라 생각하는지부터 이야기해야 한다. 삶은 죽음의 반대라고 할 수 있다. 삶이란 항상 하나가 되고 완전해지려는 성향이 있다. … 삶이란 어쩔 수 없이 성장과 변화의 과정이다.Fromm, 2022: 24-25

프레이리는 변혁을 향한 열정을 담아 ‘사랑의 윤리학’ 또는 ‘사랑의 교육학’으로 부르고, 우리가 새로운 방법으로 실천하도록 하며, 우리의 교육적 헌신을 상기시키고 있다. 그는 학습하는 교사는 항상 즐거운 마음으로 임하되, 엄격해야 한다고 주장했다. 그는 자신의 생애를 통해서 사랑의 행위가 가르침의 혁명적인 힘이라고 확신했다. 오늘날 프레이리의 ‘사랑의 교육학’은 보수주의와 신자유주의에 대한 대안적 교육학으로 부상하고 있다.

여기에서 해방을 위한 정치에서 소외된 사람들을 향한 사랑은 그 대상에게 심각한 피해를 안길 수도 있기 때문에, 사랑은 정치적 성격을 띠어야 한다.McLaren, 2008: 267 프레이리는 게바라가 그랬듯이, 진정한 혁명은 사랑의 감정을 통해 안내되어야 한다. 프레이리에게 교육이란 ‘사랑의 행위’, 즉 용기 있는 행위라고 할 수 있다.Freire, 1978: 58 해방을 전제로 하지 않은 사랑은 시체를 좀 먹는 벌레처럼 그 대상을 좀 먹는다. 사랑의 나르시시즘은 타자를 나르시시즘 자체로 변질시키며 타자를 파괴한다. 따라서 상호적 위치에 있는 타자를 통해서만 사랑은 존재한다. 따라서 사랑의 교육학은 사회정의에 대한 정치적 헌신인 동시에 착취적이고, 자본주의적 체제를 무너뜨릴 수 있는 가능성을 드러낸다.

사랑의 길은 폭력 행사의 길과 정반대다. 사랑은 이해하고 설득하며, 생명력을 불어넣으려 한다. 이런 이유로 사랑하는 사람은 쉬지 않고 자신을 변화시킨다.Fromm, 2022: 33 더 많이 느끼고 관찰하며, 더 생산적이고 자기 자신과 더욱 가까워진다. 사랑은 폭력처럼 위험한 부작용을 낳지 않고도 영향을 미치며 변화시키는 방법이다. 사랑은 폭력과 달리 인내를 전제로 한다. 내적 노력을, 무엇보다 용기를 전제로 한다. 사랑으로 문제를 해결하겠다고 결심한 사람은 실망을 참고 견딜 용기, 일이 잘못되어도 인내심을 갖고 지켜보겠다는 용기를 지녀야 한다.[44] 사람은 자신의 강인함만 믿으면 되기에 그 힘의 왜곡된 형태인 폭력을 믿을 필요가 없을 것이다.Fromm, 2022: 33-34 사랑은 항상 성장을 위한 적극적 관심을 담고 있다. 우리가 사랑하는 것의 생명력을 향한 관심을 담고 있다. 그도 그럴 것이 사랑이란 형성되는 과정, 하나 되고 온전하게 되는 과정이기 때문이다. 생명력 넘치는 모든 것을 향한 사랑은 이런 성장을 촉진하고픈 열정적 욕구로 표현된다. 사랑과 폭력의 차이를 느낄 수 있는 사람이라면 삶에 대한 사랑을 향해 이미 첫걸음을 뗀 셈이다.

사랑은 행동, 소유, 사용이 아니라, 존재to be에 만족하는 능력이다.Fromm, 2022: 41 사랑은 조작의 구실로 이용되지 말아야 한다. 문을 열고 타자를 만날 때 자아는 진정한 눈과 귀를 열고 진정한 목소리로 대화를 나누면서 상호이해를 향해 나아간다. 사랑은 투쟁을 구체적 행위로 승화시키는 동시에 원인을 극복하고 더 높은 목표를 향하게 된다. 사랑이란 용기 있는 행위이자 다른 사람들을 향한 헌신이며 자유를 향한 수단이다. 프레이리는 이러한 유형의 사랑을 '무장된 사랑armed love'이라고 했다. 그에게 혁명적 덕목이라고 할 수 있는 사랑은 무방비의 사랑이 아니라, '무장된 사랑'이다. 이 사랑은 싸우고, 고발하고, 선포해야 할 권리와 의무

44. 용기는 두려움이 없는 상태라기보다는 두려움을 껴안고 그것을 이겨낸 상태의 마음이다. 따라서 두려움 없는 용기는 있을 수 없다.

를 확신하는 사람들의 치열한 사랑이다. 무장된 사랑이 없다면 쥐꼬리만 한 봉급과 교사들에 대한 홀대 등 정부의 멸시와 모든 부조리 속에서 살아남을 수 없을 것이다. 진보적 교육자가 체득해야 할 필수 불가결한 덕목이고 우리가 배워야 하는 가치이다.

따라서 나에 대한 사랑은 세상에 대한 사랑으로 발전되어야 한다. 나에 대한 사랑 없이는 세상도 사랑할 수 없다. 나에 대한 사랑과 세상에 대한 사랑은 변증법적으로 공존해야 한다. 나에 대한 사랑과 세상에 대한 사랑이 분리되지 않는다는 점을 인식해야 한다. 루소가 강조하듯 소극 교육에서 적극 교육으로 나아가듯이 말이다. 인간교육에서 시민교육으로 발전하는 경로를 밟자는 것이다. 물론 지향과 초점의 배합은 발달단계에 따라, 그리고 상황과 맥락에 따라 달라질 수 있다. 아동교육과 성인교육의 경우 적용은 좀 다를 것이다. 물론 사랑의 순서는 나로부터 시작하여 타인에게도 나아가야 한다. 어린 시기일수록 더욱 그럴 것이다. 사실 이전에는 억압적 조건으로 인해 세상의 변화 및 국가의 민주화를 우선했다. 지금에 와서 이런 교수 전략의 전환을 선택한 것은 아동의 발달과정을 고려한 것이기도 하고, 논리적으로 '교화'를 피하고자 하는 교육 본연의 원칙을 따르고자 하는 이유에서다.

물론 사랑이 강요된 것이어서는 안 된다. 사랑은 자발적이어야 한다. 사랑의 중심에는 항상 '겸손humility'의 가치가 깊숙이 자리하고 있어야 한다. 올바른 사고의 필수조건인 '겸손'을 실천하면서 사는 것은 힘든 일이다. 겸손은 관료적인 의식에서 나오지 않는다. 오히려 겸손은 교사로서 내가 가진 확신, 즉 어떤 사람도 다른 사람보다 더 우월하지 않다는 확신을 밖으로 표현한 것이다.Freire, 2007: 144 프레이리는 교사가 사랑을 통해 연대하기 위해서는 겸손해야 한다고 역설한다. 결국 사랑과 결합된 겸손은 다름의 가치로부터 배우고, 그것을 존중할 수 있는 관용[45]의 미덕을 포용할 수 있는 강력한 원군으로 작용한다.Freire, 1998b 학생들이 복종과 갈등의 두려움을 극복하고자 한다면 무엇보다 겸손이 필요하다.

겸손은 주장하지 않으며 위장하지 않는 고상하고 존경스러운 미덕이다. 겸손은 진정으로 신에게 복종하는 것이고 그에게 열려 있는 미덕으로서 지혜 속에서 성장한다. 겸손은 신이 땅 위에 나타나도록 우리의 눈을 여는 미덕이다. 모든 것을 아는 사람도 없고, 아무것도 모르는 사람도 없다는 명백한 진리를 이해하게 해 준다.Paulo Freire, 2005: 72 교육은 우쭐함과 수치심에서 벗어나 겸손함을 가르치는 것이다. 겸손하지 않으면 자신보다 능력이 낮다고 판단되는 사람들에게 존경심을 가지고 그들의 말을 들어주기는 매우 어려울 것이다. 겸손은 용기, 자신감, 자기-존중 그리고 타인에 대한 존중을 포함한다.Paulo Freire, 2005: 72

겸손하게 사는 것의 힘, 그 현존을 인식한다는 것은 진정성 있게 사는 것이다. 그리고 이러한 전 과정을 인식한다는 것은 세상에 관여하는 것이면서 다른 사람들과 관련을 맺는 것이고, 그러한 삶은 단지 자신만을 위한 것이 아니다. 이것이야말로 프레이리가 그의 정신, 그의 존재 안에서 깊이 이해했던 바로 '사랑의 교육'이다. 그러므로 진정성 있는 삶으로 옮겨가는 것은 거듭남, 민중에로의 회심, 비판적으로 현실 바로보기를 요청하며, 그리고 대화를 통해 넉넉히 발생하는 것이고, 그 모든 것은 뜻깊은 실천과 합류하는 것이다.

한마디로 사랑과 겸손의 미덕은 우리의 불완전함과 미완성을 알려 주는 것으로서 형성되어 감의 과정을 수용함과 동시에 누구도 다른 사람 위에, 또는 우위에 있지 않다는 것을 인식해야 하기에 진보적인 교사에게는 매우 중요한 비판적 구성 요소가 될 수 있다.Horton & Freire, 1990; Freire, 1998b 사실 겸손한 삶을 산다는 것은 땅에 가까이 머문다는 것, 현실과

---

45. '관용'은 우리에게 서로 다른 것에서 배우고 서로 다른 것을 존중하도록 가르친다. 관용이 없다면 어떤 진지한 교육활동도 불가능하며, 진정한 민주주의도 경험할 수 없다. 관용은 존중, 절제, 윤리를 요구한다. 아이들의 차이를 인정해야 진정한 교육이 가능하다. 삶이란 저마다 다르기에 하나하나 존재의 차이를 다르게 감지해야 한다.

민중에게 가까이 머문다는 것이나 다름없다. 특히 이런 문제의식의 발로로 프레이리의 후기 교육사상에서는 변화된 관점을 보여 준다.

프레이리는 『희망의 교육학』1994을 저술하면서 사랑과 희망을 무척 강조하고 있다. 민주화 이후의 상황을 반영했다고 할 수 있다. 이것은 '진보의 퇴행화' 또는 '진보의 이중성'을 극복하는 과제와 맞물려 있는 문제의식을 반영하고 있다. 세상의 비판을 위한 진보가 자신의 진보로 나아가지 못하는 지행불일치 문제를 해결하고자 하는 것이다. 자아혁명과 사회혁명의 연계가 취약하여 벌어진 문제이기도 하다. 억압이 없는 공동체 상정은 해방된 개인이라는 구성원이 있어야 가능한 일이며, 동시에 구성원 개개인의 해방이 존재해야 공동체의 해방 가능성도 열릴 것이다. 양자의 해방 과정은 분리되지 않고 동시적이라고 할 수 있다.

그런데 우리 사회의 민주화 세력은 『억압받는 사람들의 교육학』1970을 '정치적 교육학'으로만 읽었다. 프레이리의 '사랑의 교육학'이 내재되어 있음에도 억압적 상황이었기에 그것을 볼 수 없었고 대중의 의식화 도구로만 받아들여졌다. 노동자와 학생들의 의식을 고양시켜 억압적 현장의 변화, 즉 '전복'을 위한 도구로만 이용되었다. 일명 『페다고지』는 '사랑'의 가치를 언급하고 있음에도 불구하고, 억압적 사회 분위기로 인해 권력 비판을 위한 '선동propaganda'의 도구적 기능이 더욱 부각되었다.

사실 프레이리는 선동의 '길들이는 힘'에 대한 해독제로서 올더스 헉슬리Aldous Huxley; 1894~1963[46]가 강조한 '이념들을 분리시키는 기술'을 촉진할 수 있는 교육을 구체적으로 시행할 자료를 준비해야 한다고 촉구했다.Freire, 1978: 81-82 우리에게 닥친 문제는 프레이리가 그토록 주체와 객체의 변증법을 강조했음에도 가르치는 자와 배우는 자의 역전 가능성은 민주정권이 들어서도 여전하다는 딜레마 상황이다. 의식화라는 용어는 체제 전복 또는 반공 이데올로기 관점에 의해 곡해·훼절됨으로써 프레이리의 혁명적 사고는 절반의 메시지만 전달되고 말 가능성도 잔존하고 있다.

이런 사태를 초래한 근본적 이유는 여전히 권위주의 체제가 존속해 있었지만, 진보주의자들의 가치관이나 삶의 변화가 나타나지 않았기 때문이기도 하다. 독재 권력과의 투쟁 과정에서 형성된 병영형 사고방식의 내면화와 비대화적 태도는 민주화 이후에 그대로 이어졌다. 내면의 폭력적 트라우마가 치유되지 못한 채 민주화 시대를 맞이했다. 그래서 '자율적 자아'의 형성이나 '실천적 시민성'이 함께 길러지지 않았다. 이런 반쪽의 의식화 개념의 수용은 다시 말해, 엘리트 지식인들의 대중을 선동하는 수단의 하나로 이용되고 말았다. 자신의 변화 없는 타인의 변화만을 위한 협소한 개념으로 전락했다. 민주화 이후에도 민주주의 기반의 취약성을 그대로 드러낸 것이다. 의식화가 억압으로부터 벗어나는 소극적 자유의 성취에 머물러 있어 사랑이라는 적극적 자유의 성취로 나아가지 못한 것이다.

그래서 필자는 현재의 시점에서 사랑으로 시작하여 의식화로 나아가는 역순을 채택하는 전략을 채택한다. 과잉 의식화로 인해 누적된 트라우마를 약화된 사랑의 정신의 복원을 통해 균형을 잡는 전략이다. 프레이리의 핵심어 선택에서도 사랑, 신뢰, 본래성, 연대 등 개인적·실존적 언어에서 시작하여 의식화와 문제제기식 교육 등 역사적·사회학적 언어로 발전시키는 것이다.

사회적 모순과 대결하며 역사를 전망하며 교직생활을 하는 진보적 교

46. 헉슬리는 과학 문명이 발달된 사회를 예측하고 그 위험성을 감지하여 오만한 문명에 대한 경고와 도덕적 비판을 가한 작가이다. 헉슬리는 영국의 소설가이자 비평가로, 해박한 지식을 바탕으로 한 현란한 지적 대화와 냉소주의, 미래 문명 예측 및 도덕적 비판주의가 혼합된 실험성 강한 작품을 썼다. 철학, 과학, 심리학의 문제를 포괄적으로 다루며, 동양 사상적 견지에서 인간과 우주에 대한 관념 철학을 전개한 사상가이기도 하다. 오늘날까지 대중적으로 인기를 끄는 작품에는 『아일랜드』, 『멋진 신세계』 등이 있는데, 이 작품들은 과학 문명이 고도로 발달된 사회를 예측하고, 과학의 진보, 인간성의 상실을 경고하고 있다. 헉슬리의 허무주의, 염세주의적 관점, 도덕주의자의 입장에서 인간 혐오자로 불릴 만큼의 인간성 비판과 풍자적 작품 세계는 로렌스의 죽음으로 더욱 심화되었다고 여겨지기도 한다.

사나 교수, 그리고 모순된 사회 현실과 대결하며 소외를 극복하는 노동자, 그리고 지역의 소멸 속에서도 변방을 지켜내고자 발버둥치는 지역사회 마을활동가가 겉으로 보기에는 무지하게 보일지 모르지만, 랑시에르가 강조하듯 그들이 우리의 '선생'일 수 있음을 유념해야 한다. 그들은 '이론적 실천가'로 발전할 수 있는 잠재력의 씨앗을 지니고 있다. 그리고 관념적 유희만을 일삼는 교실의 말장난에 머물지 않고, 실천적 앎, 즉 '지혜'을 체득한 '실천적 이론가'로 발전할 수 있는 잠재성을 품고 있다.

지식인이며 문화노동자이고, 그리고 공동체 행동을 하는 교사는 "언행일치를 통해 진실로 진정성 있고 일관된 사람들의 협력적 공동체의 실현에 대한 갈망"을 늦추어서는 안 된다.Freire, 1997: 83 오늘날 진보적 교육이론 또는 사회이론은 한편으로는 지식인과 대중의 관계에서, 다른 한편으로는 이론과 실천의 관계를 설명하는 데 역사적으로 난관에 부딪혔다. 이론과 실천이 일치해야 한다는 요구에 직면했을 때, 해방적 실천의 가능성은 전위주의를 통해 자주 부정되었다. 선도적 지식인들은 대중이 자신의 목적과 실천의 범위를 스스로 정할 능력을 빼앗아 버렸다. 지식인들은 이론적 지도력을 독차지할 속셈으로 지배의 핵심인 정신노동과 육체노동의 분리를 무의식중에 재생산해 왔다.

많은 마르크스주의 지식인들은 억압받는 이들과 함께 귀 기울이고 학습하는 구체적 경험에 근거한 실천 이론을 개발하지 않았다. 오히려 억압받는 이들의 역동적인 일상과 문제들을 진보적인 사회변혁의 맥락에서 변증법적으로 성찰할 필요를 무시한 채, 실천 이론과 변화를 위한 공학적 도구로만 이용하기도 했다.Giroux, 2001: 229

그러기에 항상 불쑥 튀어나올 가능성이 있는 '마음의 관료화'에 대해 경계심을 늦추지 말아야 한다. 우리는 관료화된 마음을 극복하기 위한 노력을 멈추는 것이 실질적으로 유리할 때조차도 끊임없이 마음의 관료화를 극복하기 위해 노력해야 한다.Freire, 1998a: 3 민주화 이후 새로운 위기에 봉착하고 있는 우리도 억압에 의해 내면화한 오래된 내적 폭력의 트라우마를 치유하지 않으면, 새로운 억압을 숭배하는 새로운 폭력의 싹이 다시 움틀 수 있기 때문이다. 물리적 억압은 사라졌는지 모르지만 오랜 억압으로 인한 억압받는 사람들의 내부에 내면화되어 있는 폭력적 잠재의식의 흔적은 그대로 남아 있는 경우가 많다.

프레이리는 진보적인 교사가 갖추어야 할 필수적인 자질에 대해 분명하게 말한다. 그 자질은 실천을 통해 점진적으로 획득하게 되는 속성이다. 더 나아가 그러한 자질들은 교육자의 역할이 중요하다는 정치적 결정과 부합하는 실천을 통해 발전한다.[Freire, 1998b: 39] 활동가가 진정으로 산다는 것은 지각 있는 자아가 자기 이해와 삶의 의미 및 목적을 마련하기 위해 자유로이 구축한 윤리규범에 따라 참되게 행동한다는 것을 뜻한다.[Kirylo & Boyd, 2021] 정말 어느 한 사람이 자신이 구축한 의미 및 목적에 진실하거나 윤리적이지 않다면, 당연히 진정성 없이 살게 될 것이다. 그렇게 되면 결국 불안, 절망, 그리고 무의미한 삶으로 이끌어질 것이다. 따라서 진정으로 사람에게 헌신하는 사람은 자신을 계속 다시 캐묻고 성찰하지 않으면 안 된다. 프레이리에게 있어서 진정으로 존재하기 위해서는 해방이 되지 않으면 안 된다.[Freire, 1994]

진정한 삶을 향한 운동은 본질적/근본적 재탄생, 사람다운 인간으로의 부활, 그리고 대화를 통해 의미심장하게 일어나는 현실의 비판적 관점을 요구한다. 비인간화된 기반은 억압받는 사람들과 억압자의 선택과 자유를 와해시키고 있기에 양자 모두 좀 더 진정성 있는 인간이 되기 위하여 동시적으로 해방되어야 한다. 프레이리가 강조하듯 사랑의 핵심에는 권위주의 시대에 누적된 트라우마, 즉 마음의 파시즘과 관료화를 극복해야 한다. 이것이 가능하려면 겸손해야 한다. 겸손한 사랑을 계속하면 평화로운 혁명의 문이 서서히 열릴 것이다.

## 9. 인간화 교육의 지평 확대와 생태적 교육학

오늘날 인간성 증발을 가져온 문화적 상황은 젊은이들을 비인간화/몰인간화로 몰아가고 있다. 교육이 기계화/대중화되면 될수록, 다른 한편으로는 교육이 인격화/개성화되어야 한다는 역설이 존재한다. 따라서 교육의 시급한 과제 가운데 하나가 '교육의 인간화'다. 그런데 프레이리의 인간화가 지나치게 추상적이라는 지적을 자주 받는다. 사실 인간화는 철학적이고 역사적으로 이해해야 명료해진다. 인간화란 비인간화의 반대말이다. 프레이리는 인간성을 회복하는 것이 인간화라고 정의했다. 그것은 '더 온전한 인간이 되는 것'이다.Roberts, 2021: 94

그는 지식이 필연적으로 불완전하고 항상 진화하는 것과 마찬가지로, 인간을 항상 '형성 중인' 상태에 놓인 존재로 보았다.Roberts, 2021: 94 인간화의 추구는 이미 인간으로 존재하는 것을 더욱 심화하기 위한 탐구이다. 다른 집단에 의해서 한 집단의 인간화를 향한 추구가 제약받는 것은 억압의 상황을 나타낸다. 따라서 더 완전한 인간이 되려는 존재론적이고 역사적인 소명이야말로 우리를 인간으로 만들어 준다. 끊임없이 변화하는 세계에서 인간화는 각 시대가 펼쳐질 때마다 새로운 문제들과 함께 전개되는 계속적이고 끝없는 과정이다.Roberts, 2021: 112 여기에서 가장 분명한 점은 비인간화와 인간화 교육의 상호관계를 강조하는 게 중요하다는 것이다. 인간성을 일깨워 훌륭한 인격으로 키워 내는 교육이 인간화 교육이다. 프레이리는 여기서 머물지 않고 인간화를 고발과 선포, 즉 비인간적인 현실을 드러내고 분석하면서 다른 현실을 꿈꾸며 이전에 시도하지 않았던 것들—검증되지 않은 실행 가능성—을 시도함으로써 그것을 향해 집단적으로 작업하는 영구적 과정으로 이해했다. 프레이리가 인간화를 언급할 때, 인간화는 곧 급진적·민주적 휴머니즘을 말하는 것이다. 그에게 인간이 된다는 것은 세계를 이해하고, 그 세계를 변화시키기 위해 행동을 취하는 것이다. 그런 행동을 취하는 데서, 그리고 객체에서 주체로 이행하는 데서 우리는 완전한 인간이 된다.

그런데 인간화가 사람과 사람 사이의 인간화에 한정되어서는 안 된다. 사람과 사람 사이의 관계를 포함한 사람과 자연과의 관계로 확대되어야 한다. 이를 위해 서로 다른 맥락에 적용될 수 있는 교육에 대한 광범위하고 깊은 이해와 교육의 정치적 본질에 대한 논의, 그리고 인간화와 생태화를 위한 교육 논의가 활성화되어야 한다. 이러한 개념 틀은 인간과 사회의 거대한 변혁의 교육적, 정치적, 그리고 윤리적 차원의 근본적 탐색이 필요하다. 또한 본질적으로 정치적인 해방적 프로젝트에 의해 안내되는 인간화 교육과 동시에 프레이리의 미완의 프로젝트인 생태화 교육을 완성시켜야 한다. 지나치게 추상화되어 인간의 소외 과정을 잘 드러내지 못하는 '인간화 교육 프로젝트', 민주주의 담론만 무성하지 실천으로 잘 실천되지 않은 '민주화 교육 프로젝트', 그리고 코로나 사태 등 지구적 위기에 직면해 있음에도 인간과 자연의 공생을 힘 있게 추동하지 못하는 '녹색교육적 프로젝트'를 함께 연동시켜 활성화해야 한다.

그리하여 자아 및 세상의 동시적 변혁을 위한 통합적 프로젝트를 위해 교육과 정치가 결합하고, 지금 여기로부터 더 밝은 미래로 나아가는 도구를 제공하는 개념 틀의 구성으로 발전시켜야 한다. 사실 프레이리의 정치적-교육적 프로젝트는 이데올로기적 왜곡의 경우 기본적으로 인간화를 목표로 하였다. 프레이리에게 변혁인간+사회의 트라이앵글은 교육, 정치 그리고 인간화였다. 프레이리의 변혁 프로젝트의 지향성은 '인간화'이고, 그 지향에서 운동하는 주요한 사회이론은 '교육'이고, 그 운동을 옹호하고 이에 대립하는 사회적 힘과 연관된 권력의 역학 및 이념적 투쟁의 인식은 '정치'였다.Schugurensky, 2014: 204 인간화를 위한 프로젝트를 위해 교육과 정치가 결합하고, 지금 여기로부터 더 밝은 미래로 나아가는 도구를 제공하는 개념 틀이 구성되었다.

그런데 코로나 팬데믹을 계기로 공화주의republicanism, 공동체에 대한 책임, 정의, 공존, 자발적 헌신, 자치 등가 관심을 끌고 있다. 조희연 서울시교육감도 최근 '민족적 민주시민교육'을 넘어서는 '공화적, 세계시민적 민주시민교육'을 강조하고 있다. 그동안 '민주'의 가치에 집중천착했지만, '공화'의 가치에 대해서 소홀한 측면이 있음을 성찰하자고 제안한다. '공화'란 충돌하는 개인과 집단이 함께 존재하는 단위의 목표와 가치가 무엇인지를 돌아보는 데서 시작한다. 그런데 이런 제안은 공동체주의communitarism와 맞물려 있기에 자칫 억압적 공동체주의로 발전하지 않기 위해서는 공동선의 정치, 적극적인 시민 참여, 민주적 평등 등을 강조하는 '민주적/시민적 공화주의'로 발전해야 한다. 민주화 시대에 상정했던 '독재'는 민주시민의 자유로운 권리 추구와 이익 추구, 방어를 억압한 체제였기에 전투적이었다. 민주교육의 지나친 강조로 인간화 교육이 밀려나서는 안 된다는 말이다. 인간적 성숙을 통한 인간화 교육을 기본으로 하면서 동시적으로 정치적 성숙을 시키는 민주교육또는 민주시민교육으로 발전되어야 한다. 민주교육의 과도한 주장으로 밀려난 인간화 교육전인교육을 복원해야 한다. 양자를 아우르는 '전인적 시민교육'이 요구된다.

이제 프레이리가 제창한 변혁의 트라이앵글교육+정치+인간화은 이제 이론적이고 실천적 차원에서 그의 미완의 과업이었던 '생태화'가 추가되어야 한다. 인간화와 생태화가 대립적인 것이 아니라, 인간화의 확장이 생태화라고 할 수 있다. 국가안보에서 인간안보로, 그리고 생태안보로 발전하듯이 말이다. 인간과 인간 간의 '소아적' 인간화가 아니라 인간과 자연이 공존하는 '대아적' 인간화가 가능할 것이다. 생태론자들은 환경을 새롭게 정의함으로써 모든 것을 다시 정의할 수 있다.Freire, 2003: 309 프레이리는 세계를 지구의 일부로 읽는 생태학적 문해력을 가르칠 것을 강조한다. 그는 마르쿠제의 말을 빌려 억압자가 점점 더 노골적으로 자신의 목적을 위해 과학과 기술을 강력한 도구로 사용함으로써 생명의 큰 특징인 활력과 창조력을 죽이고 있음을 지적한다.Marcuse, 1955; Marcuse, 1964; Freire, 2019: 75 온난화 기후와 환경 위기 등 지구 위기 시대에 변혁적 플랫폼을 제공할 수 있는 생태교육학에 대한 접근 방식을 개발하기 위해 마르쿠제를 끌어들였다.Kahn, 2010

프레이리는 마르쿠제의 이론을 빌려 '지구적 환경 의식화'를 시도한다. 마르쿠제는 선진 자본주의와 환경파괴의 관계를 이론화했으며, 그것의 권리 측면에서 주체가 된다는 의미로 자연과 비인간을 깊이 인간화하는 문화 작업을 포스트휴먼post-human[47] 형태로 이해하는 데 기여했다고 평가한다.Kahn, 2010: 24 세계화의 억압적인 과정과 사회역사적 억압식민지화 등에서 비롯된 개발과 경제, 그리고 시민권/시민성의 구조를 포함한 사회 및 환경 폭력의 원인을 문제화하여 가르치고, 읽고, 연구할 필요가 있다. 인종차별, 가부장제, 신자유주의, 외국인 혐오증, 인종 살해 및 자연에 대한 지배, 탈진리 시대와 유네스코의 지속가능개발목표SDG를 다시 상상할 수 있는 가능성으로서 '생태교육학eco-pedagogy'의 도전을 받아들여야 한다. 프레이리와 여타 비판적 이론가, 비판적 교육학자들은 비판적 교육학의 과제를 생태교육학의 권력관계 문제로 확장시키고 있다.Kahn, 2010: 87-92 이들의 시도는 비판적 교육학을 교육 및 사회 변혁의 수단으로 더욱 발전시

47. '포스트휴먼'은 어떤 인간에 대해서 '포스트(post=beyond)'인가? '포스트휴먼'은 미래에 도래할 기술에 의해 향상된 인간의 상태를 말한다. 그것은 아직 실현되지 않은 상태이지만, 현 인류가 지향하고 결국 미래에 도달하게 될 지점이다(Ferrando, 2021). 인간(human←humanus/humus='땅', '바닥', '흙', '지상의 존재들')은 애당초 복수적 개념이고, 타자성에 연루되어 있으며, 관계적이고 내부 작용하는 행위자 또는 행위성(agency)이다. 이 관점에서 우리는 이미 '포스트휴먼'이다. 다른 한편으로 포스트휴먼은 실존의 양태이자 과정이며, 그런 의미에는 우리는 여전히 포스트휴먼 '존재(-이기)'라기보다는 지속되는 '생성(-되기)'이다. 포스트휴먼은 인간, 기술, 자연의 혼종 그 어디에 있을 것이다. 어린이 개념에 대한 휴머니즘 관점에 의문을 제기하는 포스트휴머니스트는 자연(발달하는 아동)과 문화(권리를 가진 아동/사회적 아동) 사이의 경계와 분리를 본다. '포스트휴먼 어린이'는 개념들과 물질의 힘에 의해 구성되는 뒤얽힘이라고 할 수 있다(Moss, 2021: 289-292; Murris, 2021: 145-190). 요컨대 우리는 이미 예전부터 포스트휴먼이었고, 여전히 아니 언제까지나 포스트휴먼이 되어가는 중이다. 이제 모두가 포스트코로나를 말한다. 이 코로나 시대는 지극히 포스트휴먼적인 현상이요 포스트휴먼 시대의 산물이다. 포스트코로나 시대 또한 여전히 포스트휴먼 시대일 가능성이 크다.

키는 것이라 할 수 있다. 그래서 프레이리 기반 생태교육학Freire-based eco-pedagogy이 새롭게 등장하고 있다.

미시아스젝Misiaszek, 2020은 비판적 교육학에 바탕을 둔 생태학이 인간의 사회적·환경적 정의와 지구의 지속가능성을 높이기 위한 행동으로 이어질 수 있는 학습을 촉진할 수 있다고 본다. 지역적 관점, 세계적 관점, 지구적 관점뿐만 아니라, 비판적 이론 렌즈, 간학문적 연구 및 다양한 인식론을 통해 환경 문제의 사회적 측면을 이해하는 생태교육학은 환경 정의 및 복지를 위한 지속적인 변화를 위한 조치를 결정하는 데 필수적이라고 할 수 있다. 이렇게 교육 부문에서의 생태교육학은 환경이 악화하는 곳에서 흔히 발생하는 끔찍한 환경문제와 인간 사이의 심각한 갈등에 대한 대응으로 위치하고 있다. 이를 '비판적 생태교육학critical ecopedagogy'이라고 명명한다. '비판적 생태교육학'의 기조는 기존 환경교육의 수정을 요청한다.Keller, 2010: 151-154 환경교육이 실효성을 가질 수 있도록 교과과정에 '환경정의' 또는 '생태정의'에 관한 이슈들을 포함시켜야 한다는 것이다.Bowers, 2001

시민성의 복잡성Misiaszek, Ecopedagogy, 2021

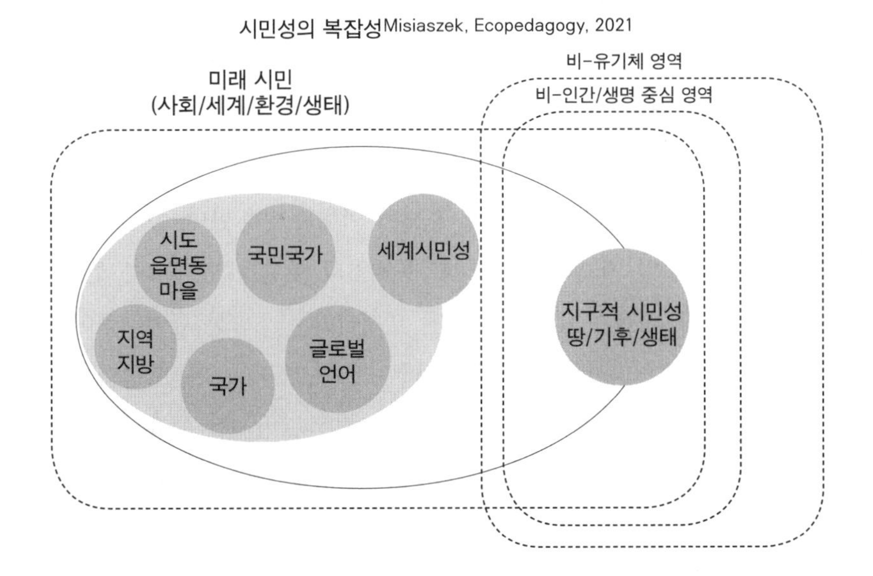

보워스는 이를 '환경정의교육' 또는 '생태정의 교육학eco-justice pedagogy'으로 명명한다.Bowers, 2002 그러한 심층-생태문화적 접근deep-ecocultural approach을 통해 생태정의교육학을 제창하는 보워스Bowers, 2002는 듀이, 프레이리, 맥러런 등 비판적 교육학자들의 주장을 수용하면서 생태정의에 대한 접근을 새롭게 정립할 것을 요청한다. 생태정의교육학은 저소득 및 유색인 지역사회에 전가되는 부담의 불평등에 저항할 수 있는 능력을 함양하여 새로운 환경·생태 공동체의 건설을 추구한다. 생태정의교육의 주요 과제들은 이러한 네트워크로 구성된 다원적 생태공동체 속에서 구성원들로 하여금 그 자신의 역사적 및 생태적 지평을 창출할 수 있도록 하는 것이다. 비판적 환경운동가들은 비판적 교육학이 사회문제뿐 아니라 환경문제도 고려해야 하고, 그것을 더욱 '녹색화'할 것을 제안한다.Apple & Au, 2011: 32

물론 프레이리 교육이론은 여전히 생태 정의와 거리를 보이는 '휴머니스트humanist'라고 평가되기도 한다. 최근의 생태학과 고생물학이 사실상 모든 발달단계에서 일부 포유류 동물과 인간이 생각보다 더 밀접하게 관련되어 있다는 증거를 내놓고는 있지만, 그의 담론은 '인간 중심적'이라는 지적을 받고 있다.Aronowitz, 2007: 193 프레이리가 인간만이 오로지 비판적 능력, 즉 분명히 논증할 수 있는 판단력을 지니고 있다고 보았던 것이다. 하지만 프레이리의 교육사상은 교육이 가진 비판적 기능을 부정하려는 사람들에 맞서 투쟁해 온 맥락 속에서 이해되어야 한다. 그의 신념은 계급사회가 민중의 자기 운명에 대한 통제력의 발달을 방해하는 한, '휴머니스트 윤리' 관점을 보였다. 하지만 프레이리는 소박한 휴머니즘이 아니라 '진정한' 휴머니즘을 주창했고, 피에르 푸르터Furter의 '생명의 교육학educação e vida'을 거론하기도 했다.Freire, 2019/1970: 117 그는 교육이 일종의 '이데올로기'라는 믿음을 견지하면서 교사는 부와 토지, 사회문화적 시스템에 관한 지식을 독점해 온 사람들과 이를 박탈당한 사람들 사이에서 자신의 입장을 분명히 해야 한다고 생각했다.

이런 판단은 프레이리가 생태학이 뿌리박고 있는 '전통tradition'[48]에 대한 인식 차이로 이어진다. 지구적 시민성과 생태정의교육학을 제창하는 보워스는 '프레이리와 그를 넘어서'라는 세미나를 주최하며 생태적 위기와 전통을 무시하는 프레이리의 의식화와 대화 개념이 개인주의 또는 교육의 자유주의를 조장하고 있다고 비판한다.Bowers, 1986; Bowers, 1991; Bowers & Apffel-Marglin, 2005 하지만 그것은 프레이리 교육사상에 대한 오독일 수 있다. 이들의 비판은 프레이리의 의식화 개념이 개인의 의식 고양이며, 대화가 개인 친화적이라는 것을 전제하고 있는데, 그것은 계몽주의의 유산문맹퇴치, 발전/개발, 비판적 성찰, 개인주의 등을 물려받은 것이다. 전통이 개인의 의미와 역량 강화, 그리고 공동체의 공유된 삶을 결속시키는 원천이 될 수 있는 가능성에 대한 고려를 '반동적인' 것으로 치부해 버리는 지적인 고자세를 보였다고 비판했다.

그런데 프레이리가 인본주의와 인간화를 주창한 것은 맞지만, 반생태주의로 나아간 것은 아니다. 보워스는 프레이리의 『교육과 정치의식』1985을 리뷰하면서 프레이리의 이론은 전통에 대해 지나치게 단순화된 견해를 제시했다고 비판했는데, 프레이리는 데카르트식의 자아 정체성을 지닌 자각적 '나' 개념을 명백히 거부하고, 그 대신에 대화적이고 사회적으로 구성된 '우리' 개념을 사용하고 있기 때문이다. 프레이리는 명백히 개인적이고 순수하고도 '원자적인' 개념을 수용하지 않았다. 이에 대해 로버츠Roberts, 2021: 292는 프레이리의 '성찰'도 개인 친화적인 것이 아니라, '세상을 지향하는 의도'로 보아야 한다고 프레이리의 관점을 적극 옹호한다. 로버츠는 보워스의 비판적 관점이 매우 결함을 가진 토대에 근거하여 프레이리 사상을 곡해했다는 입장을 보였다. 프레이리의 문해교육 또한 참가

48. '전통'의 어원은 '내주다' '넘겨주다' '물려주다'라는 뜻의 라틴어 동사 'trado'에서 파생되었다.

자들에게 그들의 기존 관습, 가치, 신념, 관행을 포기하라고 '강요'하지 않았으며, 사람들에게 사회 현실에 대해 다른 사고방식을 '고려'하라고 격려했을 뿐이었다는 반론을 폈다.Roberts, 2021: 264

결국 우리의 과제는 토착문화원주민문화를 강력히 옹호하는 근본주의적 생태주의 교육학에 대해 현실의 삶에서 어느 정도 수용할지가 딜레마다. 여기서 프레이리는 피할 수 없는 현대 기술문명의 합리성과 전통적 지역문화 및 생태적 지식을 이분화하지 않고 공존시키는 현실적 전략을 채택하는 데 있어 양자를 공존시키는 입장을 취하고 있다.

21세기 프레이리의 재발명·재조명의 차원에서 볼 때, 그의 인간화 프로젝트가 인간 중심적 프로젝트로만이 아니라 인류학적인 프로젝트로 확장하였다고 파악해야 한다. 물론 그가 쓴 대부분의 글이 환경 문제에 대한 충분한 관심을 기울이지 않고, 억압으로부터의 인간 해방에 초점을 맞춘 것은 사실이다. 이 점은 그가 활동했던 식민지 상황과 권위주의 체제에 살았던 역사적 맥락과 환경을 고려한다면 놀랄 일이 아니다. 생애 말년에 그는 초기 저서에서 생태학과 환경 등 이전에 다루지 않은 토의를 하기 시작했으며 이와 관련된 주제를 다루었다.

프레이리는 생애 마지막 책인 『마음의 교육학』1997에서 맑은 공기를 마시는 즐거움, 오염되지 않은 강에서 수영하는 즐거움, 해변의 풀이나 모래를 밟는 즐거움을 이야기하고, 인간의 욕구를 만족시키는 행복을 이익 동기의 충족으로 대체하면서 그러한 자유로운 쾌락에 가치를 부여하지 않는 자본주의 논리를 신랄하게 비판했다. 사후에 출판된 『분노의 교육학』2004에서 프레이리는 인간의 욕구와 식물의 욕구를 분리되지 않아야 한다고 역설했다. 그는 급진적/진보적 정치에서 생명세계life-world를 포함할 것과 인간의 생명, 다른 동물, 새, 그리고 강과 숲에 대한 존중과 같은 근본적인 윤리적 원칙을 옹호했다. 프레이리는 또 이런 말을 덧붙였다.

> 도시는 남녀 모두가 교육하고, 배우고, 가르치고, 알고, 창조하고, 꿈꾸고, 상상할 필요성을 느낄 때 교육적인 곳이 됩니다. 들판, 산, 계곡, 강, 거리, 광장, 분수, 집, 건물들을 채우고 있는 우리들은 그 모든 것에 어떤 시기와 스타일의 흔적을, 또 특정 시대의 풍미를 남깁니다. (…) 도시는 곧 우리고, 우리는 곧 도시입니다.Freire, 1987

> 나는 우리가 세계를 사랑할 수 없다면, 인간 사이의 사랑을 믿지 않는다. 생태학은 세기말에 엄청난 중요성을 갖게 되었다. 그것은 급진적/비판적/해방적 본질의 어느 정도의 교육적 실천에 존재해야 한다.Freire, 2004: 47

흥미롭게도 1997년 4월 17일, 세상을 떠나기 불과 며칠 전에 프레이리는 생태교육학eco-pedagogy에 대해 이야기를 나누었다. 그는 파울루프레이리연구소에서 인터뷰를 하면서 지구, 동물, 식물에 대한 사랑 이야기를 나누었다. "나는 남자, 여자, 식물, 동물, 지구를 사랑한 사람으로 기억되고 싶습니다."

프레이리는 '억압자를 위한 교육학'에서 '희망의 교육학'으로, 나아가 비판적 교육학의 인간중심주의를 넘어서는 생명친화적인 '생태교육학ecopedagogy'으로의 발전을 염원했다. 망명지에서 프레이리의 '억압의 교육학'은 민주화 이후 귀국 후에는 '희망의 교육학'과 '마음의 교육학' 또는 '사랑의 교육학'으로, 그리고 이는 다시 생애 말년에 자연환경 파괴에 대한 심각한 문제의식을 갖게 되자 '생태적 교육학'으로 발전해 가는 사고를 보였다.

그런데 생태교육학은 그의 죽음으로 미완의 과제가 되고 말았다. 불행히도 프레이리에게는 미완의 생태적 인간화를 완성시킬 수 있을 정도의 생명이 허락되지 않았다. 이제 그것을 완성하는 작업은 후손들의 몫이고,

21세기를 살아갈 우리 교육자들의 과제이다. 그래서 후학들은 이 문제에 대한 토론회를 열었고 〈지구헌장〉2000을 발표하기도 했다. 그것은 기후 위기와 코로나 팬데믹 이후 인간화의 새로운 지평 확대, 즉 '생태화를 위한 교육학' 논의의 새로운 가능성을 열어 주었다.

## 10. 삶과 교육의 대전환을 위한 총체적 사회 변화

프레이리는 일찍이 시대 변천에 조응하는 '변혁적 교육학transformative pedagogy'을 구상했다. 경제협력개발기구OECD와 유엔교육과학문화기구UNESCO는 이제야 변혁의 흐름에 동참한다. OECD가 '경제적 변혁'을 위한 교육을 추구한다면, UNESCO는 '사회적 변혁'을 위한 교육을 추구하고 있다. 양자 모두 사회를 변혁하고 미래를 만들어 가는 데 필요한 '변혁적 역량transformative Competencies'을 강조한다. 프레이리의 변혁적 역량은 오늘날 OECD의 〈미래의 교육과 기술 2030〉과 〈학습 나침반 2030〉에 나타나 있다. 지금 여기 사회에 기여하고 보다 나은 미래를 만들어 가기 위한 학습자의 역량을 가리키는 개념인 변혁적 역량transformative competencies: '새로운 가치 만들기', '딜레마 해소하기' 그리고 '책임감 갖기'을 통해 청소년들이 혁신적이고 책임감 있으며 '의식화된 주체'가 될 것을 기대하고 있다.

'revolution'은 아니지만 〈미래의 교육과 기술 2030The Future of Education and Skills: Education 2030, 약칭 'OECD 2030'〉과 〈함께 그려보는 우리의 미래: 교육을 위한 새로운 사회계약Reimagining our futures together: A new social contract for education, 약칭 '유네스코 2050'〉에서 제기하는 'trans-form'은 개혁re-form을 뛰어넘는 구조적이고 근본적인 변화를 의미한다. 우리가 원하는 미래를 만들기 위해서는 교육 그 자체의 '형태 전환trans-formation', 즉 '변혁'이 필요하다. 우리에게는 지금 여러 가지 대안적 미래가 가능하며, 몇 가지 핵심 영역에서 이미 서로 상충하는 전환들/변혁들을 파악해야 한다. 그것은 구조적 차원의 사회 변화를 지향한다는 점에서, 또한 그를 위한 교육의 근본적 변화를 추구한다는 점에서 좀 더 넓은 의미에서 '변혁적'이라고 규정할 수 있다고 할 수 있다. 이들이 말하는 '교육 변혁'의 핵심은 경쟁과 차별, 경제 정책에 대한 교육의 종속을 강요해 온 '경제성장 중심의 근대화 발전 패러다임'으로부터 '협력과 연대의 교육'으로의 전환이다.

그리고 '사회변혁'은 '지속 불가능'에서 '지속 가능한' 새로운 시스템으로의 전환을 의미한다. 시스템형태, 체제의 전환, 즉 '변혁'의 강조는 생태적 위기, 경제적 위기, 사회적 위기, 정치적 위기에 대한 '생태적 지속가능성', '경제적 지속가능성', '사회적 지속가능성', '정치적 지속가능성'을 강조하는 시대정신의 변화를 반영한 것이라고 할 수 있다. 이것은 세계적 교육정책의 전환을 보여 주는 증좌이다.

우리가 평생 동안 가르침과 배움을 수행하는 방식은 오랫동안 인간 사회 전환의 기반이 되어 왔다. 교육은 우리가 함께 창조하고 세대 간 지식 전수의 순환을 조직하는 방식이다. 교육은 서로를 연결시키고 새로운 가능성을 열어 주며 대화와 행동을 위한 역량을 높여 준다. 하지만 우리가 원하는 평화롭고, 공정하며, 지속가능한 미래를 만들기 위해서는 교육 그 자체에도 변혁이 필요하다. 교육이란 우리 사회의 혁신과 변혁의 근간이다. 교육은 우리가 지식을 동원해 불확실성 속에서 변하는 세상을 헤쳐 나가도록 돕는 활동이다. 교육의 힘은 우리를 세상과 타자가 연결하고, 우리가 이미 거주하는 공간을 넘어 움직이게 하며, 새로운 가능성과 마주치게 해 주는 데 있다. 교육은 이해력을 높이고 역량을 구축하도록 지원함으로써 우리 미래를 좀 더 사회적으로 포용적이고, 경제적으로 정의로우며, 환경적으로 지속가능하도록 만들어 준다.

교육이란 복잡한 관계망 속에서 수많은 개인과 집단들이 관여하고 참여하는 활동이다. 교육의 목표는 집단적 행위를 중심으로 우리를 결속시키고, 사회·경제·환경적 정의에 뿌리내린 모두를 위한 지속가능한 미래를 만들어 나갈 때 공동의 도전 과제 해결에 필요한 지식과 과학을 제공하는 것이어야 한다. 우리 모두는 현재와 미래 세대들에 대한 의무가 있으며, 그 의무는 우리 세계가 결핍이 아닌 풍요의 세계가 되도록, 모두가 인권을 가장 완전하게 향유할 수 있도록 보장하는 것이다. 우리는 시급하게 행동에 나서야 하고, 또 지금은 대단히 불확실한 상황이지만, 우리는 희망을 가질 충분한 이유가 있다.

선진 자본주의 국가 모임인 경제협력개발기구OECD는 불확실한 미래를 마주하면서 〈OECD 2030〉을 제출하며 교육 영역에서도 대전환을 요청한다. 2018년 학교에 입학하는 아이들이 직업세계에 들어서는 2030년 성인기에 맞이하는 청소년들을 위해 〈OECD 2030〉을 발표한 것이다. 우리가 여기에 주목하는 이유는 현재 잘못된 방향 속에서 진행되고 있는 '역량 중심 교육과정' 논의가 신자유주의 교육을 주도했던 이전의 OECD 교육 프로젝트인 데세코DeSeCo 논의에 상당한 변화를 보였기 때문이다. 〈OECD 2030〉이 잘못된 교육의 방향을 전환시켜 보다 올바른 교육과정 논의의 물꼬를 틀 수 있는 근거와 계기를 제공한다. 〈OECD 2030〉은 데세코의 의사소통 역량이나 표준화 시험 중심의 교육체제와는 판이한 거대한 생태체계에 기반을 둔 '뉴-노멀 교육체제'를 제안하고 있다.

〈OECD 2030〉의 전환적 내용은 이러한 변화의 반영이었다. 이러한 교육개혁 담론의 변화는 근본적으로 세계교육개혁GERM[49] 질서가 경쟁을 중

---

49. 전 세계를 휩쓴 시장주의 '세계교육개혁운동(Global Education Reform Movement)'은 'GERM(세균)'이라는 비판을 받았다. '세균'이라고 부른 것은 핀란드의 국제이동성연구소 소장인 파시 살베리가 자기 나라 성공과 대조되는 표준화, 외적인 책무성, 고부담 시험, 시장 주도 경쟁 등에 의한 집착을 두고 부른 말이다. 한국도 예외가 아니다. 우리나라는 피사(학업성취도 국제비교연구)의 과학 분야에서 우수한 성적을 보였으나, 아이들은 높은 불안과 낮은 행복감을 겪고 있다. 피사가 최고의 실천 사례를 세계적으로 확산하는 데 기여했다는 평가가 있는가 하면, 신자유주의 교육정책을 세계화시킨 첨병이었다는 비판도 나온다. 피사가 주도한 글로벌 교육체제는 수학과 과학 등 표준화 방식을 통해 학교를 경제적 효율성 기제와 긴밀하게 연관시켜 개인의 성장, 학생들의 독립적 사고와 시민적 참여를 희생시켰기 때문이다.

심으로 한 신자유주의 교육정책에서 공적 투자의 강화 노선으로 변화한 것의 증좌이다.[50] 이런 세계적 교육 사조는 공공성, 민주적 결정, 균등한 교육재정, 양질의 인프라, 전인적 교육과정을 강조하는 북유럽 국가의 교육개혁 흐름과 맞물려 있다. 지난 30여 년간의 신자유주의 교육정책의 세계화가 전 지구를 극단적 양극화로 초래한 것에 대한 반성이다. 이것은 강력한 힘을 행사했던 영국과 미국의 교육 주도권이 쇠약해지고 있음을 보여 준다.

물론 OECD의 변혁적 역량은 프레이리의 프락시스praxis, 이론적 실천/변혁적 실천 관점에서 볼 때 보완적 요소가 있고, 자유주의적 교육 거버넌스의 확장을 주도했다는 비판, 그리고 인문교양교육liberal education 성격이 좀 취약하다는 지적을 받고 있다. 흔히 역량[51]을 능력이나 재능과 구분 없이 쓰며 개인의 내적인 영역에 한정하지만, 누스바움은 역량을 개인과 사회제반 환경들이 접합된 역량, 다시 말해 개인의 내적 역량이 정치적·경제적·사회적 환경/조건과 결합된 역량인 '결합역량'으로 역량 개념을 확장한다. 누구나 강제된 기능이 아니라, 선택하고 행동할 실질적 자유를 의미하는 결합역량을 최저 수준 이상으로 가져야 한다.

그러지 않으면 개인의 헌신에 의존한 개별적 역량에 머물고 말 것이다.

---

50. 최근 한국을 방문한 보스턴대학교의 앤디 하그리브스와 데니스 셜리는 『학교교육 제4의 길』에서 교육개혁의 새로운 방향으로 '제4의 길'을 제시한 바 있다. 교육개혁의 주체로서 열정 있는 교사의 자발성과 주체성을 매우 강조한다. 이것은 우리나라 지역교육청을 중심으로 활발히 일어나고 있는 '혁신학교운동'과 맥을 같이한다. 제4의 길은 지역사회운동(마을교육공동체운동)과 함께 민·관·학 사이의 평등하고 상호소통이 활발한 파트너십을 구축하면서 교육개혁을 추진한다.

51. '역량'이란 한 사람이 타고난 능력과 재능인 동시에 정치적, 사회적, 경제적 환경에서 선택하고 행동할 수 있는 기회의 집합이다. 사람의 역량은 성취할 수 있는 기능의 선택 가능한 종합을 가리킨다. 역량이란 "이 사람은 무엇을 할 수 있고 무엇이 될 수 있는가?"라는 물음에 대한 응답이라고 할 수 있다. 역량은 '기능할 수 있는 잠재력'이다. 여성 인문학자 누스바움은 일찍이 기능적인 역량이 넘어선 '결합 역량'을 강조한 바 있다. 누스바움은 『역량의 창조』(2015)에서 경제성장이 아닌 개개인의 행복에 초점을 맞춰 삶의 질을 비교 평가하며, 사회정의를 실현하려는 역량을 강조한다. 그는 존엄한 존재로 살기 위해 인간의 기능을 위한 생명, 신체의 건강, 몸의 존엄성, 감각·상상력·사고, 감정, 실천적 추론, 관계, 다른 종에 대한 관심, 놀이, 환경에 대한 통제 등 10대 역량 목록을 구체적으로 제시. 결합 역량은 구체적인 정치적, 사회적, 경제적 상황에서 선택하고 행동할 기회의 총합이다.

아무리 현장에서 적용할 수 있는 역량을 많이 가지고 있다고 하더라도, 내적 역량의 사회적 조건/환경을 갖추지 못하면 '소모적 역량'으로 전락하기 쉽다. 역량이 사회정의와 무관한 기술적 역량에 한정되는 기능주의적, 신자유주의적 경향을 보일 가능성이 크다. 온당한 사회의 정말로 중요한 가능성의 유형인 '내적 역량'에 선택을 가능하게 하는 외적 조건으로서 '결합 역량'이 더해진 '통합적 역량'을 제시한 것이다. 역량이 생산적 발전과 사회정의의 힘을 가지려면 이론적/개념적 지식이 뒷받침되어야 한다.

〈OECD 2030〉의 이론적 기반이 된 마이클 F. D. 영은 '힘 있는 지식powerful knowledge'의 역할을 강조한다.[52] 영의 '미래교육 시나리오'사회적 사실주의는 전통주의보수주의/엘리트주의, 시장주의신자유주의 모형와 사회적 구성주의, 그리고 아동 중심적 진보주의를 넘어서고자 한다. 남아공 만델라 정부의 교육과정개혁에 자문 역할도 하고 영국 보수당 정부의 교육과정 개편에도 참여한 영Young, 2008의 『지식의 소환: 교육사회학에서 사회적 구성주의로부터 사회적 사실주의로』는 구성주의와 진보주의를 비판하면서 '사회적 구성주의'를 넘어 '사회적 사실주의social realism'로의 전환을 위한 지식을 호출한다.[53] 영은 지식이 개인의 경험으로는 얻을 수 없는 사회적·역사적 기원을 갖고 있기에 '힘을 가진 사람들the powerful'의 지식이 아니라, 삶에 유용한 도움을 주는 '힘 있는 지식powerful knowledge'을 대안으로 제시하고 있다. 그리고 지식의 비판적 기능과 함께 사회정의를 위한 '힘 있

52. 필자는 『교육과정에서 지식이 왜 중요한가』(2020)에서 마이클 F. D. 영의 '힘 있는 지식'에 대해 자세하게 논의한 바 있다.

53. 오늘날 학교의 교육과정 논의에서 사회적 사실주의에 대한 문제의식을 전혀 찾을 수가 없다. 1990년대 이래 우리의 교육과정 논의는 구성주의 교육이나 역량 중심 교육 중심으로 치달아 지식을 더욱 상대화하고 개인주의화했다. 자기 주도적 지식을 형성하려는 구성주의 담론은 무기력한 지식교육의 근원이 된 객관주의 지식관과 주지주의적 교육관의 병폐를 완화시키고자 한 것이지만, 지식의 생산 기반 자체를 허물고 말았다. 교육 내용의 성격을 지식의 형식이나 개념적 사고로 이해하기보다 경험적이며 일상적인 사고로 이해하려는 경향이 강했기 때문이다. 교육과정 논의의 이런 흐름은 반주지주의적 학교문화를 낳고 말았다. 이런 상황에서 설상가상으로 신자유주의 교육정책의 파고와 함께 대두한 '역량' 중심 교육의 강조는 근본적으로 종래의 지식교육에 대해 회의와 의심을 갖게 했다. 구성주의나 역량 중심 교육은 세상의 질서 변화하고는 아무런 상관성을 갖지 못한 것이다.

는 교육과정'을 주창한다. 정의로운 사회의 건설을 위한 정의로운 학교 및 교육과정과 결합된 지식의 생산을 위한 지식의 지위를 회복한 교육과정 논의, 즉 '지식의 복원'을 주장한다.

그래서 〈OECD 2030〉은 학생들이 세계에 기여하고 번영하기 위해, 더 나은 미래를 만들고 새로운 가치를 창출하고, 그리고 갈등과 딜레마를 조정하고 책임지는 역량과 새로운 가치들 등을 강조하고 있다. 변혁적 역량을 통해 청소년들은 혁신적이고 책임감 있으며, 프레이리가 강조한 '의식화된 주체'가 될 수 있으리라고 기대한다. 결국 〈OECD 2030〉은 낡은 사회 인식과 교육관에서 벗어나 미래교육의 방향을 바로잡고 후속 세대의 전면적·주체적 발달을 도모하면서, 말 그대로 '변혁적 역량'을 키우는 교육으로 나아가는 계기를 마련하는 데 의의가 있다. 사회변혁의 방향과 관련하여 〈OECD 2030〉이 성장주의를 유지하면서 '탈신자유주의'를 모색하고 있다면, 〈유네스코 2050〉은 인류적 재앙인 생태적 위기에 대처하기 위한 '탈성장주의'를 본격적으로 제기하고 있다.

여기서 우리는 프레이리의 저작을 읽으면 읽을수록 억압적인 교육체제에 대한 변혁적인 접근의 필요성을 점점 더 자각하게 된다. 변혁적 교육학이 추구하는 학습자 주도성은 세계 변화를 주도할 수 있는 잠재 가능성이며, 누스바움이 강조하듯 학습자 개인의 삶의 주도성이 '총체적 잘 살기'를 향한 성장 과정이기도 하다. 그런 점에서 학습자 주도성은 삶의 주도성을 향한 연습인 동시에 현재의 삶의 주도성 그 자체를 의미한다.

〈유네스코 2050〉은 '교육 목적' 문제를 매우 실천적인 의제로 만든다. 기존의 교육 목적 폐기를 둘러싼 논란과 쟁점화가 불가피하기 때문이다. 예컨대 한국의 교육 당국만 해도 주요 문서들에서 '국가 경쟁력 강화'를 가장 중요한 목적으로 제시하고 있는데, 〈유네스코 2050〉의 명시적 비판에 의해 현실적 논란이 될 수밖에 없다. '개인적 성공, 국가적 경쟁 및 경제 발전의 가치를 강조하는 것'에 대한 비판은 매우 근본적인 문제를 쟁점화한다. 많은 개인과 각국 정부가 지니고 있는 실제의 교육 목적이기 때문이다.

〈유네스코 2050〉은 기존 교육 목적에 대한 명시적 비판을 통해 교육 변혁을 위한 가장 핵심적이자 실제적인 의제로 제기하고 있다. 〈유네스코 2050〉은 공공의 사회적 노력과 공동재로서의 교육을 강화하고, 지식 공동자산knowledge commons[54]을 보호하자고 촉구한다. 불평등, 기후위기, 코로나 팬데믹을 계기로 기계론적 관점사회적 실재는 각각 분리된 개인의 집적에서 공유자산 관점사회적 실재는 사회적 네트워크와 공동체로 구성으로 전환해야 하는 절체절명의 시대 상황을 반영하고 있다. 공유자원으로서의 교육의 전환을 위해 장애가 되는 체제 전환을 위한 새로운 합의를 요구한다. 〈유네스코 2050〉은 '새로운 변혁 주체들의 실천에 의해 2050년에는 지속가능한 미래를 이루어 내자'는 취지를 담고 있다. 신자유주의 교육의 폐해를 극복하기 위해 제시된 대안적 개념인 '공공성'과 함께 기후위기와 코로나 팬데믹을 계기로 '공동재' 개념을 새로이 강조한다.[55] 공동재common good[56]는 '공공재public good'보다 더 강하고 분명한 개념으로, 한마디로 '모두의 소유이며, 모두가 이용 가능하고, 모두가 함께 관리, 통제하는 자원, 자산'으로 이해될 수 있다.

"인류와 지구는 날로 심화되는 기후위기와 사회경제적 불평등을 포함한 총체적 위기에 처해 있으며 우리는 인간의 존엄과 생존의 지속가능

54. '지식 공동자산'은 지식이 인류가 역사를 통해 모두가 참여하면서 생산, 축적, 공유하는 것이기 때문에 공동의 소유라는 것이다. '지식 공동자산' 개념은 '공동의 교육과정', '공유된 학습 경험' 등과 함께 보편적 교육과정 강화를 강조하는 것으로 연결되며, 교육 차원을 넘어 전 사회적 차원의 참여적 지식 생산, 공유, 공동 이용을 강조하는 것으로 연결된다.

55. 복합적 위험사회(양극화와 불평등 강화, 환경 위기, 저출산 고령화 심화, 코로나 팬데믹 등), 공공성의 파괴와 축소, 자치 공동성의 취약 등으로 인해 공동재 또는 공동자산이 붕괴되고 있다.

56. 교육은 '모두의 공통된 경험'이기에 '공동으로 관리'되어야 한다. '공동재' 개념은 첫째, 교육이 모두의 소유이고 권리이므로 모든 교육이 무상으로 이루어져야 한다. 둘째, 교육 기회, 내용, 방식이 형평, 평등, 보편적 성격을 가져야 한다. 셋째, 교육의 목적이 개인들의 경쟁적 성공이 아니라 모두를 위한 것이어야 한다. 넷째, 교육정책의 결정과 운영이 전 사회적 참여, 진정으로 민주적인 방식으로 이루어져야 한다는 점이다.

을 위한 선택의 기로에 서 있다." 이러한 위기의식을 보여 주는 〈유네스코 2050〉 프로젝트는 문명 대전환의 시대정신을 표현하고 있다. 상당히 체계적이고 상세하게 시대 상황을 분석하면서 그에 대한 명확한 인식을 제출한다. 인류는 선택의 기로에 있으며 지속가능한 미래를 건설하기 위한 변혁이 불가피하다.

유네스코 국제미래교육위원회는 〈유네스코 2050〉 프로젝트에서 교육을 공동재로 보면서 여러 제안과 요청들을 제출하고, 이를 국제적 약속과 규범으로 하자는 '교육에 대한 새로운 사회계약'[57]을 맺자고 촉구한다. 〈유네스코 2050〉의 새로운 관점과 문제의식에는 무엇보다 절박한 시대 인식이 배경으로 깔려 있다. '교육을 위한 새로운 사회계약의 촉진'을 촉구하고 있다. 미래를 변화시키는 데 도움이 될 수 있는 사회, 인식론, 경제 및 환경 정의의 원칙에서 통찰력을 시급히 함께 구축해야 한다. 그리고 불확실한 고용의 미래에 대한 유연성이 교육의 '미래를 위한 새로운 사회계약'에 포함되어야 한다.

우리는 수백만의 개인과 집단의 행동, 용기, 리더십, 저항, 창의성, 돌봄의 행동을 통해 '교육을 위한 새로운 사회계약'을 만들 수 있다. 새로운 사회계약은 차별과 배제, 소외를 극복해야 한다. 그뿐만 아니라 과거의 정의롭지 못한 것을 시정하는 동시에 수면 위로 떠오르는 환경·기술·사회적 변화에 우리가 대비하도록 도와야 한다. 아울러 우리를 단결시켜 집단적 노력에 동참하게 만들고, 사회·경제·환경적 정의에 기반을 두고, 모두를 위한 지속가능하고 평화로운 미래 형성에 필요한 지식과 혁신을 제공해야 한다.

57. '교육'은 사회계약, 즉 공동의 이익을 위해 협력하려는 사회 일원들의 암묵적 합의라는 측면에서 파악될 수 있다. 사회계약은 공식적으로 법제화되고 문화적으로 내재된 규범과 책임, 원칙을 반영하기 때문에 단순한 거래 이상의 의미를 가진다. 그 출발점은 교육의 공공 목적에 대한 공동의 비전이다. 사회계약은 교육제도와 이를 구축, 유지, 개선하기 위해 분배된 작업을 구조화하는 기초적이고 조직적인 원칙들로 구성된다.

〈유네스코 2050〉은 미래를 '변혁transform'할 기회가 왔다고 주창한다. 변혁적 교육이 되기 위해 사회를 변혁하기 위한 힘, 즉 '변혁적 역량'을 형성해야 하고, 연대와 협력의 교육을 해야 한다. 사회운동과의 연대를 강화하고, 성인교육의 변혁적 학습을 촉구해야 한다. 새로운 사회계약은 교육을 공공의 노력, 공유된 사회적 약속, 가장 중요한 인권 중 하나, 국가와 시민의 가장 중요한 책임 중 하나로 강화해야 한다. 여기서 강조하는 사회계약은 어떤 문서라기보다는 일종의 '사회적 합의'를 맺는 것이다. 교육을 위한 새로운 사회계약의 수립은 우리의 미래를 함께 그려보기 위한 중대한 한 첫걸음이 될 것이다.

새로운 사회협약을 맺는다는 것은 곧 교육, 지식, 학습에 대한 기존의 사고방식이 우리가 새로운 길을 열어 바람직한 미래를 향해 나아가는 것을 어떻게 가로막고 있는지를 살펴보는 것을 뜻한다. 그저 현재의 교육 발전 모델을 확장하는 것은 진전을 위해 선택할 만한 길이 아니다. 우리의 어려움은 한정된 자원과 수단 때문만이 아니라, 우리가 학습의 목적과 방법을 규정하고 그것을 조직하는 방식으로부터도 기인한 것이기 때문이다.

'교육을 위한 새로운 사회협약'은 학습에 대해, 또 학생, 교사, 지식, 세계 사이의 관계에 대해 우리가 지금까지와는 다르게 생각하도록 만들어야 한다. 각자의 존엄성이 고귀하다는 생각, 모두의 기본권을 보장한다는 약속, 우리의 유일한 집인 지구의 건강, 이 모든 것이 위험에 처해 있다. 이 경로를 바꾸고 대안적 미래를 상상하기 위해 우리는 서로와의 관계, 살아 있는 지구와의 관계, 그리고 기술과의 관계에서 시급히 균형을 잡아야 한다. 우리의 상호의존성과, 인간 너머의 세계 속에서 우리가 차지하는 장소와 그 역할에 대해 우리는 다시 배워야 한다.

인류는 선택의 기로에 있으며 지속가능한 미래를 건설하기 위한 변혁이 불가피하다. 유네스코는 교육의 변혁을 바라는 많은 사람에게 더욱 강화된 근거와 힘을 주고 새로운 실천적 의미와 고민을 던져 준다. 교육의 변혁을 통해 후속 세대를 변혁적 주체로, 공동의 과제를 위해 협력적으로 일하는 주체적 인간을 형성해야 한다. 지속가능한 미래 건설을 위한 사회 변혁이 요청되는 대전환 시대를 맞이해 변혁적 주체를 형성할 수 있는 더욱 평등하고, 개방적이며 수준 높은 교육으로의 변혁이 필요하다. 사회와 교육의 대전환 시대를 총체적·실천적으로 인식하는 것이 매우 중요하다.

〈유네스코 2050〉의 「교육의 변혁을 위한 제언」은 다음과 같다.

- 교육학은 협력, 협동, 연대의 원칙을 기반으로 조직되어야 한다.
- 교육과정은 생태적, 상호문화적, 학제적 학습에 중점을 두어 학생들이 지식에 접근하고 이를 생산하면서 동시에 이를 비판하고 적용하는 역량을 기르도록 지원해야 한다.
- 교수활동은 협력적 행위로 좀 더 전문화되어야 하며, 거기서 교사들의 역할은 지식 생산자이자 교육과 사회 변혁의 핵심 주체로 인식되어야 한다.
- 학교는 포용, 형평성, 개인과 집단의 웰빙을 지원하는 교육 장소로서 보호되어야 하며, 보다 정의롭고 형평성 있고 지속가능한 미래를 향한 세상의 변혁을 더욱 잘 촉진하도록 다시 그려보아야 한다.
- 우리는 평생에 걸쳐서, 그리고 다양한 문화적·사회적 공간에서 펼쳐지는 교육 기회를 향유하고 확대해야 한다.

그리고 〈OECD 2030〉이 초·중등교육에 한정된 반면, 〈유네스코 2050〉은 대학교육 및 성인교육에 대해서도 여러 차례 언급하면서 새로운 문제의식들을 피력하고 있다. 〈유네스코 2050〉은 대학교육의 세계적 추이를 소개하면서 대학교육의 보편화 문제를 의제화한다. 보고서는 선진국의 경우 2034년경 사실상 청소년 모두가 진학할 것으로 예상하면서 고등교육이 보편화 단계에 접어들기 시작했다고 보고 있다. 이는 대학의 위상과 역할, 운영 방식의 전반적 재고가 필요함을 의미한다. 기존의 엘리트 교육 기관으로 보던 관점에서 탈피하고, 보편적 대중교육 기관으로 재정립해야 함을 강조한다. 또한 대학에 변혁적 역할을 수행할 것을 요청한다. 사회의 대전환 시대를 맞이하여 대학이 교육과 사회 변혁, 지식 공동재의 진화를 위한 사명을 재정립하고, 그를 위한 연구와 혁신에 헌신할 것을 요청하고 있다. 또한 지속적인 교사교육과 결합할 것과 사회적 네트워크의 중심이 될 것을 제기한다. 그리고 '대학 순위 매기기'에 대한 비판을 통해 대학이 서열적 관점에서 바라보아서는 안 된다는 점을 강조하고 있다.

〈유네스코 2050〉은 성인교육이 단순히 직업 재교육 차원에서 이해되고, 실행되고 있는 상황을 넘어, 지속적인 삶의 발달과 실현으로서 성인교육이 되어야 한다고 말한다. 수명 연장이라는 새로운 역사적·문화적 조건 변화 속에서 성인교육의 성격과 역할을 새롭게 보아야 한다고 보는 것이다. 또한 빠른 직업세계 변화 속에서 성인교육도 보편적 대응력 형성이 중요하며, 삶의 전 영역을 아우르는 것으로 재개념화되어야 한다고 주장한다. 또한 궁극적으로 성인교육을 지속적인 변혁적 주체 형성 관점에서 바라보아야 한다. 성인은 현재 세상을 책임지며, 미래에 대한 책임도 후속 세대에 전가할 수 없다고 말한다. 한편 성인교육에서 디지털 문해력 형성 필요성을 특별히 언급한다. 성인에게도 꼭 필요한 부분이지만 자라나는 세대에 비해 접근과 활용에 어려움이 있기 때문에 더 세심한 고려가 필요함을 강조하는 것이라 할 수 있다.

또 〈유네스코 2050〉은 교육 주체들의 '실천적 행동'을 강조한다. 논쟁이 될 만한 주요 의제들에 대해 대체로 주체들의 분명한 입장을 피력한다. 단지 가르치고 학습하는 것만이 아니라, 실제의 실천으로 나아가야 한다. 따라서 교사를 포함한 모두가 변혁적 주체가 되어야 한다. 교육은 공동의 과제를 위해 협력적으로 일하는 주체적 인간을 형성해야 한다. 단지 가르치고 학습하는 것만이 아니라, 실제의 실천으로 나아가야 한다. 따라서 교사를 포함한 모두가 변혁적 주체가 되어야 한다.

대한민국에서도 최근 '대전환 시대'라는 단어가 확산되기 시작했다. 그러나 아직 그 의미는 왜곡되거나 대단히 협소하게 쓰이고 있다. 일부에서는 '기후 위기'에만 초점을 맞춘다. 심지어 정부와 자본은 대전환을 '4차 산업혁명', '디지털 산업구조 전환'의 의미로 쓰고 있다. 여기에는 '지속가능'이라는 본래의 핵심이 전혀 담겨 있지 않다. 지속불가능성을 가져오는 기후위기와 불평등을 극복하는 새로운 사회경제 시스템 구축에 대한 문제의식이 존재하지 않는다. 오히려 취지와는 정반대로 경쟁을 위한 동원 이데올로기로서 대전환 시대를 이야기한다. '대전환'이라는 개념을 여전히 신자유주의적 프리즘으로 바라보고 해석하는 것이다. 대전환 시대에 대한 잘못된 이해를 교정하는 일이 필요하다.

그리고 〈OECD 2030〉과 〈유네스코 2050〉이 중요한 의미를 지닌 많은 의제를 제기하고 있지만, 그중에서도 전체를 관통하는 가장 핵심적인 부분은 '대전환 시대 인식'과 '교육 목적 전환' 두 가지다. 대전환 시대 인식은 변혁적 교육론의 가장 기본적 토대이다.진보교육연구소, 2022 시대적 위기와 인식으로부터 교육의 목표와 과제, 방향 등 기본 흐름이 규정된다. 교육 목적은 본래는 여타 교육 의제를 규정하는 핵심적인 내용이지만 그동안은 관심의 대상이 아니었다. 그런데 새로운 교육론에서는 기존 교육 목적을 명시적으로 비판함으로써 실천적인 쟁점으로 부상하고 있다.

새로운 교육 패러다임에서 제출하는 시대정신[58]은 '대전환' 개념에 대해 체계적·총체적 인식을 제공한다. 일부의 왜곡되거나 파편화된 '대전환' 개념을 극복할 수 있도록 해 준다. 시대정신은 교육과 사회 변혁으로 나아갈 수 있는 가장 중요한 토대이자 근거이다. '대전환 시대'에 대한 올바

58. '시대정신(Zeitgeist/spirit of the times)'의 개념은 원래 헤겔이 사용한 용어로 삶의 주된 질문이 무엇이며 어떤 대답을 할 수 있는지에 대한 전반적인 지배적 합의이다. 시대정신은 공동체의 전체 삶의 양식을 반영한다. 이것은 권력을 가진 사람들의 지배적 관점은 물론이고, 반대되는 생각/이념을 포함한다.

르고 풍부한 개념과 인식 그리고 그 확산은 교육 분야는 물론이고, 사회 변화에도 큰 힘을 줄 수 있다고 본다.

그러면 우리가 계속해야 할 것은 무엇인가? 우리가 폐기해야 할 것은 무엇인가? 창의적으로 새롭게 만들어 내야 할 것은 무엇인가? 하지만 이 제안들은 단지 출발점일 뿐이다. 이 보고서는 청사진이라기보다는 생각과 상상을 요청하기 위한 초대장이다. 전 세계의 지역사회, 국가, 학교, 그리고 모든 종류의 교육 프로그램과 교육 시스템들이 앞선 질문들에 답을 해야 한다. 교육을 위한 새로운 사회협약의 수립은 우리의 미래를 함께 그려보기 위한 중대한 한 걸음이 될 것이다.

〈OECD 2030〉과 〈유네스코 2050〉에서 제기하는 여러 교육 의제 중 실천적으로 가장 큰 의의를 지닌 부분은 구두선에 그쳐 왔던 '교육 목적' 문제를 치열한 쟁점으로 부상시킨 점에 있다. 교육에서 가장 핵심적인 문제를 논쟁과 관심의 초점으로 만들고 있기 때문이다. 많은 사람의 관심 속에서 교육 목적 문제가 다루어지고 변화한다면 가장 근본적인 지점으로부터 변화의 동력이 창출될 수 있다. 교육의 목적aim은 개인들이 자기 자신의 교육을 계속할 수 있도록 하는 데 있으며, 학습의 목적과 보람은 성장의 동력이 계속 증대하는 데 있다.

비에스타Biesta, 2022는 근현대 교육에 대한 새로운 상상으로 세 가지 공교육public education[59] 모델을 제시했다.[60]

첫째, 제1기 학교교육국민 만들기를 위한 공교육: 전달 모형은 국가가 일률적으로 지시하고 처방하고 제공하는 교육을 모두가 동등하게 받는다는 의미에서의 공교육, 국가를 위한 공교육으로 국가가 처방하는 공통된 가치와 신념의 내면화를 중요한 교육의 목적으로 본다.

59. '공교육'은 공공장소에서 이루어지고, 공익을 증진하며, 모두에게 책임을 지는 교육이다. 교육의 공적인 성격은 공공기관이 교육을 제공하고, 재정을 지원하고 관리하는 수준을 훨씬 넘어선다.

60. 곽덕주는 비에스타의 『학습을 넘어』(2022)의 해제에서 공교육의 세 가지 모델을 제시했다.

둘째, 제2기 학교교육public, 公衆, 공적 대중을 기르는 교육: 상호작용적 모형은 대안·혁신학교 모델듀이의 패러다임로서 학생의 능동적이고 자발적인 학습이 중요하다. 특히 사회적 과정으로서 집단학습이 중요하다. 교사는 사회적 활동과 집단학습의 구조를 제공하고 사회적 학습을 촉진하고자 한다. 스스로 '시민'으로 살아가고 실천할 수 있는 민주적, 시민적 삶의 양식을 갖춘 인간을 기르는 교육으로 공교육민주적 삶의 양식을 공유하게 하는 것에서 '공公'을 공유된common, 共 삶의 양식을 가진 공중으로 이해한다.

셋째, 제3기 학교교육publicness, 公共性을 위한 교육: 초청 모형은 학교교육을 성취되어야 할 공적 가치를 미리 규정하기보다는 학교교육을 통해 새롭게, 그리고 끊임없이 성취되어야 할 것으로 본다. 학교는 끊임없이 공적 공간을 아이들 앞에 열어놓고, 그것의 의미를 아이들이 만들어 가고 체험하게 하는 역할을 하도록 한다. 교사는 아이들이 '세계'의 자유로운 접촉과 사용다중적 의미을 하도록 한다. 특히 세계를 대변하는 교과의 의미에 대한 새로운 이해와 함께 아이들이 '함께', 그리고 '각자' 참여하도록 초대한다. 타자들의 복수성과 차이의 세계에서 민주적 인간이 되는 '민주적 공존을 위한 교육'을 주창한다. 우리 자신이 행동하고 말하고 세계로 들어갈 수 있는 것에 관한 것인 만큼이나 타인들이 듣고, 기다리고, 시작하기 위한 공간을 창조한다. 타인들이 주체가 되기 위한 기회를 만드는 것에 관한 공공성은 함께 만들어 가는 것으로서 교육의 과정에서 학생들의 주체성이 출현하는 사건들로 구성된 새로운 공간을 열어 간다.

이제 '국민 만들기'를 위한 공교육, '공중'을 기르는 교육, 그리고 '공공성'을 위한 공교육은 최근 새롭게 대두된 유네스코의 '공동재common goods/공유자원commons'[62]을 위한 교육과 병행 발전해야 한다. 〈유네스코 2050〉에서는 2021년 11월 10일 '함께 그려보는 우리의 미래'를 위한 프로젝트에서 '공동재'로서 교육을 촉구하고 있다. '공동재' 개념 등 교육의 성격과 목적을 다시 세우자고 하면서 근본적인 문제의식을 제출하기 때문에 보다 상승된 새로운 관점으로 많은 논의를 불러올 수 있다. 교육이 공적으로 누구에게나 제공되어야 하는 '공공재public good'[62]일 뿐만 아니라, 전 사회적 참여와 노력으로 함께 만들어 가는 '공동재'임을 제시한다. 물, 지식, 교육 등 공동자산commons 개념[63]과 아울러 공동재 개념은 기존의 공공재 개념이 '정부가 하는 일공공성' 차원의 문제로 보려는 제한성을 넘어서기 위해 교육의 목적과 방향, 구성과 운영을 새롭게 바꾸자고 한다.

오늘날 개인이나 집단의 이해를 초월한 성숙한 논의와 담대한 개혁정책을 견인하는 교육사상적 명제로서 교육 커먼스education commons, 교육 공유자산가 호명되고 있다. 교육은 특정한 누구의 소유가 아닌 모두의 공유지이자 공유자산[64]이다. 교육을 각자 고유성을 가진 학교 구성원들이 공유자commoner로서 공화공유, 공생, 공치를 구성해 가는 공유활동commoning, 사물과

---

61. '공유'는 '공동소유'의 뜻을 지닌다. 공유재, 공유지, 공유자원 등으로 번역되는 '커먼스'는 경제와 복지 영역, 생태와 환경 영역, 문학과 예술 영역에 있어 왔는데, 최근 지식 커먼스, 대학 커먼스, 교육 커먼스 등으로 확대되고 있다. '커먼스'가 탈성장 지향과 인간의 풍요로운 삶을 유지하는 대안으로 제시되고 있다. 시장이나 국가에 의한 소유나 관리가 아니라, 공동체가 공동의 이익에 기여하는 교육적 공공성을 실현하는 방안으로 교육과 학교의 제반 조건을 공동으로 관리하는 사회관계 양식으로 의미를 부여하고 있다.
62. 정부의 속성에는 공[公/共]의 개념이 공히 내포되어 있다. 정부를 사적인 것이 아닌 공동체 전체의 통일성을 대변하는 공적인 특성, 즉 '공공성(the public)'의 측면과 함께 공동적인 것, 즉 '공동성(the common)'의 측면을 공히 내포하고 있다. '공동체 구성원들 공동의 것'이라는 의미를 함유하고 있는 '공적(共的/common)'인 측면인 '공동성(commonality)'은 대체적으로 공공조직인 정부를 '사적(private)'인 것에 대립되는 '공적(公的/public)'인 측면을 강조하는 '공공성(publicity)' 개념에 의해 밀려났다. '공공성'은 법과 제도 그리고 공권력 등이 중시되는 '강한 정부'의 형태로 나타나고, '공동성'은 국민의 참여와 민중적 통제를 강조하는 '열린 정부'의 모습으로 드러날 수 있다. 하지만 공공성과 공동성이 균형과 조화를 이룰 때 비로소 바람직한 정부가 출현 가능할 것이다.
63. 루소는 인간과 시민의 문제를 논하면서 교육을 통해서 사회 속의 자연인을 기르는 것을 구상한다. 이는 국가와 자본에 의해 포획되고 훼손된 근대 교육을 커먼스의 관점으로 복원하고 창조하는 과정을 통해 새로운 교육체제로 전환하고자 하는 시도이다. 이 과정에서 국가와 시장은 배제의 대상이 아니라, 공동의 이익과 가치를 창출하는 데 함께 기여하는 동반자적 주체가 될 수 있다.
64. 교육문제에서 개인은 외롭고 시장은 불안을 조장하고 탐욕스러우며, 국가는 우리 문제를 해결하는 공동체라고 느끼기에는 너무 멀리 있다. 더욱이 교육이 국가의 것이 되면 '부국강병' 논리가 드세어지고, 자본의 소유가 되면 이윤을 위한 '인적 자본' 양성이 핵심이 되기 마련이다. 권력과 자본에 의해 포획된 질서가 아닌 '우리' 공동체가 소유하는 교육으로 전환, 즉 교육 커먼스가 필요하다. 공동자산이란 '자각한 시민들이 스스로의 삶과 위협에 놓인 자신들의 자원들을 스스로의 손으로 책임지겠다는 비전'이며, 공유와 협동, 호혜성과 사회문화적 변화에 기반한 새로운 사회적 실천과 가능성의 공간이라고 할 수 있다.

자원의 유지와 공동생산을 하는 활동으로 이해할 수 있다. 공유활동을 배우고 공유인commoner을 키우는 교육을 통해 '교육 공동자산education commons'[65]을 실현하고자 한다. 그리고 개개인이 독립적이고 자유로운 존재로 성장하면서 동시에 공화국의 시민으로서 모든 활동에 적극적으로 참여하는 것이다. 교육은 근대국가의 핵심 기능으로서 국가안보와 경제성장, 그리고 사회통합을 구현하는 핵심 장치이다. 인간 소외의 교육학을 극복하기 위해서는 국가-자본-노동-교육으로 위계화된 구조를 넘어 함께 참여하고 공동의 자산을 만들어 내며, 공동체 안에서 함께 살아가는 관계를 복원하는 것이 당면한 교육의 시대적 과제이다. 교육문제는 경제와 외교, 그리고 안보 못지않게 대한민국 사회와 국민들의 삶을 관통하는 핵심 문제이자 국가적 과제이다. 따라서 교육 커먼스 운동은 교육을 바라보는 근본적인 관점의 전환과 이에 대한 철학적·사상적 비전이 더욱 중요해지는 국면이 전개되고 있다.

교육 공동자산 운동은 학교교육을 실제적 삶을 위한 장소로 의미화하는 과정에서 공동체로서 학교민주주의를 실현할 수 있다고 볼 수 있다.[66] 교육 공동자산 운동은 공유활동으로서의 거버넌스와 공유자로서의 공동체로서 위상을 가질 수 있다. 마을교육공동체, 학교민주주의, 교육자치에 기반한 교육혁신, 교육협동조합, 대안교육, 공동육아, 인권교육, 평화통일

65. '교육 공동자산' 개념은 다음 사항들을 더욱 분명히 한다고 생각된다. 첫째, 교육은 모두의 소유, 권리이므로 모든 교육이 무상으로 이루어져야 한다는 것. 둘째, 교육 기회, 내용, 방식이 형평, 평등, 보편적 성격을 가져야 한다는 것. 셋째, 교육의 목적이 개인들의 경쟁적 성공이 아니라 모두를 위한 것이어야 한다는 것. 넷째, 교육정책 결정과 운영이 전 사회적 참여, 진정으로 민주적인 방식으로 이루어져야 한다는 것이다.

66. 안순억·정용주·윤상혁(2019), 〈커먼스의 교육개혁 적용 방안 연구〉, 경기도교육연구원 연구는 교육을 공유자산(commons)으로 보면서 교육 커먼스 운동(education commons movement)을 제창한다. 국가권력에 의해 기획되고 추진되는 공적(public/公)인 교육과 자본의 이윤 중심이 된 사적(private/私) 교육의 이분법을 넘어서 국가 및 자본과 병렬한 제3의 주체로서 새로운 교육의 공동성을 실현하는 일련의 공유활동인 교육 공동자산은 체화된 상태(habitus)로서의 교육 커먼스, 객관화된 상태로서의 교육 커먼스, 제도화된 상태로서의 교육 커먼스는 공동체로서의 교육 커먼스, 거버넌스로서의 교육 커먼스, 집합 역량으로서의 교육 커먼스, 비물질 혹은 지식으로서의 교육 커먼스로 발전할 수 있다.

교육, 교육 거버넌스에 기반한 교육혁신지구 등도 '교육 공유자원'의 개념으로 발전할 수 있다.

우리가 가장 관심을 가져야 할 근본적인 지점은 새로운 시대 인식이다. 교육 대전환의 시대 인식은 새로운 교육론의 토대이자 출발점이다. 그로부터 사회와 교육 변혁의 필요성이 도출된다. 기존의 교육운동은 주로 입시로 인한 교육적 폐해에 초점을 두면서 대학서열 해체 등 구조적 변화를 추구하는 것으로 나아갔다. 지금까지의 교육운동은 시대적 과제에 대한 시각이 부족했을 뿐 아니라, 그로 인해 신자유주의의 정보화 및 4차 산업혁명 시대관, 개인적 성공과 국가 경쟁력을 추구하는 도구주의적 교육관을 쉽게 넘어서지 못했다. 새로운 교육론의 대전환 시대 인식은 교육적 폐해 극복과 시대적 과제를 함께 보면서 구조적 변혁을 도모할 수 있도록 한다. 따라서 새로운 시대 인식에 입각한 내용적 재구성이 요청된다.

교육 패러다임의 전환은 지금까지 신자유주의 교육정책을 관철시켜 온 근거가 되었던 세계적 흐름이 이제 정반대로 교육 대전환의 근거로 작용하게 되었음을 의미한다. 더 근본적으로는 새로운 교육론이 등장할 수밖에 없는 시대 상황 자체가 교육 대전환의 가장 강력한 근거 및 명분이 된다. 사회와 지구의 지속가능한 미래 건설이라는 이 시대 절대적 과제를 부정하지 못하는 한, 그를 위한 교육 변혁은 이론의 여지가 없는 일이 된다.

따라서 새로이 출현해야 할 '변혁적 교육학transformative pedagogy'은 교육혁명운동의 명분, 근거를 강화하는 것에 그치지 않고, 새로운 문제의식과 의제들을 제출함으로써 한국의 교육 운동에 새로운 관점과 내용을 더해 주어야 한다. 지속가능한 미래 건설을 위한 사회와 교육의 동시적 변혁, 세상과 자아의 동시적 개벽, 그것을 위한 변혁적 역량의 개발, 교육 목적의 대전환, 그리고 공동재로서의 교육 공동자산 운동 등은 그동안 한국의 교육운동에서도 미처 분명히 하지 못했던 과제이다. 이러한 새로운 문제의식은 교육운동의 방향 설정을 더욱 풍부하고 그 내용을 분명히 하는 데 큰 자극제가 될 것이다.

유네스코와 OECD의 새로운 교육론은 교육과 사회의 변혁을 이야기한다. 이로써 그동안 기득권 세력과 주류의 입장에서 변방의 문제제기로 치부되어 왔던 '교육 대전환'이 변혁적 교육학의 중심 의제로 등장할 수 있는 조건이 마련되었다. 새로운 패러다임의 세계적 부상은 한국의 교육혁신운동이 전진할 수 있는 새로운 환경을 부여한다. 물론 기득권 세력은 그것을 용인하지 않으려 할 것이다. 구조적 변혁을 부정하고, 내용을 축소·왜곡하고, 심지어 정반대의 방향으로 가려고 할 수도 있다.

하지만 보수정부도 이미 커다란 시대적 흐름으로 등장한 세계사적 변화의 흐름을 막을 수는 없을 것이다. 지난 30년 이상의 경쟁 중심적 신자유주의 사조가 효력이 다했기 때문이다. 이제 보수정부든 진보정부든 그것을 얼마나 빠르게, 더 광범하게 그리고 더 분명하게 만들어 가느냐 하는 것은 진정한 변화를 추구하는 사람들의 실천적 몫일 것이다.

그동안 대체로 교육을 바꾸는 문제와 사회를 바꾸는 문제를 분리하거나 단계적인 것으로 바라보는 경향이 있었다. 그것은 아마도 교육 변화도 어려운데, 사회 변화는 더더욱 어려운 문제로 생각했기 때문일 것이다. 하지만 변혁적 교육학은 오히려 이를 뒤집어서 접근한다. 지속가능한 사회로의 변혁을 위해 교육 변혁이 필수적이라는 관점을 채택하는 것이다. 독일의 교육개혁이 그러했다. 사회변혁의 조건을 교육이 마련하는 것이다. 새로운 교육체제, 그 체제를 살아갈 사람을 길러 내는 것이다. 새로운 생각을 하는 사람을 길러 내는 것이다. 새로운 사람을 길러 내려면 교육자가 바뀌어야 한다.

이렇게 볼 때 새로운 교육 패러다임에서 교육의 변혁과 사회의 변혁은 뗄 수 없는 과제이다. 다만 사회의 변혁이 교육의 변혁보다 좀 늦게 따라올 뿐이다. 따라서 이제 기존의 분리적·단계적 경향을 벗어나, 교육 대전환과 사회 대전환의 문제를 동시에 고민하고 담아내는 내용과 실천들을 찾아야 한다.

사회의 대전환은 삶의 대전환을 요구한다. 삶의 대전환은 교육의 총체적 전환을 요구한다. 역으로 교육의 총체적 전환은 또한 삶의 대전환을 통해서 이루어져야 한다. 삶의 대전환은 사회의 대전환으로 이어질 것이다. 삶의 대전환은 삶의 양식의 대전환이다. 교육의 총체적 전환은 시민과 민중들의 욕망, 사고방식, 삶의 양식, 나아가 사회적 동향을 지배하는 주된 가치의 변화를 말한다. 교육의 대전환은 교육으로부터의 해방을 꿈꾼다. 교육의 총체적 전환은 인간이 지니고 있는 모든 잠재력의 발현을 지향한다. 교육의 총체적 전환은 인식체계/지식체계의 대전환이다.

이를 위해 프레이리 교육감이 시도했던 것처럼 교육과정 개편 운동과 학술정책의 변화가 필수적이다. 〈유네스코 2050〉이 교사를 '지식 생산자'로 본 것도 바로 이런 문제의식의 발로이다. 물론 이것이 가능하려면 교사의 표현의 자유, 사상의 자유, 정치적 자유가 보장되어야 한다. 교사들의 시민으로서의 자유 획득은 단순히 교사의 권한(기본권)을 넘어 세상의 변화를 위한 것이다. 교사의 정치적 기본권 획득을 통한 교사의 근무조건 향상은 학생의 학습조건 향상을 위한 것이야 한다는 것이다. 그래야 우리는 더 나은 사회로 진입할 수 있다.

이 일은 쉬운 일이 아니다. 교육의 총체적 전환은 우리 삶의 양식을 바꾸는 근원적 성격을 띠기 때문이다. '삶의 양식 전환'에는 외적 질서법, 제도 등와 내적 질서욕망, 인격 등의 동시적 변혁이 필요하다. 삶의 대전환을 위해서는 사회의 거대한 전환을 위한 법과 제도의 변혁뿐 아니라, 의식과 정신 그리고 문화의 변혁이 동반되어야 한다. 우리에게 있어 교육의 거대한 전환이 시대정신이 된다는 것은 역설적이게도 오랫동안 교육이 고수했던 낡은 질서부터 해방된다는 것을 뜻한다. 거꾸로 말하자면 교육에서 해방되어야 교육의 총체적 전환이 될 수 있다. '사회의 총체적 전환'은 '교육의 총체적 전환'을 통해서 이루어져야 한다. 그리고 교육의 총체적 전환은 또한 '삶의 대전환' 속에서 이루어져야 한다. 그러기에 민주주의는 4년 또는 5년마다 이루어지는 권력의 대전환만으로는 온전히 지켜질 수 없다.

우리는 교육을 통해 상처도 받았지만, 그것을 통해 치유의 가능성도 보았다. 사회적 모순의 한가운데 있는 교육은 억압적 기능도 하지만, 사회의 지평을 새로이 넓혀갈 수 있는 능동적 힘을 발휘할 수 있다. 교육정책 및 실천은 경제적, 정치적, 문화적 자원에 접근할 수 없는 불평등에 의해 특징지어진 더 거대한 사회구조와 떨어져 존재할 수 없다. 교육은 종종 재생산 역할을 하며 심지어 사회적 불평등을 강화하지만, 또한 사회변혁의 과정에 기여하기도 한다. 그것은 인간의 가능성이고 잠재력이다. 이를 구현할 수 있는 교육의 힘만이 인간을 새로운 시대를 열 수 있는 문명의 도상에 올려놓을 수 있다. 교육은 현재 속의 미래이다. 그리고 그 미래는 과거의 연장선에 있기에 인류 문화의 유산을 우리의 현실에 맞게 재구성하고 재창조해야 한다. 과거의 것이라고 몽땅 내버려서는 안 된다. 과거의 유산을 취사선택하여 미래를 열 수 있는 변혁적 요소를 찾아내야 한다. 그것이 현재를 살고 있는 우리의 사명이고 과업이다.

교육은 이제 시작일 뿐이다. 타인에 의해 만들어지는 교육의 개념과 달리 전인적으로 자주적으로 자아를 형성시키는 학습의 개념은 스스로를 책임지고 또 미래에 대한 책임감을 키워 나갈 수 있는 평생에 걸친 지속적인 영구 과정이어야 한다. 학습은 누가 보장해 줄 수 있는 것이 아니라, 스스로 배워 나가는 것이다. 프레이리에게 잘 산다는 것은 성찰적이고 비판적이며 대화적인 행동을 통해 세계를 변혁하는 일이다. 자신의 변화와 세상의 변화는 따로 있지 않다. 내면자아의 의식화와 외부사회의 의식화를 동시에 필요로 한다. 프롬과 안창호가 그랬듯 인격 혁명개인 수양과 사회구조 혁명세상 변혁이 분리되지 않아야 한다. 이것이 한국 근대가 풀어야 할 '이중과제double project'이다. 기술적 근대화를 주창했던 개화파와 정신적 근대화를 주창했던 개벽파가 공존하는 시대를 열어야 한다. 우리의 근대성은 한편으로 해방의 가능성을 보였지만, 다른 한편으로는 식민화의 가능성을 보였다. 특히 불평등과 양극화, 불안한 평화, 생명의 황폐화, 이상기후, 그리고 최근의 코로나19 사태 등 수많은 상시적 위협이 시달리고 있는 시대를 마주하고 있지만 이제 '대안적 현대'를 찾아 나서야 한다.

교육개혁 제4의 물결[67]을 제창한 강조한 앤디 하그리브스Andy Hargreaves는 인격과 영성의 부활을 강조하고, 마이클 풀란Fullan, 2017이 4C비판적 사고, 의사소통, 협력, 창의성에 인격과 시민성을 추가하여 6C를 주창한 것은 앞서의 위기의식의 발로이다. 그리고 이것은 〈유네스코 2050〉의 지구적 위기에 대한 문제 인식과 상통한다.

세계에 대한 우리의 해석세계관에는 그람시가 말한 것처럼 항상 '좋은 의미'와 '나쁜 의미'가 병존하고, 상호 모순적인 상호 긴장이 존재한다.Apple, 2001: 17 그런 가운데 삶의 유형의 대전환은 상식매일의 생활에 대한 우리의 일상적 이해을 양식새로운 세상의 도래를 위한 대안적 전망으로 발전시켜 가야 한다. 상식은 늘 행위자로 하여금 매일의 실제 생활을 조직하고 있는 이데올로기적·물적 구조를 똑바로 보기 어렵게 만들기 때문이다.Apple, 2001: 27 그러기에 변혁적 교육학은 '상식'을 '양식'으로 전환시키는 대항-헤게모니를 형성하고자 하는 문화적 진지 구축을 위한 장기혁명 프로젝트여야 한다.

오늘날 교육의 불평등 문제가 사회·경제·정치 영역 전반을 넘나들고 있기에 교육문제 해결은 곧 한국 사회의 현재와 미래를 가늠하는 핵심이라는 인식이 확대되고 있다. 입시제도 개편과 같은 기능적이고 수단적 방법만이 아니라, 더욱 큰 틀에서 사회개혁과 연계한 교육개혁이 필

---

67. 앤디 하그리브스와 데니스 셜리는 『학교교육 제4의 길(The Global Fourth Way)』(2009, 2012)에서 복지국가를 지향하는 제1의 길, 경쟁과 시장주의를 지향하는 제2의 길, 좌우를 아우르는 중도의 길을 지향하는 제3의 길, 그리고 지역사회의 변화(조직화)를 지향하는 제4의 길의 전망을 보여 주고 있다. 특히 제4의 길은 영감을 주고 통합을 이끄는 비전, 활발한 학습공동체, 시민의 적극적인 참여, 변화의 동반자로서 학생, 다양성의 존중 등을 강조한다.

요하다는 국민적 공감대가 형성되고 있다. 교육을 통한 사회적 불평등 개혁, 학벌과 대학의 서열체제 개혁, 입시제도 개혁, 고교체제 개혁, 학교문화 개혁 등 교육의 기능과 역할 전체에 대한 성찰과 대안이 절실하다. 교육 대전환을 추진하는 과정에서 대학개혁의 중요성이 더욱 높아져 중심 의제로 부상되었다. 따라서 입시 등 기술적 문제에 초점을 두려는 기존의 경향을 넘어서서 대학서열 해체를 위한 대학교육 체제 수립 운동이 절실하다.

이제 초·중등 교육개혁만으로는 새로운 사회 발전, 주체 형성의 과제를 제대로 담보할 수 없다. 위의 교육이 아래의 교육을 짓누르고 있기 때문이다. 지속가능한 미래 건설을 위한 주체 형성 및 사회적 역량 발전을 위해서는 무엇보다 대학을 변혁해야 한다. 또한 대학 개혁 의제 속에서 자격고사화를 통한 입시 폐지는 당연한 전제가 되어야 하며, 입시 폐지를 통한 초·중등 교육개혁과 대학 개혁이 결합할 때, 교육 대전환 운동이 상승적으로 전진해 나갈 수 있다. 이제 대학은 기존의 '엘리트 양성 기관'이라는 관점을 벗어나 보편적 교육으로 사회 구성원 전체의 주체적 발달과 사회문화적 역량을 함양하고 사회와 교육의 변혁이라는 시대적 과제를 수행할 수 있는 차원에서 재정립되어야 한다. 그래야 새로운 문명과 사회가 열릴 것이다.

우리 사회에 자녀를 좋은 대학에 보내고자 하는 학부모의 욕망은 상식을 양식으로 바꾸는 데 있어 가장 넘기 어려운 장벽으로 굳건히 자리하고 있다. 그람시의 반헤게모니, 진지전 이론에 비추어 보면 우리 사회의 강고한 대학서열체제 해소 운동은 지식 개념인식의 대전환뿐 아니라, 우리 안의 내면 깊숙이 스며든 자아사고방식, 욕망 등의 방식 전환을 요구한다. 그런데 대학서열체제는 다시 삶의 방식 전환을 가로막고 있다. 마치 닭이 먼저냐 달걀이 먼저냐 식의 순환논법처럼 서로를 물고 있는 형국이다. 따라서 대학서열체제 해소를 위해서는 지속적인 사회적 공론화를 통한 제도-자원 배분 구조의 개혁뿐만 아니라, 지식 개념의 전환, 삶의 방식을 바꾸는 문화운동이 곳곳에서 동시다발적으로 일어나야 한다. 아래로부터 위를 향한 실천적 혁신의 노력도 동시에 요구된다. 그렇게 해야 위로부터의 개혁을 견인할 수 있다.

그리고 노동운동이든 시민운동이든 오랫동안 실천을 강조해 왔고 '이념 과잉'도 있었지만, 냉정하게 보자면 '사상의 빈곤'을 면치 못했다는 점도 유념해야 한다. 프레이리식으로 말하자면 우리는 아직 프락시스이론적 실천를 제대로 구현해 보지 못했다. 세상을 변혁시킬 만큼의 사상이 무르익거나 우러나지 않은 것이다. 싹이 나다가 만 것이다. 열매를 맺지 못한 것이다. 이 모두 뿌리가 깊지 못해서다. 국가나 시민사회 모두 기반이 취약한 것이다. 국가와 시민사회의 '이중적 민주화'가 동시에 요구된다는 말은 이런 데서 나왔다고 할 수 있다.

국가의 기반이 취약하다는 것은 '형성적formative' 기반이 미성숙하다는 것을 뜻한다. 정치가 그렇고, 문화가 그렇고, 교육도 그렇다. 삶의 양식이나 생활 태도도 그렇다. 국가의 민주화를 가능하게 하는 '민주적 시민사회'는 적어도 사회에서 가치와 전통의 다수성과 함께 존경, 공동의 연대, 진리·이성·정의·공동선에 대한 헌신 등 규범의 공유 여부에 달려 있으며, 이러한 담론의 기본적 규범에 대한 동의는 매우 중요하다.Ozolins, 2017: 21

따라서 소통과 연대가 무엇보다 중요하다. 소통과 연대가 쌓여야 공동체가 공고해진다. 제도와 문화가 선순환해야 한다. 프레이리는 '문화'란 오랜 세월에 걸쳐 내면화된 산물이자 인간의 행위를 조건 짓는 총체적 양식이기에 그렇게 자동적으로 결정되지 않는다고 보았다. 따라서 근본적인 인간 해방은 반드시 문화의 변화를 동반해야 한다. 그래서 프레이리는 '다중적 문해력multiple literacy'을 요청했다. 다중적 문해력은 역사적이고 사회적인 총체적 맥락에서 구체적 일상의 사회적 법칙을 파악하는 힘이다. 이 힘을 가져야 가짜뉴스에 휘둘리지 않는다.

교육의 거대한 전환을 교육 당국에만 요구하고 맡길 것이 아니라 시민들 스스로 교육의 총체적 전환이 왜 필요한지, 내용이 무엇인지 다양한 프로그램을 개발하고 널리 공유해야 한다. 교육은 사회를 홀로 변혁할 수 있는 것이 아니며, 사회 또한 교육이 없으면 변혁될 수 없다. 사회의 총체적 전환은 교육정책만으로는 할 수 없다. 교육의 총체적 전환을 위해서는 교육은 물론 노동, 환경, 인권, 청소년, 자원봉사, 평화, 문화, 평생학습 등 광범위한 영역의 시민들이 참여하는 광장이 필요하다. 삶의 대전환을 위해 모든 시민이 일상에서 쉽게 참여할 수 있는 지속적인 사업을 필요로 한다.

마을활동, 자원봉사 등 일상생활에서 교육 대전환의 가치를 어떻게 실현할 것인지 상상력을 모아야 한다. 사회의 변화는 가정, 유치원, 학교, 병원, 직장 등과 같은 사회제도를 통해 아이들의 일생에도 뿌리를 내릴 때 가능하다. 이제 우리 모두 학교교실뿐만 아니라 가정, 마을, 시장, 거리, 놀이터, 일터에서 작은 문화 진지를 구축하는 일을 시작해야 한다. 사회의 한 기능으로서 학교교육은 사회를 위해 여러 가지 일을 할 수 있다. 학교는 아이들의 자질을 키워 주는 기능을 하고 있다. 자질을 키워 주는 기능이 총체적 의미에서 학교의 선별 기능보다 우위에 있어야 한다. 개인의 각각의 욕구들은 육체·심리·사회·지성을 모두 망라하는 총체적 의미를 띠고 다가오게 된다. 부모들은 '자식을 어떻게 교육해야 하는지'에 대한 문제 때문에 더 불안해하며, 개인의 자율성과 제도적교육제도 등 보호 사이의 괴리뿐만 아니라, 성취에 대한 부담감과 교육학적·치료학적 영역 사이의 괴리가 발생할 수 있다.

그러기에 삶의 대전환은 계몽에 머물러서는 안 된다. 실패를 딛고 일어서기 위해서라도 학습이 필요하다. 그러나 시민은 단지 권력 획득을 하였다고 저절로 학습되지는 않는다. 시민은 어떻게 서로를 돌보면서 살아갈 것인가, 세상과 어떤 관계를 맺으며 살아갈 것인가를 고민해야 한다. 삶의 대전환을 위해서는 먼저 자기의 대전환이 필요하다. 몸과 마음을 단단하게 다지는 자기혁명부터 시작해야 한다. 삶의 대전환 운동이 성공하기 위해서는 시민들의 일상에서 벌어지고 있는 모든 학습모임, 독서토론, 작은 토론회, 걷기 캠페인, 자원봉사, 주민자치, 체험활동, 문화활동 등 모든 활동이 자신과 타자를 어떻게 대할 것인가, 세상과 어떤 관계를 맺으며 살 것인지와 연결되도록 해야 한다. 시민들이 일상에서 쉽게 참여할 수 있는 일부터 시작해야 한다. 교사, 학생, 학부모만이 아니라, 모든 시민이 교육 주체가 되어야 한다. 교육 대전환은 모든 시민의 책임이자 권리이다.

'삶의 대전환'을 중심으로 다양한 영역을 사람들을 묶어서 새로운 공론장을 만들어야 하고, 다양한 실천들이 만들어져야 한다. 공적 담론 구성체로서의 교육정책은 관계적 공간상호연계, 다중성, 개방성에서 일어나는 시간과 공간의 운동이고 정치이다.Gulson, 2015; Peterson, 2015 때로는 대치하고, 때로는 타협해야 하는 현실적 역학이 작동한다. 그래서 관계적으로 사고하고, 그리고 관계적으로 실천해야 한다. 시민들은 그러한 다양한 공간에서 삶의 대전환을 학습한다. 그 어떤 권력도 새로운 삶을 학습하는 시민을 이길 수 없다. 더 큰 승리를 할 수 있다면 시민은 결코 패배한 것이 아니다. 따라서 다양한 사람들을 '삶의 대전환'으로 끌어안아야 한다. 교육의 총체적 전환이 성공하기 위해서는 교사, 학생, 학부모만이 아니라 모든 시민이 교육 주체가 되어야 한다. 삶의 대전환은 누군가에게 전달되는 것이 아니라, 시민 스스로 주인이 되어 전환하는 것이다. 아날로그 시대에는 이념과 주장, 전파력이 중요했다. 그러나 실시간 양방향 소통이 가능해진 디지털 시대의 시민들에게는 어떤 생각을 하고 있는지, 어떤 삶을 살고 있는지가 더 중요하다.

시민사회 스스로 낡은 관성, 타성, 관습까지 바꿔야 한다. 이것은 '시민성'과 연동된 문제이다. 국민적이고 대중적인 집단 공동체를 발달시킬 수 있는 현장의 '문화적 진지'를 저변에 구축해야 한다. 교육과 문화의 거대한 전환을 위해 시민 스스로 삶 속에서 교육과 배움의 본질을 녹여 내는 광범위한 시민 플랫폼을 형성해야 한다. 교육과 문화의 거대한 전환은 공공 정책과 시민의 자발적 참여가 협치를 이뤄야만 성공할 수 있다. 세상의 일에 일시적으로 개입하는 교육정책의 집행도 그래야 한다.

그런데 현재 한국 공교육 현실은 과도한 능력주의와 신자유주의 이데올로기가 지배적으로 작동하고 있다. 능력에 따른 차별이 일상적이 되었으며, 이 같은 차별을 받지 않기 위한 자기계발 담론만 무성하다. 각자도생의 삶을 살고 있다. 이렇게 학습자들이 겪는 교육 불평등은 실패 가능성, 좌절, 수치심을 겪게 함으로써 인간으로서 존엄성을 해치는 결과를 낳는다. 패자에게는 열패감을 낳고 승자에게는 오만을 불러온다. 그리하여 승자나 패자나 불행한 삶을 산다. 이런 오도된 능력주의가 지배하는 사회에서는 공공재와 같은 공적 영역이나 공동재 또는 공동자산과 같은 공통성의 존립을 어렵게 한다.

현재의 교육 방식으로는 시대정신이 될 수 없다. 오히려 걸림돌이 되고 있다. 엘리트 카르텔의 부패는 교육을 통해서 재생산된다. 교육의 거대한 전환을 위해서는 교육을 교육에만 가두지 말고 어린이·청소년을 비롯한 모든 시민이 일상에서 발견한 것들을 연결해서 새로운 배움을 터득할 수 있도록 개념을 넓혀야 한다. 배움이 확장된다는 것은 인식과 상상력의 지평이 넓어진다는 것을 뜻한다. 배움의 확장성이 사회를 바꾼다. 삶의 대전환이 지닌 힘은 자발적 학습에서 나온다. 실패를 딛고 일어서기 위해서라도 학습이 필요하다. 상황이 어려울수록 학습이 더욱 요구된다. 학습을 해야 모순을 인식하고 전망을 세울 수 있다. 물론 프레이리가 역설한대로 학습은 대화적 방식을 통해 집단적으로 이루어져야 한다. 제도적 모순은 집단 속에서 존재하기 때문이다.

민주주의는 교육의 총체적 전환, 나아가 삶의 대전환까지 나아가야 한다. 그것이 오늘날 세계적으로 요구되는 총체적 전환평등, 생태, 탈냉전의 시대정신에 부응하는 새로운 변화를 이끌어 갈 교육의 지도자로 프레이리가 새롭게 호출되는 이유이다. 평소 교육개혁에 대한 서로의 소통 없이 적대적 태도를 보이다가 선거 임박하여 벌이는 후보 단일화 작업은 시민적참여적, 소통적, 숙의적 민주주의라고 할 수 없다. 일상적 만남과 약한 연대가 절실하다. 전망의 차이를 공유하고 문화적 진지 구축을 위한 학습공동체, 실천공동체, 마을교육공동체운동이 필요하다. 이를 위한 새로운 상상력과 실험정신을 요청한다. 교육의 새로운 상상력을 발휘하여 학교 혁신을 통해 사회를 혁신하고, 그리고 교사, 학생, 학부모에게 영감을 줄 수 있는 도전적 실험이 필요하다.

미래 학생미래의 유권자의 인식 전환을 위한 미래 사회/시민 양성의 준비를 위한 작은 '소통 공동체' 건설이 절실하다. 새로운 사회를 준비하는 사람은 새로운 '시대정신'을 예견하고 실천하는 사람이다. 교육의 총체적 전환이 시대정신이 되기 위한 조건으로서 삶에 대한 태도의 전환, 즉 교육의 총체적 전환이 요구된다. 교육에서 해방되어야 교육의 총체적 전환이 될 수 있다. 점차 복잡성, 불확실성, 불안정성이 커져 가는 세계에서 교육대전환을 다시 시작해야 한다. 기후 위기, 전염병 위기, 양극화 위기, 민주주의 위기에 효과적으로 맞설 연대와 협력의 교육 시스템으로 일대 전환이 요구되는 시대적 조건을 마주하고 있다. 핵심적 기준은 지속가능한 사회경제 시스템이며 지속가능의 문제를 환경적 측면만이 아니라 불평등 해소, 민주주의의 수호 및 확대, 인지 자동화로 인한 비인간화의 방지까지 포함하여야 한다.

우리는 앞으로 5년을 위한, 아니 그 이후까지를 내다보는 장기전에 돌입해야 한다. 이제 우리의 교육은 자신과 타자, 세상을 대하는 태도까지 포괄하는 삶의 대전환을 요구한다. 우리 사회가 나아가야 할 교육의 거대한 전환은 인간이 지닌 모든 잠재력의 발현을 지향해야 한다. 사회와 교육의 대전환 시대에 새로운 삶의 양식을 가리키는 새로운 나침반을 찾아

나설 때이다.

교육의 총체적 전환이 사회의 시대정신이 된다는 것은 그만큼 이상적 정의롭고 품위 있는 삶이 일상화된다는 것을 의미한다. 교육의 총체적 전환으로 나아가자면 행동만이 아니라 사상 무장이 필요하다. 이제 새로운 국가, 새로운 사회, 새로운 마을의 도래를 위해 새로운 인간, 새로운 시민이 출현해야 한다. 새로운 인간과 시민이 출현하려면 새로운 사상으로 무장되어야 한다.

더 나은 사회를 위한 교육혁명을 위해서는 사상, 조직, 사람, 돈이 필요하다. 교육사상을 잘 준비하면 조직과 사람 그리고 돈은 저절로 따라올 것이다. 새로운 교육 세상 만들기는 '정권교체'를 넘어 '시대교체/세상교체/삶의 교체'로 나아가야 한다. 새로운 사회질서에는 새로운 시민이 필요하고, 이를 위한 새로운 교육자와 학습자가 요구된다. 세상을 혁명하고자 하는 사람이라면, 나부터 혁명해야 한다. 남을 계몽하기에 앞서 나부터 계몽해야 한다. 남을 설득하기에 앞서 나부터 설득해야 한다. 그래야 새로운 인간과 시민으로 재탄생할 것이다. 그리되면 우리가 원하는 새로운 교육 세상은 서서히 열릴 것이다.

## 참고문헌


강남순(2017). 『배움에 관하여: 비판적 성찰의 일상화』. 동녘.

강경석(2022). 「도산의 점진혁명론과 그 현재성」. 강경석 외. 『개벽의 사상사』. 창비.

강선보(2003). 『만남의 교육철학』. 원미사.

김성현(2020). 『교육사상 탐구』. 학고방.

겐, 나카야마(2016). 『현자와 목자』. 전혜리 옮김. 그린비.

고영준(2021). 「루소의 『에밀』에 나타난 자연적 선과 사회적 미덕의 관계」. 『교육사상연구』 제35권 제 1호.

김병옥(1986). 『칸트 교육사상 연구: 비판적 재구성』. 집문당.

김상현(2021). 「실험공간으로서의 학교: 듀이의 삶과 사상을 중심으로」. 『교육철학연구』 제43권 제4호, 55-79.

김석완(2010). 「소크라테스의 논박술(elenchos)과 플라톤의 방법론」. 『교육철학』 제48집, 23-47.

김용옥(2017). 『도올의 로마서 강해』. 통나무.

김세희(2019). 「푸코와 자기 배려의 주체」. 이윤미 외. 『비판적 실천을 위한 교육학』. 살림터.

김정환(1995). 『페스탈로찌의 교육철학』. 고려대학교출판부.

김정환(2008). 『페스탈로치의 생애와 사상』. 박영사.

김한수(2018). 『프레이리 선생님, 어떻게 수업할까요: 페다고지의 문해수업실천』. 학이시습.

남미자 외(2021). 『학습자 주도성, 미래교육의 거대한 착각: 교사 없는 학습은 가능한가?』. 학이시습.

목영해(2012). 「프레이리와 랑시에르의 해방교육론 비교」. 『교육철학연구』 제34권 제4호, 43-67.

문혜림(2012). 『교육혁명가, 파울로 프레이리』. 학이시습.

메르틴, D.(2020). 『아비투스: 인간의 품격을 결정하는 7가지 자본』. 배명자 옮김. 다산초당.

바이예, D.(2002). 『프레네 교육학에 기초한 학교 만들기』. 송순재·권순주 옮김. 내일을여는책.

박은주(2021a). 『한나 아렌트, 교육의 위기를 말하다: 학습 중심의 시대, 가르침의 의미는 무엇인가?』. 빈빈책방.

박은주(2021b). 「코로나 시대, 학교를 다시 생각하다: 세계개방의 공간으로서의 학교」. 『교육철학연구』 제43권 제4호.

박찬국(2012). 『에리히 프롬의 '소유냐 존재'냐 읽기』. 세창미디어.

박찬국(2013). 『에리히 프롬 읽기』. 세창세미나.

박찬영(2021). 「목영해의 랑시에르 교육론에 대한 비판적 검토」. 『교육사상연구』 제35권 제4호, 23-45.

백낙청(2016). 「근대 적응과 극복의 이중과제」. 송호근 외. 『시민사회의 기획과 도전: 근대성의 검토』. 민음사.

백낙청(2021). 『근대의 이중 과제와 한반도식 나라 만들기』. 창비.

백영서(2022). 「경계를 횡단하는 조소앙과 변혁적 중도주의」. 강경석 외. 『개벽의 사상사』. 창비.

베르트랑, E.(2005). 「존 듀이」. 고유실 옮김. 장 우세이 엮음. 『현대 교육을 확립한 15인의 교육가: 그들의 생애와 사상 2부』. 밝은누리.

베르트랑 & 발루와(2005). 「칼 로저스」. 고유실 옮김. 『현대 교육을 확립한 15인의 교육가: 그들의 생애와 사상 2부』. 밝은누리.

사람대사람(2017). 『프레이리의 사상과 실천: 우리 교육을 기반으로 프레이리의 페다고지를 새롭게 쓰다』. 살림터.

샌트·데이비스·패시비·슐츠(2021). 『세계시민교육』. 심성보·조우진·유성상 옮김. 다봄교육.

성열관(2019). 「엥게스트롬의 문화역사적 활동이론과 교육」. 이윤미 외. 『비판적 실천을 위한 교육학』. 살림터.

소에타르, M.(2004). 「요한 하인리히 페스탈로치」. 박동준 옮김. 『현대 교육을 확립한 15인의 교육가: 그들의 생애와 사상 2부』. 밝은누리.

송순재(1917). 『코르차크 읽기』. 내일을여는책.

송순재(2000). 「공교육의 개혁을 위한 셀레스땡 프레네의 교육 실천」. 『유럽의 아름다운 학교와 교육개혁운동』. 내일을여는책.

스틸, S.(2018). 『지식은 과거지만 지혜는 미래다』. 박수철 옮김. 이룸북.

신병헌(2019). 「랑시에르의 지적 해방을 위한 평등주의 교육」. 이윤미 외. 『비판적 실천을 위한 교육학』. 살림터.

심광현(2020). 『인간혁명에서 사회혁명까지』. 희망읽기.

심성보 외(2018). 『보이텔스바흐 합의와 민주시민교육』. 북멘토.

심성보(2018). 「서구 진보주의 교육이론의 동향과 한국 혁신교육의 전망」. 한국교육연구네트워크. 『진보주의 교육의 세계적 동향』. 살림터.

심성보(2018). 「학교혁명과 교육개혁」. 한국교육연구네트워크」. 『더 나은 세상을 위한 학교혁명』. 살림터.

심성보(2020). 『교육과정에서 왜 지식이 중요한가: 지식의 소환을 위한 비판적·사회적 사실주의 담론』. 살림터.

심성보·김태정(2022). 『시민이 만드는 교육 대전환』. 살림터.

엄태동 역저(2020). 『존 듀이의 경험과 교육』. 박영story.

이영진·김상섭(2021). 「푸코의 윤리시학적 지식이 지식교육에 주는 시사점」. 『교육사상연구』 제35권 제3호, 69-91.

이윤미(2019). 「역사, 사회, 발달: 듀이와 비고츠키의 접점」. 이윤미 외. 『비판적 실천을 위한 교육학』. 살림터.

정기섭(2002). 『아동존중의 교육학: 코르차크의 교육사상과 실천』. 문음사.

정윤경(2021). 「탈학교 담론을 통해 본 학교교육의 의미」. 『교육철학연구』 제43권 제4호, 139-163.

정훈(2015). 「프레네와 프레이리에 기초한 비판적 문해교육 방법론」. 『한국교육학연구』 21/2, 279-301.

정혜정(2021). 「동학의 신문화운동과 공동체론: 서구 자본주의에 대한 대응을 중심으로」. 『동학의 재해석과 신문명의 모색』. 모시는사람들.

정혜정(2022). 「김형준의 동학사회주의와 네오휴머니즘」. 강경석 외. 『개벽의 사상사』. 창비.

제니스, O. P.(2005). 「안톤 세묘노비피 마카렌코」. 『현대 교육을 확립한 15인의 교육가: 그들의 생애와 사상 2부』. 밝은누리.
주형일(2012). 『랑시에르의 '무지한 스승' 읽기』. 세창미디어.
정훈(2020). 『프레네 실천교육학』. 살림터.
진보교육연구소 비고츠키교육학실천연구모임(2015). 『관계의 교육학 비고츠키』. 살림터.
진보교육연구소 교육과정연구모임(2022). 『대전환 시대, 변혁의 교육학』. 살림터.
카르포프, Y.(2017). 『교사와 부모를 위한 비고츠키 교육학』. 실천교육교사번역팀 옮김. 살림터.
한숭희(2001). 『민중교육의 형성과 전개』. 학민사.
홀룸스텐, G.(1997). 『루소』. 한길사.
홍은광(2010). 『파울로 프레이리, 한국 교육을 만나다』. 학이시습.
황성원(2016). 『프레네 교육학: 표현·소통·협력의 교육』. 창지사.
Abengana, R. C. V.(2017). Adorno's Critique of Halbbildung: Mapping an Emancipatory Educational Program for Critical Consciousness. J. T. Ozolins. *Civil Society, Education and Human Formation: Philosophy's Role in a Renewed Understanding of Education*. Routledge.
Adamson, W. L.(1986). 『헤게모니와 혁명: 그람시의 정치이론과 문화이론』. 권순홍 옮김. 학민사.
Albrecht, C.(2000): Die Erfindung der Frankfurter Schule aus dem Geist der Eloge. GB, 21-35.
Aloni, H.(2002). *Enhancing Humanity*. Kluwer.
Aloni, H.(2011). Humanistic Education: From Theory to Practice. W. Veugelers(Ed.). *Education and Humanism: Linking Autonomy and Humanity*. Sense.
Aloni, H.(2016). Humanistic Schools in the Face of Conflicting Narrative and Social Upheaval: The Case of Israel. H. E. Lees & N. Noddings(Eds.). *The Palgrave International Hanbdbook of Alternative Education*. Palgrave.
Apple, M.(2001). 『학교지식의 정치학: 보수주의 시대의 민주적 교육』. 박부권·심연미·김수연 옮김. 우리교육.
Apple, M.(2014). 『교육은 사회를 바꿀 수 있을까?』. 강희룡 외 옮김. 살림터.
Apple, M. & Au, W.(2011). 「비판적 교육학의 정치, 이론, 현실」. 『비판적 교육학과 공교육의 미래: 신자유주의 교육개혁을 재검토한다』. 원미사.
Arendt, H.(2005). 『과거와 미래 사이』. 서유경 옮김. 푸른숲.
Aronowitz, S.(1993). Paulo Freire's Radical Humanism, P. McLaren & P. Leonard (eds.). *Paulo Freire: A Critical Encounter*, Routledge.
Aronowitz, S.(2007). 「프레이리와 〈자유의 교육학〉에 대하여」. 사람대사람 옮김. 『자유의 교육학』. 아침이슬.
Aronowitz, S.(2014). 『교육은 혁명의 미래다』. 오수원 옮김. 이매진.
Babich, B.(2016). Getting to Hogwarts: Micheal Oakeshott, Ivan Illich and J. K. Rowling on 'School', D. Bakhurst & P. Fairfiled(Eds.). *Education and Conversation: Exploring Oakeshott's Legacy*. Bloomsbury.
Babich, B.(2022). Education and Exemplars: On Learning to Doubt the Overman. P. Fairfield(Ed.). *Education, Dialogue and Hermeneutics*. Continuum.
Baldacchino, J. & Biesta, G.(2018). Weak Subjects: On Art's of Forgetting: An

Interview with John Baldacchino by Gert Biesta. C. Naughton, G. Biesta & D. R. Cole(Eds.). *Art, Artists and Pedagogy: Philosophy and the Arts in Education*. Routledge.

Barrlett, T. & Schugurensky, D.(2020). Deschooling Society 50 Years Later: Revisiting Ivan Illich in the Era of Covid-19. *Journal of Education*, 8(3): 65-84.

Barrow, R.(1978). *Radical Education: A Critique of Free Schooling and Deschooling*. Martin Robertson.

Bhattacharya, A.(2011). *Paulo Freire: Rousseau of Twentieth Century*. Sense Pub.

Biesta, G.(2006). *Beyond Learning: Democratic Education for a Human Future*. Paradigm. 박은주 옮김(2022). 『학습을 넘어: 인간의 미래를 위한 민주 교육』. 교육과학사.

Biesta, G.(2010). *Good Education in an Age of Measurement: Ethics, Politics, Democracy*. Paradigm.

Biesta, G.(2017). *The Rediscovery of Teaching*. Routledge.

Biesta, G.(2018). *Teacher Agency: An Ecological Approach*. Bloombury.

Biesta, G.(2019a). Democracy, Citizenship and Education: From Agenda to Practice, 〈2019 학교민주시민교육 국제 포럼〉('배움을 넘어서 미래를 위한 민주시민교육') 자료집. 서울특별시교육청.

Biesta, G.(2019b). *Obstinate Education: Reconnecting School and Society*. Brill.

Biesta, G.(2022). *World-Centred Education: A View for the Present*. Routledge.

Blunden, A.(2013). Contradiction, Consciousness, and Generativity: Hegel's Roots in Freire's Work. R. Lake & T. Kress. *Paulo Freire's Intellectual Roots: Toward Historicity in Praxis*. Bloomsbury.

Bodrova, E. & Deborah, J.(1998). 『정신의 도구: 비고츠키 유아교육』. 김억환·박은혜 옮김. 이화여대출판부.

Bowers, C. A., Apffel-Marglin, F.(eds.)(2005). *Rethinking Freire: Globalization and the Environmental Crisis*. Routledge.

Boyd, W.(2013). 『루소의 교육이론』. 김안중·박주병 옮김. 교육과학사.

Braune, J.(2014). *Erich Fromm's Revolutionary Hope: Prophetic Messianism as a Critical Theory of the Future*. Sense.

Buber, M.(1954). *Between Man and Man*. Routledge & Kegan Paul.

Buber, M.(1958). *I and Thou*. Charles Scribner's Sons.

Chamber, S.(2019). 『랑시에르의 교훈』. 김성준 옮김. 그린비.

Clarke, M.(2015). Lacanian Perspectives on Education Policy Analysis. K. N. Gulson, M. Clarke & E. B. Petersen, *Education Policy and Contemporary Theory: Implications for Research*. Routledge.

Coben, D. C.(2002). Metaphors for an Educative Politics: Commons Sense, Good Sense, and Educating Adults. C. Borg, J. Buttigies & P. Mayo(Ed.). *Gramsci and Education*. Rowman & Littlefield.

Coben, D.C.(2015). *Radical Heros: Gramsci, Freire, and the Politics of Adult Education*. Routledge.

Cohen, A.(1990). *Love and Hope: Fromm and Education*. Gorden & Breach.

Counts, G. S.(1932a). Dare Progressive Education be Progressive?. *Progressive Education* 9: 257-263.

Counts, G. S.(1932b). *Dare the School Build a New Social Order?*. Henry Holt.

Daniels, H.(2001). *Vygotsky and Pedagogy*. Routledge.

Dale, J. & Hyslop-Margison, E.(2012). *Paulo Freire: Teaching for Freedom and Transformation: The Philosophical Inflences on the Work of Paulo Freire*. Springer.

de Castro, L.V.(2015). *Critical Pedagogy and Marx, Vygotsky and Freire*. PalgraveMacMilllan.

de Silva, J. & Feez(2016). *Exploring Literacies: Theory, Research and Practice*. PalgraveMacmillan.

Darder, A. Balfodano, M. & Torres, R.(2003). *The Critical Pedagogy Reader*. RoutledgeFalmer.

Delors, J. et al.(1996). 유네스코 21세기 세계교육위원회 편. 『21세기 교육을 위한 새로운 관점과 전망』. 오름.

Dewey, J.(1916). *Democracy and Education: An Introduction to the Philosophy of Education*. The Free Press.

Dewey, J.(1937). Democracy and Educational Adminstration(*Later Works, Vol. 11*, pp. 217-225.

Dewey, J.(2002). 『아동과 교육과정, 경험과 교육』. 박철홍 옮김. 문음사.

Dunne, J. & Hogan, P.(2004). *Education and Practice: Upholding the Integrity of Teaching and Learning*. Blackwell.

Elias, J. L.(1984). 『의식화와 탈학교』. 김성재 옮김. 살림터.

Elias, J. L.(2015). 『프레이리와 교육』. 심성보 외 옮김. 살림터.

Engeström, Y.(1999). Activity Theory and Individual and Social Transformation. Y. Engeström, R. Miettinen & R. L. Punamäki(Eds.). *Perspectives on Activity Theory*. Cambridge University Press.

Elasasse, N. & John-Stenner, V.(2015). 「문해 진전을 위한 상호작용론적 접근」. Shor, I. 엮음. 사람대사람 옮김. 『교실을 위한 프레이리』. 살림터.

Entwistle, H.(1979). *Antonio Gramsci: Conservative Schooling for Radical Politics*. Routledge.

Fejes, A. & Nicoll, K.(2015). *Foucault and a Confession in Education*. Routledge.

Ferraz, S. de Dourado, C.(2000). Dialogue: The Intersection Between Freire and Vygotsky. *UMI*.

Ferrando, F.(2021). 『철학적 포스트모더니즘』. 이지선 옮김. 아카넷.

Finlay, L. & Faith, V.(2015). 「미국 대학에서의 비문해와 소외: 파울로 프레이리 교육학의 적용 가능성」. Shor, I. 엮음. 사람대사람 옮김. 『교실을 위한 프레이리』. 살림터.

Freming, T.(2010). Condemned to Learning: Habermas, University and the Learning Society. M. Murphy & T. Fleming. *Habermas, Critical Theory and Education*. Routledge.

Fore, K. & Elasser, N.(2015). 「더 이상 이방인이 아니다: 해방 문해 커리큘럼」. Shor, I. 엮음. 사람대사람 옮김. 『교실을 위한 프레이리』. 살림터.

Foucault, M.(1975). 『감시와 처벌』. 오생근 옮김(1994). 나남.
Foucault, M(1981~1982). 『주체의 해석학』. 심세광 옮김(2007). 동문선.
Foucault, M.(2017). 『담론과 진실』. 오트로망·심세광·전혜리 옮김. 동녘.
Foucault, M.(1991). Questions of Method. G. Burchell, C. Gordon & P. Miller(Ed.). *The Foucault Effect: Studies in Governmentality*. University of Chicago.
Freinet, S.(1925). Mes impressions de pédagogue en Russie soviétique(II) : Coup d'oeil général sur le nouvelle éducation en Russie. *L'École Émancipée* n°7, 8 novembre 1925: 96-97.
Freinet, C.(1926a). La vie à l'école russe. *L'École Émancipée* n°30, 25 avril 1926: 414-415.
Freinet, C.(1927). "Note de pédagogie révolutionnaire: l'École organisme social", *L'École Émancipée* n°12, 11 décembre: 189.
Freinet, C.(1928a). "Chronique du congrès de Locarno", *L'École Émancipée* n°22, 19 février 1928: 301-302.
Freinet, C.(1928b). "L'école soviétique &la Presse pédagogique française", *L'École Émancipée* n°23, 26: 367-369.
Freinet, C.(1933). La vraie place de nos techniques dans le système éducatif soviétique, *L'Éducateur Prolétarien* n°3, décembre.
Freinet, C.(1934b). Pour une puissante organisation unique de parents prolétariens, *L'Éducateur Prolétarien* n°6, 25 décembre.
Freinet, C.(1969). Appel aux parents. *BEM* No. 56-58(http://www. icem-padagogie-freinet.org/node18364).
Freinet, C.(1994). *Oeuvres Pédagogiques*. Seuil
Freire, A. M. A.(2015). Foreword: The Understanding of Paulo Freire's Education, Ethics, Hope, and Human Rights. M. Peters & T. Besley. *Paulo Freire: The Global Legacy*. Pete Lang.
Freire, A. M. A. & Macedo, D.(eds.)(1998). *Paulo Frerie Reader*. Continuum.
Freire, P.(1969). *La educacion como practica de la libertad*. Santiago, Chile: ICIRA, Calle Arturo Claro.
Freire, P.(1970a). *Pedagogy of the Oppressed*. Seabury. 남경태·허진 옮김(2019). 『페다고지』. 그린비.
Freire, P.(1970b). Cultural Action for Freedom. *Harvard Educational Review*, monograph series No. 1, Center for Study of Development and Social Change. 채광석 옮김(1979). 「문화적 행동으로서의 교육」. 『민중교육론: 제3세계의 시각』. 한길사.
Freire, P.(1971). Conscientisation, Recherche de Paulo Freire. *INODEP*.
Freire, P.(1972). "Education, Liberation, and the Church", 5; "a Letter to a Theology Student." *Catholic Mind*, vol. LXX, No. 1265.
Freire, P.(1973). *Education for Critical Consciousness*. Seabury. 채광석·심지연 옮김(1978). 『교육과 의식화』. 새밭.
Freire, P.(1985). *The Politics of Education: Culture, Power and Liberation*. MacMillan. 한준상 옮김(2003). 『교육과 정치의식: 문화, 권력 그리고 해방』. 한국학술정보.
Freire, P.(1991a). *L'Éducation dans la ville*. Paris, éditions Paideia.

Freire, P.(1991b). "Extraits de la conférence de Paulo Freire au Séminaire des éducateurs Freinet du Nord-Est à Olinda-Pernambuco, Brésil", *Le Nouvel Éducateur*, octobre: 4.

Freire, P.(1995). Learning to Read the World. Paulo Freire in Conversation with Carlos Alberto Torres, in C. A. Torres(ed.). *Education and Social Change in Latin America*. Australia: James Nicholas Publishers: 175-182.

Freire, P.(1997). "Rencontre avec Paulo Freire", *Le Nouvel Éducateur*, mars 1997: 21-23.

Freire, P.(1993). *Pedagogy of the City*. Continuum.

Freire, P.(1994). *Pedagogy of Hope: Reviving Pedagogy of the Oppressed*. Continuum. 교육문화연구회 옮김(2002). 『희망의 교육학』. 아침이슬.

Freire, P.(1997). *Pedagogy of The Heart*. Continuum. 교육문화연구회 옮김(2003). 『망고나무 아래에서』. 아침이슬.

Freire, P.(1998a). *Pedagogy of Freedom: Ethics, Democracy, and Civic Courage*. Rowman & Littlefield. 사람대사람 옮김(2007). 『자유의 교육학』. 아침이슬.

Freire, P.(1998b). *Teachers as Cultural Workers, Letters to Those Who Dare Teach*. Westview. 교육문화연구회 옮김(2000). 『프레이리의 교사론』. 아침이슬.

Freire, P.(2004). *Pedagogy of Indignation*. Paradigm Publishers.

Freire, P.(2006). 『우리가 걸어가면 길이 됩니다』. 아침이슬.

Freire, P.(2006). Pédagogie de l'autonomie, *Toulouse*, éditions Érès, 2006 [édition originale datée de 1996].

Freire, P.(2020). 『과정으로서의 교육학』. 유성상 외 옮김. 박영story.

Freire, P.(2020). 『연대의 페다고지』. 노일경·윤창국·허준 옮김. 오르트랩.

Freire, P. & Antonio(1989). *Learning to Question: A Pedagogy of Liberation*. Continuum.

Freire, P. & Macedo, D.(1987). *Literacy: Reading the Word and the World*. Routledge. 허준 옮김(2014). 『문해교육: 파울로 프레이리의 글 읽기와 세계 읽기』. 학이시습.

Friedman, L.(2016). 『에리히 프롬 평전』. 김비 옮김. 글항아리.

Fritzche, K.(2003). 「새로운 자유로부터의 도피」. Funk, R., Johach, H. & Meyer, G. 박규호 옮김. 『에리히 프롬과 현대성』. 영림카디널.

Fromm, E.(1941). 『자유로부터의 도피』. 김석희 옮김(2012). 휴머니스트.

Fromm, E.(1947). 『자기를 위한 인간』. 강주헌 옮김(2018). 나무생각.

Fromm, E.(1969). *Marx's Concept of Man*. Continuum.

Fromm, E.(1973). *The Anatomy of Human Destructiveness*. Rinehart & Winston.

Fromm, E.(1976). *To Have or To Be. Continuum*. 홍갑순 옮김(1982). 『소유냐 존재냐』. 대일서관.

Fromm, E.(1998). 『서머힐』. 한국영재교육개발원 옮김. 시간과공간사.

Fromm, E.(2022). 『우리는 여전히 삶을 사랑하는가』. 장혜경 옮김. 김영사.

Galloway, Sarah(2012). Reconsidering Emancipatory Education: Staging a Conversation between Paulo Freier and Jacques Ranciere. *Educational Theory*, 62(2). 39-59.

Gabbard,, D. A. & Stuchul, D. L.(2009). 「이반 일리치」. Palmer, J. A.(Eds.). 『50인의 현대 교육사상가』. 학지사.

GadottiI, M.(2019). Janusz Korczak: precursor dos direitos da criança. In: International Janusz Korczak Conference, 6., 1998, Israel. Anais. Israel: The Janusz Korczak Association, 1998. p. 1-8. *Disponívelem*: Acesso em: 14 jul.

GadottiI, M.(2012). 『파울루 프레이리 읽기: 그의 삶과 사상』. 백경숙·박내현 옮김. 우리교육.

Garrison, J., Neubert, S. & Reich, K.(2021). 『존 듀이와 교육: 듀이 철학 입문과 이 시대를 위한 현대적 재구성』. 심성보 외 옮김. 살림터.

Giddens, A. & Sutton, P. W.(2018). 『현대 사회학』. 을유문화사.

Giroux, H.(2001). 『교사는 지성인이다』. 이경숙 옮김. 아침이슬.

Giroux, H.(2010). Lesson from Paulo Freire. *The Chronicle of High Education 57*(9). http://chronicle.com/article/Lesson-From-Paulo-Freire/124910/

Giroux, H.(2012). *On Critical Pedagogy*. Continuum.

Giroux, H.(2021). 「파울로 프레이리와 정치적이 되려는 용기」. Darder, A. 심성보 외 옮김. 『사랑의 교육학』. 살림터.

Grabowski, S. M.(ed.)(1972). *Paulo Freire: A Revolutionary Dilemma for the Adult Educator*. Syracuse University.

Gramsci, A.(1971). *Selection from Prison Notebooks*. Q. Horae & G. N. Smith(eds.). International Publishers. 이상훈 옮김(1999). 『그람시의 옥중수고』. 거름.

Glavin, C.(2018). Paulo Reglus Neves Freire. Retrieved from https://www.k12academics.com/educational-philosophy/paulo-freire.

Grenfell, M. & James, D.(1998). *Bourdieu and Education: Acts of Practical Theory*. Falmer.

Groenke, S.(2009). Social Reconstructionism and the Roots of Critical Pedasgogy: Implications for Teacher Education in the Neoliberal Era. S. Groenke, & J. Hatch(eds.). *Critical Peagogy and Teacher Education in the Neoliberal Era*. Springer.

Gross, J.(2011). Education and Hegemony: The Influence of Antonio Gramsci. B. Levison(ed.). *Beyond Critique: Exploring Critical Social Theories and Education*. Paradime.

Gulson, K. N.(2015). Relational Space and Education Policy Analysis. K. N. Gulson, M. Clake & E. B. Petersen. *Education Policy and Contemporary Theory: Implications for Research*. Routledge.

Gumiero, R. & K. Araújo(2019). Contribuition of Paulo Freire and Célestin Freinet to the process of teaching-learning. *EDUEM*.

Gustavsson, B.(2013). The Idea of Democratic Bildung: Its Transformations in Space and Time. A. M. Laginer, H. Nordvall & J. Crowther(Eds.). *Popular Education, Power and Democracy*. Niece.

Gutek, G. E.(2014). *Philosophical, Ideological, and Theoretical Perspectives on Education*. Pearson.

Hannon, P.(2000). *Reflecting on Literacy in Education*. RoutledgeFalmer.

Hansen, D. T. & Laverty, M. J.(2013). 「가르침과 교수법」. R. Baily(Ed.). 이지헌 옮김. 『교육철학 2: 가치와 실천』. 학지사.

Hayes, W.(2021). 『진보주의 교육운동사: 진보주의, 학교 개혁에 여전히 유효한가?』. 심성보·김세희·문준영·서정원·조나영 옮김. 살림터.

Hill, D. J.(2008). *Hegemony and Education: Gramsci, Post-Marxism, and Radical Democracy Revised*. Lexington Books.

Hogan, P.(2004). Teaching and Learning as Way of Life. J. Dunne & P. Hogan(2004). *Education and Practice: Upholding the Integrity of Teaching and Learning*. Blackwell.

Hooley, N.(2018). *Radical Schooling for Democracy: Engaging Philosophy of Education for the Public Good*. Routledge.

Horton, M. & Freire, P.(1990). 『우리가 걸어가면 길이 됩니다: 교육과 사회 변화를 위한 프레이리와 호튼의 대화』. 프락시스 옮김(2006). 아침이슬.

Holst, J. D.(2002). *Social Movements, Civil Society and Radical Adult Education*. Bergin & Garvey.

Howlett, J.(2013). *Progressive Education: A Critical Introduction*. Bloomsbury.

Illich, I.(1970). *Deschoolig Society*. Marton Boyars.

Irwin, J.(2012). *Paulo Freire's Philosophy of Education: Origins, Development, Impacts and Legacies*. Continuum.

Jagodzinski, J.(2018). From the Artist to the Cosmic Artisan: The Educational Task for Art in Anthropogenic Times. C. Naughton, G. Biesta & D. R. Cole(Eds.). *Art, Artists and Pedagogy: Philosophy and the Arts in Education*. Routledge.

John, S.(2016). A Pedagogy for Justice: Kant, Hegel, Marcuse and Freire on Education and the Good Society. A dissertation submitted for the degree of Doctor of Philosophy in the College of Arts and Sciences at the University of Kentucky.

Jomes, P.(2021). Paulo Freire and Lev Vygotsky: Some Thoughts and Questions on their Relationship. *OLHRES*, v.9, n3.

Jovana, M. & Milić, S.(2017). Habermas and Freire in a Dialogue: Pedagogical Reading of Habermas. *Croatian Journal of Education*, Vol.19/No.2:605-635 https://doi.org/10.15516/cje.v19i2.2340.

Kahn, R.(2010). *Critical Pedagogy, Ecolitercy, & Planetary Crisis: The Ecopedagogy Movement*. Peter Lang.

Kahn, R. & Keller, D.(2008). Paulo Freire and Ivan Illich: Technology, Politics, and the Reconstruction of Education, C. A. Torres & P. Nodguera(eds.). *Social Justice Education for Teachers: Paulo Freire and the Possible Dream*. Sense.

Keller, D.(2010). Afterwood, Mediating Critical Pedagogy and Critical Theory: Richard Kahn's Ecopedagogy. R. Kahn. *Ecolitercy & Planetary Crisis: The Ecopedagogy Movement*. Peter Lang.

Kitchen, W. H.(2014). *Authority and the Teacher*. Bloomsbury.

Kincheloe, J.(2008). *Critical Pedagogy Primer*. Peter Lang.

Kirylo, J.(2011). *Paulo Freire: The Man from Recife*. Peter Lang.

Kirylo, J. & Boyd, D.(2021). 『파울로 프레이리: 신앙·영성·신학』. 최종수 옮김. 신앙과지성사.
Kohan, W. O.(2021). *Paulo Freire: A Philosophical Biography*, Bloomsbury.
Korczak, J.(2000). 『아이들을 변호하라』. 송순재·안미현 옮김. 내일을여는책.
Korczak, J.(2002). 『야누시 코르차크의 아이들』. 노영희 옮김. 양철북.
Korczak, J.(2012). 『어떻게 아이들을 사랑해야 하는가』. 송순재·안미현 옮김. 내일을여는책.
Klerk, E. H.(2009). *Subject to Reading: Literacy and Belief in the Work of Jacques Lacan and Paulo Freire*. CSP.
Lacan, J.(1966). On the Subject Who is Finally in Question. *Écrits*, B. Fink & H. Fink & R. Grigg(trans.)(2006). Norton and Company.
Lacan, J.(1969-70). *The Seminar, Book XVII: Three Other Side of Psychoanalysis*. R. Grigg(trans.). J-A, Miller(ed.)(2007). Norton and Company.
Lake, R. & Dagostino, V.(2013). Converging Self/Other Awareness: Erich Fromm and Paulo Freire on Transcending the Fear of Freedom. R. Lake & T. Kress. *Paulo Freire's Intellectual Roots: Toward Historicity in Praxis*. Bloomsbury.
Lankshear, C.(1993). Functional Literacy from a Freirean Point of View. P. Mclaren & P. Leonard. *Paulo Freire: A Critical Encounter*. Routledge.
Lewis, T.(2012). *The Aesthetics of Education: Theatre, Curiosity and Politics in the Work of Jacques Rancière, and Paulo Freire*. Bloomsbury.
Laclau, E. & Mouffe, C.(1985). *Hegemony and Socialist Strategy*. Verso.
Ledwith, M.(2010). Antonio Gramsci and Feminism: The Elusive Nature of Power. P. Mayo(Ed.). *Gramsci and Educational Thought*. Wiley-Blackwell.
Lifton, B. J.(2020). 『아이들의 왕, 야누시 코르차크』. 홍한결 옮김. 양철북.
Luna, W.(2017). The Confessing Animal: Michel Foucault and the Making of a Responsible Individual. J. T. Ozolins. *Civil Society, Education and Human Formation: Philosophy's Role in a Renewed Understanding of Education*. Routledge.
McCann, D. P(1981). *Christian Realism and Liberation Theology: Practical Theologies in Conflict*. Orbis Press.
Macedo, D.(1998). 'Foreword', in Freire, *Pedagogy of Freedom: Ethics, Democracy and Civic Courage*. Rowman & Littlefield.
Mannhaim, K.(1950). *Freedom, Power, and Democratic Planning*. New York.
Marcuse, H.(1964). *One-Dimensional Man*. Boston.
Marcuse, H.(1955). *Eros and Civilization*. Boston.
Marti, L. T.(2018). 『교육사상가, 체 게바라』. 삼천리.
Mayo, P.(1999). *Gramsci, Freire, and Adult Education: Possibilities for Transformative Action*. Zed Books.
Mayo, P.(2008). Antonio Gramsci and Paulo Freire: Some Connection and Contrasts. C. A. Torres & P. Nodguera(eds.). *Social Justice Education for Teachers: Paulo Freire and the Possible Dream*. Sense.
Mayo, P.(2010). Gramsci and Educational Thought. Wiley-Blackwell; D. L.

Hill(2007). *Hegemony and Education: Gramsci, Post-Marxist, and Radical Democracy Revisited*. Lexington Books.
Mayo, P.(2013). The Gramscian Influence. R. Lake & T. Kress. *Paulo Freire's Intellectual Roots: Toward Historicity in Praxis*. Bloomsbury.
McCowan, T.(2009). *Rethinking Citizenship Education: A Curriculum for Participatory Democracy*. Continuum.
McLaren, P.(2011). Paulo Freire: Defending his heritage to remake the Earth, J. D. Kirylo. *Paulo Freire: the Man from Recife*. Peter Lang.
McLaren, P. & Leonard, P.(1993). *Paulo Freire: A Critical Encounter*. Routledge.
McLaren, P.(2008). 『체 게바라, 파울루 프레이리, 혁명의 교육학』. 강주헌 옮김. 아침이슬.
Miquel, P.-A.(2021). 『루소: 인간교육과 시민교육』. 서울대학교출판문화원.
Misiaszek, G. W.(2020). *Ecopedagogy: Critical Environmental Teaching for Planetary Justice and Global Sustainable Development*. Bloomsbury Academic.
Moreira, A. & Pulino, L.(2021). Is Freedom Social Achievement? Freire and Vygotsky from the Perspective of Human Rights Education, *RCID*: 0000-0001-6027-7368.
Morrow, R. & Torres, C.(2002). *Reading Freire and Habermas: Critical Pedagogy and Transformative Social Change*. Teachers College.
Morrow, R.(2013). Rethinking Freire's 'Oppressed': A 'Southern' Route to Habermas's Communicative Turn and Theory of Deliberative Democracy. R. Lake & T. Kress. *Paulo Freire's Intellectual Roots: Toward Historicity in Praxis*. Bloomsbury.
Moss, P.(2021). 『유아교육과 대안적 내러티브』. 이연선 외 옮김. 살림터.
Murris, K.(2021). 『포스트휴먼 어린이』. 이연선 외 옮김. 살림터.
Nawroski, A.(2019). Little proletarians in Warsaw: from practices of Janusz Korczak to theories of Paulo Freire, ESTUDOS RBEP, http://dx.doi.org/10.24109/2176-6681.rbep.100i256.4482
Nehkwervha, F. H.(2012). *Freire contra Foucault on Power/Knowledge and Truth Discourses: The Constitution of a Subject for Authentic Educational Praxis in South Africa*, LAP LAMBERT.
Noddings, N.(2013). Freire, Buber, and Care Ethics on Dialogue in Teaching, R. Lake & T. Kress(2013). *Paulo Freire's Intellectual Roots: Toward Historicity in Praxis*. Bloomsbury.
Noddings, N.(2010). 『넬 나딩스의 교육철학』. 박찬영 옮김. 아카데미프레스.
Noddings, N.(2016). 『21세기 교육과 민주주의』. 심성보 옮김. 살림터.
O'Cadiz, P., Wong, P. & Torres, C.(2022). 『교육과 민주주의: 교육감 파울로 프레이리의 교육개혁 실험』. 유성상 옮김. 살림터.
Oelkers, J.(2008). *Jean-Jacques Rousseau*. Bloomsbury.
O'Hear, A. & Sidwell, M.(2009). *The School of Freedom: A Liberal Education Reader from Plato to the Present Day*. IA.
Oikonomou, M.-N.(2018). *The Role of Education in Societal Development: A Comparative Study of Paulo Freire's and John Dewey's Selected Works*. Logos Verlag Berlin.

Osberg, D.(2010). Taking Care of the Future: The Complex Responsibility of Education & Politics. D. Osberg & G. Biesta(Eds.). *Complexity Theory and the Politics of Education*. Sense.

Ozolins, J. T.(2017). Democracy, Civil Society and Education. J. T. Ozolins, *Civil Society, Education and Human Formation: Philosophy's Role in a Renewed Understanding of Education*. Routledge.

Paterson, L.(2015). *Social Radicalism and Liberal Education*. IA.

Peterson, E. B.(2015). Education Polities as Discourse Formation: A Foucauldian Optic. K. N. Gulson, M. Clake & E. B. Petersen, *Education Policy and Contemporary Theory: Implications for Research*. Routledge.

Peters, M. & Besley, T.(2015). *Paulo Freire: The Global Legacy*. Pete Lang.

Petrovic, J. & Rolstad, K.(2017). Educating for Autonomy: Reading Rousseau and Freire toward a Philosophy of Unschooling, *Policy Future in Education*, Vol. 15(7-8): 817-833.

Rancière, J.(1987). 『무지한 선생』. 양창렬 옮김(2009). 궁리출판사.

Rancière, J.(1995). 『불화』. 진태원 옮김(2016). 길.

Rancière, J.(2000). 『감성의 분할』. 오윤성 옮김(2012). 도서출판b.

Rancière, J(2004). 『정치적인 것의 가장자리』. 양창렬 옮김(2013). 길.

Rancière, J.(2008). 『해방된 관객』. 양창렬 옮김(2020). 현실문화.

Rather, C. & Silva, D. N. H.(2020). 『비고츠키와 마르크스: 마르크스주와 심리학을 위하여』. 살림터.

Roberts, P.(2013). *Paulo Freire in the 21st in the Century: Education, Dialogue, and Transformation*. Paradigm.

Roberts, P.(2017). Education and Human Formation: A Freirean Perspective. J. T. Ozolins. Civil Society, *Education and Human Formation: Philosophy's Role in a Renewed Understanding of Education*. Routledge.

Roberts, P.(2021). 『교육, 문해 그리고 인간화: 전작으로 보는 파울루 프레이리의 삶과 사상』. 사람대사람 옮김. 빈책방.

Rogers, C.(2007). 『칼 로저스의 사람 중심 상담』. 오제은 옮김. 학지사.

Rousseau, J. J.(1762/1974). *Emile*. Dutton.

Sandel, M.(2005). 『정치와 도덕을 말하다』. 안진화·김선욱 옮김. 와이즈베리.

Sandel, M.(2012). 『민주주의 불만: 무엇이 민주주의를 뒤흔들고 있는가』. 안규남 옮김. 동녘.

Schmidt, C.(2003). 「개인적 무의식과 사회적 무의식 사이에 걸려 있는 나치 가정의 청산 문제」. Funk, R. Johach, H. & Meyer, G. 박규호 옮김. 『에리히 프롬과 현대성』. 영림카디널.

Schugurensky, D.(2014). *Paulo Freire*. Bloomsbury.

Sewha, Cho(2014). 『비판적 페다고지는 세상을 바꿀 수 있는가』. 심성보 옮김. 살림터.

Shor, I.(1993). Education is Politics: Paulo Freire's Critical Pedagogy. P. Mclaren & P. Leonard(1993). *Paulo Freire: A Critical Encounter*. Routledge.

Shor, I.(2015). 「교육자를 교육하기: 교사교육의 위기에 관한 프레이리적 접근」. Shor, I. 엮음. 사람대사람 옮김. 『교실을 위한 프레이리: 현장교육을 위한 프레이리와 비고츠키의 만남』. 살림터.
Shor, I. & Freire, P.(1987). *A Pedagogy for Liberation: Dialogue on Transforming Education*. Bergin & Garvey. 김시원 옮김(1988). 『해방을 꿈꾸는 교육』. 이웃.
Soares, R. D.(2010). Gramscian Thought and Brazilian Education. P. Mayo(ed.). *Gramsci and Educational Thought*. Wiley-Blackwell.
Streck, D. R.(2008). The Utopian Legacy: Rousseau and Freire. C. A. Torres & P. Nodguera(eds.). *Social Justice Education for Teachers: Paulo Freire and the Possible Dream*. Sense.
Tao, B. P.(2010). Education for Critique, Empowerment, and Liberation: Common Themes in Freire's and Foucault's Thoughts on Education. *PHAVISMINDA Journal* Vol. 9(May). 15-32.
Taylor, P.(1994). *The Text of Paulo Freire*. Virago.
Ungoed-Thomas(1997). *Vision of a School: The Good School in the Godd Society*. Continuum.
Van der Veer, R.(2007). *Lev Vygotsky*. Bloomsbury.
Veugelers, W.(2011). A Humanist Perspective on Moral Development and Citizenship Education: Empowering Autonomy and Citizenship Education. W. Veugelers(Ed.). *Education and Humanism: Linking Autonomy and Humanity*. Sense.
Vygotsky, L.(1934). *Thinking and Speech*. 배희철 옮김(2011). 『생각과 말』. 살림터.
Vygotsky, L.(1962). *Thought and Language*. The MIT Press. 이병훈·이재혁·허승철 옮김(2021). 『사고와 언어』. 연암서가.
Wehr, H.(2000). 「학교발전을 위한 생명애호적 대안」. Funk, R., Johach, H. & Meyer, G. 박규호 옮김. 『에리히 프롬과 현대성』. 영림카디널.
Wertsch, J. V.(1995). 『비고츠키: 마음의 사회적 형성』. 한양대 사회인지발달연구 옮김. 정민사.
Whitehead, A.(2004). 『교육의 목적』. 오영환 옮김. 궁리.
Winch, C.(2014). 『인간학습의 철학』. 이병승·김우영 옮김. 학지사.
Young, M.(2013). 『교육과정의 미래』. 한진상·박비주 옮김. 공동체.
Young, R.(2003a). 『하버마스, 비판이론, 교육』. 교육과학사.
Young, R.(2003b). 『하버마스의 비판이론과 담론 교실』. 우리교육.